Klaus Ewen/Michael Holte
Die neue Strahlenschutzverordnung
Praxiskommentar

Klaus Ewen/Michael Holte

Die neue Strahlenschutzverordnung

Praxiskommentar

unter Mitarbeit von Walter Huhn

2., komplett überarbeitete Auflage

Deutscher Wirtschaftsdienst

Bibliografische Information Der Deutschen Bibliothek

Die Deutsche Bibliothek verzeichnet diese Publikation in der Deutschen Nationalbibliografie; detaillierte bibliografische Daten sind im Internet über http://dnb.ddb.de abrufbar.

ISBN 3-87156-575-X

Projektmanagement: Michael Bohlen
Redaktion: Katina Peters

Alle Rechte vorbehalten

© 2003 Wolters Kluwer Deutschland GmbH, München/Unterschleißheim

Deutscher Wirtschaftsdienst – eine Marke von
Wolters Kluwer Deutschland GmbH

Das Werk einschließlich aller seiner Teile ist urheberrechtlich geschützt. Jede Verwertung außerhalb der engen Grenzen des Urheberrechtsgesetzes ist ohne Zustimmung des Verlages unzulässig und strafbar. Dies gilt insbesondere für Vervielfältigungen, Übersetzungen, Mikroverfilmungen und die Einspeicherung und Verarbeitung in elektronischen Systemen.

Umschlaggestaltung: Ute Weber GrafikDesign, Geretsried
Satz: TGK Wienpahl, Köln
Druck: Wilhelm & Adam, Heusenstamm

Vorwort

„Sicherer Expertenrat schon vor In-Kraft-Treten der novellierten Verordnung!" So titelte mit hellen Buchstaben auf rotem Grund der Deutsche Wirtschaftsdienst unseren Praxiskommentar zur neuen Strahlenschutzverordnung, den er im Frühjahr 2001 veröffentlichte. Dass die neue Strahlenschutzverordnung dann doch schon ein paar Monate später in Kraft trat, nämlich am 1. August 2001, damit hatten wir nicht gerechnet, als wir das schriftliche Ergebnis unserer Arbeit im November 2000 dem Verlag übergaben. So sprachen wir denn auch unsere Vermutung im damaligen Vorwort offen aus: die Vermutung von einem voraussichtlichen In-Kraft-Treten der Verordnung „im Herbst 2001 oder später". Denn die Debatten über den Verordnungsentwurf in den atomrechtlichen Bund-Länder-Gremien waren schon kontrovers, bevor die Bundesregierung das eigentliche Verordnungsgebungsverfahren eingeleitet hatte.

Kontrovers verliefen dann auch die Beratungen in den Bundesratsausschüssen und schließlich auch im Bundesrat selbst. Wäre die Verabschiedung des Verordnungsentwurfs im Bundesrat gescheitert, hätte das gesamte Verordnungsgebungsverfahren erneut durchgeführt werden müssen. Im Übrigen war beim Europäischen Gerichtshof eine Vertragsverletzungsklage der Kommission gegen Deutschland wegen unzureichender Umsetzung der Grundnormen zum Strahlenschutz in der Richtlinie 96/29/EURATOM anhängig; die Frist für die Umsetzung dieser Richtlinie in nationales Recht war nämlich bereits am 13. Mai 2000 verstrichen. Insoweit war die Vermutung über ein voraussichtliches In-Kraft-Treten der Verordnung „im Herbst 2001 oder später" durchaus begründet.

Die Rechtssache der Vertragsverletzungsklage wurde erst am 4. März 2003 aus dem Register des Gerichtshofs gestrichen, nachdem Deutschland auf das In-Kraft-Treten der Verordnung verweisen und daraufhin eine Klagerücknahme aushandeln konnte; zu einem Urteil ist es also nicht gekommen.

Nun ist sie also doch schon fast zwei Jahre in Kraft, die neue Strahlenschutzverordnung. Und da der Verordnungsentwurf, der Basis für unseren im Frühjahr 2001 erschienenen Kommentar gewesen ist, im Zuge des Verordnungsgebungsverfahrens verändert wurde, erscheint mit diesem Buch ein kompletter neuer Kommentar. Wir haben die Kommentierungen weitgehend überarbeitet – und nicht nur die, die wegen der Veränderungen im Verordnungstext überarbeitet werden mussten. Dies ergab sich vor allem im Hinblick auf die mittlerweile gewonnenen Erfahrungen mit dem Vollzug der Verordnung.

Verändert hat sich aber nicht unsere grundsätzliche Kritik an der Verordnung. Was wir seinerzeit erwarteten, hat sich bestätigt. Die neue Strahlenschutzverordnung ist wegen der Fülle der Regelungen von ihren „Normalgebrauchern" nur schwer zu überschauen. Denn sie enthält Regelungen, die für die überwiegende Mehrheit der Strahlenschutzbehörden und Strahlenschutzverantwortlichen keine oder nur eine nebensächliche Relevanz haben. Das liegt in der Hauptsache daran, dass ein Großteil neuer europäischer Regelungen mit der Strahlenschutzverordnung in nationales Recht umgesetzt werden mussten. Und so ist die neue Verordnung auch um 27 Paragraphen dicker geworden.

Hinzu kommt, dass es der Bundesregierung nicht gelungen ist, die Strahlenschutzverordnung von dem Ballast der Vorschriften zu befreien, mit denen die strahlenschutzspezifischen Belange der Kernenergie geregelt werden. Die Schutzziele bei der Anwendung radioaktiver Stoffe und ionisierender Strahlen in Kerntechnik, Industrie, Forschung und Medizin sind zwar identisch, aber der Aufwand zu deren Sicherstellung ist im Bereich der Kernenergie ungleich höher als in allen anderen Bereichen. Und die öffentliche Debatte um die Kernenergie dominiert alles, was mit Strahlenschutz zu tun hat, zum Nachteil der vielen „Normalgebraucher", die nur unproblematische Tätigkeiten mit radioaktiven Stoffen ausüben. Es wäre deshalb äußerst löblich gewesen, wenn sich die Bundesregierung darauf konzentriert hätte, den „kerntechnischen" Strahlenschutz in einem neuen Kernenergiegesetz zu regeln. Stattdessen war ihr die gesetzliche Festschreibung des Ausstiegs aus der kommerziellen Nutzung der Kernenergie wichtiger, ein Ausstieg, der in Wirklichkeit gar keiner ist. Die EURATOM-Grundnormen zum Strahlenschutz vom 13. Mai 1996 boten Anlass genug, ein Strahlenschutzgesetz zu entwickeln, in dessen Rahmen der „normale" Strahlenschutz besser aufgehoben und übersichtlicher zu gestalten wäre.

Was sich auch nicht verändert hat, ist unser Anspruch an unseren Kommentar. Wir befassen uns beruflich mit der Ausführung der Strahlenschutzverordnung. Nicht nur, versteht sich. Wir wollten als „Strahlenschützer" und insoweit als Physiker und Ingenieur den Verordnungstext interpretieren, denn interpretieren ist kommentieren. Wir haben versucht, wiederzugeben, wie wir den Verordnungstext verstanden haben, und das konnte mehr, das konnte weniger, das konnte aber auch etwas anderes sein, als der Verordnungsgeber ausdrücken wollte. So zeigt sich zum Beispiel beim Vollzug der Vorschriften zur Freigabe, dass momentan zwischen Bund und den vollziehenden Ländern keine Einigkeit darüber herrscht, ob der Tatbestand einer Kontamination oder Aktivierung eines Stoffes oder Gegenstandes ein Freigabeverfahren initiiert oder lediglich der formale Umstand, dass Stoffe oder Gegenstände von den Regelungen einer atomrechtlichen Genehmigung erfasst werden.

Es gibt in diesem Kommentar auch andere Beispiele für Uneinigkeit. Nicht sehr viele, was schlimm wäre, aber einige. Uneinigkeiten gibt es deshalb, weil Rechtsvorschriften im Gegensatz zu den Zehn Geboten, die nur aus 297 Wörtern bestehen, meistens reich an Wörtern sind und deshalb immer gewisse Unschärfen haben. Und deshalb gibt es zu Rechtsvorschriften Kommentare. So wie diesen, für den wir uns viele Leser wünschen. Nicht, weil der so gut ist – was ja zweifellos stimmt –, sondern weil wir dann vom Verlag etwas mehr Geld bekommen.

Klaus Ewen und Michael Holte *im Oktober 2003*

Inhaltsverzeichnis

Lesehinweis 13

Kommentierung

Teil 1: Allgemeine Vorschriften
§ 1   Zweckbestimmung 17
§ 2   Anwendungsbereich 17
§ 3   Begriffsbestimmungen 21

Teil 2: Zielgerichtete Nutzung radioaktiver Stoffe oder ionisierender Strahlung bei Tätigkeiten

Kapitel 1: Strahlenschutzgrundsätze, Grundpflichten und allgemeine Grenzwerte

§ 4   Rechtfertigung 30
§ 5   Dosisbegrenzung 31
§ 6   Vermeidung unnötiger Strahlenexposition und Dosisreduzierung ... 32

Kapitel 2: Genehmigungen, Zulassungen, Freigabe

Abschnitt 1: Umgang mit radioaktiven Stoffen
§ 7   Genehmigungsbedürftiger Umgang mit radioaktiven Stoffen 36
§ 8   Genehmigungsfreier Umgang; genehmigungsfreier Besitz von
        Kernbrennstoffen 38
§ 9   Genehmigungsvoraussetzungen für den Umgang mit radioaktiven Stoffen 40
§ 10   Befreiung von der Pflicht zur Deckungsvorsorge 54

Abschnitt 2: Anlagen zur Erzeugung ionisierender Strahlen
§ 11   Genehmigungsbedürftige Errichtung und genehmigungsbedürftiger
        Betrieb von Anlagen zur Erzeugung ionisierender Strahlen 56
§ 12   Genehmigungsfreier Betrieb von Anlagen zur Erzeugung
        ionisierender Strahlen 58
§ 13   Genehmigungsvoraussetzungen für die Errichtung von Anlagen zur
        Erzeugung ionisierender Strahlen 59
§ 14   Genehmigungsvoraussetzungen für den Betrieb von Anlagen zur
        Erzeugung ionisierender Strahlen 61

Abschnitt 3: Beschäftigung in fremden Anlagen oder Einrichtungen
§ 15   Genehmigungsbedürftige Beschäftigung in fremden Anlagen
        oder Einrichtungen 65

Abschnitt 4: Beförderung radioaktiver Stoffe
§ 16   Genehmigungsbedürftige Beförderung 69
§ 17   Genehmigungsfreie Beförderung 74
§ 18   Genehmigungsvoraussetzungen für die Beförderung 77

Abschnitt 5: Grenzüberschreitende Verbringung radioaktiver Stoffe
§ 19 Genehmigungsbedürftige grenzüberschreitende Verbringung 82
§ 20 Anzeigebedürftige grenzüberschreitende Verbringung 84
§ 21 Genehmigungs- und anzeigefreie grenzüberschreitende Verbringung 86
§ 22 Genehmigungsvoraussetzungen für die grenzüberschreitende Verbringung ... 87

Abschnitt 6: Medizinische Forschung
§ 23 Genehmigungsbedürftige Anwendung radioaktiver Stoffe oder ionisierender Strahlung am Menschen in der medizinischen Forschung 88
§ 24 Genehmigungsvoraussetzungen für die Anwendung radioaktiver Stoffe oder ionisierender Strahlung am Menschen in der medizinischen Forschung 90

Abschnitt 7: Bauartzulassung
§ 25 Verfahren der Bauartzulassung 94
§ 26 Zulassungsschein und Bekanntmachung der Bauart 98
§ 27 Pflichten des Inhabers einer Bauartzulassung und des Inhabers einer bauartzugelassenen Vorrichtung 99

Abschnitt 8: Ausnahmen
§ 28 Ausnahmen von dem Erfordernis der Genehmigung und der Anzeige 102

Abschnitt 9: Freigabe
§ 29 Voraussetzungen für die Freigabe 105

Kapitel 3: Anforderungen bei der Nutzung radioaktiver Stoffe und ionisierender Strahlung

Abschnitt 1: Fachkunde im Strahlenschutz
§ 30 Erforderliche Fachkunde und Kenntnisse im Strahlenschutz 117

Abschnitt 2: Betriebliche Organisaton des Strahlenschutzes
§ 31 Strahlenschutzverantwortliche und Strahlenschutzbeauftragte 119
§ 32 Stellung des Strahlenschutzverantwortlichen und des Strahlenschutzbeauftragten 126
§ 33 Pflichten des Strahlenschutzverantwortlichen und des Strahlenschutzbeauftragten 128
§ 34 Strahlenschutzanweisung 132
§ 35 Auslegung oder Aushang der Verordnung 134

Abschnitt 3: Schutz von Personen in Strahlenschutzbereichen; physikalische Strahlenschutzkontrolle
§ 36 Strahlenschutzbereiche 134
§ 37 Zutritt zu Strahlenschutzbereichen 139
§ 38 Unterweisung 141
§ 39 Messtechnische Überwachung in Strahlenschutzbereichen 143
§ 40 Zu überwachende Personen 145
§ 41 Ermittlung der Körperdosis 148
§ 42 Aufzeichnungs- und Mitteilungspflicht 154

§ 43	Schutzvorkehrungen	155
§ 44	Kontamination und Dekontamination	156
§ 45	Beschäftigungsverbote und Beschäftigungsbeschränkungen	162

Abschnitt 4: Schutz von Bevölkerung und Umwelt bei Strahlenexpositionen aus Tätigkeiten

§ 46	Begrenzung der Strahlenexposition der Bevölkerung	164
§ 47	Begrenzung der Ableitung radioaktiver Stoffe	166
§ 48	Emissions- und Immissionsüberwachung	170

Abschnitt 5: Schutz vor sicherheitstechnisch bedeutsamen Ereignissen

§ 49	Sicherheitstechnische Auslegung für den Betrieb von Kernkraftwerken, für die standortnahe Aufbewahrung bestrahlter Brennelemente und für Anlagen des Bundes zur Sicherstellung und zur Endlagerung radioaktiver Abfälle	172
§ 50	Begrenzung der Strahlenexposition als Folge von Störfällen bei sonstigen Anlagen und Einrichtungen und bei Stilllegungen	174
§ 51	Maßnahmen bei Ereignissen	177
§ 52	Vorbereitung der Brandbekämpfung	178
§ 53	Vorbereitung der Schadensbekämpfung bei sicherheitstechnisch bedeutsamen Ereignissen	179

Abschnitt 6: Begrenzung der Strahlenexposition bei der Berufsausübung

§ 54	Kategorien beruflich strahlenexponierter Personen	181
§ 55	Schutz bei beruflicher Strahlenexposition	182
§ 56	Berufslebensdosis	185
§ 57	Dosisbegrenzung bei Überschreitung	186
§ 58	Besonders zugelassene Strahlenexpositionen	187
§ 59	Strahlenexposition bei Personengefährdung und Hilfeleistung	189

Abschnitt 7: Arbeitsmedizinische Vorsorge beruflich strahlenexponierter Personen

§ 60	Erfordernis der arbeitsmedizinischen Vorsorge	190
§ 61	Ärztliche Bescheinigung	191
§ 62	Behördliche Entscheidung	193
§ 63	Besondere arbeitsmedizinische Vorsorge	194
§ 64	Ermächtigte Ärzte	195

Abschnitt 8: Sonstige Anforderungen

§ 65	Lagerung und Sicherung radioaktiver Stoffe	196
§ 66	Wartung, Überprüfung und Dichtheitsprüfung	198
§ 67	Strahlungsmessgeräte	202
§ 68	Kennzeichnungspflicht	203
§ 69	Abgabe radioaktiver Stoffe	206
§ 70	Buchführung und Mitteilung	210
§ 71	Abhandenkommen, Fund, Erlangung der tatsächlichen Gewalt	212

Abschnitt 9: Radioaktive Abfälle

§ 72 Planung für Anfall und Verbleib radioaktiver Abfälle 221
§ 73 Erfassung 223
§ 74 Behandlung und Verpackung 225
§ 75 Pflichten bei der Abgabe radioaktiver Abfälle 228
§ 76 Ablieferung 230
§ 77 Ausnahmen von der Ablieferungspflicht 233
§ 78 Zwischenlagerung 236
§ 79 Umgehungsverbot 238

Kapitel 4: Besondere Anforderungen bei der medizinischen Anwendung radioaktiver Stoffe und ionisierender Strahlung

Abschnitt 1: Heilkunde und Zahnheilkunde

§ 80 Rechtfertigende Indikation 243
§ 81 Beschränkung der Strahlenexposition 245
§ 82 Anwendung radioaktiver Stoffe oder ionisierender Strahlung am Menschen 248
§ 83 Qualitätssicherung bei der medizinischen Strahlenanwendung .. 253
§ 84 Bestrahlungsräume 256
§ 85 Aufzeichnungspflichten 258
§ 86 Anwendungen am Menschen außerhalb der Heilkunde oder Zahnheilkunde 260

Abschnitt 2: Medizinische Forschung

§ 87 Besondere Schutz- und Aufklärungspflichten 261
§ 88 Anwendungsverbote und Anwendungsbeschränkungen für einzelne Personengruppen 264
§ 89 Mitteilungs- und Berichtspflichten 266
§ 90 Schutzanordnung 267
§ 91 Deckungsvorsorge im Falle klinischer Prüfungen 268
§ 92 Ethikkommission 268

Teil 3: Natürliche Strahlungsquellen bei Arbeiten

Kapitel 1: Grundpflichten

§ 93 Dosisbegrenzung 270
§ 94 Dosisreduzierung 271

Kapitel 2: Anforderungen bei terrestrischer Strahlung an Arbeitsplätzen

§ 95 Natürlich vorkommende radioaktive Stoffe an Arbeitsplätzen .. 272
§ 96 Dokumentation und weitere Schutzmaßnahmen 276

Kapitel 3: Schutz der Bevölkerung bei natürlich vorkommenden radioaktiven Stoffen

§ 97 Überwachungsbedürftige Rückstände 281
§ 98 Entlassung von Rückständen aus der Überwachung 285
§ 99 In der Überwachung verbleibende Rückstände 287

§ 100	Mitteilungspflicht, Rückstandskonzept, Rückstandsbilanz	288
§ 101	Entfernung von radioaktiven Verunreinigungen von Grundstücken	290
§ 102	Überwachung sonstiger Materialien	293

Kapitel 4: Kosmische Strahlung

| § 103 | Schutz des fliegenden Personals vor Expositionen durch kosmische Strahlung | 295 |

Kapitel 5: Betriebsorganisation

| § 104 | Mitteilungspflichten zur Betriebsorganisation | 298 |

Teil 4: Schutz des Verbrauchers beim Zusatz radioaktiver Stoffe zu Produkten

§ 105	Unzulässiger Zusatz von radioaktiven Stoffen und unzulässige Aktivierung	299
§ 106	Genehmigungsbedürftiger Zusatz von radioaktiven Stoffen und genehmigungsbedürftige Aktivierung	300
§ 107	Genehmigungsvoraussetzungen für den Zusatz von radioaktiven Stoffen und die Aktivierung	302
§ 108	Genehmigungsbedürftige grenzüberschreitende Verbringung von Konsumgütern	305
§ 109	Genehmigungsvoraussetzungen für die grenzüberschreitende Verbringung von Konsumgütern	306
§ 110	Rückführung von Konsumgütern	307

Teil 5: Gemeinsame Vorschriften

Kapitel 1: Berücksichtigung von Strahlenexpositionen

| § 111 | Festlegungen zur Ermittlung der Strahlenexposition; Duldungspflicht | 308 |
| § 112 | Strahlenschutzregister | 310 |

Kapitel 2: Befugnisse der Behörde

| § 113 | Anordnung von Maßnahmen | 312 |
| § 114 | Behördliche Ausnahmen von Strahlenschutzvorschriften | 314 |

Kapitel 3: Formvorschriften

| § 115 | Schriftform und elektronische Form | 315 |

Kapitel 4: Ordnungswidrigkeiten

| § 116 | Ordnungswidrigkeiten | 316 |

Kapitel 5: Schlussvorschriften

| § 117 | Übergangsvorschriften | 320 |
| § 118 | Abgrenzung zu anderen Vorschriften, Sanierung von Hinterlassenschaften | 328 |

Anlagen

| Anlage I: | Genehmigungsfreie Tätigkeiten | 332 |
| Anlage II: | Erforderliche Unterlagen zur Prüfung von Genehmigungsanträgen | 333 |

Anlage III:	Freigrenzen, Freigabewerte für verschiedene Freigabearten, Werte der Oberflächenkontamination, Liste der Radionuklide im radioaktiven Gleichgewicht	333
Anlage IV:	Festlegungen zur Freigabe	335
Anlage V:	Voraussetzungen für die Bauartzulassung von Vorrichtungen	337
Anlage VI:	Dosimetrische Größen, Gewebe- und Strahlungs-Wichtungsfaktoren	337
Anlage VII:	Annahmen bei der Ermittlung der Strahlenexposition	342
Anlage VIII:	Ärztliche Bescheinigung	346
Anlage IX:	Strahlenzeichen	346
Anlage X:	Radioaktive Abfälle: Benennung, Buchführung, Transportmeldung	346
Anlage XI:	Arbeitsfelder, bei denen erheblich erhöhte Expositionen durch natürliche terrestrische Strahlungsquellen auftreten können	347
Anlage XII:	Verwertung und Beseitigung überwachungsbedürftiger Rückstände	349
Anlage XIII:	Information der Bevölkerung	352

Verordnungstext

Entwurf einer Verordnung für die Umsetzung von EURATOM-Richtlinien zum Strahlenschutz 361

Anhang

Literaturverzeichnis 529
Stichwortverzeichnis 536

Lesehinweis

Dies ist ein Kommentar zur *„Verordnung über den Schutz vor Schäden durch ionisierende Strahlen (Strahlenschutzverordnung – StrlSchV)"*, bekannt gemacht als Artikel 1 der Verordnung für die Umsetzung von EURATOM-Richtlinien zum Strahlenschutz vom 20. Juli 2001 (BGBl. I Nr. 38, S. 1714), in Kraft getreten am 1. August 2001 und berichtigt am 22. April 2002 (BGBl. I Nr. 27, S. 1459). Was die Berichtigungen in 13 Punkten angeht, so handelte es sich dabei lediglich um solche redaktioneller Art.

Sind in den nachfolgenden Kommentierungen nur die jeweiligen Paragraphen angegeben, so beziehen sich die Paragraphen auf die Strahlenschutzverordnung vom 20. Juli 2001 in der berichtigten Fassung vom 22. April 2002. Sofern es zur Unterscheidung des § 7 Abs. 1 des Atomgesetzes von § 7 Abs. 1 dieser Verordnung oder aus anderen Gründen sinnvoll war, die aktuelle Verordnung zu benennen, so wurde dies durch ausdrücklichen Hinweis auf die „StrlSchV" oder „diese Verordnung" getan.

Bei der Beschreibung der Ordnungswidrigkeiten nach § 116 Abs. 3 haben sich die Autoren mit dem Vermerk „Siehe § 33" auf den Hinweis auf die Pflichten der Strahlenschutzverantwortlichen und Strahlenschutzbeauftragten beschränkt. Die ordnungswidrigen Tatbestände nach den Absätzen 1 und 2 sowie 4, 5 und 6 in § 116 gegen die jeweiligen Vorschriften sind am Ende der jeweiligen Kommentierung gesondert beschrieben worden.

Sofern zu den einzelnen Vorschriften auch Übergangsvorschriften nach § 117 zu beachten sind, wurde darauf innerhalb der Kommentierungen eingegangen.

Kommentierung

Teil 1: Allgemeine Vorschriften

§ 1 Zweckbestimmung

Zweck dieser Verordnung ist es, zum Schutz des Menschen und der Umwelt vor der schädlichen Wirkung ionisierender Strahlung Grundsätze und Anforderungen für Vorsorge- und Schutzmaßnahmen zu regeln, die bei der Nutzung und Einwirkung radioaktiver Stoffe und ionisierender Strahlung zivilisatorischen und natürlichen Ursprungs Anwendung finden.

Kommentierung § 1

In dieser Vorschrift wird das Ziel (der Zweck), das (der) mit der Neufassung der Strahlenschutzverordnung erreicht werden soll, definiert. Dies geschieht in enger Anlehnung an § 1 Nr. 2 des Atomgesetzes (AtG) [ATG].

Ziel der Strahlenschutzverordnung ist der Schutz des Menschen und der Umwelt vor der schädlichen Wirkung ionisierender Strahlung. Die hier verwendeten Begriffe „Mensch" und „Umwelt" umschreiben die im § 1 Nr. 2 Atomgesetz genannten Schutzgüter „Leben, Gesundheit und Sachgüter" im Sinne des Umweltrechts. Unter dem Begriff „Umwelt" wird hier der Naturhaushalt, die Landschaft, Kulturgüter, sonstige Sachgüter (Umweltgüter) sowie das Wirkungsgefüge zwischen den Umweltgütern zusammengefasst (vgl. auch Kommentierung zu § 6).

Zur Erreichung dieses Zieles enthält die Strahlenschutzverordnung Grundsätze und Anforderungen für Vorsorge- und Schutzmaßnahmen, die bei der **Nutzung** und **Einwirkung** radioaktiver Stoffe und ionisierender Strahlung zivilisatorischen und natürlichen Ursprungs Anwendung finden. Aus dieser Formulierung ist erkennbar, dass die Neufassung der Strahlenschutzverordnung erheblich über den Regelungsbereich der Strahlenschutzverordnung von 1989 [STR] hinausgeht, die im Wesentlichen für Umgang, Verwahrung, Errichtung und Betrieb galt und nur die Einwirkung radioaktiver Stoffe und ionisierender Strahlung berücksichtigte, die im Zusammenhang mit Umgang, Verwahrung usw. stand.

Die Zweckbestimmung der Neufassung der Strahlenschutzverordnung setzt insbesondere auch Artikel 2 (Anwendungsbereich) der Richtlinie 96/29/EURATOM [EU 1] in nationales Recht um.

§ 2 Anwendungsbereich

(1) Diese Verordnung trifft Regelungen für
1. folgende Tätigkeiten:
    a) den Umgang mit
        aa) künstlich erzeugten radioaktiven Stoffen,
        bb) natürlich vorkommenden radioaktiven Stoffen, wenn dieser Umgang aufgrund ihrer Radioaktivität, ihrer Nutzung als Kernbrennstoff oder zur Erzeugung von Kernbrennstoff erfolgt,

b) den Erwerb der in Buchstabe a genannten radioaktiven Stoffe, deren Abgabe an andere, deren Beförderung sowie deren grenzüberschreitende Verbringung,

c) die Verwahrung von Kernbrennstoffen nach § 5 des Atomgesetzes, die Aufbewahrung von Kernbrennstoffen nach § 6 des Atomgesetzes, die Errichtung, den Betrieb, die sonstige Innehabung, die Stilllegung, den sicheren Einschluss einer Anlage sowie den Abbau einer Anlage oder von Anlagenteilen nach § 7 des Atomgesetzes, die Bearbeitung, Verarbeitung und sonstige Verwendung von Kernbrennstoffen nach § 9 des Atomgesetzes, die Errichtung und den Betrieb von Anlagen des Bundes zur Sicherstellung und zur Endlagerung radioaktiver Abfälle,

d) die Errichtung und den Betrieb von Anlagen zur Erzeugung ionisierender Strahlen mit einer Teilchen- oder Photonengrenzenergie von mindestens 5 Kiloelektronvolt und

e) den Zusatz von radioaktiven Stoffen bei der Herstellung von Konsumgütern, von Arzneimitteln im Sinne des Arzneimittelgesetzes, von Pflanzenschutzmitteln im Sinne des Pflanzenschutzgesetzes, von Schädlingsbekämpfungsmitteln und von Stoffen nach § 1 Nr. 1 bis 5 des Düngemittelgesetzes sowie die Aktivierung der vorgenannten Produkte,

2. Arbeiten, durch die Personen natürlichen Strahlungsquellen so ausgesetzt werden können, dass die Strahlenexpositionen aus der Sicht des Strahlenschutzes nicht außer Acht gelassen werden dürfen.

(2) Diese Verordnung trifft keine Regelung für

1. die Sanierung von Hinterlassenschaften früherer Tätigkeiten und Arbeiten, mit Ausnahme der Regelungen in § 118,

2. die Stilllegung und Sanierung der Betriebsanlagen und Betriebsstätten des Uranerzbergbaus, mit Ausnahme der Regelungen in § 118,

3. die Errichtung und den Betrieb von Röntgeneinrichtungen und Störstrahlern nach der Röntgenverordnung,

4. die Strahlenexposition durch Radon in Wohnungen einschließlich der dazugehörenden Gebäudeteile und

5. die Strahlenexposition durch im menschlichen Körper natürlicherweise enthaltene Radionuklide, durch kosmische Strahlung in Bodennähe und durch Radionuklide, die in der nicht durch Eingriffe beeinträchtigten Erdrinde vorhanden sind.

Kommentierung § 2

§ 2 definiert den Anwendungsbereich der Neufassung der Strahlenschutzverordnung und ersetzt § 1 der Strahlenschutzverordnung von 1989 [STR].

Unterschieden wird im erheblich erweiterten Anwendungsbereich zwischen zwei Arten der menschlichen Betätigung im Zusammenhang mit ionisierender Strahlung, den **Tätigkeiten** (vergleichbar dem Geltungsbereich der Strahlenschutzverordnung von 1989) und den neu aufgenommenen **Arbeiten**.

Als **Tätigkeiten** im Sinne der Strahlenschutzverordnung gelten Handlungen, die die Strahlenexpositionen oder Kontaminationen erhöhen können. Hierbei wird unterschieden, ob sich die Erhöhung der Strahlenexposition oder Kontamination ergibt durch

- den Umgang mit künstlich erzeugten radioaktiven Stoffen,

- den Umgang mit natürlich vorkommenden radioaktiven Stoffen, wenn deren kernphysikalischen Eigenschaften genutzt werden,

- den Erwerb, die Abgabe, die Beförderung sowie die grenzüberschreitende Verbringung der vorgenannten Stoffe,

- die Verwahrung (nach § 5 AtG) und Aufbewahrung (nach § 6 AtG) von Kernbrennstoffen, Errichtung, Betrieb, sonstige Innehabung, Stilllegung, sicheren Einschluss, Abbau einer Anlage oder von Anlageteilen (nach § 7 AtG), die Bearbeitung, Verarbeitung und sonstige Verwendung (nach § 9 AtG) von Kernbrennstoffen, die Errichtung und den Betrieb von Anlagen (nach § 9a AtG),

- die Errichtung und den Betrieb von Anlagen zur Erzeugung ionisierender Strahlen oder

- den zweckgerichteten Zusatz von radioaktiven Stoffen zu bestimmten Gütern oder Produkten, die Aktivierung, die grenzüberschreitende Verbringung sowie erstmaliger Erwerb und Abgabe dieser Güter und Produkte.

Arbeiten im Sinne der Strahlenschutzverordnung sind Handlungen, die ohne Tätigkeit zu sein (siehe oben) die Strahlenexposition oder Kontamination erhöhen können. Im Einzelnen kann dieses durch folgende Handlungen geschehen:

- Aufsuchung, Gewinnung, Erzeugung, Lagerung, Bearbeitung, Verarbeitung und sonstige Verwendung von Materialien;

- Handlungen, bei denen Materialien anfallen, soweit diese Handlungen nicht bereits unter dem oben beschriebenen Punkt aufgeführt sind;

- Beseitigung der vorgenannten Materialien.

Bei den als **Arbeiten** bezeichneten Handlungen wird vorausgesetzt, dass Personen Expositionen durch **natürliche** Strahlungsquellen **so ausgesetzt** werden können, dass man diese Expositionen aus der Sicht des Strahlenschutzes **nicht außer Acht** lassen kann. Aus Sicht des Strahlenschutzes können Expositionen dann nicht außer Acht gelassen werden, wenn die effektive Dosis 1 Millisievert im Kalenderjahr überschreiten kann.

Anwendungsbereich Tätigkeiten

Die Strahlenschutzverordnung gilt für jeden Umgang mit künstlich erzeugten radioaktiven Stoffen sowie für den Umgang mit natürlich vorkommenden radioaktiven Stoffen, wenn dieses zweckgerichtet erfolgt, d.h. wenn mit diesen Stoffen wegen ihrer radioaktiven Eigenschaften umgegangen wird oder ihre Nutzung als Kernbrennstoff oder zur Erzeugung von Kernbrennstoff erfolgt.

Zum Umgang mit radioaktiven Stoffen gehören die Gewinnung, Erzeugung, Lagerung, Bearbeitung, Verarbeitung, sonstige Verwendung und Beseitigung radioaktiver Stoffe im Sinne des § 2 des Atomgesetzes [ATG].

Die Strahlenschutzverordnung gilt auch für den Erwerb, die Abgabe, die Beförderung und die grenzüberschreitende Verbringung von künstlich erzeugten und natürlich vorkommenden radioaktiven Stoffen, sofern bei natürlich vorkommenden radioaktiven Stoffen ein zweckgerichteter Umgang bzw. eine zweckgerichtete Nutzung vorgesehen oder bereits erfolgt ist.

Auch wenn die Vorschriften des Bundesberggesetzes Anwendung finden, sind die Vorschriften der Strahlenschutzverordnung, mit Ausnahme des Genehmigungserfordernisses nach § 7, auf das Aufsuchen, Gewinnen oder Aufbereiten von radioaktiven Bodenschätzen anzuwenden, da diese Tätigkeiten als Umgang mit radioaktiven Stoffen gelten.

Nicht anzuwenden sind die Vorschriften der Strahlenschutzverordnung auf die so genannten Nachsorgefälle. Das sind Fälle, bei denen es darum geht, Gefahren durch ionisierende Strahlung bei Fund, Verlust oder Missbrauch radioaktiver Stoffe abzuwehren. Es handelt dabei nicht um einen Umgang im Sinne der Strahlenschutzverordnung. In diesen Fällen sind die Vorschriften des Polizei- und Ordnungsrechts anzuwenden (vgl. auch Kommentierung zu § 71).

Zu den Tätigkeiten, bei denen die Vorschriften der Strahlenschutzverordnung anzuwenden sind, gehören auch diejenigen, die in der Regel im Zusammenhang mit kerntechnischen Einrichtungen relevant sind, wie die Verwahrung und Aufbewahrung, die Bearbeitung, Verarbeitung und sonstige Verwendung von Kernbrennstoffen, die Errichtung, der Betrieb, die sonstige Innehabung, die Stilllegung, der sichere Einschluss einer Anlage sowie der Abbau einer Anlage oder von Anlageteilen. Außerdem betreffen diese Vorschriften auch das Errichten und den Betrieb von Anlagen zur Sicherstellung und Endlagerung radioaktiver Abfälle. Die Voraussetzungen für die Genehmigung dieser **Tätigkeiten** ergeben sich allerdings aus dem Atomgesetz selbst.

Auch zu den Tätigkeiten gehören die Errichtung und der Betrieb von Einrichtungen zur Erzeugung ionisierender Strahlen mit einer Teilchen- oder Photonengrenzenergie von mindestens 5 Kiloelektronvolt nach § 11 Abs. 1 Nr. 2 Atomgesetz, soweit es sich nicht um Röntgeneinrichtungen und Störstrahler handelt, die dem Anwendungsbereich der Röntgenverordnung unterliegen.

Der Anwendungsbereich der Röntgenverordnung [RöV] regelt, dass die Röntgenverordnung für alle Röntgeneinrichtungen und Störstrahler gilt, in denen **Röntgenstrahlung** mit einer Grenzenergie von mindestens 5 Kiloelektronvolt durch beschleunigte Elektronen erzeugt werden kann und bei denen die Beschleunigung der Elektronen auf 1 Megavolt begrenzt ist.

Aus dieser Formulierung folgt, dass es sich immer dann um Tätigkeiten nach dem Anwendungsbereich der Strahlenschutzverordnung handelt, wenn Einrichtungen zur Erzeugung ionisierender Strahlen betrieben werden, bei denen die Beschleunigung der Elektronen 1 Megaelektronvolt überschreiten kann oder bei denen andere Teilchen als Elektronen beschleunigt werden.

Der zweckgerichtete Zusatz von radioaktiven Stoffen war in der Strahlenschutzverordnung von 1989 [STR] zwar nicht explizit im sachlichen Geltungsbereich erwähnt, dort grundsätzlich allerdings in § 4 Abs. 4 enthalten. Die Neufassung der Strahlenschutzverordnung konkretisiert insoweit nur, dass der zweckgerichtete Zusatz von radioaktiven Stoffen zu Konsumgütern und zu Arzneimitteln im Sinne des Arzneimittelgesetzes den **Tätigkeiten** zuzuordnen ist. Das gilt auch für die Aktivierung dieser Güter, deren grenzüberschreitende Verbringung oder deren erstmaligen Erwerb und deren Abgabe an andere. Der Begriff Konsumgüter ist in § 3 der Neufassung der Strahlenschutzverordnung definiert.

Anwendungsbereich Arbeiten

Auf Grund des Artikels 2 Abs. 2 der Richtlinie 96/29/EURATOM (EURATOM-Grundnormen) [EU 1] wurde der Bereich **Arbeiten** neu in den Anwendungsbereich der Strahlenschutzverordnung aufgenommen. Unter Arbeiten sind die Handlungen zu verstehen, die die **Strahlenexposition** oder die **Kontamination erhöhen** können, ohne aber Tätigkeiten in dem oben beschriebenen Sinne zu sein.

Von Arbeiten im Sinne der Strahlenschutzverordnung muss immer dann ausgegangen werden, wenn eine Erhöhung der Strahlenexposition oder der Kontamination durch Handlungen, die in den Begriffsbestimmungen des § 3 beschrieben sind, eintreten können. In den speziellen Vorschriften der Strahlenschutzverordnung, die sich auf Arbeiten beziehen, werden die Pflichten des Arbeitgebers aber auf bestimmte Arbeitsfelder eingeschränkt. Neben dem Schutz für das fliegende Personal vor Expositionen durch kosmische Strahlung handelt es sich um die Anforderungen bei terrestrischer Strahlung an Arbeitsplätzen, die sich bei natürlich vorkommenden radioaktiven Stoffen in den Arbeitsfeldern ergeben, die in Anlage XI zur Strahlenschutzverordnung zusammengestellt sind.

Nicht speziell aufgeführt im Anwendungsbereich sind die Beschäftigungen, die in fremden Anlagen oder Einrichtungen erfolgen. Da die Strahlenexposition von Personen, die in fremden Anlagen oder Einrichtungen beschäftigt werden, aus dem Umgang mit radioaktiven Stoffen, der Beschäftigung in einer Einrichtung, die einer Genehmigung nach Atomgesetz bedarf (Verwahrung und Aufbewahrung von Kernbrennstoffen, Errichtung, Betrieb, Stilllegung, Einschluss von Anlagen usw.), oder dem Betrieb von Anlagen zur Erzeugung ionisierender Strahlen resultiert, folgt zwangsläufig, dass die Umsetzung der Richtlinie 90/641/EURATOM (Richtlinie über den Schutz externer Arbeitskräfte, die einer Gefährdung durch ionisierende Strahlungen beim Einsatz in Kontrollbereichen ausgesetzt sind) [EU 3] mit dem Anwendungsbereich der Strahlenschutzverordnung geregelt wird.

In Absatz 2 ist abschließend aufgeführt, welche Bereiche nicht von der Strahlenschutzverordnung geregelt werden.

§ 3 Begriffsbestimmungen

(1) Für die Systematik und Anwendung dieser Verordnung wird zwischen Tätigkeiten und Arbeiten unterschieden.

1. Tätigkeiten sind:

   a) der Betrieb von Anlagen zur Erzeugung von ionisierenden Strahlen,

   b) der Zusatz von radioaktiven Stoffen bei der Herstellung bestimmter Produkte oder die Aktivierung dieser Produkte,

c) sonstige Handlungen, die die Strahlenexposition oder Kontamination erhöhen können,

   aa) weil sie mit künstlich erzeugten radioaktiven Stoffen erfolgen oder

   bb) weil sie mit natürlich vorkommenden radioaktiven Stoffen erfolgen, und diese Handlungen aufgrund der Radioaktivität dieser Stoffe oder

   zur Nutzung dieser Stoffe als Kernbrennstoff oder zur Erzeugung von Kernbrennstoff durchgeführt werden,

2. Arbeiten sind:

   Handlungen, die, ohne Tätigkeit zu sein, bei natürlich vorkommender Radioaktivität die Strahlenexposition oder Kontamination erhöhen können

   a) im Zusammenhang mit der Aufsuchung, Gewinnung, Erzeugung, Lagerung, Bearbeitung, Verarbeitung und sonstigen Verwendung von Materialien,

   b) soweit sie mit Materialien erfolgen, die bei betrieblichen Abläufen anfallen, soweit diese Handlungen nicht bereits unter Buchstabe a fallen,

   c) im Zusammenhang mit der Verwertung oder Beseitigung von Materialien, die durch Handlungen nach Buchstabe a oder b anfallen,

   d) durch dabei einwirkende natürliche terrestrische Strahlungsquellen, insbesondere von Radon-222 und Radonzerfallsprodukten, soweit diese Handlungen nicht bereits unter Buchstaben a bis c fallen und nicht zu einem unter Buchstabe a genannten Zweck erfolgen, oder

   e) im Zusammenhang mit der Berufsausübung des fliegenden Personals in Flugzeugen.

   Nicht als Arbeiten im Sinne dieser Verordnung gelten die landwirtschaftliche, forstwirtschaftliche oder bautechnische Bearbeitung der Erdoberfläche, soweit diese Handlungen nicht zum Zwecke der Entfernung von Verunreinigungen nach § 101 erfolgen.

(2) Im Sinne dieser Verordnung sind im Übrigen:

1. Abfälle:

   a) radioaktive Abfälle:
   Radioaktive Stoffe im Sinne des § 2 Abs. 1 des Atomgesetzes, die nach § 9a des Atomgesetzes geordnet beseitigt werden müssen, ausgenommen Ableitungen im Sinne des § 47;

   b) Behandlung radioaktiver Abfälle:
   Verarbeitung von radioaktiven Abfällen zu Abfallprodukten (z.B. durch Verfestigen, Einbinden, Vergießen oder Trocknen);

   c) Abfallgebinde:
   Einheit aus Abfallprodukt, auch mit Verpackung, und Abfallbehälter;

   d) Abfallprodukt:
   verarbeiteter radioaktiver Abfall ohne Verpackung und Abfallbehälter;

2. Ableitung:
   Abgabe flüssiger, aerosolgebundener oder gasförmiger radioaktiver Stoffe aus Anlagen und Einrichtungen auf hierfür vorgesehenen Wegen;

3. Aktivität, spezifische:
   Verhältnis der Aktivität eines Radionuklids zur Masse des Materials, in dem das Radionuklid verteilt ist. Bei festen radioaktiven Stoffen ist die Bezugsmasse für die Bestimmung der spezi-

fischen Aktivität die Masse des Körpers oder Gegenstandes, mit dem die Radioaktivität bei vorgesehener Anwendung untrennbar verbunden ist. Bei gasförmigen radioaktiven Stoffen ist die Bezugsmasse die Masse des Gases oder Gasgemisches;

4. Aktivitätskonzentration:
   Verhältnis der Aktivität eines Radionuklids zum Volumen des Materials, in dem das Radionuklid verteilt ist;

5. Anlagen:
   Anlagen im Sinne dieser Verordnung sind Anlagen im Sinne der §§ 7 und 9a Abs. 3 Satz 1 Halbsatz 2 des Atomgesetzes sowie Anlagen zur Erzeugung ionisierender Strahlen im Sinne des § 11 Abs. 1 Nr. 2 des Atomgesetzes, die geeignet sind, Photonen oder Teilchenstrahlung gewollt oder ungewollt zu erzeugen (insbesondere Elektronenbeschleuniger, Ionenbeschleuniger, Plasmaanlagen);

6. Bestrahlungsvorrichtung:
   Gerät mit Abschirmung, das umschlossene radioaktive Stoffe enthält oder Bestandteil von Anlagen zur Spaltung von Kernbrennstoffen ist und das zeitweise durch Öffnen der Abschirmung oder Ausfahren dieser radioaktiven Stoffe ionisierende Strahlung aussendet,

   a) die im Zusammenhang mit der Anwendung am Menschen oder am Tier in der Tierheilkunde verwendet wird oder

   b) mit der zu anderen Zwecken eine Wirkung in den zu bestrahlenden Objekten hervorgerufen werden soll und bei dem die Aktivität 2×10^{13} Becquerel überschreitet;

7. Betriebsgelände:
   Grundstück, auf dem sich Anlagen oder Einrichtungen befinden und zu dem der Zugang oder auf dem die Aufenthaltsdauer von Personen durch den Strahlenschutzverantwortlichen beschränkt werden können;

8. Dekontamination:
   Beseitigung oder Verminderung einer Kontamination;

9. Dosis:

   a) Aquivalentdosis:
   Produkt aus der Energiedosis (absorbierte Dosis) im ICRU-Weichteilgewebe und dem Qualitätsfaktor der Veröffentlichung Nr. 51 der International Commission on Radiation Units and Measurements (ICRU report 51, ICRU Publications, 7910 Woodmont Avenue, Suite 800, Bethesda, Maryland 20814, USA). Beim Vorliegen mehrerer Strahlungsarten und -energien ist die gesamte Aquivalentdosis die Summe ihrer ermittelten Einzelbeiträge;

   b) effektive Dosis:
   Summe der gewichteten Organdosen in den in Anlage VI Teil C angegebenen Geweben oder Organen des Körpers durch äußere oder innere Strahlenexposition;

   c) Körperdosis:
   Sammelbegriff für Organdosis und effektive Dosis. Die Körperdosis für einen Bezugszeitraum (z.B. Kalenderjahr, Monat) ist die Summe aus der durch äußere Strahlenexposition während dieses Bezugszeitraums erhaltenen Dosis und der Folgedosis, die durch eine während dieses Bezugszeitraums stattfindende Aktivitätszufuhr bedingt ist;

   d) Organdosis:
   Produkt aus der mittleren Energiedosis in einem Organ, Gewebe oder Körperteil und dem Strahlungs-Wichtungsfaktor nach Anlage VI Teil C. Beim Vorliegen mehrerer Strahlungsar-

ten und -energien ist die Organdosis die Summe der nach Anlage VI Teil B ermittelten Einzelbeiträge durch äußere oder innere Strahlenexposition;

- e) Ortsdosis:
  Äquivalentdosis, gemessen mit den in Anlage VI Teil A angegebenen Messgrößen an einem bestimmten Ort;
- f) Ortsdosisleistung:
  In einem bestimmten Zeitintervall erzeugte Ortsdosis, dividiert durch die Länge des Zeitintervalls;
- g) Personendosis:
  Äquivalentdosis, gemessen mit den in Anlage VI Teil A angegebenen Messgrößen an einer für die Strahlenexposition repräsentativen Stelle der Körperoberfläche;

10. Einrichtungen:
    Gebäude, Gebäudeteile oder einzelne Räume, in denen nach den §§ 5, 6 oder 9 des Atomgesetzes oder nach § 7 dieser Verordnung mit radioaktiven Stoffen umgegangen oder nach § 11 Abs. 2 eine Anlage zur Erzeugung ionisierender Strahlung betrieben wird;

11. Einwirkungsstelle, ungünstigste:
    Stelle in der Umgebung einer Anlage oder Einrichtung, bei der aufgrund der Verteilung der abgeleiteten radioaktiven Stoffe in der Umwelt unter Berücksichtigung realer Nutzungsmöglichkeiten durch Aufenthalt oder durch Verzehr dort erzeugter Lebensmittel die höchste Strahlenexposition der Referenzperson zu erwarten ist;

12. Einzelpersonen der Bevölkerung:
    Mitglieder der allgemeinen Bevölkerung, die weder beruflich strahlenexponierte Personen sind noch medizinisch oder als helfende Person exponiert sind;

13. Expositionspfad:
    Weg der radioaktiven Stoffe von der Ableitung aus einer Anlage oder Einrichtung über einen Ausbreitungs- oder Transportvorgang bis zu einer Strahlenexposition des Menschen;

14. Forschung, medizinische:
    Anwendung radioaktiver Stoffe oder ionisierender Strahlung am Menschen, soweit sie der Fortentwicklung der Heilkunde oder der medizinischen Wissenschaft und nicht in erster Linie der Untersuchung oder Behandlung des einzelnen Patienten dient;

15. Freigabe:
    Verwaltungsakt, der die Entlassung radioaktiver Stoffe sowie beweglicher Gegenstände, von Gebäuden, Bodenflächen, Anlagen oder Anlagenteilen, die aktiviert oder mit radioaktiven Stoffen kontaminiert sind und die aus Tätigkeiten nach § 2 Abs. 1 Nr. 1 Buchstabe a, c oder d stammen, aus dem Regelungsbereich
    - a) des Atomgesetzes und
    - b) darauf beruhender Rechtsverordnungen sowie verwaltungsbehördlicher Entscheidungen zur Verwendung, Verwertung, Beseitigung, Innehabung oder zu deren Weitergabe an Dritte als nicht radioaktive Stoffe bewirkt;

16. Freigrenzen:
    Werte der Aktivität und spezifischen Aktivität radioaktiver Stoffe nach Anlage III Tabelle 1 Spalte 2 und 3, bei deren Überschreitung Tätigkeiten mit diesen radioaktiven Stoffen der Überwachung nach dieser Verordnung unterliegen;

Teil 1: Allgemeine Vorschriften

17. Indikation, rechtfertigende:
Entscheidung eines Arztes mit der erforderlichen Fachkunde im Strahlenschutz, dass und in welcher Weise radioaktive Stoffe oder ionisierende Strahlung am Menschen in der Heilkunde oder Zahnheilkunde angewendet werden;

18. Konsumgüter:
Für den Endverbraucher bestimmte Bedarfsgegenstände im Sinne des Lebensmittel- und Bedarfsgegenständegesetzes sowie Güter und Gegenstände des täglichen Gebrauchs zur Verwendung im häuslichen und beruflichen Bereich, ausgenommen Baustoffe und bauartzugelassene Vorrichtungen, in die sonstige radioaktive Stoffe nach § 2 Abs. 1 des Atomgesetzes eingefügt sind;

19. Kontamination:
Verunreinigung mit radioaktiven Stoffen

 a) Oberflächenkontamination:
 Verunreinigung einer Oberfläche mit radioaktiven Stoffen, die die nicht festhaftende, die festhaftende und die über die Oberfläche eingedrungene Aktivität umfasst. Die Einheit der Messgröße der Oberflächenkontamination ist die flächenbezogene Aktivität in Becquerel pro Quadratzentimeter;

 b) Oberflächenkontamination, nicht festhaftende:
 Verunreinigung einer Oberfläche mit radioaktiven Stoffen, bei denen eine Weiterverbreitung der radioaktiven Stoffe nicht ausgeschlossen werden kann;

20. Materialien:
Stoffe, die natürlich vorkommende Radionuklide enthalten oder mit solchen Stoffen kontaminiert sind. Dabei bleiben für diese Begriffsbestimmung natürliche und künstliche Radionuklide, die Gegenstand von Tätigkeiten sind oder waren, oder aus Ereignissen nach § 51 Abs. 1 Satz 1 stammen, unberücksichtigt. Ebenso bleiben Kontaminationen in der Umwelt aufgrund von Kernwaffenversuchen und kerntechnischen Unfällen außerhalb des Geltungsbereiches dieser Verordnung unberücksichtigt;

21. Medizinphysik-Experte:
In medizinischer Physik besonders ausgebildeter Diplom-Physiker mit der erforderlichen Fachkunde im Strahlenschutz oder eine inhaltlich gleichwertig ausgebildete sonstige Person mit Hochschul- oder Fachhochschulabschluss und mit der erforderlichen Fachkunde im Strahlenschutz;

22. Notstandssituation, radiologische:
Situation im Sinne des Artikels 2 der Richtlinie 89/618/EURATOM vom 27. November 1989 (Richtlinie des Rates vom 27. November 1989 über die Unterrichtung der Bevölkerung über die bei einer radiologischen Notstandssituation geltenden Verhaltensmaßregeln und zu ergreifenden Gesundheitsschutzmaßnahmen; ABl. EG Nr. L 357 S. 31), die auf den Bevölkerungsgrenzwert von 5 Millisievert im Kalenderjahr der Richtlinie 80/836/EURATOM vom 15. Juli 1980 (Richtlinie des Rates vom 15. Juli 1980 zur Änderung der Richtlinien, mit denen die Grundnormen für den Gesundheitsschutz der Bevölkerung und der Arbeitskräfte gegen die Gefahren ionisierender Strahlungen festgelegt wurden; ABl. EG Nr. L 246 S. 1) verweist;

23. Person, beruflich strahlenexponierte:
Beruflich strahlenexponierte Person im Sinne dieser Verordnung ist

 a) im Bereich der Tätigkeiten diejenige der Kategorie A oder B des § 54, und

 b) im Bereich der Arbeiten diejenige, für die die Abschätzung nach § 95 Abs. 1 ergeben hat, dass die effektive Dosis im Kalenderjahr 6 Millisievert überschreiten kann, oder für die die Ermittlung nach § 103 Abs. 1 ergeben hat, dass die effektive Dosis im Kalenderjahr 1 Millisievert überschreiten kann;

24. Person, helfende:
Person, die außerhalb ihrer beruflichen Tätigkeit freiwillig oder mit Einwilligung ihres gesetzlichen Vertreters Personen unterstützt oder betreut, an denen in Ausübung der Heilkunde oder Zahnheilkunde oder im Rahmen der medizinischen Forschung radioaktive Stoffe oder ionisierende Strahlung angewandt werden;

25. Referenzperson:
Normperson, von der bei der Ermittlung der Strahlenexposition nach § 47 ausgegangen wird. Die Annahmen zur Ermittlung der Strahlenexposition dieser Normperson (Lebensgewohnheiten und übrige Annahmen für die Dosisberechnung) sind in Anlage VII festgelegt;

26. Referenzwerte, diagnostische:

   a) Dosiswerte bei medizinischer Anwendung ionisierender Strahlung oder

   b) empfohlene Aktivitätswerte bei medizinischer Anwendung radioaktiver Arzneimittel, für typische Untersuchungen, bezogen auf Standardphantome oder auf Patientengruppen mit Standardmaßen, für einzelne Gerätekategorien;

27. Rückstände:
Materialien, die in den in Anlage XII Teil A genannten industriellen und bergbaulichen Prozessen anfallen und die dort genannten Voraussetzungen erfüllen;

28. Störfall:
Ereignisablauf, bei dessen Eintreten der Betrieb der Anlage oder die Tätigkeit aus sicherheitstechnischen Gründen nicht fortgeführt werden kann und für den die Anlage auszulegen ist oder für den bei der Tätigkeit vorsorglich Schutzvorkehrungen vorzusehen sind. § 7 Abs. 2a des Atomgesetzes bleibt unberührt;

29. Stoffe, offene und umschlossene radioaktive:

   a) Stoffe, offene radioaktive:
   Alle radioaktiven Stoffe mit Ausnahme der umschlossenen radioaktiven Stoffe;

   b) Stoffe, umschlossene radioaktive:
   Radioaktive Stoffe, die ständig von einer allseitig dichten, festen, inaktiven Hülle umschlossen oder in festen inaktiven Stoffen ständig so eingebettet sind, dass bei üblicher betriebsmäßiger Beanspruchung ein Austritt radioaktiver Stoffe mit Sicherheit verhindert wird; eine Abmessung muss mindestens 0,2 cm betragen;

30. Strahlenexposition:
Einwirkung ionisierender Strahlung auf den menschlichen Körper. Ganzkörperexposition ist die Einwirkung ionisierender Strahlung auf den ganzen Körper, Teilkörperexposition ist die Einwirkung ionisierender Strahlung auf einzelne Organe, Gewebe oder Körperteile. Äußere Strahlenexposition ist die Einwirkung durch Strahlungsquellen außerhalb des Körpers, innere Strahlenexposition ist die Einwirkung durch Strahlungsquellen innerhalb des Körpers;

31. Strahlenexposition, berufliche:
Die Strahlenexposition einer Person, die

   a) zum Ausübenden einer Tätigkeit nach § 2 Abs. 1 Nr. 1 oder einer Arbeit nach § 2 Abs. 1 Nr. 2 in einem Beschäftigungs- oder Ausbildungsverhältnis steht oder diese Tätigkeit oder Arbeit selbst ausübt,

   b) eine Aufgabe nach § 19 oder § 20 des Atomgesetzes oder nach § 66 dieser Verordnung wahrnimmt, oder

c) im Rahmen des § 15 oder § 95 dieser Verordnung in fremden Anlagen, Einrichtungen oder Betriebsstätten beschäftigt ist, dort eine Aufgabe nach § 15 selbst wahrnimmt oder nach § 95 eine Arbeit selbst ausübt.

Eine nicht mit der Berufsausübung zusammenhängende Strahlenexposition bleibt dabei unberücksichtigt;

32. Strahlenexposition, medizinische:

   a) Exposition einer Person im Rahmen ihrer Untersuchung oder Behandlung in der Heilkunde oder Zahnheilkunde (Patient),

   b) Exposition einer Person, an der mit ihrer Einwilligung oder mit Einwilligung ihres gesetzlichen Vertreters radioaktive Stoffe oder ionisierende Strahlung in der medizinischen Forschung angewendet werden (Proband);

33. Strahlenschutzbereiche:
Überwachungsbereich, Kontrollbereich und Sperrbereich als Teil des Kontrollbereichs;

34. Umgang mit radioaktiven Stoffen:
Gewinnung, Erzeugung, Lagerung, Bearbeitung, Verarbeitung, sonstige Verwendung und Beseitigung von radioaktiven Stoffen im Sinne des § 2 des Atomgesetzes, soweit es sich nicht um Arbeiten handelt, sowie der Betrieb von Bestrahlungsvorrichtungen; als Umgang gilt auch die Aufsuchung, Gewinnung und Aufbereitung von radioaktiven Bodenschätzen im Sinne des Bundesberggesetzes;

35. Unfall:
Ereignisablauf, der für eine oder mehrere Personen eine effektive Dosis von mehr als 50 Millisievert zur Folge haben kann;

36. Verbringung:

   a) Einfuhr in den Geltungsbereich dieser Verordnung aus einem Staat, der nicht Mitgliedstaat der Europäischen Gemeinschaften ist,

   b) Ausfuhr aus dem Geltungsbereich dieser Verordnung in einen Staat, der nicht Mitgliedstaat der Europäischen Gemeinschaften ist, oder

   c) grenzüberschreitender Warenverkehr aus einem Mitgliedstaat der Europäischen Gemeinschaften in den Geltungsbereich dieser Verordnung oder in einen Mitgliedstaat der Europäischen Gemeinschaften aus dem Geltungsbereich dieser Verordnung;

37. Vorsorge, arbeitsmedizinische:
Ärztliche Untersuchung, gesundheitliche Beurteilung und Beratung einer beruflich strahlenexponierten Person durch einen Arzt nach § 64 Abs. 1 Satz 1.

38. Zusatz radioaktiver Stoffe:
Zweckgerichteter Zusatz von Radionukliden zu Stoffen zur Erzeugung besonderer Eigenschaften, wenn

   a) der Zusatz künstlich erzeugter Radionuklide zu Stoffen dazu führt, dass die spezifische Aktivität im Produkt 500 Mikrobecquerel je Gramm überschreitet, oder

   b) der Zusatz natürlich vorkommender Radionuklide dazu führt, dass deren spezifische Aktivität im Produkt ein Fünftel der Freigrenzen der Anlage III Tabelle 1 Spalte 3 überschreitet.

Es ist unerheblich, ob der Zusatz aufgrund der Radioaktivität oder aufgrund anderer Eigenschaften erfolgt.

Kommentierung § 3

Die Begriffsbestimmungen der in der Verordnung gebrauchten Termini technici stellen eine einheitliche Sprachregelung sicher. Die Detailregelungen, die mit den Begriffsbestimmungen verbunden sind, entlasten die Paragraphen von unnötigem Erklärungsbedarf.

Die Aufnahme der Begriffsbestimmungen in den Verordnungstext selbst begründet deren Verbindlichkeit für den Vollzug der Verordnung.

Gegenüber Anlage I des Verordnungstextes von 1989 [STR] weist § 3 einige Änderungen auf: Neben einer redaktionellen Überarbeitung, verursacht durch Auslegungsschwierigkeiten der früheren Anlage I, sind einige Begriffe weggefallen, andere in den Verordnungstext selbst aufgenommen, wieder andere sind der Richtlinie 96/29/EURATOM [EU 1] (Titel I, Begriffsbestimmungen) und der Richtlinie 97/43/EURATOM [EU 4] (Artikel 2, Begriffsbestimmungen) entnommen worden.

Die Termini technici und deren Definition sprechen für sich selbst. Ihre gesonderte Kommentierung ist deshalb entbehrlich. Geschah sie innerhalb der jeweiligen Kommentierung zu den einzelnen Vorschriften doch, so erschien dies den Kommentatoren der Verdeutlichung des Zusammenhangs wegen sinnvoll.

Folgende Bemerkungen erscheinen wesentlich:

- Unterschieden wird in der neuen StrlSchV zwischen „Arbeiten" (Handlungen, Berufsausübungen, ohne Tätigkeit zu sein, mit möglichen Expositionen oder Kontaminationen durch natürlich vorkommende Radioaktivität z.B. durch terrestrische oder kosmische Strahlenquellen) und „Tätigkeiten" z.B. im Sinne § 2 Abs. 1 Nr. 1 dieser Verordnung (Abs. 1 Nr. 1, 2).

- Die Abfalldefinition ist differenzierter gefasst (Definition, Behandlung, Gebinde, Produkt). Ableitungen radioaktiver Stoffe mit Luft und Wasser nach § 47 sind keine radioaktiven Abfälle (Abs. 2 Nr. 1, 2).

- Die „Ableitung" radioaktiver Stoffe im Sinne des § 47 StrlSchV wurde in die Begriffsliste neu aufgenommen (Abs. 2 Nr. 2).

- „Spezifische Aktivität" und „Aktivitätskonzentration" sind detaillierter definiert (Abs. 2 Nr. 3, 4).

- Wichtig im Zusammenhang mit den §§ 46 und 47 ist der Begriff des „Betriebsgeländes", wo die Aufenthaltsdauer von Personen beschränkt werden kann, in der Regel auf 40 h/Woche (Abs. 2 Nr. 7). In diesem Zusammenhang muss auch der neu eingeführte Begriff „Einrichtungen" gesehen werden (Abs. 2 Nr. 10), der für Gebäude oder Räume steht, in denen mit radioaktiven Stoffen umgegangen wird oder in denen Einrichtungen betrieben werden.

- Ein weites Feld für Begriffsdefinitionen sind die Dosisgrößen (effektive Dosis, Körperdosis, Organdosis, Ortsdosis und Personendosis), die – vor allem, was die neuen Dosisbegriffe betrifft (z.B. Umgebungs-Äquivalentdosis) – in Anlage VI ausführlich beschrieben sind (Abs. 2 Nr. 9) [DIN 10].

- Die so genannte „Einzelperson der Bevölkerung" ist ein neuer Begriff in der StrlSchV (Abs. 2 Nr. 12).

- Neu aufgenommen in den § 3 Abs. 2 sind die Begriffe „medizinische Forschung" (Nr. 14), „Freigabe" (Nr. 15) bzw. „Freigrenzen" (Nr. 16). Sie sind so bedeutend, dass sie in der StrlSchV in speziellen Abschnitten (Teil 2 Kapitel 4 Abschn. 2 und Teil 2 Kapitel 2 Abschn. 9) bzw. Paragraphen (z.B. § 8) behandelt werden.

- Für die medizinische Anwendung bedeutsam ist der Begriff „rechtfertigende Indikation" (Abs. 2 Nr. 17).

- Neu ist auch die Einführung der Definition „Konsumgüter" im Zusammenhang mit der Forderung nach dem Schutz des Verbrauchers beim Zusatz radioaktiver Stoffe in Produkten (Teil 4 der StrlSchV) (Abs. 2 Nr. 18).

- Die Definition des Begriffes „Kontamination" wurde durch den Begriff „Oberflächenkontamination" erweitert (Abs. 2 Nr. 19).

- In die neue StrlSchV hat man im Teil 3 ein besonderes Kapitel (Kap. 3) zum Schutz der Bevölkerung vor zivilisatorisch bedingten Expositionen durch natürliche radioaktive Stoffe eingeführt. Im Zusammenhang damit wird der Begriff „Materialien" verwendet (§ 97 Abs. 2 und Anlage XII) (Abs. 2 Nr. 20).

- Aus der Richtlinie 97/43 EURATOM [EU 4] stammen die Begriffe „Medizinphysik-Experte" (Abs. 2 Nr. 21) und „diagnostische Referenzwerte" (Abs. 2 Nr. 26), die in den Bestimmungen der neuen StrlSchV zur Anwendung ionisierender Strahlung auf den Menschen (z.B. § 9 Abs. 3, § 14 Abs. 2, § 81 Abs. 2) enthalten sind. Im Zusammenhang mit dem Begriff „Medizinphysik-Experte" ist es wichtig, zu bemerken, dass es sich *nicht* unbedingt um einen Diplom-Physiker handeln muss, sondern dass die Ausbildung in medizinischer Physik oder eine inhaltlich gleichwertige Ausbildung im Vordergrund steht und dass die erforderliche Fachkunde im Strahlenschutz vorhanden sein muss [RL 2].

- In § 3 Abs. 2 sind die Begriffe „Strahlenexposition" (Nr. 30), der „Umgang mit radioaktiven Stoffen" (Nr. 34) und der „Unfall" (Nr. 35) begrifflich neu gefasst. Der Begriff „Störfall" dagegen ist unverändert übernommen worden (Nr. 28).

- Im Zusammenhang mit der Ein- und Ausfuhr („grenzüberschreitende Verbringung") radioaktiver Stoffe (§§ 19 bis 22) wurde der Begriff „Verbringung" definiert (Abs. 2 Nr. 36).

- Teil 3 (Schutz von Mensch und Umwelt vor natürlichen Strahlungsquellen bei Arbeiten) enthält das Kapitel 3 (Schutz der Bevölkerung bei natürlich vorkommenden radioaktiven Stoffen). Dort spielt der Begriff „Rückstände" eine wesentliche Rolle (Abs. 2 Nr. 27).

- Im Zusammenhang mit dem Schutz des Verbrauchers beim Zusatz radioaktiver Stoffe in Produkten (Teil 4) ist der „(zweckgerichtete) Zusatz radioaktiver Stoffe" (Definition Abs. 2 Nr. 38) genehmigungspflichtig (§ 106 Abs. 1). Die Bedingung des § 3 Abs. 2 Nr. 38 Buchstabe b ist bei beispielsweise für Th_{nat} bei einer spezifischen Aktivität von > 0,2 Bq/g gegeben.

Teil 2: Zielgerichtete Nutzung radioaktiver Stoffe oder ionisierender Strahlung bei Tätigkeiten

§ 4 Rechtfertigung

(1) Neue Arten von Tätigkeiten, die unter § 2 Abs. 1 Nr. 1 fallen würden, mit denen Strahlenexpositionen oder Kontaminationen von Mensch und Umwelt verbunden sein können, müssen unter Abwägung ihres wirtschaftlichen, sozialen oder sonstigen Nutzens gegenüber der möglicherweise von ihnen ausgehenden gesundheitlichen Beeinträchtigung gerechtfertigt sein. Die Rechtfertigung bestehender Arten von Tätigkeiten kann überprüft werden, sobald wesentliche neue Erkenntnisse über den Nutzen oder die Auswirkungen der Tätigkeit vorliegen.

(2) Medizinische Strahlenexpositionen im Rahmen der Heilkunde, Zahnheilkunde oder der medizinischen Forschung müssen einen hinreichenden Nutzen erbringen, wobei ihr Gesamtpotenzial an diagnostischem oder therapeutischem Nutzen, einschließlich des unmittelbaren gesundheitlichen Nutzens für den Einzelnen und des Nutzens für die Gesellschaft, abzuwägen ist gegenüber der von der Strahlenexposition möglicherweise verursachten Schädigung des Einzelnen.

(3) Welche Arten von Tätigkeiten nach den Absätzen 1 und 2 nicht gerechtfertigt sind, wird durch gesonderte Rechtsverordnung nach § 12 Abs. 1 Satz 1 Nr. 1 des Atomgesetzes bestimmt.

Kommentierung § 4

Artikel 6 Abs. 1 der EURATOM-Grundnormen [EU 1] verpflichtet die Mitgliedstaaten, sicherzustellen, dass alle neuen Tätigkeiten, bei denen es zu Expositionen durch ionisierende Strahlung kommt, vor ihrer erstmaligen Genehmigung durch Abwägung ihres wirtschaftlichen, sozialen oder sonstigen Nutzens gegenüber der möglicherweise von ihnen ausgehenden gesundheitlichen Beeinträchtigung gerechtfertigt sind.

Um in den Fällen, in denen eine Genehmigung nach den §§ 7 oder 11 (Umgangs- oder Betriebsgenehmigung) beantragt wird, nicht in jedem Einzelfall eine Prüfung der Rechtfertigung durchführen zu müssen, die ggf. zu unterschiedlichen Ergebnissen zwischen den einzelnen Genehmigungsbehörden führt, ist festgelegt, dass in einer gesonderten Rechtsverordnung nach § 12 Abs. 1 AtG *nicht* gerechtfertigte *neue* Arten von Tätigkeiten bestimmt werden. Diese Rechtsverordnung soll konkrete Einzelfälle enthalten. Die für den Strahlenschutz zuständigen obersten Landesbehörden werden hierbei regelmäßig einbezogen, da die Zustimmung des Bundesrates für diese Verwaltungsvorschriften grundsätzlich erforderlich ist.

Um eine neue Art von Tätigkeiten könnte es sich beispielsweise handeln, wenn Materialprüfungen an speziellen Systemen (z.B. Wasserrohrleitungssystemen) zukünftig mit offenen radioaktiven Stoffen durchgeführt werden sollen.

Auch bestehende Arten von Tätigkeiten können auf ihre Rechtfertigung hin überprüft werden. Voraussetzung hierfür ist, dass wesentliche neue Erkenntnisse über den Nutzen oder die Auswirkung einer bestehenden Art einer Tätigkeit vorliegen. Ein Beispiel ist die Radiumtherapie im gynäkologischen Bereich. Sofern festgestellt wird, dass eine bestehende Art einer Tätigkeit nicht mehr gerechtfertigt ist, ist diese Art der Tätigkeit nicht mehr genehmigungsfähig.

Teil 2: Zielgerichtete Nutzung radioaktiver Stoffe oder ionisierender Strahlung

Welche Arten von Tätigkeiten nicht mehr gerechtfertigt sind, kann in der oben beschriebenen Weise festgelegt werden.

Grundsätzlich gilt aber, dass im Einzelfall bereits erteilte Genehmigungen auf Grund einer Feststellung, dass eine bestimmte Art einer Tätigkeit nicht mehr gerechtfertigt ist, nicht unwirksam werden. Für diese Fälle gilt weiterhin das Instrumentarium von Rücknahme, Widerruf und Anordnung.

Neben der generellen Regelung des Absatzes 1, dass Tätigkeiten gerechtfertigt sein müssen, regelt Absatz 2 auch die Rechtfertigung im Rahmen der Heilkunde, Zahnheilkunde oder der medizinischen Forschung. Hier gilt als Grundsatz, dass eine Abwägung zwischen dem Nutzen (für den Einzelnen und für die Gesellschaft) und der von der Strahlenexposition möglicherweise verursachten Schädigung des Einzelnen erfolgen muss. Zusätzlich muss bei der medizinischen Anwendung in jedem Einzelfall die in § 80 vorgeschriebene rechtfertigende Indikation erfolgen.

§ 5 Dosisbegrenzung

Wer eine Tätigkeit nach § 2 Abs. 1 Nr. 1 Buchstabe a bis d plant, ausübt oder ausüben lässt, ist verpflichtet, dafür zu sorgen, dass die Dosisgrenzwerte der §§ 46, 47, 55, 56 und 58 nicht überschritten werden. Die Grenzwerte der effektiven Dosis im Kalenderjahr betragen nach § 46 Abs. 1 für den Schutz von Einzelpersonen der Bevölkerung 1 Millisievert und nach § 55 Abs. 1 Satz 1 für den Schutz beruflich strahlenexponierter Personen bei deren Berufsausübung 20 Millisievert.

Kommentierung § 5

Ganz bewusst sind grundsätzliche Strahlenschutzaspekte, wie Rechtfertigung, Dosisbegrenzung, Vermeidung und Minimierung, an den Anfang der StrlSchV gesetzt worden. Für alle in § 2 Abs. 1 Nr. 1 Buchstabe a bis d aufgeführten Tätigkeiten (u.a. der Umgang mit künstlich erzeugten radioaktiven Stoffen sowie der Errichtung und der Betrieb von Beschleunigeranlagen) gilt das Prinzip der Dosisbegrenzung. Die Dosisgrenzwerte für die Bevölkerung infolge direkter Bestrahlung (z.B. durch hochenergetische Photonen und durch Neutronen) und Ableitungen radioaktiver Stoffe (über den Luft- und Wasserpfad) sowie bei beruflicher Strahlenexposition und bei besonders zugelassenen Strahlenexpositionen (z.B. in Unfallsituationen) dürfen nicht überschritten werden. Im Vordergrund stehen die Grenzwerte der effektiven Dosis für jede Person der Bevölkerung (1 mSv im Kalenderjahr; früher 1,5 mSv/a) und für beruflich strahlenexponierte Personen (20 mSv im Kalenderjahr; früher 50 mSv/a, siehe auch § 117 Abs. 19). Der messtechnische Nachweis der Grenzwerteinhaltung im erstgenannten Fall ist schwierig, da bei direkten Bestrahlungen sehr kleine Ortsdosisleistungswerte zur Diskussion stehen. Dosisgröße der Wahl ist die Umgebungs-Äquivalentdosis (Anlage VI Teil A) in ihrer Eigenschaft als ein relativer genauer Schätzwert für die effektive Dosis. Die Übergangsvorschriften (§ 117) schreiben in Absatz 27 für Ortsdosis(leistungsmessungen) die sofortige Nutzung der neuen Dosisgrößen vor, wenn Grenzwerte der Körperdosis zur Diskussion stehen. Als Bezugszeitraum für Personen der Bevölkerung außerhalb von Betriebsgeländen muss ein „Daueraufenthalt" (8.760 h/a) angenommen werden, was zu einer dem Grenzwert 1 mSv/a äquivalenten kritischen Ortsdosisleistung von 0,11 µSv/h führt. Keineswegs trivial gestaltet sich der messtechnische Nachweis, dass der Grenzwert von 1 mSv/a bei Ableitungen radioaktiver Stoffe eingehalten ist (siehe auch Erläuterungen zu § 47). Der Grenzwert von 1 mSv/a gilt auch für Beschäftigte auf dem Betriebsgelände, die nicht als beruflich Strahlenexponierte eingeordnet sind (z.b. Büroangestellte). Hier beträgt die Bezugszeit entsprechend der „40-h-Woche" 2000 h/a und daher die kritische Ortsdosisleistung 0,5 µSv/h.

Für beruflich strahlenexponierte Personen ist der Grenzwert 20 mSv im Kalenderjahr für die effektive Dosis. Für einen Bezugszeitraum von üblicherweise 2.000 h/a ergibt sich bei externer Bestrahlung eine kritische Ortsdosisleistung von 10 µSv/h. Zu Überlegungen bezüglich der Einhaltung des Grenzwertes von 20 mSv/a im Falle des Vorliegens von Inkorporationen oder Submersionen: siehe die Erläuterungen zu § 55.

§ 6 Vermeidung unnötiger Strahlenexposition und Dosisreduzierung

(1) Wer eine Tätigkeit nach § 2 Abs. 1 Nr. 1 plant oder ausübt, ist verpflichtet, jede unnötige Strahlenexposition oder Kontamination von Mensch und Umwelt zu vermeiden.

(2) Wer eine Tätigkeit nach § 2 Abs. 1 Nr. 1 plant oder ausübt, ist verpflichtet, jede Strahlenexposition oder Kontamination von Mensch und Umwelt unter Beachtung des Standes von Wissenschaft und Technik und unter Berücksichtigung aller Umstände des Einzelfalls auch unterhalb der Grenzwerte so gering wie möglich zu halten.

Kommentierung § 6

Das ehemals unter § 28 Abs. 1 StrlSchV [STR] formulierte Vermeidungs- und Minimierungsgebot ist inhaltlich in diese Vorschrift übernommen worden.

Zu den Absätzen 1 und 2:

1. Die Vorschriften in Absatz 1 und 2 zur Vermeidung und Minimierung unnötiger Strahlenexpositionen oder Kontaminationen gehören neben den Vorschriften zur Rechtfertigung von Tätigkeiten (§ 4) und zur Dosisbegrenzung (§ 5) zu den obersten Strahlenschutzgrundsätzen. Sie sind bei der Auslegung und Anwendung aller Vorschriften zum *„Schutz von Mensch und Umwelt vor radioaktiven Stoffen oder ionisierender Strahlung aus der zielgerichteten Nutzung bei Tätigkeiten"* gemäß Teil 2 dieser Verordnung zu Grunde zu legen.

   Nicht zu Grunde zu legen sind diese Strahlenschutzgrundsätze den Vorschriften für den *„Schutz von Mensch und Umwelt vor natürlichen Strahlungsquellen bei Arbeiten"* gemäß Teil 3 dieser Verordnung. Weil die Einwirkungsmöglichkeiten auf natürliche Strahlungsquellen sehr begrenzt sind, hat der Verordnungsgeber in Anpassung an deren besonderen Gegebenheiten eigenständige Grundsätze formuliert.

2. Die Strahlenschutzgrundsätze beruhen im Wesentlichen auf den „1990 Recommendations of the International Commission on Radiological Protection ICRP Publication 60",

also den Empfehlungen der Internationalen Strahlenschutzkommission [ICRP1] und den EURATOM-Grundnormen [EU1].

3. Die Verwendung des Begriffspaares „*Mensch und Umwelt*" in beiden Absätzen statt der ehemals in § 28 Abs. 1 verwendeten Begriffe „Personen, Sachgüter, Umwelt" resultiert aus dem Entwurf eines Ersten Buches eines Umweltgesetzbuches und dem darin enthaltenen Umweltbegriff, der dieser neuen StrlSchV zu Grunde gelegt wurde. Das neue Begriffspaar umschreibt einheitlich für das Umweltrecht die im Atomgesetz (AtG) [ATG] genannten Schutzgüter.

4. Die Formulierung am Beginn beider Absätze „*Wer eine Tätigkeit ... plant oder ausübt, ...*" besagt, dass sich die Vorschrift zur Vermeidung und Minimierung nicht nur an Strahlenschutzverantwortliche und -beauftragte richtet, sondern an alle, die Tätigkeiten planen oder ausüben, die die Strahlenexposition von Personen erhöhen kann, und somit auch an jene, die nach § 8 genehmigungsfrei mit radioaktiven Stoffen umgehen oder genehmigungsfrei Kernbrennstoffe besitzen.

5. Nach Absatz 1 ist jede unnötige Strahlenexposition oder Kontamination von Mensch und Umwelt zu vermeiden. Die Antwort auf die Frage, ob eine Strahlenexposition nötig oder unnötig ist, hängt davon ab, ob das Ziel, dass durch die Nutzung der radioaktiven Eigenschaften von Stoffen oder der Eigenschaften ionisierender Strahlen erreicht wird, auch ohne die Nutzung dieser Eigenschaften erreicht werden kann. Die Strahlendosen, mit denen z.B. Beschäftigte exponiert werden, die ionisierende Strahlen an Menschen im Rahmen der Heilkunde anwenden, wird jeder ebenso als grundsätzlich nötig empfinden wie die Strahlendosen, mit denen z.B. Arbeitskräfte exponiert werden, die Durchstrahlungsprüfungen an Brückenträgern oder Gasleitungen vornehmen, obwohl die Heilung bestimmter Krankheiten oder die Erkennung von Werkstofffehlern auch durch Verfahren ohne Strahlenexposition möglich ist.

Als gänzlich unnötig empfinden nicht geringe Teile der Bevölkerung dagegen die potenziellen Strahlendosen, die sie durch die Anwendung der Kernenergie zur Stromerzeugung erhalten, obwohl diese Dosen im Normalbetrieb gegenüber denen aus der medizinischen Anwendung ionisierender Strahlen vernachlässigbar klein sind.

Würde eine Strahlenexposition nur dann als unnötig angesehen, wenn dasselbe Ziel auch ohne Strahlenexposition erreicht würde, müsste die Erzeugung elektrischen Stroms durch Kernenergie vermieden werden, weil es zur Stromerzeugung mehrere andere technische Möglichkeiten gibt.

Die Wahl zwischen den Möglichkeiten, ein Ziel zu erreichen, ist deshalb auch eine Frage nach dem wirtschaftlichen, sozialen oder sonstigen Nutzen einer bestimmten Möglichkeit, also ihrem Nettonutzen gegenüber den anderen Möglichkeiten. Bei dieser Wahl gilt der Grundsatz der Verhältnismäßigkeit ebenso wie bei der Minimierung einer Strahlenexposition. Schließlich ist die Frage, wann eine Strahlenexposition zu vermeiden ist oder wie weit sie gegen null minimiert werden muss, auch eine Frage nach dem gesellschaftlichen Konsens für die Wahl einer bestimmten Möglichkeit.

6. Ist eine Strahlenexposition oder Kontamination von Mensch und Umwelt nicht zu vermeiden, sind sie gemäß Absatz 2 unter Beachtung des Standes von Wissenschaft und Technik und unter Berücksichtigung aller Umstände des Einzelfalles auch unterhalb der in dieser Verordnung festgesetzten Grenzwerte so gering wie möglich zu halten.

Die StrlSchV konkretisiert die im AtG angelegte erforderliche Schadensvorsorge im Wesentlichen durch das Gebot der Minimierung der Strahlenexposition (§ 6 Abs. 2), durch die Festlegung von Dosisgrenzwerten (§§ 47 bis 49) und von Störfallplanungsdosen (§ 50).

Ionisierende Strahlung verursacht im bestrahlten Organ oder Gewebe sowohl deterministische als auch stochastische Wirkungen. Es ist das Ziel des Strahlenschutzes, deterministische Wirkungen durch Dosisgrenzwerte unterhalb ihrer Schwellen zu vermeiden. Für stochastische Wirkungen wird angenommen, dass sie mit entsprechend geringer Häufigkeit selbst bei niedrigsten Dosen auftreten, so dass sie bei allen Dosiswerten berücksichtigt werden müssen [ICRP1].

Deterministische Wirkungen ergeben sich als Folge der Abtötung von Zellen, die, wenn die Dosis hoch genug ist, einen Zellverlust verursachen, der groß genug ist, um die Funktion des Gewebes oder Organs zu schädigen. Die Wahrscheinlichkeit, einen solchen Schaden zu verursachen, liegt bei null im Bereich niedriger Dosiswerte. Oberhalb eines gewissen Dosiswertes, der Schwelle der klinisch manifesten Wirkung, steigt die Wahrscheinlichkeit steil bis auf 1, also 100 % an. Von dieser Schwelle ab nimmt der Schweregrad des Schadens mit der Dosis zu. Die Schwellen für diese Wirkungen liegen oft bei Dosen von einigen Gray (Gy) oder Dosisraten eines Bruchteils von einem Gy pro Jahr [ICRP1].

Stochastische Wirkungen können sich ergeben, wenn eine bestrahlte Zelle nicht abgetötet, sondern verändert wird. Veränderte somatische Zellen können noch lange Zeit nach der Bestrahlung einen Krebs entwickeln. Der menschliche Körper besitzt aber Reparatur- und Abwehrmechanismen, die eine Krebsentstehung bei niedrigen Dosiswerten sehr unwahrscheinlich machen. Dessen ungeachtet nimmt die Wahrscheinlichkeit einer Krebserkrankung durch ionisierende Strahlung (wahrscheinlich ohne Schwelle) mit Erhöhung der Dosis zu. Der Schweregrad der Krebserkrankung wird aber durch die Dosis nicht beeinflusst [ICRP1]. Diese Vorgänge bleiben aber statistisch unbeobachtbar, weil die spontanen Raten der Krebsentstehung weit größer sind als die durch niedrige Dosen induzierten Raten.

Dieser der Zusammenfassung (S 5, S 6, S 8) der Publikation 60 der ICRP [ICRP1] entnommene Exkurs zu den biologischen Grundlagen des Strahlenschutzes macht deutlich, dass das Gebot zur Strahlenminimierung aus der Erkenntnis resultiert, auch solche Schadensmöglichkeiten in Betracht zu ziehen, die sich nur deshalb nicht ausschließen lassen, weil nach dem derzeitigen Wissensstand bestimmte Ursachenzusammenhänge bei niedrigen Dosen ionsierender Strahlen weder bejaht noch widerlegt werden können. Insoweit konkretisiert das Minimierungsgebot im Bereich der *„unterhalb der in dieser Verordnung festgesetzten Grenzwerte"* (Abs. 2) die Pflicht zur Risikovorsorge. Das Minimierungsgebot ist also auf zusätzliche Maßnahmen zur Risikovorsorge und nicht etwa auf Maßnahmen zur Vermeidung von Schäden ausgerichtet (vgl. auch amtliche Begründung zu § 6).

7. Die Vorschriften in § 6 setzen voraus, dass Tätigkeiten nach § 2 tatsächlich auch ausgeübt werden und das dabei jede Strahlenexposition oder Kontamination so gering wie möglich gehalten wird. Die Anforderungen an eine Minimierung der Strahlenexposition dürfen daher nicht so weit gehen, dass sich eine möglichst niedrige Strahlenexposition oder Kontamination nur durch Einstellung der in § 2 aufgeführten Tätigkeiten ergibt. Die Verwendung der Formulierung in Absatz 2 *„unter Berücksichtigung aller Umstände des Einzelfalles"* ist nämlich ein Hinweis auf den Grundsatz der Verhältnismäßigkeit. Maßnahmen zur Minimierung sind dann unverhältnismäßig, wenn die aufgewendeten Maßnahmen unterhalb der Grenzwerte kaum noch zu einer Reduzierung der Strahlenexposition oder Kontamination führen und es mit Blick auf die Vielfalt der anderen sozialadäquaten Lasten offenkundig ist, dass zwischen Aufwand und Nutzen ein eklatantes Missverhältnis besteht.

8. Jede Strahlenexposition oder Kontamination ist unter Beachtung des Standes von Wissenschaft und Technik so gering wie möglich zu halten. Diesen Grundsatz zu beachten ist sowohl Aufgabe der Genehmigungsbehörde in einem Verfahren zur Genehmigung von Tätigkeiten als auch – weil es sich um eine eigenständige Schutzvorschrift handelt – Verpflichtung für den, dem die Ausübung der Tätigkeiten genehmigt worden ist. Damit verbunden ist auch die Verpflichtung für den, der Tätigkeiten ausübt, die Maßnahmen zur Minimierung der Strahlenexposition den Erkenntnissen anzupassen, die dem neuesten Stand von Wissenschaft und Technik entsprechen. Dabei stellt sich angesichts der weder zu bejahenden noch zu widerlegenden Hypothesen zur Wirkung niedriger Strahlendosen (und das sind ja solche unterhalb der in der StrlSchV festgelegten Grenzwerte) zum einen die Frage, *welche* Erkenntnisse dies sind, und zum anderen, *wessen* Meinungen zu berücksichtigen sind.

Hier ist auf die Hervorhebung des Bundesverwaltungsgerichts in [SCHN, S. 60] hinzuweisen, dass *„alle wissenschaftlich und technisch vertretbaren Erkenntnisse"* zu berücksichtigen sind.

Gerade zu der Frage der Wirkungen niedriger Strahlendosen sind aber in der Regel gesicherte Erkenntnisse nicht vorhanden. Wenn sich also – wie dies ja im Falle der niedrigen Strahlendosen der Fall ist – unterschiedliche Auffassungen der Fachleute gegenüberstehen, kann nicht ohne weiteres auf eine herrschende Auffassung abgestellt werden; vielmehr ist die Bandbreite der wissenschaftlichen Meinungen zu berücksichtigen. Es ist daher verfehlt, nur auf die Meinung führender Naturwissenschaftler hinzuweisen, denn dabei bliebe die Tatsache unberücksichtigt, dass sich Mindermeinungen im Verlaufe des Erkenntnisprozesses zu Mehrheitsmeinungen entwickeln können, was eine zwangsläufige Folge des wissenschaftlichen Erkenntnisprozesses ist [SCHN, S. 50, 51].

Jedenfalls ist bei der Ermittlung dessen, was den Stand von Wissenschaft und Technik ausmacht, das Gewicht der Meinungsäußerungen zu würdigen und gegeneinander abzuwägen. Dabei ist nach sachlichen Kriterien zu beurteilen, welcher Auffassung der Vorzug zu geben ist, wobei die wissenschaftlichen Erkenntnisquellen, die angewandten wissenschaftlichen Methoden sowie die Folgerichtigkeit und die Überprüfbarkeit der einzelnen Meinungen zu bewerten sind.

Hierfür spricht auch die Auffassung des Bundesverfassungsgerichts: Wenn die *„Grenze des menschlichen Erkenntnisvermögens"* die zu treffende Schadensvorsorge begrenzt und das danach verbleibende Risiko der Allgemeinheit im Rahmen einer sozialadäquaten Last aufgebürdet wird, so sind diese Grenzen des menschlichen Erkenntnisvermögens möglichst genau auszuleuchten [SCHN, S. 52].

Wenn es also darum geht, die Minimierung der Strahlenexposition nach den Erkenntnissen auszurichten, die dem Stand von Wissenschaft und Technik entsprechen, müssen sowohl die Genehmigungsbehörde als auch die Strahlenschutzverantwortlichen und -beauftragten auch entferntere wissenschaftliche Außenseitermeinungen überprüfen.

§ 7 Genehmigungsbedürftiger Umgang mit radioaktiven Stoffen

(1) Wer mit sonstigen radioaktiven Stoffen nach § 2 Abs. 1 des Atomgesetzes oder mit Kernbrennstoffen nach § 2 Abs. 3 des Atomgesetzes umgeht, bedarf der Genehmigung. Einer Genehmigung bedarf ferner, wer von dem in der Genehmigungsurkunde festgelegten Umgang wesentlich abweicht.

(2) Eine Genehmigung nach den §§ 6, 7 oder 9 des Atomgesetzes oder nach § 11 Abs. 2 dieser Verordnung oder ein Planfeststellungsbeschluss nach § 9b des Atomgesetzes kann sich auch auf einen nach Absatz 1 genehmigungsbedürftigen Umgang erstrecken; soweit eine solche Erstreckung erfolgt, ist eine Genehmigung nach Absatz 1 nicht erforderlich.

(3) Eine Genehmigung nach Absatz 1 ist nicht erforderlich bei dem Aufsuchen, Gewinnen oder Aufbereiten von radioaktiven Bodenschätzen, wenn hierauf die Vorschriften des Bundesberggesetzes Anwendung finden.

Kommentierung § 7

Diese Vorschrift regelt den genehmigungsbedürftigen Umgang mit sonstigen radioaktiven Stoffen. Sie kann auch beim Umgang mit Kernbrennstoffen angewendet werden, wenn deren Massen gering sind. Die Genehmigungsvorschriften des Atomgesetzes müssen insoweit nicht mehr herangezogen werden, wie das vor dem In-Kraft-Treten dieser Verordnung auch für geringe Massen noch der Fall war. Im Übrigen ist der Umgang mit geringen Massen Kernbrennstoffen nach dieser Vorschrift nicht mehr auf kernbrennstoffhaltige Abfälle beschränkt.

Sind beim Aufsuchen, Gewinnen oder Aufbereiten von radioaktiven Bodenschätzen die Vorschriften des Bundesberggesetzes anzuwenden, entfällt die Anwendung dieser Genehmigungsvorschrift gemäß Absatz 3.

Nach § 117 Abs. 1 Satz 2 gilt eine Genehmigung zum Umgang mit sonstigen radioaktiven Stoffen, die nach § 3 Abs. 1 der alten 89er-Verordnung [STR] erteilt worden ist, als Genehmigung nach § 7 Abs. 1 mit allen Nebenbestimmungen fort. Das bedeutet, dass es sich bei einer Genehmigung nach § 3 Abs. 1 der alten Verordnung nicht einfach um eine „alte 3er-

Genehmigung" handelt. Es wird im Sinne einer juristischen Fiktion so getan, als sei alte Genehmigung bereits nach § 7 Abs. 1 der neuen Verordnung erteilt worden. Insoweit besitzen alle alten Genehmigungen mit der Maßgabe Bestandskraft, dass die Grenzwerte der §§ 46 und 55 nicht überschritten werden. Diese Regelung entbindet die Genehmigungsinhaber und -behörden von der Pflicht der Bereinigung einer immensen Zahl von Genehmigungsbescheiden, sofern diese keine gegenteiligen Grenzwertregelungen enthalten.

Soweit eine im Sinne dieser Vorschrift fortgeltende Genehmigung darüber hinaus Regelungen enthält, die sich auf die Begrenzung von Ableitungen im Zusammenhang mit § 46 Abs. 3, 4 oder 5 der alten Strahlenschutzverordnung beziehen, sind die Sätze 3, 4 und 5 der Übergangsvorschriften in § 117 Abs. 1 zusätzlich zu beachten.

Nach § 117 Abs. 2 schließlich dürfen angezeigte Tätigkeiten (§ 4 Abs. 1 i.V.m. Anlage II Nr. 1 oder § 17 Abs. 1 der alten Verordnung), die neuerdings einer Genehmigung nach § 7 Abs. 1 bedürfen, fortgesetzt werden, wenn bis zum 1. August 2003 ein Genehmigungsantrag gestellt wurde.

Zu Absatz 1:

§ 7 Abs. 1 drückt wie ehemals § 3 Abs. 1 der alten 89er-Strahlenschutzverordnung [STR] den Grundsatz aus, dass der Umgang mit sonstigen radioaktiven Stoffen der Genehmigung bedarf.

Der Begriffsbestimmung in § 3 Abs. 2 Nr. 34 zufolge ist der Umgang mit radioaktiven Stoffen im Sinne ihrer Definition in § 2 Abs. 1 des Atomgesetzes deren Gewinnung, Erzeugung, Lagerung, Bearbeitung, Verarbeitung, sonstige Verwendung und Beseitigung; der Betrieb von Bestrahlungsvorrichtungen ist ebenfalls Umgang.

Sonstige radioaktive Stoffe nach § 2 Abs. 1 des Atomgesetzes sind alle radioaktiven Stoffe, die keine Kernbrennstoffe sind. Kernbrennstoffe nach § 2 Abs. 3 des Atomgesetzes sind die spaltbaren Isotope Uran-233, Uran-235, Plutonium-239 und Plutonium-241 mit einer Masse von höchstens 15 g oder mit einer Konzentration dieser Isotope von 15 g in 100 kg eines Stoffes. Wird diese Masse bzw. Konzentration nicht überschritten, dürfen die Genehmigungsvorschriften des § 7 Abs. 1 dieser Verordnung angewendet werden (vgl. auch Kommentierung zu § 16 Abs. 1 Nr. 3).

Gegenüber der alten Vorschrift neu hinzugekommen ist ein Genehmigungsvorbehalt für das Abweichen von dem in der Genehmigungsurkunde festgelegten Umgang. Dies entspricht inhaltlich z.B. der Vorschrift in § 9 Abs. 1 des Atomgesetzes zur sonstigen Verwendung von Kernbrennstoffen. Hiernach bedarf derjenige der Genehmigung, der „*von dem in der Genehmigungsurkunde festgelegten Verfahren für die ... sonstige Verwendung wesentlich abweicht oder die in der Genehmigungsurkunde bezeichnete Betriebsstätte ... wesentlich verändert*". Da Umgang gemäß der oben stehenden Begriffsbestimmung auch sonstige Verwendung ist und sich der Umgang in der Regel in Betriebsstätten vollzieht, bedürfen wesentliche Änderungen der Betriebsstätte, in der umgegangen wird, der Genehmigung.

Kommentierung

Zu Absatz 2:

Es kann angesichts bestimmter Gegebenheiten sinnvoll sein, z.B. eine Genehmigung nach § 9 Abs. 1 des Atomgesetzes zur sonstigen Verwendung von Kernbrennstoffen auf den genehmigungsbedürftigen Umgang mit sonstigen radioaktiven Stoffen zu erstrecken. Solche Gegebenheiten finden sich z.b. in Betriebsstätten, die in räumlichem und funktionalem Zusammenhang mit kerntechnischen Anlagen stehen. Absatz 2 ermöglicht eine solche Erstreckung, womit ein zusätzliches Genehmigungsverfahren wegfällt, was dem Antragsteller eine Kostenentlastung einbringen kann.

Ordnungswidrigkeiten

Ordnungswidrig im Sinne des § 46 Abs. 1 Nr. 4 des Atomgesetzes handelt, wer vorsätzlich oder fahrlässig ohne Genehmigung nach Absatz 1 mit sonstigen radioaktiven Stoffen oder mit Kernbrennstoffen umgeht.

§ 8 Genehmigungsfreier Umgang; genehmigungsfreier Besitz von Kernbrennstoffen

(1) Eine Genehmigung nach § 7 Abs. 1 ist in den in Anlage I Teil A und B genannten Fällen nicht erforderlich. Bei der Prüfung der Voraussetzungen nach Anlage I Teil B Nr. 1 oder 2 bleiben die Aktivitäten radioaktiver Stoffe der in Anlage I Teil A oder Teil B Nr. 3 bis 7 genannten Art außer Betracht.

(2) Bei einem nach § 7 Abs. 1 genehmigten Umgang ist zusätzlich ein genehmigungsfreier Umgang nach Absatz 1 für die radioaktiven Stoffe, die in der Genehmigung aufgeführt sind, auch unterhalb der Freigrenzen der Anlage III Tabelle 1 Spalte 2 und 3 nicht zulässig. Satz 1 gilt nicht, wenn in einem einzelnen Betrieb oder selbständigen Zweigbetrieb, bei Nichtgewerbetreibenden am Ort der Tätigkeit des Genehmigungsinhabers, mit radioaktiven Stoffen in mehreren, räumlich voneinander getrennten Gebäuden, Gebäudeteilen, Anlagen oder Einrichtungen umgegangen wird und ausreichend sichergestellt ist, dass die radioaktiven Stoffe aus den einzelnen Gebäuden, Gebäudeteilen, Anlagen oder Einrichtungen nicht zusammenwirken können.

(3) Auf denjenigen, der

1. mit Kernbrennstoffen

    a) nach Absatz 1 in Verbindung mit Anlage 1 Teil B Nr. 1 oder 2 ohne Genehmigung oder

    b) aufgrund einer Genehmigung nach § 7 Abs. 1

    umgehen darf oder

2. Kernbrennstoffe

    a) aufgrund von § 17 ohne Genehmigung oder

    b) aufgrund einer Genehmigung nach § 16 Abs. 1

    befördern darf,

sind die Vorschriften des § 5 Abs. 2 bis 4 des Atomgesetzes nicht anzuwenden. Die Herausgabe von Kernbrennstoffen aus der staatlichen Verwahrung nach § 5 Abs. 1 des Atomgesetzes oder aus der genehmigten Aufbewahrung nach § 6 des Atomgesetzes oder § 7 dieser Verordnung ist auch zulässig, wenn der Empfänger nach Satz 1 zum Besitz der Kernbrennstoffe berechtigt ist oder wenn diese Kernbrennstoffe zum Zweck der Ausfuhr befördert werden sollen.

Kommentierung § 8

Diese Regelungen enthalten Teile von Vorschriften aus dem ehemaligen § 4 der alten Strahlenschutzverordnung [STR]. Die seinerzeitigen Regelungen über den genehmigungsfreien, aber anzeigebedürftigen Umgang sind entfallen. Der Umgang mit sonstigen radioaktiven Stoffen ist nach den neuen Vorschriften entweder genehmigungsfrei oder er bedarf der Genehmigung, womit die Regelungen in Artikel 3 Abs. 2 der Richtlinie 96/29/EURATOM [EU 1] konsequent umgesetzt worden sind.

Zu Absatz 1:

Der Umgang mit einigen radioaktiven Stoffen, der nach den alten Vorschriften angezeigt werden musste, darf mit Blick auf die Festlegungen in Anlage I Teil A und B dieser Verordnung nun genehmigungsfrei und ohne Anzeige erfolgen. Die verbleibenden, nicht unter die neuen Freigrenzen oder die Bauartzulassungsverfahren fallenden Umgangstatbestände unterliegen wegen der Art, Menge und Beschaffenheit der radioaktiven Stoffe der Genehmigungspflicht.

Bei genehmigungsfreien Tätigkeiten nach Anlage I Teil B Nr. 1 oder 2 ist zu prüfen, ob die Freigrenzen der Anlage III Tabelle 1 Spalte 2 bzw. Spalte 3 nicht überschritten werden. Soll mit verschiedenen Radionukliden genehmigungsfrei umgegangen werden, ist die Summenformel anzuwenden, die in den Erläuterungen zu den Spalten 2 und 3 der Tabelle 1 in Anlage III dieser Verordnung abgebildet ist.

Nach Satz 2 darf zusätzlich zu Stoffen, deren Aktivität oder spezifische Aktivität unterhalb der Freigrenzen liegt, mit Stoffen der in Anlage I Teil A und Teil B Nr. 3 bis 7 genannten Art genehmigungsfrei umgegangen werden, da der Umgang nach den Nrn. 3 bis 7 jeweils eigenständige Fälle beschreibt, der von dem genehmigungsbedürftigen Umgang nach § 7 unabhängig ist. Das heißt, dass hierfür andere Zulassungs- bzw. Genehmigungsvorschriften als jene in § 7 gelten.

Zu Absatz 2:

Werden Schutzmaßnahmen ergriffen, muss berücksichtigt werden, dass die gesamte Aktivität am **Umgangsort** eines Genehmigungsinhabers nicht überschritten wird. Ist diesem eine Genehmigung nach § 7 Abs. 1 erteilt worden, ist ein genehmigungsfreier Umgang im Sinne des Absatzes 1 mit radioaktiven Stoffen, die auch in der Genehmigung aufgeführt sind, auch dann nicht erlaubt, wenn die Aktivität oder spezifische Aktivität unterhalb der Freigrenzen liegt. Nur wenn sichergestellt ist, dass die Stoffe wegen räumlich getrennter Bereiche nicht zusammenwirken können, ist *ein* weiterer radioaktiver Stoff unterhalb der Freigrenzen der Anlage III Tabelle 1 Spalte 2 und 3 an einem separaten Umgangsort zulässig. Zur Feststellung der Nichtüberschreitung der Freigrenzen bei mehreren Radionukliden ist wieder die Summenformel nach Absatz 1 anzuwenden. Nicht ausgeschlossen wird hingegen, dass im Rahmen einer Genehmigung mit Teilmengen der genehmigten Gesamtaktivität an verschiedenen Orten umgegangen werden darf.

Zu Absatz 3:

Hier wird der genehmigungsfreie Umgang mit jenen Kernbrennstoffen geregelt, mit denen nach Anlage I Teil B Nr. 1 oder 2 genehmigungsfrei oder mit einer Genehmigung nach dieser Verordnung umgegangen werden darf und die mit oder ohne Genehmigung nach dieser Verordnung befördert werden dürfen. Eine staatliche Verwahrung nach § 5 Abs. 1 des Atomgesetzes ist für diese Kernbrennstoffe nicht vorgesehen. Insoweit sind auch die Regelungen in § 5 Abs. 2 bis 4 des Atomgesetzes für diese Kernbrennstoffe nicht anzuwenden.

§ 9 Genehmigungsvoraussetzungen für den Umgang mit radioaktiven Stoffen

(1) Die Genehmigung nach § 7 Abs. 1 ist zu erteilen, wenn

1. keine Tatsachen vorliegen, aus denen sich Bedenken gegen die Zuverlässigkeit des Antragstellers, seines gesetzlichen Vertreters oder, bei juristischen Personen oder nicht rechtsfähigen Personenvereinigungen, der nach Gesetz, Satzung oder Gesellschaftsvertrag zur Vertretung oder Geschäftsführung Berechtigten ergeben, und, falls ein Strahlenschutzbeauftragter nicht notwendig ist, der Antragsteller die erforderliche Fachkunde im Strahlenschutz besitzt,

2. keine Tatsachen vorliegen, aus denen sich Bedenken gegen die Zuverlässigkeit der Strahlenschutzbeauftragten ergeben, und sie die erforderliche Fachkunde im Strahlenschutz besitzen,

3. die für eine sichere Ausführung des Umgangs notwendige Anzahl von Strahlenschutzbeauftragten vorhanden ist und ihnen die für die Erfüllung ihrer Aufgaben erforderlichen Befugnisse eingeräumt sind,

4. gewährleistet ist, dass die bei dem Umgang sonst tätigen Personen die notwendigen Kenntnisse über die mögliche Strahlengefährdung und die anzuwendenden Schutzmaßnahmen besitzen,

5. gewährleistet ist, dass bei dem Umgang die Ausrüstungen vorhanden und die Maßnahmen getroffen sind, die nach dem Stand von Wissenschaft und Technik erforderlich sind, damit die Schutzvorschriften eingehalten werden,

6. keine Tatsachen vorliegen, aus denen sich Bedenken ergeben, dass das für eine sichere Ausführung des Umgangs notwendige Personal nicht vorhanden ist,

7. die erforderliche Vorsorge für die Erfüllung gesetzlicher Schadensersatzverpflichtungen getroffen ist,

8. der erforderliche Schutz gegen Störmaßnahmen oder sonstige Einwirkungen Dritter gewährleistet ist,

9. überwiegende öffentliche Interessen, insbesondere im Hinblick auf die Umweltauswirkungen, dem Umgang nicht entgegenstehen und

10. § 4 Abs. 3 dem beabsichtigten Umgang nicht entgegensteht.

(2) Für eine Genehmigung nach § 7 Abs. 1 in Verbindung mit § 77 Satz 1 Halbsatz 2 für die anderweitige Beseitigung oder nach § 7 Abs. 1 in Verbindung mit § 77 Satz 2 Halbsatz 2 für die anderweitige Zwischenlagerung radioaktiver Abfälle gelten die Voraussetzungen nach Absatz 1 entsprechend. Diese Genehmigung darf nur erteilt werden, wenn ein Bedürfnis für die anderweitige Beseitigung oder Zwischenlagerung besteht.

(3) Für eine Genehmigung zum Umgang im Zusammenhang mit der Anwendung am Menschen muss zusätzlich zu den Voraussetzungen nach Absatz 1 der Antragsteller oder der von ihm schrift-

lich bestellte Strahlenschutzbeauftragte als Arzt oder Zahnarzt approbiert oder ihm die vorübergehende Ausübung des ärztlichen oder zahnärztlichen Berufs erlaubt sein, und

1. für Behandlungen in erforderlicher Anzahl Medizinphysik-Experten als weitere Strahlenschutzbeauftragte bestellt sein oder

2. für nuklearmedizinische Untersuchungen oder Standardbehandlungen gewährleistet sein, dass ein Medizinphysik-Experte, insbesondere zur Optimierung und Qualitätssicherung bei der Anwendung radioaktiver Stoffe, verfügbar ist.

(4) Für eine Genehmigung zum Umgang im Zusammenhang mit der Anwendung am Tier in der Tierheilkunde muss zusätzlich zu den in Absatz 1 genannten Voraussetzungen der Antragsteller oder der von ihm schriftlich bestellte Strahlenschutzbeauftragte zur Ausübung des tierärztlichen oder ärztlichen Berufs berechtigt sein.

(5) Die Anforderungen an die Beschaffenheit von Bestrahlungsvorrichtungen und von radioaktiven Stoffen, die Medizinprodukte oder Zubehör im Sinne des Medizinproduktegesetzes sind, richten sich nach den jeweils geltenden Anforderungen des Medizinproduktegesetzes.

(6) Dem Genehmigungsantrag sind insbesondere die Unterlagen nach Anlage II Teil A beizufügen.

Kommentierung § 9

Hier sind die Voraussetzungen beschrieben, unter denen eine Genehmigung für den Umgang mit radioaktiven Stoffen zu erteilen ist. Der Bereich, der hier geregelt wird, entspricht weitgehend dem des ehemaligen § 6 der alten Strahlenschutzverordnung [STR]; er wurde allerdings in einigen Punkten präzisiert und auch erweitert.

Zu Absatz 1:

Wie in der alten, so ist auch in der neuen Strahlenschutzverordnung die Genehmigungsentscheidung unzweifelhaft als gebundene Entscheidung ausgestaltet. Mit der Formulierung *„Die Genehmigung ... ist zu erteilen, wenn ..."* hat der Verordnungsgeber dies klar und eindeutig zum Ausdruck gebracht. Er hat der Behörde also nicht das Versagensermessen eingeräumt, dass sie z.B. bei Entscheidungen über eine beantragte Genehmigung für die sonstige Verwendung von Kernbrennstoffen nach § 9 des Atomgesetzes besitzt. Eine solche *„Genehmigung darf nur erteilt werden, wenn ..."* die Voraussetzungen erfüllt sind.

Dass die Behörde bei einer Entscheidung über eine Genehmigung zum Umgang mit sonstigen radioaktiven Stoffen nach § 7 Abs. 1 dieser Verordnung kein Versagensermessen besitzt, wenn die Genehmigungsvoraussetzungen erfüllt sind, lässt den Schluss zu, dass die Genehmigungsvoraussetzungen in § 9 dieser Verordnung nicht nur als Mindestvoraussetzungen normiert sind, wie sie dies z.B. im Atomgesetz zu sein scheinen. Denn Kraft des der Behörde im Atomgesetz eingeräumten Versagensermessens darf sie die Voraussetzungen verschärfen, wenn sie dies wegen besonderer und unvorhergesehener Umstände für nötig hält. Oder die Behörde darf bei Vorliegen solcher Umstände eine an sich zu erteilende Genehmigung auch ablehnen. Folglich sind die Genehmigungsvoraussetzungen in § 9 dieser Verordnung solche, über die die Behörde nicht (wie im Atomgesetz) hinausgehen darf. Der Antragsteller, der die Erteilung einer Genehmigung nach § 7 Abs. 1

dieser Verordnung begehrt, besitzt insoweit einen einklagbaren Rechtsanspruch auf Erteilung der beantragten Genehmigung, wenn er die Erfüllung der Voraussetzungen nachweist.

Dem Antragsteller ist also anzuraten, viel Sorgfalt in die vollständige Darstellung seines Vorhabens und auf die Begründung zu legen, auf welche Art und Weise er die Voraussetzungen erfüllen will, die in dieser Vorschrift festgelegt sind. In diesem Zusammenhang sei darauf aufmerksam gemacht, dass die Erteilung einer atom- bzw. strahlenschutzrechtlichen Genehmigung im Gegensatz zu Genehmigungen in anderen Rechtsbereichen an die Erfüllung von Voraussetzungen geknüpft ist. Deshalb sind die vollständigen Nachweise über das Vorliegen der Genehmigungsvoraussetzungen auch Gegenstand des Antrags und insoweit *vor* der Erteilung der Genehmigung zu erbringen. Flankierende Forderungen etwa können dem (späteren) Genehmigungsinhaber nur in Form von Auflagen zur Erfüllung aufgegeben werden.

Die Form eines Genehmigungsantrags ist beliebig; Verwaltungsvorschriften hierzu hat der Verordnungsgeber nicht erlassen. Insoweit dürften die Behörden der Bundesländer, die die Aufgaben zum Atomgesetz und der darauf beruhenden Rechtsverordnungen im Auftrag des Bundes ausführen, über Antragsvordrucke oder Merkblätter zu Anträgen und Antragsunterlagen verfügen. Antragsunterlagen sind z.B. Fachkundenachweise, Bau- und Schnittzeichnungen, Strahlenschutzberechnungen oder Strahlenschutzanweisungen. Diese Vordrucke oder Merkblätter werden sich erfahrungsgemäß von Bundesland zu Bundesland inhaltlich voneinander unterscheiden. Antragsteller sollten sich deshalb an die Vorgaben der Länder halten, in denen sich ihr Geschäftssitz befindet. Ferner empfiehlt es sich, die Anträge und Unterlagen mehrfach zu erstellen. Denn wegen des Fehlens der Konzentrationswirkung einer Genehmigung nach der Strahlenschutzverordnung wird die zuständige atomrechtliche Genehmigungsbehörde ggf. andere Behörden zur Klärung von Fragen des Wasserrechts, des Brandschutzes oder – bei medizinischer Nutzung von radioaktiven Stoffen – des Gesundheitsrechts an dem Genehmigungsverfahren beteiligen. Gegebenenfalls kommt auch die Weiterleitung eines Antrags- und Unterlagensatzes an die atomrechtliche Aufsichtsbehörde in Betracht.

Zu Absatz 1 Nr. 1:

In Anbetracht der von radioaktiven Stoffen und ionisierenden Strahlen ausgehenden Gefahren für Mensch und Umwelt werden hohe Anforderungen an die Zuverlässigkeit des Antragstellers und der für den Strahlenschutz Verantwortlichen gestellt. Die Zuverlässigkeit ist der Genehmigungsbehörde durch Vorlage eines polizeilichen Führungszeugnisses der Belagart 0 nachzuweisen.

Zweifel an der Zuverlässigkeit der hier in Frage kommenden Personen ergeben sich z.B., wenn die antragstellende Person wegen einer begangenen Straftat rechtskräftig verurteilt worden ist, die ein Verhalten besorgen lässt, welches zu einer Gefährdung beim Umgang mit radioaktiven Stoffen führen könnte. Daneben können Zweifel an der Zuverlässigkeit in Betracht kommen bei einem Verdacht auf Alkohol- oder Betäubungsmittelabhängigkeit oder bei Umständen, die auf eine hohe Überschuldung der antragstellenden Person hindeuten (vgl. auch Kommentierung zu § 18 Abs. 1 Nr. 1).

Überprüft wird die Zuverlässigkeit mit Blick auf den Schutz gegen ungefugte Handlungen, die zu einer Entwendung oder zu einer erheblichen Freisetzung radioaktiver Stoffe führen können (vgl. § 12b Abs. 1 Atomgesetz [ATG]). Näheres dazu enthält die Atomrechtliche Zuverlässigkeitsüberprüfungs-Verordnung AtZüV [ATZÜV].

Der Antragsteller und der zukünftige Genehmigungsinhaber werden in der Regel identisch sein. Bei natürlichen Personen treten Zweifel, wer Antragsteller ist, im Allgemeinen nicht auf. Bei juristischen Personen sind Angaben zur Person des gesetzlichen Vertreters zu machen. Da Mitarbeiter grundsätzlich keiner Genehmigung bedürfen, ergeben sich bei der Frage nach dem Antragsteller nur dann Schwierigkeiten, wenn die Mitarbeiter auf Grund besonderer Rechtsverhältnisse eine Genehmigung besitzen müssen, z.B. beim Umgang mit radioaktiven Stoffen, wenn die Drittmittelfinanzierung an die Person gebunden ist, oder bei der Privatliquidation bei der Behandlung von Wahlleistungspatienten. In solchen Fällen sollte eine Antwort auf diese Frage unter Beteiligung des Trägers der Einrichtung, in der Regel des Arbeitgebers, gefunden werden. Hier müssen insbesondere haftungsrechtliche Fragen und die Rechte geklärt werden, die sich auf Mitarbeiter, die Voraussetzungs- und Auflagenerfüllung durch den Arbeitgeber, auf die Räumlichkeiten und auf andere Vorkehrungen beziehen. Hilfreich hat sich in diesen Fällen eine Bestätigung des Arbeitgebers erwiesen, dass der antragstellende Mitarbeiter in einem definierten Umfang durch den Arbeitgeber unterstützt wird.

Da insbesondere zusätzliche Genehmigungen für die Behandlung von Wahlleistungspatienten in einigen Bundesländern als Doppelgenehmigungen für denselben Sachverhalt angesehen werden und bei Verstößen z.B. gegen umweltrelevante Bestimmungen der Verursacher dann in der Regel nicht eindeutig bestimmbar ist, stellen diese Bundesländer keine „zweite" Genehmigung aus. Sie fordern besondere, separate Arzt-Krankenhausverträge, woraus allerdings haftungsrechtliche Probleme resultieren können.

Eine nicht rechtsfähige Personenvereinigung (Gemeinschaftspraxen, Praxisgemeinschaften o.Ä.) kann **nicht** Strahlenschutzverantwortlicher sein. Vielmehr ist in diesen Fällen jedem Arzt, der eine Tätigkeit im Sinne dieser Verordnung ausübt, eine Genehmigung zu erteilen. Jedes Mitglied einer nicht rechtsfähigen Personenvereinigung ist grundsätzlich selbst Strahlenschutzverantwortlicher. Nach § 31 Abs. 1 Satz 3 ist in diesen Fällen der Behörde mitzuteilen, wer von den Mitgliedern die Aufgaben des Strahlenschutzverantwortlichen als Vertreter für alle übrigen Mitglieder (Genehmigungsinhaber) wahrnimmt, wodurch die Verantwortlichkeit jedes Strahlenschutzverantwortlichen jedoch nicht eingeschränkt wird.

Der Umfang und die Art der Fachkunde im Strahlenschutz bemessen sich zum einen an der beruflichen Qualifikation und zum anderen an der Art und dem Umfang der vorgesehenen Tätigkeiten. Der Fachkundenachweis basiert auf einem Kurs im Strahlenschutz und dem Nachweis einer ausreichenden Berufserfahrung nach den Bestimmungen in der jeweiligen Fachkunde-Richtlinie. Der Fachkundenachweis wird bei Vorliegen der Voraussetzungen von einer nach Landesrecht bestimmten Stelle als erbracht bestätigt.

Kommentierung

Zu Absatz 1 Nr. 2:

Besitzt der Antragsteller keine Fachkunde im Strahlenschutz oder kann er nicht allein eine sichere Ausführung des Umgangs mit den radioaktiven Stoffen gewährleisten, muss er – in der Regel aus dem Kreis seiner Mitarbeiter – Strahlenschutzbeauftragte bestellen. Diese müssen dann eine für die Tätigkeiten ausreichende Fachkunde besitzen. Der Umfang der Fachkunde bemisst sich an der beruflichen Qualifikation und an dem Umfang und der Art des Umgangs. Die Nachweise der Fachkunde und der Zuverlässigkeit sind wie unter Nr. 1 kommentiert zu erbringen.

Zu Absatz 1 Nr. 3:

Die Anzahl der zu bestellenden Strahlenschutzbeauftragten ist in dieser Verordnung nicht festgelegt, so dass diese Entscheidung zunächst der Strahlenschutzverantwortliche auf Grund der Gegebenheiten vor Ort trifft. Dabei hat er die erforderlichen Befugnisse zu berücksichtigen, die er dem jeweiligen Strahlenschutzbeauftragten einräumt. Eine Verteilung von Aufgaben auf verschiedene Strahlenschutzbeauftragte ist dabei möglich, sofern Aufgaben und Befugnisse klar zueinander abgegrenzt sind. Bei der Übertragung von Aufgaben hat der Verantwortliche auch die berufliche Qualifikation der Strahlenschutzbeauftragten zu beachten, damit sie die ihnen übertragenen Aufgaben auch ausführen können. Sollte die Genehmigungsbehörde innerhalb des Genehmigungsverfahrens zu der Auffassung kommen, dass nicht alle Strahlenschutzaspekte von den bestellten Beauftragten ausreichend beurteilt werden können, kann sie verlangen, dass weitere Strahlenschutzbeauftragte bestellt werden.

Zu Absatz 1 Nr. 4:

Die sonst tätigen Personen sind der Genehmigungsbehörde unter Angabe der von ihnen erworbenen Kenntnisse über die mögliche Strahlengefährdung und die anzuwendenden Schutzmaßnahmen zu benennen. Die Vermittlung solcher Kenntnisse wird sich im Wesentlichen auf die Unterweisung beschränken, die auch nach arbeitsschutz-, immissionsschutz- oder gefahrstoffrechtlichen Vorschriften jährlich durchgeführt wird (vgl. § 38).

Wenden Personen radioaktive Stoffe oder ionisierende Strahlen am Menschen an, müssen diese Personen besondere Kenntnisse besitzen, die mit Blick auf die Vorschriften in § 82 durch eine spezielle Berufsausbildung oder durch Besuch eines entsprechenden Kurses nachzuweisen sind.

Zu Absatz 1 Nr. 5:

Diese Vorschrift enthält die zentrale Genehmigungsvoraussetzung, nach der die Genehmigung zum Umgang mit radioaktiven Stoffen zu erteilen ist, wenn *„die Ausrüstungen vorhanden und die Maßnahmen getroffen sind, die nach dem Stand von Wissenschaft und Technik erforderlich sind, damit die Schutzvorschriften eingehalten werden"*.

Für die Errichtung und den Betrieb von Anlagen nach dem Atomgesetz gibt es zahlreiche untergesetzliche Regelungen, unter deren Zuhilfenahme die Genehmigungsbehörde feststellen kann, wann z.B. eine druckführende Umschließung dem Stand von Wissenschaft und Technik entspricht. Mit Blick auf die vielfältigen Arten des Umgangs mit sonstigen radioaktiven Stoffen und ionisierenden Strahlen nach dieser Verordnung sind allgemein gültige Regeln für die Feststellung eher spärlich, welche Ausrüstungen und Maßnahmen beim jeweiligen Umgang erforderlich sind und ob diese dann auch dem Stand von Wissenschaft und Technik entsprechen.

Stand von Wissenschaft und Technik

Der Stand von Wissenschaft und Technik stellt die Grundlage für die Risikoermittlung und die Risikobewertung sowie für die Beurteilung dar, ob Maßnahmen zur Vorsorge gegen Schäden geeignet sind. Mit dem unbestimmten Begriff „*Stand von Wissenschaft und Technik*" hat der Gesetz- und Verordnungsgeber seinerzeit einen Sicherheitsstandard kreiert, der über die allgemein anerkannten Regeln der Technik (so im Gesetz über technische Arbeitsmittel – Gerätesicherheitsgesetz – [GSG]) und den Stand der Technik (so im Bundesimmissionsschutzgesetz [BIM]) hinausgeht.

Das Bundesverfassungsgericht hat sich im Rahmen seines so genannten „Kalkar-Beschlusses" vom 8. August 1978 – 2 BvL 8/77 [BVERFG] näher mit dem dreistufigen System technischer Standards befasst. Zum Begriff „*Stand von Wissenschaft und Technik*" hatte es Folgendes geäußert:

„*Es muß diejenige Vorsorge gegen Schäden getroffen werden, die nach den neuesten wissenschaftlichen Erkenntnissen für erforderlich gehalten wird. Läßt sie sich technisch noch nicht verwirklichen, darf die Genehmigung nicht erteilt werden; die erforderliche Vorsorge wird mithin nicht durch das technisch gegenwärtig Machbare begrenzt.*"

Der Verordnungsgeber hat diesen Sicherheitsstandard sowohl für den genehmigungsbedürftigen Umgang mit sonstigen radioaktiven Stoffen in einem Radionuklidlabor nach dieser Verordnung als auch für den genehmigungsbedürftigen Betrieb einer kerntechnischen Anlage nach dem Atomgesetz als Bestandteil der jeweiligen Genehmigungsvoraussetzungen festgelegt. Damit kommt die Behörde, die über eine Genehmigung nach dieser Verordnung zum Umgang mit Radiopharmaka zu entscheiden hat, in dieselbe Lage wie die Behörde, die über die Handhabung hochradioaktiver Abfälle aus der Wiederaufarbeitung entscheiden muss: Die Behörde muss bei widersprechenden Meinungen letztlich zu wissenschaftlichen Streitfragen Stellung nehmen. Die Klärung von Streitfragen vor dem Hintergrund des Gefahrenpotenzials z.B. der Brütertechnologie oder der Lagertechnik für hochradioaktive Glaskokillen kann hinsichtlich der Wahl der Ausrüstungen und der Maßnahmen existenzielle Bedeutung haben. Der Stand von Wissenschaft und Technik als Grundlage für die Risikoermittlung und die Risikobewertung sowie für die Beurteilung, ob die Ausrüstungen und Maßnahmen zur Vorsorge gegen Schäden geeignet sind, ist angesichts des Gefahrenpotenzials bei diesen beiden Beispielen angemessen.

Verschiedentlich wird im Kreise der Antragsteller und Inhaber von Genehmigungen nach dieser Verordnung bezweifelt, dass der Stand von Wissenschaft und Technik z.B. beim Umgang mit Radiopharmaka oder bei der Trocknung radioaktiver Abfälle ohne signifikante Wärmeentwicklung Grundlage obiger Beurteilung sein muss. Diese Zweifel sind angesichts des materiellen und damit finanziellen Aufwandes, der zur Erfüllung dieses Standards bei vergleichsweise geringem Gefahrenpotenzial betrieben werden muss, berechtigt. Gleichwohl machen die biologischen Grundlagen des Strahlenschutzes aber deutlich, dass es wichtig ist, auch solche Schadensmöglichkeiten in Betracht zu ziehen, die sich nur deshalb nicht ausschließen lassen, weil nach dem derzeitigen Wissensstand bestimmte Ursachenzusammenhänge bei niedrigen Dosen ionisierender Strahlen weder bejaht noch widerlegt werden können. Diese Grundlagen sind Basis internationaler Strahlenschutzgrundsätze und der Schutzvorschriften, die in dieser Verordnung formuliert sind. Insoweit sind sie auch zu erfüllen. Gelingt die Erfüllung und insoweit die Einhaltung der Schutzvorschriften aber auch mit Ausrüstungen und Maßnahmen, die den anerkannten Regeln der Technik oder dem Stand der Technik entsprechen, so dürfte nach Auffassung des Kommentators auf die Erfüllung eines vom Stand von Wissenschaft und Technik getragenen Standards verzichtet werden – wenn denn diese Verordnung diesen Verzicht gestatten würde, was sie nicht tut. Deshalb würde der Kommentator Initiativen auf Verordnungsgeberseite befürworten, derartige „Verzichts"-Formulierungen in diese Verordnung aufzunehmen. Begründet werden könnten solche Formulierungen durchaus, was nachstehend dargelegt wird.

Konkretisierung der Vorsorge gegen Schäden durch Ausrüstungen und Maßnahmen

Die Strahlenschutzverordnung konkretisiert die *„erforderliche Vorsorge gegen Schäden"* im Sinne der in den §§ 5, 6, 7 und 9 des Atomgesetzes oder im Sinne der in § 18 Abs. 1 Nr. 3 dieser Verordnung festgelegten Genehmigungsvoraussetzungen durch die Formulierung und Festlegung von Strahlenschutzgrundsätzen, Grundpflichten, allgemeinen Grenzwerten und von Schutzvorschriften.

Schäden sind nicht unerhebliche Beeinträchtigungen von Rechtsgütern [SCHN]. Was vor diesem Hintergrund die Umsetzung der Genehmigungsvoraussetzung Nr. 5 in diesem Absatz 1 zu § 9 angeht, wird die Vorsorge gegen Schäden durch *„Ausrüstungen"* und *„Maßnahmen"* konkretisiert. Es müssen *„die Ausrüstungen"* vorhanden und *„die Maßnahmen"* getroffen sein, die mit Blick auf den zur Genehmigung beantragten Umgang mit radioaktiven Stoffen oder ionisierenden Strahlen und insoweit im Rahmen der Verhältnismäßigkeit in optimaler Weise dazu geeignet sind, Schäden zu verhindern. Warum der Verordnungsgeber bei der Formulierung der Genehmigungsvoraussetzungen in § 18 Abs. 1 Nr. 3 dieser Verordnung zur Beförderung radioaktiver Stoffe auf *„die nach dem Stand von Wissenschaft und Technik erforderliche Vorsorge gegen Schäden"* abgehoben und nicht die konkrete Formulierung *„die Ausrüstungen"* und *„die Maßnahmen"* gewählt hat, wie dies bei der Genehmigungsvoraussetzung in § 9 Abs. 1 Nr. 5 zum Umgang mit radioaktiven Stoffen nach § 7 geschehen ist, ist unklar. Der Kommentator ist aber der Auffassung, dass die Klärung dieser Frage unerheblich ist. Es kommt nämlich allein darauf an, dass die Schutzvorschriften dieser Verordnung bei allen von ihr definierten Tätigkeiten eingehalten werden, wobei es einerlei ist, ob dies mit der Formel *„die nach dem Stand von Wissenschaft und Technik erforderliche Vorsorge gegen Schäden"* oder mit der Formel, dass *„die Ausrüstungen vorhanden und die Maßnahmen getroffen sind, die nach dem Stand von Wissenschaft und Technik erforderlich sind"*, ausgedrückt wird. Vielleicht ist sogar der Hinweis auf den Stand von Wissenschaft und Technik in den Genehmigungsvoraussetzungen dieser Verordnung oder des Atomgesetzes überflüssig, da jeder, der Tätigkeiten nach dieser Verordnung ausübt, nach § 6 Abs. 2 ohnehin verpflichtet ist, *„jede Strahlenexposition oder Kontamination von Mensch und Umwelt unter Beachtung des Standes von Wissenschaft und Technik ... so gering wie möglich zu halten"*.

Welche Ausrüstungen und Maßnahmen also erforderlich sind, richtet sich nach den Tätigkeiten und insoweit nach dem tätigkeitsbedingten Risiko. Ist dies verhältnismäßig hoch, wird auch der Aufwand für Ausrüstungen und Maßnahmen verhältnismäßig zunehmen. Die Qualität der Ausrüstungen und der Umfang der Maßnahmen darf insoweit zwischen viel und wenig variieren. Wichtig ist, dass mit den Ausrüstungen und Maßnahmen vor allem das Gebot der Minimierung der Strahlenexposition nach § 6 Abs. 2 umgesetzt, die Einhaltung der Dosisgrenzwerte in den §§ 47 bis 49 gewährleistet und die Störfallplanungsdosen in § 50 dieser Verordnung berücksichtigt werden. Allerdings ist – wie oben schon erwähnt – bei der Bemessung des Aufwandes für Ausrüstungen und Maßnahmen auch der Grundsatz der Verhältnismäßigkeit zu beachten. Die Verwendung der Formulierung in § 6 Abs. 2 *„unter Berücksichtigung aller Umstände des Einzelfalles"* ist nämlich ein Hinweis auf diesen Grundsatz. Maßnahmen zur Minimierung sind nämlich dann unverhältnismäßig, wenn die aufgewendeten Maßnahmen unterhalb der Grenzwerte kaum noch zu einer Reduzierung der Strahlenexposition oder Kontamination führen und es mit Blick auf die Vielfalt der anderen sozialadäquaten Lasten offenkundig ist, dass zwischen Aufwand und Nutzen ein eklatantes Missverhältnis besteht (vgl. auch Kommentierung zu § 6). Die gesetzlich vorgeschriebene Forderung nach der Erfüllung des Standes von Wissenschaft und Technik kann aber zu so einem Missverhältnis führen. Insoweit sollte der Verordnungsgeber bei nächster Gelegenheit Formulierungen in diese Verordnung aufnehmen, die es den Genehmigungsbehörden gestatten, Ausrüstungen und Maßnahmen in Abhängigkeit von den tätigkeitsbedingten Risiken auch dann als ausreichende Vorsorge gegen Schäden zu betrachten, wenn sie „nur" den anerkannten Regeln der Technik oder dem Stand der Technik entsprechen. Wenn die Schutzvorschriften mit solchen Ausrüstungen und Maßnahmen eingehalten werden können, ist dem wichtigsten Schutzkriterium dieser Verordnung umfassend Rechnung getragen.

Es darf unterstellt werden, dass Genehmigungsbehörden zur Umsetzung der Schutzvorschriften bauliche oder gerätetechnische Maßnahmen in der Regel den organisatorischen Maßnahmen vorziehen werden. Gibt es hierzu einschlägige Richtlinien und Normen, können diese als Argumentation für den Nachweis der Einhaltung des Standes von Wissenschaft und Technik vorgebracht werden. Gibt es Umstände, von diesen Richtlinien und Normen abzuweichen, ist nachzuweisen, dass der Stand von Wissenschaft und Technik auf andere Weise gewährleistet ist.

Bauliche Maßnahmen sind z.B. erforderlich, um Strahlenschutzbereiche abzugrenzen und um sicherzustellen, dass bei einem Aufenthalt von Personen in angrenzenden Räumen die für diesen Personenkreis zulässigen Dosisgrenzwerte nicht überschritten werden. Im Übrigen dienen bauliche Maßnahmen dazu, zu verhindern, dass Unbefugte bestimmte Bereiche betreten.

Messtechnische Ausrüstungen sind z.B. für die Umgebungsüberwachung erforderlich. Solche Messgeräte müssen den eichrechtlichen Bestimmungen [EICHG] genügen.

Verlangt die Art des Umgangs mit radioaktiven Stoffen im medizinischen Bereich den Gebrauch von Messgeräten für die Bestimmung der Aktivität oder der Dosis- bzw. Dosisleistung, müssen die Messgeräte den Anforderungen des Medizinproduktegesetzes [MPG] genügen (vgl. Anlage 2 der Medizinprodukte-Betreiberverordnung [MPB]).

Da die Genehmigungsvoraussetzung in Nr. 5 eine zentrale ist, ist es wichtig, im Antrag bzw. in den Unterlagen dazu möglichst umfassend zu beschreiben, mit welchen Ausrüstungen und Maßnahmen der Antragsteller den beantragten Umgang mit radioaktiven Stoffen oder mit Bestrahlungseinrichtungen ausgestaltet und so dafür sorgt, dass er die Schutzvorschriften einhält. Folgende Angaben sollte der Antragsteller mindestens machen:

- Art der Nuklide und deren chemische und physikalische Beschaffenheit, die Aktivität bzw. spezifische Aktivität und erforderlichenfalls der monatliche Verbrauch, die Umhüllung (offen/umschlossen) sowie bei umschlossenen Stoffen Nachweis über die Dichtheitsprüfung, bei unterschiedlichen Präparaten Art und Anzahl sowie deren Einzelaktivität, Lagerbedingungen, Hersteller, Lieferant, Angabe der Dosisleistung an der Oberfläche des Präparates, an der Behälteroberfläche und in einem Meter Abstand

- vorgesehener Umgangsort mit Beschreibung der örtlichen Verhältnisse, Bauzeichnung, Strahlenschutzberechnung, Beschaffenheit von Arbeitsplätzen, Angaben über Art- und Eigenschaften von Abschirmungen beim Umgang, Zugangssicherungen

- Art des beabsichtigten Umgangs, Umgangszweck, Anfall und Verbleib von radioaktiven Abfällen, Überlegungen zur Freigabe, voraussichtliche Aktivitätsabgabe an die Umwelt mit Abwasser und Abluft und Abschätzung der voraussichtlichen Konzentration, Ausrüstungen zur Rückhaltung von Ableitungen, Art und Beschaffenheit der betriebsinternen Zwischenlagerung

- Art und Umfang von Ausrüstungen zur Feststellung und Beseitigung einer Kontamination, Angabe des Personenkreises, der Reinigungstätigkeiten vornimmt

Zu Absatz 1 Nr. 6:

Diese Voraussetzung ist mit Blick auf die alte Strahlenschutzverordnung neu. Mit seiner Formulierung hat der Verordnungsgeber die immer knapper werdende Ressource „Personal" im Blick. Personal ist teuer; folglich sehen private oder öffentliche Unternehmer finanzielle Einsparmöglichkeiten insbesondere bei der Ressource „Personal". Dass eine Verringerung des Personals bei gleich bleibenden Aufgaben zu einer höheren Arbeitsbelastung des verbleibenden Personals führt, wird bei solchen Einsparmaßnahmen vielfach außer Acht gelassen. Werden Arbeitskräfte mit Aufgaben überlastet, so kann das fatale Folgen haben, wenn es sich um Arbeitskräfte handelt, die mit gefährlichen Stoffen oder in gefährlichen Anlagen arbeiten müssen.

Gewinnt die Genehmigungsbehörde den Eindruck, dass das für eine sichere Ausführung des Umgangs notwendige Personal nicht vorhanden ist, ist sie gut beraten, diesem Eindruck durch weitere Prüfungen nachzugehen.

Zu Absatz 1 Nr. 7:

Trotz aller im Bereich des radiologischen Strahlenschutzes sehr weit reichenden Vorsorgemaßnahmen gegen Schäden können Stör- oder Unfälle auch beim Umgang mit radioaktiven Stoffen und ionisierenden Strahlen nicht mit absoluter Sicherheit ausgeschlossen werden. Weil dies so ist, kann es auch hier zu einer Schädigung von Mensch und Umwelt kommen. Damit im Schadensfall sichergestellt ist, dass der Betreiber seinen Schadensersatzverpflichtungen nachkommen kann, muss er gegenüber der Genehmigungsbehörde den Abschluss einer Versicherung nachweisen. Die Höhe der Deckungssumme wird von der Genehmigungsbehörde im Rahmen der Antragsprüfung festgelegt. Ein Deckungsvorsorgebescheid nach der Atomrechtlichen Deckungsvorsorgeverordnung [DV] geht dem Antragsteller zu, damit dieser der Genehmigungsbehörde einen Versicherungsnachweis vorlegen kann, bevor diese die Genehmigung erteilt.

Zu Absatz 1 Nr. 8:

Nach Nr. 5 dieses Absatzes 1 wird vom Genehmigungsinhaber verlangt, Ausrüstungen vorzuhalten und Maßnahmen zu treffen, um dadurch die erforderliche Vorsorge gegen Schäden zu gewährleisten. Diese Vorsorge richtet sich auf mögliche Schäden, die durch den Umgang mit radioaktiven Stoffen und ionisierenden Strahlen verursacht werden können.

Die Genehmigungsvoraussetzung in Nr. 8 erweitert die Verantwortlichkeit des Genehmigungsinhabers auch auf den erforderlichen Schutz vor Schäden oder vor Gefahren, die durch Störmaßnahmen oder sonstige Einwirkungen Dritter auf den Umgang mit radioaktiven Stoffen oder ionisierenden Strahlen verursacht werden können. Während Störmaßnahmen strafrechtlich relevante Einwirkungen sind wie Terror- und Sabotageakte, Diebstahl oder Brandstiftung, sind Einwirkungen alle Handlungen und Ereignisse, die zu einer Gefährdung durch ionisierende Strahlen während des Umgangs führen können, also z.B. Brände oder auch Sabotageakte. Es ist mit Blick auf die Formulierung davon auszugehen, dass der Begriff *„Einwirkungen"* der einhüllende ist und die *„Störmaßnahmen"* nur als Beispiel erwähnt worden sind.

Der nach Nr. 8 verlangte *„erforderliche Schutz"* wird deshalb kein geringerer sein als das nach Nr. 5 verlangte Vorhandensein von Ausrüstungen und getroffener Maßnahmen, weil das nach beiden Genehmigungsvoraussetzungen uneingeschränkt zu beherrschende Gefährdungspotenzial dasselbe ist. Insoweit ist der zwischen den Nrn. 5 und 8 dieses Absatzes bestehende Zusammenhang identisch mit dem der Nrn. 3 und 5 in Absatz 1 zu § 18, worin die Genehmigungsvoraussetzungen für die Beförderung radioaktiver Stoffe festgelegt sind (vgl. auch Kommentierung zu § 18).

Deshalb ist im Antrag darzulegen, durch welche Maßnahmen sichergestellt wird, dass unbefugte Dritte z.B. nicht in den Besitz der radioaktiven Stoffe gelangen können und dass beabsichtigte oder unbeabsichtigte Einwirkungen nicht zu einer unzulässigen Freisetzung radioaktiver Stoffe oder ionisierender Strahlen führen. Beispielhafte Stichworte in diesem Zusammenhang sind Zugangsbeschränkungen, sichere Aufbewahrung der Stoffe, Abschließbarkeit von Räumen, Schlüsselverwahrung, auf die im Antrag einzugehen ist.

Zu Absatz 1 Nr. 9:

Ferner dürfen *„überwiegende öffentliche Interessen, insbesondere im Hinblick auf die Umweltauswirkungen, dem Umgang nicht entgegenstehen"*.

Überwiegend sind Interessen, wenn sie Vorrang haben gegenüber dem Interesse des Antragstellers an der Erteilung der Umgangsgenehmigung.

Die Genehmigungsvoraussetzungen Nrn. 1 bis 8 zum Umgang mit radioaktiven Stoffen und ionisierenden Strahlen konkretisieren alle strahlenschutz- und sicherheitsspezifischen Belange. Insoweit stellt sich die Frage, ob in der Genehmigungsvoraussetzung Nr. 9 nur solche öffentlichen Interessen gemeint sind, die keinen strahlenschutz- bzw. sicherheitsspezifischen Bezug haben. Um diese Frage mit Ja zu beantworten, müsste die StrlSchV eine dem § 7 Abs. 4 AtG [ATG] entsprechende Vorschrift für die Genehmigungsbehörde enthalten, Behörden und sonstige Gebietskörperschaften, deren Zuständigkeitsbereich berührt ist, an dem Verfahren zur Genehmigung des Umgangs zu beteiligen, damit von deren Seite die überwiegenden öffentlichen Interessen ermittelt werden, die nicht strahlenschutz- und sicherheitsspezifisch sind und die bei der Entscheidung über die Erteilung der Umgangsgenehmigung ggf. berücksichtigt werden müssen. Weil die StrlSchV aber keine Vorschrift zur Beteiligung von Behörden enthält, die bei der Entscheidungsfindung mitwirken, dürften überwiegende öffentliche Interessen die Erteilung einer Umgangsgenehmigung dann nicht in Frage stellen können, wenn sie keinen Bezug zum Schutz vor den schädlichen Wirkungen ionisierender Strahlen haben.

Vor diesem und dem Hintergrund der auf § 6 Abs. 1 Nr. 8 und § 10 Abs. 1 Nr. 8 der alten StrlSchV [STR] bezogenen Auffassung von Kramer/Zerlett [KRA] sind nach der Vorschrift in Nr. 9 in Abs. 1 zu 9 dieser Verordnung nur solche Interessen überwiegend, die von dem in § 1 Nrn. 2 bis 4 beschriebenen Zweck des AtG [ATG] gedeckt sind (vgl. auch Kommentierung zu § 18).

Zu Absatz 1 Nr. 10:

Diese Vorschrift ist neu. Der Verordnungsgeber beabsichtigt den Erlass einer Rechtsverordnung, in der er Tätigkeiten aufführen will, die nicht gerechtfertigt sind. Insoweit also ist im Antrag schließlich die Rechtfertigung für die beantragten Tätigkeiten darzulegen.

Zu Absatz 2:

Diese Vorschrift entspricht der ehemaligen in § 6 Abs. 1 Satz 2 und 3 StrlSchV [STR]. Sie besagt genau wie jene, dass über die in § 77 vorgesehenen Ausnahmen von der in § 76 Abs. 1 bzw. Abs. 4 angelegten Pflicht, radioaktive Abfälle an eine Anlage des Bundes im Sinne des § 9a Abs. 3 Halbsatz 2 AtG bzw. an eine Landessammelstelle im Sinne des § 9a Abs. 3 Halbsatz 1 AtG abzuliefern, im Rahmen eines Genehmigungsverfahrens nach § 7 Abs. 1 zu entscheiden ist. Im Rahmen eines solchen Verfahrens hat die Genehmigungsbehörde zu prüfen, ob die Voraussetzungen für die anderweitige Beseitigung radioaktiver Abfälle nach § 77 Satz 1 Halbsatz 2 oder deren anderweitige Zwischenlagerung nach § 77 Abs. 2 Halbsatz 2 erfüllt sind. Die Genehmigungsvoraussetzungen für die anderweitige Beseitigung oder Zwischenlagerung sind nach § 9 Abs. 2 dieselben, die ein Antragsteller erfüllen muss, wenn er eine Genehmigung zum Umgang mit sonstigen radioaktiven Stoffen nach § 7 Abs. 1 anstrebt.

Die Erläuterungen zu § 77 enthalten Hinweise zur Erklärung dessen, was eine anderweitige Beseitigung oder Zwischenlagerung radioaktiver Abfälle ist. Darin ist auch erwähnt, dass die Abgabe radioaktiver Abfälle als Ausnahme von ihrer Ablieferung nach dem Wortlaut des § 77 Satz 1 der Genehmigung bedarf, nämlich der nach § 7 Abs. 1 in Verbindung mit § 69. Da die Vorschrift in § 9 Abs. 2 die Abgabe aber nicht erwähnt, wird für die

Erteilung der Genehmigung zur Abgabe radioaktiver Abfälle im Sinne des § 77 Satz 1 als Ausnahme von ihrer Ablieferung die Erfüllung der Genehmigungsvoraussetzungen nach Absatz 1 und das Bestehen eines Bedürfnisses für die Abgabe in § 9 Abs. 2 aus gutem Grunde nicht verlangt. Zum einen dürfte nämlich derjenige, der radioaktive Abfälle abgeben will, im Besitz einer atomrechtlichen Genehmigung z.B. zum Umgang nach § 7 Abs. 1 sein, zu deren Erteilung er ja die Genehmigungsvoraussetzungen bereits erfüllen musste; ansonsten dürfte er ja die radioaktiven Abfälle nicht besitzen. Zum anderen dürfen radioaktive Abfälle als Unterfall der radioaktiven Stoffe nach § 69 Abs. 1 nur an Personen abgegeben werden, die eine atomrechtliche Genehmigung besitzen und die insoweit ebenfalls die Genehmigungsvoraussetzungen erfüllt haben. Im Übrigen regelt § 75 die Pflichten bei der Abgabe radioaktiver Abfälle.

Wenn ein Antragsteller die Erteilung einer Genehmigung zum Umgang mit sonstigen radioaktiven Stoffen nach § 7 Abs. 1 beantragt und die Genehmigungsvoraussetzungen nach § 9 Abs. 1 erfüllt hat, muss die Genehmigungsbehörde die Genehmigung erteilen. Hat die Genehmigungsbehörde dagegen über einen Antrag zur anderweitigen Beseitigung oder Zwischenlagerung radioaktiver Abfälle zu entscheiden, so kann sie die Genehmigung trotz Erfüllung der Genehmigungsvoraussetzungen nach § 9 Abs. 2 Satz 2 versagen, wenn der Antragsteller nicht nachweisen kann, dass für die anderweitige Beseitigung oder Zwischenlagerung der radioaktiven Abfälle ein Bedürfnis besteht. Insoweit steht die Erteilung der Genehmigung zur anderweitigen Beseitigung oder Zwischenlagerung radioaktiver Abfälle im Ermessen der zuständigen Behörde.

Welchen Anforderungen das hier nachzuweisende Bedürfnis zu genügen hat, ist nicht geregelt; Verwaltungsvorschriften oder Definitionen dafür fehlen. Von dem Bestehen eines Bedürfnisses für die anderweitige Beseitigung oder Zwischenlagerung radioaktiver Abfälle kann die Genehmigungsbehörde aber ausgehen, wenn sie z.B. feststellt, dass

a) eine Anlage des Bundes nach § 9a Abs. 3 Satz 1 Halbsatz 2 AtG [ATG] nicht eingerichtet ist,

b) das Land, in dessen Gebiet die anderweitige Beseitigung oder Zwischenlagerung der Abfälle beantragt ist, eine Landessammelstelle nach § 9a Abs. 3 Satz 1 Halbsatz 1 AtG [ATG] nicht eingerichtet hat,

c) die Landessammelstelle die Abfälle aus Gründen nicht übernehmen kann, die derjenige nicht zu vertreten hat, der die anderweitige Beseitigung oder Zwischenlagerung der Abfälle beantragt hat,

d) neue Formen oder Verfahren zur Beseitigung oder Zwischenlagerung der Abfälle unter atomrechtlicher Überwachung erprobt werden sollen,

e) ein Antrag nach § 29 Abs. 1 auf Freigabe der Abfälle gestellt ist.

Was mit Blick auf a) das beklagenswerte und mit Blick auf das Atomgesetzt [ATG] mitunter als rechtswidrig zu empfindende Fehlen einer Anlage des Bundes angeht, kann ein Bedürfnis für eine anderweitige Beseitigung oder Zwischenlagerung von Abfällen, die an eine solche Anlage abgeliefert werden müssen, regelmäßig gegeben sein, sofern die Genehmigungsvoraussetzungen nach Absatz 1 für die Beseitigung oder Zwischenlagerung erfüllt werden können. Für die genehmigte oder angeordnete Zwischenlagerung gilt nach § 77 Satz 2 ohnehin, dass die Ablieferungspflicht für die Zeit der Zwischenlagerung ruht.

Mit Blick auf b) gilt Entsprechendes, wenn eine Landessammelstelle nicht eingerichtet ist.

Das Bedürfnis, radioaktive Abfälle, die an eine Landessammelstelle abzuliefern sind, anderweitig zu beseitigen oder zwischenzulagern, kann mit Blick auf c) als gegeben angesehen werden, wenn die Landessammelstelle die Abfälle z.b. wegen erschöpfter Lagerkapazität oder wegen der besonderen Art der Abfälle nicht zwischenlagern kann oder die Übernahme der Abfälle deshalb nicht möglich ist, weil dies die Benutzungsordnung der Landessammelstelle oder die der Landessammelstelle erteilte Genehmigung nicht vorsieht.

Die Erprobung neuer Formen oder Verfahren zur Beseitigung oder Zwischenlagerung radioaktiver Abfälle können mit Blick auf d) ebenfalls als Grund für das Bestehen eines Bedürfnisses angesehen werden, die Abfälle zunächst nicht an staatliche Stellen im Sinne des § 9a Abs. 3 Satz 1 AtG [ATG] abzuliefern. Die Erprobung neuer Formen oder Verfahren muss allerdings unter atomrechtlicher Überwachung erfolgen, weil die Abfälle schließlich ihrer Art und Aktivität wegen nicht ohne weiteres aus der Ablieferungspflicht und insoweit nicht aus der atomrechtlichen Überwachung herausfallen können. Die Erprobung neuer Formen oder Verfahren endet z.B. mit der Feststellung der zuständigen Behörde, dass die z.B. nach einem neuen Verfahren konditionierten Abfälle nunmehr in neuer Form abzuliefern sind. Gegebenenfalls kommt nach der Erprobung auch die Erteilung der Freigabe nach § 29 Abs. 1 von Teilvolumen der Abfälle in Betracht, wenn z.B. erfolgreich erprobt worden ist, dass mineralische Abfälle, wie z.B. NORM-Abfälle (zu NORM vgl. Vorbemerkungen zu Teil 3 Kapitel 3) oder Beton aus dem Rückbau kerntechnischer Anlagen so getrennt (separiert) werden kann, dass ablieferungspflichtige und freigabefähige Fraktionen dieser Abfallsorten entstehen.

Schließlich soll mit Blick auf e) die Prüfung einer zur Erteilung beantragten Freigabe nach § 29 nicht dadurch unterbrochen werden, dass die zur Freigabe beantragten Abfälle zwischenzeitlich abgeliefert werden müssen. Auch ein Freigabeverfahren kann also ein Bedürfnis begründen, die Abfälle nicht an staatliche Stellen abzuliefern, solange über die Freigabe noch nicht entschieden ist. § 77 Satz 2 regelt dies mit Blick auf die Zwischenlagerung ohnehin.

Zu Absatz 3:

Diese Vorschrift ist eine Ergänzung zu Absatz 1 bezüglich des Umgangs im Zusammenhang mit der Anwendung radioaktiver Stoffe und ionisierender Strahlung am Menschen. Beim Umgang mit radioaktiven Stoffen oder beim Betrieb von Anlagen zur Erzeugung ionisierender Strahlen in der Heilkunde oder Zahnheilkunde muss der Antragsteller oder der von ihm bestellte Strahlenschutzbeauftragte zusätzlich zur Fachkunde im Strahlenschutz auch den Nachweis erbringen, dass er zur Ausübung des ärztlichen oder zahnärztlichen Berufes berechtigt ist. Zusätzlich wird bei der strahlentherapeutischen Anwendung ein Medizinphysik-Experte als weiterer Strahlenschutzbeauftragter gefordert. Mit dieser Forderung wird die Richtlinie 97/43/EURATOM [EU 4] umgesetzt. Der Begriff „Medizinphysik-Experte" wurde aus der Richtlinie übernommen. Damit soll klargestellt werden, dass nicht nur Personen mit einer Hochschulausbildung der Fachrichtung Physik, sondern auch Personen z.B. mir einer Fachhochschulausbildung und einer entsprechenden Spezialisierung für diese Aufgaben herangezogen werden können.

Sofern es sich bei der Anwendung von radioaktiven Stoffen am Menschen um Standardbehandlungen handelt oder nuklearmedizinische Untersuchungen durchgeführt werden sollen, muss ein fachkundiger Medizinphysik-Experte verfügbar sein. Dieser ist aber weder als Strahlenschutzbeauftragter zu bestellen noch hat er dem Antragsteller dauernd zur Verfügung zu stehen. Der Medizinphysik-Experte muss jedoch im Rahmen einer vertraglichen Vereinbarung sicherstellen, dass er bei Bedarf für den Genehmigungsinhaber zeitnah verfügbar ist. Das bedeutet, dass der Medizinphysik-Experte sonstige Verpflichtungen und Vereinbarungen nur in einem solchem Umfang annehmen darf, dass er die Forderung nach Verfügbarkeit gewährleisten kann. Aufgaben, die der Medizinphysik-Experte mindestens wahrnehmen muss, sind die Qualitätssicherung und die Optimierung der Anwendung beim Umgang mit radioaktiven Stoffen.

Alle Geräte, Vorrichtungen und Einrichtungen müssen immer in einem einwandfreien Zustand sein, damit der Schutz des Patienten gewährt ist. Schließlich ist es Aufgaben des Medizinphysik-Experten, Hinweise und Empfehlungen für eine sachgerechte Handhabung sowie Vorschläge zur Verbesserung des Strahlenschutzes für Patienten und Beschäftigte zu geben.

Zu Absatz 4:

Diese Vorschrift regelt den Umgang mit radioaktiven Stoffen in der Tierheilkunde; sie entspricht inhaltlich weitestgehend derjenigen in Absatz 3. Eine Genehmigung kann nur erteilt werden, wenn entweder der Antragsteller oder ein von ihm bestellter Strahlenschutzbeauftragter zur Ausübung des tierärztlichen Berufes berechtigt ist. Die Anforderung an die Fachkunde im Strahlenschutz wurde bereits kommentiert. In der Tiermedizin ist die Forderung nach der Fachkunde im Strahlenschutz im Wesentlichen mit der Notwendigkeit zum Schutz der Beschäftigten und der Bevölkerung beim Umgang mit radioaktiven Stoffen oder beim Betrieb von Einrichtungen zur Erzeugung ionisierender Strahlen begründet. Das Gefahrenpotenzial für diesen Personenkreis ist mit demjenigen in der Humanmedizin oder im Bereich der Technik durchaus vergleichbar. Ausdrücklich wird jedoch darauf hingewiesen, dass tierschutzrechtliche Vorschriften unabhängig von den Regelungen der Strahlenschutzverordnung zu beachten sind.

Zu Absatz 5:

Diese Vorschrift verweist auf Anforderungen aus dem Medizinproduktegesetz [MPG], weil auch die Inbetriebnahme und das Betreiben von Medizinprodukten sowie deren Zubehör nur unter bestimmten Voraussetzungen zulässig sind. Für Vorrichtungen nach dieser Verordnung, die unter die Zweckbestimmung „Anwendung am Menschen" fallen, ist eine CE-Kennzeichnung für die erstmalige Inbetriebnahme erforderlich. Werden radioaktive Stoffe in Form von Arzneimitteln (Radiopharmaka) eingesetzt, bedürfen diese einer Zulassung nach dem Arzneimittelgesetz [AMG]. Sind die Vorschriften für das In-Verkehr-Bringen nach diesen Gesetzen nicht erfüllt, kann auch keine Genehmigung nach dieser Verordnung erteilt werden.

Zu Absatz 6:

Diese Vorschrift verdeutlicht, welche Unterlagen mindestens einem Genehmigungsantrag beizugeben sind, wenn die Unterlageninhalte nicht selbst Inhalt des Antragspapiers sind. Sind die Unterlagen nicht vollständig, kann dies wegen der Nachforderung der Behörde zu Verzögerungen im Genehmigungsverfahren führen. Die Behörde kann mit Blick auf die Entscheidung, die sie schließlich über den Antrag treffen muss, zur Entscheidungshilfe einen Sachverständigen zum Genehmigungsverfahren hinzuziehen (vgl. § 20 Atomgesetz [ATG]), wenn die Beurteilung der beantragten Tätigkeiten z.B. schwierig ist. Die Vergütung des Sachverständigen hat der Antragsteller der Behörde als Auslagen zu erstatten, sofern sie angemessen sind (vgl. § 21 Abs. 2 Atomgesetz).

Genehmigungen müssen grundsätzlich schriftlich erteilt werden; mündliche Zusagen haben keine Relevanz. Die Behörde kann die Genehmigung mit inhaltlichen Beschränkungen oder Nebenbestimmungen verbinden, wie z.b. zeitlichen Befristungen oder Auflagen für den Umgang mit radioaktiven Stoffen; sie kann dabei unter Umständen auch vom Antrag abweichen. Dem Antragsteller steht jedoch die Möglichkeit des Rechtsweges offen, z.b. durch Widerspruch bei der Genehmigungsbehörde oder durch Klage vor dem Verwaltungsgericht. Klagt der Genehmigungsinhaber gegen inhaltliche Beschränkungen, so ficht er damit die gesamte Genehmigung an, so dass er von dieser keinen Gebrauch machen darf. Widerspricht der Genehmigungsinhaber dagegen nur einer Auflage, so ist nur diese Auflage nicht anwendbar; von der Genehmigung darf im Übrigen Gebrauch gemacht werden.

Der Genehmigungsinhaber muss beachten, dass die eingereichten Antragsunterlagen und ihr Inhalt Bestandteil der Genehmigung sind, sofern die Behörde sie mit der Genehmigungsurkunde verbunden hat. Hat sich der Antragsteller im Antrag z.b. auf eine bestimmte Handhabung radioaktiver Stoffe oder einen Zeitraum festgelegt, ist er an diese Festlegung gebunden, auch wenn diese Festlegung im Genehmigungsbescheid nicht erwähnt ist.

§ 10 Befreiung von der Pflicht zur Deckungsvorsorge

(1) Keiner Deckungsvorsorge nach § 6 Abs. 2 Satz 1 Nr. 3, § 9 Abs. 2 Satz 1 Nr. 4 des Atomgesetzes und § 9 Abs. 1 Nr. 7 dieser Verordnung bedarf es, wenn die Gesamtaktivität der radioaktiven Stoffe, mit denen in dem einzelnen Betrieb oder selbständigen Zweigbetrieb, bei Nichtgewerbetreibenden am Ort der Tätigkeit des Antragstellers, umgegangen wird, das 10⁶fache der Freigrenzen der Anlage III Tabelle 1 Spalte 2 und bei angereichertem Uran die Masse an Uran-235, den Wert von 350 Gramm nicht überschreitet und ausreichend sichergestellt ist, dass die sonstigen radioaktiven Stoffe aus den einzelnen Gebäuden, Gebäudeteilen, Anlagen oder Einrichtungen nicht zusammenwirken können.

(2) Keiner Deckungsvorsorge nach § 9 Abs. 1 Nr. 7 bedarf es ferner, wenn in dem einzelnen Betrieb oder selbständigen Zweigbetrieb, bei Nichtgewerbetreibenden am Ort der Tätigkeit des Antragstellers, mit sonstigen radioaktiven Stoffen in mehreren räumlich voneinander getrennten Gebäuden, Gebäudeteilen, Anlagen oder Einrichtungen umgegangen wird, die Aktivität der sonstigen radioaktiven Stoffe in den einzelnen Gebäuden, Gebäudeteilen, Anlagen oder Einrichtungen das 10⁶fache der Freigrenzen der Anlage III Tabelle 1 Spalte 2 nicht überschreitet und ausreichend sichergestellt ist, dass die sonstigen radioaktiven Stoffe aus den einzelnen Gebäuden, Gebäudeteilen, Anlagen oder Einrichtungen nicht zusammenwirken können.

(3) Bei Anwendung des Absatzes 1 oder 2 darf der Anteil an offenen radioaktiven Stoffen das 10^5fache der Freigrenzen der Anlage III Tabelle 1 Spalte 2 nicht überschreiten.

Kommentierung § 10

Keine wesentlichen Änderungen gegenüber der alten Strahlenschutzverordnung beinhalten die neuen Vorschriften zur Befreiung von der Pflicht zur Deckungsvorsorge, wenn man berücksichtigt, dass sich die Aktivitätsgrenzen jetzt auf die veränderten Freigrenzen der Anlage III Tabelle 1 Spalte 2 dieser Verordnung beziehen.

Eine Pflicht zur Deckungsvorsorge besteht demnach nicht, wenn in dem einzelnen Betrieb oder selbstständigen Zweigbetrieb bzw. bei Nichtgewerbetreibenden am Ort der Tätigkeit

- die Gesamtaktivität der radioaktiven Stoffe, mit denen umgegangen werden darf, das 10^6fache der Freigrenze der Anlage III Tabelle 1 Spalte 2 und bei angereichertem Uran die Uran-235-Masse 350 Gramm nicht überschreitet,

- mit sonstigen radioaktiven Stoffen in mehreren räumlich voneinander getrennten Gebäuden, Gebäudeteilen, Anlagen oder Einrichtungen umgegangen wird und die Aktivität an den räumlich voneinander getrennten Umgangsorten das 10^6fache der Freigrenze der Anlage III Tabelle 1 Spalte 2 nicht überschreitet.

In beiden Fällen muss sichergestellt sein, dass die radioaktiven Stoffe, die sich in den einzelnen Gebäuden, Gebäudeteilen, Anlagen oder Einrichtungen befinden, nicht zusammenwirken können.

Sofern auch oder ausschließlich mit offenen radioaktiven Stoffen umgegangen wird, darf der Anteil an offenen radioaktiven Stoffen in beiden Fällen das 10^5fache der Freigrenze der Anlage III Tabelle 1 Spalte 2 nicht überschreiten.

Sofern der Genehmigungsinhaber mit unterschiedlichen Radionukliden umgeht und von der Pflicht zur Deckungsvorsorge befreit werden will, ist die Nichtüberschreitung des Vielfachen der Freigrenze unter Anwendung der in Anlage I zur Erläuterung zu den Spalten 2 und 3 dieser Verordnung abgebildeten Summenformel nachzuweisen. Bei der Auflösung dieser Ungleichung muss sich bei umschlossenen sonstigen radioaktiven Stoffen ein Wert von kleiner als oder gleich 10^6, bei offenen sonstigen radioaktiven Stoffen ein Wert von kleiner als oder gleich 10^5 ergeben.

Für den bereits genehmigten Umgang ist mit Blick auf die Vorschriften in § 13 Abs. 1 des Atomgesetzes zu beachten, dass die Behörde verpflichtet ist, die Deckungsvorsorge im Abstand von jeweils zwei Jahren erneut zu überprüfen und ggf. auch erneut festzusetzen. In einem solchen Fall kann sich für denjenigen, für den bislang keine Pflicht zur Deckungsvorsorge bestand, der Umstand ergeben, dass er auf Grund der neuen Freigrenzenregelung der Pflicht zur Deckungsvorsorge unterfällt.

§ 11 Genehmigungsbedürftige Errichtung und genehmigungsbedürftiger Betrieb von Anlagen zur Erzeugung ionisierender Strahlen

(1) Wer eine Anlage der folgenden Art errichtet, bedarf der Genehmigung:

1. Beschleuniger- oder Plasmaanlage, in der je Sekunde mehr als 1012 Neutronen erzeugt werden können,
2. Elektronenbeschleuniger mit einer Endenergie der Elektronen von mehr als zehn Megaelektronvolt, sofern die mittlere Strahlleistung 1 Kilowatt übersteigen kann,
3. Elektronenbeschleuniger mit einer Endenergie der Elektronen von mehr als 150 Megaelektronvolt,
4. Ionenbeschleuniger mit einer Endenergie der Ionen von mehr als zehn Megaelektronvolt je Nukleon, sofern die mittlere Strahlleistung 50 Watt übersteigen kann,
5. Ionenbeschleuniger mit einer Endenergie der Ionen von mehr als 150 Megaelektronvolt je Nukleon.

(2) Wer eine Anlage zur Erzeugung ionisierender Strahlen betreibt oder die Anlage oder ihren Betrieb wesentlich verändert, bedarf der Genehmigung.

(3) Einer Genehmigung nach Absatz 2 bedarf auch, wer ionisierende Strahlung aus einer Bestrahlungsvorrichtung, die Bestandteil einer nach § 7 des Atomgesetzes genehmigten Anlage zur Spaltung von Kernbrennstoffen ist, in der Heilkunde, Zahnheilkunde oder Tierheilkunde anwendet.

Kommentierung § 11

Mit dem Begriff „Anlagen" sind die in § 3 StrlSchV („Begriffsbestimmungen") definierten „Anlagen zur Erzeugung ionisierender Strahlen" gemeint, also Einrichtungen oder Geräte im Sinne des § 11 Abs. 1 Nr. 2 des Atomgesetzes [ATG], die geeignet sind, Photonen- oder Teilchenstrahlung gewollt oder ungewollt zu erzeugen. Das sind im Wesentlichen Beschleunigeranlagen, aber auch Plasmaanlagen gehören dazu. Mit Beschleunigern werden geladene „Teilchen", wie Elektronen oder Ionen, mittels statischer oder veränderlicher elektrischer Felder auf mehr oder weniger hohe Energien gebracht (Mega- bis Gigaelektronvoltbereich, MeV – GeV), wobei die eigentliche Beschleunigungsstrecke geradlinig („Linearbeschleuniger") oder gekrümmt („Kreisbeschleuniger") sein kann. Die beschleunigten Teilchen treffen nach Beendigung des Beschleunigervorgangs auf ein so genanntes Target und induzieren dort die gewünschte Reaktion. Dabei können sowohl sehr durchdringende Strahlenarten, wie beispielsweise hochenergetische Photonen und Neutronen, als auch induzierte Radioaktivität (hauptsächlich β- und γ-Strahler) in den Strukturelementen oder in der Luft entstehen.

Von der Anwendung her ist zu unterscheiden zwischen medizinisch und physikalisch-technisch genutzten Beschleunigern, wobei in der Medizin die Strahlentherapie als Anwendungsbereich weiterhin im Vordergrund steht, aber auch andere Techniken (z.B. sog. PET-Zyklotrons) an Bedeutung gewinnen, während die physikalischen Aspekte durch die Gebiete der Atom-, Kern- und Elementarteilchenphysik abgedeckt werden.

In §§ 11 bis 14 wird festgelegt, dass und wann die Errichtung und der Betrieb von „Anlagen" einer Genehmigung oder Anzeige bedürfen. Vor allem auf dem Gebiet der Kern- und

Elementarteilchenphysik gibt es Beschleunigersysteme mit hohen Strahlleistungen, Endenergien oder Neutronenflüssen, die zu Strahlenexpositionen in Arealen führen können, die nicht Strahlenschutzbereiche sind (vgl. § 47 StrlSchV). Dies kann durch direkte Strahleneinwirkungen geschehen (z.b. durch hochenergetische Photonen und Neutronen), aber auch durch Ableitung radioaktiver Stoffe mit Luft und Wasser. Es sind also in diesen Fällen nicht nur außergewöhnlich dicke Abschirmungen erforderlich, sondern auch durchdachte Konzepte für das Personensicherheitssystem und für Maßnahmen zur Rückhaltung radioaktiver Flüssigkeiten und Gase.

Das alles kann zum Tragen kommen, wenn Anlagen

- hohe Neutronenquellstärken (> 10^{12} n/s) erzeugen können (direkte Strahlenwirkung und Induktion von Radioaktivität in Stoffen aller Aggregatzustände),

- extrem hohe Endenergien der beschleunigten Teilchen erreichen können, also mehr als 150 MeV bei Elektronenbeschleunigern bzw. mehr als 150 MeV pro Nukleon bei Ionenbeschleunigern (direkte Strahlenwirkung z.b. durch hochenergetische Bremsstrahlung oder sekundär erzeugte Neutronen, Mesonen etc. und Induktion von Radioaktivität in Stoffen aller Aggregatzustände durch Photonen und Neutronen),

- hohe Endenergien der beschleunigten Teilchen, also mehr als 10 MeV bei Elektronenbeschleunigern bzw. mehr als 10 MeV pro Nukleon bei Ionenbeschleunigern, *und* bestimmte **mittlere** Strahlleistungen übersteigen können (direkte Strahlenwirkung durch Bremsstrahlung oder sekundär erzeugte Neutronen und Induktion radioaktiver Stoffe vor allem in Luft durch Neutronen).

Für diese Fälle schreibt § 11 Abs. 1 schon für die Errichtung der Anlagen eine Genehmigung vor. Die Genehmigungsvoraussetzungen legt § 13 fest.

Prinzipiell ist denkbar, dass folgende Beschleunigertypen unter die Bestimmungen des § 11 Abs. 1 fallen: Neutronengenerator, Tandembeschleuniger, Zyklotron und Synchrotron. Medizinisch genutzte Elektronenlinearbeschleuniger („Linac") benötigen *keine* Errichtungsgenehmigung, da diese, typischerweise im Pulsbetrieb arbeitend, die **mittlere** Strahlleistung von 1 kW nicht übersteigen.

Eine Errichtungsgenehmigung nach § 11 Abs. 1 muss vor Baubeginn vorliegen, denn nur so ist sichergestellt, dass spezielle, unter Umständen technisch schwierig realisierbare Auflagen der Genehmigungsbehörde berücksichtigt werden können. Erfahrungsgemäß haben die Errichter fast aller Beschleunigeranlagen grundsätzlich ein großes Interesse, die Forderungen der Genehmigungsbehörde möglichst früh, d.h. vor Beginn der Errichtung, kennen zu lernen; selbst dann, wenn eine Errichtungsgenehmigung rechtlich nicht erforderlich ist. Die Errichtungsgenehmigung nach § 11 Abs. 1 schließt nicht die baurechtliche Genehmigung nach dem in den Bundesländern geltenden Baurecht ein.

Der Betrieb nahezu aller Beschleuniger (und Plasmaanlagen) muss nach § 11 Abs. 2 von der zuständigen Behörde genehmigt werden (siehe auch Übergangsvorschriften § 117 Abs. 2 und 3). Darin sind auch diejenigen Anlagen eingeschlossen, für die eine Errichtungsgenehmigung nach § 11 Abs. 1 schon vorliegt. Nur wenige Anlagen dürfen nach

§ 12 genehmigungsfrei, aber anzeigepflichtig oder sogar genehmigungs- und anzeigefrei betrieben werden.

Genehmigungsbedürftig sind auch Änderungen an der Anlage oder an ihrer Betriebsweise, wenn dadurch der Strahlenschutz beeinflusst wird, beispielsweise bei Anhebung der maximal möglichen Beschleunigungsenergie, bei Erhöhung der in der ursprünglichen Genehmigung festgesetzten maximalen Einschaltzeit oder bei Modifizierungen am baulichen Strahlenschutz.

Werden bei Betrieb einer Anlage radioaktive Stoffe erzeugt (z.B. durch photonen- oder neutroneninduzierte Kernreaktionen), kann dieser Umstand nach § 7 Abs. 2 in die Genehmigung nach § 11 Abs. 2 integriert werden, ohne dass zusätzlich eine Genehmigung nach § 7 Abs. 1 erforderlich wäre.

Nach § 2 Abs. 1 Nr. 1 Buchstabe d fallen Anlagen, in denen ausschließlich **Elektronen** bis zu einer Energie von maximal 1 MeV beschleunigt werden können, nicht unter die Bestimmungen der StrlSchV („Störstrahler"). Das bedeutet, dass der Betrieb niederenergetischer Elektronenbeschleuniger ($\leq$ 1 MeV) nach den §§ 5 und 3 Röntgenverordnung [RöV] genehmigt werden muss. Eine Errichtungsgenehmigung ist nach RöV nicht vorgesehen.

Grundsätzlich kann nicht ausgeschlossen werden, dass man zu strahlentherapeutischen Zwecken die hohen Neutronenflüsse aus Kernreaktoren nutzt. Auch dann ist für diese medizinische Anwendung ionisierender Strahlung eine Betriebsgenehmigung nach Absatz 2 erforderlich.

Ordnungswidrigkeiten

Ordnungswidrig handelt, wer vorsätzlich oder fahrlässig ohne eine erforderliche Genehmigung nach § 11 Abs. 1 eine dort bezeichnete Anlage errichtet oder nach § 11 Abs. 2 eine Anlage zur Erzeugung ionisierender Strahlen betreibt oder die Anlage oder ihren Betrieb ändert.

§ 12 Genehmigungsfreier Betrieb von Anlagen zur Erzeugung ionisierender Strahlen

(1) Einer Genehmigung nach § 11 Abs. 2 bedarf nicht, wer eine Anlage der folgenden Art betreibt oder wesentlich verändert, wenn er die Inbetriebnahme oder Veränderung der zuständigen Behörde vorher anzeigt:

1. Plasmaanlage, bei der die Ortsdosisleistung im Abstand von 0,1 Meter von den Wandungen des Bereichs, der aus elektrotechnischen Gründen während des Betriebs unzugänglich ist, 10 Mikrosievert durch Stunde nicht überschreitet,
2. Ionenbeschleuniger, bei dem die Ortsdosisleistung im Abstand von 0,1 Meter von der berührbaren Oberfläche 10 Mikrosievert durch Stunde nicht überschreitet.

(2) Die zuständige Behörde kann den Betrieb einer Anlage der in Absatz 1 genannten Art untersagen, wenn

1. der zur Anzeige Verpflichtete oder der von ihm für die Leitung oder Beaufsichtigung des Betriebs bestellte Strahlenschutzbeauftragte nicht die erforderliche Fachkunde im Strahlenschutz besitzt,

2. die für eine sichere Ausführung des Betriebs notwendige Anzahl von Strahlenschutzbeauftragten nicht oder nicht mehr vorhanden ist oder

3. der zur Anzeige Verpflichtete oder der von ihm für die Leitung oder Beaufsichtigung des Betriebs bestellte Strahlenschutzbeauftragte nicht zuverlässig ist.

(3) Wer eine Anlage der in Anlage I Teil C genannten Art betreibt, bedarf keiner Genehmigung nach § 11 Abs. 2 oder Anzeige nach Absatz 1.

Kommentierung § 12

Es gibt Anlagen zur Erzeugung ionisierender Strahlung (z.b. niederenergetische Beschleuniger für Ionen höherer Ordnungszahl), bei denen wegen außerordentlich geringer Ortsdosisleistungen, z.b. infolge Photonen- oder Neutronenemission, in Bereichen außerhalb der eigentlichen Maschine *(„im Abstand von 0,1 Meter von den Wandungen des Bereichs, der aus elektrotechnischen Gründen während des Betriebs unzugänglich ist")* eine Genehmigung nicht erforderlich ist. Voraussetzung für deren Inbetriebnahme ist allerdings eine Anzeige nach § 12 Abs. 1 bei der zuständigen Behörde mit Nachweis der Fachkunde im Strahlenschutz für die Strahlenschutzbeauftragten, die in ausreichender Anzahl vorhanden sein müssen (z.B. Beachtung der Vertretung!). Dabei kann die zuständige Behörde verlangen, dass die in § 12 Abs. 1 Nr. 1 und 2 aufgeführten Voraussetzungen für den genehmigungsfreien Betrieb durch das Gutachten eines behördlich bestimmten Sachverständigen nachgewiesen werden (§ 20 AtG) [ATG]. Auch eine Änderung, die den Strahlenschutz beeinflussen kann, ist anzuzeigen. Die Behörde kann auf Grund Absatz 2 den Betrieb der Anlage untersagen, wenn der Strahlenschutzverantwortliche bzw. -beauftragte keine ausreichende Fachkunde im Strahlenschutz besitzt, eine dieser Personen nicht zuverlässig ist oder die erforderliche Anzahl fachkundiger Strahlenschutzbeauftragter nicht vorhanden ist.

In Anlehnung an die Freigrenzenregelung beim Umgang mit radioaktiven Stoffen (§ 8 Abs. 1 i.V.m. Anlage I Teil B Nr. 1 und 2) wird mit Unterschreiten der in Anlage I Teil C Nr. 2 aufgeführten Werte (für die Ortsdosisleistung bzw. Potenzialdifferenz z.B. bei Ionenbeschleunigern von 1 µSv/h in 0,1 m Abstand bzw. von 30 keV) auch bei Anlagen zur Erzeugung ionisierender Strahlen die Genehmigungs- und Anzeigepflicht aufgehoben (§ 12 Abs. 3). Die andere Möglichkeit einer Genehmigungs- und Anzeigefreiheit ist das Vorliegen einer Bauartzulassung nach Anlage V Teil B (Ortsdosisleistung in 0,1 m Abstand ≤ 1 µSv/h).

§ 13 Genehmigungsvoraussetzungen für die Errichtung von Anlagen zur Erzeugung ionisierender Strahlen

Die Genehmigung nach § 11 Abs. 1 für die Errichtung einer Anlage zur Erzeugung ionisierender Strahlen ist zu erteilen, wenn

1. keine Tatsachen vorliegen, aus denen sich Bedenken gegen die Zuverlässigkeit des Antragstellers, seines gesetzlichen Vertreters oder, bei juristischen Personen oder nicht rechtsfähigen Personenvereinigungen, der nach Gesetz, Satzung oder Gesellschaftsvertrag zur Vertretung

oder Geschäftsführung Berechtigten ergeben und, falls ein Strahlenschutzbeauftragter nicht notwendig ist, der Antragsteller die erforderliche Fachkunde im Strahlenschutz besitzt,

2. gewährleistet ist, dass für die Errichtung der Anlage ein Strahlenschutzbeauftragter bestellt wird, der die erforderliche Fachkunde im Strahlenschutz besitzt und der die Anlage entsprechend der Genehmigung errichten oder errichten lassen kann; es dürfen keine Tatsachen vorliegen, aus denen sich Bedenken gegen die Zuverlässigkeit des Strahlenschutzbeauftragten ergeben,

3. gewährleistet ist, dass in den allgemein zugänglichen Bereichen außerhalb des Betriebsgeländes die Strahlenexposition von Personen bei dauerndem Aufenthalt infolge des Betriebs der Anlage die für Einzelpersonen der Bevölkerung zugelassenen Grenzwerte nicht überschreitet, wobei die Ableitung radioaktiver Stoffe mit Luft und Wasser und die austretende und gestreute Strahlung zu berücksichtigen sind,

4. die Vorschriften über den Schutz der Umwelt bei dem beabsichtigten Betrieb der Anlage sowie bei Störfällen eingehalten werden können,

5. der erforderliche Schutz gegen Störmaßnahmen oder sonstige Einwirkungen Dritter gewährleistet ist,

6. überwiegende öffentliche Interessen, insbesondere im Hinblick auf die Umweltauswirkungen, dem beabsichtigten Betrieb der Anlage nicht entgegenstehen und

7. § 4 Abs. 3 der beabsichtigten Errichtung nicht entgegensteht.

Kommentierung § 13

Die Voraussetzungen für die Errichtungsgenehmigung und die darin formulierten Kriterien dienen im Wesentlichen dem Schutz der Umwelt, die nicht zum Strahlenschutzbereich gehört. Das betrifft die Abschirmungen gegen direkte Strahlung, aber noch mehr eine möglichst weitgehende Vermeidung von Ableitungen radioaktiver Reaktionsprodukte mit Luft und Wasser.

Der Errichter muss einen Strahlenschutzbeauftragten mit Nachweis der Fachkunde im Strahlenschutz bestellen (Nr. 2) und er muss nachweisen, dass seine zu errichtende Anlage imstande ist, die Bestimmungen der §§ 47 und 53 einzuhalten (Nr. 3 bis 6). Diesbezügliche Abschätzungen und Rechnungen sind in der Regel sehr schwierig, so dass die Genehmigungsbehörde meistens von der Möglichkeit der Hinziehung von Sachverständigen nach § 20 AtG [ATG] Gebrauch machen wird (z.B. Ausbreitungsrechnungen bezüglich der Emission radioaktiver Stoffe über den Luftpfad).

Beschleuniger oder Plasmaanlagen, die einer Errichtungsgenehmigung bedürfen, stellen oft bezüglich ihrer baulichen, maschinellen und sicherheitstechnischen Gesamtkonzeption eine mit anderen Anlagen nicht vergleichbare Einzelkonstruktion dar, für die keine Normen im Hinblick auf eine Festsetzung der verschiedenen strahlenschutzrelevanten Maßnahmen existieren. Man betritt in dieser Hinsicht oft Neuland und ist deshalb gut beraten, hinsichtlich der Bemessung des baulichen Strahlenschutzes, der raumlufttechnischen Anlage (RLT-Anlage) und anderer dem Strahlenschutz dienenden Einrichtungen Vorkehrungen für spätere Nachrüstungen und Erweiterungen zu treffen (z.B. ausreichend dimensionierte Statik und zusätzlicher Platz für eine Verstärkung der Abschirmungen).

Von Großbeschleunigern können – wenn auch nicht in gleichem Maße wie von Kernkraftwerken – im Sabotagefall Gefahren ausgehen, so dass man dagegen entsprechende Schutzmaßnahmen einkalkulieren muss (Nr. 5). Grundsätzlich muss auch bei Anlagen, die eine Errichtungsgenehmigung erfordern, das Rechfertigungsprinzip beachtet werden (Nr. 7).

§ 14 Genehmigungsvoraussetzungen für den Betrieb von Anlagen zur Erzeugung ionisierender Strahlen

(1) Die Genehmigung nach § 11 Abs. 2 ist zu erteilen, wenn

1. keine Tatsachen vorliegen, aus denen sich Bedenken gegen die Zuverlässigkeit des Antragstellers, seines gesetzlichen Vertreters oder, bei juristischen Personen oder nicht rechtsfähigen Personenvereinigungen, der nach Gesetz, Satzung oder Gesellschaftsvertrag zur Vertretung oder Geschäftsführung Berechtigten ergeben und, falls ein Strahlenschutzbeauftragter nicht notwendig ist, der Antragsteller die erforderliche Fachkunde im Strahlenschutz besitzt,

2. keine Tatsachen vorliegen, aus denen sich Bedenken gegen die Zuverlässigkeit der Strahlenschutzbeauftragten ergeben, und sie die erforderliche Fachkunde im Strahlenschutz besitzen,

3. die für eine sichere Ausführung des Betriebs notwendige Anzahl von Strahlenschutzbeauftragten vorhanden ist und ihnen die für die Erfüllung ihrer Aufgaben erforderlichen Befugnisse eingeräumt sind,

4. gewährleistet ist, dass die bei dem Betrieb sonst tätigen Personen die notwendigen Kenntnisse über die mögliche Strahlengefährdung und die anzuwendenden Schutzmaßnahmen besitzen,

5. gewährleistet ist, dass bei dem Betrieb die Ausrüstungen vorhanden und die Maßnahmen getroffen sind, die nach dem Stand von Wissenschaft und Technik erforderlich sind, damit die Schutzvorschriften eingehalten werden,

6. keine Tatsachen vorliegen, aus denen sich Bedenken ergeben, dass das für eine sichere Ausführung des Betriebes notwendige Personal nicht vorhanden ist,

7. die erforderliche Vorsorge für die Erfüllung gesetzlicher Schadensersatzverpflichtungen getroffen ist,

8. der erforderliche Schutz gegen Störmaßnahmen oder sonstige Einwirkungen Dritter gewährleistet ist, soweit die Errichtung der Anlage der Genehmigung nach § 11 Abs. 1 bedarf,

9. überwiegende öffentliche Interessen, insbesondere im Hinblick auf die Umweltauswirkungen, dem beabsichtigten Betrieb der Anlage nicht entgegenstehen und

10. § 4 Abs. 3 dem beabsichtigten Betrieb nicht entgegensteht.

Es gilt § 9 Abs. 5 entsprechend.

(2) Für eine Genehmigung zum Betrieb einer Anlage zur Erzeugung ionisierender Strahlen im Zusammenhang mit der Anwendung am Menschen müssen zusätzlich zu Absatz 1 folgende Voraussetzungen erfüllt sein:

1. Der Antragsteller oder der von ihm schriftlich bestellte Strahlenschutzbeauftragte ist als Arzt oder Zahnarzt approbiert oder ihm ist die vorübergehende Ausübung des ärztlichen oder zahnärztlichen Berufs erlaubt, und

2. ein Medizinphysik-Experte ist als weiterer Strahlenschutzbeauftragter bestellt.

(3) Für eine Genehmigung zum Betrieb einer Anlage zur Erzeugung ionisierender Strahlen im Zusammenhang mit der Anwendung am Tier in der Tierheilkunde muss zusätzlich zu den in Absatz 1 genannten Voraussetzungen der Antragsteller oder der von ihm schriftlich bestellte Strahlenschutzbeauftragte zur Ausübung des tierärztlichen oder ärztlichen Berufs berechtigt sein.

(4) Dem Genehmigungsantrag sind insbesondere die Unterlagen nach Anlage II Teil B beizufügen.

(5) Lässt sich erst während eines Probebetriebs beurteilen, ob die Voraussetzungen des Absatzes 1 Nr. 5 vorliegen, kann die zuständige Behörde die Genehmigung nach § 11 Abs. 2 befristet erteilen. Der Betreiber hat zu gewährleisten, dass die Vorschriften über die Dosisgrenzwerte, über die Sperrbereiche, Kontrollbereiche sowie zur Begrenzung der Ableitung radioaktiver Stoffe während des Probebetriebs eingehalten werden.

Kommentierung § 14

Der Inhalt des § 14 Abs. 1 über die Genehmigungsvoraussetzungen für den Betrieb von Anlagen zur Erzeugung ionisierender Strahlen entspricht im Prinzip demjenigen des schon kommentierten § 9 Abs. 1 für den Umgang mit radioaktiven Stoffen:

- Zuverlässigkeit des Antragstellers (des Strahlenschutzverantwortlichen) und der Strahlenschutzbeauftragten (Nr. 1, 2)

- ausreichende Zahl an fachkundigen Strahlenschutzbeauftragten, deren innerbetriebliche Entscheidungsbereiche festgelegt sein müssen (Nr. 2, 3)

- Kenntnisse im Strahlenschutz für die sonst tätigen Personen (Nr. 4), Vorrichtungen und Ausrüstungen sowie Maßnahmen nach Stand von Wissenschaft und Technik (Nr. 5)

- Vorhandensein des für eine sichere Ausführung des Betriebs notwendigen Personals (Nr. 6)

- Vorsorge für die Erfüllung gesetzlicher Schadensersatzverpflichtungen (Nr. 7)

- Schutz gegen Störmaßnahmen oder sonstige Einwirkungen Dritter (gilt nur für § 11 – Anlagen) (Nr. 8)

- Wahrung öffentlicher Interessen, insbesondere im Hinblick auf die Umweltauswirkungen (Reinhaltung der Luft, des Wassers oder des Bodens) (Nr. 9)

- Erfüllung des Rechtfertigungsprinzips (Nr. 10)

§ 14 Abs. 2 weist explizit auf die besonderen Gegebenheiten des medizinischen Betriebes hin und verlangt als Antragsteller (als Strahlenschutzverantwortlichen) oder als Strahlenschutzbeauftragten einen Arzt und außerdem als weiteren Strahlenschutzbeauftragten einen Medizinphysik-Experten (siehe § 3 Abs. 2 Nr. 21), jeweils im Besitz der für diese Personengruppe erforderlichen Fachkunde im Strahlenschutz.

Medizinisch genutzte Beschleuniger werden hauptsächlich in der Strahlentherapie eingesetzt (meistens vom Typ Elektronenlinearbeschleuniger). Spezielle Anlagen benutzt man auch zur Erzeugung kurzlebiger radioaktiver Stoffe für die Nuklearmedizin (Typ: Zyklotron, PET). PET-Zyklotrons fallen aber unter die Kategorie der „nichtmedizinischen" Beschleuniger mit allen daraus resultierenden personellen Konsequenzen. An einigen strahlentherapeutischen Zentren wendet man auch Neutronen zur Behandlung bösartiger Tumore an (Typ: Zyklotron oder Neutronengenerator). Die funktionalen Zusammenhänge in der Strahlentherapie beginnen im medizinischen Bereich mit der Diagnostik und der anschließenden Lokalisation (Simulator, CT, Kernspintomograph), im physikalischen Bereich mit der Dosimetrie und der Bestrahlungsplanung.

Sie laufen zusammen in der Erstellung des Gesamtbestrahlungsplanes durch Arzt und Medizinphysik-Experten (Physiker) und der Durchführung der eigentlichen Bestrahlung häufig durch das medizinische Assistenzpersonal, aber unter Aufsicht eines fachkundigen Arztes. Eine derartig komplexe Aufgabe verlangt einen hohen personellen Aufwand auf medizinischer und nichtmedizinischer Seite, so dass es dringend erforderlich ist, diesbezügliche Organisationsformen im Genehmigungsbescheid festzuschreiben (ausreichende Zahl an fachkundigen Ärzten, medizinischem Assistenzpersonal und physikalisch-technischem Personal; siehe die Forderung in Abs. 1 Nr. 6).

Da in der Kommentierung des § 9 ein Genehmigungsverfahren nach der StrlSchV prinzipiell beschrieben wurde, soll hier speziell nur auf die Belange einer strahlentherapeutischen Abteilung eines Krankenhauses eingegangen werden, in der ein Elektronenlinearbeschleuniger betrieben wird: Strahlenschutzverantwortlicher ist der Betreiber des Beschleunigers. Dieser muss eine notwendige Anzahl an Strahlenschutzbeauftragten bestellen (u.a. Beachtung der Vertretungsfrage), deren Befugnisse auf medizinische und physikalisch-technische Bereiche aufgeteilt werden müssen. Von den ärztlichen und physikalisch-technischen Strahlenschutzbeauftragten wird die Genehmigungsbehörde den Nachweis der Fachkunde im Strahlenschutz (= Sachkunde + Kurse im Strahlenschutz) verlangen. Diese wird in Form einer Bescheinigung durch die nach Landesrecht zuständige Stelle erteilt. Zuständig sind für Ärzte in den meisten Bundesländern die Ärztekammern; für Medizinphysik-Experten ist die Festsetzung der zuständigen Stelle in den einzelnen Bundesländern sehr unterschiedlich geregelt. Die Inbetriebnahme eines medizinischen Beschleunigers läuft meistens in folgenden drei Phasen ab:

1. Errichtung der Anlage durch die Lieferfirma (Genehmigungsinhaber und Strahlenschutzverantwortlicher ist die Lieferfirma) zwecks Messungen zum Nachweis der Erfüllung aller Spezifikationen (Strahlenschutzbeauftragter: Mitarbeiter der Lieferfirma)

2. Messungen des Medizinphysik-Experten zur Bereitstellung der für die Therapie erforderlichen Daten (Strahlenschutzbeauftragter: Medizinphysik-Experte des Krankenhauses)

3. Beginn der Patientenbestrahlungen (Strahlenschutzbeauftragte: Arzt und Medizinphysik-Experte)

Zum Schluss der Kommentierung zum medizinischen Betrieb eines Beschleunigers soll die oben schon angesprochene und oft zwischen Behörde und Betreiber diskutierte Frage nach dem *„für eine sichere Ausführung des Betriebs notwendigen Personal"* (Abs. 1 Nr. 6) beantwortet werden. Es ist sehr hilfreich für alle Beteiligten, wenn entsprechende Auflagen im Genehmigungsbescheid dies frühzeitig genug festlegen. Als Anleitung für eine sinnvoll nichtärztliche Personalstärke kann man folgende Regelung in Anspruch nehmen:

- pro Großgerät (Beschleuniger, γ-Bestrahlungsanlage, Afterloadinganlage) zwei MTRAs oder sonstige Personen mit bescheinigten Kenntnissen im Strahlenschutz
- sonst pro Gerät (Simulator, CT, konventionelle Röntgentherapieeinrichtung) einen MTRA oder sonstige Personen mit bescheinigten Kenntnissen im Strahlenschutz (Vertretungsfrage beachten)
- für ein Großgerät zwei Medizinphysik-Experten, die sich als Strahlenschutzbeauftragte gegenseitig vertreten können, deren Zahl allerdings keineswegs in linearer Form mit der Zahl der Großgeräte zunehmen muss

Die umfangreichen Arbeiten in einer strahlentherapeutischen Abteilung (Patientenuntersuchung, Patientenaufklärung, Tumorlokalisation, Durchführung der Planung, Zielvolumenvorgabe, Festlegung der Bestrahlungstechnik, Simulation, Versorgung der Patienten bei der täglichen Bestrahlung am Gerät [der sog. fachkundige Gerätearzt], Beaufsichtigung des Assistenzpersonals, Nachsorge) verlangen beim Betrieb eines Beschleunigers mindestens vier Arztstellen.

Der Betrieb eines Beschleunigers im Zusammmenhang mit der Anwendung ionisierender Strahlung am Tier in der Tierheilkunde kann möglicherweise in der Zukunft nicht ausgeschlossen werden, so dass offenbar ein Regelungsbedarf besteht (Abs. 3).

In § 14 Abs. 4 ist festgelegt, welche Unterlagen die Genehmigungsbehörde von dem zukünftigen Betreiber einer Anlage zur Erzeugung ionisierender Strahlen erhalten muss (Anlage II Teil B). Dazu gehört vor allen Dingen ein Sicherheitsbericht mit Plänen und Beschreibungen bezüglich des baulichen Strahlenschutzes, des Personensicherheits- und Anlagenkontrollsystems sowie der Einrichtungen, welche die Emissionen radioaktiver Stoffe über den Luft- und Wasserpfad begrenzen bzw. kontrollieren. Außerdem müssen seitens der Genehmigungsbehörde Entscheidungen über die personelle Situation getroffen werden, auch zu Fragen über Zuverlässigkeit und Fachkunde im Strahlenschutz der Strahlenschutzverantwortlichen bzw. -beauftragten. Einzelheiten vor allem zu den in Anlage II Teil B angesprochenen Inhalten der Absätze 1 bis 3 findet man in den „Merkposten zu Antragsunterlagen in den Genehmigungsverfahren für Anlagen zur Erzeugung ionisierender Strahlen" [MP] und – was den medizinischen Bereich betrifft – in der Richtlinie „Strahlenschutz in der Medizin" [RL2].

In § 14 Abs. 5 StrlSchV wird der Probebetrieb angesprochen. Es wurde schon erwähnt, dass besonders bei großen Beschleunigeranlagen (z.B. Synchrotron) wegen des Fehlens genormter Regelungen und Berechnungsgrundlagen nicht für jede mögliche Betriebsweise alle notwendigen Strahlenschutzmaßnahmen schon vor Inbetriebnahme komplett angegeben werden können. Auf der anderen Seite ist es wirtschaftlich durchaus nicht sinnvoll, deswegen z.B. voraussichtlich deutlich überdimensionierte Abschirmungen installieren zu lassen. Vielmehr könnte im Rahmen einer befristeten Probebetriebsgenehmigung z.B. in Absprache mit einem behördlich bestimmten Sachverständigen der Betrieb des Beschleunigers mit zunächst reduzierten Betriebsparametern (Energie, Strahlstrom,

Art des Targets, Einschaltzeit) begonnen und diese dann – zeitlich parallel mit Messungen der Ortsdosis(leistung) und der Aktivität möglicherweise induzierter Radionuklide – allmählich gesteigert werden.

Man muss darauf achten, dass dabei die in der StrlSchV festgelegten Schutzziele und -vorschriften, z.B. die Dosisgrenzwerte bei direkten oder indirekten Expositionen (Ableitung radioaktiver Stoffe), eingehalten werden. Gegebenenfalls kann als Ergebnis dieser Messungen einer Einstellung der vom Betreiber angestrebten maximalen Betriebsparameter nur dann zugestimmt werden, wenn mit zusätzlichen Schutzeinrichtungen nachgerüstet wird (z.B. Erhöhung der Abschirmdicken).

§ 15 Genehmigungsbedürftige Beschäftigung in fremden Anlagen oder Einrichtungen

(1) Wer in fremden Anlagen oder Einrichtungen unter seiner Aufsicht stehende Personen beschäftigt oder Aufgaben selbst wahrnimmt und dies bei diesen Personen oder bei sich selbst im Kalenderjahr zu einer effektiven Dosis von mehr als 1 Millisievert führen kann, bedarf der Genehmigung.

(2) Bei Beschäftigungen nach Absatz 1 in Anlagen oder Einrichtungen, in denen mit radioaktiven Stoffen umgegangen wird, ist § 9 Abs. 1 Nr. 1 bis 5, bei Beschäftigungen nach Absatz 1 im Zusammenhang mit dem Betrieb von Anlagen zur Erzeugung ionisierender Strahlen ist § 14 Abs. 1 Nr. 1 bis 5 entsprechend anzuwenden.

(3) Bei Beschäftigungen nach Absatz 1 ist den Anordnungen des Strahlenschutzverantwortlichen und der Strahlenschutzbeauftragten der Anlage oder Einrichtung, die diese in Erfüllung ihrer Pflichten nach § 33 treffen, Folge zu leisten. Der Inhaber einer Genehmigung nach Absatz 1 hat dafür zu sorgen, dass die unter seiner Aufsicht beschäftigten Personen die Anordnungen der Strahlenschutzverantwortlichen und Strahlenschutzbeauftragten der Anlagen oder Einrichtungen befolgen.

Kommentierung § 15

In diese Vorschriften sind inhaltlich jene des § 20 der alten 89er-Strahlenschutzverordnung [STR] übernommen worden. Zweck dieser Vorschriften ist die Gewährleistung eines lückenlosen Schutzes von Personen, die in verschiedenen fremden Anlagen oder Einrichtungen beschäftigt sind, in denen Tätigkeiten nach § 2 durchgeführt werden. Es handelt sich dabei um Anlagen oder Einrichtungen, die nicht der Verfügungsgewalt dieser Personen oder der ihrer Arbeitgeber unterstehen; insoweit könnte man diese Personen als Fremdbeschäftigte bezeichnen. Bei den Aufgaben, die diese Fremdbeschäftigten durchführen, handelt es sich insbesondere um Reparatur-, Wartungs- oder Anstreicherarbeiten, um Aufgaben also, die keine Tätigkeiten im Sinne dieser Verordnung sind und die insoweit selbst keine Strahlenexposition verursachen. Da die Fremdbeschäftigten ihre Aufgaben aber in strahlenexponierten Umfeldern erledigen, kann es sein, dass sie dadurch mit einer effektiven Dosis von mehr als 1 mSv pro Jahr exponiert werden. Ist dies der Fall, bedarf die Aufgabenerledigung der Genehmigung, die ein Arbeitgeber beantragen muss, wenn er selbst Wartungsarbeiten oder ähnliche Aufgaben in fremden Anlagen oder Einrichtungen erledigt oder sie durch Personen erledigen lässt, die seiner Aufsicht unterstehen.

Für den Arbeitgeber bedeutet dies, dass er vor der Übernahme solcher Beschäftigungen abschätzen oder abschätzen lassen muss, ob sich daraus für ihn selbst oder für die unter seiner Aufsicht stehenden Personen in den fremden Anlagen oder Einrichtungen Umstände ergeben, die zu einer Überschreitung der effektiven Dosis von 1 mSv pro Jahr führen könnten.

Nach den Vorschriften in § 20 der alten Strahlenschutzverordnung ergab sich der Bedarf nach einer Genehmigung erst dann, wenn die Exposition der Fremdbeschäftigten in fremden Anlagen oder Einrichtungen höher sein konnte als die effektive Dosis von 5 mSv pro Jahr und dieser Umstand dazu führte, dass die Fremdbeschäftigten dadurch zu beruflich strahlenexponierten Personen wurden. Mit Blick auf die Verpflichtung der Umsetzung neuer Grenzwerte senkte der Verordnungsgeber die effektive Dosis für Fremdbeschäftigte auf 1 mSv pro Jahr ab. Zur Dokumentation des lückenlosen Schutzes der Fremdbeschäftigten muss der Inhaber einer Genehmigung nach § 15 für alle unter seiner Aufsicht stehenden Personen (Fremdbeschäftigte) und ggf. auch für sich selbst den Strahlenpass nach § 40 Abs. 2 führen, wenn er oder seine Arbeitnehmer in fremden Anlagen oder Einrichtungen Beschäftigungen nachgehen (vgl. auch Kommentierung zu § 40).

Die Vorschriften in § 15 und auch in § 40 Abs. 2 dienen der Umsetzung der Richtlinie 90/641/EURATOM [EU 3] (vgl. Kommentierung zu § 2), die zum Schutz aller externen Arbeitskräfte deren lückenlose Überwachung verlangt, wenn die Arbeitskräfte einer Gefährdung durch ionisierende Strahlen ausgesetzt sind, was bei Beschäftigungen in **Kontrollbereichen** unterstellt werden darf.

Allerdings geht der Bedarf nach einer Genehmigung nach § 15 über die Regelungen in der Richtlinie 90/641/EURATOM hinaus, da die Genehmigungsbedürftigkeit ja schon als gegeben anzusehen ist, wenn ausschließlich Beschäftigungen in Überwachungsbereichen erfolgen sollen und die Strahlenexposition infolge dieser Beschäftigungen die effektive Dosis von 1 mSv im Kalenderjahr überschreiten kann.

Die Genehmigungsbedürftigkeit gilt sowohl für die Beschäftigung in fremden Anlagen oder Einrichtungen, in denen mit radioaktiven Stoffen umgegangen wird, als auch dort, wo Anlagen zur Erzeugung ionisierender Strahlen betrieben werden. Die Voraussetzungen zur Erteilung einer Genehmigung nach § 15 sind erfüllt, wenn die Genehmigungsvoraussetzungen in § 9 Abs. 1 Nrn. 1 bis 5 (Umgang mit radioaktiven Stoffen) oder in § 14 Abs. 1 Nrn. 1 bis 5 (Betrieb von Anlagen zur Erzeugung ionisierender Strahlen) nachgewiesen werden.

Dass eine Genehmigungsbedürftigkeit für Fremdbeschäftigte sowohl im Zusammenhang mit dem Umgang mit radioaktiven Stoffen als auch im Zusammenhang mit dem Betrieb von Anlagen zur Erzeugung ionisierender Strahlen gesehen wird, macht deutlich, dass nicht nur für Personen eine Genehmigung nach § 15 erteilt werden muss, die in kerntechnischen Einrichtungen Beschäftigungen nachgehen, sondern auch für Personen eines externen Reinigungsunternehmens in einer nuklearmedizinischen Klinik oder für einen Gastwissenschaftler an einem Forschungsbeschleuniger oder für Personen eines Zeitarbeitsunternehmens, das Mitarbeiter nach dem Arbeitnehmerüberlassungsgesetz [AÜG] an Werkstoffprüffirmen überlässt.

Grundsätzlich gilt, dass sowohl der Inhaber der Genehmigung nach § 15 als auch die unter seiner Aufsicht stehenden Personen Anordnungen des Strahlenschutzverantwortlichen und der Strahlenschutzbeauftragten der fremden Anlage oder Einrichtung zu folgen haben. Der Inhaber der Genehmigung nach § 15 hat dies für die unter seiner Aufsicht stehenden Personen z.B. durch Anweisungen sicherzustellen.

Der Inhaber einer Genehmigung nach § 15 ist Strahlenschutzverantwortlicher im Sinne des § 31 dieser Verordnung. Das bedeutet, dass er sicherstellen muss, dass alle zutreffenden Schutzvorschriften, wie solche im Zusammenhang mit Unterweisungen, mit der Ermittlung der Körperdosen oder mit der ärztlichen Überwachung, beachtet und umgesetzt werden. Sofern der Inhaber der Genehmigung nach § 15 Strahlenschutzbeauftragte bestellt hat, hat er gemeinsam mit diesen für die Beachtung und Umsetzung zu sorgen.

Genehmigungen nach dieser Verordnung regeln grundsätzlich den ortsfesten Umgang mit radioaktiven Stoffen bzw. den Betrieb von Anlagen zur Erzeugung ionisierender Strahlen. Im Gegensatz dazu regelt eine Genehmigung nach § 15 die Beschäftigung von Personen in Anlagen oder Einrichtungen an verschiedenen Orten. Die Gültigkeit einer solchen Genehmigung ist damit in der Regel nicht nur auf das Bundesland beschränkt, in dem der Antragsteller seinen Geschäftssitz hat; sie darf im Geltungsbereich der Strahlenschutzverordnung, also in der Bundesrepublik Deutschland, in Anspruch genommen werden. Genehmigungsbehörde ist die nach Landesrecht zuständige Behörde; maßgebend ist der Geschäftssitz des Antragstellers. Die Genehmigung bezieht sich auch auf Zweigstellen oder Niederlassungen des Genehmigungsinhabers in anderen Orten, z.B. in einem anderen Bundesland, soweit diese Niederlassungen oder Zweistellen unselbständig sind.

Zur Sicherstellung eines länderübergreifenden einheitlichen Vollzugs hat das Bundesministerium für Umwelt, Naturschutz und Reaktorsicherheit eine Mustergenehmigung erlassen. Von dieser Mustergenehmigung sollte nur dann abgewichen werden, wenn es die Besonderheiten der beantragten Beschäftigungen erfordern, die in fremden Anlagen oder Einrichtungen durchgeführt werden sollen.

Atomrechtliche Aufsichtsbehörden über Genehmigungen nach § 15 dieser Verordnung sind die Behörden, die am Geschäftssitz des Genehmigungsinhabers und an dem Ort der tatsächlichen Beschäftigung zuständig sind.

Atomrechtliche Behörden nach § 19 des Atomgesetzes, deren Bedienstete in Anlagen oder Einrichtungen Aufgaben wahrnehmen, bedürfen keiner Genehmigung nach § 15 dieser Verordnung.

Nach § 117 Abs. 4 gilt eine Genehmigung nach den §§ 20a bzw. 20 der Strahlenschutzverordnung von 1976 bzw. 1989 als Genehmigung nach § 15 Abs. 1 mit allen Nebenbestimmungen fort; die neuen Grenzwerte dürfen allerdings nicht überschritten werden. Im Übrigen erlischt die Gültigkeit einer alten „20a- bzw. 20er-Genehmigung" am 1. August 2003, wenn sie nicht befristet war.

Ordnungswidrigkeiten

Wer vorsätzlich oder fahrlässig ohne eine erforderliche Genehmigung nach § 15 Abs. 1 in einer dort bezeichneten Anlage oder Einrichtung unter seiner Aufsicht stehende Personen als beruflich strahlenexponierte Personen beschäftigt oder selbst tätig wird, handelt nach § 116 Abs. 1 Nr. 1d ordnungswidrig im Sinne des § 46 Abs. 1 des Atomgesetzes.

Wer vorsätzlich oder fahrlässig entgegen § 31 Abs. 1 Nr. 2 nicht dafür sorgt, dass die Vorschriften des § 15 Abs. 3 eingehalten werden, handelt nach § 116 Abs. 2 Nr. 4 ordnungswidrig im Sinne des § 46 Abs. 1 des Atomgesetzes.

Normadressat dieser Vorschriften ist der Strahlenschutzverantwortliche, d.h. derjenige, der einer Genehmigung nach § 15 bedarf (vgl. § 31 Abs. 1).

Die Ordnungswidrigkeit kann mit einer Geldbuße bis zu 50.000 Euro geahndet werden.

Vorbemerkungen zu Teil 2, Kapitel 2, Abschnitt 4: Beförderung radioaktiver Stoffe

Internationale Basisregelungen

Radioaktive Stoffe müssen transportiert werden, wenn sie ihrer bestimmungsgemäßen Verwendung, die sehr unterschiedlich ist, zugeführt werden sollen. Bei der Verwendung radioaktiver Stoffe ist früh erkannt worden, dass international einheitlich geltende Regelungen nötig sind, um insbesondere ihre sichere Beförderung zu gewährleisten. Für die Beförderung sind vor allem die Beförderungsempfehlungen der Internationalen Atomenergieorganisation (IAEO) maßgebend [IAEA].

Als Sonderorganisation der Vereinten Nationen (UNO) wurde die IEAO u.a. mit der Ausarbeitung von internationalen Empfehlungen zur Vereinheitlichung der einzelstaatlichen Regelungen und zur Vereinfachung von internationalen Transporten radioaktiver Stoffe beauftragt. Zu diesem Zweck arbeitete die IAEO eng mit anderen internationalen Organisationen zusammen, wie z.B. der Zentralkommission für die Rheinschifffahrt (ZKR), dem Zentralamt für den Internationalen Eisenbahnverkehr (OCTI), der Europäischen Gemeinschaft für Atomenergie (EURATOM), der Internationalen Seeschifffahrt-Organisation (IMO) oder dem Internationalen Luftverkehrsverband (IATA). So entstanden und entstehen mit der Unterstützung von Experten aus aller Welt die Empfehlungen der IAEO. Der radiologische Inhalt der IAEO-Empfehlungen basiert auf Empfehlungen der Internationalen Strahlenschutzkommission (ICRP).

Die Empfehlungen der IAEO sind eine Art „Modellregelungen", die sie den Mitgliedstaaten und den zuständigen internationalen Transportorganisationen vorschlägt; insoweit handelt es sich bei den Empfehlungen der IAEO nicht um Rechtsvorschriften. Erst die einzelnen Staaten gliedern die Elemente dieser Empfehlungen in ihre eigenen Rechtsvorschriften ein, so dass die Empfehlungen dadurch „Gesetzescharakter" bekommen [GGBG].

Regelungen in der Bundesrepublik Deutschland

Die Beförderung radioaktiver Stoffe ist wie der Umgang mit radioaktiven Stoffen grundsätzlich verboten. Nach Erfüllung bestimmter Voraussetzungen (§ 18) hat die zuständige Behörde aber demjenigen, der diese Voraussetzungen erfüllt, eine Genehmigung zur Beförderung radioaktiver Stoffe zu erteilen.

§ 16 Genehmigungsbedürftige Beförderung

(1) Die Beförderung von sonstigen radioaktiven Stoffen nach § 2 Abs. 1 des Atomgesetzes oder von Kernbrennstoffen nach § 2 Abs. 3 des Atomgesetzes auf öffentlichen oder der Öffentlichkeit zugänglichen Verkehrswegen bedarf der Genehmigung. Eine erteilte Genehmigung erstreckt sich auch auf die Teilstrecken eines Beförderungsvorgangs, der nicht auf öffentlichen oder der Öffentlichkeit zugänglichen Verkehrswegen stattfindet, soweit für diese Teilstrecken keine Umgangsgenehmigung vorliegt.

(2) Eine Genehmigung nach § 4 Abs. 1 des Atomgesetzes kann sich auch auf eine genehmigungsbedürftige Beförderung radioaktiver Stoffe nach Absatz 1 erstrecken, soweit es sich um denselben Beförderungsvorgang handelt; soweit eine solche Erstreckung erfolgt, ist eine Genehmigung nach Absatz 1 nicht erforderlich.

(3) Die Genehmigung kann dem Absender, dem Beförderer oder demjenigen erteilt werden, der es übernimmt, die Versendung oder Beförderung zu besorgen. Sie ist für den einzelnen Beförderungsvorgang zu erteilen, kann jedoch einem Antragsteller allgemein auf längstens drei Jahre erteilt werden, soweit die in § 1 Nr.2 bis 4 des Atomgesetzes bezeichneten Zwecke nicht entgegenstehen.

(4) Bei der Beförderung ist eine Ausfertigung oder eine amtlich beglaubigte Abschrift des Genehmigungsbescheids mitzuführen. Die Ausfertigung oder Abschrift des Genehmigungsbescheids ist der für die Aufsicht zuständigen Behörde oder den von ihr Beauftragten auf Verlangen vorzuzeigen.

(5) Die Bestimmungen des Genehmigungsbescheids sind bei der Ausführung der Beförderung auch vom Beförderer, der nicht selbst Inhaber der Genehmigung ist, zu beachten.

(6) Die für die jeweiligen Verkehrsträger geltenden Rechtsvorschriften über die Beförderung gefährlicher Güter bleiben unberührt.

Kommentierung § 16

Zu Absatz 1:

1. Radioaktive Stoffe sind gefährliche Güter im Sinne des § 2 Abs. 1 des Gesetzes über die Beförderung gefährlicher Güter (Gefahrgutbeförderungsgesetz) [GGBG]. Demnach sind auch aktivierte oder mit radioaktiven Stoffen kontaminierte Gegenstände gefährliche Güter, deren Beförderung der Genehmigung bedarf.

2. Nach § 2 Abs. 2 des Gefahrgutbeförderungsgesetzes umfasst die Beförderung nicht nur den Vorgang der Ortsveränderung, sondern auch die Übernahme und die Ablieferung des Gutes sowie zeitweilige Aufenthalte im Verlauf der Beförderung, Vorbereitungs- und Abschlusshandlungen (Verpacken und Auspacken der Güter, Be- und Entladen), auch wenn diese Handlungen nicht vom Beförderer ausgeführt werden. Ein zeitweiliger Aufenthalt im Verlauf der Beförderung liegt vor, wenn dabei gefährliche Güter für den Wechsel der Beförderungsart oder des Beförderungsmittels (Umschlag) oder aus sonstigen transportbedingten Gründen zeitweilig abgestellt werden.

    Wird die Sendung nicht nach der Anlieferung entladen, gilt das Bereitstellen der Ladung beim Empfänger zur Entladung als Ende der Beförderung. Versandstücke, Tankcontainer, Tanks und Kesselwagen (bzw. deren Entsprechung zur Beförderung radioaktiver Stoffe, z.B. 20-Fuß-Container) dürfen während des zeitweiligen Aufenthaltes nicht geöffnet werden.

3. Die Vorschrift bezieht sich mit Blick auf die alte Regelung in § 8 StrlSchV [STR] unverändert auf sonstige radioaktive Stoffe im Sinne des § 2 Abs. 1 AtG [ATG] und, was neu ist, auf geringe Massen von Kernbrennstoffen, die gemäß der Vorschrift in § 2 Abs. 3 AtG als sonstige radioaktive Stoffe gelten.

Die Beförderung von oder weniger als 15 g Kernbrennstoff bzw. von oder weniger als 15 g Kernbrennstoff pro 100 kg z.b. eines Abfalls bedarf also keiner Genehmigung mehr nach § 4 AtG, sondern „nur" einer nach § 16 dieser Verordnung. Die 15 g ist die Summe beliebiger Massen der Kernbrennstoffisotope Uran-233, Uran-235, Plutonium-239 und Plutonium-241, die nicht überschritten werden darf. Das heißt, dass die Beförderung von 13 g Uran-235 mit 2 g Plutonium-239 oder von 15 g Uran-235 z.b. in 100 kg Abfall unter dieser Vorschrift möglich ist. Die Beförderung von 13 g Uran-235 zusammen mit 3 g Plutonium-239 dagegen bedarf ebenso einer Genehmigung nach § 4 AtG wie die Beförderung eines 200-l-Fasses mit 100 kg Abfall, der 13,8 g Uran-235 und 1,2 g Plutonium-239 und 20 µg Plutonium-241 enthält.

4. Als Verkehrswege kommen alle Wege in Betracht, die öffentlich sind durch Widmung oder die, ohne durch Widmung öffentlich zu sein, öffentlich zugänglich sind, d.h. die allgemein benutzt werden können wie z.B. Privatstraßen. Mithin kommen in Frage Wege des Eisenbahn-, Straßen-, Wasserstraßen- und Luftverkehrs.

5. Während die Beförderung z.B. auf einer Privatstraße, die allgemein benutzt werden kann, genehmigungspflichtig ist, besteht nach dem Wortlaut des Satzes 1 in Absatz 1 keine Gemehmigungspflicht nach § 16 für die Beförderung auf Wegen, die nicht öffentlich bzw. der Öffentlichkeit nicht zugänglich sind. Innerhalb eines Betriebsgeländes besteht demnach keine Genehmigungspflicht für die Beförderung, weshalb all das, was gemäß der oben stehenden Erläuterungen unter 2. zur Beförderung gehört, z.B. in der Betriebsgenehmigung nach § 7 AtG [ATG] oder in der Genehmigung nach § 7 dieser Verordnung zum Umgang mit sonstigen radioaktiven Stoffen geregelt sein muss. Für den Fall, dass eine Betriebs- oder Umgangsgenehmigung keine Regelung für die Beförderung auf Verkehrswegen innerhalb des Betriebsgeländes enthält, erstreckt sich die erteilte Genehmigung zur Beförderung nach Satz 2 in Absatz 1 auch auf die Verkehrswege innerhalb des Betriebsgeländes.

6. Im Allgemeinen ist es übliche Praxis, passend zu öffentlich-rechtlichen Vorschriften Überwachungs- bzw. Aufsichtsbehörden zu bestimmen; die besten Vorschriften und Empfehlungen erfüllen ihren Zweck nämlich nicht, wenn ihre Beachtung nicht ab und zu durch staatliche Organe überwacht wird. Neben der Eigenüberwachung der Unternehmen und der staatlichen Aufsicht nach dem AtG bzw. der Überwachung nach dem Gefahrgutbeförderungsgesetz auf den Betriebsgeländen ist die Überwachung bzw. die Beaufsichtigung auf dem eigentlichen öffentlichen Verkehrsträger und damit durch die öffentlichen Organe während des Vorganges der Ortsveränderung ebenfalls unerlässlich.

7. Die Notwendigkeit, die Beförderung innerhalb eines Betriebsgeländes z.B. im Rahmen einer Genehmigung nach § 9 AtG zur Verwendung von Kernbrennstoffen oder einer Genehmigung nach § 7 dieser Verordnung zum Umgang mit sonstigen radioaktiven Stoffen zu regeln (vgl. 5.), führt dazu, dass die staatliche Aufsicht nach § 19 AtG über

die Beförderung innerhalb eines Betriebsgeländes die Behörde ausübt, die auch für die staatliche Aufsicht über die nach dem AtG oder dieser Verordnung genehmigten Tätigkeiten zuständig ist. Da dies in der Regel nicht die Behörde ist, der die innerbetriebliche Überwachung der Beförderung nach dem Gefahrgutbeförderungsgesetz obliegt, ist es angesichts der Vorschriften in § 69 Abs. 3 zur Abgabe radioaktiver Stoffe zweckmäßig und in verschiedener Hinsicht sogar unumgänglich, dass sich die zuständigen Strahlenschutz- und Gefahrgutbehörden vor der An- oder Ablieferung des Gefahrgutes miteinander ins Benehmen setzen.

Mit Blick auf die gefahrgutrechtliche Überwachung findet sich in fast allen Zuständigkeitsregelungen der Länder das Prinzip wieder, dass, solange sich das Gefahrgut innerhalb des Betriebsgeländes befindet, eine Sonderordnungsbehörde für die Überwachung bzw. die Beaufsichtigung der Vorgänge um die Beförderung zuständig ist. Für die Ortsveränderung auf den öffentlichen oder der Öffentlichkeit zugänglichen Verkehrswegen übernimmt dann die Behörde die gefahrgutrechtliche Überwachungsfunktion und die atomrechtliche Aufsicht, die ohnehin für diesen Verkehrsträger zuständig ist, also

- für die Straße die Polizei,
- für die Wasserwege die Wasserschutzpolizei,
- im Bereich der Seehäfen die Hafenbehörden,
- auf der Schiene das Eisenbahnbundesamt,
- auf den Schienen der Privatbahnen wiederum die Sonderordnungsbehörden und
- für die Luftwege das Luftfahrtbundesamt.

Die Erstreckung einer Beförderungsgenehmigung auf Verkehrswege innerhalb eines Betriebsgeländes gemäß Satz 2 in Absatz 1 führt nicht zu einer aufsichtsbehördlichen Zuständigkeit des Bundesamtes für Strahlenschutz auf dem Betriebsgelände, nur weil es für die Erteilung von Genehmigungen zur Beförderung von Kernbrennstoffen nach § 4 AtG zuständig ist. Die Zuständigkeit des Bundesamtes für Strahlenschutz ist in § 23 AtG und die der Landesbehörden in § 24 AtG geregelt.

8. Eine vor dem In-Kraft-Treten dieser Verordnung erteilte Genehmigung zur Beförderung sonstiger radioaktiver Stoffe gilt nach § 117 Abs. 1 als Genehmigung nach § 16 mit allen Nebenbestimmungen mit der Maßgabe fort, dass die Werte für die Begrenzung der Strahlenexposition der Bevölkerung nach § 47, soweit eine Strahlenexposition durch die Beförderung verursacht werden kann, und die Werte für den Schutz bei beruflicher Strahlenexposition nach § 55, soweit eine solche durch die Beförderung verursacht werden kann, nicht überschritten werden.

Zu Absatz 2:

Nach § 4 Abs. 1 AtG [ATG] kann nur die Beförderung von Kernbrennstoffen genehmigt werden, die nach § 2 Abs. 1 Satz 2 Nrn. 1 bis 4 AtG auch als solche gelten. Sofern mit demselben Beförderungsvorgang auch sonstige radioaktive Stoffe im Sinne des § 2 Abs.1 Satz 1 AtG befördert werden sollen, kann zur Verwaltungsvereinfachung die Genehmigung nach § 4 Abs. 1 AtG auch auf die Beförderung der sonstigen radioaktiven Stoffe erstreckt werden, so dass eine besondere Genehmigung nach Absatz 1 nicht mehr nötig ist. Entsprechendes gilt ebenfalls für den Umgang mit sonstigen radioaktiven Stoffen nach § 7 Abs. 1, auf den sich z.b. auch eine Genehmigung nach § 9 AtG erstrecken kann.

Zu Absatz 3:

Die Genehmigung zur Beförderung von sonstigen radioaktiven Stoffen oder von Kernbrennstoffen bis zu einer Masse von 15 g oder bis zu einer Konzentration von 15 g pro 100 kg kann nach Satz 1

- dem Absender,
- dem Beförderer
- oder demjenigen erteilt werden, der es übernimmt, die Versendung oder die Beförderung zu besorgen.

Die den jeweiligen Genehmigungspflichtigen be- und umschreibenden Begriffe Absender, Beförderer, Versender oder die Bezeichnung desjenigen, der es übernimmt, die Versendung oder die Beförderung zu besorgen, entstammen dem Gütertransportrecht, insbesondere dem Speditions- und Frachtrecht des Handelsgesetzbuches (HGB) [HGB], wenngleich die im AtG und dieser Verordnung verwendeten Begriffe teilweise eine von den handelsrechtlichen Begriffen abweichende Bedeutung haben.

Was allerdings mit Blick auf diejenigen, denen eine Beförderungsgenehmigung auf Antrag zu erteilen ist, zu sagen ist, ist nach Huck [HU] Folgendes:

Beförderer

Ausgangspunkt der Betrachtung ist der Frachtvertrag, weil der aus dem Frachtvertrag nach § 425 HGB verpflichtete Frachtführer derjenige ist, der es gewerbsmäßig übernimmt, die Beförderung von Gütern zu Lande oder auf Flüssen oder sonstigen Binnengewässern auszuführen. Deshalb ist der Frachtführer oder die sonst den Vorgang der Ortsveränderung auslösende Person daher auch der Beförderer im eigentlichen Sinn.

Absender

Derjenige, der den Frachtführer im eigenen Namen mit der Beförderung beauftragt, wird in §§ 426 Abs. 2 Nr. 9, 427 HGB als Absender bezeichnet. Infolgedessen wird der Begriff des Absenders auf den Spediteur angewandt, der nach § 407 HGB derjenige ist, der es gewerbsmäßig übernimmt, Güterversendungen durch Frachtführer oder durch Verfrachter von Seeschiffen für Rechnung eines anderen (des Versenders) im eigenen Namen zu besorgen.

Derjenige, der die Besorgung der Versendung oder Beförderung übernimmt

Wer nun der Genehmigungspflichtige ist, der Beförderer, der Absender oder der, der es übernommen hat, die Beförderung zu besorgen, das wird durch die vertraglichen Rahmenbedingungen für den Beförderungsvorgang festgelegt.

Beauftragt der Inhaber einer kerntechnischen Anlage oder Einrichtung einen Spediteur mit der Beförderung, wird der Inhaber der Anlage im Sinne der handelsrechtlichen Vorschriften als Versender oder Auftraggeber bezeichnet und nur der Spediteur ist der Absender, der den Transport im Rahmen eines so genannten Verkehrsvertrages durch einen Frachtführer besorgt. Genehmigungspflichtiger ist in diesem Fall der im handelsrechtlichen Sinn als Absender bezeichnete Spediteur. Weil nach der Vorschrift in Absatz 3 nur eine Person als Inhaber einer Genehmigung in Betracht kommt („... *dem Absender, dem Beförderer* ..."), ist der Spediteur in diesem Fall derjenige, der es übernimmt, die Versendung zu besorgen. Der Spediteur ist in diesem Fall also nicht der Absender im Sinne des atomrechtlichen Genehmigungserfordernisses, obwohl er vom Handelsrecht als Absender bezeichnet wird.

Dagegen ist der Inhaber eines Unternehmens, in dem nach § 7 mit sonstigen radioaktiven Stoffen umgegangen werden darf, Absender im handelsrechtlichen Sinn, wenn er selbst einen Frachtführer mit der Beförderung der radioaktiven Stoffe beauftragt, ohne dass ein Spediteur zwischengeschaltet wird. In diesem Fall ist dem Beförderer, also dem Frachtführer, die Genehmigung zu erteilen, während der Absender, also der Inhaber des Unternehmens, für die Gewährleistung der Genehmigungsvoraussetzungen verantwortlich und demnach auch Absender im atomrechtlichen Sinne ist.

Während sich nach Satz 2 dieser Vorschrift die Beförderungsgenehmigung im Regelfall nur auf einen Beförderungsvorgang bezieht, werden Genehmigungen und Zulassungen nach dieser Verordnung normalerweise unbefristet erteilt.

Zu Absatz 4:

Mit der Ausfertigung oder einer amtlich beglaubigten Abschrift des Genehmigungsbescheides ist die Originalurkunde gemeint. Die amtliche Beglaubigung von Überdrucken ist in § 33 Verwaltungsverfahrensgesetz [VVG] geregelt.

Zu Absatz 5:

Die mit der Vorschrift in Absatz 4 geforderte Beachtung der Bestimmungen im Genehmigungsbescheid gilt auch für den Beförderer, der selbst nicht Genehmigungsinhaber ist.

Zu Absatz 6:

Diese Vorschrift weist darauf hin, dass neben den Bestimmungen der Beförderungsgenehmigung auch die für den jeweiligen Verkehrsträger geltenden Vorschriften des Gefahrgutrechts durchgreifen.

Auf der Basis der Beförderungsempfehlungen der IAEO ist nämlich ein geschlossenes Vorschriftenwerk zustande gekommen, das die Transporte zwischen den verschiedenen Ländern erleichtert und überall ein hohes Maß an Sicherheit gewährleistet. Jedes Versandstück mit radioaktiven Stoffen kann nahezu so behandelt werden wie andere Güter. Die Empfehlungen der IAEO zur Beförderung radioaktiver Stoffe sind auf diesem Wege Inhalt der nationalen Transportvorschriften für die jeweiligen Verkehrsträger geworden. Für die einzelnen Verkehrsträger sind in der Bundesrepublik Deutschland folgende Vorschriften [BMV] in der jeweils geltenden Fassung maßgebend:

Luftverkehr

Vorschriften für die Beförderung gefährlicher Güter im Luftverkehr des Internationalen Luftverkehrverbandes (IATA)

Technische Anweisungen für die Beförderung gefährlicher Güter im Luftverkehr der Internationalen Zivilluftfahrt-Organisation (ICAO)

Straßen- und Schienenverkehr

Verordnung über die innerstaatliche und grenzüberschreitende Beförderung gefährlicher Güter auf der Straße und mit Eisenbahnen (Gefahrgutverordnung Eisenbahn – GGVSE)

Europäisches Übereinkommen über die internationale Beförderung gefährlicher Güter auf der Straße (ADR-Übereinkommen)

Ordnung für die internationale Eisenbahnbeförderung gefährlicher Güter (RID-Regeln)

Schiffsverkehr

Verordnung über die Beförderung gefährlicher Güter mit Seeschiffen (Gefahrgutverordnung See – GGVSee)

Code für die Beförderung gefährlicher Güter mit Seeschiffen der Internationalen Seeschifffahrts-Organisation (IMO); (IMGD-Code)

Gefahrgutverordnung Binnenschifffahrt (GGVBinSch)

Verordnung über die Beförderung gefährlicher Güter auf dem Rhein (ADNR)

Ordnungswidrigkeiten

Ordnungswidrig im Sinne des § 46 Abs. 1 Nr. 4 AtG [ATG] handelt, wer vorsätzlich oder fahrlässig sonstige radioaktive Stoffe nach § 2 Abs. 1 AtG oder kleine Massen Kernbrennstoffe nach § 2 Abs. 3 AtG ohne Genehmigung nach § 16 Abs. 1 befördert.

§ 17 Genehmigungsfreie Beförderung

(1) Die Beförderung von

1. Stoffen der in Anlage I Teil B genannten Art oder von Stoffen, die von der Anwendung der Vorschriften für die Beförderung gefährlicher Güter befreit sind,

2. sonstigen radioaktiven Stoffen nach § 2 Abs. 1 des Atomgesetzes oder Kernbrennstoffen nach § 2 Abs. 3 des Atomgesetzes, soweit diese nicht bereits von Nummer 1 erfasst werden, unter den Voraussetzungen für freigestellte Versandstücke nach den Vorschriften für die Beförderung gefährlicher Güter,

3. sonstigen radioaktiven Stoffen nach § 2 Abs. 1 des Atomgesetzes oder Kernbrennstoffen nach § 2 Abs. 3 des Atomgesetzes,

   a) nach der Gefahrgutverordnung See oder

   b) mit Luftfahrzeugen und der hierfür erforderlichen Erlaubnis nach § 27 des Luftverkehrsgesetzes oder

4. sonstigen radioaktiven Stoffen nach § 2 Abs. 1 des Atomgesetzes, deren Aktivität je Beförderungs- oder Versandstück das 107fache der Freigrenzen der Anlage III Tabelle 1 Spalte 2 nicht überschreitet, oder Kernbrennstoffen nach § 2 Abs. 3 des Atomgesetzes, deren Aktivität je Beförderungs- oder Versandstück das 105fache der Anläge III Tabelle 1 Spalte 2 nicht überschreitet, soweit die Beförderung nach dem Gefahrgutbeförderungsgesetz und den darauf beruhenden Verordnungen erfolgt,

bedarf keiner Genehmigung nach § 16 Abs. 1. Satz 1 gilt nicht für Großquellen im Sinne des § 23 Abs. 2 des Atomgesetzes.

(2) Die Beförderung radioaktiver Stoffe nach Absatz 1 bedarf auch keiner Genehmigung nach § 4 Abs. 1 des Atomgesetzes.

(3) Wer radioaktive Erzeugnisse oder Abfälle, die Kernmaterialien im Sinne der Anlage 1 Abs. 1 Nr. 5 zum Atomgesetz sind, befördert, ohne hierfür der Genehmigung nach § 16 Abs. 1 zu bedürfen, darf, falls er nicht selbst den Nachweis der erforderlichen Vorsorge für die Erfüllung gesetzlicher Schadensersatzverpflichtungen nach § 4b Abs. 1 des Atomgesetzes zu erbringen hat, die Kernmaterialien zur Beförderung oder Weiterbeförderung nur dann übernehmen, wenn ihm gleichzeitig eine Bescheinigung der zuständigen Behörde darüber vorgelegt wird, dass sich die Vorsorge der Person, die ihm die Kernmaterialien übergibt, auch auf die Erfüllung gesetzlicher Schadensersatzverpflichtungen im Zusammenhang mit der Beförderung oder Weiterbeförderung erstreckt.

Kommentierung § 17

Für die Beförderung besteht nach dieser Vorschrift keine Genehmigungspflicht, wenn bestimmte Arten radioaktiver Stoffe transportiert werden oder für den Transport bestimmte Verpackungen oder darüber hinaus nur bestimmte Verkehrswege benutzt werden.

Zu Absatz 1 Nr. 1:

Genehmigungsfrei ist die Beförderung aller in Anlage I genannten radioaktiven Stoffe. Hierzu gehören z.B. solche, deren spezifische Aktivität 500 µBq je Gramm nicht überschreiten und die am Menschen verwendet werden, oder solche, deren Aktivität oder spezifische Aktivität die Freigrenzen der Anlage III Tabelle 1 Spalte 2 und 3 nicht überschreitet, oder auch solche, die sich in bestimmten Vorrichtungen oder in bestimmter Menge in Konsumgütern oder Medizinprodukten befinden.

Zu Absatz 1 Nr. 2:

Genehmigungsfrei ist die Beförderung von sonstigen radioaktiven Stoffen im Sinne des § 2 Abs. 1 AtG [ATG] oder von Kernbrennstoffen geringer Masse gemäß § 2 Abs. 3 AtG, wenn diese radioaktiven Stoffe in freigestellten Versandstücken im Sinne der IAEO-Empfehlungen [IAEA] befördert werden dürfen. Dies sind Verpackungen, die nur geringe Mengen radioaktive Stoffe beinhalten und die deshalb mit Blick auf ihre Qualität von den meisten Auslegungs- und Verwendungsvorschriften freigestellt worden sind. Wegen der äußerst geringen Gefahr, die vom Inhalt freigestellter Versandstücke ausgeht, dürfen sie ohne Gefahrzettel und ohne die für Versandstücke mit radioaktiven Stoffen höherer Aktivität sonst erforderlichen Angaben über den Inhalt befördert werden.

Zu Absatz 1 Nr. 3:

Genehmigungsfrei ist die Beförderung von sonstigen radioaktiven Stoffen im Sinne des § 2 Abs. 1 AtG oder von Kernbrennstoffen geringer Masse gemäß § 2 Abs. 3 AtG auch, wenn sie nach der Verordnung über die Beförderung gefährlicher Güter mit Seeschiffen [DV] oder mit Luftfahrzeugen und der dafür erforderlichen Erlaubnis nach § 27 des Luftverkehrgesetzes [ADR] erfolgt.

Die Beschränkung der Befreiungsregelung für Großquellen im Sinne des § 23 Abs. 2 AtG besagt, dass deren Beförderung immer einer Genehmigung bedarf.

Zu Absatz 1 Nr. 4:

Sofern sonstige radioaktive Stoffe und Kernbrennstoffe geringer Masse (vgl. Nr. 2) nach dem Gefahrgutbeförderungsgesetz [GGBG] und den darauf beruhenden Verordnungen befördert werden und ein in der Vorschrift bestimmtes Vielfaches der Aktivität der Freigrenze für die jeweiligen radioaktiven Stoffe nicht überschritten ist, bedarf die Beförderung keiner Genehmigung.

Für viele Beförderungsvorgänge, insbesondere solche mit Radiopharmaka, tritt durch diese Regelung eine wesentliche Erleichterung insoweit ein, dass gegenüber den bislang gültigen Vorschriften nunmehr keine Genehmigung nach § 16 Abs. 1 dieser Verordnung nötig ist.

Zu Absatz 2:

Diese Vorschrift hebt hervor, dass die Beförderung radioaktiver Stoffe von der in Abs. 1 Nrn. 1 und 2 genannten Art auch keiner Genehmigung nach § 4 AtG zur Beförderung von Kernbrennstoffen bedarf. Da die radioaktiven Stoffe der in Abs. 1 Nr. 1 und 2 genannten Art aber keine Kernbrennstoffe im Sinne des AtG sind und insoweit eine Genehmigung nach § 4 AtG gar nicht in Betracht kommt, hat diese Vorschrift nur für den Fall Bedeutung, wenn sich die Genehmigung nach § 4 AtG auf radioaktive Stoffe der in Abs. 1 Nrn. 1 und 2 genannten Art erstrecken soll. Sollen also mit den Kernbrennstoffen, deren Beförderung nach § 4 AtG genehmigungspflichtig ist, auch radioaktive Stoffe der hier gemeinten Art in einem Vorgang mitbefördert werden, so ist eine Erstreckung auf diese Stoffe im Rahmen der Genehmigung nach § 4 AtG nicht nötig.

Zu Absatz 3 Nr. 1:

Eine Genehmigung nach § 16 Abs. 1 ermöglicht es, geringe Massen oder Konzentration von Kernbrennstoffen als sonstige radioaktive Stoffe ohne die bislang für Kernbrennstoffe nötige Genehmigung nach § 4 AtG zu befördern. Dies bietet hinsichtlich der Genehmigungsvoraussetzungen gewisse Erleichterungen, weil nämlich an die Beförderung von kleinen Mengen oder Konzentrationen von Kernbrennstoffen nicht die strengen Maßstäbe angelegt werden müssen, wie dies ansonsten bei Kernbrennstoffen oder hochradioaktiven Stoffen nötig ist.

Gleichwohl sind Kernbrennstoffe, die definitionsgemäß als sonstige radioaktive Stoffe gelten, Kernmaterialien im Sinne der Anlage I Nr. 5 zum AtG. Im Übrigen sind sie ihrer physikalischen Natur wegen besonders spaltbar und insoweit auch Spaltstoffe oder Kernbrennstoffe.

Zu Absatz 3 Nr. 2:

Nach § 4 b Abs. 1 AtG hat derjenige, der Kernmaterialien befördert, ohne dafür einer Genehmigung nach § 4 AtG zu bedürfen, die erforderliche Vorsorge für die Erfüllung gesetzlicher Schadensersatzverpflichtungen nachzuweisen. Da der Begriff „Kernmaterialien" unverändert ist und ohne Masse- oder Konzentrationsbeschränkungen gilt, ist er auch auf geringe Massen oder Konzentrationen von Kernbrennstoffen anzuwenden, die definitionsgemäß als sonstige radioaktive Stoffe gelten und deren Beförderung keiner Genehmigung nach § 16 Abs. 1 bedarf. Folglich ist wie bei der genehmigungsfreien Beförderung von Kernmaterialen nach § 4 b Abs. 1 AtG auch bei der genehmigungsfreien Beförderung von radioaktiven Erzeugnissen oder Abfällen, die Kernmaterialen sind, der Nachweis der erforderlichen Vorsorge für die Erfüllung gesetzlicher Schadensersatzverpflichtungen zu erbringen.

Sofern der Beförderer diesen Nachweis nicht selbst erbringt, hat er eine Bescheinigung darüber vorzulegen, dass sich die Vorsorge der Person, die dem Beförderer die Kernmaterialen übergibt, auch auf die Erfüllung gesetzlicher Schadensersatzverpflichtungen im Zusammenhang mit der Beförderung oder Weiterbeförderung erstreckt.

Ordnungswidrigkeiten

Ordnungswidrig im Sinne des § 46 Abs. 1 Nr. 4 AtG handelt, wer vorsätzlich oder fahrlässig entgegen § 17 Abs. 3 Kernmaterialien übernimmt, ohne sich eine Bescheinigung über die erforderliche Deckungsvorsorge vorlegen zu lassen.

§ 18 Genehmigungsvoraussetzungen für die Beförderung

(1) Die Genehmigung nach § 16 Abs. 1 ist zu erteilen, wenn

1. keine Tatsachen vorliegen, aus denen sich Bedenken gegen die Zuverlässigkeit des Absenders, des Beförderers und der die Versendung und Beförderung besorgenden Personen, ihrer gesetzlichen Vertreter oder, bei juristischen Personen oder nicht rechtsfähigen Personenvereinigungen, der nach Gesetz, Satzung oder Gesellschaftsvertrag zur Vertretung oder Geschäftsführung Berechtigten ergeben,

2. gewährleistet ist, dass die Beförderung durch Personen ausgeführt wird, die die für die beabsichtigte Art der Beförderung notwendigen Kenntnisse über die mögliche Strahlengefährdung und die anzuwendenden Schutzmaßnahmen besitzen,

3. gewährleistet ist, dass die radioaktiven Stoffe unter Beachtung der für den jeweiligen Verkehrsträger geltenden Rechtsvorschriften über die Beförderung gefährlicher Güter befördert werden oder, soweit solche Vorschriften fehlen, auf andere Weise die nach dem Stand von Wissenschaft und Technik erforderliche Vorsorge gegen Schäden durch die Beförderung der radioaktiven Stoffe getroffen ist,

4. bei der Beförderung von sonstigen radioaktiven Stoffen nach § 2 Abs. 1 des Atomgesetzes, deren Aktivität je Beförderungs- oder Versandstück das 10^{9}fache der Freigrenzen der Anlage III Tabelle 1 Spalte 2 oder 10^{15} Becquerel überschreitet, oder von Kernbrennstoffen nach § 2

Abs. 3 des Atomgesetzes, deren Aktivität je Beförderungs- oder Versandstück das 105fache der Freigrenzen der Anlage III Tabelle 1 Spalte 2 oder 1015 Becquerel überschreitet, die erforderliche Vorsorge für die Erfüllung gesetzlicher Schadenersatzverpflichtungen getroffen ist,

5. der erforderliche Schutz gegen Störmaßnahmen oder sonstige Einwirkung Dritter gewährleistet ist,

6. gewährleistet ist, dass bei der Beförderung von sonstigen radioaktiven Stoffen nach § 2 Abs. 1 des Atomgesetzes oder von Kernbrennstoffen nach § 2 Abs. 3 des Atomgesetzes mit einer Aktivität von mehr als dem 1010fachen der Freigrenzen der Anlage III Tabelle 1 Spalte 2 unter entsprechender Anwendung des § 53 mit einer dort genannten Institution die Vereinbarungen geschlossen sind, die die Institution bei Unfällen oder Störfällen zur Schadensbekämpfung verpflichten, und

7. überwiegende öffentliche Interessen der Wahl der Art, der Zeit und des Weges der Beförderung nicht entgegenstehen.

(2) Sofern eine Haftung nach dem Pariser Übereinkommen in Verbindung mit § 25 des Atomgesetzes in Betracht kommt, tritt für Kernmaterialien anstelle der Regelung des Absatz 1 Nr. 4 die Regelung der Anlage 2 zum Atomgesetz.

Kommentierung § 18

Zu Absatz 1 Nr. 1:

Diese Vorschrift entspricht bis auf die Forderung der für den Umgang mit sonstigen radioaktiven Stoffen unter Umständen erforderlichen Fachkunde derjenigen in § 9 Abs. 1 Nr. 1.

Die Genehmigung kann versagt werden, wenn einer derjenigen, an die sich diese Vorschrift richtet, nicht zuverlässig ist. Das ist z.B. der Fall, wenn ein Betroffener bereits gegen die Strahlenschutz- oder die Gefahrgutvorschriften verstoßen hat. Sollte jemand gegen Vorschriften verstoßen haben, die keinen Bezug zum Strahlenschutz- oder Gefahrgutrecht haben, darf daraus nicht ohne weiteres der Schluss gezogen werden, dass keine Zuverlässigkeit gegeben ist, die im Zusammenhang mit der Beförderung radioaktiver Stoffe verlangt wird (vgl. auch Kommentierung zu § 9 Abs. 1 Nr. 1).

Zu Absatz 1 Nr. 2:

Die Personen, die die Beförderung ausführen, müssen neben den Kenntnissen über die mögliche Strahlengefährdung und die anzuwendenden Schutzmaßnahmen bei der Beförderung auch analoge Kenntnisse besitzen, die sich aus dem Gefahrgutbeförderungsgesetz [GGBG] ergeben.

Zu Absatz 1 Nr. 3:

Diese Vorschrift enthält die zentrale Genehmigungsvoraussetzung, nach der die Beförderungsgenehmigung zu erteilen ist, wenn die nach dem Stand von Wissenschaft und Technik erforderliche Vorsorge gegen Schäden durch die Beförderung der radioaktiven Stoffe getroffen ist. Der Gesetzgeber misst der Genehmigungsbehörde zwar kein Ermessen zu: Die Genehmigung ist zu erteilen, wenn die Voraussetzungen vorliegen. Gleichwohl verlangt er für die Beförderung radioaktiver Stoffe das gleich hohe Maß der Vorsorge gegen Schäden, wie er es für den Betrieb einer kerntechnischen Anlage verlangt. Denn auch dabei wird das Maß der Vorsorge durch den Stand von Wissenschaft und Technik bestimmt; § 7 Abs. 2 Nr. 3 AtG [ATG] ist ebenfalls die zentrale Voraussetzung für die Genehmigung einer kerntechnischen Anlage.

Die Vorschrift besteht zunächst auf der Gewährleistung der Beachtung der für den jeweiligen Verkehrsträger geltenden Rechtsvorschriften über die Beförderung gefährlicher Güter. Wenn solche Vorschriften fehlen, muss „*auf andere Weise*" die nach dem Stand von Wissenschaft und Technik erforderliche Schadensvorsorge getroffen werden. Wenn der Verordnungsgeber hier verlangt, dass die Schadensvorsorge beim Fehlen von Gefahrgutvorschriften „*auf andere Weise*" getroffen werden muss, zeigt er damit an, dass er die nach dem Stand von Wissenschaft und Technik erforderliche Schadensvorsorge für getroffen hält, wenn die radioaktiven Stoffe nach den „*für den jeweiligen Verkehrsträger geltenden Rechtsvorschriften*" befördert werden.

Es ist unmöglich, im Rahmen dieser Kommentierung auf alle Rechtsvorschriften und Regelungen zur Beförderung gefährlicher Güter einzugehen; einen kurzen Überblick darüber enthält jedoch die Kommentierung zu § 16 Abs. 6.

Die Vorbemerkungen zu § 16 enthalten Hinweise über die Entstehung der Beförderungsempfehlungen der Internationalen Atomenergieorganisation (IAEO), deren radiologischer Inhalt auf den Empfehlungen der Internationalen Strahlenschutzkommission (ICRP) basiert. Aus gutem Grund darf – wie dies der Verordnungsgeber in Nr. 3 ja tut – unterstellt werden, dass mit Erfüllung der international gültigen Gefahrgutvorschriften die nach dem Stand von Wissenschaft und Technik erforderliche Schadensvorsorge für die Beförderung radioaktiver Stoffe getroffen ist. Ziel der IAEO-Beförderungsempfehlungen ist es nämlich, die Gefahren, denen die mit den verschiedenen Beförderungsaufgaben betrauten Beschäftigten sowie die Bevölkerung ausgesetzt sind, auf ein sehr niedriges Niveau zu minimieren. Die IEAO besteht zur Erreichung dieses Zieles auf der Umsetzung zweier Grundsätze. Zum Ersten wird eine Verpackung qualifiziert, indem dafür bestimmte mechanische, thermische und sonstige Prüfanforderungen im Sinne einer Konvention vorgegeben werden. Die Prüfanforderungen an eine Verpackung decken pauschal die Unfallsituationen ab, die das auszuschließende Risiko charakterisieren und das verbleibende Restrisiko genügend klein erscheinen lassen. Zum Zweiten wird die Verpackung dem zu befördernden Stoff angepasst, wobei die Wirkung der verschiedenen Strahlungsarten, der Halbwertzeiten, der spezifischen Aktivität der radioaktiven Stoffe sowie deren Ablagerungs- und Ausscheidungsmechanismen im menschlichen Körper berücksichtigt werden.

Zu Absatz 1 Nr. 4:

Die Vorschrift bezieht sich mit Blick auf die alte Regelung in § 10 StrlSchV [STR] unverändert auf sonstige radioaktive Stoffe im Sinne des § 2 Abs. 1 AtG [ATG] und, was neu ist, auf geringe Massen von Kernbrennstoffen, die gemäß der Vorschrift in § 2 Abs. 3 AtG als sonstige radioaktive Stoffe gelten. Bei einer höheren Aktivität dieser radioaktiven Stoffe als dem 10^7fachen der Freigrenzen der Anlage III Tabelle 1 Spalte 2 je Beförderungs- oder Versandstück besteht die Pflicht zur Deckungsvorsorge, wobei sich die Deckungssumme aus § 8 Abs. 4 der Atomrechtlichen Deckungsvorsorge-Verordnung (AtDeckV) [DV] ergibt.

79

Während das „Versandstück" in Anlage A ADR [ADR] als versandfertige Verpackung mit radioaktivem Inhalt definiert ist, ist das „Beförderungsstück" atomrechtlich nicht näher definiert und dem Gefahrgutrecht unbekannt. Im Zusammenhang mit der in § 23 Abs. 2 AtG stehenden Definition, dass „Großquellen" solche radioaktiven Stoffe sind, deren Aktivität je *„Beförderungs- oder Versandstück"* mehr als 1.000 TBq beträgt, ist nach bislang nicht widersprochener Auslegung der für die Strahlenschutzverordnung und die Gefahrgutüberwachung zuständigen obersten Landesbehörde des Landes Nordrhein-Westfalen (NRW) der Begriff „Beförderungsstück" eine Auffangbezeichnung für solche radioaktiven Stoffe, die nicht in Form eines Versandstückes, sondern in einer nach Anlage A ADR [ADR] sonst vorgesehenen Form (Tank, Container, Umpackung oder lose Schüttung) befördert werden. Bezogen auf § 23 Abs. 2 AtG bedeutet das nach der Auffassung NRWs, dass es sich bei radioaktiven Stoffen in einem Tank, einem Container oder einer Umpackung um eine Großquelle handelt, wenn die Gesamtaktivität des Beförderungsstückes 1.000 TBq übersteigt.

Zu Absatz 1 Nr. 5:

Nach Nr. 3 wird vom Genehmigungsinhaber entweder durch Beachtung der für den jeweiligen Verkehrsträger geltenden Rechtsvorschriften oder auf andere Weise verlangt, Vorsorge gegen Schäden, oder, mit anderen Worten, Schutzmaßnahmen gegen die Gefahren durch die Beförderung zu treffen. Diese Vorsorge richtet sich auf mögliche Schäden, die durch den Beförderungsvorgang an sich hervorgerufen werden können, also z.B. durch den Zustand des Gefahrgutes, seiner Verpackung oder des Fahrzeugs.

Nr. 5 erweitert die Verantwortlichkeit des Genehmigungsinhabers auch auf den erforderlichen Schutz vor Schäden oder vor Gefahren, die durch Störmaßnahmen oder sonstige Einwirkungen Dritter auf den Beförderungsvorgang hervorgerufen werden können. Während Störmaßnahmen strafrechtlich relevante Einwirkungen sind wie Terror- und Sabotageakte, Diebstahl oder Brandstiftung, sind Einwirkungen alle Handlungen und Ereignisse, die zu einer Gefährdung durch ionisierende Strahlen führen können, also z.B. schwere Verkehrsunfälle oder auch Sabotageakte. Es ist mit Blick auf die Formulierung davon auszugehen, dass der Begriff *„Einwirkungen"* der einhüllende ist und die *„Störmaßnahmen"* nur als Beispiel erwähnt worden sind.

Der nach Nr. 5 verlangte *„erforderliche Schutz"* wird deshalb kein geringerer sein als die nach Nr. 3 verlangte „erforderliche Vorsorge", weil das nach beiden Genehmigungsvoraussetzungen uneingeschränkt zu beherrschende Gefährdungspotenzial dasselbe ist. Insoweit ist der zwischen den Nrn. 3 und 5 dieses Absatzes bestehende Zusammenhang identisch mit dem der Nrn. 5 und 7 in Absatz 1 zu § 9, worin die Genehmigungsvoraussetzungen für den Umgang mit radioaktiven Stoffen festgelegt sind (vgl. auch dortige Kommentierung).

Zu Absatz 1 Nr. 6:

Diese Vorschrift verlangt vom Genehmigungsinhaber zusätzlich zu dem Nachweis der Schadensvorsorge den Nachweis einer Vereinbarung mit einer Institution, die sich gegenüber dem Genehmigungsinhaber verpflichtet hat, die Gefahren einzudämmen und zu beseitigen, die z.B. durch einen Transportunfall entstehen können. Diese Institution muss sowohl personell als auch materiell zu einer solchen Schadensbekämpfung und -beseitigung in der Lage sein. Der Nachweis dieser Vereinbarung ist aber erst zu führen, wenn die Aktivität der radioaktiven Stoffe, die befördert werden sollen, das 10^{10}fache der Freigrenzen der Anlage III Tabelle 1 Spalte 2 überschreitet.

Unbefriedigend ist, dass der Nachweis, dass der Genehmigungsinhaber genug Personal beschäftigt und genug Material zur Schadensbekämpfung besitzt, die Vereinbarung mit einer Institution nicht ersetzen kann.

Zu Absatz 1 Nr. 7:

Schließlich dürfen *„überwiegende öffentliche Interessen der Wahl der Art, der Zeit und des Weges der Beförderung nicht entgegenstehen".*

Überwiegend sind Interessen, wenn sie Vorrang haben gegenüber dem Interesse des Antragstellers an der Erteilung der Beförderungsgenehmigung.

Die Genehmigungsvoraussetzungen Nrn. 1 bis 6 zur Beförderung radioaktiver Stoffe konkretisieren alle strahlenschutz- und gefahrgutspezifischen Belange. Insoweit stellt sich die Frage, ob in der Genehmigungsvoraussetzung Nr. 7 nur solche öffentlichen Interessen gemeint sind, die keinen strahlenschutz- bzw. gefahrgutspezifischen Bezug haben. Um diese Frage mit Ja zu beantworten, müsste die StrlSchV eine dem § 7 Abs. 4 AtG [ATG] entsprechende Vorschrift für die Genehmigungsbehörde enthalten, Behörden und sonstige Gebietskörperschaften, deren Zuständigkeitsbereich berührt ist, an dem Verfahren zur Genehmigung der Beförderung zu beteiligen, damit von deren Seite die überwiegenden öffentlichen Interessen ermittelt werden, die nicht strahlenschutz- und gefahrgutspezifisch sind und die bei der Entscheidung über die Erteilung der Beförderungsgenehmigung ggf. berücksichtigt werden müssen. Weil die StrlSchV aber keine Vorschrift zur Beteiligung von Behörden enthält, die bei der Entscheidungsfindung mitwirken, dürften überwiegende öffentliche Interessen die Erteilung einer Beförderungsgenehmigung dann nicht in Frage stellen können, wenn sie keinen Bezug zum Schutz vor den schädlichen Wirkungen ionisierender Strahlen oder dem Schutz vor den Gefahren der Beförderung gefährlicher Güter haben.

Vor diesem und dem Hintergrund der auf § 6 Abs. 1 Nr. 8 und § 10 Abs. 1 Nr. 8 der alten StrlSchV [STR] bezogenen Auffassung von Kramer/Zerlett [KRA] sind nach dieser Vorschrift nur solche Interessen überwiegend, die von dem in § 1 Nrn. 1, 3 und 4 beschriebenen Zweck des AtG [ATG] gedeckt sind. Überwiegende öffentliche Interessen im Zusammenhang mit der Beförderung sind zusätzlich solche, die Bezug haben zu den mit der Beförderung gefährlicher Güter verbundenen Gefahren (vgl. § 2 Abs. 1 Gefahrgutbeförderungsgesetz [GGBG]).

Zu Absatz 2:

Während Nr. 4 die Pflicht zur Deckungsvorsorge festschreibt, wenn die Aktivität je Beförderungs- oder Versandstück das 10^7fache der Freigrenzen der Anlage III Tabelle 1 Spalte 2 überschreitet, besteht nach Absatz 2 die Pflicht zur Deckungsvorsorge schon dann, wenn eine Haftung nach dem Pariser Übereinkommen in Betracht kommt und die Aktivität der zu befördernden Kernmaterialien je Beförderungs- oder Versandstück das 10^5fache der Freigrenze überschreitet oder die Masse des Uran-235 im zu befördernden angereicherten Uran je Beförderungs- oder Versandstück höher ist als 350 g.

Vorbemerkungen zu Teil 2, Kapitel 2, Abschnitt 5: Grenzüberschreitende Verbringung radioaktiver Stoffe

Die Regelungen zur grenzüberschreitenden Verbringung radioaktiver Stoffe aus dem Geltungsbereich der StrlSchV heraus oder in denselben hinein ersetzen die bisherigen Regelungen der §§ 11 bis 14 StrlSchV [STR] zur Ein- und Ausfuhr radioaktiver Stoffe. Die Regelungen in Abschnitt 5 und die dabei verwendeten neuen Begrifflichkeiten wurden dem geänderten AtG [ATG], der Verordnung über die Verbringung radioaktiver Abfälle in das oder aus dem Bundesgebiet (Atomrechtliche Abfallverbringungsverordnung – AtAV) [ATAV] und der Verordnung des Rates über die Verbringung radioaktiver Stoffe zwischen den Mitgliedstaaten (1493/93/EURATOM) [EU 2] angepasst.

Da die Verbringung radioaktiver Abfälle durch die Atomrechtliche Abfallverbringungsverordnung geregelt ist, gilt der Regelungsbereich des Abschnitts 5 nur für die Verbringung radioaktiver Stoffe.

§ 19 Genehmigungsbedürftige grenzüberschreitende Verbringung

(1) Wer sonstige radioaktive Stoffe nach § 2 Abs. 1 des Atomgesetzes oder Kernbrennstoffe nach § 2 Abs. 3 des Atomgesetzes aus dem Geltungsbereich dieser Verordnung in einen Staat, der nicht Mitgliedstaat der Europäischen Gemeinschaften ist, oder aus einem Staat, der nicht Mitgliedstaat der Europäischen Gemeinschaften ist, in den Geltungsbereich dieser Verordnung verbringt, bedarf der Genehmigung. Satz 1 gilt nicht für die Durchfuhr solcher Stoffe, für ihre vorübergehende Verbringung zur eigenen Nutzung im Rahmen des genehmigten Umgangs sowie für die in § 108 geregelte Verbringung.

(2) Eine Genehmigung nach § 3 Abs. 1 des Atomgesetzes kann sich auch auf eine genehmigungsbedürftige Verbringung nach Absatz 1 erstrecken; soweit eine solche Erstreckung erfolgt, ist eine Genehmigung nach Absatz 1 nicht erforderlich.

(3) Absatz 1 ist auf die Verbringung durch die Bundeswehr nicht anzuwenden.

(4) Andere Vorschriften über die Verbringung bleiben unberührt.

(5) Die Regelungen der Verordnung Nr. 1493/93/EURATOM (ABl. EG 1993 Nr. L 148 S. 1) und der Atomrechtlichen Abfallverbringungsverordnung bleiben unberührt.

Kommentierung § 19

Zu Absatz 1:

Satz 1 stellt die Verbringung sonstiger radioaktiver Stoffe und kleiner Massen Kernbrennstoffe (vgl. Kommentierung zu § 16 Abs. 1 Nr. 3) aus einem Nicht-EU-Staat in den Geltungsbereich der StrlSchV und aus demselben heraus in einen Nicht-EU-Staat unter das

Erfordernis der Genehmigung. Der Geltungsbereich der StrlSchV ist das Hoheitsgebiet der Bundesrepublik Deutschland (Bundesgebiet).

Zuständige Genehmigungsbehörde ist nach § 22 Abs. 1 AtG [ATG] das Bundesamt für Wirtschaft und Ausfuhrkontrolle (BAFA), welches auch zuständig ist für die Rücknahme oder den Widerruf erteilter Genehmigungen zur Verbringung.

Die Atomrechtliche Verbringungsverordnung (AtAV) [ATAV] und die Verordnung Nr. 1493/93/EURATOM über die Verbringung radioaktiver Stoffe [EU 2] bestimmen den Begriff „Verbringung" inhaltsgleich. Hiernach sind unter dem Begriff „Verbringung" die Vorgänge zur Beförderung radioaktiver Abfälle bzw. zur Beförderung radioaktiver Stoffe vom Ausgangs- zum Bestimmungsort, einschließlich Be- und Entladung, zu verstehen.

Mit Blick darauf, dass die Regelungen zur Verbringung diejenigen der Ein- und Ausfuhr ersetzen, bestimmt der Verordnungsgeber den Begriff „Verbringung" in § 3 Nr. 36 als

„ *a)* *Einfuhr in den Geltungsbereich dieser Verordnung aus einem Staat, der nicht Mitgliedstaat der Europäischen Gemeinschaften ist,*

b) *Ausfuhr aus dem Geltungsbereich dieser Verordnung in einen Staat, der nicht Mitgliedstaat der Europäischen Gemeinschaften ist, oder*

c) *grenzüberschreitender Warenverkehr aus einem Mitgliedstaat der Europäischen Gemeinschaften in den Geltungsbereich dieser Verordnung oder in einen Mitgliedstaat der Europäischen Gemeinschaften aus dem Geltungsbereich dieser Verordnung;"*

Während § 16, der die Beförderung radioaktiver Stoffe regelt, den jeweils Genehmigungspflichtigen umschreibt (Absender, Beförderer, Versender usw.; vgl. Kommentierung zu § 16 Abs. 3), besagt die Vorschrift in § 19 Abs. 1 zur grenzüberschreitenden Verbringung, also sozusagen zur grenzüberschreitenden Beförderung, dass, *„wer"* radioaktive Stoffe grenzüberschreitend verbringt, der Genehmigung bedarf. Der Genehmigungspflichtige ist somit jeder, der verbringt; dem Verbringer ist bei Vorliegen der Voraussetzungen dann auch die Genehmigung zur grenzüberschreitenden Verbringung radioaktiver Stoffe zu erteilen. Damit ist nicht gesagt, dass der Verbringer als Genehmigungsinhaber dann auch den Vorgang der Ortsveränderung auslöst. Wer in diesem eigentlichen Sinn bei der Verbringung der Beförderer ist, wird sich im konkreten Fall aus den vertraglichen Regelungen des Verbringers mit demjenigen ergeben, der für den Verbringer die Ortsveränderung materiell durchführt, sofern diese der Verbringer nicht selbst vornimmt. Vor diesem Hintergrund werden unbeschadet der grenzüberschreitend geltenden Vorschriften die Vorschriften des Speditions- und Frachtrechts des Handelsgesetzbuches (HGB) [HGB] (vgl. Kommentierung zu § 16 Abs. 3) maßgebend sein.

Satz 2 nimmt die Durchfuhr radioaktiver Stoffe von der Genehmigungspflicht aus. Das bedeutet mit Blick auf die Bestimmung des Begriffes „Verbringung" in der AtAV [ATAV] und der EURATOM-Verordnung [EU 2], dass eine Genehmigung zur Verbringung nach § 19 nicht nötig ist, wenn sich der Ort, von dem aus die radioaktiven Stoffe verbracht werden, und der Ort, zu dem sie verbracht werden, nicht innerhalb des Bundesgebietes befindet.

Satz 2 nimmt auch solche radioaktiven Stoffe aus dem Regelungsbereich heraus, die bei Servicetätigkeiten z.B. in Form von Prüfstrahlern „*zur eigenen Nutzung*" mitgeführt werden. Ausgenommen ist ebenfalls die Verbringung von Konsumgütern, denen radioaktive Stoffe zugesetzt oder die aktiviert wurden.

Eine vor dem In-Kraft-Treten dieser Verordnung erteilte Genehmigung zur grenzüberschreitenden Verbringung radioaktiver Stoffe gilt nach § 117 Abs. 1 mit allen Nebenbestimmungen mit der Maßgabe fort, dass die Werte für die Begrenzung der Strahlenexposition der Bevölkerung nach § 47, soweit eine Strahlenexposition durch die Verbringung verursacht werden kann, und die Werte für den Schutz bei beruflicher Strahlenexposition nach § 55, soweit eine solche durch die Verbringung verursacht werden kann, nicht überschritten werden.

Zu Absatz 2:

Nach § 3 Abs. 1 AtG [ATG] kann nur die Ein- und Ausfuhr (jede sonstige Verbringung steht der Ein- und Ausfuhr nach § 3 Abs. 5 AtG gleich) von Kernbrennstoffen genehmigt werden, die nach § 2 Abs. 1 AtG auch als solche gelten. Sofern mit demselben Verbringungsvorgang auch sonstige radioaktive Stoffe im Sinne des § 2 Abs. 1 AtG befördert werden sollen, kann zur Verwaltungsvereinfachung die Genehmigung nach § 3 Abs. 1 AtG auch auf die Verbringung der sonstigen radioaktiven Stoffe erstreckt werden, so dass eine besondere Genehmigung nach Absatz 1 nicht mehr nötig ist.

Zu den Absätzen 3, 4 und 5:

Absatz 3 nimmt die Bundeswehr von dem Erfordernis der Genehmigung nach § 19 Abs. 1 für grenzüberschreitende Verbringungen aus.

Absätze 4 und 5 regeln, dass andere Vorschriften über die grenzüberschreitende Verbringung, wie z.B. jene der AtAV [ATAV] und der Verordnung Nr. 93/1493/EURATOM [EU 2] oder des AtG, unberührt bleiben.

Ordnungswidrigkeiten

Ordnungswidrig im Sinne des § 46 Abs. 1 Nr. 4 AtG [ATG] handelt, wer vorsätzlich oder fahrlässig ohne Genehmigung nach § 19 Abs. 1 sonstige radioaktive Stoffe nach § 2 Abs. 1 AtG oder kleine Massen Kernbrennstoffe nach § 2 Abs. 3 AtG in den Geltungsbereich oder aus dem Geltungsbereich dieser Verordnung verbringt.

§ 20 Anzeigebedürftige grenzüberschreitende Verbringung

(1) Keiner Genehmigung nach § 19 Abs. 1 dieser Verordnung bedarf, wer sonstige radioaktive Stoffe nach § 2 Abs. 1 des Atomgesetzes oder Kernbrennstoffe nach § 2 Abs. 3 des Atomgesetzes in den Geltungsbereich dieser Verordnung verbringt, wenn er

1. Vorsorge getroffen hat, dass die zu verbringenden radioaktiven Stoffe nach der Verbringung erstmals nur von Personen erworben werden, die eine nach den §§ 6, 7 oder 9 des Atomgesetzes oder nach § 7 Abs. 1 oder § 11 Abs. 2 dieser Verordnung erforderliche Genehmigung besitzen und

2. diese Verbringung der für die Überwachung nach § 22 Abs. 2 des Atomgesetzes zuständigen Behörde oder der von ihr benannten Stelle spätestens im Zusammenhang mit der Zollabfertigung mit einem von ihr bestimmten Formular anzeigt.

(2) Keiner Genehmigung nach § 19 Abs. 1 dieser Verordnung bedarf, wer sonstige radioaktive Stoffe nach § 2 Abs. 1 des Atomgesetzes aus dem Geltungsbereich dieser Verordnung verbringt, wenn er diese Verbringung der für die Überwachung nach § 22 Abs. 2 des Atomgesetzes zuständigen Behörde oder der von ihr benannten Stelle spätestens im Zusammenhang mit der Zollabfertigung mit einem von ihr bestimmten Formular anzeigt, sofern die Aktivität je Beförderungs- oder Versandstück das 108fache der Freigrenzen der Anlage III Tabelle 1 Spalte 2 dieser Verordnung nicht überschreitet.

(3) Keiner Genehmigung nach § 3 Abs. 1 des Atomgesetzes bedarf, wer Kernbrennstoffe nach § 2 Abs. 1 Satz 2 des Atomgesetzes in den Geltungsbereich dieser Verordnung verbringt, sofern es sich um

1. bis zu 1 Kilogramm Uran, das auf 10 oder mehr, jedoch weniger als 20 Prozent an Uran-235 angereichert ist, oder

2. weniger als 10 Kilogramm Uran, das auf weniger als 10 Prozent an Uran-235 angereichert ist,

handelt und diese Verbringung unter Erfüllung der Voraussetzungen des Absatzes 1 Nr. 1 oder 2 der für die Überwachung nach § 22 Abs. 2 des Atomgesetzes zuständigen Behörde oder der von ihr benannten Stelle anzeigt.

Kommentierung § 20

Die Vorschriften in § 20 regeln die unter bestimmten Voraussetzungen mögliche genehmigungsfreie Verbringung radioaktiver Stoffe; sie stellen insoweit eine Ausnahmevorschrift von § 19 dar.

Zu Absatz 1:

Diese Vorschrift richtet sich mit Blick auf die Formulierung, *„wer ... verbringt ..."* an jeden, der sonstige radioaktive Stoffe im Sinne des § 2 Abs. 1 AtG und kleine Massen Kernbrennstoffe im Sinne des § 2 Abs. 3 AtG (vgl. Kommentierung zu § 16 Abs. 1 Nr. 3) aus einem Nicht-EU-Staat in das Bundesgebiet verbringt. Wer dies tut, bedarf keiner Genehmigung zur Verbringung nach § 19 Abs. 1, wenn er bestimmte Vorsorgepflichten erfüllt und die Verbringung anzeigt.

So wie nach § 19 Abs. 1 der Verbringer der Genehmigungspflichtige ist, ist auch im Falle der genehmigungsfreien Verbringung der Verbringer derjenige, der im Falle einer beabsichtigten genehmigungsfreien Verbringung die nachfolgend beschriebenen Vorsorgepflichten erfüllen und die Verbringung anzeigen muss.

Was die Vorsorgepflicht unter Nr. 1 angeht, gilt Folgendes:

Zum einen muss der Verbringer, der radioaktive Stoffe genehmigungsfrei in das Bundesgebiet verbringen will, dafür sorgen, dass die Personen, die als Erste die verbrachten radioaktiven Stoffe in Empfang nehmen, im Besitz der dafür einschlägigen Genehmigung nach dem AtG [ATG] oder nach dieser Verordnung sind.

Was die Anzeigepflicht unter Nr. 2 angeht, gilt neben der oben erläuterten Vorsorgepflicht Folgendes:

Der Verbringer, der radioaktive Stoffe genehmigungsfrei in das Bundesgebiet verbringen will, muss sein Vorhaben dem Bundesministerium der Finanzen (BMF) oder bei einer vom BMF bestimmten Zolldienststelle anzeigen. Form und Inhalt dieser Anzeige bestimmt die zur Entgegennahme der Anzeige zuständige Behörde.

Zu Absatz 2:

Im Gegensatz zu Absatz 1 richtet sich diese Vorschrift an den, der sonstige radioaktive Stoffe im Sinne des § 2 Abs. 1 AtG [ATG] aus dem Bundesgebiet heraus in einen Staat verbringt, der nicht Mitglied der EU ist. Wer dies tut, bedarf keiner Genehmigung zur Verbringung nach § 19 Abs. 1, wenn er sein Vorhaben gegenüber dem Bundesministerium der Finanzen (BMF) oder einer der vom BMF bestimmten Zolldienststelle anzeigt. Form und Inhalt dieser Anzeige bestimmt die zur Entgegennahme der Anzeige zuständige Behörde.

Die Verbringung ist genehmigungsfrei aber nur möglich, wenn die Aktivität je Beförderungs- oder Versandstück das 10^8fache der Freigrenzen der Anlage III Tabelle 1 Spalte 2 dieser Verordnung nicht überschreitet.

Zu Absatz 3:

Wer den Vorsorge- und Anzeigepflichten des Absatzes 1 nachkommt, darf nach dieser Vorschrift Uran, dass mit den Isotopen 235 oder 233 angereichert und insoweit Kernbrennstoff im Sinne des § 2 Abs. 1 Satz 2 des AtG ist, in das Bundesgebiet ohne Genehmigung nach § 3 Abs. 1 des AtG verbringen,

1. wenn es sich dabei um höchstens 1 kg Uran handelt, das mit dem Isotop Uran-235 auf 10 %, jedoch weniger als auf 20 % angereichert ist oder

2. wenn es sich dabei um weniger als 10 kg Uran handelt, das mit dem Isotop Uran-235 auf weniger als 10 % angereichert ist.

Da Natururan mit Blick auf die amtliche Begründung zum Gesetz zur Änderung des Atomgesetzes vom 6. April 1998 als sonstiger radioaktiver Stoff gilt, konnte die Ausnahmeregelung in § 12 Abs. 1 Nr. 4 der alten StrlSchV [STR] für natürliches Uran entfallen.

§ 21 Genehmigungs- und anzeigefreie grenzüberschreitende Verbringung

Eine Genehmigung nach § 3 Abs. 1 des Atomgesetzes oder § 19 dieser Verordnung oder eine Anzeige nach § 20 dieser Verordnung ist nicht erforderlich für die Verbringung der in Anlage 1 Teil B Nr. 1 bis 6 genannten Stoffe.

Kommentierung § 21

Wer die in Anlage I Teil B Nrn. 1 bis 6 dieser Verordnung genannten Stoffe, also z.B.

- radioaktive Stoffe,
- radioaktive Arzneimittel oder mit ionisierenden Strahlen behandelte Arzneimittel,
- zugelassene Vorrichtungen,
- aus der Luft gewonnene radioaktive Edelgase

verbringen will, bedarf dafür weder einer Genehmigung nach § 3 Abs. 1 AtG [ATG] noch einer Genehmigung nach § 19 Abs. 1 und auch keiner Anzeige nach § 20 dieser Verordnung.

§ 22 Genehmigungsvoraussetzungen für die grenzüberschreitende Verbringung

(1) Die Genehmigung nach § 19 Abs. 1 zur Verbringung in den Geltungsbereich dieser Verordnung ist zu erteilen, wenn

1. keine Tatsachen vorliegen, aus denen sich Bedenken gegen die Zuverlässigkeit des Verbringers, seines gesetzlichen Vertreters oder, bei juristischen Personen oder nicht rechtsfähigen Personenvereinigungen, der nach Gesetz, Satzung oder Gesellschaftsvertrag zur Vertretung oder Geschäftsführung Berechtigten ergeben und

2. der Verbringer Vorsorge getroffen hat, dass die radioaktiven Stoffe nach der Verbringung erstmals nur von Personen erworben werden, die die für den Umgang erforderliche Genehmigung besitzen.

(2) Die Genehmigung nach § 19 Abs. 1 zur Verbringung aus dem Geltungsbereich dieser Verordnung ist zu erteilen, wenn

1. keine Tatsachen vorliegen, aus denen sich Bedenken gegen die Zuverlässigkeit des Verbringers, seines gesetzlichen Vertreters oder, bei juristischen Personen oder nicht rechtsfähigen Personenvereinigungen, der nach Gesetz, Satzung oder Gesellschaftsvertrag zur Vertretung oder Geschäftsführung Berechtigten ergeben und

2. gewährleistet ist, dass die zu verbringenden radioaktiven Stoffe nicht in einer Weise verwendet werden, die die innere oder äußere Sicherheit der Bundesrepublik Deutschland oder die Erfüllung ihrer internationalen Verpflichtungen auf dem Gebiet der Kernenergie gefährden.

Kommentierung § 22

Diese Vorschrift enthält die Voraussetzungen, bei deren Erfüllung die Genehmigung zur grenzüberschreitenden Verbringung radioaktiver Stoffe in das Bundesgebiet oder aus diesem heraus zu erteilen ist.

Die Verbringung radioaktiver Stoffe ist deren Beförderung vom Ausgangs- zum Bestimmungsort (vgl. Kommentierung zu § 19 Abs. 1). Vor diesem Hintergrund ergeben sich Parallelen zu § 18 Abs. 1 und den darin enthaltenen Regelungen zu den Genehmigungsvoraussetzungen für die Beförderung radioaktiver Stoffe.

Kommentierung

Zu Absatz 1:

Diese Vorschrift enthält die Voraussetzungen zur Erteilung der Genehmigung zur grenzüberschreitenden Verbringung radioaktiver Stoffe in den Geltungsbereich dieser Verordnung, also in das Bundesgebiet (vgl. Kommentierung zu § 19 Abs. 1).

Der Verbringer im Sinne der Nr. 1 ist die genehmigungspflichtige Person, also diejenige, der die Genehmigung nach § 19 Abs. 1 bei Vorliegen der Voraussetzungen zu erteilen ist.

Analog zu § 18 Abs. 1 Nr. 1 kann auch hier die Genehmigung zur Verbringung versagt werden, wenn der Verbringer und sein gesetzlicher Vertreter oder der zur Vertretung oder Geschäftsführung Berechtigte nicht zuverlässig sind (vgl. Kommentierung zu § 18 Abs. 1 Nr. 1).

Sollten im Sinne der Nr. 2 die Personen, die die radioaktiven Stoffe nach der Verbringung erstmals erwerben, nicht die dafür erforderliche Genehmigung besitzen, ist die Genehmigung zur Verbringung ebenfalls zu versagen.

Zu Absatz 2:

Diese Vorschrift enthält die Voraussetzungen zur Erteilung der Genehmigung zur grenzüberschreitenden Verbringung radioaktiver Stoffe aus dem Bundesgebiet heraus.

Die Regelungen für die Zuverlässigkeit des Verbringers sind mit denen der Nr. 1 in Absatz 1 identisch.

Über den Nachweis der Zuverlässigkeit hinaus muss der Verbringer im Sinne der Nr. 2 für die Gewährleistung Sorge tragen, dass die zu verbringenden radioaktiven Stoffe nicht für andere Zwecke verwendet werden als solche, die sich aus den Vorschriften des Atomgesetzes und der darauf beruhenden Rechtsverordnungen für die Bundesrepublik Deutschland ergeben.

§ 23 Genehmigungsbedürftige Anwendung radioaktiver Stoffe oder ionisierender Strahlung am Menschen in der medizinischen Forschung

(1) Wer zum Zweck der medizinischen Forschung radioaktive Stoffe oder ionisierende Strahlung am Menschen anwendet, bedarf der Genehmigung.

(2) Für die Erteilung der Genehmigung ist das Bundesamt für Strahlenschutz zuständig.

Kommentierung § 23

Der medizinischen Forschung werden in der Strahlenschutzverordnung zwei Abschnitte gewidmet, Abschnitt 6 in Kapitel 2 (Genehmigungen, Zulassungen, Freigabe) und Abschnitt 2 im Kapitel 4 (Besondere Anforderungen bei der medizinischen Anwendung radioaktiver Stoffe und ionisierender Strahlung). Die Strahlenschutzverordnung folgt damit zum einen der Bedeutung, die auch die Richtlinie 97/43/EURATOM [EU 4] der medizinischen Forschung zumisst, zum anderen wird hierdurch anerkannt, dass die medizinische

Forschung auf Grund ihrer Besonderheiten nicht in einem Begleitparagraphen zur medizinischen Anwendung radioaktiver Stoffe oder ionisierender Strahlung abgehandelt werden kann.

Grundsätzlich gilt, dass die Anwendung radioaktiver Stoffe oder ionisierender Strahlung am Menschen, soweit sie der Fortentwicklung der Heilkunde und der medizinischen Wissenschaft und nicht **ausschließlich** der Untersuchung oder Behandlung des Menschen dient (Definition des Begriffs „medizinische Forschung" nach den Begriffsbestimmungen des § 3), einer **besonderen** Genehmigung bedarf. Zuständig für die Erteilung dieser besonderen Genehmigung ist das Bundesamt für Strahlenschutz (BfS). Die Übertragung der Zuständigkeit für Genehmigungen zur medizinischen Forschung auf das BfS erfolgte aus praktikablen Gesichtspunkten. Das BfS war bisher für die gutachterliche Prüfung der besonderen Genehmigungsvoraussetzungen strahlenschutzrelevanter medizinischer Forschung zuständig. Die Erteilung der Genehmigung für die medizinische Forschung oblag nach der Strahlenschutzverordnung von 1989 den Ländern. Durch die Verlagerung der Zuständigkeit für die Genehmigungserteilung auf das BfS wird nun in den meisten Fällen eine Vereinfachung des Genehmigungsverfahrens erreicht. Insbesondere gilt dies für die Fälle, in denen Forschungsvorhaben unter der Leitung eines Trägers an verschiedenen Einrichtungen innerhalb der Bundesrepublik durchgeführt werden. Nach dem bisher geltenden Recht musste in jedem Bundesland eine separate Genehmigung für die medizinische Forschung eingeholt werden, obwohl es sich um dasselbe Forschungsvorhaben handelt (Multi-Center-Studien). Neben höheren Kosten für den Träger der medizinischen Forschung bedeutete dies in erster Linie ein zeitlichen Verzug durch verschiedene Verwaltungsverfahren, die erst beginnen konnten, wenn den Ländern das Gutachten des BfS vorlag. Die Länder hatten sich zwar bereits darauf geeinigt, in solchen Fällen nur ein Gutachten des BfS einzuholen und dieses den jeweiligen Genehmigungsverfahren zu Grunde zu legen, trotzdem hing die Erteilung der Genehmigung von den Möglichkeiten (u.a. personellen Ressourcen) der Länder ab, wodurch es häufig zu völlig unterschiedlichen Zeitpunkten der Genehmigungserteilung kam. Darüber hinaus waren die Länder bei der Genehmigungserteilung auf das Gutachten des BfS und auf den dort vorhandenen medizinischen Sachverstand angewiesen, was häufig zu langwierigen und schwierigen Rückfragen führte, die weiteren zeitlichen Verzug brachten.

Diese Probleme werden durch die Übertragung der Zuständigkeit für die Genehmigungserteilung auf das BfS erheblich verringert, was insbesondere dem Antragsteller, aber auch den personellen Ressourcen der Länder zugute kommt.

Unabhängig von der Verlagerung der Zuständigkeit für die Erteilung von Genehmigungen für die medizinische Forschung bleiben die Länder auch in diesen Fällen für die Erteilung der Umgangsgenehmigung nach § 7 oder der Betriebsgenehmigung nach § 11 zuständig. Die Vorlage der entsprechenden Umgangs- oder Betriebsgenehmigung ist eine Voraussetzung für die Genehmigung für die medizinische Forschung.

Ordnungswidrigkeiten

Wer vorsätzlich oder fahrlässig ohne eine erforderliche Genehmigung nach § 23 Abs. 1 zum Zwecke der medizinischen Forschung radioaktive Stoffe oder ionisierende Strahlung

Kommentierung

am Menschen anwendet, handelt nach § 116 Abs. 1 Nr. 1g ordnungswidrig im Sinne des § 46 Abs. 1 des Atomgesetzes.

Normadressat dieser Vorschrift ist jeder, der diese Ordnungswidrigkeit tatsächlich begeht, d.h. zum Zwecke der medizinischen Forschung radioaktive Stoffe oder ionisierende Strahlung am Menschen anwendet.

Die Ordnungswidrigkeit kann mit einer Geldbuße bis zu 50.000 Euro geahndet werden.

§ 24 Genehmigungsvoraussetzungen für die Anwendung radioaktiver Stoffe oder ionisierender Strahlung am Menschen in der medizinischen Forschung

(1) Die Genehmigung nach § 23 Abs. 1 darf nur erteilt werden, wenn

1. in einem Studienplan dargelegt ist, dass

   a) für das beantragte Forschungsvorhaben ein zwingendes Bedürfnis besteht, weil die bisherigen Forschungsergebnisse und die medizinischen Erkenntnisse nicht ausreichen,

   b) die Anwendung eines radioaktiven Stoffes oder ionisierender Strahlung nicht durch eine Untersuchungs- oder Behandlungsart ersetzt werden kann, die keine Strahlenexposition des Probanden verursacht,

   c) die strahlenbedingten Risiken, die mit der Anwendung für den Probanden verbunden sind, gemessen an der voraussichtlichen Bedeutung der Ergebnisse für die Fortentwicklung der Heilkunde oder der medizinischen Wissenschaft ärztlich gerechtfertigt sind,

   d) die für die medizinische Forschung vorgesehenen radioaktiven Stoffe oder Anwendungsarten ionisierender Strahlung dem Zweck der Forschung entsprechen und nicht durch andere radioaktive Stoffe oder Anwendungsarten ionisierender Strahlung ersetzt werden können, die zu einer geringeren Strahlenexposition für den Probanden führen,

   e) die bei der Anwendung radioaktiver Stoffe oder ionisierender Strahlung auftretende Strahlenexposition und die Aktivität der anzuwendenden radioaktiven Stoffe nach dem Stand von Wissenschaft und Technik nicht weiter herabgesetzt werden können, ohne den Zweck des Forschungsvorhabens zu gefährden,

   f) die Körperdosis des Probanden abgeschätzt worden ist und

   g) die Anzahl der Probanden auf das notwendige Maß beschränkt wird,

2. die Stellungnahme einer Ethikkommission nach § 92 zum Studienplan vorliegt,

3. sichergestellt ist, dass die Anwendung von einem Arzt geleitet wird, der eine mindestens zweijährige Erfahrung in der Anwendung radioaktiver Stoffe oder ionisierender Strahlung am Menschen nachweisen kann, die erforderliche Fachkunde im Strahlenschutz besitzt und während der Anwendung ständig erreichbar ist, und sichergestellt ist, dass bei der Planung und bei der Anwendung ein Medizinphysik-Experte hinzugezogen wird,

4. die nach dem Stand von Wissenschaft und Technik erforderlichen Mess- und Kalibriervorrichtungen zur Ermittlung der Strahlenexposition des Probanden vorhanden sind und ihre sachgerechte Anwendung sichergestellt ist,

5. die erforderliche Vorsorge für die Erfüllung gesetzlicher Schadensersatzverpflichtungen getroffen ist,

6. eine Genehmigung nach § 7 Abs. 1 in Verbindung mit § 9 Abs. 1 und 3 oder nach § 11 Abs. 2 oder 3 in Verbindung mit § 14 Abs. 1 und 2 vorliegt und

7. bei jeder Anwendung ionisierender Strahlung die ordnungsgemäße Funktion der Anlagen zur Erzeugung ionisierender Strahlen oder Bestrahlungsvorrichtungen und die Einhaltung der dosisbestimmenden Parameter sichergestellt sind.

(2) Sofern die Anwendung radioaktiver Stoffe oder ionisierender Strahlung an dem einzelnen Probanden nicht gleichzeitig seiner Behandlung dient, darf die durch das Forschungsvorhaben bedingte effektive Dosis nicht mehr als 20 Millisievert betragen. Die Genehmigungsbehörde kann eine höhere effektive Dosis als 20 Millisievert zulassen, wenn mit der Anwendung für den Probanden zugleich ein diagnostischer Nutzen verbunden ist und dargelegt ist, dass das Forschungsziel anders nicht erreicht werden kann.

(3) Sieht der Studienplan die Anwendung radioaktiver Stoffe oder ionisierender Strahlung an mehreren Einrichtungen (Multi-Center-Studie) vor, kann die Genehmigungsbehörde auf Antrag die Genehmigung dem Leiter der Studie erteilen, wenn dies für die sachgerechte Durchführung der Studie zweckdienlich ist und die in Absatz 1 Nr. 3 bis 7 genannten Voraussetzungen bei allen beteiligten Einrichtungen erfüllt sind.

Kommentierung § 24

Der § 24 beschreibt die Voraussetzungen, die erfüllt sein müssen, damit das BfS eine Genehmigung nach § 23 zur medizinischen Forschung erteilen darf. Diese Voraussetzungen waren in der Strahlenschutzverordnung von 1989 [STR] teilweise in § 41 enthalten.

Neu ist, dass der Antragsteller in einem Studienplan darlegen muss, dass bestimmte Vorbedingungen erfüllt sind. Hierbei handelt es sich stichwortartig aufgeführt um folgende Bedingungen:

- Es besteht ein zwingendes Bedürfnis für die Art der Anwendung.
- Die Anwendung eines radioaktiven Stoffes oder ionisierender Strahlung kann nicht durch Verfahren, die keine Strahlenexposition verursachen, ersetzt werden.
- Die Risiken sind, gemessen an der Bedeutung der Ergebnisse, ärztlich gerechtfertigt.
- Die vorgesehenen radioaktiven Stoffe oder Anwendungsarten ionisierender Strahlung können nicht durch Stoffe oder Anwendungsarten ersetzt werden, die zu einer geringeren Strahlenexposition führen.
- Die auftretende Strahlenexposition oder die Aktivität der radioaktiven Stoffe kann nicht weiter herabgesetzt werden, ohne den Zweck des Vorhabens zu gefährden.
- Die Körperdosis des Probanden ist abgeschätzt.
- Die Anzahl der Probanden ist beschränkt.

Während § 41 der Strahlenschutzverordnung von 1989 [STR] die Prüfung, ob diese Bedingungen eingehalten waren, allein der vom BfS eingesetzten Gutachtergruppe zuwies, ist nun der Antragsteller verpflichtet, im Studienplan nachzuweisen, dass diese Bedingungen erfüllt sind. Kann er dies nicht nachweisen, wird das BfS die Genehmigung nicht erteilen, da eine wesentliche Genehmigungsvoraussetzung nicht erfüllt ist.

Eine weitere neue Genehmigungsvoraussetzung ist, dass eine Stellungnahme einer Ethikkommission (siehe Kommentierung zu § 92) zu dem Studienplan vorliegen muss. Hiermit wird die medizinische Forschung nach Strahlenschutzverordnung an bewährte Regelungen des Arzneimittelgesetzes [AMG] und des Medizinproduktegesetzes [MPG] angepasst. Außerdem wird hiermit den Anforderungen der Richtlinie 97/43/EURATOM [EU 4] Rechnung getragen.

Die Voraussetzungen zur Sicherstellung, dass die Anwendung von einem Arzt (in Anlehnung an den Text der Strahlenschutzverordnung wird der Begriff „Arzt" im Folgenden für die Ärztin/den Arzt verwendet) geleitet wird, der eine mindestens zweijährige Erfahrung in der Anwendung radioaktiver Stoffe oder ionisierender Strahlung am Menschen nachweisen kann, die erforderliche Fachkunde im Strahlenschutz besitzt und während der Anwendung ständig erreichbar ist, war auch schon in § 41 der Strahlenschutzverordnung von 1989 [STR] enthalten. Konkretisiert wird nun, dass der Arzt die Erfahrung bei der Anwendung am Menschen besitzen muss, während die 89er-Verordnung von der Erfahrung beim Umgang sprach. Nachzuweisen ist die notwendige Erfahrung des leitenden Arztes durch die Vorlage eines Zeugnisses oder einer Bescheinigung, aus denen hervorgeht, dass er mindestens zwei Jahre bei entsprechenden Anwendungen beteiligt war. Die Fachkunde im Strahlenschutz ist durch die Fachkundebescheinigung nachzuweisen, die in aller Regel von der Heilberufkammer (Ärztekammer) ausgestellt ist. Problematischer ist der Nachweis, dass der leitende Arzt während der Anwendung ständig erreichbar ist. Bei längeren Forschungsvorhaben oder Vorhaben, die bei einzelnen Probanden über viele Stunden andauern, wird die Genehmigungsbehörde einen oder mehrere Vertreter des leitenden Arztes fordern müssen, die dieselben Voraussetzungen (Erfahrung und Fachkunde) nachweisen können.

Forschungsvorhaben im Zusammenhang mit der Anwendung radioaktiver Stoffe oder ionisierender Strahlung am Menschen enthalten oft auch einen strahlenphysikalischen Aspekt, so dass die fachliche Unterstützung eines Medizinphysik-Experten sinnvoll und nützlich sein kann.

Dazu passt, dass sichergestellt sein muss, dass die nach dem Stand von Wissenschaft und Technik erforderlichen Mess- und Kalibriervorrichtungen zur Ermittlung der Strahlenexposition des Probanden vorhanden und ihre sachgerechten Anwendungen sichergestellt sind. Durch die Formulierung „*nach dem Stand von Wissenschaft und Technik erforderlichen Mess- und Kalibriervorrichtungen*" macht der Verordnungsgeber deutlich, dass sich diese Vorrichtungen an der Front der technischen Entwicklung bewegen müssen und es nicht ausreicht, wenn im Rahmen der medizinischen Forschung Vorrichtungen vorhanden sind, die nicht den neusten Entwicklungen entsprechen. Das die sachgerechte Handhabung sichergestellt ist, hat der Antragsteller z.B. durch die Vorlage von Aufzeichnungen über eine entsprechende Einweisung nachzuweisen.

Nachzuweisen ist auch, dass die erforderliche Vorsorge für die Erfüllung gesetzlicher Schadensersatzverpflichtungen getroffen ist. Für den Antragsteller bedeutet dies, dass er gegenüber der Genehmigungsbehörde nachweisen muss, dass eine Haftpflichtversicherungen abgeschlossen ist, die auch bei außergewöhnlich großen Schäden die finanziellen Ansprüche der Probanden befriedigt.

Eine neue Genehmigungsvoraussetzung ist die Nachweispflicht seitens des Antragstellers, dass für den Umgang mit radioaktiven Stoffen oder den Betrieb einer Anlage zur Erzeugung ionisierender Strahlen die notwendige Umgangs- oder Betriebsgenehmigung vorliegt (§§ 7 und 11). Nach dem bisherigen Recht wurden die Umgangs- oder Betriebsgenehmigung und die Genehmigung für die medizinische Forschung häufig zusammen erteilt. Der Antragsteller muss nun nachweisen, dass die Umgangs- oder Betriebsgenehmigung auch den Anwendungsbereich, in dem die medizinische Forschung erfolgen soll, enthält.

Den Nachweis, dass bei der Anwendung ionisierender Strahlung die ordnungsgemäße Funktion der Anlagen zur Erzeugung ionisierender Strahlen oder der Bestrahlungsvorrichtungen und die Einhaltung der dosisbestimmenden Parameter sichergestellt sind, wird der Antragsteller in der Regel durch Vorlage eines Sachverständigengutachtens und durch Aufzeichnungen über die interne Qualitätssicherung führen. Grundsätzlich sollten keine Bedenken bestehen, wenn das Gutachten (der Prüfbericht) in der Regel obligatorisch schon erstellt wird, bevor eine Anlage oder Vorrichtung in Betrieb genommen wird, oder das Gutachten über die regelmäßig wiederkehrende Prüfung dieser Anlagen nach § 66 Abs. 2 vorgelegt wird.

Insbesondere dem Schutz gesunder Probanden gilt die Festlegung in Absatz 2, dass die medizinische Forschung dann unzulässig ist, wenn die durch das Forschungsvorhaben bedingte effektive Dosis mehr als 20 mSv beträgt. Dieser Wert entspricht dem neuen Grenzwert für beruflich strahlenexponierte Personen. Eine Überschreitung dieses Wertes kann von der zuständigen Behörde nur gestattet werden, wenn dadurch für den Probanden gleichzeitig eine nützliche medizinische Information erreicht wird (z.B. über den Status eines bestimmten Organs oder Körperbereiches) und das Forschungsvorhaben mit geringeren Dosiswerten bei Ausnutzung aller Alternativen nicht realisierbar ist.

Grund für diese Ausnahmeregelung ist die Möglichkeit, dass bei bestimmten nuklearmedizinischen Verfahren, z.B. bei der Positronen-Emissions-Tomographie (PET), bei der Anwendung anderer radioaktiver Arzneimittel oder mit radioaktiven Stoffen markierter Arzneimittel oder auch eines radioaktiven Stoffes, der kein Arzneimittel im Sinne des Arzneimittelrechts ist, die Einhaltung der Grenzwerte nicht möglich ist, da das gewünschte diagnostische Ergebnis nur bei höheren Dosen erreicht wird.

Nicht festgelegt werden Grenzwerte für kranke Probanden, bei denen die Anwendung radioaktiver Stoffe oder ionisierender Strahlung auch zu ihrer **Behandlung** erfolgt. Hier gilt, dass diese Probanden/Patienten im Rahmen der medizinischen Forschung nur insoweit exponiert werden dürfen, wie es im Hinblick auf ihre Behandlung erforderlich ist. Die Regelungen des Kapitels 4 Abschnitt 1 über besondere Anforderungen bei der medizinischen Anwendung radioaktiver Stoffe und ionisierender Strahlung in der Heilkunde und Zahnheilkunde (§§ 80 bis 86) gelten natürlich auch für diesen Personenkreis. Insbesondere sind hier auch das Gebot der Rechtfertigung durch die ärztliche Indikation im Einzelfall und die Beschränkung der Strahlenexposition auf das erforderliche Maß zu beachten, auch wenn der Patient freiwillig an dem Vorhaben der medizinischen Forschung teilnimmt.

Kommentierung

Die medizinische Forschung in der Strahlentherapie ist von der Grenzwertregelung ausgenommen, da sie grundsätzlich nur am Patienten durchgeführt wird und eine Dosisbegrenzung mit den Zielen der Strahlentherapie nicht vereinbar ist.

Das Erfordernis zur klinischen Prüfung und Bewertung nach den Vorschriften des Arzneimittelgesetzes [AMG] und des Medizinproduktegesetzes [MPG] wird durch die Genehmigung zur medizinischen Forschung nach der Strahlenschutzverordnung nicht berührt. Das heißt aber auch, dass derjenige, der die klinische Prüfung nach dem Arzneimittelgesetz oder dem Medizinproduktegesetz durchführen will, neben den in diesen Gesetzen vorgeschrieben Genehmigungs- oder Anzeigeverfahren auch die Genehmigungsverfahren nach Strahlenschutzverordnung abwickeln muss (Umgangs- bzw. Betriebsgenehmigung und Genehmigung für die medizinische Forschung).

Sofern im Studienplan dargelegt ist, dass die Anwendung radioaktiver Stoffe oder ionisierender Strahlung an mehreren Einrichtungen erfolgen soll (Multi-Center-Studien), kann die Genehmigungsbehörde auf Antrag dem Leiter der Studie *eine* Genehmigung erteilen, die für alle beteiligten Einrichtungen gilt. Voraussetzung hierfür ist, dass mit dem Genehmigungsantrag nachgewiesen wird, dass eine solche Genehmigung für die sachgerechte Durchführung des Forschungsvorhabens (z.B. klinische Prüfung eines radioaktiven Arzneimittels in mehreren Einrichtungen) zweckdienlich ist. Außerdem muss für alle von dieser Genehmigung eingeschlossenen Einrichtungen nachgewiesen werden, dass sie die Voraussetzungen des Absatzes 1 Nr. 3 bis 7 erfüllen (Erfahrung und Fachkunde der Ärzte, Messeinrichtungen, Schadensersatzvorsorge, Umgangs- oder Betriebsgenehmigung, Funktionsfähigkeit).

§ 25 Verfahren der Bauartzulassung

(1) Die Bauart von Geräten und anderen Vorrichtungen, in die sonstige radioaktive Stoffe nach § 2 Abs. 1 des Atomgesetzes eingefügt sind, sowie von Anlagen zur Erzeugung ionisierender Strahlen (bauartzugelassene Vorrichtungen) kann auf Antrag des Herstellers oder Verbringers der Vorrichtung zugelassen werden, wenn die Voraussetzungen nach Anlage V erfüllt sind. Die Zulassungsbehörde kann im Einzelfall Abweichungen von den Voraussetzungen der Anlage V Teil A Nr. 1 Buchstabe a, Nr. 3 oder 4 zulassen.

(2) Die Zulassungsbehörde hat vor ihrer Entscheidung auf Kosten des Antragstellers eine Bauartprüfung durch die Physikalisch-Technische Bundesanstalt unter Beteiligung der Bundesanstalt für Materialforschung und -prüfung zu Fragen der Dichtheit, der Werkstoffauswahl und der Konstruktion der Umhüllung des radioaktiven Stoffes sowie der Qualitätssicherung zu veranlassen. Der Antragsteller hat der Physikalisch-Technischen Bundesanstalt und der Bundesanstalt für Materialforschung und -prüfung auf Verlangen die zur Prüfung erforderlichen Baumuster zu überlassen.

(3) Die Bauartzulassung ist zu versagen, wenn

1. Gründe vorliegen, die gegen einen genehmigungsfreien Umgang sprechen,
2. Tatsachen vorliegen, aus denen sich gegen die Zuverlässigkeit des Herstellers oder des für die Leitung der Herstellung Verantwortlichen oder gegen die für die Herstellung erforderliche technische Erfahrung dieses Verantwortlichen oder gegen die Zuverlässigkeit desjenigen, der eine Vorrichtung in den Geltungsbereich dieser Verordnung verbringt, Bedenken ergeben,

3. überwiegende öffentliche Interessen der Bauartzulassung entgegenstehen oder

4. § 4 Abs. 3 der Bauartzulassung entgegensteht.

(4) Die Bauartzulassung ist auf höchstens zehn Jahre zu befristen. Die Frist kann auf Antrag verlängert werden.

(5) Eine bauartzugelassene Vorrichtung, die vor Ablauf der Zulassungsfrist in Verkehr gebracht worden ist, darf nach Maßgabe des § 8 Abs. 1 oder des § 12 Abs. 3 genehmigungs- und anzeigefrei weiter betrieben werden, es sei denn, die Zulassungsbehörde hat nach § 26 Abs. 2 bekannt gemacht, dass ein ausreichender Schutz gegen Strahlenschäden nicht gewährleistet ist und diese Vorrichtung nicht weiter betrieben werden darf.

(6) Absatz 1 Satz 1 gilt nicht für Vorrichtungen, die Medizinprodukte oder Zubehör im Sinne des Medizinproduktegesetzes sind.

(7) Für die Erteilung der Bauartzulassung ist das Bundesamt für Strahlenschutz zuständig.

Kommentierung § 25

Die Strahlenschutzverordnung lässt in den §§ 8 und 12 zu, dass unter bestimmten Bedingungen mit radioaktiven Stoffen ohne Genehmigung umgegangen werden darf bzw. Anlagen zur Erzeugung ionisierender Strahlen ohne Genehmigung betrieben werden dürfen. Die Bedingungen zum genehmigungsfreien Umgang bzw. Betrieb sind in Anlage I zur StrlSchV festgelegt. Unter anderem ist der genehmigungsfreie Umgang (Verwendung und Lagerung radioaktiver Stoffe) zulässig, wenn die Vorrichtung, in die der radioaktive Stoff eingefügt ist, der Bauart nach zugelassen ist. In diesem Fall ist auch der Erwerb dieser Vorrichtung oder deren Abgabe an andere zulässig. Weiterhin ist der genehmigungsfreie Betrieb von Anlagen zur Erzeugung ionisierender Strahlen zulässig, wenn diese Anlagen der Bauart nach zugelassen sind. § 25, der das Verfahren der Bauartzulassung regelt, umfasst den Regelungsbereich, der in der StrlSchV von 1989 [STR] in den §§ 22 und 23 enthalten war. Nach § 25 kann die Bauart von Vorrichtungen auf Antrag des Herstellers oder Einführers zugelassen werden, wenn die Vorrichtungen die Voraussetzungen nach Anlage V der StrlSchV erfüllen. Bei den hier gemeinten Vorrichtungen handelt es sich um Geräte und andere Vorrichtungen, in denen sonstige radioaktive Stoffe eingefügt sind, und um Anlagen zur Erzeugung ionisierender Strahlen. Diese Begriffsbestimmung ist, abweichend vom sonstigen Grundsatz der StrlSchV, nicht in § 3 (Begriffsbestimmungen), sondern unmittelbar in § 25 aufgeführt.

Voraussetzungen für die Bauartzulassung von Geräten und Vorrichtungen, in die radioaktive Stoffe eingefügt sind, sind:

1. Es dürfen nur sonstige radioaktive Stoffe nach § 2 Abs. 1 AtG eingefügt werden, die umschlossen und berührungssicher abgedeckt sind.

2. Die Ortsdosisleistung im Abstand von 0,1 m von der berührbaren Oberfläche der Vorrichtung darf 1 µSv/h bei normalen Betriebsbedingungen nicht überschreiten. Das Gerät oder die Vorrichtung ist so auszulegen, dass außer einer Herstellerabnahmeprüfung (Einzelprüfung) und einer ggf. alle zehn Jahre erforderlichen Dichtheitsprüfung

keine weiteren Dichtheitsprüfungen an den in diese Geräte oder Vorrichtungen eingefügten radioaktiven Stoffen erforderlich sind.

3. Die Aktivität der eingefügten radioaktiven Stoffe darf das zehnfache der Freigrenze, die in Anlage III Tabelle 1 Spalte 2 StrlSchV festgelegt sind, nicht überschreiten.

Für Anlagen zur Erzeugung ionisierender Strahlen gilt folgende Voraussetzung für die Bauartzulassung:

Die Ortsdosisleistung im Abstand von 0,1 m von der berührbaren Oberfläche darf 1 µSv/h bei normalen Betriebsbedingungen nicht überschreiten.

Bevor die Zulassungsbehörde die Bauartzulassung erteilen kann, hat sie auf Kosten des Antragstellers eine Bauartprüfung durch die Physikalisch-Technische Bundesanstalt (PTB) zu veranlassen. Neu in der StrlSchV ist, dass die Zulassungsbehörde bei der Bauartprüfung von Geräten und Vorrichtungen, die sonstige radioaktive Stoffe enthalten, die Bundesanstalt für Materialforschung und -prüfung zu bestimmten Fragestellungen beteiligen muss. Bei der Bauartprüfung ist festzustellen, ob das Baumuster den technischen Bauartvoraussetzungen der Anlage V zur StrlSchV entspricht. Der Antragsteller hat den beiden Prüfstellen auf Verlangen die zur Prüfung erforderlichen Baumuster zu überlassen. Über das Ergebnis der Bauartprüfung erstellen die beiden Prüfstellen ein Prüfungsgutachten, das der Zulassungsbehörde mitgeteilt wird. Abweichend von sonstigen Genehmigungs- oder Zulassungsregelungen in der StrlSchV besteht auf die Zulassung der Bauart allerdings kein Rechtsanspruch, auch wenn die Prüfergebnisse positiv sind, d.h., wenn die Baumuster den Voraussetzungen der Anlage V entsprechen. Grund hierfür ist, dass in § 25 Abs. 1 die Zulassung, anders als z.B. in § 7 die Erteilung der Genehmigung, als Kannbestimmung formuliert wurde.

Die Bauartzulassung muss versagt werden, wenn bestimmte persönliche und sachliche Voraussetzungen im Hinblick auf die Gewährleistung des erforderlichen Strahlenschutzes nicht erfüllt sind. Neben den persönlichen Voraussetzungen, wie fehlende Zuverlässigkeit des Herstellers oder des für die Leitung der Herstellung Verantwortlichen bzw. das Fehlen der erforderlichen technischen Erfahrungen dieser Verantwortlichen, sind dies folgende sachlichen Gründe:

1. Die Voraussetzungen nach Anlage V zur StrlSchV sind nicht erfüllt.

2. Im Einzelfall liegen Gründe vor, die gegen einen genehmigungsfreien Umgang sprechen.

3. Überwiegende öffentliche Interessen stehen der Bauartzulassung entgegen, z.B. der Nutzen rechtfertigt das Risiko nicht (vgl. hierzu Kommentierung zu § 18 Abs. 1 Nr. 7).

4. Die grundsätzliche Rechtfertigung des § 4 StrlSchV steht der Bauartzulassung entgegen (wenn die in § 4 genannte Rechtsverordnung diese Tätigkeit als nicht gerechtfertigt bestimmt, weil der Zweck auch ohne Verwendung eines radioaktiven Stoffes zu erreichen ist).

Die Zulassung der Bauart ist, unverändert zur StrlSchV von 1989 [STR], auf zehn Jahre zu befristen, wobei diese Frist auf Antrag verlängert werden kann. Die Befristung der Bauartzulassung auf zehn Jahre ist aus Gründen des Strahlenschutzes erforderlich, um spätes-

Teil 2: Zielgerichtete Nutzung radioaktiver Stoffe oder ionisierender Strahlung

tens nach zehn Jahren prüfen zu können, ob die Voraussetzungen der Bauartzulassung auch nach den ggf. in der Zwischenzeit gewonnenen neuen Erkenntnissen und Erfahrungen noch gegeben sind, d.h., ob die Vorrichtung noch dem Stand von Wissenschaft und Technik entspricht. Stellt die Zulassungsbehörde fest, dass auch weiterhin alle Voraussetzungen erfüllt sind, kann sie die Gültigkeit der Zulassung um max. zehn Jahre verlängern.

Nach Absatz 5 dürfen Vorrichtungen, die vor Ablauf der Zulassungsfrist in Verkehr gebracht wurden, genehmigungs- und anzeigefrei weiterbetrieben werden, wobei unter „in Verkehr gebracht" *jede* Abgabe an andere zu verstehen ist. Hier ist eine wesentliche Änderung zu § 23 Abs. 2 der StrlSchV von 1989 [STR] festzustellen, denn nach der jetzigen Formulierung dürfen nur die Vorrichtungen, die vor Ablauf der Zulassungsfrist erworben oder an andere abgegeben worden sind, genehmigungs- oder anzeigefrei weiterbetrieben werden. Wird allerdings eine Vorrichtung nach Ablauf der Zulassungsfrist erworben, trifft diese Ausnahme nicht mehr zu. Das bedeutet, dass der Erwerber für eine solche Vorrichtung in der Regel eine Genehmigung nach StrlSchV beantragen muss. In der StrlSchV von 1989 galt die Weiterbetriebsregelung für alle Vorrichtungen, die vor Ablauf der Zulassungsfrist erstmalig in den Verkehr gebracht worden sind, was bedeutete, dass mit diesen Vorrichtungen auch dann genehmigungsfrei umgegangen werden durfte, wenn sie nach Ablauf der Zulassungsfrist weitergegeben wurden.

Die Auffassung des Verordnungsgebers in der amtlichen Begründung, dass es sich nicht um eine Abgabe an andere handelt, wenn eine zulässig hergestellte und erworbene Vorrichtung an demselben Ort von einem neuen Eigentümer oder Besitzer in der gleichen Weise weiterverwendet wird (z.B. eingebaute Ionisationsrauchmelder), erscheint auf Grund der Formulierung in Absatz 5 fraglich.

Grundsätzlich gilt, dass mit bauartzugelassenen Vorrichtungen nicht weiter umgegangen werden darf bzw. dass diese Vorrichtungen nicht weiterbetrieben werden dürfen, wenn die Zulassungsbehörde bekannt gemacht hat, dass ein ausreichender Schutz gegen Strahlenschäden nicht gewährleistet ist.

Die Ausführungen zu Bauartzulassungen gelten nicht für Vorrichtungen, die dem Medizinproduktegesetz (MPG) [MPG] unterliegen, d.h. für Medizinprodukte und deren Zubehör, da das MPG spezielle Zulassungsregeln beinhaltet (Konformitätsbewertungsverfahren, CE-Kennzeichnung).

Für die Erteilung von Bauartzulassungen sind nicht mehr die Landesbehörden zuständig, sondern das Bundesamt für Strahlenschutz (BfS). Dieses dient im Wesentlichen der Verwaltungsvereinfachung und der Harmonisierung der Bauartzulassungen. Die entsprechende Ermächtigung ist in § 23 Abs. 3 Nr. 2 des AtG enthalten. Beibehalten wurde die Trennung zwischen der Zulassungsbehörde BfS und den Stellen, die die technischen Anforderungen prüfen (Physikalisch-Technische Bundesanstalt und Bundesanstalt für Materialforschung und -prüfung).

Man beachte auch die Übergangsvorschriften des § 117 Abs. 7 und 8.

§ 26 Zulassungsschein und Bekanntmachung der Bauart

(1) Wird die Bauart nach § 25 Abs. 1 zugelassen, so hat die Zulassungsbehörde einen Zulassungsschein zu erteilen. In diesen sind aufzunehmen

1. die für den Strahlenschutz wesentlichen Merkmale der Vorrichtung,
2. der zugelassene Gebrauch der Vorrichtung,
3. inhaltliche Beschränkungen, Auflagen für den Inhaber der Vorrichtung und Befristungen,
4. das Bauartzeichen und die Angaben, mit denen die Vorrichtung zu versehen ist,
5. ein Hinweis auf die Pflichten des Inhabers der Vorrichtung nach § 27 Abs. 2 bis 6 und
6. bei einer Vorrichtung, die radioaktive Stoffe enthält, Anforderungen an die Rückführung der Vorrichtung an den Zulassungsinhaber oder an die Entsorgung der Vorrichtung.

(2) Den wesentlichen Inhalt der Bauartzulassung, ihre Änderung, ihre Rücknahme, ihr Widerruf, die Verlängerung der Zulassungsfrist und die Erklärung, dass eine bauartzugelassene Vorrichtung nicht weiter betrieben werden darf, hat die Zulassungsbehörde im Bundesanzeiger bekannt zu machen.

Kommentierung § 26

Der Zulassungsschein gibt Hinweise zur Überwachung der Vorrichtung. Dem Erwerber werden die notwendigen Informationen über deren Eigenschaften und Verwendungszweck vermittelt und er wird auf seine Pflichten, auf inhaltliche Beschränkungen der Zulassung, auf Auflagen, Ausnahmen und Befristungen hingewiesen. Neu ist in der Verordnung, dass in den Zulassungsschein auch die Ausnahme von der regelmäßig alle zehn Jahre durchzuführenden Dichtheitsprüfung aufgenommen werden kann und dass die Anforderungen an die Entsorgung der bauartzugelassenen Vorrichtung im Zulassungsschein festzulegen sind.

Die Bekanntmachung der Bauartzulassung, ihr wesentlicher Inhalt, ihre Änderungen, ihre Rücknahme, ihr Widerruf, die Verlängerung der Zulassungsfrist und die Erklärung, dass eine bauartzugelassene Vorrichtung nicht weiterbetrieben werden darf, müssen vom BfS als Zulassungsbehörde im Bundesanzeiger publiziert werden. Diese Publikationen sind für die Aufsichtsbehörde wichtig, denn sie kann auf diese Weise feststellen, ob überhaupt eine Bauartzulassung erteilt worden ist oder ob eine Vorrichtung nicht mehr weiterverwendet werden darf, da die Zulassungsbehörde eine entsprechende Erklärung bekannt gemacht hat.

Ordnungswidrigkeiten

Nach § 116 Abs. 1 Nr. 3 handelt ordnungswidrig, wer vorsätzlich oder fahrlässig einer vollziehbaren Auflage, die im Zulassungsschein aufgeführt ist (vgl. § 26 Abs. 1 Nr. 3), zuwiderhandelt. Normadressat dieser Vorschrift ist der Eigentümer der zugelassenen Vorrichtung.

§ 27 Pflichten des Inhabers einer Bauartzulassung und des Inhabers einer bauartzugelassenen Vorrichtung

(1) Der Zulassungsinhaber hat

1. vor einer Abgabe der gefertigten bauartzugelassenen Vorrichtungen eine Qualitätskontrolle durchzuführen, um sicherzustellen, dass diese den für den Strahlenschutz wesentlichen Merkmalen der Bauartzulassung entsprechen und mit dem Bauartzeichen und weiteren von der Zulassungsbehörde zu bestimmenden Angaben versehen werden,
2. die Qualitätskontrolle durch einen von der Zulassungsbehörde zu bestimmenden Sachverständigen überwachen zu lassen,
3. dem Erwerber einer bauartzugelassenen Vorrichtung mit dieser einen Abdruck des Zulassungsscheins auszuhändigen, auf dem das Ergebnis und, soweit Dichtheitsprüfungen nach Absatz 6 erforderlich sind, das Datum der Qualitätskontrolle nach Nummer 1 bestätigt ist,
4. dem Erwerber einer bauartzugelassenen Vorrichtung mit dieser eine Betriebsanleitung auszuhändigen, in der insbesondere auf die dem Strahlenschutz dienenden Maßnahmen hingewiesen ist, und
5. sicherzustellen, dass eine bauartzugelassene Vorrichtung, die radioaktive Stoffe enthält, nach Beendigung der Nutzung wieder zurückgenommen werden kann.

(2) Der Inhaber einer bauartzugelassenen Vorrichtung hat einen Abdruck des Zulassungsscheins nach Absatz 1 Nr. 3 und die Prüfbefunde nach Absatz 6 Satz 1 bei der Vorrichtung bereitzuhalten. Im Falle der Weitergabe der bauartzugelassenen Vorrichtung gilt Absatz 1 Nr. 3 und 4 entsprechend.

(3) An der bauartzugelassenen Vorrichtung dürfen keine Änderungen vorgenommen werden, die für den Strahlenschutz wesentliche Merkmale betreffen.

(4) Eine bauartzugelassene Vorrichtung, die infolge Abnutzung, Beschädigung oder Zerstörung den Vorschriften dieser Verordnung oder den in dem Zulassungsschein bezeichneten, für den Strahlenschutz wesentlichen Merkmalen nicht mehr entspricht, darf nicht mehr verwendet werden. Der Inhaber der Vorrichtung hat unverzüglich die notwendigen Schutzmaßnahmen zu treffen, um Strahlenschäden zu vermeiden.

(5) Ist die Rücknahme, der Widerruf einer Bauartzulassung oder die Erklärung, dass eine bauartzugelassene Vorrichtung nicht weiter betrieben werden darf, bekannt gemacht, so hat der Inhaber davon betroffener Vorrichtungen unverzüglich stillzulegen und die notwendigen Schutzmaßnahmen zu treffen, um Strahlenschäden zu vermeiden.

(6) Der Inhaber einer bauartzugelassenen Vorrichtung, die radioaktive Stoffe enthält, hat diese alle zehn Jahre durch einen nach § 66 Abs. 1 Satz 1 bestimmten Sachverständigen auf Dichtheit prüfen zu lassen. Stichtag ist der im Abdruck des Zulassungsscheins vermerkte Tag der Qualitätskontrolle. Die Zulassungsbehörde kann im Zulassungsschein von den Sätzen 1 und 2 abweichende Regelungen zur Dichtheitsprüfung treffen.

(7) Der Inhaber einer bauartzugelassenen Vorrichtung, die radioaktive Stoffe enthält, hat diese nach Beendigung der Nutzung unverzüglich an den Zulassungsinhaber zurückzugeben. Ist dies nicht oder nur mit unverhältnismäßig hohem Aufwand möglich, so ist sie an eine Landessammelstelle oder an eine von der zuständigen Behörde bestimmte Stelle abzugeben.

Kommentierung § 27

Hier sind die Pflichten des Inhabers einer Bauartzulassung, aber auch die Pflichten des Inhabers einer bauartzugelassenen Vorrichtung, also des Verwenders, aufgeführt.

Vor Abgabe der betreffenden Vorrichtung (zum Verkauf) hat der Inhaber der Bauartzulassung eine Qualitätskontrolle durchzuführen, mit der die Übereinstimmung der hergestellten Vorrichtung mit dem von der Physikalisch-Technischen Bundesanstalt geprüften Baumuster gewährleistet werden soll. Diese Qualitätskontrolle hat nicht den Umfang von Qualitätskontrollen nach der Röntgenverordnung, die eine Einzelstückprüfung erfordern. Die Qualitätskontrolle nach der StrlSchV stellt nur auf wesentliche Strahlenschutzmerkmale ab; andere Merkmale können geändert werden. Die Vorrichtung muss mit dem Bauartzeichen versehen werden, weitere Angaben kann die Zulassungsbehörde bestimmen. Falls dies geschehen ist, müssen die Angaben vom Zulassungsinhaber an der Vorrichtung angebracht werden.

Die Qualitätskontrolle muss durch einen von der zuständigen Behörde zu bestimmenden Sachverständigen überwacht werden. Hierbei handelt es sich in der Regel nicht um einen behördlich bestimmten unabhängigen Sachverständigen, wie er z.B. in § 66 Abs. 1 oder in der Röntgenverordnung aufgeführt ist, sondern um einen Sachverständigen des Herstellers, d.h. um einen Mitarbeiter des Zulassungsinhabers, der über die entsprechende Zuverlässigkeit und die fachliche Qualifikation in Fragen des Strahlenschutzes verfügt und der von Weisungen des Arbeitgebers hinsichtlich der Qualitätskontrolle im Sinne des § 27 unabhängig ist. Dem Erwerber einer bauartzugelassenen Vorrichtung ist ein Abdruck des Zulassungsscheins auszuhändigen, auf dem das Ergebnis der Qualitätskontrolle bestätigt ist. Diese Bestätigung kann nur durch den bestimmten Sachverständigen erfolgen. Daneben ist dem Erwerber einer solchen Vorrichtung eine Bedienungsanleitung auszuhändigen, in der vor allem auf die dem Strahlenschutz dienenden Maßnahmen hingewiesen ist.

Neu ist, dass der Zulassungsinhaber sicherzustellen hat, dass bauartzugelassene Vorrichtungen, die radioaktive Stoffe enthalten, nach Beendigung der Nutzung von ihm zurückgenommen werden können. Dieses soll sicherstellen, dass eine unkontrollierte Verbreitung von radioaktiven Stoffen verhindert wird.

Mit in § 27 eingeflossen sind die Pflichten des Inhabers einer bauartzugelassenen Vorrichtung, denen in der StrlSchV von 1989 [STR] noch ein eigener Paragraph gewidmet war. Diese Pflichten entsprechen im Wesentlichen den Pflichten, die bereits in der Strahlenschutzverordnung von 1989 aufgeführt waren. So muss der Inhaber der zugelassenen Vorrichtung, also der Verwender, den Zulassungsschein bei der Vorrichtung bereithalten und ihn im Falle der Weitergabe der zugelassenen Vorrichtung gemeinsam mit der Betriebsanleitung an den Erwerber der bauartzugelassenen Vorrichtung weitergeben. Er darf keine Änderungen an der bauartzugelassenen Vorrichtung vornehmen oder vornehmen lassen, die für den Strahlenschutz wesentliche Merkmale betreffen. Sofern solche Änderungen vorgenommen werden, gilt die Bauartzulassung für diese Vorrichtung nicht mehr, und es muss in aller Regel eine Genehmigung für den Umgang beantragt werden.

Wird der Strahlenschutz durch Abnutzung, Beschädigung oder Zerstörung beeinträchtigt oder entspricht die Vorrichtung nicht mehr den Vorschriften der StrlSchV oder den im Zulassungsschein bezeichneten wesentlichen Strahlenschutzmerkmalen, darf sie vom Inhaber *der* bauartzugelassenen Vorrichtung nicht mehr weiterverwendet werden. Zur Verhütung von Strahlenschäden sind in diesen Fällen unverzüglich die notwendigen und geeigneten Schutzmaßnahmen zu ergreifen.

Der Inhaber darf die Vorrichtung auch nicht weiterverwenden, wenn die Rücknahme, der Widerruf der Bauartzulassung oder die Erklärung, dass eine bauartzugelassene Vorrichtung nicht weiterbetrieben werden darf, im Bundesanzeiger bekannt gemacht worden ist. Er hat in diesen Fällen die notwendigen Maßnahmen zum Schutz vor Strahlenschäden zu treffen.

Neu ist, dass der Inhaber einer bauartzugelassenen Vorrichtung, die radioaktive Stoffe enthält, diese alle zehn Jahre durch einen von der zuständigen Behörde bestimmten Sachverständigen auf Dichtheit prüfen lassen muss. Eine Ausnahme hiervon gilt nur, wenn das BfS als Zulassungsbehörde im Zulassungsschein eine Befreiung hiervon aufgeführt hat. Diese Bestimmung ist auf Empfehlung der Physikalisch-Technischen Bundesanstalt und der Bundesanstalt für Materialforschung und -prüfung in die Strahlenschutzverordnung aufgenommen worden, die die Kontrolle von Strahlungsquellen bei Nutzungszeiten über zehn Jahre für erforderlich halten. Im Einzelfall kann die Zulassungsbehörde unter Berücksichtigung der technischen Eigenschaften oder des Verwendungszwecks auch kürzere oder längere Fristen für die Dichtheitsprüfung im Zulassungsschein festlegen.

Der Inhaber einer bauartzugelassenen Vorrichtung wird verpflichtet, diese Vorrichtung, die radioaktive Stoffe enthält, sofern er sie nicht mehr benutzt, grundsätzlich dem Zulassungsinhaber zurückzugeben. Dieser wiederum ist verpflichtet, sicherzustellen, dass die Vorrichtungen auch zurückgenommen werden können. Nur wenn eine Rückgabe an den Zulassungsinhaber nicht oder nur mit unverhältnismäßig hohem Aufwand möglich ist, darf die bauartzugelassene Vorrichtung an eine Landessammelstelle oder an eine von der zuständigen Behörde bestimmte Stelle zurückgegeben werden.

Ordnungswidrigkeiten

Nach § 116 Abs. 1 Nr. 4 und 5 handelt ordnungswidrig, wer vorsätzlich oder fahrlässig eine Qualitätskontrolle nicht durchführen oder diese nicht überwachen lässt, dem Erwerber einen Abdruck des Zulassungsscheines oder eine Betriebsanleitung nicht aushändigt. Normadressat dieser Vorschrift ist der Zulassungsinhaber.

Nach § 116 Abs. 1 Nr. 6 bis 11 handelt ordnungswidrig, wer vorsätzlich oder fahrlässig den Abdruck des Zulassungsscheins nicht bereithält, an der Vorrichtung Änderungen vornimmt, die Vorrichtung weiter verwendet, nicht rechtzeitig stilllegt oder die notwendigen Schutzmaßnahmen nicht (rechtzeitig) trifft, die Dichtheitsprüfung nicht oder nicht rechtzeitig durchführt oder die Vorrichtung nicht an den Zulassungsinhaber, eine Landessammelstelle oder eine von der Behörde bestimmte Stelle abgibt. Normadressat dieser Vorschrift ist der Inhaber der zugelassenen Vorrichtung.

§ 28 Ausnahmen von dem Erfordernis der Genehmigung und der Anzeige

Wer als Arbeitnehmer oder anderweitig unter der Aufsicht stehend im Rahmen einer nach dem Atomgesetz oder dieser Verordnung genehmigungs- oder anzeigebedürftigen Tätigkeit beschäftigt wird, bedarf weder einer Genehmigung nach den §§ 3, 4, 6, 7 oder 9 des Atomgesetzes oder nach den §§ 7, 11, 15, 16, 19, 23 oder 106 dieser Verordnung noch eines Planfeststellungsbeschlusses nach § 9b des Atomgesetzes und ist von der Anzeigepflicht nach § 12 oder § 20 dieser Verordnung befreit. Wer als Dritter nach § 9a Abs. 3 Satz 3 des Atomgesetzes tätig wird, bedarf keiner Genehmigung nach § 15 dieser Verordnung. Satz 1 ist nicht auf Heimarbeiter oder auf Hausgewerbetreibende im Sinne des Heimarbeitsgesetzes anzuwenden.

Kommentierung § 28

Der Regelungsbereich des § 28 bezieht sich auf sämtliche Genehmigungsvorschriften des Atomgesetzes und der Strahlenschutzverordnung, die im Zusammenhang mit Tätigkeiten stehen. Durch die Formulierung wird klargestellt,

- dass nur die natürlichen oder juristischen Personen, die die Verantwortung für den Umgang, die Beförderung bzw. den Betrieb tragen, einer Genehmigung bedürfen und

- dass Arbeitnehmer oder anderweitig unter Aufsicht Beschäftigte, z.B. Personen, die auf Grund des Arbeitnehmerüberlassungsgesetzes [AÜG] beschäftigt werden, grundsätzlich keiner eigenen Genehmigung für ihre Tätigkeit bedürfen.

Analog gilt dieses auch für die Tätigkeiten, die der Anzeigepflicht nach § 12 (Genehmigungsfreier Betrieb von Anlagen zur Erzeugung ionisierender Strahlen) oder § 20 (Anzeigebedürftige grenzüberschreitende Verbringung) unterliegen. Durch diese Regelung werden Personen, die in weisungsgebundener Position anzeige- oder genehmigungspflichtige Tätigkeiten ausüben, von der Genehmigungs- oder Anzeigepflicht befreit, da sie für diese Tätigkeiten auf Grund ihrer Weisungsgebundenheit nicht die Verantwortung tragen. Diese Vorschrift erfasst grundsätzlich auch den angestellte Arzt (die Ärztin/den Arzt) im Krankenhaus. Anders stellt sich die Angelegenheit dar, wenn der angestellte Arzt von seinem Arbeitgeber z.B. eine Anlage zur Erzeugung ionisierender Strahlen (Beschleuniger) anmietet, um damit eigenverantwortlich z.B. bei Privatpatienten Therapiemaßnahmen durchzuführen. In einem solchen Fall ist der Vertrag, der zwischen dem Besitzer der Anlage (Krankenhaus) und dem Arzt abgeschlossen wurde, für die Entscheidung, ob eine Genehmigung erforderlich ist oder nicht, zu Grunde zu legen. Wenn der entsprechende Vertrag nicht ausweist, dass der Besitzer der Anlage auch in einem solchen Fall die grundsätzliche Verantwortung für die Anlage übernimmt und der Arzt weiterhin unter seiner Aufsicht tätig wird, lediglich aber privat liquidiert, muss der entsprechende Arzt für diese Tätigkeit eine eigene Betriebsgenehmigung unter Nachweis aller Voraussetzungen beantragen.

Die Befreiung von der Genehmigungs- bzw. Anzeigepflicht gilt nicht für Heimarbeiter und Hausgewerbetreibende im Sinne des Heimarbeitsgesetzes [HAG], da hier eine zur Gewährleistung des Strahlenschutzes hinreichende Kontrolle allein durch den Verantwortlichen nicht gesichert ist.

Vorbemerkungen zu Teil 2, Kapitel 2, Abschnitt 9:
Voraussetzungen für die Freigabe

1. Mit dem „Gesetz zur Änderung atomrechtlicher Vorschriften für die Umsetzung von EURATOM-Richtlinien zum Strahlenschutz" vom 25. Februar 2000 (BR-Drs. 118/00 vom 25.02.2000) [ATG] wurde die Grundlage dafür geschaffen, durch Rechtsverordnung die Freigabe radioaktiver Stoffe zu regeln. Die Schaffung der Ermächtigungsgrundlage für die Regelung der Freigabe geht zurück auf Artikel 5 der EURATOM-Grundnormen [EU1]. Artikel 5 ermöglicht es den Mitgliedstaaten, die Beseitigung, Wiederverwertung oder Wiederverwendung radioaktiver Stoffe oder von Materialen, die radioaktive Stoffe enthalten, von den Anforderungen der Richtlinie freizustellen, sofern Freigabewerte eingehalten werden, die von den zuständigen nationalen Behörden festgelegt worden sind.

2. Mit der Änderung der atomrechtlichen Vorschriften wurde auch der Begriff des radioaktiven Stoffes geändert, worauf das Konzept der neuen Freigaberegelungen basiert. Nach der neuen Begriffsbestimmung kann die sich aus dem Zusammenhang mit der Kernenergie oder dem Strahlenschutz ergebende Aktivität oder Aktivitätskonzentration eines Stoffes außer Acht gelassen werden, wenn durch Rechtsverordnung erlassene Freigrenzen unterschritten sind. Dies gilt auch für die Erteilung und wirksame Feststellung der Freigabe von Stoffen aus genehmigungsbedürftigen Tätigkeiten nach dem Atomgesetz (AtG) und einer darauf beruhenden Rechtsverordnung, wenn die Freigabewerte einer auf Grund des AtG erlassenen Rechtsverordnung nicht überschritten werden.

3. Die Deutsche Strahlenschutzkommission (SSK) hat mit ihrer Empfehlung [SSK 1] auf der Basis der Kriterien des Artikels 5 der EURATOM-Grundnormen [EU 1] Werte für verschiedene Freigabeverfahren und ergänzende Kriterien dazu verabschiedet, die in Anlage III und IV aufgenommen wurden. Die Nichtüberschreitung der Freigabewerte gewährleistet die geringe Dosisrelevanz im Sinne der Festlegungen der EURATOM-Grundnormen [EU 1].

Die restriktivsten Freigabewerte gelten für die uneingeschränkte Freigabe von Stoffen, die nach der Freigabe beliebig wiederverwendet, verwertet oder als gewöhnliche Abfälle beseitigt werden dürfen. Bei der Anwendung der Freigabewerte für die Beseitigung ist zu verlangen, dass die freigegebenen Stoffe beseitigt, also entweder verbrannt oder ohne Vorbehandlung dauerhaft deponiert werden.

4. Freigegebene Stoffe fallen nicht mehr unter die atomrechtliche Überwachung. Während uneingeschränkt freigegebene Stoffe aus dem atomrechtlichen Regelungsbereich herausfallen, ohne dass dafür eine Überwachung nach einem anderen Rechtssystem eintritt, muss vor der eingeschränkten Freigabe, also der Freigabe von Stoffen zur Beseitigung, der Verbleib der Stoffe bestimmt und belegt werden. Die Freigaberegelungen sehen deshalb vor, dass eingeschränkt freigegebene Stoffe den Bestimmungen des Gesetzes zur Förderung der Kreislaufwirtschaft und Sicherung der umweltverträglichen Beseitigung von Abfällen (Kreislaufwirtschafts- und Abfallgesetz KrW-/AbfG) [KRW] unterfallen. In den geänderten atomrechtlichen Vorschriften (§ 11

Abs. 3 AtG) wurde festgelegt, dass bei einer Freigabe von Stoffen zur Beseitigung nach dem KrW-/AbfG diese Stoffe nicht wiederverwendet oder verwertet werden dürfen.

5. Das KrW-/AbfG schließt in § 2 Abs. 2 Nr. 2 radioaktive Stoffe aus seinem Geltungsbereich aus, wobei ausdrücklich auf die Definition des radioaktiven Stoffes im AtG verwiesen wird. Da die Aktivität oder Konzentration eines Stoffes gemäß der geänderten atomrechtlichen Vorschriften aber auch außer Acht gelassen werden kann, wenn eine Freigabe erteilt und wirksam festgestellt worden ist, dass Freigabewerte nicht überschritten sind, verliert ein Stoff seine rechtliche Qualifizierung als radioaktiv. Deshalb kann dieser Stoff im Moment seiner eingeschränkten Freigabe dem Regelungssystem des KrW-/AbfG unterfallen. Der Ausschluss radioaktiver Stoffe aus dem Geltungsbereich des KrW-/AbfG steht also der Freigabe zur Beseitigung nicht entgegen (vgl. auch amtliche Begründung zu § 29).

Selbstredend kann ein Stoff, der radioaktiv ist, diese Eigenschaft nur durch juristische Fiktion verlieren; und der Verlust der rechtlichen Qualifizierung eines Stoffes als radioaktiv ist nichts anderes als eine juristische Fiktion. Dem Juristen ist eine solche Fiktion erlaubt. Eine juristische Fiktion war auch die Vorschrift in § 2 in den Badeordnungen der preußischen Badeanstalten, die seinerzeit in einen Frauen- und Männerbereich geteilt waren. Den Bereich, der den Frauen vorbehalten war, durften Männer gemäß § 1 der Badeanstaltordnung nicht betreten. Nun waren die Bademeister in preußischer Zeit immer nur Männer; das Verbot also, den Frauenbereich der Badeanstalt zu betreten, konnten zumindest die Bademeister nicht durchgängig einhalten. Um die seinerzeitigen Bademeister nicht in Konflikt mit der von der Obrigkeit geschaffenen Badeanstaltordnung zu bringen, hieß es in § 2: *„Muss der Bademeister den Frauenbereich dieser Anstalt betreten, gilt er im Sinne dieser Ordnung als Frau."* So ähnlich jedenfalls erklärte beim 3. Freigabesymposium der TÜV Nord Akademie im März 2003 in Hamburg ein humorvoller Jurist seinen Zuhörern die juristische Fiktion. Den Physikern sind derartige Fiktionen nicht erlaubt. Und so ist ein Stoff so lange radioaktiv, bis seine Atomkerne aufhören, sich umzuwandeln. Und das kann lange dauern, auch wenn die Stoffe durch Verwaltungsakt ihre rechtliche Qualifizierung als radioaktiv längst verloren haben.

6. Ein Herausbringen beweglicher Gegenstände aus Strahlenschutzbereichen im Sinne der Vorschriften zu § 44 Abs. 3 ist keine Freigabe nach § 29 (vgl. Kommentierung zu § 44 Abs. 3).

7. Enthalten verwaltungsbehördliche Entscheidungen, Genehmigungen nach dem Atomgesetz oder Genehmigungen nach der Strahlenschutzverordnung von 1989 [STR], die nach § 117 Abs. 1 Satz 2 fortgelten, Regelungen für die Freigabe radioaktiver Stoffe, so gelten solche Regelungen nur bis zum 1. August 2004. Über diesen Zeitpunkt hinaus gelten solche Regelungen nur dann fort, wenn vor dem 1. August 2004 eine Freigabe nach § 29 beantragt wird.

Eine alte Freigaberegelung erlischt auch, wenn die Gültigkeit der verwaltungsbehördlichen Entscheidung oder der Genehmigung, die diese Regelung enthält, auf einen Zeitpunkt vor dem 1. August 2004 befristet ist.

Teil 2: Zielgerichtete Nutzung radioaktiver Stoffe oder ionisierender Strahlung

Im Kern bedeutet dies in der Praxis, dass z.B. alle radioaktiven Abfälle, die auf der Basis einer alten verwaltungsbehördlichen Regelung freigegeben werden dürfen, am 1. August 2004 der Ablieferungspflicht nach § 76 unterfallen, wenn vor diesem Zeitpunkt kein Antrag auf Freigabe der radioaktiven Abfälle nach § 29 gestellt wird.

§ 29 Voraussetzungen für die Freigabe

(1) Der Inhaber einer Genehmigung nach den §§ 6, 7 oder 9 des Atomgesetzes, eines Planfeststellungsbeschlusses nach § 9b des Atomgesetzes oder einer Genehmigung nach § 7 oder § 11 Abs. 2 dieser Verordnung darf radioaktive Stoffe sowie bewegliche Gegenstände, Gebäude, Bodenflächen, Anlagen oder Anlagenteile, die aktiviert oder kontaminiert sind und die aus Tätigkeiten nach § 2 Abs. 1 Nr. 1 Buchstabe a, c oder d stammen, als nicht radioaktive Stoffe nur verwenden, verwerten, beseitigen, innehaben oder an einen Dritten weitergeben, wenn die zuständige Behörde die Freigabe nach Absatz 2 erteilt hat und nach Absatz 3 die Übereinstimmung mit den im Freigabebescheid festgelegten Anforderungen festgestellt ist. Die Regelung des § 44 Abs. 3 bleibt unberührt.

(2) Die zuständige Behörde erteilt auf Antrag des Inhabers einer Genehmigung nach den §§ 6, 7 oder 9 des Atomgesetzes, eines Planfeststellungsbeschlusses nach § 9b des Atomgesetzes oder einer Genehmigung nach § 7 oder § 11 Abs. 2 dieser Verordnung schriftlich die Freigabe, wenn für Einzelpersonen der Bevölkerung nur eine effektive Dosis im Bereich von 10 Mikrosievert im Kalenderjahr auftreten kann. Die zuständige Behörde kann davon ausgehen, dass dies erfüllt ist, wenn

1. für eine uneingeschränkte Freigabe von

    a) festen Stoffen die Einhaltung der in Anlage III Tabelle 1 Spalte 5 genannten Freigabewerte sowie der in Anlage IV Teil A Nr. 1 genannten Festlegungen und, sofern eine feste Oberfläche vorhanden ist, die Einhaltung der Werte der Oberflächenkontamination der Anlage III Tabelle 1 Spalte 4,

    b) flüssigen Stoffen die Einhaltung der Werte der Anlage III Tabelle 1 Spalte 5 sowie der in Anlage IV Teil A Nr. 1 genannten Festlegungen,

    c) Bauschutt und Bodenaushub mit einer zu erwartenden Masse von mehr als 1000 Tonnen im Kalenderjahr die Einhaltung der in Anlage III Tabelle 1 Spalte 6 genannten Freigabewerte und die Einhaltung der in Anlage IV Teil A Nr. 1 und Teil F genannten Festlegungen,

    d) Bodenflächen die Einhaltung der in Anlage III Tabelle 1 Spalte 7 genannten Freigabewerte und der in Anlage IV Teil A Nr. 1 und Teil E genannten Festlegungen,

    e) Gebäuden zur Wieder- und Weiterverwendung die Einhaltung der in Anlage III Tabelle 1 Spalte 8 genannten Freigabewerte sowie die Einhaltung der in Anlage IV Teil A Nr. 1 und Teil D genannten Festlegungen,

2. für eine Freigabe von

    a) festen Stoffen zur Beseitigung die Einhaltung der in Anlage III Tabelle 1 Spalte 9 genannten Freigabewerte sowie der in Anlage IV Teil A Nr. 1 und Teil C genannten Festlegungen und, sofern eine feste Oberfläche vorhanden ist, die Einhaltung der Werte der Oberflächenkontamination der Anlage III Tabelle 1 Spalte 4,

    b) flüssigen Stoffen zur Beseitigung in einer Verbrennungsanlage die Einhaltung der Werte der Anlage III Tabelle 1 Spalte 9 sowie der in Anlage IV Teil A Nr. 1 genannten Festlegungen,

c) Gebäuden zum Abriss die Einhaltung der in Anlage III Tabelle 1 Spalte 10 genannten Freigabewerte sowie die Einhaltung der in Anlage IV Teil A Nr. 1 und Teil D genannten Festlegungen,

d) Metallschrott zur Rezyklierung die Einhaltung der in der Anlage III Tabelle 1 Spalte 10a genannten Freigabewerte sowie der in Anlage IV Teil A Nr. 1 und Teil G genannten Festlegungen und, sofern eine feste Oberfläche vorhanden ist, die Einhaltung der Werte der Oberflächenkontamination der Anlage III Tabelle 1 Spalte 4

nachgewiesen ist, sofern der zuständigen Behörde keine Anhaltspunkte vorliegen, dass in den Fällen der Nummer 2 Buchstabe a und b am Standort der Entsorgungsanlage für Einzelpersonen der Bevölkerung eine effektive Dosis im Bereich von 10 Mikrosievert im Kalenderjahr überschritten wird. Soweit die nach Satz 2 erforderlichen Festlegungen der Anlage IV Teil C bis E im Einzelfall nicht vorliegen oder für einzelne Radionuklide keine Freigabewerte festgelegt sind, kann für Stoffe, die die Freigrenzen der Anlage III Tabelle 1 Spalte 3 nicht überschreiten, der Nachweis, dass für Einzelpersonen der Bevölkerung nur eine effektive Dosis im Bereich von 10 Mikrosievert im Kalenderjahr auftreten kann, unter Berücksichtigung der Festlegungen der Anlage IV Teil A Nr. 1 auch auf andere Weise geführt werden. Die Voraussetzungen für die Freigabe dürfen nicht zielgerichtet durch Vermischen oder Verdünnen herbeigeführt, veranlasst oder ermöglicht werden.

(3) Für jede Masse oder Teilmasse, die aufgrund des Bescheides nach Absatz 2 als nicht radioaktiver Stoff verwendet, verwertet, beseitigt, innegehabt oder an Dritte weitergegeben werden soll, ist zuvor die Übereinstimmung mit den im Bescheid festgelegten Anforderungen festzustellen. Hierzu erforderliche Freimessungen und deren Ergebnisse sind zu dokumentieren.

(4) Die zuständige Behörde kann in einer Genehmigung nach den §§ 6, 7 oder 9 des Atomgesetzes, eines Planfeststellungsbeschlusses nach § 9b des Atomgesetzes oder einer Genehmigung nach § 7 Abs. 1 oder § 11 Abs. 2 dieser Verordnung oder in einem gesonderten Bescheid das Verfahren zur Erfüllung der Anforderungen nach Absatz 2 Satz 2 und 3 sowie zur Feststellung nach Absatz 3 festlegen.

(5) In den Fällen des Absatzes 2 Satz 2 Nr. 2 Buchstabe a, b und d dürfen ergänzend zu Absatz 2 Satz 2 oder 3 keine Bedenken gegen die abfallrechtliche Zulässigkeit des vorgesehenen Verwertungs- oder Beseitigungsweges und seine Einhaltung bestehen. Der zuständigen Behörde ist vor Erteilung der Freigabe eine Erklärung des Antragstellers über den Verbleib des künftigen Abfalls und eine Annahmeerklärung des Betreibers der Verwertungs- und Beseitigungsanlage vorzulegen. Der Antragsteller hat der für die Verwertungs- und Beseitigungsanlage nach dem Kreislaufwirtschafts- und Abfallgesetz zuständigen Behörde gleichzeitig eine Kopie der Annahmeerklärung zuzuleiten und dies der zuständigen Behörde nachzuweisen. Die für die Verwertungs- und Beseitigungsanlage nach dem Kreislaufwirtschafts- und Abfallgesetz zuständige Behörde kann von der zuständigen Behörde innerhalb einer Frist von 30 Kalendertagen nach Zugang der Kopie verlangen, dass Einvernehmen hinsichtlich der Anforderungen an den Verwertungs- oder Beseitigungsweg hergestellt wird. Die Bestimmungen des Kreislaufwirtschafts- und Abfallgesetzes sowie die aufgrund dieses Gesetzes erlassenen Bestimmungen zur Führung von Nachweisen über die ordnungsgemäße Entsorgung von Abfällen bleiben unberührt.

(6) Auf Antrag kann von der zuständigen Behörde zu einzelnen Fragen, von denen die Erteilung der Freigabe abhängig ist, festgestellt werden, ob bestimmte Voraussetzungen des Absatzes 2 vorliegen. Diese Feststellung ist dem Freigabeverfahren zugrunde zu legen. Die Genehmigung nach den §§ 6, 7 oder 9 des Atomgesetzes oder ein Planfeststellungsbeschluss nach § 9b des Atomgesetzes oder die Genehmigung nach § 7 oder § 11 Abs. 2 dieser Verordnung kann mit einer Feststellung nach Satz 1 versehen werden. Eine Freigabe ersetzt keine Genehmigung zur Stilllegung nach § 7 Abs. 3 des Atomgesetzes.

(7) Ist kein Genehmigungsinhaber vorhanden, kann eine Freigabe auch von Amts wegen erfolgen, wenn für Einzelpersonen der Bevölkerung nur eine effektive Dosis im Bereich von 10 Mikrosievert im Kalenderjahr auftreten kann. Für Anlagen des Bundes zur Sicherstellung und zur Endlagerung radioaktiver Abfälle nach dem Atomgesetz kann über die Freigabe die nach § 23 Abs. 1 Nr. 2 des Atomgesetzes zuständige Überwachungsbehörde entscheiden.

Kommentierung § 29

Zu Absatz 1:

Mit Absatz 1 wird bestimmt, dass Inhaber atomrechtlicher Genehmigungen oder Beschlüsse radioaktive Stoffe sowie z.b. bewegliche Gegenstände oder Anlagenteile, die aktiviert oder kontaminiert sind und die aus genehmigungsbedürftigen Tätigkeiten stammen, nur dann als nicht radioaktive Stoffe verwenden, verwerten, beseitigen, innehaben oder an Dritte weitergeben dürfen, wenn die zuständige atomrechtliche Behörde die Freigabe im Sinne des Absatzes 2 erteilt hat und die Übereinstimmung der Anforderungen an die Freigabe im Sinne des Absatzes 3 festgestellt ist. Diese Feststellung ist Sache des Strahlenschutzverantwortlichen bzw. seiner Beauftragten.

In Absatz 1 werden die Wörter „... *radioaktive Stoffe ... als nicht radioaktive Stoffe nur verwenden ...*" gebraucht. Dies ist etwas misslich, weil hier in Anlehnung an den Wortlaut in § 2 Abs. 2 AtG [ATG] besser ausgedrückt werden sollte, dass Inhaber von atomrechtlichen Genehmigungen oder Beschlüssen die Aktivität oder die Aktivitätskonzentration radioaktiver Stoffe nur außer Acht lassen dürfen, wenn die Stoffe freigegeben wurden.

Im bisherigen Vollzug der Vorschriften zur Freigabe debattierten die Vollzugsbehörden immer wieder über die Formulierung in Absatz 1 „... *Anlagenteile, die aktiviert oder kontaminiert sind und die aus Tätigkeiten nach § 2 Abs. 1 Nr. 1 Buchstabe a, c oder d stammen, ...*". Die Frage, ob Anlagenteile einem Freigabeverfahren unterzogen werden müssen, die ihrer Anlagenherkunft wegen weder aktiviert noch kontaminiert sein können, gleichwohl aber von der Anlagengenehmigung erfasst sind, ist bislang nicht eindeutig beantwortet. Auch ein genauer Blick auf den Verordnungstext hilft nicht weiter. Hiernach sind die Vorschriften zur Freigabe zweifelsfrei anzuwenden, wenn z.B. Anlagenteile aktiviert oder kontaminiert sind *und* aus Tätigkeiten stammen. Darüber, wie zu verfahren ist, wenn Anlagenteile nicht aktiviert oder kontaminiert sind, sie aber von der Anlagengenehmigung erfasst und insoweit aus Tätigkeiten stammen oder sie im Zusammenhang mit Tätigkeiten benutzt werden, gibt die Verordnung keine verlässliche Auskunft. Denn immerhin unterliegen z.B. Anlagenteile der atomrechtlichen Überwachung, wenn sie von der atomrechtlichen Genehmigung erfasst sind und insoweit in unmittelbarem Zusammenhang mit den genehmigten Tätigkeiten stehen. Die Entlassung solcher Anlagenteile oder Gegenstände aus der atomrechtlichen Überwachung ist ohne den Verwaltungsakt der Freigabe rechtlich nicht (mehr) möglich. Denn die Möglichkeit, über die Anwendung der Vorschriften in § 64 Abs. 5 der alten 89er-StrlSchV, Gegenstände, Laboratorien und Arbeitsplätze nach ihrer Dekontamination für andere Zwecke zu verwenden, ist durch das In-Kraft-Treten der neuen StrlSchV leider ersatzlos weggefallen. Eine entsprechende Regelung enthalten die Vorschriften in § 44 dieser Verordnung, die die alten 64er-Vorschriften ersetzen, nämlich nicht. Auf der rechtlich sicheren Seite liegt also der Strahlenschutzverantwortliche, der alle von seiner Genehmigung erfassten beweglichen Gegenstände, Anlagen oder Anlagenteile, wenn er sich ihrer entledigen will, ungeachtet ihrer möglichen Aktivierung oder Kontamination einem Freigabeverfahren unterwirft. Denkbar wäre auch die Einführung eines Drei-Kategorien-Modells, in das z.b. Gegenstände oder Anlagenteile einzuordnen wären, für die der Genehmigungsinhaber die Freigabe beantragt. Eine erste Kategorie von Gegenständen oder Anlagenteilen, die aktiviert oder kontaminiert sind. Eine weitere Kategorie von Gegenständen oder Anlagenteilen, bei denen eine Aktivierung oder Kontamination nicht ausgeschlossen werden kann, und eine dritte Kategorie von Gegenständen oder Anlagenteilen, bei denen wegen ihrer Anlagenherkunft eine Kontamination ausgeschlossen werden kann. Während bei der ersten und zweiten Kategorie ein Freigabeverfahren durchgeführt werden muss, kann es bei der dritten Kategorie guten Gewissens wegfallen.

Die in Absatz 1 gebrauchten Begriffe verwenden, verwerten, beseitigen, innehaben oder an Dritte weitergeben werden in § 3 dieser Verordnung nicht bestimmt. Deshalb soll dies hier geschehen.

Die Begriffe verwenden, verwerten und beseitigen können in Anlehnung an die Empfehlungen der Strahlenschutzkommission vom 12. Februar 1998 [SSK1] zur Freigabe und im Kontext mit der Formulierung in Absatz 1 folgendermaßen verstanden werden:

Die **Verwendung** ist der bestimmungsgemäße Gebrauch z.B. eines Gegenstandes oder Anlagenteils im freien Wirtschaftskreislauf nach seiner uneingeschränkten Freigabe. Eine uneingeschränkt freigegebene Pumpe wird wieder als Pumpe, ein uneingeschränkt freigegebener Wärmetauscher wird wieder als Wärmetauscher verwendet.

Die **Verwertung** ist der Einsatz z.B. metallischer Schrotteile als Sekundärrohstoff für die Herstellung neuer Produkte durch Einschmelzen in einer beliebigen Gießerei oder einem beliebigen Stahlwerk. Bei dieser Gelegenheit ist zu erwähnen, dass eine Verwertung radioaktiv kontaminierter oder aktivierter metallischer Schrotteile als feste Stoffe unter Anwendung der Freigabewerte für die uneingeschränkte Freigabe (Anlage III Tabelle 1 Spalte 5) in Betracht kommen kann. Zum einen muss nämlich die atomrechtliche Freigabebehörde bei der Anwendung der Werte für die uneingeschränkte Freigabe von festen Stoffen keinen bestimmten Verwertungsweg verlangen; zum anderen sind die Werte für die uneingeschränkte Freigabe fester oder flüssiger Stoffe zum Teil wesentlich geringer als jene Werte, die für die Metallrezyklierung, so wie sie die Verordnung definiert, abgeleitet worden sind und die in Spalte 10a der Tabelle 1 der Anlage III dieser Verordnung Eingang gefunden haben.

Das Einschmelzen kann auch dann in Betracht kommen, wenn z.B. radioaktiv kontaminierte oder aktivierte Schrotteile im Rahmen einer Genehmigung nach § 7 Abs. 1 in einer Gießerei für die Herstellung neuer Produkte verwertet werden. Kann mit dem atomrechtlich überwachten Schmelzvorgang ein Schmelzprodukt hergestellt werden, bei dem die Werte für die uneingeschränkte Freigabe unterschritten sind, kann das Schmelzprodukt durch die für den Schmelzbetrieb zuständige atomrechtliche Behörde auf Antrag freigegeben werden.

Teil 2: Zielgerichtete Nutzung radioaktiver Stoffe oder ionisierender Strahlung

Das Einschmelzen radioaktiv kontaminierter oder aktivierter Metalle unter Inanspruchnahme der in Anlage III Tabelle 1 Spalte 10a dieser Verordnung angegebenen Werte ist dem Sinne nach eine eingeschränkte Freigabe. Die Werte in Spalte 10a unterstellen nämlich, dass der Metallschrott in einer Gießerei ausschließlich mittels Einschmelzen rezykliert und nicht auf andere Weise verwertet wird. Darüber hinausgehende Szenarien liegen den Freigabewerten in Spalte 10a nicht zu Grunde. Plastisch beschrieben bedeutet das in etwa, dass der Metallschrott, nach dem er beim Schrottverursacher angefallen ist, unverzüglich auf den Lkw verladen, befördert und anschließend in den Schmelzofen gekippt werden muss.

Zum Begriff „Schrott" sei noch Folgendes erwähnt: Im Sprachgebrauch des weltweiten Schrotthandels setzt sich Schrott zusammen

- aus dem Eigenschrott der Werke (z.B. Stahlerzeuger), der in der Regel frei von Radioaktivität und der von bekannter Zusammensetzung ist,

- aus dem Neuschrott, der bei der industriellen Fertigung angefallen ist, und

- aus dem Altschrott, unter dem gesammelte und nicht mehr verwendbare Metallerzeugnisse verstanden werden [HO].

Vor diesem Hintergrund wird es sich bei der Rezyklierung von Metallschrott im Sinne dieser Freigaberegelungen hauptsächlich um die großen Mengen Altschrott aus stillgelegten Kernkraftwerken handeln. Die Menge des Neuschrotts, die z.B. bei der Fertigung von Transportbehältern oder Abschirmungen aus bereits rezykliertem, geringfügig radioaktivem Metallschrott stammt, wird dagegen gering sein.

Die **Beseitigung** ist die Deponierung z.B. von Bauschutt oder die Verbrennung von Abfällen nach deren Freigabe nach den Vorschriften des KrW-/AbfG [KRW].

Das **Innehaben** von radioaktiven Stoffen, deren Aktivität oder Aktivitätskonzentration außer Acht gelassen werden darf, oder mit Blick auf die etwas missliche Formulierung im obigen Absatz 1 das Innehaben von radioaktiven Stoffen als nichtradioaktive Stoffe, drückt einen Auffangtatbestand für andere Arten der Gewalt der Verfügung über diese Stoffe aus als die Begriffe verwenden, verwerten oder beseitigen ausdrücken.

Die **Weitergabe** radioaktiver Stoffe, deren Aktivität oder Aktivitätskonzentration außer Acht gelassen werden darf, bzw. die Weitergabe von radioaktiven Stoffen als nicht radioaktive Stoffe an Dritte bezeichnet die Übertragung der Verfügungsgewalt über diese Stoffe an einen, ggf. zum Empfang berechtigten, Dritten. Es handelt sich dabei nicht um eine Abgabe im Sinne des § 69 und nicht um eine Ablieferung im Sinne des § 76; insoweit ist die Wahl des Wortes „Weitergabe" folgerichtig.

Der Hinweis auf die Regelung des § 44 Abs. 3 im letzten Satz des Absatzes 1 besagt, dass die Erfüllung der Voraussetzungen zum Herausbringen von Gegenständen aus Strahlenschutzbereichen im Sinne der Regelungen in § 44 Abs. 3 nicht die Durchführung eines Verfahrens zur Freigabe ersetzt, wenn für die beweglichen Gegenstände die Wirkungen einer Freigabe in Anspruch genommen werden sollen (vgl. auch Kommentierung zu § 44 Abs. 3)".

Kommentierung

Zu Absatz 2:

Das geänderte AtG [ATG] legt fest, dass die Freigaberegelungen für Stoffe aus Tätigkeiten gelten, die in § 2 Abs. 1 Nr. 1 beschrieben sind. Folglich werden auch nur die Inhaber der in Nr. 1 aufgezählten Genehmigungen oder des dort erwähnten Planfeststellungsbeschlusses einen Antrag auf Erteilung einer Freigabe stellen, der an die nach Landesrecht zuständige Behörde zu richten ist.

Satz 1 bestimmt, dass die nach Landesrecht zuständige Behörde die Freigabe schriftlich durch Verwaltungsakt erteilt. Der Begriff des Verwaltungsaktes ergibt sich aus § 35 Verwaltungsverfahrensgesetz [VVG], wonach ein Verwaltungsakt jede Verfügung, Entscheidung oder andere hoheitliche Maßnahme ist, die eine Behörde zur Regelung eines Einzelfalles auf dem Gebiet des öffentlichen Rechts trifft und die auf unmittelbare Rechtswirkung nach außen gerichtet ist.

Das der Erteilung der Freigabe zu Grunde liegende maßgebliche Schutzziel ist erreicht, wenn die aus der Freigabe resultierende effektive Dosis für Einzelpersonen der Bevölkerung im Bereich von 10 µSv im Kalenderjahr bleibt. Diese nach internationaler Auffassung als geringfügig angesehene Dosis ist also nicht als Grenzwert, sondern als Kriterium für die Schadlosigkeit zu verstehen, wie es von der SSK [SSK1, Kap. 3.1] und in Artikel 5 Abs. 2 i.V.m. Anhang I Nr. 3 der EURATOM-Grundnormen [EU1] formuliert ist (De-minimis-Konzept).

Satz 2 legt fest, dass die (nach Landesrecht zuständige) atomrechtliche Behörde von einer effektiven Dosis im Bereich von 10 µSv im Kalenderjahr ausgehen kann, wenn die für die verschiedenen Freigaben festgelegten Freigabewerte in Anlage III Tabelle 1 Spalten 5 bis 10a nicht überschritten und – soweit dies zutreffend ist – die in Anlage IV festgelegten Randbedingungen berücksichtigt werden. Satz 2 beinhaltet auch die Vorschrift, dass die atomrechtliche Behörde nicht mehr ohne weiteres von der Erfüllung des 10-µSv-Konzeptes ausgehen kann, wenn ihr Anhaltspunkte vorliegen, dass am Standort der für die Beseitigung fester und flüssiger Stoffe vorgesehenen Entsorgungsanlage für Einzelpersonen der Bevölkerung eine effektive Dosis im Bereich von 10 µSv im Kalenderjahr überschritten werden könnte.

Im Kern verlangt der Verordnungsgeber damit, dass, wenn ihr Anhaltspunkte vorliegen, sich die zuständige atomrechtliche Behörde davon überzeugen muss, dass die Freigabe großer Stoffmengen z.B. aus der Stilllegung kerntechnischer Anlagen oder Einrichtungen auch dann nur zur einer effektiven Dosis im Bereich von 10 µSv pro Jahr für Einzelpersonen der Bevölkerung führt, wenn die Stoffströme auf eine Entsorgungsanlage zulaufen, die auch Zielort von Stoffströmen aus anderen kerntechnischen Anlagen oder Einrichtungen ist, die stillgelegt werden. Ist zu besorgen, dass dieser Dosisbereich am Standort der Entsorgungsanlage überschritten werden könnte, so muss die zuständige atomrechtliche Freigabebehörde die Freigabe entweder versagen oder die Aktivitätsmengen oder -konzentrationen auch unterhalb der Freigabewerte sowie ggf. das Volumen der Stoffströme begrenzen. Dieses Vorgehen wäre dem Vorgehen nach § 47 Abs. 3 ähnlich, nach dem die zuständige atomrechtliche Behörde die Aktivitätskonzentrationen oder Aktivitätsmengen zur Ableitung radioaktiver Stoffe mit Luft oder Wasser aus Anlagen oder Einrichtungen durch Begrenzung festlegt, damit die Grenzwerte in der Umgebung des Standortes der Anlage oder Einrichtung nicht überschritten werden. Der wesentliche Unterschied zwischen dem hier verglichenen Vorgehen bei der Ableitung und bei der Freigabe radioaktiver Stoffe liegt aber darin, dass im Falle der Ableitung von Stoffen die atomrechtliche Behörde auch für die radiologische Überwachung der Umgebung der Anlage oder Einrichtung zuständig ist, während die Entsorgungsanlage, von der der Verordnungsgeber spricht, jedoch den Vorschriften des KrW-/AbfG [KRW] unterliegt, einem rechtlichen Instrumentarium also, das radiologische Aspekte ausklammert.

Die Problematik des Verlangens des Verordnungsgebers soll im Folgenden deutlich werden. Vorausgeschickt sei, dass es verschiedene Möglichkeiten gibt, dieses Verlangen umzusetzen. Das aber erfordert seitens der atomrechtlichen Behörden ein wie immer auch gestaltetes Vorgehen, wenn Volumenströme freigegebener Stoffe verschiedener Herkunft auf Deponien oder Verbrennungsanlagen zulaufen. Ob dann noch von einer Freigabe im ursprünglichen Sinne – erinnert sei an die Praxis der Inanspruchnahme des § 4 Abs. 4 Nr. 2e der alten StrlSchV – gesprochen werden kann, sei dahingestellt.

Der Begriff „Entsorgungsanlage" erscheint irreführend

Mit dem Wort „Entsorgung" wird innerhalb der Kerntechnik oder artverwandter Bereiche alles bezeichnet, was dazu führt, endlagerfähige radioaktive Abfallgebinde herzustellen und endzulagern oder als Vorstufe der Endlagerung zwischenzulagern. Das in Satz 2 aber nicht Anlagen zur Entsorgung gemeint sind, an die der Kerntechniker denkt, liegt auf der Hand, weil freigegebene Stoffe wegen ihrer außer Acht zu lassenden Radioaktivität nicht mehr innerhalb von Anlagen oder Einrichtungen entsorgt werden müssen, die der atomrechtlichen Überwachung unterliegen. Folglich ist das Wort „Entsorgungsanlage" hier fehl am Platze, weil in Satz 2 eindeutig nur Anlagen gemeint sein können, in denen freigegebene Stoffe als Abfälle entsorgt werden dürfen. Nach dem KrW-/AbfG [KRW] umfasst die Abfallentsorgung die Verwertung und Beseitigung von Abfällen [KRW, § 3 Abs. 7], wobei Abfälle zur Verwertung verwertet und Abfälle, die nicht verwertet werden, Abfälle zur Beseitigung sind [KRW, § 3 Abs. 1]. Folglich sind mit dem Wort „Entsorgungsanlage" in Satz 2 Anlagen gemeint, die im Sinne des KrW-/AbfG zur Verwertung und Beseitigung von Abfällen bestimmt sind. Eine Behandlung von Abfällen, die ihre Verwertung oder Beseitigung erst ermöglicht oder der Verwertung oder Beseitigung vorausgeht, ist Teil der atomrechtlichen Entsorgung.

Die Planungssicherheit im Vorfeld von Freigabeanträgen erscheint gefährdet

Liegt also ein Fall der möglichen Anhäufung von freigegebenen Stoffen auf oder in einer zur Verwertung und Beseitigung von Abfällen bestimmten Anlage nach dem KrW-/AbfG vor, wäre für die zuständige atomrechtliche Behörde die Reduzierung der Freigabewerte und/oder der Werte der Oberflächenkontamination das einfachste Mittel, auf die Nichtüberschreitung des Dosisbereichs von 10 µSv im Kalenderjahr hinzuwirken. Nun besagt aber Satz 2 auch, dass die Nichtüberschreitung der Freigabewerte und der Werte der Oberflächenkontamination in Anlage III und die Einhaltung der in Anlage IV genannten Festlegungen die Nichtüberschreitung dieses Dosisbereichs sicherstellen. Die Berücksichtigung dieser Regelung verschafft also demjenigen, der die Stilllegung einer kerntechnischen Anlage oder Einrichtung plant, die Sicherheit, dass ihm die zuständige Behörde die Freigabe seiner Stoffe im Anforderungsfall auch erteilt. Folglich wäre es im

Sinne des Erhalts dieser Planungssicherheit verfehlt, die Reduzierung der Freigabewerte und/oder Werte der Oberflächenkontamination für den Fall der Besorgnis zu fordern, dass große Volumenstoffströme auf eine Anlage nach dem KrW-/AbfG zur Verwertung und Beseitigung von Abfällen zur Überschreitung des Dosisbereichs von 10 µSv im Kalenderjahr in der Umgebung dieser Anlage führen könnten.

Die zuständige atomrechtliche Behörde muss also mit Blick auf die erwähnte Planungssicherheit im Anforderungsfall durch andere gesonderte Anforderungen auf die Nichtüberschreitung des Dosisbereichs hinwirken. Dabei hat die Behörde ihre Anforderungen auf die Annahmen zu konzentrieren, die die Strahlenschutzkommission (SSK) [SSK 1] in der Berechnung der Freigabewerte und der Werte der Oberflächenkontamination zu Grunde gelegt hat.

Für die Freigabe fester und flüssiger Stoffe zur Beseitigung bedeutet das:

Bei der Berechnung der Werte für die Freigabe von Stoffen zur Beseitigung, also Deponierung oder Verbrennung von Abfällen aus genehmigungsbedürftigen Tätigkeiten, nahm die SSK [SSK 1, Abschnitt A 3.1] eine jährliche Beseitigung vom 100 Mg schwach radioaktiver Abfälle entweder auf einer Deponie mit einer Aufbringungsmenge von 40.000 Mg Hausmüll pro Jahr oder in einer Müllverbrennungsanlage an, deren Verbrennungsrückstände auf einer gleich dimensionierten Deponie entsorgt werden. Im Anforderungsfall sind also die Abfallvolumenströme aus verschiedenen kerntechnischen Anlagen oder Einrichtungen pro Jahr zu reduzieren oder in Abhängigkeit von einer Deponie mit größerer oder kleinerer Aufbringungsmenge zu variieren.

Für die Freigabe zur Beseitigung von Bauschutt und Abrissbauschutt bedeutet das:

Bei der Berechnung der Werte für die Freigabe von Gebäuden hat die SSK [SSK 1, Abschnitt A 5] eine Bauschuttmasse betrachtet, die bei der Stilllegung eines Leichtwasserreaktors großer Leistung anfällt, wobei sie unterschied zwischen Bauschutt aus der Komponentenausbau- und Dekontaminationsphase, also Bauschutt, der vor dem Abriss der Gebäudestrukturen, und Bauschutt, der infolge des Abrisses der Gebäudestrukturen anfällt (Abrissbauschutt). Für Bauschutt aus der Ausbau- und Dekontphase nahm die SSK ein Aufkommen von maximal 1.000 Mg pro Jahr an, wobei sie für die Zeit bis sechs Jahre nach Beginn der Stilllegungsphase ein mittleres Bauschuttaufkommen von etwa 2,7 Mg pro Tag und ab etwa dem dritten Jahr der Stilllegungsphase zusätzlich etwa 350 kg pro Tag für Stoffe des biologischen Schildes zu Grunde legte. Für den bei der Abrissphase, etwa im sechsten Jahr nach Beginn der Stilllegungsphase, anfallenden Abrissbauschutt nahm die SSK ein mittleres Aufkommen von etwa 330 Mg pro Tag, also mithin maximal 100.000 Mg pro Jahr an [SSK 1, Abschnitt A 3]. Die Annahmen dieser Bauschuttmassen bezeichnet die SSK als abdeckend für alle anderen kerntechnischen Anlagen oder Einrichtungen, weil größere Bauschuttmengen als die bei der Stilllegung eines großen Leistungsreaktors an einem Ort innerhalb einiger Jahre nicht zu erwarten sind.

Weitere Grundannahmen für die radiologische Bewertung resultieren aus der Betrachtung des Verbleibs des Bauschutts, also z.B. seiner Verwertung im Straßen- und Wegebau und der dieser Verwertung vorausgehenden Art der Aufbereitung des Schutts oder z.B. seiner Nutzung als Verfüllmaterial in Baugruben, deren radiologische Bedeutung der einer

Deponierung in einer unabgedichteten Bauschuttdeponie entspricht. Im Anforderungsfall kommt die zuständige Behörde also nicht umhin, die Randbedingungen der beantragten Freigabe zur Beseitigung von Bauschutt und Abrissbauschutt genau zu betrachten, damit Dosisüberschreitungen vermieden werden, die aus derart großen Volumenstoffströmen resultieren könnten, insbesondere dann, wenn sie nur auf *eine* Anlage nach dem KrW-/AbfG zur Verwertung und Beseitigung von Abfällen zulaufen.

Vor diesem Hintergrund liegt auf der Hand, dass das in Satz 2 ausgedrückte Verlangen des Verordnungsgebers nur verlässlich umsetzbar ist, wenn die Betreiber von Anlagen nach dem KrW-/AbfG zur Verwertung und Beseitigung von Abfällen über alle aus dem Atomrecht freigegebenen Volumenstoffströme Buch führen. Voraussetzung dafür ist aber, dass diese Volumenstoffströme auch als aus dem Atomrecht freigegebene Stoffe deklariert werden müssen. Die Angabe „Gießereischlacke" für kontaminierte Schlacke aus dem atomrechtlich überwachten Einschmelzen würde also ebenso wenig ausreichen wie die Angabe „brennbare Krankenhausabfälle" für kontaminierte Abfälle aus der Nuklearmedizin. Im Übrigen müssten die Betreiber von Anlagen zur Verwertung und Beseitigung von Abfällen ihre diesbezügliche Buchführung allen atomrechtlichen Freigabebehörden mitteilen, die über Freigaben zur Beseitigung von Stoffen auf diese Anlagen zu entscheiden haben. Schließlich stellt sich noch die Frage nach der Durchführung von Messungen in der Umgebung solcher Anlagen zur Absicherung der Nichtüberschreitung des Dosisbereichs von 10 μSv pro Kalenderjahr für Einzelpersonen der Bevölkerung.

Wie die atomrechtlichen Behörden Anhaltspunkten nachgehen, ist ihnen überlassen. Jedenfalls können Anhaltspunkte, die Anlass zur Besorgnis geben, dass das 10-μSv-Konzept in der Umgebung einer „Entsorgungsanlage" überschritten werden könnte, nur mit radiologischer Begründung ausgeräumt werden. Ob die eingeschränkte Freigabe zur Beseitigung von Stoffen vor diesem Hintergrund noch als eine tatsächliche Entlassung von Stoffen aus der atomrechtlichen Überwachung bezeichnet werden kann, ist fraglich.

Satz 3 lässt zu, bei der Überschreitung von Freigabewerten oder des nicht Erfüllens anderer in Satz 2 vorausgesetzter Gegebenheiten im Einzelfall auf andere Weise nachzuweisen, dass die Freigabe trotzdem nur zu einer effektiven Dosis im Bereich von 10 μSv/a führt und damit die Schadlosigkeit der Freigabe gewährleistet, oder, mit anderen Worten, das De-minimis-Konzept erfüllt ist. Der Nachweis kann z.B. durch die Vorlage eines Sachverständigengutachtens geführt werden.

Wenn allerdings die Freigrenzen für die spezifische Aktivität nach Anlage III Tabelle 1 Spalte 3 überschritten sind, kommt eine Freigabe gemäß Satz 3 nicht in Betracht. Sie kommt auch dann nicht in Betracht, wenn der Nachweis der Gewährleistung einer nur geringfügigen effektiven Dosis nachvollziehbar geführt wurde. Einerseits ist diese Regelung – rein radiologisch betrachtet – zu kritisieren, weil formale Aspekte ein ggf. sinnvolles Vorgehen z.B. zur Deponierung geringfügig radioaktiver Abfälle auch dann unmöglich machen, wenn dessen radiologische Schadlosigkeit nachgewiesen ist. Andererseits ist angesichts der momentanen Rechtslage nicht zu verkennen, dass die Überschreitung von Freigrenzen bei einem aus radiologischer Sicht dennoch freigebbaren Abfall einen Deponierer bei der Annahme dieses Abfalls in die Lage bringen würde, eine Genehmigung nach § 7 Abs. 1 zu beantragen, wodurch der zu deponierende Abfall wieder zum Gegenstand der atomrechtlichen Überwachung würde, was ja bei der Freigabe von Stoffen nicht beabsichtigt und aus radiologischen Gründen auch nicht nötig ist.

Der Kommentator ist deshalb der Auffassung, dass mit Blick auf den Einzelfallnachweis im Sinne des § 29 Abs. 2 Satz 3 bei Überschreitung von Freigrenzen eine Ausnahmeregelung mit etwa folgender Begründung hilfreich wäre:

Den abgeleiteten **Freigrenzen** liegen Szenarien für die Strahlenexposition zu Grunde, wie sie typischerweise beim Umgang mit radioaktiven Stoffen auftreten. Bei der Ableitung der Freigrenzen sind als zulässige Strahlenexposition eine effektive Dosis von 10 Mikrosievert (10 µSv) und eine Hautdosis von 50 Millisievert (50 mSv) pro Jahr angesetzt worden.

Der Ableitung der **Freigabewerte** liegen Szenarien für die Strahlenexposition zu Grunde, wie sie im Verlauf der typischen Wege von Stoffen mit geringfügiger Radioaktivität nach ihrer Freigabe auftreten. Das der Erteilung der Freigabe zu Grunde liegende maßgebliche Schutzziel ist erreicht, wenn die aus der Freigabe resultierende effektive Dosis für Einzelpersonen der Bevölkerung im Bereich von 10 µSv im Kalenderjahr bleibt. Diese nach internationaler Auffassung als geringfügig angesehene Dosis ist als Kriterium für die Schadlosigkeit zu verstehen, wie es von der SSK und in den EURATOM-Grundnormen formuliert ist.

Das Schutzziel, das den Freigrenzen und den Werten für die Freigabe zu Grunde liegt, ist mit Blick auf den Betrag der effektiven Dosis von 10 µSv im Kalenderjahr also bis auf den Unterschied identisch, dass Freigaben auch zu einer effektiven Dosis im Bereich von 10 µSv im Kalenderjahr führen dürfen und mithin auch zu 20 µSv (der Betrag „20 µSv/a" wurde anlässlich des 3. Freigabesymposiums der TÜV Nord Akademie am 10. und 11. März 2003 in Hamburg von einem Vertreter der SSK genannt).

Wenn also im Zuge eines Freigabeverfahrens zur Beseitigung radioaktiver Stoffe im Einzelfall die Einhaltung des 10-µSv-Konzeptes und damit die Schadlosigkeit der Stoffe nachgewiesen wird, obwohl Freigrenzen überschritten sind, so spricht weder radiologisch noch juristisch etwas gegen die Freigabe. Der radiologische Aspekt liegt auf der Hand. Und der juristische auch, soweit man der Auffassung des Kommentators, der Ingenieur ist, folgen will. Denn mit dem hoheitlichen Verwaltungsakt der Freigabe zur Beseitigung bescheinigt die atomrechtliche Behörde, dass die Radioaktivität der Stoffe außer Acht gelassen werden kann und sie im beseitigten Zustand und bei den Handhabungen, die direkt zur Beseitigung führen, radiologisch schadlos sind. Im Übrigen sind die beseitigten Stoffe im Sinne der juristischen Fiktion nicht mehr radioaktiv. Folglich bedarf der Umgang mit Stoffen auch bei Überschreitung von Freigrenzen keiner Genehmigung, wenn die atomrechtliche Behörde mit dem Verwaltungsakt der Freigabe bescheinigt hat, dass die Radioaktivität der Stoffe wegen ihrer Geringfügigkeit außer Acht gelassen werden kann und die Stoffe so beseitigt werden dürfen, als seien sie nicht radioaktiv. Die Einlagerung der Stoffe in einer Deponie mit dem Ziel ihrer Beseitigung ist vor diesem Hintergrund keine Lagerung im Sinne des in § 3 Abs. 2 Nr. 34 definierten Umgangs.

Satz 4 verbietet in Anlehnung an das Umgehungsverbot in § 79 die Freigabe von Stoffen, die mit dem Ziel vermischt oder verdünnt wurden, um ihre spezifische Aktivität so weit herabzusetzen, bis die Voraussetzungen zur Freigabe erfüllt sind. Für Schlacke, die z.B. bei einem nach § 7 Abs. 1 genehmigten (kontrollierten) Einschmelzen von flächenkontaminiertem Schrott anfällt und die zur Verwertung als Straßenbaustoff und insoweit uneingeschränkt freigegeben werden soll, ist mit Blick auf ihre spezifische Aktivität so zu beurteilen, wie sie von der Schmelzoberfläche abgezogen wird. Eine Vermischung mit Schlacken aus dem allgemeinen Einschmelzen, d.h. mit solchen, die nicht mit Radionukliden aus dem kontrollierten Einschmelzen angereichert sind, wäre im Sinne des Satzes 4 eine verbotene Vermischung.

Die Zulässigkeit des Mischens von Abfällen bei der Vorbehandlung und Konditionierung im Sinne des Abschnitts 3.3.6 der so genannten Abfallkontrollrichtlinie [RL1] bleibt von Satz 4 insgesamt unberührt.

Zu Absatz 3:

Nach Absatz 2 erteilt die zuständige Behörde auf Antrag schriftlich die Freigabe, wenn die Voraussetzungen dafür vorliegen. Im Bescheid über den Antrag legt sie die Anforderungen an die Freigabe fest. Absatz 3 weist den Strahlenschutzverantwortlichen bzw. -beauftragten die Pflicht zu, für jede Masse oder Teilmasse der Stoffe festzustellen und zu dokumentieren, dass die im Bescheid festgelegten Anforderungen mit den Gegebenheiten zum Zeitpunkt der materiellen Freigabe der Stoffe übereinstimmen.

Zu Absatz 4:

Die zuständige Behörde kann nach dieser Vorschrift Freigaben auch im Rahmen einer atomrechtlichen Genehmigung erteilen und festlegen, dass die Feststellung nach Absatz 3 mit den von ihr bestimmten Messgeräten und nach den von ihr festgelegten Messverfahren zu erfolgen hat. Sie kann z.B. auch festlegen, dass ein auf andere Weise geführter Nachweis nach Absatz 2 Satz 3 durch ein Sachverständigengutachten erfolgt.

Zu Absatz 5:

Bei der Berechnung der Freigabewerte und der Werte der Oberflächenkontamination für die Freigabe von Stoffen zur Beseitigung ist die SSK [SSK1] von bestimmten Expositionsszenarien ausgegangen.

Dem Szenario für die Beseitigung liegt die Annahme zu Grunde, dass die freigegebenen Stoffe als Abfälle thermisch verwertet, d.h. verbrannt, und die Verbrennungsrückstände deponiert oder die freigegebenen Stoffe als Abfälle ohne Vorbehandlung deponiert werden, wobei eine stoffliche Wiederverwendung oder Verwertung außerhalb einer Deponie auszuschließen ist.

Die Verpflichtung der Deponiebetreiber, die Stoffe mit Blick auf ihren möglichen Verwertungszweck hin einer Vorbehandlung zu unterziehen, ist ein bislang vom Verordnungsgeber nicht geklärter Konflikt zwischen den atomrechtlichen und den Belangen der Kreislaufwirtschaft. Nach Lage der Dinge muss der Deponiebetreiber nach den Vorschriften des KrW-/AbfG Abfälle einer Verwertung zuführen, wenn er für sie einen Verwertungszweck gefunden hat. Da bei der Ableitung der Freigabewerte aber eine Verwertung der Stoffe/Abfälle außerhalb der Deponie ausgeschlossen wurde und deshalb bestimmte Expositionsszenarien – z.B. solche bei der Vorbehandlung – nicht angenommen wurden, muss dieser Ausschluss durch denjenigen, der die Freigabe beantragt hat, und durch den Verwerter oder den Deponiebetreiber erklärt werden. Das zeigt, dass ohne Einvernehmen der für das KrW-/AbfG [KRW] zuständigen Behörde eine Freigabe von Stoffen zur Beseitigung nicht erteilt werden darf. Erforderlichenfalls sind im Übrigen zusätzliche Nachweisverfahren nach dem KrW-/AbfG durchzuführen.

Zu Absatz 6:

Ähnlich wie bei dem ehemals möglichen Vorgehen nach § 7a AtG [ATG], den Erlass eines Vorbescheides insbesondere zur Wahl des Standortes einer Anlage zu beantragen, kann es im Zuge der Planung von genehmigungsbedürftigen Tätigkeiten zweckmäßig sein, bestimmte Anforderungen abzuklären, von deren die Erteilung einer Freigabe von Stoffen abhängt, die bei Tätigkeiten anfallen, und deren sich der Genehmigungsinhaber später z.b. anders als durch atomrechtliche Entsorgung entledigen will. Die Abklärung solcher Anforderungen kann bei der zuständigen Behörde beantragt werden. Die Behörde kann auf Basis dieses Antrags feststellen, ob bestimmte Voraussetzungen für die Freigabe vorliegen oder welche Anforderungen noch berücksichtigt werden müssen, um eine spätere Freigabe zu bewirken. Die Feststellung der Behörde ist verbindlich; sie ist dem späteren Freigabeverfahren, in dessen Rahmen insbesondere die Voraussetzungen nach Absatz 4 nachzuweisen sind, zu Grunde zu legen. Satz 3 dieser Vorschrift gestattet es zudem, derartige Anforderungen in Genehmigungen nach dem AtG oder in Genehmigungen nach der StrlSchV oder in den Planfeststellungsbeschluss nach § 9b AtG aufzunehmen.

Schließlich ersetzt die Freigabe z.B. von Gebäuden oder Gebäudeteilen einer Anlage, die auf Basis des § 7 AtG betrieben wurde, nicht die Genehmigung nach § 7 Abs. 3 AtG zur Stilllegung dieser Anlage. Der Umfang der für die Stilllegung maßgebenden Voraussetzungen, die im Rahmen des Genehmigungsverfahrens zur Stilllegung zu prüfen sind, wird also durch ein Freigabeverfahren nicht eingeschränkt.

Zu Absatz 7:

Diese Regelung ermöglicht es der zuständigen Behörde, Stoffe freizugeben, wenn z.B. der Eigentümer des Stoffes nicht bekannt ist oder ein Genehmigungsinhaber fehlt. Praktische Bedeutung erhält diese Regelung deshalb im Zusammenhang mit den Vorschriften in § 71 zum Fund radioaktiver Stoffe. Sofern die Voraussetzungen vorliegen, kann die zuständige Strahlenschutzbehörde die gefundenen Stoffe freigeben, sofern sie aus genehmigungsbedürftigen Tätigkeiten stammen.

Durch Satz 2 erhält das Bundesamt für Strahlenschutz die Möglichkeit, im Rahmen der Eigenüberwachung über den Betrieb von Endlagern Freigabeentscheidungen zu treffen. Bei solchen Entscheidungen handelt es sich dann nicht um Verwaltungsakte im Sinne des Absatzes 2 dieser Vorschrift, sondern um behördeninterne Entscheidungen".

Ordnungswidrigkeiten

Ordnungswidrig im Sinne des § 46 Abs. 1 Nr. 4 AtG handelt, wer vorsätzlich oder fahrlässig als Inhaber einer Genehmigung oder eines Planfeststellungsbeschlusses nach dem AtG oder dieser Verordnung entgegen § 29 ohne Verwaltungsakt der Behörde und ohne Feststellung nach Absatz 3 des § 29 bewegliche Gegenstände, Gebäude, Bodenflächen,

Anlagen oder Anlagenteile als nicht radioaktive Stoffe verwendet, verwertet, beseitigt, innehält oder an Dritte weitergibt.

Ordnungswidrig im Sinne des § 46 Abs. 1 Nr. 4 AtG handelt auch, wer vorsätzlich oder fahrlässig entgegen § 33 Abs. 1 Nr. 2 als Strahlenschutzverantwortlicher oder entgegen § 33 Abs. 2 Nr. 1 als Strahlenschutzbeauftragter nicht dafür sorgt, dass die Schutzvorschrift des § 29 Abs. 1 Satz 4 eingehalten wird.

§ 30 Erforderliche Fachkunde und Kenntnisse im Strahlenschutz

(1) Die erforderliche Fachkunde im Strahlenschutz nach den §§ 9, 12, 13, 14, 15, 24, 31, 64 oder 82 wird in der Regel durch eine für den jeweiligen Anwendungsbereich geeignete Ausbildung, praktische Erfahrung und die erfolgreiche Teilnahme an von der zuständigen Stelle anerkannten Kursen erworben. Die Ausbildung ist durch Zeugnisse, die praktische Erfahrung durch Nachweise und die erfolgreiche Kursteilnahme durch eine Bescheinigung zu belegen. Der Erwerb der Fachkunde wird von der zuständigen Stelle geprüft und bescheinigt. Die Kursteilnahme darf nicht länger als fünf Jahre zurückliegen. Für medizinisch-technische Radiologieassistentinnen und medizinisch-technische Radiologieassistenten gilt der Nachweis nach Satz 1 mit der Erlaubnis nach § 1 Nr. 2 des Gesetzes über technische Assistenten in der Medizin für die vorbehaltenen Tätigkeiten nach § 9 Abs. 1 Nr. 2 dieses Gesetzes als erbracht.

(2) Die Fachkunde im Strahlenschutz muss mindestens alle fünf Jahre durch eine erfolgreiche Teilnahme an einem von der zuständigen Stelle anerkannten Kurs oder anderen von der zuständigen Stelle als geeignet anerkannten Fortbildungsmaßnahmen aktualisiert werden. Abweichend hiervon kann die Fachkunde im Strahlenschutz im Einzelfall auf andere geeignete Weise aktualisiert und die Aktualisierung der zuständigen Behörde nachgewiesen werden. Der Nachweis über die Aktualisierung der Fachkunde nach Satz 1 ist der zuständigen Stelle auf Anforderung vorzulegen. Die zuständige Stelle kann, wenn der Nachweis über Fortbildungsmaßnahmen nicht oder nicht vollständig vorgelegt wird, die Fachkunde entziehen oder die Fortgeltung mit Auflagen versehen. Bestehen begründete Zweifel an der erforderlichen Fachkunde, kann die zuständige Behörde eine Überprüfung der Fachkunde veranlassen.

(3) Kurse nach Absatz 1 Satz 1, Absatz 2 und 4 Satz 2 können von der für die Kursstätte zuständigen Stelle nur anerkannt werden, wenn die Kursinhalte geeignet sind, das für den jeweiligen Anwendungsbereich erforderliche Wissen im Strahlenschutz zu vermitteln, und die Qualifikation des Lehrpersonals und die Ausstattung der Kursstätte eine ordnungsgemäße Wissensvermittlung gewährleisten.

(4) Die erforderlichen Kenntnisse im Strahlenschutz werden in der Regel durch eine für das jeweilige Anwendungsgebiet geeignete Einweisung und praktische Erfahrung erworben. Für Personen nach § 82 Abs. 1 Nr. 2 und Abs. 2 Nr. 4 gilt Absatz 1 Satz 2 bis 4 und Absatz 2 entsprechend.

Kommentierung § 30

Die **Fachkunde im Strahlenschutz** besteht aus theoretischem Wissen und praktischen Erfahrungen. Sie gliedert sich in Abhängigkeit von einer entsprechend geeigneten Berufsausbildung in zwei untrennbar miteinander verbundene Bereiche: Sachkunde sowie Kurse im Strahlenschutz.

- Sachkunde (Nachweis durch Bescheinigung):
  Sachkunde beinhaltet theoretisches Wissen und praktische Erfahrungen bei der Anwendung von radioaktiven Stoffen und ionisierender Strahlung auf dem jeweiligen Anwendungsgebiet. Der Erwerb der Sachkunde erfolgt unter fachspezifischer Anweisung über längere Zeiträume und wird durch theoretische Unterweisung ergänzt.

- Kurse im Strahlenschutz (Nachweis durch Bescheinigung):
  Die Kurse im Strahlenschutz vermitteln Gesetzeswissen, sonstiges theoretisches Wissen und praktische Übungen im Strahlenschutz auf dem jeweiligen Anwendungsgebiet.

Der Erwerb der **Kenntnisse im Strahlenschutz** muss nach Absatz 4 nicht unbedingt durch Besuch entsprechender Kurse erfolgen, sondern in der Regel reichen geeignete Einweisungen durch die Fortschreibung der praktischen Erfahrung aus. Das gilt nicht für die im Rahmen der medizinischen Anwendung nach § 82 diesbezüglich angesprochenen Personengruppen. Für diese ist ein Kursbesuch erforderlich.

Die Fachkunde im Strahlenschutz ist für folgende Personengruppen erforderlich:

- Strahlenschutzbeauftragte (ggf. auch der Genehmigungsantragsteller) beim genehmigungspflichtigen Umgang mit radioaktiven Stoffen

- Strahlenschutzbeauftragte (ggf. auch der zur Anzeige Verpflichtete bzw. der Genehmigungsantragsteller) beim anzeige- bzw. genehmigungspflichtigen Betrieb von Beschleunigeranlagen und bei der genehmigungspflichtigen Errichtung von Beschleunigeranlagen

- Strahlenschutzbeauftragte (ggf. auch der Genehmigungsantragsteller) bei der Beschäftigung in fremden Anlagen oder Einrichtungen

- Ärzte, die im Rahmen der medizinischen Forschung die Anwendung radioaktiver Stoffe oder ionisierender Strahlung am Menschen leiten

- Ärzte, die für die arbeitsmedizinische Vorsorge beruflich strahlenexponierter Personen ermächtigt worden sind

- Ärzte oder Zahnärzte, die für medizinische Strahlenanwendungen von radioaktiven Stoffen oder ionisierender Strahlung die so genannte rechtfertigende Indikation (siehe § 80 Abs. 1) stellen

- Ärzte oder Zahnärzte, die im Rahmen der Heilkunde oder Zahnheilkunde radioaktive Stoffe oder ionisierende Strahlung anwenden (§ 82 Abs. 1 Nr. 1) oder hierbei (§ 82 Abs. 1 Nr. 2) bzw. im Rahmen der technischen Mitwirkung bei der Anwendung (§ 82 Abs. 2 Nr. 3 und 4) die Aufsicht führen

- MTR und MTRA, die zur technischen Mitwirkung bei der Anwendung berechtigt sind (§ 82 Abs. 2 Nr. 2)

In jedem Bundesland existieren zuständige **Stellen**, die nach Prüfung der einzureichenden Unterlagen (Abschlusszeugnis über Berufsausbildung, Bescheinigungen über Sachkundeerwerb und Kursteilnahmen) die Bescheinigung über die Fachkunde im Strahlenschutz ausstellen. Das geschieht beispielsweise für Ärzte durch die örtlich zuständigen Ärztekammern, wobei diese sich in einem Fachgespräch dann überzeugen können, dass die erforderliche Fachkunde tatsächlich vorhanden ist. Außerdem gibt es in jedem Bundesland mindestens eine zuständige Stelle, welche die Anerkennung der in dem betreffenden Bundesland stattfindenden Strahlenschutzkurse vornimmt (Abs. 3). Neu ist, dass Fachkunde und Kenntnisse im Strahlenschutz in mindestens fünfjährigen Abständen aktualisiert werden müssen. Das wird in der Regel durch Teilnahme an entsprechenden anerkannten Kursen geschehen, kann aber auch anderweitig erfolgen (z.b. durch Teilnahme an entsprechend geeigneten und anerkannten Fortbildungsveranstaltungen). Es ist nicht notwendig, den Nachweis über die erfolgte Aktualisierung der zuständigen Behörde oder der oben genannten zuständigen Stelle vorzulegen, es sei denn, diese Institutionen melden sich im Einzelfall mit einer diesbezüglichen expliziten Anforderung. Man beachte vor allen Dingen, dass die zuständige Stelle bei einem nach ihrer Meinung unvollständigen oder (durch Verpassen des Termins) fehlenden Nachweis der Aktualisierung die Fortgeltung der Fachkunde im Strahlenschutz mit Auflagen versehen und – sozusagen als Worst Case – diese sogar entziehen kann. Auch die zuständige Behörde kann in die Fachkunde eingreifen, indem sie bei wie auch immer unbegründeten Zweifeln an dem Vorhandensein der Fachkunde eine Überprüfung derselben anordnen kann. Im Zusammenhang mit der Aktualisierung ist es sehr wichtig, sich mit den ersten anstehenden Terminen in den Übergangsvorschriften des § 117 Abs. 11 und Abs. 12 vertraut zu machen. Denn die Ernsthaftigkeit einer Einhaltung der dort aufgeführten Termine wird dadurch unterstrichen, dass bei Nichtbeachtung die Fachkunde im Strahlenschutz *nicht* fortgilt.

Alle Einzelheiten zum Erwerb der Fachkunde und der Kenntnisse im Strahlenschutz findet man in einer dem § 30 zuzuordnenden Richtlinien [RL 2], [RL 3].

§ 31 Strahlenschutzverantwortliche und Strahlenschutzbeauftragte

(1) Strahlenschutzverantwortlicher ist, wer einer Genehmigung nach den §§ 6, 7 oder 9 des Atomgesetzes oder nach den §§ 7, 11 oder 15 dieser Verordnung oder wer der Planfeststellung nach § 9b des Atomgesetzes bedarf oder wer eine Tätigkeit nach § 5 des Atomgesetzes ausübt oder wer eine Anzeige nach § 12 Abs. 1 Satz 1 dieser Verordnung zu erstatten hat oder wer aufgrund des § 7 Abs. 3 dieser Verordnung keiner Genehmigung nach § 7 Abs. 1 bedarf. Handelt es sich bei dem Strahlenschutzverantwortlichen um eine juristische Person oder um eine teilrechtsfähige Personengesellschaft, werden die Aufgaben des Strahlenschutzverantwortlichen von der durch Gesetz, Satzung oder Vertrag zur Vertretung berechtigten Person wahrgenommen. Besteht das vertretungsberechtigte Organ aus mehreren Mitgliedern oder sind bei nicht rechtsfähigen Personenvereinigungen mehrere vertretungsberechtigte Personen vorhanden, so ist der zuständigen Behörde mitzuteilen, welche dieser Personen die Aufgaben des Strahlenschutzverantwortlichen wahrnimmt. Die Gesamtverantwortung aller Organmitglieder oder Mitglieder der Personenvereinigung bleibt hiervon unberührt.

(2) Soweit dies für die Gewährleistung des Strahlenschutzes bei der Tätigkeit notwendig ist, hat der Strahlenschutzverantwortliche für die Leitung oder Beaufsichtigung dieser Tätigkeiten die erforderliche Anzahl von Strahlenschutzbeauftragten schriftlich zu bestellen. Bei der Bestellung eines Strahlenschutzbeauftragten sind dessen Aufgaben, dessen innerbetrieblicher Entscheidungsbereich und die zur Wahrnehmung seiner Aufgaben erforderlichen Befugnisse schriftlich festzulegen. Der Strah-

lenschutzverantwortliche bleibt auch dann für die Einhaltung der Anforderungen der Teile 2 und 5 dieser Verordnung verantwortlich, wenn er Strahlenschutzbeauftragte bestellt hat.

(3) Es dürfen nur Personen zu Strahlenschutzbeauftragten bestellt werden, bei denen keine Tatsachen vorliegen, aus denen sich gegen ihre Zuverlässigkeit Bedenken ergeben, und die die erforderliche Fachkunde im Strahlenschutz besitzen.

(4) Die Bestellung des Strahlenschutzbeauftragten mit Angabe der Aufgaben und Befugnisse, Änderungen der Aufgaben und Befugnisse sowie das Ausscheiden des Strahlenschutzbeauftragten aus seiner Funktion sind der zuständigen Behörde unverzüglich mitzuteilen. Der Mitteilung der Bestellung ist die Bescheinigung über die erforderliche Fachkunde im Strahlenschutz nach § 30 Abs. 1 beizufügen. Dem Strahlenschutzbeauftragten und dem Betriebs- oder Personalrat ist eine Abschrift der Mitteilung zu übermitteln.

(5) Sind für das Aufsuchen, das Gewinnen oder das Aufbereiten radioaktiver Bodenschätze Strahlenschutzbeauftragte zu bestellen, so müssen sie als verantwortliche Personen zur Leitung oder Beaufsichtigung des Betriebes oder eines Betriebsteiles nach § 58 Abs. 1 Nr. 2 des Bundesberggesetzes bestellt sein, wenn auf diese Tätigkeiten die Vorschriften des Bundesberggesetzes Anwendung finden.

Kommentierung § 31

Der § 31 übernimmt die Regelungen des § 29 der StrlSchV von 1989 [STR] und beschreibt den Personenkreis, dem die in den Schutzvorschriften aufgeführten Pflichten obliegen. Hierbei handelt es sich um den Strahlenschutzverantwortlichen und den Strahlenschutzbeauftragten. Nach Absatz 1 ist derjenige Strahlenschutzverantwortlicher, der

1. einer Genehmigung der folgenden Art bedarf (das Wort „bedarf" macht deutlich, dass Strahlenschutzverantwortlicher nicht nur derjenige ist, der bereits eine Genehmigung besitzt):
   – Genehmigungen nach den §§ 6, 7 oder 9 AtG
   – nach den §§ 7, 11 oder 15 dieser Verordnung
2. einer Planfeststellung nach § 9 b AtG bedarf,
3. eine Tätigkeit nach § 5 AtG ausübt,
5. eine Anzeige nach § 12 Abs. 1 Satz 1 zu erstatten hat,
5. auf Grund der Regelungen des § 7 Abs. 3 zwar keiner Umgangsgenehmigung nach § 7 Abs. 1 bedarf (Gewinnung, Aufarbeitung usw. von radioaktiven Bodenschätzen, wenn die Vorschriften des Bundesberggesetzes Anwendung finden), diese Tätigkeit aber durchgeführt.

Diese abschließende Aufzählung macht deutlich, dass Personen, die mit radioaktiven Stoffen umgehen, nicht Strahlenschutzverantwortliche im Sinne der StrlSchV sind, sofern der Umgang nicht unter die Regelungen dieser Vorschriften fällt. Im Einzelnen trifft das z.B. auf folgende Tätigkeiten zu:

Teil 2: Zielgerichtete Nutzung radioaktiver Stoffe oder ionisierender Strahlung

- Umgang mit radioaktiven Stoffen unterhalb der Freigrenze
- Ein- und Ausfuhr radioaktiver Stoffe, Beförderung radioaktiver Stoffe
- genehmigungsfreie Beförderung von Kernmaterialien
- Erlangung der tatsächlichen Gewalt bei Fund radioaktiver Stoffe

Da sich die Verpflichtung zur Einhaltung der in der StrlSchV beschriebenen Schutzmaßnahmen in § 33 auf den Strahlenschutzverantwortlichen bezieht, sind die Personen, die die vorgenannten Tätigkeiten ausüben, nicht an diese Grundsätze gebunden. Sie haben aber die Verpflichtung nach den Vorschriften des Arbeitsschutzgesetzes [ARB] dafür zu sorgen, dass ihre Beschäftigten ausreichend geschützt werden.

Strahlenschutzverantwortlicher ist also der Genehmigungsinhaber oder derjenige, der eine Anzeige erstatten muss. In der Regel wird das der Betriebsinhaber oder der Arbeitgeber sein. Er ist Normadressat der Verordnung und hat für die Einhaltung aller Schutzvorschriften Sorge zu tragen. Daher ist er auch vorrangig mit Geldbußen bedroht, wenn er es an der Einhaltung seiner originären Pflichten mangeln lässt. Für diese Verantwortlichkeit ist es unerheblich, ob der Verantwortliche seine Arbeitnehmer oder sonst unter seiner Aufsicht Stehende genehmigungs- oder anzeigepflichtigen Tätigkeiten ausüben lässt oder diese selbst ausübt.

Handelt es sich bei dem Genehmigungsinhaber um eine natürliche Person, ist diese Person auch Strahlenschutzverantwortlicher. Neben den natürlichen Personen sind juristische Personen oder teilrechtsfähige Personengesellschaften nach dem Handelsgesetzbuch [HGB] Strahlenschutzverantwortliche. Hier müssen die Aufgaben des Strahlenschutzverantwortlichen von der durch Gesetz, Satzung oder Vertrag zur Vertretung berechtigten Person wahrgenommen werden. Sofern hier das vertretungsberechtigte Organ aus mehreren Mitgliedern besteht, ist der zuständigen Behörde mitzuteilen, *welche* dieser Personen die Aufgaben des Strahlenschutzverantwortlichen wahrnimmt.

Handelt es sich um eine nicht rechtsfähige Personenvereinigung (nicht rechtsfähige Vereine, Gemeinschaften, Gesellschaften bürgerlichen Rechts, Partnergesellschaften), so sind alle vertretungsberechtigten Personen dieser nicht rechtsfähigen Personenvereinigung, die eine genehmigungs- oder anzeigepflichtige Tätigkeit ausüben wollen, Strahlenschutzverantwortliche. Die Strahlenschutzverordnung bestimmt aber, dass der Behörde mitzuteilen ist, welche der vertretungsberechtigten Personen die Aufgaben des Strahlenschutzverantwortlichen wahrnimmt. Durch diese Formulierung wird klargestellt, dass die benannte Person nicht alleiniger Strahlenschutzverantwortlicher ist, sondern lediglich die Aufgaben für alle anderen vertretungsberechtigten Personen wahrnimmt. Dieses wird auch deutlich durch die Regelung in § 31 Abs. 1, dass die Gesamtverantwortung aller Organmitglieder oder Mitglieder der Personenvereinigung durch die Benennung der Person, die die Aufgaben des Strahlenschutzverantwortlichen wahrnimmt, unberührt bleibt.

Die Benennung der Person, die die Aufgaben des Strahlenschutzverantwortlichen wahrnimmt, hat sowohl für die zuständige Behörde als auch für die Mitarbeiter große Vorteile. Hierdurch ist grundsätzlich festgelegt, wer die Befugnisse hat, Anträge zu stellen, wer Ansprechpartner für die Behörden ist und wer z.B. Strahlenschutzbeauftragte bestellen darf. Auch die innerbetrieblichen Weisungs- und Informationsstränge sind für die Beschäftigten leicht nachvollziehbar. Sie wissen, wer entsprechende Anweisungen treffen darf und an wen sie eine Meldung machen müssen, wenn Mängel vorliegen oder Schutzvorschriften nicht mehr eingehalten sind.

Einen weiteren Vorteil weist diese Regelung dadurch auf, dass sie die Kontinuität des Handelns und des Wissenszuwachses in der verantwortlichen Person begründet und bewirkt, weil diese Person sich den Belangen des Strahlenschutzes zu widmen hat. Dieses bedeutet, dass zwar alle Organmitglieder oder vertretungsberechtigten Personen von nicht rechtsfähigen Personenvereinigungen „Strahlenschutzverantwortliche" sind, die Aufgaben aber nur von einer Person wahrgenommen werden. Unberührt bleibt die Verpflichtung aller verantwortlichen Personen, die Aufgabenwahrnehmung der Person, die die Aufgaben des Strahlenschutzverantwortlichen wahrnimmt, in ausreichendem Maße und mit geeigneten Mitteln zu überprüfen.

Die Institution „Strahlenschutzverantwortlicher" soll an einigen Beispielen verdeutlicht werden:

1. Der niedergelassene Arzt in einer nuklearmedizinischen Praxis ohne Teilhaber ist selbst Strahlenschutzverantwortlicher. Handelt es sich um eine Gemeinschaftspraxis oder eine Praxisgemeinschaft, also einer Gesellschaft des bürgerlichen Rechts (nichtrechtsfähige Personenvereinigung), sind alle vertretungsberechtigten Personen, die eine Tätigkeit mit radioaktiven Stoffen ausführen wollen, Strahlenschutzverantwortliche. Sie müssen aus ihrer Mitte eine Person bestimmen und der Behörde melden, die die Aufgaben des Strahlenschutzverantwortlichen wahrnimmt.

2. Bei einem kommunalen Krankenhaus ist die Gemeinde als juristische Person Strahlenschutzverantwortliche. Hier müssen die Aufgaben des Strahlenschutzverantwortlichen von der durch Gesetz oder Satzung zur Vertretung berechtigten Person wahrgenommen werden. In diesem Falle wird es in der Regel der hauptamtliche Bürgermeister oder Stadtdirektor sein.

3. Bei Hochschulen regelt sich die Vertretung des Strahlenschutzverantwortlichen, also der juristischen Person, nach dem jeweils geltenden Landesrecht (z.B. nach den Universitäts- oder Hochschulgesetzen). Für die Hochschule wird in der Regel der Rektor und für die medizinischen Einrichtungen einer Hochschule der leitende Verwaltungsdirektor die Aufgaben des Strahlenschutzverantwortlichen wahrnehmen.

4. Bei Aktiengesellschaften oder Gesellschaften mit beschränkter Haftung ist diese juristische Person Strahlenschutzverantwortlicher. Vertretungsberechtigt sind bei Aktiengesellschaften die Mitglieder des Vorstandes, die aus ihrer Mitte eine Person benennen müssen, die die Aufgaben des Strahlenschutzverantwortlichen wahrnimmt. Bei GmbHs ist in der Regel der Geschäftsführer vertretungsberechtigt und damit die Person, die die Aufgaben des Strahlenschutzverantwortlichen wahrnimmt. Ist ein Bundesland oder die Bundesrepublik Deutschland Träger einer Einrichtung, so ist das Bundesland oder die Bundesrepublik Strahlenschutzverantwortlicher. Vertretungsberechtigt ist in einem solchen Fall der Ministerpräsident, der Bundeskanzler bzw. der zuständige Minister für den jeweiligen Einzelfall. Durch rechtliche Regelungen (Gesetz oder Verordnungen) kann die Vertretungsberechtigung auf andere Personen über-

tragen werden, z.B. auf die Leiter von bestimmten Behörden. Da der Strahlenschutzverantwortliche nicht fachkundig im Sinne der StrlSchV sein muss, ist er verpflichtet, sofern er nicht die erforderliche Fachkunde besitzt, in bestimmten Bereichen nicht den erforderlichen Berufsabschluss nachweisen kann (z.b. er ist nicht Arzt bei medizinischen Anwendungen) oder es für eine sichere Ausführung der Tätigkeit notwendig ist, Strahlenschutzbeauftragte zu stellen.

Zu Strahlenschutzbeauftragten darf der Strahlenschutzverantwortliche nur Personen bestellen, bei denen keine Tatsachen vorliegen, aus denen sich gegen ihre Zuverlässigkeit Bedenken ergeben und die die erforderliche Fachkunde im Strahlenschutz besitzen (vgl. hierzu Kommentierung zu den §§ 9 und 14).

Darüber hinaus müssen bei bestimmten Tätigkeiten für den Strahlenschutzbeauftragten besondere Berufsabschlüsse nachgewiesen werden. Neben der Verpflichtung, dass der Strahlenschutzbeauftragte bei medizinischen Anwendungen Arzt sein muss, gilt, dass beim genehmigungspflichtigen Umgang mit radioaktiven Stoffen im Zusammenhang mit dem Unterricht in Schulen oder anderen Bildungseinrichtungen nur Lehrkräfte zu Strahlenschutzbeauftragten bestellt werden dürfen, die die erforderliche Fachkunde im Strahlenschutz besitzen. Diese Formulierung macht deutlich, dass die Regelung alle radioaktiven Stoffe, also auch Kernbrennstoffe, einbezieht. Sie gilt nicht nur an Schulen im engeren Sinne, sondern für alle

- öffentlichen und privaten allgemein bildenden und berufsbildenden Schulen sowie Bundeswehrfachschulen,
- Einrichtungen der Erwachsenenbildung und
- Ausbildungsstätten für medizinisch-technische, chemotechnische, physikalisch-technische oder landwirtschaftliche Berufe oder Hilfsberufe oder für medizinische Hilfsberufe.

Hier ist eine Änderung zu den Regelungen des § 29 Abs. 5 StrlSchV von 1989 erkennbar. Nach den Regelungen von 1989 musste grundsätzlich beim Umgang mit sonstigen radioaktiven Stoffen im Zusammenhang mit dem Unterricht in Schulen Strahlenschutzbeauftragte bestellt werden. Nach der nun geltenden Regelung ist eine Bestellung von Strahlenschutzbeauftragten, d.h. von Lehrkräften mit der entsprechenden Fachkunde im Strahlenschutz, nur erforderlich beim genehmigungspflichtigen Umgang mit radioaktiven Stoffen. Da in vielen Bundesländern vorgeschrieben ist, dass in allgemein bildenden Schulen nur solche radioaktiven Stoffe verwendet werden dürfen, deren Bauart zugelassen ist, entfällt die Bestellung von Strahlenschutzbeauftragten, sofern diese Regelung aufrechterhalten wird.

Wie bereits aufgezeigt, muss der Strahlenschutzverantwortliche die für die Leitung oder Beaufsichtigung von Tätigkeiten erforderliche Anzahl von Strahlenschutzbeauftragten schriftlich bestellen, wenn er selbst nicht fachkundig ist und die erforderliche Berufsausbildung nicht nachweisen kann oder wenn dies für eine sichere Ausführung der Tätigkeit notwendig ist. Nicht mehr verwendet wird in der Strahlenschutzverordnung die explizite Forderung „Festlegung des innerbetrieblichen Entscheidungsbereichs". Wegen der Regelung, dass bei der Bestellung von Strahlenschutzbeauftragten die zur Erfüllung der Pflichten erforderlichen Befugnisse eingeräumt werden müssen, kann nach Auffassung des Verordnungsgebers auf den Begriff „Festlegung des innerbetrieblichen Entscheidungsbereichs" verzichtet werden. Die Befugnisse müssen notwendigerweise so bemessen sein, dass der Strahlenschutzbeauftragte in der Lage ist, im Hinblick auf den Strahlenschutz getroffene Entscheidungen innerhalb des Betriebs auch durchzusetzen. Daraus ergibt sich zwangsläufig, dass zum Strahlenschutzbeauftragten nur eine Person bestellt werden darf, die eine entsprechende hierarchische Stellung im Betrieb einnimmt und deren innerbetrieblicher Entscheidungsbereich die Erfüllung seiner Pflichten ermöglicht. Diese Schlussfolgerung schließt aus, dass zum Strahlenschutzbeauftragten eine Person bestellt wird, die innerhalb der Betriebshierarchie keine Durchsetzungskompetenz hat. Hieraus lässt sich allerdings nicht ableiten, dass der Strahlenschutzbeauftragte grundsätzlich ein Beschäftigter des Strahlenschutzverantwortlichen sein muss. Sollen externe Strahlenschutzbeauftragte bestellt werden, ist der zuständigen Behörde durch entsprechende vertragliche Regelungen nachzuweisen, dass der Strahlenschutzbeauftragte die erforderlichen innerbetrieblichen Befugnisse hat, um seine Aufgaben wahrnehmen zu können. Diese Befugnisse müssen auch die notwendigen Weisungen und Entscheidungen beinhalten.

Die Strahlenschutzverordnung verpflichtet den Strahlenschutzverantwortlichen, eine erforderliche Anzahl von Strahlenschutzbeauftragten schriftlich zu bestellen. Es kann daher erforderlich sein, mehr als einen Strahlenschutzbeauftragten zu bestellen, beispielsweise, wenn eine Person auf Grund ihrer eingeschränkten Fachkunde oder Befugnisse nicht die gesamte Tätigkeit leiten oder beaufsichtigen oder das Tätigkeitsfeld nicht nur von einer Person überwacht werden kann. Schon das Erfordernis der Vertretungsregelung zwingt in der Regel dazu, grundsätzlich mehr als einen Strahlenschutzbeauftragten zu bestellen. Werden mehrere Strahlenschutzbeauftragte bestellt, sind die Aufgaben und die für die Wahrnehmung dieser Aufgaben erforderlichen Befugnisse klar voneinander abzugrenzen. Eine solche Abgrenzung kann bedeuten, dass z.B. der Strahlenschutzbeauftragte A alle Aufgaben und Befugnisse in den Räumen 1, 2 und 3 innehat und der Strahlenschutzbeauftragte B alle Aufgaben und Befugnisse in den Räumen 4, 5 und 6. Es ist auch diese Abgrenzung vorstellbar: Dem Strahlenschutzbeauftragten A werden alle Aufgaben und Befugnisse in den Räumen 1 bis 6 übertragen. Bei seiner Abwesenheit gehen diese Aufgaben und Befugnisse in denselben Räumen auf den Strahlenschutzbeauftragten B über. Eine Überlappung von Aufgaben und Befugnissen ist auszuschließen, um zu verhindern, dass z.B. widersprechende Weisungen erlassen werden. Es ist möglich und unter Umständen auch zweckdienlich, Strahlenschutzbeauftragte für bestimmte Aufgaben zu bestellen, so z.B. für die Personendosimetrie, die ärztliche Überwachung oder die Qualitätssicherung. Die Bestellung von Strahlenschutzbeauftragten muss grundsätzlich schriftlich erfolgen. In dieser schriftlichen Bestellung sind die Aufgaben des Strahlenschutzbeauftragten und die für deren Wahrnehmung erforderlichen Befugnisse schriftlich festzuhalten.

Durch die Bestellung von Strahlenschutzbeauftragten wird die Verantwortlichkeit des Strahlenschutzverantwortlichen bezüglich der Einhaltung von Schutzanforderungen, die in den Teilen 2 und 5 der Verordnung aufgeführt sind, nicht aufgehoben. Er muss durch geeignete Maßnahmen kontrollieren, ob die Strahlenschutzbeauftragten ihre Aufgaben

Teil 2: Zielgerichtete Nutzung radioaktiver Stoffe oder ionisierender Strahlung

in ausreichendem Maße wahrnehmen. Sollte er feststellen, dass ein Strahlenschutzbeauftragter seine Aufgaben nicht oder nicht in ausreichendem Maße wahrnimmt, muss er notwendige Maßnahmen treffen, z.b. eine Anweisung erteilen, wie der Strahlenschutzbeauftragte seine Aufgaben wahrzunehmen hat, oder sogar eine Abberufung dieses Strahlenschutzbeauftragten und Bestellung eines anderen Strahlenschutzbeauftragten in die Wege leiten.

Eine besondere Problematik besteht im medizinischen Bereich, wenn einem Arzt das Recht zur Behandlung von Wahlleistungspatienten und damit die Möglichkeit zur Privatliquidation eingeräumt wurde. Seine Einordnung „Strahlenschutzbeauftragter oder Strahlenschutzverantwortlicher" hängt davon ab, ob die Tätigkeit im Namen und Auftrag des Krankenhausträgers oder im eigenen Namen ausgeführt wird. Kommt mit dem Kassenpatienten ein Krankenhausaufnahmevertrag zu Stande, so ist nicht der behandelnde Arzt Vertragspartner. Daher unterliegt er in diesem Fall dem Weisungs- und Direktionsrecht seines Arbeitgebers, der Strahlenschutzverantwortlicher ist. Wenn aber der behandelnde und liquidierende Arzt selbst Vertragspartner des Patienten ist und der Träger des Krankenhauses sich nicht vertraglich zur Wahrnehmung der Aufgaben des Strahlenschutzverantwortlichen bereit erklärt (d.h. der Arzt wird nicht unter dem Weisungs- und Direktionsrecht des Trägers tätig), bedarf der Arzt selbst einer Genehmigung und ist damit Strahlenschutzverantwortlicher.

Die Bestellung eines Strahlenschutzbeauftragten mit Angabe der Aufgaben und Befugnisse, deren Änderung sowie das Ausscheiden eines Strahlenschutzbeauftragten hat der Strahlenschutzverantwortliche der zuständigen Behörde unverzüglich (ohne schuldhafte Verzögerung) mitzuteilen. Bei einer Bestellung ist dieser Mitteilung die Bescheinigung über die erforderliche Fachkunde im Strahlenschutz nach § 30 Abs. 1 StrlSchV beizufügen. Die Mitteilung über die Bestellung des Strahlenschutzbeauftragten sollte folgende Angaben enthalten:

- Name, Vorname, Geburtsdatum des Strahlenschutzbeauftragten
- Ausbildung und Weiterbildung
- Aufgaben und Befugnisse
- bei der Ausübung der Heilkunde Nachweis, dass dieser Strahlenschutzbeauftragte Arzt oder zur Ausübung dieses Berufs berechtigt ist
- im Zusammenhang mit dem Unterricht in Schulen der Nachweis, dass es sich um eine Lehrkraft handelt

Es ist sinnvoll, der Behörde anstatt einer gesonderten Mitteilung eine Ausfertigung des Bestellungsschreibens möglichst mit Einverständniserklärung des Bestellten zu übersenden. Zur Vereinfachung des Verfahrens werden entsprechende Formblätter sowohl von verschiedenen Verlagen als auch von den Genehmigungs- und Aufsichtsbehörden der Länder angeboten.

Dem Strahlenschutzbeauftragten sowie dem Betriebs- oder Personalrat ist eine Abschrift der Mitteilung an die Behörde auszuhändigen.

Kommentierung

Darf ein potenzieller Strahlenschutzbeauftragter sich weigern, diese Aufgabe zu übernehmen?

Bei arbeitsrechtlicher Bindung ist der zu Bestellende im Regelfall verpflichtet, eine Aufgabe zu übernehmen, zu der er die entsprechende Eignung besitzt. Ob für die Aufgabe des Strahlenschutzbeauftragten eine besondere Vergütung erfolgt, ist im Innenverhältnis zwischen Arbeitgeber und Arbeitnehmer zu regeln. Die Strahlenschutzverordnung macht hierzu keine Aussage.

Eine Sonderregelung betrifft die Tätigkeiten, auf die die Vorschriften des Bundesberggesetzes anzuwenden sind. Sind bei Tätigkeiten, wie Aufsuchen, Gewinnen oder Aufbereiten radioaktiver Bodenschätze, Strahlenschutzbeauftragte zu bestellen, müssen diese gleichzeitig Verantwortliche nach § 58 Abs. 1 Nr. 2 des Bundesberggesetzes sein. Sie müssen mehrere Aufgaben wahrnehmen.

Ordnungswidrigkeiten

Nach § 116 Abs. 2 Nr. 1a handelt ordnungswidrig, wer vorsätzlich oder fahrlässig einer Bestellungspflicht nach § 31 Abs. 2 Satz 1 zuwiderhandelt.

Nach § 113 Abs. 2 Nr. 2 StrlSchV handelt ordnungswidrig, wer vorsätzlich oder fahrlässig eine Mitteilung nach § 31 Abs. 4 Satz 1 nicht, nicht richtig, nicht vollständig oder nicht rechtzeitig erstattet.

§ 32 Stellung des Strahlenschutzverantwortlichen und des Strahlenschutzbeauftragten

(1) Dem Strahlenschutzbeauftragten obliegen die ihm durch diese Verordnung auferlegten Pflichten nur im Rahmen seiner Befugnisse. Ergibt sich, dass der Strahlenschutzbeauftragte infolge unzureichender Befugnisse, unzureichender Fachkunde im Strahlenschutz oder fehlender Zuverlässigkeit oder aus anderen Gründen seine Pflichten nur unzureichend erfüllen kann, kann die zuständige Behörde gegenüber dem Strahlenschutzverantwortlichen die Feststellung treffen, dass dieser Strahlenschutzbeauftragte nicht als Strahlenschutzbeauftragter im Sinne dieser Verordnung anzusehen ist.

(2) Dem Strahlenschutzverantwortlichen sind unverzüglich alle Mängel mitzuteilen, die den Strahlenschutz beeinträchtigen. Kann sich der Strahlenschutzbeauftragte über eine von ihm vorgeschlagene Behebung von aufgetretenen Mängeln mit dem Strahlenschutzverantwortlichen nicht einigen, so hat dieser dem Strahlenschutzbeauftragten die Ablehnung des Vorschlages schriftlich mitzuteilen und zu begründen und dem Betriebsrat oder dem Personalrat und der zuständigen Behörde je eine Abschrift zu übersenden.

(3) Die Strahlenschutzbeauftragten sind über alle Verwaltungsakte und Maßnahmen, die ihre Aufgaben oder Befugnisse betreffen, unverzüglich zu unterrichten.

(4) Der Strahlenschutzverantwortliche und der Strahlenschutzbeauftragte haben bei der Wahrnehmung ihrer Aufgaben mit dem Betriebsrat oder dem Personalrat und den Fachkräften für Arbeitssicherheit zusammenzuarbeiten und sie über wichtige Angelegenheiten des Strahlenschutzes zu unterrichten. Der Strahlenschutzbeauftragte hat den Betriebsrat oder Personalrat auf dessen Verlangen in Angelegenheiten des Strahlenschutzes zu beraten.

(5) Der Strahlenschutzbeauftragte darf bei der Erfüllung seiner Pflichten nicht behindert und wegen deren Erfüllung nicht benachteiligt werden.

Kommentierung § 32

§ 32 beschreibt im Wesentlichen die Pflichten des Strahlenschutzbeauftragten. Hierbei wird verdeutlicht, dass dem Strahlenschutzbeauftragten die ihm durch die Strahlenschutzverordnung auferlegten Pflichten nur im Rahmen seiner Befugnisse zu erfüllen hat. Die Möglichkeit der zuständigen Behörde, die Feststellung zu treffen, dass ein bestellter Strahlenschutzbeauftragter nicht als Strahlenschutzbeauftragter im Sinne der Strahlenschutzverordnung anzusehen ist, werden am Anfang des § 32 beschrieben. Hierbei gibt die StrlSchV an, was z.B. die Gründe für eine derartige Feststellung sein können:

- unzureichende Befugnisse
- unzureichende Fachkunde im Strahlenschutz
- unzureichende Zuverlässigkeit
- ungeeignete Stellung im Betrieb
- ungeeignete Berufsausbildung

Sofern die Behörde die Feststellung trifft, dass der Strahlenschutzbeauftragte nicht als solcher im Sinne der StrlSchV anzusehen ist und der Strahlenschutzverantwortliche nicht innerhalb einer angemessenen Frist Abhilfe schafft, kommt für die Behörde z.B. ein Widerruf der Genehmigung nach § 17 Abs. 3 Nr. 2 AtG in Betracht, da das Vorhandensein von Strahlenschutzbeauftragten eine Genehmigungsvoraussetzung für den Umgang mit radioaktiven Stoffen bzw. für den Betrieb von Anlagen zur Erzeugung ionisierender Strahlen ist.

Die Verpflichtung des Strahlenschutzbeauftragten, dem Verantwortlichen alle strahlenschutzrelevanten Mängel, die den Strahlenschutz beeinträchtigen könnten, mitzuteilen und hierbei auch Vorschläge zur Mängelbehebung zu machen, ergibt sich zwangsläufig, da der Strahlenschutzbeauftragte den Betrieb bzw. den Umgang beaufsichtigt. Diese Aufgabe kann der Strahlenschutzbeauftragte aber sicherlich nur erfüllen, wenn der Strahlenschutzverantwortliche seiner Pflicht nachkommt und den Beauftragten über alle Verwaltungsakte und -maßnahmen, die die Aufgaben oder die Befugnisse des Beauftragten betreffen, unverzüglich unterrichtet.

Die StrlSchV verbindet die Aufgabe des Strahlenschutzbeauftragten, den Strahlenschutzverantwortlichen über alle Mängel zu informieren und die Mängelbehebung vorzuschlagen, mit dem Konfliktlösungsmodell. Im Konfliktlösungsmodell wird festgelegt, dass, sofern sich der Strahlenschutzbeauftragte und der Strahlenschutzverantwortliche über die vorgeschlagene Mängelbehebung nicht einigen können, der Strahlenschutzverantwortliche die Ablehnung des Vorschlages dem Beauftragten schriftlich mitzuteilen hat, die Ablehnung begründet und dem Betriebs- oder Personalrat und der zuständigen Behörde je eine Abschrift seiner Ablehnung mit Begründung übersendet. Dieses Modell ist auch aus anderen Bereichen des Arbeitsschutzrechts, z.B. nach dem Arbeitsschutzgesetz [ARB], bekannt. Unabhängig davon, dass eine solche Regelung für den Strahlenschutz wichtig und sinnvoll ist, stellt sich die Frage, inwieweit sie in der Praxis berücksichtigt wird. Es ist schwer vorstellbar, dass der Strahlenschutzverantwortliche der zuständigen Behörde mitteilt, dass er einen Vorschlag des Beauftragten zur Mängelbehebung abgelehnt und dadurch gleichzeitig festgelegt hat, dass der Umgang mit radioaktiven Stoffen oder der Betrieb einer Anlage zur Erzeugung ionisierender Strahlen weiter erfolgt, obwohl hier Mängel vorhanden sind. Neben den möglichen Ahndungsmaßnahmen durch die Behörde würde der Strahlenschutzverantwortliche auch riskieren, dass die Behörde Maßnahmen anordnet, die in einer bestimmten Frist Investitionen von ihm verlangen würden.

Die Zusammenarbeit der Funktionsträger im Strahlenschutz (Strahlenschutzverantwortlicher und Strahlenschutzbeauftragter) mit dem Betriebs- oder Personalrat und den Fachkräften für Arbeitssicherheit sollte selbstverständlich sein. Zu dieser Zusammenarbeit gehört auch, dass sowohl Betriebs- oder Personalrat als auch die Fachkräfte für Arbeitssicherheit die umfassenden Informationen über relevante Strahlenschutzangelegenheiten erhalten. Dies ist sicherlich auch zur Ausfüllung der Vorschriften des Arbeitsschutzgesetzes unbedingt erforderlich. Über diese Unterrichtungspflicht hinaus hat der Strahlenschutzbeauftragte dem Betriebs- oder Personalrat auf dessen Verlangen in Angelegenheiten des Strahlenschutzes zu beraten.

Der Strahlenschutzbeauftragte darf grundsätzlich bei der Erfüllung seiner Pflichten nicht behindert und wegen deren Erfüllung nicht benachteiligt werden. Hiermit versucht der Verordnungsgeber, für den Strahlenschutzbeauftragten bestimmte disziplinarische oder sonstige einschränkende Maßnahmen zu verhindern, die ansonsten auf Grund seiner Tätigkeit zu befürchten sind. Diese Regelung beinhaltet für den Strahlenschutzbeauftragten jedoch keinerlei Kündigungsschutz.

Es ist anzumerken, dass der Strahlenschutzbeauftragte in seiner Funktion aus disziplinar- oder personalrechtlichen Ketten herausgenommen und dem Strahlenschutzverantwortlichen unmittelbar unterstellt ist. Das gilt für jeden Strahlenschutzbeauftragten. Deshalb verbietet sich eine Hierarchie unter Strahlenschutzbeauftragten. Lediglich eine bestimmte Vertretungsreihenfolge ist möglich.

§ 33 Pflichten des Strahlenschutzverantwortlichen und des Strahlenschutzbeauftragten

(1) Der Strahlenschutzverantwortliche hat unter Beachtung des Standes von Wissenschaft und Technik zum Schutz des Menschen und der Umwelt vor den schädlichen Wirkungen ionisierender Strahlung durch geeignete Schutzmaßnahmen, insbesondere durch Bereitstellung geeigneter Räume, Ausrüstungen und Geräte, durch geeignete Regelung des Betriebsablaufs und durch Bereitstellung ausreichenden und geeigneten Personals dafür zu sorgen, dass

1. die folgenden Vorschriften eingehalten werden:

    a) Teil 2 Kapitel 2: Genehmigungen, Zulassungen, Freigabe, Abschnitt 9: Freigabe § 29 Abs. 1 Satz 1,

    b) Teil 2 Kapitel 3: Anforderung bei der Nutzung radioaktiver Stoffe und ionisierender Strahlung

     aa) Abschnitt 2: Betriebliche Organisation des Strahlenschutzes § 31 Abs. 2 Satz 2, Abs. 3 und 4, § 32 Abs. 2 und 3, § 34 Satz 1,

     bb) Abschnitt 3: Schutz von Personen in Strahlenschutzbereichen; physikalische Strahlenschutzkontrolle § 40 Abs. 2 Satz 2,

     cc) Abschnitt 4: Schutz von Bevölkerung und Umwelt bei Strahlenexpositionen aus Tätigkeiten § 47 Abs. 1 Satz 1 in Verbindung mit § 5,

Teil 2: Zielgerichtete Nutzung radioaktiver Stoffe oder ionisierender Strahlung

dd) Abschnitt 5: Schutz vor sicherheitstechnisch bedeutsamen Ereignissen § 49 Abs. 1 Satz 1 und Abs. 2, § 50 Abs. 1 Satz 1, Abs. 2 und 3, §§ 52, 53 Abs. 1, 4 und 5,

ee) Abschnitt 6: Begrenzung der Strahlenexposition bei der Berufsausübung § 58 Abs. 5,

ff) Abschnitt 7: Arbeitsmedizinische Vorsorge beruflich strahlenexponierter Personen § 61 Abs. 3 Satz 2,

c) Teil 2 Kapitel 4: Besondere Anforderungen bei der medizinischen Anwendung radioaktiver Stoffe und ionisierender Strahlung, Abschnitt 1: Heilkunde und Zahnheilkunde § 81 Abs. 7, § 83 Abs. 4 Satz 1,

2. die in den folgenden Teilen, Kapiteln und Abschnitten vorgesehenen Schutzvorschriften eingehalten werden:

a) Teil 2 Kapitel 2: Genehmigungen, Zulassungen, Freigabe, Abschnitt 9: Freigabe § 29 Abs. 2 Satz 4,

b) Teil 2 Kapitel 3: Anforderungen bei der Nutzung radioaktiver Stoffe und ionisierender Strahlung

aa) Abschnitt 2: Betriebliche Organisation des Strahlenschutzes § 35,

bb) Abschnitt 3: Schutz von Personen in Strahlenschutzbereichen; physikalische Strahlenschutzkontrolle

aaa) § 36 Abs. 1 Satz 1, Abs. 2 Satz 1 und 2 und Abs. 4 Satz 1, § 37 Abs. 1 Satz 1 und Abs. 2, §§ 38, 39, 40 Abs. 1 Satz 1 und 2 und Abs. 2 Satz 1, Abs. 3 und 4, § 41 Abs. 1 Satz 1 und 2, Abs. 2 und Abs. 3 Satz 1 bis 4, Abs. 4 Satz 1, Abs. 5 und 6, § 42 Abs. 1, 2 Satz 2 und Abs. 3, §§ 43, 44 Abs. 1 Satz 1, 2 und 3 und Abs. 2 bis 5, § 45 Abs. 1 und 3,

bbb) § 42 Abs. 2 Satz 1,

cc) Abschnitt 4: Schutz von Bevölkerung und Umwelt bei Strahlenexpositionen aus Tätigkeiten

aaa) § 46 Abs. 1 bis 3, § 47 Abs. 1 Satz 1 jeweils in Verbindung mit § 5,

bbb) § 47 Abs. 1 Satz 2, § 48 Abs. 1 Nr. 1,

ccc) § 48 Abs. 1 Nr. 2,

dd) Abschnitt 5: Schutz vor sicherheitstechnisch bedeutsamen Ereignissen §§ 51 Abs. 1 Satz 1 und 2, 53 Abs. 2,

ee) Abschnitt 6: Begrenzung der Strahlenexposition bei der Berufsausübung

aaa) §§ 55, 56 Satz 1, § 58 Abs. 1 Satz 2 jeweils in Verbindung mit § 5,

bbb) § 57 Satz 1, § 58 Abs. 4, § 59 Abs. 2 und 3 Satz 1 und 3,

ff) Abschnitt 7: Arbeitsmedizinische Vorsorge beruflich strahlenexponierter Personen § 60 Abs. 1 und 2, § 63 Abs. 1, § 64 Abs. 1, 3 bis 5,

gg) Abschnitt 8: Sonstige Anforderungen

aaa) §§ 65, 66 Abs. 2 Satz 1, Abs. 5 und 6 Satz 1 und 2, §§ 67, 68 Abs. 1, 3 bis 6, § 69 Abs. 1 und 2, § 70 Abs. 1 Satz 1 Nr. 2, Abs. 2 bis 4 und 6,

bbb) § 66 Abs. 6 Satz 3, § 70 Abs. 1 Satz 1 Nr. 1 und 3,

hh) Abschnitt 9: Radioaktive Abfälle § 72 Satz 1 und 3, § 73 Abs. 1, 2 Satz 1, Abs. 3 und 4, § 74 Abs. 2 und 3, § 75 Abs. 1 bis 3, § 76 Abs. 1 bis 5, § 78 Satz 1, § 79 Satz 1,

c) Teil 2 Kapitel 4: Medizinische Strahlenanwendungen

aa) Abschnitt 1: Besondere Anforderungen bei der medizinischen Anwendung radioaktiver Stoffe und ionisierender Strahlung § 80 Abs. 1 Satz 1, Abs. 2 und 3, § 81 Abs. 1 Satz 1 und 2, Abs. 2 Satz 1 und 2, Abs. 3, Abs. 5 Satz 1 und 2 und Abs. 6 Satz 1, §§ 82, 83 Abs. 4 Satz 2 bis 4 und Abs. 5, §§ 84, 85 Abs. 1 bis 3 Satz 1, Abs. 4 Satz 1 und Abs. 6 Satz 1 und 3, § 86,

bb) Abschnitt 2: Medizinische Forschung § 87 Abs. 1 Satz 2 und Abs. 3 bis 7, § 88 Abs. 1, 2 Satz 1 und Abs. 3 und 4, § 89,

d) Teil 5 Kapitel 1: Berücksichtigung von Strahlenexpositionen § 111 und

3. die erforderlichen Maßnahmen gegen ein unbeabsichtigtes Kritischwerden von Kernbrennstoffen getroffen werden.

(2) Der Strahlenschutzbeauftragte hat dafür zu sorgen, dass

1.

a) im Rahmen seiner Aufgaben und Befugnisse die in Absatz 1 Nr. 2 aufgeführten Schutzvorschriften und,

b) soweit ihm deren Durchführung und Erfüllung nach § 31 Abs. 2 übertragen worden sind, die Bestimmungen des Bescheides über die Genehmigung oder allgemeine Zulassung und die von der zuständigen Behörde erlassenen Anordnungen und Auflagen

eingehalten werden und

2. der Strahlenschutzverantwortliche nach § 32 Abs. 2 Satz 1 oder § 113 Abs. 2 Satz 3 unterrichtet wird.

(3) Der Strahlenschutzverantwortliche und der Strahlenschutzbeauftragte haben dafür zu sorgen, dass bei Gefahr für Mensch und Umwelt unverzüglich geeignete Maßnahmen zur Abwendung dieser Gefahr getroffen werden.

Kommentierung § 33

In § 33 werden die Pflichten von Strahlenschutzverantwortlichen und Strahlenschutzbeauftragten, die nicht schon in speziellen Vorschriften (siehe z.B. § 15) aufgeführt sind, abschließend beschrieben. Hierzu ist anzumerken, dass die Aufzählung der Pflichten eindeutig übersichtlicher erfolgt ist als in der Strahlenschutzverordnung von 1989.

In Absatz 1 werden die Pflichten des Strahlenschutzverantwortlichen festgelegt. Wie es seiner Stellung als demjenigen, der die tatsächliche Gewalt über den Umgang mit radioaktiven Stoffen oder den Betrieb von Anlagen zur Erzeugung ionisierender Strahlen hat, entspricht, sind ihm die Aufgaben vorbehalten, die mit Außenwirksamkeit verbunden sind und die personelle und finanzielle Rechte voraussetzen.

Die Pflichten müssen als Vorbehaltspflichten bezeichnet werden, da sie nicht delegierbar sind. Für den Strahlenschutzverantwortlichen bedeutet dies, dass er, auch wenn er Strahlenschutzbeauftragte bestellt hat, durch organisatorische Maßnahmen und Aufsichtsmaßnahmen darüber wachen muss, dass die Pflichten eingehalten werden. Zu den grundsätzlichen Pflichten des Strahlenschutzverantwortlichen zählen die Bereitstellung geeigneter Räume, Ausrüstungen und Geräte, die geeignete Regelung des Betriebsablaufs und die Bereitstellung ausreichenden und geeigneten Personals. Sinn dieser Pflichten ist es, unter Beachtung des Standes von Wissenschaft und Technik den Schutz des Menschen und der Umwelt vor der schädlichen Wirkung ionisierender Strahlung zu gewährleisten. Die unter Nr. 1 angegebenen Pflichten folgen aus Teil 2 Kapitel 2 und 3 StrlSchV (Genehmigungen, Zulassungen, Freigabe und Anforderungen bei der Nutzung radioaktiver Stoffe und ionisierender Strahlung). Sie sind ausschließlich vom Strahlenschutzverantwortlichen zu erfüllen.

Pflichten, die in der laufenden Nr. 2 aufgeführt sind, ergeben sich aus Teil 2 Kapitel 2 (Genehmigungen, Zulassungen, Freigabe), Teil 2 Kapitel 3 (Anforderung bei der Nutzung radioaktiver Stoffe und ionisierender Strahlung), Teil 2 Kapitel 4 (medizinische Strahlenanwendung) und Teil 5 Kapitel 1 (Berücksichtigung von Strahlenexpositionen) und sind sowohl vom Strahlenschutzverantwortlichen als auch vom Strahlenschutzbeauftragten zu erfüllen. Darüber hinaus obliegt es dem Strahlenschutzverantwortlichen, erforderliche Maßnahmen gegen unbeabsichtigtes Kritischwerden von Kernbrennstoffen zu treffen.

Dass der Strahlenschutzverantwortliche und der Strahlenschutzbeauftragte bei der Erfüllung ihrer Pflichten den Stand von Wissenschaft und Technik beachten müssen, begründet sich einerseits auf dem Anspruch des Strahlenschutzes, sich stets an den modernsten Erkenntnissen zu orientieren, und enthebt den Verordnungsgeber andererseits von der ansonsten notwendigen und doch immer zu spät erfolgenden Fortschreibung und Anpassung des Rechts an den Fortschritt der wissenschaftlichen Erkenntnisse. Eine solche Formulierung trägt daher der relativen Unflexibilität von Gesetzen und Verordnungen Rechnung. Es stellt sich allerdings die Frage, ob der Stand der Wissenschaft innerhalb des „normalen" Strahlenschutzes überhaupt erfüllbar ist. In aller Regel werden „normale" Strahlenschutzmaßnahmen als ausreichend angesehen, wenn sie konkretisierenden Richtlinien oder Bekanntmachungen, aber auch den als Regeln der Technik bezeichneten DIN-, EN-, CEN- oder CENELEC-Normen entsprechen. Darüber hinaus müssen im Einzelfall auch andere Grundlagen, wie z.B. Empfehlungen der internationalen und nationalen Strahlenschutzkommissionen, herangezogen werden.

Sofern ein Strahlenschutzbeauftragter nach § 31 bestellt ist, hat dieser dafür zu sorgen, dass im Rahmen seiner Aufgaben und Befugnisse, d.h. innerhalb seines tatsächlichen Entscheidungsbereichs, die in Absatz 1 Nr. 2 aufgeführten Schutzvorschriften eingehalten werden. Dieses bedarf keiner besonderen Übertragung durch den Strahlenschutzverantwortlichen. Die Einhaltung der Bestimmungen des Bescheids über die Genehmigung oder allgemeine Zulassung und die von der zuständigen Behörde erlassenen Anordnungen und Auflagen obliegt dem Strahlenschutzbeauftragten nur, wenn ihm der Strahlenschutzverantwortliche deren Durchführung und Erfüllung besonders übertragen hat.

Es sei hier noch einmal angemerkt, dass der Strahlenschutzverantwortliche auch dann für die Erfüllung der Pflichten verantwortlich ist, wenn er Strahlenschutzbeauftragte bestellt hat. Im Einzelnen bedeutet dies, dass der Strahlenschutzverantwortliche die Aufgabenerledigung durch den Strahlenschutzbeauftragen mit geeigneten Mitteln kontrollieren muss.

Beide – Strahlenschutzverantwortlicher und Strahlenschutzbeauftragter – haben die Verpflichtung, dafür zu sorgen, dass bei Gefahr für Mensch und Umwelt unverzüglich die geeigneten Maßnahmen zur Abwendung dieser Gefahr getroffen werden.

Ordnungswidrigkeiten

Nach § 116 Abs. 2 handelt ordnungswidrig, wer vorsätzlich oder fahrlässig entgegen § 33 Abs. 1 Nr. 1 und 3 als Strahlenschutzverantwortlicher nicht dafür sorgt, dass eine der in § 116 Abs. 2 Nrn. 3 bis 5 genannten Schutzvorschriften eingehalten wird.

Nach § 116 Abs. 3 handelt ordnungswidrig, wer vorsätzlich oder fahrlässig entgegen § 33 Abs. 1 Nr. 2 als Strahlenschutzverantwortlicher oder Strahlenschutzbeauftragter nicht dafür sorgt, dass eine der in § 116 Abs. 3 Nrn. 1 bis 3 genannten Schutzvorschriften eingehalten wird.

§ 34 Strahlenschutzanweisung

Es ist eine Strahlenschutzanweisung zu erlassen, in der die in dem Betrieb zu beachtenden Strahlenschutzmaßnahmen aufzuführen sind. Zu diesen Maßnahmen gehören in der Regel

1. die Aufstellung eines Planes für die Organisation des Strahlenschutzes, erforderlichenfalls mit der Bestimmung, dass ein oder mehrere Strahlenschutzbeauftragte bei der genehmigten Tätigkeit ständig anwesend oder sofort erreichbar sein müssen,

2. die Regelung des für den Strahlenschutz wesentlichen Betriebsablaufs,

3. die für die Ermittlung der Körperdosis vorgesehenen Messungen und Maßnahmen entsprechend den Expositionsbedingungen,

4. die Führung eines Betriebsbuchs, in das die für den Strahlenschutz wesentlichen Betriebsvorgänge einzutragen sind,

5. die regelmäßige Funktionsprüfung und Wartung von Bestrahlungsvorrichtungen, Anlagen zur Erzeugung ionisierender Strahlen, Ausrüstung und Geräten, die für den Strahlenschutz wesentlich sind, sowie die Führung von Aufzeichnungen über die Funktionsprüfungen und über die Wartungen,

6. die Aufstellung eines Planes für regelmäßige Alarmübungen sowie für den Einsatz bei Unfällen und Störfällen, erforderlichenfalls mit Regelungen für den Brandschutz und die Vorbereitung der Schadensbekämpfung nach § 53, und

7. die Regelung des Schutzes gegen Störmaßnahmen oder sonstige Einwirkungen Dritter, gegen das Abhandenkommen von radioaktiven Stoffen oder gegen das unerlaubte In-Betrieb-Setzen einer Bestrahlungsvorrichtung oder einer Anlage zur Erzeugung ionisierender Strahlen.

Die Strahlenschutzanweisung kann Bestandteil sonstiger erforderlicher Betriebsanweisungen nach arbeitsschutz-, immissionsschutz- oder gefahrstoffrechtlichen Vorschriften sein.

Kommentierung § 34

Im Gegensatz zu der Strahlenschutzverordnung von 1989 bedarf der Erlass einer Strahlenschutzanweisung keiner besonderen Initiative seitens der Behörde mehr. Vielmehr ist der Strahlenschutzverantwortliche verpflichtet, eine Strahlenschutzanweisung zu erlassen, in der die in dem Betrieb zu beachtende Strahlenschutzmaßnahmen aufgeführt sind.

Die Strahlenschutzanweisung soll die zu beachtenden Schutzmaßnahmen enthalten, die in den Nrn. 1 bis 7 aufgezählt sind. Neu aufgenommen wurde die Verpflichtung, auch die für die Ermittlung der Körperdosis vorgesehenen Messungen und Maßnahmen entsprechend den Expositionsbedingungen in die Strahlenschutzanweisung aufzunehmen. Hiermit soll sichergestellt werden, dass der Strahlenschutzverantwortliche beim Umgang mit offenen radioaktiven Stoffen vor Aufnahme der Tätigkeit und dann in regelmäßigen Zeitabständen abschätzt, ob infolge Inkorporationen radioaktiver Stoffe Inkorporationsmessungen erforderlich sind. Außerdem wurde hinzugefügt, dass in der Strahlenschutzanweisung Hinweise auf Verbote gegen das unerlaubte In-Betrieb-Setzen einer Bestrahlungsvorrichtung oder einer Anlage zur Erzeugung ionisierender Strahlen enthalten sein sollen.

Da der Strahlenschutzverantwortliche in aller Regel auch durch das Arbeitsschutzgesetz [ARB] zur Festlegung von Arbeitsschutzanweisungen verpflichtet ist, lässt die Strahlenschutzverordnung zu, dass die Strahlenschutzanweisung in die Betriebsanweisungen nach arbeitsschutzrechtlichen Vorschriften integriert sein darf. Diese Regelung ist insofern sinnvoll, als der Strahlenschutzverantwortliche nach Arbeitsschutzgesetz verpflichtet ist, eine Gefährdungsbeurteilung durchzuführen, und so kann deren Ergebnis direkt in die Strahlenschutzanweisung einfließen.

Es empfiehlt sich, die Strahlenschutzanweisung als Bestandteil der Anweisungen nach dem Arbeitsschutzgesetz in die Unterweisungen nach § 38 einzubeziehen und diese Informationen als Gesamtpaket den zu Unterweisenden anzubieten. Dieses Vorgehen würde zur Entlastung der Strahlenschutzverantwortlichen oder Strahlenschutzbeauftragten beitragen. Darüber hinaus kann die Strahlenschutzanweisung auch Bestandteil anderer Betriebsanweisungen nach immissionsschutz- oder gefahrstoffrechtlichen Vorschriften sein.

In der Strahlenschutzanweisung sollte auch auf Verantwortlichkeiten und Zuständigkeiten, d.h. auf die Struktur der betrieblichen Strahlenschutzorganisation eingegangen werden. Die Beschäftigten erfahren beispielsweise auf diese Weise, wer bei Gefahren zu informieren ist. Wenn bei Tätigkeiten, z.B. bei der strahlentherapeutischen Behandlung von Patienten Stör- und Unfälle nicht ausgeschlossen werden können, sollte die Strahlenschutzanweisung auch Anleitungen zu praxisnahen Übungen enthalten.

Man beachte auch die Übergangsvorschrift des § 117 Abs. 14.

Ordnungswidrigkeiten

Nach § 116 Abs. 2 handelt ordnungswidrig, wer vorsätzlich oder fahrlässig entgegen § 33 Abs. 1 Nr. 1 und 3 als Strahlenschutzverantwortlicher nicht dafür sorgt, dass eine der in § 116 Abs. 2 Nrn. 3 bis 5 genannten Schutzvorschriften eingehalten wird.

Nach § 116 Abs. 3 handelt ordnungswidrig, wer vorsätzlich oder fahrlässig entgegen § 33 Abs. 1 Nr. 2 als Strahlenschutzverantwortlicher oder Strahlenschutzbeauftragter nicht dafür sorgt, dass eine der in § 116 Abs. 3 Nrn. 1 bis 3 genannten Schutzvorschriften eingehalten wird.

§ 35 Auslegung oder Aushang der Verordnung

Ein Abdruck dieser Verordnung ist in Betrieben oder selbständigen Zweigbetrieben, bei Nichtgewerbetreibenden an dem Ort der Tätigkeit, zur Einsicht ständig verfügbar zu halten, wenn regelmäßig mindestens eine Person beschäftigt oder unter der Aufsicht eines anderen tätig ist.

Kommentierung § 35

Das Auslegen oder Aushängen der Strahlenschutzverordnung soll sicherstellen, dass Arbeitnehmer oder sonst unter Aufsicht des Strahlenschutzverantwortlichen tätig werdende Personen sich jederzeit über den Inhalt der Strahlenschutzverordnung unterrichten können. Hierdurch haben sie die Möglichkeit, sich über ihre Rechte und Pflichten zu informieren.

Ordnungswidrigkeiten

Nach § 116 Abs. 2 handelt ordnungswidrig, wer vorsätzlich oder fahrlässig entgegen § 33 Abs. 1 Nr. 1 und 3 als Strahlenschutzverantwortlicher nicht dafür sorgt, dass eine der in § 116 Abs. 2 Nrn. 3 bis 5 genannten Schutzvorschriften eingehalten wird.

Nach § 116 Abs. 3 handelt ordnungswidrig, wer vorsätzlich oder fahrlässig entgegen § 33 Abs. 1 Nr. 2 als Strahlenschutzverantwortlicher oder Strahlenschutzbeauftragter nicht dafür sorgt, dass eine der in § 116 Abs. 3 Nrn. 1 bis 3 genannten Schutzvorschriften eingehalten wird.

§ 36 Strahlenschutzbereiche

(1) Bei genehmigungs- und anzeigebedürftigen Tätigkeiten nach § 2 Abs. 1 Nr. 1 Buchstabe a, c oder d sind Strahlenschutzbereiche nach Maßgabe des Satzes 2 einzurichten. Je nach Höhe der Strahlenexposition wird zwischen Überwachungsbereichen, Kontrollbereichen und Sperrbereichen, Letztere als Teile der Kontrollbereiche, unterschieden; dabei sind äußere und innere Strahlenexposition zu berücksichtigen:

1. Überwachungsbereiche sind nicht zum Kontrollbereich gehörende betriebliche Bereiche, in denen Personen im Kalenderjahr eine effektive Dosis von mehr als 1 Millisievert oder höhere Organdosen als 15 Millisievert für die Augenlinse oder 50 Millisievert für die Haut, die Hände, die Unterarme, die Füße und Knöchel erhalten können,
2. Kontrollbereiche sind Bereiche, in denen Personen im Kalenderjahr eine effektive Dosis von mehr als 6 Millisievert oder höhere Organdosen als 45 Millisievert für die Augenlinse oder 150 Millisievert für die Haut, die Hände, die Unterarme, die Füße und Knöchel erhalten können,
3. Sperrbereiche sind Bereiche des Kontrollbereiches, in denen die Ortsdosisleistung höher als 3 Millisievert durch Stunde sein kann.

Maßgebend bei der Festlegung der Grenze von Kontrollbereich oder Überwachungsbereich ist eine Aufenthaltszeit von 40 Stunden je Woche und 50 Wochen im Kalenderjahr, soweit keine anderen begründeten Angaben über die Aufenthaltszeit vorliegen.

(2) Kontrollbereiche und Sperrbereiche sind abzugrenzen und deutlich sichtbar und dauerhaft zusätzlich zur Kennzeichnung nach § 68 Abs. 1 Satz 1 Nr. 3 mit dem Zusatz „KONTROLLBEREICH" oder „SPERRBEREICH – KEIN ZUTRITT" zu kennzeichnen. Sperrbereiche sind darüber hinaus so abzusichern, dass Personen, auch mit einzelnen Körperteilen, nicht unkontrolliert hineingelangen können. Die Behörde kann Ausnahmen von den Sätzen 1 und 2 gestatten, wenn dadurch Einzelne oder die Allgemeinheit nicht gefährdet werden.

(3) Die zuständige Behörde kann bestimmen, dass weitere Bereiche als Strahlenschutzbereiche zu behandeln sind, wenn dies zum Schutz Einzelner oder der Allgemeinheit erforderlich ist. Beim Betrieb von Anlagen zur Erzeugung ionisierender Strahlung oder Bestrahlungsvorrichtungen kann die zuständige Behörde zulassen, dass Bereiche nur während der Einschaltzeit dieser Anlagen oder Vorrichtungen als Kontrollbereiche oder Sperrbereiche gelten.

(4) Bei ortsveränderlichem Umgang mit radioaktiven Stoffen und beim Betrieb von ortsveränderlichen Anlagen zur Erzeugung ionisierender Strahlen oder Bestrahlungsvorrichtungen ist ein nach Absatz 1 Satz 2 Nr. 2 einzurichtender Kontrollbereich so abzugrenzen und zu kennzeichnen, dass unbeteiligte Personen diesen nicht unbeabsichtigt betreten können. Kann ausgeschlossen werden, dass unbeteiligte Personen den Kontrollbereich unbeabsichtigt betreten können, ist die Abgrenzung nicht erforderlich.

Kommentierung § 36

Bei Tätigkeiten im Sinne der Begriffsdefinition des § 3 Abs. 1 Nr. 1 – wesentlich sind der Umgang mit künstlich erzeugten radioaktiven Stoffen und der Betrieb von Beschleunigeranlagen – sind Strahlenschutzbereiche (Überwachungs- und Kontrollbereiche) unter Berücksichtigung äußerer und innerer Exposition einzurichten.

Der Sperrbereich ist ein Teil des Kontrollbereiches, in dem besonders hohe Ortsdosisleistungen auftreten können (Umgebungs-Äquivalentdosis > 3 mSv/h). Das ist in Bestrahlungsräumen möglich, wo zu medizinischen Zwecken Anlagen zur Erzeugung ionisierender Strahlung (Beschleuniger) oder Bestrahlungseinrichtungen mit radioaktiven Quellen (γ-Bestrahlungsanlagen) betrieben werden. Auch entsprechende Areale, in denen man Anlagen und Einrichtungen für technisch-wissenschaftliche Bestrahlungen betreibt, müssen meistens als Sperrbereiche ausgelegt werden. Da sich die Definition des Sperrbereiches auf eine Ortsdosisleistung bezieht, wird sich dieser Zustand nur im Falle äußerer Strahlenexposition einstellen. Man kann im Sinne des Absatzes 3 davon ausgehen, dass dies fast immer nur während der Einschaltzeit der Fall sein wird, obwohl manchmal die Ortsdosisleistung durch die Aktivierung von Beschleunigerelementen und Targets durchaus auch nach Abschaltung der Anlage den Wert von 3 mSv/h überschreiten kann. Die Entscheidung, welches Areal letzten Endes als Sperrbereich ausgelegt werden soll und ob dieser Zustand nur während der Einschaltzeit gilt, liegt bei der zuständigen Behörde.

Wegen des hohen Gefahrenpotenzials müssen Sperrbereiche besonders gesichert werden:

- Abgrenzung (möglichst durch bauliche Maßnahmen)
- Kennzeichnungen *außerhalb* des Sperrbereichs (an den Zugängen möglichst mittels Leuchttableaus [mindestens mit der Aufschrift **Sperrbereich – kein Zutritt**])
- Kennzeichnungen im Sperrbereich (z.B. rot für Strahlung „EIN", grün für Strahlung „AUS")
- Zugangssicherungen (Türkontakte oder Lichtschranken, eventuell bei starker Aktivierung versehen mit Zeitschaltuhren, die eine Wartefrist zwecks Abklingens der Radioaktivität erzwingen)
- Als weitere sicherheitstechnische Maßnahmen kommen für Sperrbereiche in Frage: Notaus-Schalter, Messgeräte und Monitore (siehe auch § 67), Strahlrohrverschlüsse (bei Beschleunigern) und ein Schlagtastersystem, das dazu zwingt, einen zukünftigen unübersichtlichen Sperrbereich vor dem Einschaltvorgang abzusuchen.

Die Behörde kann, wenn dies z.B. zu größerer Übersichtlichkeit der Bereichseinteilung führt, auch andere Bereiche zu Sperrbereichen erklären, ohne dass hier die Dosisleistungsgrenze von 3 mSv/h überschritten werden muss.

Die Definition des **Kontrollbereiches** ist nicht auf eine Ortsdosis(leistung), sondern auf Körperdosen (Organdosen) bezogen und beinhaltet sowohl äußere als auch innere Strahlenexpositionen. Dabei kommt es nicht darauf an, die effektive Dosis von 6 mSv, von 45 mSv für die Augenlinse oder von 150 mSv für die Haut und die Extremitäten im Kalenderjahr *tatsächlich* zu überschreiten, sondern es reicht schon die **Möglichkeit** dazu aus, dass bei einem Aufenthalt von 2.000 Stunden im Jahr Personen höhere Körperdosen erhalten können. Die Definition des Kontrollbereiches nach RöV (§ 19 Abs. 1) enthält zwar dieselben Doswerte, ist aber nicht an eine bestimmte Aufenthaltszeit gebunden. Röntgeneinrichtungen können elektrisch ein- und ausgeschaltet werden und exakt damit auch die dabei emittierte Röntgenstrahlung, so dass die **Aufenthaltsdauer** von Personen in einem Röntgenraum nicht unbedingt mit der Höhe ihrer Strahlenexposition korrelieren muss. Bei radioaktiven Stoffen liegt diese günstige physikalische Situation der Möglichkeit des einfachen Ein- und Ausschaltens von ionisierender Strahlung nicht vor. Aus diesem Grund muss eine bestimmte Aufenthaltszeit im Kontrollbereich spezifiziert werden, weil man nicht – in sicherlich unangemessener Weise – den Daueraufenthalt (also 168 Stunden in der Woche) zu Grunde legen kann. Da der Aufenthalt von Personen in einem Kontrollbereich normalerweise beruflichen Zwecken dient, erscheint eine Aufenthaltszeit von 40 Stunden je Woche für 50 Wochen im Jahr angemessen. (Eine Ausnahme ist in Absatz 3 angeführt.)

Beispiel: In einem Bestrahlungsraum wird ein Neutronengenerator betrieben. Man misst dort außerhalb der Einschaltzeit eine mittlere Tritiumaktivität von 10^5 Bq/m^3 und infolge Aktivierung durch Neutronen eine mittlere γ-Ortsdosisleistung von 7 mSv/h (die Ortsdosis als Äquivalentdosis soll identisch mit der effektiven Dosis sein). Atemrate nach Anlage VII Teil B Tabelle 2: 1.930 m^3 im Jahr, bezogen auf 40 h pro Woche; Dosisfaktor für Inhalation für H 3: $1{,}6 \cdot 10^{-11}$ Sv/Bq.

Die gesamte effektive Dosis beträgt:

10^5 Bq/m³ · 1,93 · 10^3 m³ · 1,6 · 10^{-8} mSv/Bq [= E(50), effektive Folgedosis]
+ 7 · 10^{-3} mSv/h · 2.000 h/a = (3 + 14) mSv/a = 17 mSv/a

Normale Kontrollbereiche müssen wie der „besondere" Kontrollbereich, der Sperrbereich, gegen andere Areale – möglichst durch bauliche Maßnahmen – abgegrenzt und auch gekennzeichnet werden (u.a. mit dem Wort „Kontrollbereich"). Die zuständige Behörde kann veranlassen, den Kontrollbereich z.b. aus prophylaktischen Gründen auszudehnen, auch wenn dies physikalisch nicht unbedingt erforderlich ist. Ein praktisches Beispiel dafür wäre, jeden Bereich, in dem mit offenen radioaktiven Stoffen umgegangen wird, zum Kontrollbereich zu erklären.

Es ist im Extremfall denkbar, dass ein Bestrahlungsraum, in dem ein großer Beschleuniger betrieben wird, zeitlich hintereinander die Stufen „Sperrbereich", „Kontrollbereich", „Überwachungsbereich" durchläuft, und zwar während der Einschaltzeit, kurz nach der Einschaltzeit infolge der Aktivierung von Maschinenkomponenten bzw. von Bestandteilen der Luft und einige Zeit nach der Einschaltzeit, wenn die induzierte Radioaktivität weitestgehend abgeklungen ist. Entsprechend dieser Zustände kann dann das ursprünglich optimal eingestellte Niveau des Personensicherheitssystems „heruntergefahren" werden, u.a. was die Kennzeichnung (sinnvoll: Leuchttableaus mit verschiedenen Anzeigefeldern) und – sozusagen als Überleitung zu § 37 – die Auswahl der Zutrittsbeschränkungen betrifft.

Wie schon bei der Kommentierung der Definition des Sperrbereichs besprochen, wird in Absatz 3 eingeräumt, dass in bestimmten Fällen bei Beschleunigern und Bestrahlungseinrichtungen die Existenz eines Kontrollbereiches nicht auf 40 Stunden **Aufenthaltszeit**, sondern auf die meistens wesentlich kürzere **Einschaltzeit** bezogen werden darf. Das wird nur dann möglich sein, wenn nach Abschalten der Nutzstrahlung keine relevanten Strahlenexpositionen durch Aktivierungen bzw. Gehäusedurchlass-Strahlung vorkommen können.

Mit dem in der neuen StrlSchV definierten **Überwachungsbereich** ist das in der alten StrlSchV als „**betrieblicher** Überwachungsbereich" bezeichnete Areal gemeint. Es ist ein Teil eines dosisabgestuften Systems aus Sperrbereich (Abs. 1 Nr. 3), Kontrollbereich (Abs. 1 Nr. 2) und Überwachungsbereich (Abs. 1 Nr. 1). Der Überwachungsbereich ist im Gegensatz zum früheren **außerbetrieblichen** Überwachungsbereich auf jeden Fall ein Areal auf dem Betriebsgelände, das entweder örtlich oder zeitlich vom Kontrollbereich getrennt werden muss: „örtlich", wenn es räumlich vom Kontrollbereich getrennt ist und durch diesen infolge Strahlenexposition direkter Art (energiereiche Photonenstrahlung und Neutronen) oder durch Ableitungen radioaktiver Stoffe über den Luft- oder Wasserpfad erzeugt wird; „zeitlich", wenn *dasselbe* Areal nach Beendigung des Umgangs mit radioaktiven Stoffen oder des Betriebs eines Beschleunigers aus dem Betriebszustand „Sperrbereich" oder „Kontrollbereich" infolge noch vorhandener „Restaktivitäten" (z.B. Gehäusedurchlass-Strahlung, induzierte Radioaktivität in Strukturelementen oder in der Luft) die Bedingungen des Überwachungsbereiches erfüllen sollte.

Kommentierung

Wie bei der Definition des Kontrollbereiches ist auch diejenige des Überwachungsbereiches nicht auf eine Ortsdosis(leistung), sondern auf eine mögliche effektive Dosis (> 1 mSv im Kalenderjahr) sowie auf die möglichen Organdosen Augenlinse (> 15 mSv/a) und Haut/Extremitäten (> 50 mSv/a) bezogen. Wichtig ist zu erwähnen, dass im Gegensatz zur Definition der betrieblichen und außerbetrieblichen Überwachungsbereiche der alten StrlSchV der zeitliche Bezug jetzt nicht mehr der Daueraufenthalt (168 h/Woche), sondern die „40-Stunden-Woche" ist.

Zusammenfassung (hier am Beispiel der effektiven Dosis):

Bereich	Definition	zeitlicher Bezug	Aufenthaltszeit	kritische Ortsdosisleistung
Sperrbereich (Teil des Kontrollbereichs)	> 3 mSv (Ortsdosis)	1 Stunde	40 h in der Woche (50 Wochen/a)	> 3 mSv/h
Kontrollbereich	> 6 mSv (früher: > 15 mSv)	Kalenderjahr	40 h in der Woche (50 Wochen/a)	> 3 µSv/h (früher: > 7,5 µSv/h)
Überwachungsbereich	> 1 mSv (früher: > 5 mSv)	Kalenderjahr	wie Kontrollbereich (Überwachungsbereich früher: Daueraufenthalt)	> 0,5 µSv/h (früher: > 0,6 µSv/h)

Der ortsveränderliche Umgang beispielsweise in der Materialprüfung mit radioaktiven Stoffen oder – allerdings wesentlich seltener – mit Beschleunigern ist nicht unüblich. Der dabei entstehende Kontrollbereich (Ausdehnung unter Umständen bis zu einer Entfernung von ca. 100 m im Nutzstrahlenbereich, ca. 5 bis 20 m im Störstrahlenbereich) ist dann so abzugrenzen wie bei ortsfesten Anlagen, wenn man auf unbeteiligte Personen Rücksicht nehmen muss. Das ist leichter gefordert als praktisch realisiert, denn die Abgrenzung kann nicht durch bauliche Maßnahmen, sondern nur durch auf dem so genannten quadratischen Abstandsgesetz beruhende, dem kritischen Bürger sofort auffallende, weiträumige, mit dem Strahlenzeichen nach Anlage IX gekennzeichnete Absperrvorrichtungen erfolgen.

Schon deswegen ist es hilfreich, wenn in Absatz 4 (mit Satz 2) eingeräumt wird, dass auf die Abgrenzungsmaßnahmen verzichtet werden kann, wenn unbeteiligte Personen den Kontrollbereich erst gar nicht betreten können.

Die kritische Ortsdosisleistung (als Umgebungs-Äquivalentdosis) hängt natürlich von der Bestrahlungs-/Einschaltzeit ab. Als für die technische Anwendung umschlossener radioaktiver Stoffe geltende Mindestzeit werden nach DIN 54115-1 [DIN 7] 7,5 h/Woche angenommen, so dass daraus an der Grenze zum Kontrollbereich die kritische Ortsdosisleistung von 16 µSv/h resultiert.

Teil 2: Zielgerichtete Nutzung radioaktiver Stoffe oder ionisierender Strahlung

Ordnungswidrigkeiten

Nach § 116 Abs. 2 handelt ordnungswidrig, wer vorsätzlich oder fahrlässig entgegen § 33 Abs. 1 Nr. 1 und 3 als Strahlenschutzverantwortlicher nicht dafür sorgt, dass eine der in § 116 Abs. 2 Nrn. 3 bis 5 genannten Schutzvorschriften eingehalten wird.

Nach § 116 Abs. 3 handelt ordnungswidrig, wer vorsätzlich oder fahrlässig entgegen § 33 Abs. 1 Nr. 2 als Strahlenschutzverantwortlicher oder Strahlenschutzbeauftragter nicht dafür sorgt, dass eine der in § 116 Abs. 3 Nrn. 1 bis 3 genannten Schutzvorschriften eingehalten wird.

§ 37 Zutritt zu Strahlenschutzbereichen

(1) Personen darf der Zutritt

1. zu Überwachungsbereichen nur erlaubt werden, wenn

   a) sie darin eine dem Betrieb dienende Aufgabe wahrnehmen,

   b) ihr Aufenthalt in diesem Bereich als Patient, Proband oder helfende Person erforderlich ist,

   c) bei Auszubildenden oder Studierenden dies zur Erreichung ihres Ausbildungszieles erforderlich ist oder

   d) sie Besucher sind,

2. zu Kontrollbereichen nur erlaubt werden, wenn

   a) sie zur Durchführung oder Aufrechterhaltung der darin vorgesehenen Betriebsvorgänge tätig werden müssen,

   b) ihr Aufenthalt in diesem Bereich als Patient, Proband oder helfende Person erforderlich ist und eine zur Ausübung des ärztlichen oder zahnärztlichen Berufs berechtigte Person, die die erforderliche Fachkunde im Strahlenschutz besitzt, zugestimmt hat oder

   c) bei Auszubildenden oder Studierenden dies zur Erreichung ihres Ausbildungszieles erforderlich ist,

   d) bei schwangeren Frauen der fachkundige Strahlenschutzverantwortliche oder der Strahlenschutzbeauftragte dies gestattet und durch geeignete Überwachungsmaßnahmen sicherstellt, dass der besondere Dosisgrenzwert nach § 55 Abs. 4 Satz 1 eingehalten und dies dokumentiert wird,

3. zu Sperrbereichen nur erlaubt werden, wenn

   a) sie zur Durchführung der im Sperrbereich vorgesehenen Betriebsvorgänge oder aus zwingenden Gründen tätig werden müssen und sie unter der Kontrolle eines Strahlenschutzbeauftragten oder einer von ihm beauftragten Person, die die erforderliche Fachkunde im Strahlenschutz besitzt, stehen oder

   b) ihr Aufenthalt in diesem Bereich als Patient, Proband oder helfende Person erforderlich ist und eine zur Ausübung des ärztlichen oder zahnärztlichen Berufs berechtigte Person, die die erforderliche Fachkunde im Strahlenschutz besitzt, schriftlich zugestimmt hat.

Die zuständige Behörde kann gestatten, dass der fachkundige Strahlenschutzverantwortliche oder der zuständige Strahlenschutzbeauftragte auch anderen Personen den Zutritt zu Strahlenschutzbereichen erlaubt. Betretungsrechte aufgrund anderer gesetzlicher Regelungen bleiben unberührt.

(2) Schwangeren Frauen darf der Zutritt

1. zu Sperrbereichen nicht gestattet werden, sofern nicht ihr Aufenthalt als Patientin erforderlich ist,
2. zu Kontrollbereichen als helfende Person abweichend von Absatz 1 Satz 1 Nr. 2 Buchstabe b nur gestattet werden, wenn zwingende Gründe dies erfordern.

Kommentierung § 37

Angesichts der üblicherweise hohen Ortsdosisleistungen in Sperrbereichen versteht es sich eigentlich von selbst, dass diese möglichst nicht betreten werden. Es müssen schon ganz besondere Umstände vorliegen, wenn dies trotzdem geschehen soll (z.B. nicht aufschiebbare Reparaturarbeiten) – dann aber nur mit Einvernehmen und unter Kontrolle eines Strahlenschutzbeauftragten oder eines von ihm beauftragten Fachkundigen. Im Bereich der Medizin dürfen und müssen strahlentherapeutisch zu behandelnde Patienten – bei diagnostischen Untersuchungen wird die Entstehung eines Sperrbereichs selten sein – sich im Sperrbereich aufhalten, was aber nur auf Anordnung eines fachkundigen Arztes möglich ist.

Ist trotz Nutzung technischer oder organisatorischer Strahlenschutzmaßnahmen der Aufenthalt von medizinischem Personal im Sperrbereich zwingend erforderlich, kann ein fachkundiger Arzt dem schriftlich zustimmen. Dabei müssen alle Möglichkeiten zur Minimierung der Strahlenexposition (z.B. möglichst kurze Aufenthaltszeiten, möglichst große Abstände von der Strahlenquelle, ggf. Tragen von Schutzkleidung) genutzt werden. Außerhalb der Medizin darf der Sperrbereich nur unter Kontrolle eines Strahlenschutzbeauftragten oder einer „fachkundigen Person" betreten werden.

Der Aufenthalt im „normalen" Kontrollbereich ist im Vergleich zum Aufenthalt im Sperrbereich vom Standpunkt des Strahlenschutzes etwas unproblematischer. Das drückt sich in einer weniger restriktiven Zutrittsbeschränkung aus: Die explizite Forderung nach einem Zutritt von Personen nur unter Kontrolle eines Strahlenschutzbeauftragten ist in Nr. 2 nicht enthalten. Trotzdem kann man auch hier dem Tenor der Textformulierung entnehmen, dass der Zutritt zu Kontrollbereichen auf einen möglichst kleinen, übersichtlichen und leicht zur überwachenden Personenkreis beschränkt bleiben soll.

Neu in der neuen Fassung der StrlSchV und zunächst für viele befremdend wirkend ist die Möglichkeit des fachkundigen Strahlenschutzverantwortlichen oder des Strahlenschutzbeauftragten, schwangere Frauen den Aufenthalt im Kontrollbereich unter bestimmten Umständen (geeignete Überwachungsmaßnahmen, Grenzwert [der effektiven Dosis] für das ungeborene Kind $\leq$ 1 mSv) zu gestatten. Strahlenbiologische Befürchtungen sind aber nicht angebracht, wenn man bedenkt, dass die Definitionsgrenze für den Kontrollbereich von ursprünglich 15 mSv im Kalenderjahr (effektive Dosis) jetzt auf 6 mSv im Kalenderjahr herabgesetzt worden ist (siehe § 36 Abs. 1 Nr. 2). Auf der anderen Seite erlaubt diese neue Regelung dem betroffenen Personenkreis eine möglicherweise beruflich notwendige Tätigkeit im Kontrollbereich (z.b. einer Ärztin zum Zwecke ihrer radiologischen Aus- und Weiterbildung). Der beruflich bedingte Aufenthalt im Sperrbereich bleibt allerdings (vernüftigerweise) weiterhin verboten (Abs. 2 Nr. 1). Das gilt auch – von zwingenden Gründen angesehen – für den Aufenthalt von Schwangeren als helfende Personen (siehe § 3 Abs. 2 Nr. 24) im Kontrollbereich (Abs. 2 Nr. 2).

Auch für den Überwachungsbereich existieren Zutrittsbeschränkungen. Die wichtigste der hier neu formulierten Regelungen beschränkt den Zutritt für das Personal auf diejenigen Personen, die im Überwachungsbereich eine durch das Genehmigungsverfahren beschriebene **Aufgabe wahrnehmen** (beispielsweise eine MTR, die am Bedienfeld eines therapeutisch genutzten Linac tätig ist, nicht aber z.b. die Sekretärin des Chefarztes in einer nuklearmedizinischen Abteilung). Vielleicht wird nicht selten von der Möglichkeit Gebrauch gemacht werden, dass die zuständige Behörde den Strahlenschutzverantwortlichen oder -beauftragten gestattet, auch anderen Personen den Zutritt zu Kontroll- oder Überwachungsbereichen zu erlauben.

Ordnungswidrigkeiten

Nach § 116 Abs. 2 handelt ordnungswidrig, wer vorsätzlich oder fahrlässig entgegen § 33 Abs. 1 Nr. 1 und 3 als Strahlenschutzverantwortlicher nicht dafür sorgt, dass eine der in § 116 Abs. 2 Nrn. 3 bis 5 genannten Schutzvorschriften eingehalten wird.

Nach § 116 Abs. 3 handelt ordnungswidrig, wer vorsätzlich oder fahrlässig entgegen § 33 Abs. 1 Nr. 2 als Strahlenschutzverantwortlicher oder Strahlenschutzbeauftragter nicht dafür sorgt, dass eine der in § 116 Abs. 3 Nrn. 1 bis 3 genannten Schutzvorschriften eingehalten wird.

§ 38 Unterweisung

(1) Personen, denen nach § 37 Abs. 1 Satz 1 Nr. 2 Buchstabe a oder c oder Nr. 3 Buchstabe a der Zutritt zu Kontrollbereichen gestattet wird, sind vor dem erstmaligen Zutritt über die Arbeitsmethoden, die möglichen Gefahren, die anzuwendenden Sicherheits- und Schutzmaßnahmen und den für ihre Beschäftigung oder ihre Anwesenheit wesentlichen Inhalt dieser Verordnung, der Genehmigung, der Strahlenschutzanweisung und über die zum Zweck der Überwachung von Dosisgrenzwerten und der Beachtung der Strahlenschutzgrundsätze erfolgende Verarbeitung und Nutzung personenbezogener Daten zu unterweisen. Satz 1 gilt auch für Personen, die außerhalb des Kontrollbereiches mit radioaktiven Stoffen umgehen oder ionisierende Strahlung anwenden, soweit diese Tätigkeit der Genehmigung bedarf. Die Unterweisung ist mindestens einmal im Jahr durchzuführen. Diese Unterweisung kann Bestandteil sonstiger erforderlicher Unterweisungen nach immissionsschutz- oder arbeitsschutzrechtlichen Vorschriften sein.

(2) Andere Personen, denen der Zutritt zu Kontrollbereichen gestattet wird, sind vorher über die möglichen Gefahren und ihre Vermeidung zu unterweisen.

(3) Frauen sind im Rahmen der Unterweisungen nach Absatz 1 oder 2 darauf hinzuweisen, dass eine Schwangerschaft im Hinblick auf die Risiken einer Strahlenexposition für das ungeborene Kind so früh wie möglich mitzuteilen ist. Für den Fall einer Kontamination der Mutter ist darauf hinzuweisen, dass der Säugling beim Stillen radioaktive Stoffe inkorporieren könnte.

(4) Über den Inhalt und den Zeitpunkt der Unterweisungen nach Absatz 1 oder 2 sind Aufzeichnungen zu führen, die von der unterwiesenen Person zu unterzeichnen sind. Die Aufzeichnungen sind in den Fällen des Absatzes 1 fünf Jahre, in denen des Absatzes 2 ein Jahr lang nach der Unterweisung aufzubewahren und der zuständigen Behörde auf Verlangen vorzulegen.

Kommentierung § 38

In der neuen StrlSchV wurde der Begriff „Belehrung" durch den weniger schulmeisterlich klingenden Ausdruck „Unterweisung" ersetzt und somit an Vorschriften aus dem Arbeitsschutzrecht angepasst.

Da die StrlSchV eine umfangreiche Strahlenschutzfachkunde nur für einen begrenzten Personenkreis (siehe § 30) vorschreibt, ist die Unterweisung der sonst tätigen Personen und der Besucher von grundlegender Bedeutung für den Strahlenschutz. Leider ereignen sich immer wieder Zwischenfälle, die durch ausreichende Kenntnis der Strahlengefahren oder der anzuwendenden Schutzmaßnahmen hätten verhindert werden können. Dies ist ein deutliches Zeichen dafür, dass häufig der Unterweisende und die unterwiesene Person die Bedeutung der Unterweisung nicht ernst nehmen und die jährlich wiederkehrende Pflicht als ermüdende Routine empfinden.

Verantwortungsbewusste Strahlenschutzverantwortliche und -beauftragte müssen dies verhindern und ihre Mitarbeiter durch abwechslungsreiche, möglichst unter Nutzung moderner Lernhilfen und praktischer Demonstrationen, zum aktiven Strahlenschutz motivieren. Unter diesem Gesichtspunkt bestehen bei Unterweisungen in schriftlicher Form stets Bedenken, da das Ziel der Unterweisung nicht erreicht wird, wenn der zu Unterweisende die Unterlagen nicht liest oder keine Rückfragen stellen kann.

Absatz 1 schreibt vor, dass alle Personen, die in Sperr- und Kontrollbereichen tätig sind oder in Kontrollbereichen ausgebildet werden müssen oder außerhalb dieser Bereiche eine genehmigungspflichtige Tätigkeit ausüben, zu unterweisen sind. Hierzu gehört z.B. die MTR, die in der nuklearmedizinischen Abteilung mit offenen radioaktiven Stoffen umgeht oder einen medizinischen Beschleuniger bedient, und auch die Putzfrau, die im Kontrollbereich für Sauberkeit zu sorgen hat.

Die Unterweisung, deren Schwerpunkt laut Begründung zur StrlSchV auf dem aktiven Erwerb von Kenntnissen liegen soll, muss über mögliche Strahlengefahren und deren Verhinderung durch die Anwendung von Sicherheits- und Schutzmaßnahmen zum Schutz der eigenen und anderer Personen sowie über den wesentlichen Inhalt der StrlSchV aufklären. Insbesondere müssen auch die im konkreten Fall anzuwendenden Arbeitsmethoden sowie die inhaltlichen Beschränkungen und Auflagen der atomrechtlichen Genehmigung Gegenstand der Unterweisung sein. Auch der Inhalt der Strahlenschutzanweisung nach § 34, z.B. über die Organisation des Strahlenschutzes, das Führen von Aufzeichnungen, die Funktionsprüfung von Geräten sowie das Verhalten bei Unfällen und Störfällen, gehören zum Inhalt der Unterweisung. In der Regel wird der fachkundige Strahlenschutzverantwortliche oder der für den entsprechenden Betriebsbereich bestellte Strahlenschutzbeauftragte die Unterweisung selbst vornehmen. Es bestehen jedoch grundsätzlich keine Bedenken, wenn andere fachlich geeignete Personen unter Aufsicht des

Strahlenschutzverantwortlichen oder -beauftragten die Unterweisung vornehmen. Auch die Teilnahme von Mitarbeitern an geeigneten Strahlenschutzlehrgängen, kombiniert mit einer Unterweisung über die betriebsspezifischen Fragen, ist denkbar.

Die Unterweisung muss erstmalig vor Beginn der Tätigkeit erfolgen und ist dann mindestens jährlich zu wiederholen. Werden Arbeitsmethoden geändert oder sogar Arbeitsbereiche gewechselt, so muss in jedem Fall vor Arbeitsbeginn auch hierzu die notwendige Unterweisung erfolgen.

Der Strahlenschutzverantwortliche bzw. -beauftragte kann, wenn die Behörde dies nach § 37 gestattet hat, auch z.B. Besuchern den Zutritt zum Kontrollbereich erlauben. Diese Personen sind nach Absatz 2 vor dem Zutritt über die möglichen Gefahren und deren Verhütung zu unterweisen. Im Hinblick auf das besondere Strahlenrisiko für schwangere oder stillende Frauen ist ein diesbezüglicher Hinweis in die Unterweisung mit aufzunehmen. Zum Nachweis über die Durchführung der Unterweisung schreibt Absatz 4 Aufzeichnungen über den Inhalt und den Zeitpunkt der Unterweisung vor. Einerseits ermöglicht dies eine Kontrolle durch die Aufsichtsbehörde, andererseits ist es aber auch ein Nachweis für den Unterweisenden, da der Unterwiesene die Aufzeichnung zu unterzeichnen hat.

Ordnungswidrigkeiten

Nach § 116 Abs. 2 handelt ordnungswidrig, wer vorsätzlich oder fahrlässig entgegen § 33 Abs. 1 Nr. 1 und 3 als Strahlenschutzverantwortlicher nicht dafür sorgt, dass eine der in § 116 Abs. 2 Nrn. 3 bis 5 genannten Schutzvorschriften eingehalten wird.

Nach § 116 Abs. 3 handelt ordnungswidrig, wer vorsätzlich oder fahrlässig entgegen § 33 Abs. 1 Nr. 2 als Strahlenschutzverantwortlicher oder Strahlenschutzbeauftragter nicht dafür sorgt, dass eine der in § 116 Abs. 3 Nrn. 1 bis 3 genannten Schutzvorschriften eingehalten wird.

§ 39 Messtechnische Überwachung in Strahlenschutzbereichen

In Strahlenschutzbereichen ist in dem für die Ermittlung der Strahlenexposition erforderlichen Umfang jeweils einzeln oder in Kombination

1. die Ortsdosis oder die Ortsdosisleistung oder
2. die Konzentration radioaktiver Stoffe in der Luft oder
3. die Kontamination des Arbeitsplatzes

zu messen.

Kommentierung § 39

Unabhängig von der personenbezogenen Ermittlung der Körperdosis (siehe §§ 40 und 41) sind in Strahlenschutzbereichen (Sperr-, Kontroll- und Überwachungsbereich) „im erforderlichen Umfang" ortsbezogene Messungen der in Nrn. 1 bis 3 beschriebenen Art vorgeschrieben.

Kommentierung

Ortsdosis, Ortsdosisleistung

Zur Bestätigung der Abgrenzung der einzelnen Strahlenschutzbereiche und im Zusammenhang mit der Ermittlung der Körperdosen nach § 41 Abs. 1 Nr. 1 sind in vielen Fällen Messungen der Ortsdosis (als Umgebungs-Äquivalentdosis H*[10] oder als Richtungs-Äquivalentdosis H'[0,07, Ω], siehe Anlage VI Teil A) und der Ortsdosisleistungen in diesen Bereichen notwendig oder zweckmäßig. In Sperrbereichen sollen diese Messungen nicht Anlass für unnötige Strahlenexpositionen von Personen sein und deshalb „fernbedient" vorgenommen werden. Da nach § 40 Abs. 1 nur an Personen, die sich im Kontrollbereich aufhalten, die Körperdosis zu ermitteln ist, soll das Ergebnis einer Messung der Ortsdosis(leistung) im Überwachungsbereich als Hinweis dafür genutzt werden, ob dort bei der üblichen Arbeitszeit (40 h/Woche bei 50 Wochen/a) die Dosisgrenzwerte für die sich dort aufhaltenden Personengruppen (beruflich strahlenexponierte Personen, Einzelpersonen der Bevölkerung, die in diesen Bereichen Aufgaben im Zusammenhang mit der Tätigkeit ausführen müssen) überschritten werden können.

Konzentration radioaktiver Stoffe in der Luft

Die messtechnische Erfassung radioaktiver Stoffe in der Luft, die über Submersion oder Inhalation zur Strahlenexpositionen von Personen führen können, ist wesentlich schwieriger als die Ermittlung von Ortsdosen bzw. Ortsdosisleistungen. Dabei geht es nicht um Abluftüberwachungssysteme. Diese messen die Konzentration radioaktiver Stoffe in Luftströmen, die sich *aus* Strahlenschutzbereichen in Richtung von Arealen bewegen, die nicht zum Betriebsgelände gehören (siehe § 48 Abs. 1). Nach § 39 Nr. 2 soll dagegen die Aktivitätskonzentration (in Bq pro m^3) *in* den Raumvolumina von Strahlenschutzbereichen, d.h. in Sperr-, Kontroll- und Überwachungsbereichen, gemessen und das Messergebnis in die Einheit der Äquivalentdosis, mindestens in Form der effektiven Dosis, „übersetzt" werden.

Eine (von mehreren) Messtechniken besteht in der Leitung eines definierten Luftstroms durch das Zählvolumen beispielsweise eines Geiger-Müller-Zählrohrs. Dieses liefert zunächst ein Messergebnis in der Einheit „Impulse pro Minute (ipm)". Mit Hilfe eines von der Strahlenqualität (Art der Strahlung, Energie) und damit vom Nuklid abhängigen Kalibrierfaktors, z.B. in der Einheit kBq/m^3 pro ipm, wird die Aktivitätskonzentration vom Messgerät intern ermittelt und angezeigt oder muss erst nachträglich berechnet werden. Danach erfolgt die dosismäßige Bewertung der gemessenen Aktivitätskonzentration durch Nutzung von Dosisfaktoren [RL 7], hier diejenigen für Inhalation, und der Atemrate, hier bezogen auf 40 h pro Woche.

Beispiel 1: J-131

- Messergebnis: 2,2 kBq/m^3
- Dosisfaktor für Inhalation (effektive Dosis): $1,3 \cdot 10^{-8}$ Sv/Bq
- (Partikeldurchmesser: 10 mm)
- Atemrate für Erwachsene: 8.100 m^3/a (40/168) = 1.930 m^3/a
- effektive Dosis: $2,2 \cdot 10^3$ Bq/m^3 $\cdot$ $1,3 \cdot 10^{-8}$ Sv/Bq $\cdot$ 1.930 m^3/a = 5,5 mSv/a

Beispiel 2: N-13

- Messergebnis: $10\ \text{kBq/m}^3$
- Dosisfaktor für Submersion: $0,3\ \text{mSv/a}$, dividiert durch $2 \cdot 10^3\ \text{Bq/m}^3$ (Anl. VII Tab. 5) = $1,5 \cdot 10^{-7}\ \text{Sv/a} \cdot \text{m}^3/\text{Bq}$
- effektive Dosis: $10 \cdot 10^3\ \text{Bq/m}^3 \cdot 1,5 \cdot 10^{-7}\ \text{Sv/a} \cdot \text{m}^3/\text{Bq} = 1,5\ \text{mSv/a}$

Kontamination des Arbeitsplatzes

Die Forderung des § 39 Nr. 3, die Kontamination des Arbeitsplatzes zu messen, ist in Verbindung mit § 44 Abs. 1 Satz 1 zu sehen, dass beim Vorhandensein offener radioaktiver Stoffe in Strahlenschutzbereichen festzustellen ist, ob Kontaminationen vorliegen. In § 3 sind die Begriffe „Kontamination", speziell „Oberflächenkontamination" definiert und es ist festgelegt, dass als Messgröße die so genannte flächenbezogene Aktivität mit der Einheit Bq pro cm² benutzt werden muss. Die Ausmessung kontaminierter Oberflächen geschieht entweder auf direktem Wege durch messtechnische Erfassung der von der Fläche ausgehenden α-, β- oder γ-Strahlung oder durch Abwischen einer festgelegten Fläche (z.B. $100\ \text{cm}^2$) und anschließender Ausmessung der Wischprobe (in der Regel bestehend aus Filterpapier). Die Messung von γ-Strahlung kann durch Szintillations- oder Zählrohrdetektoren erfolgen. Der Nachweis von β-Strahlung, und erst recht von α-Strahlung, ist schwieriger und geschieht mit Hilfe von großflächigen Proportionalzählrohrdetektoren, die von einem „Messgas" (z.B. Argon-Methan-Mischung) durchspült werden und die wegen der hohen Absorptionsfähigkeit besonders von α-Strahlung ein Eintrittsfenster mit extrem geringer Massenbelegung aufweisen bzw. in Richtung der kontaminierten Oberfläche sogar völlig offen sein müssen. Das Messergebnis wird entweder direkt in der Einheit Bq/cm^2 oder nur in Impulsen pro Minute (ipm) angegeben.

Ordnungswidrigkeiten

Nach § 116 Abs. 2 handelt ordnungswidrig, wer vorsätzlich oder fahrlässig entgegen § 33 Abs. 1 Nr. 1 und 3 als Strahlenschutzverantwortlicher nicht dafür sorgt, dass eine der in § 116 Abs. 2 Nrn. 3 bis 5 genannten Schutzvorschriften eingehalten wird.

Nach § 116 Abs. 3 handelt ordnungswidrig, wer vorsätzlich oder fahrlässig entgegen § 33 Abs. 1 Nr. 2 als Strahlenschutzverantwortlicher oder Strahlenschutzbeauftragter nicht dafür sorgt, dass eine der in § 116 Abs. 3 Nrn. 1 bis 3 genannten Schutzvorschriften eingehalten wird.

§ 40 Zu überwachende Personen

(1) An Personen, die sich im Kontrollbereich aufhalten, ist die Körperdosis zu ermitteln. Die Ermittlungsergebnisse müssen spätestens neun Monate nach Aufenthalt im Kontrollbereich vorliegen. Ist beim Aufenthalt im Kontrollbereich sichergestellt, dass im Kalenderjahr eine effektive Dosis von 1 Millisievert oder höhere Organdosen als ein Zehntel der Organdosisgrenzwerte des § 55 Abs. 2 nicht erreicht werden können, so kann die zuständige Behörde Ausnahmen von Satz 1 zulassen.

(2) Wer einer Genehmigung nach § 15 Abs. 1 bedarf, hat dafür zu sorgen, dass die unter seiner Aufsicht stehenden Personen in Kontrollbereichen nur beschäftigt werden, wenn jede einzelne

beruflich strahlenexponierte Person im Besitz eines vollständig geführten, bei der zuständigen Behörde registrierten Strahlenpasses ist. Wenn er selbst in Kontrollbereichen tätig wird, gilt Satz 1 entsprechend. Die zuständige Behörde kann Aufzeichnungen über die Strahlenexposition, die außerhalb des Geltungsbereiches dieser Verordnung ausgestellt worden sind, als ausreichend im Sinne von Satz 1 anerkennen, wenn diese dem Strahlenpass entsprechen. Die Bundesregierung erlässt mit Zustimmung des Bundesrates allgemeine Verwaltungsvorschriften über Inhalt, Form, Führung und Registrierung des Strahlenpasses.

(3) Beruflich strahlenexponierten Personen nach Absatz 2 Satz 1 darf eine Beschäftigung im Kontrollbereich nur erlaubt werden, wenn diese den Strahlenpass nach Absatz 2 Satz 1 vorlegen und ein Dosimeter nach § 41 Abs. 3 Satz 1 tragen.

(4) Wer einer Genehmigung nach den §§ 6, 7 oder 9 des Atomgesetzes oder nach § 7 oder § 11 Abs. 2 dieser Verordnung oder eines Planfeststellungsbeschlusses nach § 9b des Atomgesetzes bedarf, hat jeder unter seiner Aufsicht stehenden beruflich strahlenexponierten Person auf deren Verlangen die im Beschäftigungsverhältnis erhaltene berufliche Strahlenexposition schriftlich mitzuteilen, sofern nicht bereits aufgrund einer Genehmigung nach § 15 Abs. 1 dieser Verordnung ein Strahlenpass nach Absatz 2 Satz 1 geführt wird.

(5) Die zuständige Behörde kann anordnen, dass nicht beruflich strahlenexponierte Personen, die sich in Bereichen aufhalten oder aufgehalten haben, in denen Tätigkeiten nach § 2 Abs. 1 Nr. 1 dieser Verordnung ausgeübt werden, durch geeignete Messungen feststellen lassen, ob sie radioaktive Stoffe inkorporiert haben.

Kommentierung § 40

Hinweis: Zur Konkretisierung der Vorschriften §§ 40 und 41 existiert zur alten StrlSchV eine „Richtlinie für die physikalische Strahlenschutzkontrolle" [RL 5], die im Rahmen der novellierten Fassung der StrlSchV überarbeitet, aber in ihrer wesentlichen Substanz belassen worden ist. Diese Richtlinie wird ergänzt durch eine Berechnungsgrundlage für die Ermittlung der Körperdosen bei innerer Strahlenexposition [RL 7] und bei äußerer Strahlenexposition. An dieser Stelle sollen nur die Inhalte der §§ 40, 41 erläutert werden, nicht aber Details dieser Richtlinien.

Abschnitt 3 in Teil 2 Kapitel 3 „Schutz von Personen in Strahlenschutzbereichen; physikalische Strahlenschutzkontrolle" enthält in § 40 Abs. 1 Feststellungen, wer in den Kreis der zu überwachenden Personen einzuordnen ist. Grundsätzlich muss an *allen* Personen, die sich im Kontrollbereich **aufhalten**, die Körperdosis ermittelt werden, unabhängig von der Tatsache, ob es sich um beruflich Strahlenexponierte handelt oder nicht. Im Gegensatz zur RöV, bei der die Formulierung der analogen Bestimmung (§ 35 RöV) so gehalten ist, dass der Patient explizit ausgeschlossen ist, muss man in der StrlSchV die entsprechende Regelung in § 81 Abs. 4 suchen. Die physikalische Strahlenschutzkontrolle gilt also auch in der StrlSchV nicht für den Patienten, aber beruhigenderweise erfolgt bei allen therapeutischen Maßnahmen mit offenen radioaktiven und umschlossenen radioaktiven Stoffen sowie mit Beschleunigern schon aus bestrahlungstechnischen Gründen eine exakte Dosisbestimmung. Außerdem besteht nach § 85 die Pflicht, bei Anwendung radioaktiver Stoffe oder ionisierender Strahlung zum Zwecke der Diagnostik und Therapie umfangreiche Aufzeichnungen anzufertigen, aus denen die Körperdosen direkt oder indirekt entnommen werden können. Der Begriff „Körperdosis" ist in § 3 Abs. 2 (Nr. 9) definiert;

Teil 2: Zielgerichtete Nutzung radioaktiver Stoffe oder ionisierender Strahlung

gemeint sind die effektive Dosis sowie die Organdosen in den jeweiligen Organen und Geweben (Letztere sind ebenfalls in § 3 Abs. 2 [Nr. 9] definiert; vgl. auch Anlage IV Teil B). Die Körperdosis entspricht der Summe aus äußerer und innerer Strahlenexposition für einen bestimmten Bezugsraum. Auf keinen Fall darf der Begriff „Personendosis" (§ 3 Abs. 2 Nr. 9 Buchstabe g), also die Anzeige eines Personendosimeters, mit „Körperdosis" verwechselt werden. Können die Körperdosen entsprechend den Grenzwerten für nicht beruflich strahlenexponierte Einzelpersonen der Bevölkerung (z.b. die effektive Dosis 1 mSv im Kalenderjahr) nicht erreicht werden, ist eine Befreiung von der Pflicht der Ermittlung der Körperdosen seitens der Behörde möglich.

§ 15 betrifft die genehmigungsbedürftige Beschäftigung in fremden Anlagen und Einrichtungen (siehe die entsprechende Kommentierung). In § 40 Abs. 3 ist die Messung der Personendosis mit so genannten amtlichen Dosimetern ausdrücklich für diejenigen beruflich Strahlenexponierten vorgeschrieben, denen die Tätigkeit im Kontrollbereich nach § 40 Abs. 2 erlaubt ist. Der Aufgabenbereich der Arbeitgeber, die nach § 15 Abs. 1 einer Genehmigung bedürfen, wird um die Pflicht erweitert, die unter ihrer Aufsicht stehenden, im Kontrollbereich beschäftigten strahlenexponierten Personen („Fremdpersonal") zum Führen eines Strahlenpasses zu veranlassen. Hierdurch soll sichergestellt werden, dass die an verschiedenen Beschäftigungsorten aufgenommenen Strahlenexpositionen auch vollständig registriert werden und für weitere Beurteilungen, etwa durch einen ermächtigten Arzt, zusammengefasst vorliegen. Für den selbst im Kontrollbereich tätigen Arbeitgeber (Genehmigungsinhaber) gilt die Bestimmung des § 40 Abs. 2 Satz 1 in gleicher Weise. Aufzeichnungen über Strahlenexpositionen durch Beschäftigungen im Ausland sind für die Behörde dann akzeptabel, wenn sie den Intentionen des Strahlenpasses entsprechen (z.B. Angaben über Strahlenart, das Ermittlungsverfahren und den Dosiswert [in der Regel die Personendosis] bei äußerer Bestrahlung bzw. inkorporierter Aktivität und die sich daraus ergebende Körperdosis bei innerer Bestrahlung). Kann kein Strahlenpass nach der allgemeinen Verwaltungsvorschrift (AVV) zu § 40 StrlSchV vorgelegt werden, können andere, auch ausländische Aufzeichnungen dann anerkannt werden, wenn sie folgenden Bedingungen genügen:

- inhaltlich mit den Eintragungen im Strahlenpass vergleichbar,
- für deutsche Stellen verständlich,
- in einem Heft zusammengefasst und
- von einer zuständigen Behörde oder einer amtlichen Stelle ausgestellt.

Beruflich strahlenexponierte Personen haben das Recht, vom Genehmigungsinhaber Auskunft über ihre berufliche Strahlenexposition zu verlangen; denn das Ergebnis der Auswertung amtlicher Dosimeter (z.B. Filmdosimeter) sowie der Messung der Körperaktivität und der Aktivität der Ausscheidungen wird nach § 41 Abs. 7 von der amtlichen Messstelle dem Genehmigungsinhaber und nicht der überwachten Person mitgeteilt.

Ordnungswidrigkeiten

Nach § 116 Abs. 2 handelt ordnungswidrig, wer vorsätzlich oder fahrlässig entgegen § 33 Abs. 1 Nr. 1 und 3 als Strahlenschutzverantwortlicher nicht dafür sorgt, dass eine der in § 116 Abs. 2 Nrn. 3 bis 5 genannten Schutzvorschriften eingehalten wird.

Nach § 116 Abs. 3 handelt ordnungswidrig, wer vorsätzlich oder fahrlässig entgegen § 33 Abs. 1 Nr. 2 als Strahlenschutzverantwortlicher oder Strahlenschutzbeauftragter nicht dafür sorgt, dass eine der in § 116 Abs. 3 Nrn. 1 bis 3 genannten Schutzvorschriften eingehalten wird.

Ordnungswidrig handelt, wer vorsätzlich oder fahrlässig einer vollziehbaren Anordnung nach § 40 Abs. 5 zuwiderhandelt.

§ 41 Ermittlung der Körperdosis

(1) Zur Ermittlung der Körperdosis wird die Personendosis gemessen. Die zuständige Behörde kann aufgrund der Expositionsbedingungen bestimmen, dass zur Ermittlung der Körperdosis zusätzlich oder – abweichend von Satz 1 – allein

1. die Ortsdosis, die Ortsdosisleistung, die Konzentration radioaktiver Stoffe in der Luft oder die Kontamination des Arbeitsplatzes gemessen wird,

2. die Körperaktivität oder die Aktivität der Ausscheidungen gemessen wird oder

3. weitere Eigenschaften der Strahlungsquelle oder des Strahlungsfeldes festgestellt werden.

Die zuständige Behörde kann bei unterbliebener oder fehlerhafter Messung eine Ersatzdosis festlegen. Die zuständige Behörde bestimmt Messstellen für Messungen nach Satz 1 und für Messungen nach Satz 2 Nr. 2.

(2) Wenn aufgrund der Feststellungen nach Absatz 1 der Verdacht besteht, dass die Dosisgrenzwerte des § 55 überschritten werden, so ist die Körperdosis unter Berücksichtigung der Expositionsbedingungen zu ermitteln.

(3) Die Personendosis ist mit Dosimetern zu messen, die bei einer nach Absatz 1 Satz 4 bestimmten Messstelle anzufordern sind. Die Dosimeter sind an einer für die Strahlenexposition als repräsentativ geltenden Stelle der Körperoberfläche, in der Regel an der Vorderseite des Rumpfes, zu tragen. Die Anzeige dieses Dosimeters ist als Maß für die effektive Dosis zu werten, sofern die Körperdosis für einzelne Körperteile, Organe oder Gewebe nicht genauer ermittelt worden ist. Ist vorauszusehen, dass im Kalenderjahr die Organdosis für die Hände, die Unterarme, die Füße und Knöchel oder die Haut größer ist als 150 Millisievert oder die Organdosis der Augenlinse größer ist als 45 Millisievert, so ist die Personendosis durch weitere Dosimeter auch an diesen Körperteilen festzustellen. Die zuständige Behörde kann anordnen, dass die Personendosis nach einem anderen geeigneten oder nach zwei voneinander unabhängigen Verfahren gemessen wird.

(4) Die Dosimeter nach Absatz 3 Satz 1 und 4 sind der Messstelle jeweils nach Ablauf eines Monats unverzüglich einzureichen; hierbei sind die jeweiligen Personendaten (Familienname, Vornamen, Geburtsdatum und -ort, Geschlecht), bei Strahlenpassinhabern nach § 40 Abs. 2 Satz 1 und 2 die Registriernummer des Strahlenpasses sowie die Beschäftigungsmerkmale und die Expositionsverhältnisse mitzuteilen. Die zuständige Behörde kann gestatten, dass Dosimeter in Zeitabständen bis zu sechs Monaten der Messstelle einzureichen sind.

(5) Der zu überwachenden Person ist auf ihr Verlangen ein Dosimeter zur Verfügung zu stellen, mit dem die Personendosis jederzeit festgestellt werden kann. Sobald eine Frau ihren Arbeitgeber darüber informiert hat, dass sie schwanger ist, ist ihre berufliche Strahlenexposition arbeitswöchentlich zu ermitteln und ihr mitzuteilen.

(6) Die Messung der Körperaktivität oder der Aktivität der Ausscheidungen ist bei einer nach Absatz 1 Satz 4 bestimmten Messstelle durchzuführen. Der Messstelle sind die jeweiligen Perso-

nendaten (Familienname, Vornamen, Geburtsdatum und -ort, Geschlecht), bei Strahlenpassinhabern nach § 40 Abs. 2 Satz 1 und 2 die Registriernummer des Strahlenpasses sowie die Beschäftigungsmerkmale und die Inkorporationsverhältnisse mitzuteilen.

(7) Die Messstelle nach Absatz 3 Satz 1 hat Personendosimeter bereitzustellen, die Personendosis festzustellen, die Ergebnisse aufzuzeichnen und demjenigen, der die Messung veranlasst hat, schriftlich mitzuteilen. Die Messstelle nach Absatz 6 Satz 1 hat die Körperaktivität oder die Aktivität der Ausscheidungen und die jeweilige Körperdosis festzustellen, die Ergebnisse aufzuzeichnen und demjenigen, der die Messung veranlasst hat, schriftlich mitzuteilen. Die Messstellen haben ihre Aufzeichnungen 30 Jahre lang nach der jeweiligen Feststellung aufzubewahren. Sie haben auf Anforderung die Ergebnisse ihrer Feststellungen einschließlich der Angaben nach Absatz 4 Satz 1 oder Absatz 6 Satz 2 der zuständigen Behörde mitzuteilen.

(8) Die Messstellen nach Absatz 3 Satz 1 und Absatz 6 Satz 1 nehmen an Maßnahmen zur Qualitätssicherung teil, die für Messungen nach Absatz 3 Satz 1 und 4 von der Physikalisch-Technischen Bundesanstalt und für Messungen nach Absatz 6 Satz 1 von dem Bundesamt für Strahlenschutz durchgeführt werden.

Kommentierung § 41

Grundsätzlich wird zur Ermittlung der Körperdosen die Personendosis (= Anzeige eines Personendosimeters; exakte Definition in § 3) gemessen. Diese Methode kann seitens der Behörde modifiziert werden. Danach sind grundsätzlich oder allein die Messungen folgender Parameter nicht auszuschließen (siehe auch Richtlinie) [RL 5]:

- Ortsdosis (Sv) bzw. Ortsdosisleistung (Sv/h) (Bestimmung der Körperdosen bei äußerer Bestrahlung, z.B. mit Photonen oder Neutronen mittels so genannter Konversionsfaktoren)

- Aktivitätskonzentration in Luft (Bq/m^3) (Bestimmung der Körperdosen mittels so genannter Dosisfaktoren, siehe die Erläuterung zu § 47 ff.)

- Oberflächenkontamination des Arbeitsplatzes (Bq/cm^2) (§§ 39, 44)

- Körperaktivität oder Aktivität der Ausscheidungen (Bq) (Bestimmung der Körperdosen nach [RL 7]),

- Eigenschaften der Strahlungsquelle oder des Strahlungsfeldes (Berechnung der Ortsdosis bzw. Ortsdosisleistung aus vergleichsweise konstanten Größen wie Aktivität, Abstand und Aufenthaltsfaktor).

Normalerweise, bei vergleichsweise geringen, deutlich unter den Grenzwerten liegenden Strahlenexpositionen, wird man sich in vielen Fällen mit der Regelung des Absatzes 1 Satz 1 zufrieden geben und die Personendosis sozusagen in erster Näherung mit der Körperdosis, am besten mit der effektiven Dosis, gleichsetzen können (Abs. 3 Satz 3). Besteht aber der Verdacht einer Grenzwertüberschreitung, muss man den unter Umständen schwierigen Weg beschreiten, aus den Messwerten der in Absatz 1 geschilderten Methoden die Körperdosen unter Berücksichtigung der für den betreffenden Fall spezifischen Expositionsbedingungen zu ermitteln (Erfordernis genauer Berechnung der Körperdosis bei Überschreitung von so genannten Überprüfungsschwellen im Falle äußerer bzw. von so genannten Interpretations- und Nachforschungsschwellen im Falle innerer Exposition, siehe [RL 5].

Beispiele

1) **Personendosis $H_p(10)$ bzw. H_p (0,07) für durchdringende Strahlung bzw. für Strahlung geringer Eindringtiefe**

Für durchdringende Strahlung, z.B. γ-Strahlung, ist ein Personendosimeter so kalibriert, als ob die Personendosis hinter 10 mm gewebeäquivalentem Material gemessen würde, für Strahlung mit geringer Eindringtiefe, z.B. β-Strahlung, wird eine Dicke von 0,07 mm gefordert.

Bestrahlung von vorne („ap") mit Cs-137-γ-Strahlung, Personendosimeteranzeige („Personendosis") $H_p(10)$ = 60 mSv; wie groß ist die effektive Dosis E? Konversionsfaktor $E/H_p(10) = 0,873$ für Cs-137 [PTB], E = 0,873 · 60 mSv = 52,4 mSv.

2) **Ortsdosis $H^*(10)$ für durchdringende Strahlung bzw. H'(0,07, W) für Strahlung geringer Eindringtiefe**

Meistens wird die Ortsdosis „frei Luft" gemessen. Die Dosisgröße für Messungen in der Nutzstrahlung z.B. einer Co-60-Bestrahlungseinrichtung wird als „Kerma" bezeichnet; ihre physikalische Einheit ist Gray (Gy). Die Umrechnung der Kerma in die so genannte Umgebungs-Äquivalentdosis H*(10) (Einheit: Sv) für durchdringende Strahlung beträgt für den Photonenenergiebereich von 180 bis 1.500 keV: 1,21 Sv/Gy. Es existieren allerdings auch Konversionsfaktoren, um die Kerma **direkt** in eine Körperdosis, z.B. in die effektive Dosis E umzurechnen, z.B. für den oben genannten Energiebereich und den ap-Strahlengang: 1,07 Sv/Gy [PTB]. Beispiel: Kermaleistung in der Gehäusedurchlass-Strahlung einer Bestrahlungseinrichtung: 10 mGy/h.

Aufenthaltszeit einer Person: 10 Stunden, E = 1,07 mSv/mGy · 10 mGy/h · 10 h = 107 mSv.

Bei Strahlenschutzmessungen z.B. hinter Abschirmungen wurde früher die Ortsdosis für Photonen als Photonen-Äquivalentdosis H_x angegeben. Der Faktor zur Umrechnung in die Umgebungs-Äquivalentdosis H*(10) ist energieabhängig und hat z.B. für die γ-Strahlung von Co-57 den Wert 1,3, also: H*(10) = 1,3 · H_x (siehe Kommentierung zu Anlage VI).

3) **Aktivitätskonzentration in Luft $\overline{A}$**

$\overline{A}$ = 1 kBq m^{-3} Cs-137, Atemrate: 8.100 m³/a (Anlage VII Teil B, Tab. 2). Dosisfaktor für Inhalation und für die effektive Dosis: 8,6 · 10^{-9} Sv/Bq (Partikelgröße: 1 mm) [RL 7], Aufenthaltszeit: 1 Jahr. E = 10³ Bq/m³ · 8.100 m³/a · 8,6 · 10^{-9} Sv/Bq, E = 70 mSv als effektive Folgedosis E(50) (siehe Anlage VI Teil D Nr. 2).

4) **Oberflächenkontamination des Arbeitsplatzes**

Maßgebend für Grenzwertüberlegungen sollte Tabelle 1 Spalte 4 in Anlage III im Zusammenhang mit § 44 Abs. 2 und 3 sein. Darin sind Grenzwerte bei Oberflächenkontaminationen von Verkehrsflächen, Kleidung, Arbeitsplätzen und Gegenständen angegeben, oberhalb derer bestimmte Strahlenschutzmaßnahmen einzuleiten sind (vgl. § 44 Abs. 1). Für

Arbeitsplätze im Kontrollbereich liegen diese Werte oft bei 10 Bq/cm² (für gewisse α-Strahler), 100 Bq/cm² (für gewisse β-Strahler) und 1.000 Bq/cm² (für gewisse sonstige Radionuklide). Diese Werte reduzieren sich im Überwachungsbereich um einen Faktor 10 und außerhalb von Strahlenschutzbereichen auf dem Betriebsgelände nochmals um einen Faktor 10.

Das Vorhandensein derartiger Kontaminationen bedeutet selbstverständlich noch nicht, dass Inkorporationen und damit sich in Körperdosen manifestierende innere Bestrahlungen vorliegen müssen. Eine entsprechende Berechnung wird schwierig sein, da viele und oft kaum quantifizierte Randbedingungen zu beachten sind.

5) Körperaktivität, Aktivität von Ausscheidungen

Als Körperaktivität bezeichnet man die zu einer bestimmten Zeit nach Inhalation, Ingestion sowie nach Zufuhr über Wunden und die Haut vorhandene Aktivität. Diese Größe wird im Rahmen der Kommentierung zu den §§ 47 ff. diskutiert und mit Beispielen erläutert. Berechnungen benutzen tabellierte Dosisfaktoren (Einheit: Sv/Bq) [RL 7], mit deren Hilfe die effektive Dosis und Organdosen für verschiedene inkorporierte Radionuklide bestimmt werden können. Die Messung der Körperaktivität geschieht, falls erforderlich (siehe Kriterium dafür in [RL 5]) in der Regel mit Hilfe so genannter Ganzkörperdetektoren auf γ-Spektrometer-Basis („Body-Counter") im Falle γ-strahlenemittierender Radionuklide und durch so genannte Ausscheidungsmessungen bei Radionukliden ohne durchdringende γ-Komponente (wichtig sind: Tritium, Uran und Plutonium). Beide Messmethoden sind relativ aufwendig und – vor allen Dingen dann, wenn die effektive Halbwertzeit (siehe Kommentierung zum Teil D der Anlage VI) unbekannt ist – die Verfahren zur Ermittlung von Körperdosen aus den Messergebnissen alles andere als einfach.

Zur Ermittlung der 50-Jahre-Organ-Folgedosis $H_T(50)$ (Anlage VI, Teil D) in einem Körperbereich oder bezüglich der effektiven Dosis benötigt man im Prinzip die zum Zeitpunkt t (z.B. t ≈ 0 Tage) nach der Zufuhr ermittelte Aktivität (z.B. 1 MBq) im gesamten Körper (z.B. aus einer Messung in einem Body-Counter) und berechnet unter Benutzung des Zerfallsgesetzes bei Kenntnis der effektiven Halbwertzeit (z.B. für J-131: 7,5 Tage) durch Integralbildung in den Grenzen von 0 bis 50 Jahren die „kumulierte" Aktivität (hier für das Beispiel: 10,7 MBq · d). Diese wird zur Berechnung von H(50) mit einem (die verschiedenen physikalischen Einheiten berücksichtigenden) Faktor $1,38 \cdot 10^{-5}$, einem nur den Schilddrüsenanteil berücksichtigenden Faktor (hier: 0,3) und dem Quotienten (genannt: Spezifische Effektive Energie, SEE, für J-131: SEE = 0,01 [RL 7]), aus effektiver Energie (hier: 0,23 MeV) und Masse des Körperbereichs (hier für die Schilddrüse: 23 g) multipliziert. Es ergibt sich für das Beispiel: $H_T(50)$ = 440 mSv. Mit Hilfe der bei der Kommentierung der §§ 47 ff. eingeführten Dosisfaktoren (für J-131-Ingestion: $4,3 \cdot 10^{-7}$ Sv/Bq [RL 7]), errechnet sich eine Schilddrüsendosis von $H_T(50) = 4,3 \cdot 10^{-7}$ Sv/Bq · 10^6 Bq = 430 mSv – also nahezu derselbe Wert.

6) Eigenschaften der Strahlenquelle oder des Strahlenfeldes

Zu den Eigenschaften einer Strahlenquelle bzw. des Strahlenfeldes gehören, um ein Beispiel aus dem Bereich der radioaktiven Stoffe herauszunehmen, die Art des radioaktiven Zerfalls, die Aktivität, die Materialien im Strahlengang (Abschirmungen), die Größe der

Öffnung in der Abschirmung (Feldgröße) und der Abstand von der Strahlenquelle. Im einfachsten Fall einer punktförmigen γ-strahlenden Quelle ist die Ortsdosisleistung H (in Sv/h) proportional zu dem Quotienten aus der Aktivität A (in Bq) und dem Quadrat des Abstandes (in m²). Der Proportionalitätsfaktor heißt Dosisleistungskonstante Γ (in Sv/h · m²/Bq).

Beispiel:

Cs-137, $\Gamma = 8{,}46 \cdot 10^{-14}$ Sv/h · m²/Bq,
A = 10 MBq, r = 1 m, H*(10) = $8{,}46 \cdot 10^{-7}$ Sv/h ≈ 0,9 μSv/h.

Zur Vereinfachung des Verfahrens und zur Erleichterung für alle Beteiligten (z.B. Strahlenschutzbeauftragte, überwachte Person, eventuell auch die zuständige Behörde) muss die oft schwierige und mühevolle Umrechnung der in Absatz 1 aufgezählten zu bestimmenden Größen (z.B. Personendosis, Ortsdosis, Luftaktivität, Körperaktivität) in die strahlenbiologisch relevanten Körperdosen nach Absatz 2 nur dann durchgeführt werden, wenn der Verdacht besteht, dass die Grenzwerte für beruflich Strahlenexponierte der Kategorie A (z.B. für die effektive Dosis: 20 mSv im Kalenderjahr) überschritten werden können. Zu diesem Zweck wurden in [RL 5] so genannte Nachforschungsschwellen („Überprüfungsschwellen") festgesetzt, oberhalb derer die Umrechnung in Körperdosen vorgenommen werden sollte.

Absatz 3 befasst sich für den Fall äußerer Bestrahlungen näher mit dem Verfahren der Personendosismessung (detaillierte Vorschläge für die verschiedenen Anwendungen ionisierender Strahlen sind im Anhang von [RL 5] enthalten). Grundsätzlich sollen „amtliche" Dosimeter (an der Vorderseite des Rumpfes) getragen werden (in der Regel photonen-, β- und neutronenstrahlenempfindliche Systeme auf der Basis von Film- oder Festkörperdosimetern, wobei sich für Neutronen z.B. Albedodosimeter bewährt haben). Deren Anzeige gilt als Maß für die effektive Dosis, solange nicht die Forderung des Absatzes 2 eine exakte Berechnung der Körperdosen verlangt und nicht weitere Dosimeter über andere Organdosen genauere Informationen liefern können (z.B. für die Hände mit so genannten Fingerringdosimetern). Für durchdringende Strahlung soll ein Personendosimeter die so genannte Tiefen-Personendosis $H_p(10)$ als Schätzwert für die effektive Dosis bzw. für Strahlung geringerer Eindringtiefe die Oberflächen-Personendosis $H_p(0{,}07)$ als Schätzwert für die Hautdosis angeben. Im einfachsten Fall wird man ggf. die Anzeige eines Personendosimeters mit einem die Expositionsbedingungen – z.B. Photonenenergie, Strahlrichtung, Art der Körperdosis (z.B. effektive Dosis) – beschreibenden Konversionsfaktor multiplizieren, um daraus die Körperdosis bzw. effektive Dosis zu erhalten. Explizit wird in Absatz 3 eine weitere Dosismessung, z.B. an den Händen, verlangt, wenn die Gefahr besteht, dass dort mehr als 150 mSv im Kalenderjahr appliziert werden können (z.B. mit Fingerkuppen- oder Fingerringdosimetern meistens auf TLD-Basis, die auch weiche γ-Strahlung registrieren können). Das wird fast immer dann der Fall sein, wenn mit radioaktiven Stoffen oder aktivierten Teilen ohne abstandgebende Werkzeuge hantiert werden muss.

Die zuständige Behörde kann das oder die Verfahren zur Ermittlung der Personendosis je nach Anforderung an die Dosimeter, nach Gefahrenpotenzial des betreffenden Arbeitsplatzes, nach der Arbeitsweise und der Aufenthaltszeit usw. modifizieren und z.B. zwei voneinander unabhängige Messverfahren, jederzeit ablesbare Dosimeter, Dosimeter mit eingebauter Warnschwelle, spezielle Teilkörperdosimeter oder für bestimmte Strahlenarten besonders empfindliche Dosimeter verlangen. Die zu überwachende Person kann neben dem „amtlichen" Dosimeter ein jederzeit ablesbares fordern, wenn sie sich für den aktuellen Stand ihrer Personendosis interessiert (Abs. 5).

Die „amtlichen" Dosimeter (im Wesentlichen sind die am Rumpf und an den Händen zu tragenden gemeint) müssen der amtlichen Messstelle monatlich zur Auswertung eingereicht werden, und zwar versehen mit für die Identifizierung, Zuordnung, Auswertung und Beurteilung wichtigen persönlichen und expositionsspezifischen Daten sowie bei Strahlenpassinhabern unter Angabe der Registriernummer des Strahlenpasses. Beispielsweise bei nachweislich gleich bleibend geringer Strahlenexposition kann der Auswertezeitraum bis auf sechs Monate seitens der Behörde (auf Antrag mit ausreichender Begründung!) ausgedehnt werden (Abs. 5). Schwangeren Frauen ist nach § 37 Abs. 1 Nr. 2 Buchstabe d der Zutritt zum Kontrollbereich erlaubt. Dementsprechend unterliegen sie auch der messtechnischen Überwachung im Sinne des § 40 Abs. 1 Satz 1. Aber im Gegensatz zu dem in § 41 Abs. 4 für so genannte amtliche Dosimeter vorgeschriebenen monatlichen Auswerterhythmus ist für diesen Personenkreis eine arbeitswöchentliche Ermittlung der beruflichen Strahlenexposition vorgeschrieben (Abs. 5).

Die StrlSchV hat in Absatz 6 für die Messung der Körperaktivität oder der Aktivität der Ausscheidung die „von der zuständigen Behörde bestimmte Messstelle" eingeführt. Die Behörde bestimmt die Messstelle im Einzelfall auf Grund eines Antrags, sofern die in der „Richtlinie über Anforderungen an Inkorporationsmess-Stellen" aufgeführten Voraussetzungen nachgewiesen werden.

Absatz 7 und 8 richten sich an die Messstellen bezüglich der Festlegung ihrer Tätigkeiten (Bestimmung der Personendosis bzw. der Körperaktivität und der Aktivität der Ausscheidungen), ihrer Aufzeichnungs- und Aufbewahrungspflichten, ihrer Mitteilungspflichten (u.a. auch nach Aufforderung an die zuständige Aufsichtsbehörde) sowie bezüglich ihrer Pflicht, an Maßnahmen zur Qualitätssicherung teilzunehmen.

Man beachte auch die Übergangsvorschrift des § 117 Abs. 13.

Man beachte außerdem, dass in der Artikelverordnung „Verordnung für die Umsetzung von EURATOM-Richtlinien zum Strahlenschutz" [VUES] (dort ist die neue StrlSchV als Artikel 1 ausgewiesen) als Artikel 9 die Änderung der Eichordnung [EICHO], und zwar Anlage 23 („Strahlenschutzmessgeräte"), enthalten ist.

Ordnungswidrigkeiten

Nach § 116 Abs. 2 handelt ordnungswidrig, wer vorsätzlich oder fahrlässig entgegen § 33 Abs. 1 Nr. 1 und 3 als Strahlenschutzverantwortlicher nicht dafür sorgt, dass eine der in § 116 Abs. 2 Nrn. 3 bis 5 genannten Schutzvorschriften eingehalten wird.

Nach § 116 Abs. 3 handelt ordnungswidrig, wer vorsätzlich oder fahrlässig entgegen § 33 Abs. 1 Nr. 2 als Strahlenschutzverantwortlicher oder Strahlenschutzbeauftragter nicht dafür sorgt, dass eine der in § 116 Abs. 3 Nrn. 1 bis 3 genannten Schutzvorschriften eingehalten wird.

§ 42 Aufzeichnungs- und Mitteilungspflicht

(1) Die Ergebnisse der Messungen und Ermittlungen nach den §§ 40 und 41 sind unverzüglich aufzuzeichnen. Die Aufzeichnungen sind so lange aufzubewahren, bis die überwachte Person das 75. Lebensjahr vollendet hat oder vollendet hätte, mindestens jedoch 30 Jahre nach Beendigung der jeweiligen Beschäftigung. Sie sind spätestens 95 Jahre nach der Geburt der betroffenen Person zu löschen. Sie sind auf Verlangen der zuständigen Behörde vorzulegen oder bei einer von dieser zu bestimmenden Stelle zu hinterlegen. Bei einem Wechsel des Beschäftigungsverhältnisses sind die Ermittlungsergebnisse dem neuen Arbeitgeber auf Verlangen mitzuteilen, falls weiterhin eine Beschäftigung als beruflich strahlenexponierte Person ausgeübt wird. Aufzeichnungen, die infolge Beendigung der Beschäftigung als beruflich strahlenexponierte Person nicht mehr benötigt werden, sind der nach Landesrecht zuständigen Stelle zu übergeben. § 85 Abs. 1 Satz 4 gilt entsprechend.

(2) Überschreitungen der Grenzwerte der Körperdosis nach § 55 Abs. 1 Satz 1, Abs. 2 und 3 Satz 1, Abs. 4 und Strahlenexpositionen nach § 58 Abs. 1 Satz 2 sind der zuständigen Behörde unter Angabe der Gründe, der betroffenen Personen und der ermittelten Körperdosen unverzüglich mitzuteilen. Den betroffenen Personen ist unverzüglich die Körperdosis mitzuteilen.

(3) Bei Überschreitungen der Werte der Oberflächenkontamination nach § 44 Abs. 2 Nr. 3 gelten die Absätze 1 und 2 entsprechend.

Kommentierung § 42

Damit für Personen, die nach den Vorschriften der §§ 40 und 41 zu überwachen sind, jederzeit, auch nach Beendigung der beruflichen Tätigkeit, nachvollzogen werden kann, wie hoch die Strahlenexposition war und ob hierdurch Spätschäden möglich sind, werden in § 42 für den Strahlenschutzverantwortlichen und -beauftragten Pflichten zur Aufzeichnung festgelegt.

Demnach sind die nach den § 41 ermittelten Personendosen und Körperdosen (Abs. 1) und die nach § 44 ermittelten grenzwertüberschreitenden Kontaminationen (Abs. 3) aufzuzeichnen und – bemessen an den für strahlenbedingte stochastische Spätschäden typischen Zeitabläufen – langfristig aufzubewahren. Außerdem sind diese Daten einem neuen Arbeitgeber auf dessen Verlangen mitzuteilen bzw. nach Beendigung der Tätigkeit als beruflich strahlenexponierte Person der nach Landesrecht zuständigen Stelle zu übergeben.

Außerdem ist festgelegt, dass wie bei den Aufzeichnungen über Patienten (§ 85) die oben genannten Daten, angepasst an die modernen technischen Gegebenheiten, unter Berücksichtigung des Datenschutzes auf Bildträgern oder anderen Datenträgern gespeichert werden können.

Absatz 2 und 3 schreiben für den Strahlenschutzverantwortlichen bzw. -beauftragten die Pflicht der Mitteilung an die Behörde vor

- bei besonders zugelassenen Strahlenexpositionen nach § 58,
- bei Überschreitungen der Dosisgrenzwerte nach § 55.

Die Mitteilungen sollen bei Angabe der Gründe und der ermittelten Körperdosis der Behörde ermöglichen, Untersuchungen zur Aufklärung der Ursachen durchzuführen und ggf. Verbesserungsmaßnahmen veranlassen zu können. Selbstverständlich muss die betroffene Person auch, und zwar bei Überschreitung der Grenzwerte, unverzüglich informiert werden.

Ordnungswidrigkeiten

Nach § 116 Abs. 2 handelt ordnungswidrig, wer vorsätzlich oder fahrlässig entgegen § 33 Abs. 1 Nr. 1 und 3 als Strahlenschutzverantwortlicher nicht dafür sorgt, dass eine der in § 116 Abs. 2 Nrn. 3 bis 5 genannten Schutzvorschriften eingehalten wird.

Nach § 116 Abs. 3 handelt ordnungswidrig, wer vorsätzlich oder fahrlässig entgegen § 33 Abs. 1 Nr. 2 als Strahlenschutzverantwortlicher oder Strahlenschutzbeauftragter nicht dafür sorgt, dass eine der in § 116 Abs. 3 Nrn. 1 bis 3 genannten Schutzvorschriften eingehalten wird.

§ 43 Schutzvorkehrungen

(1) Der Schutz beruflich strahlenexponierter Personen vor äußerer und innerer Strahlenexposition ist vorrangig durch bauliche und technische Vorrichtungen oder durch geeignete Arbeitsverfahren sicherzustellen.

(2) Sobald eine Frau ihren Arbeitgeber darüber informiert hat, dass sie schwanger ist oder stillt, sind ihre Arbeitsbedingungen so zu gestalten, dass eine innere berufliche Strahlenexposition ausgeschlossen ist.

(3) Bei Personen, die mit offenen radioaktiven Stoffen umgehen, deren Aktivität die Freigrenzen der Anlage III Tabelle 1 Spalte 2 und 3 überschreitet, ist sicherzustellen, dass sie die erforderliche Schutzkleidung tragen und die erforderlichen Schutzausrüstungen verwenden. Ihnen ist ein Verhalten zu untersagen, bei dem sie oder andere Personen von dem Umgang herrührende radioaktive Stoffe in den Körper aufnehmen können, insbesondere durch Essen, Trinken, Rauchen, durch die Verwendung von Gesundheitspflegemitteln oder kosmetischen Mitteln.

Dies gilt auch für Personen, die sich in Bereichen aufhalten, in denen mit offenen radioaktiven Stoffen umgegangen wird, deren Aktivität die Freigrenzen der Anlage III Tabelle 1 Spalte 2 und 3 überschreitet. Offene radioaktive Stoffe dürfen an Arbeitsplätzen nur so lange und in solchen Aktivitäten vorhanden sein, wie das Arbeitsverfahren es erfordert.

Kommentierung § 43

§ 43 wird in der neuen StrlSchV mit dem Grundsatz eingeleitet, dass es effektiver und sicherer sei, den Schutz beruflich strahlenexponierter Personen vor äußerer und innerer Strahlenexposition möglichst auf eine strahlenschutztechnische Basis zu stellen und weniger rein administrativen Aspekten zu vertrauen.

Bei offenen radioaktiven Stoffen besteht neben der möglichen Exposition durch direkte (äußere) Bestrahlung (γ-Strahlung, harte β-Strahlung) die potenzielle Gefahr einer Inkorporation und damit einer inneren, unter Umständen sehr lang andauernden Exposition durch β- und γ-Strahlung, eventuell sogar durch die strahlenbiologisch sehr wirksame α-Strahlung. Auch die Art der Ablagerung inkorporierter radioaktiver Stoffe im menschlichen Körper führt wegen der extrem kleinen Bestrahlungsabstände zu verhältnismäßig hohen Organdosen. Es ist also verständlich, dass zunächst einmal verlangt werden muss, durch technische Vorrichtungen oder geeignete Arbeitsverfahren Inkorporation und die diese meistens bewirkenden Kontaminationen möglichst gering zu halten (Umgang mit diesen Stoffen in durch bauliche Maßnahmen besonders ausgelegten Räumen mit z.B. Lüftungsanlagen, Abzügen, Heißen Zellen, Handschuhkästen, speziellen Labortischen [eventuell geschützt mit speziellen Lacken], Greifwerkzeugen, Abfüllsystemen, Lagerungs- und Transportbehältern, abschließbaren Dauerlagerungstresoren, Schutzkleidung [einschließlich Schutzbrillen, Filtermasken, so genannten Pressluftatmern und Schutzhandschuhen], Einrichtungen für Dekontaminationsmaßnahmen und Kontaminationsmessgeräten). Aus den oben angeführten Gründen muss besonders bei schwangeren oder stillenden Frauen die strahlenbiologisch gesehen besonders kritische berufliche innere Exposition vermieden werden (Abs. 2), was darauf hinausläuft, dass ihnen der Umgang mit offenen radioaktiven Stoffen oberhalb der Freigrenzen nach Anlage III Tabelle 1 Spalte 2 und 3 nicht erlaubt ist. In Absatz 3 wird aber außerdem (vom Strahlenschutzverantwortlichen bzw. -beauftragten) verlangt, dass nicht nur die technische Ausrüstung, sondern auch die **Verhaltensweise** der mit offenen radioaktiven Stoffen umgehenden oder sich in entsprechenden Bereichen aufhaltenden Personen dazu beitragen soll, das Ziel einer möglichst geringen Inkorporation zu erreichen. Das heißt, die oben genannten technischen Einrichtungen müssen wirklich in vollem Umfang und sachkundig genutzt werden. Es versteht sich eigentlich von selbst, dass Essen, Trinken und Rauchen in Bereichen, in denen mit offenen radioaktiven Stoffen umgegangen wird, untersagt ist. Aber auch Vorkehrungen zur Behandlung von mit radioaktiven Stoffen kontaminierten Wunden sollten getroffen werden. Die Wahrscheinlichkeit für Inkorporationen und Kontaminationen steigt mit der Höhe der bearbeitenden Aktivität und der Zeitdauer der Bearbeitung. Also sollten beide möglichst klein gehalten werden.

Detaillierte Hinweise über die Ausstattung von Laborräumen, die für den Umgang mit offenen radioaktiven Stoffen geeignet sind, findet man in DIN 25425-1 (Radionuklidlaboratorien; Regeln für die Auslegung) [DIN 8] und DIN 6844 (Nuklearmedizinische Betriebe; Regeln für die Errichtung und Ausstattung) [DIN 9].

Ordnungswidrigkeiten

Nach § 116 Abs. 2 handelt ordnungswidrig, wer vorsätzlich oder fahrlässig entgegen § 33 Abs. 1 Nr. 1 und 3 als Strahlenschutzverantwortlicher nicht dafür sorgt, dass eine der in § 116 Abs. 2 Nrn. 3 bis 5 genannten Schutzvorschriften eingehalten wird.

Nach § 116 Abs. 3 handelt ordnungswidrig, wer vorsätzlich oder fahrlässig entgegen § 33 Abs. 1 Nr. 2 als Strahlenschutzverantwortlicher oder Strahlenschutzbeauftragter nicht dafür sorgt, dass eine der in § 116 Abs. 3 Nrn. 1 bis 3 genannten Schutzvorschriften eingehalten wird.

§ 44 Kontamination und Dekontamination

(1) Beim Vorhandensein offener radioaktiver Stoffe ist in Strahlenschutzbereichen, soweit es zum Schutz der sich darin aufhaltenden Personen oder der dort befindlichen Sachgüter erforderlich ist,

festzustellen, ob Kontaminationen durch diese Stoffe vorliegen. An Personen, die Kontrollbereiche verlassen, in denen offene radioaktive Stoffe vorhanden sind, ist zu prüfen, ob diese kontaminiert sind. Wird hierbei eine Kontamination festgestellt, so sind unverzüglich Maßnahmen zu treffen, die geeignet sind, weitere Strahlenexpositionen und eine Weiterverbreitung radioaktiver Stoffe zu verhindern. Die zuständige Behörde kann festlegen, dass eine Prüfung nach Satz 2 auch beim Verlassen des Überwachungsbereiches durchzuführen ist.

(2) Zur Verhinderung der Weiterverbreitung radioaktiver Stoffe oder ihrer Aufnahme in den Körper sind unverzüglich Maßnahmen zu treffen, wenn

1. auf Verkehrsflächen, an Arbeitsplätzen oder an der Kleidung in Kontrollbereichen festgestellt wird, dass die nicht festhaftende Oberflächenkontamination das 100fache der Werte der Anlage III Tabelle 1 Spalte 4 überschreitet oder

2. auf Verkehrsflächen, an Arbeitsplätzen oder an der Kleidung in Überwachungsbereichen festgestellt wird, dass die nicht festhaftende Oberflächenkontamination das Zehnfache der Werte der Anlage III Tabelle 1 Spalte 4 überschreitet oder

3. außerhalb eines Strahlenschutzbereiches auf dem Betriebsgelände die Oberflächenkontamination von Bodenflächen, Gebäuden und beweglichen Gegenständen, insbesondere Kleidung, die Werte der Anlage III Tabelle 1 Spalte 4 überschreitet.

Satz 1 gilt nicht für die Gegenstände, die als gefährliche Güter nach § 2 des Gefahrgutbeförderungsgesetzes befördert oder nach § 69 dieser Verordnung abgegeben werden.

(3) Sollen bewegliche Gegenstände, insbesondere Werkzeuge, Messgeräte, Messvorrichtungen, sonstige Apparate, Anlagenteile oder Kleidung, aus Kontrollbereichen, in denen offene radioaktive Stoffe vorhanden sind, zum Zweck der Handhabung, Nutzung oder sonstigen Verwendung mit dem Ziel einer Wiederverwendung oder Reparatur außerhalb von Strahlenschutzbereichen herausgebracht werden, ist zu prüfen, ob diese kontaminiert sind. Wenn die Werte der Anlage III Tabelle 1 Spalte 4 oder 5 überschritten sind, dürfen die in Satz 1 genannten Gegenstände nicht zu den dort genannten Zwecken aus dem Kontrollbereich entfernt werden. Die zuständige Behörde kann festlegen, dass die Sätze 1 und 2 auch auf Überwachungsbereiche anzuwenden sind. Die Sätze 1 und 2 gelten nicht für die Gegenstände, die als gefährliche Güter nach § 2 des Gefahrgutbeförderungsgesetzes befördert oder nach § 69 dieser Verordnung abgegeben werden. § 29 findet keine Anwendung.

(4) Mit einer Dekontamination dürfen nur Personen betraut werden, die die dafür erforderlichen Kenntnisse besitzen.

(5) Können die in Absatz 2 Satz 1 Nr. 1 oder Nr. 2 genannten Werte der Oberflächenkontamination nicht eingehalten werden, so sind die in solchen Arbeitsbereichen beschäftigten Personen durch besondere Maßnahmen zu schützen.

Kommentierung zu § 44

Kontaminationen im Sinne dieser Vorschrift sind Verunreinigungen durch offene radioaktive Stoffe, die zu Strahlenexpositionen führen können. Dass sich Personen bei ihrer täglichen Arbeit in Strahlenschutzbereichen mit offenen radioaktiven Stoffen kontaminieren und auch die eingesetzten Geräte oder Werkzeuge mit offenen radioaktiven Stoffen verunreinigt werden können, ist trotz größter Umsicht nicht auszuschließen.

Diese Vorschrift regelt die Durchführung von Kontaminationskontrollen und bestimmt, oberhalb welcher Kontaminationswerte Maßnahmen zu ergreifen und durch wen Dekontaminationen durchzuführen sind. Schließlich werden Schutzmaßnahmen für den Fall festgelegt, dass die vorgeschriebenen Kontaminationswerte nicht eingehalten werden können.

Zu Absatz 1:

Satz 1 dieser Vorschrift verlangt, Kontaminationen festzustellen, d.h., sie durch Messungen zu registrieren und zu überwachen. Registrierung und Überwachung sind wichtige Maßnahmen zum Arbeitsschutz, weil Kontaminationen, wenn sie einmal vorliegen, schnell zur Inkorporation radioaktiver Stoffe führen oder durch Schuhe, Hände oder Kleidung oder sonstige Sachgüter in saubere Bereiche verschleppt werden können, in denen nicht mit der Anwesenheit offener radioaktiver Stoffe gerechnet wird.

Die Vorschrift stellt darauf ab, dass schon bei bloßem Vorhandensein offener radioaktiver Stoffe etwaige Kontaminationen festzustellen sind, selbst wenn mit diesen Stoffen im Sinne des § 7 Abs. 1 gar nicht umgegangen wird.

Die Pflicht zur Feststellung radioaktiver Kontaminationen besteht für alle Strahlenschutzbereiche, sofern dies zum Schutz von Personen und Sachgütern, die sich in diesen Bereichen aufhalten bzw. dort befinden, erforderlich ist.

Satz 2 fordert für den Fall des Vorhandenseins offener radioaktiver Stoffe in Kontrollbereichen, zu prüfen, ob die Personen, die diese Kontrollbereiche verlassen, kontaminiert sind. Auch hier reicht schon das bloße Vorhandensein offener radioaktiver Stoffe im Kontrollbereich aus, um die Pflicht zur Kontaminationsprüfung auszulösen. Ein Umgang im Sinne des § 7 Abs. 1 mit offenen sonstigen radioaktiven Stoffen oder eine Verwendung im Sinne des § 9 AtG [ATG] offener Kernbrennstoffe im Kontrollbereich muss nicht vorliegen.

Aus diesem Grund sollten handelsübliche Hand-Fuß-Monitore an den Ausgängen von Kontrollbereichen installiert werden, die bei jedem Passieren zu benutzen sind. Man sieht, dass eine sinnvolle Anlage und Planung eines Kontrollbereichs auch Vorteile hinsichtlich der nötigen Investitionen und der Überwachungsmaßnahmen mit sich bringt. Kontaminationsmessgeräte, z.B. mit Xenondetektor, sind dann geeignet, wenn es der Zustand des Strahlenaustrittsfensters, z.B. bei direkten Messungen oder Auswertungen von Wischproben erlaubt, α-Strahlung und die energieärmste β-Strahlung mit Sicherheit noch nachzuweisen.

Satz 3 verlangt bei der Feststellung von Hautkontaminationen, unverzüglich geeignete Maßnahmen zur Verhinderung von Strahlenexpositionen und von Verschleppungen (Weiterverbreitung) offener radioaktiver Stoffe zu treffen. Die Verpflichtung, unverzüglich Maßnahmen zu treffen, soll vor allem die Verschleppung radioaktiver Stoffe verhindern; im Übrigen besteht diese Verpflichtung generell und nicht erst, wenn Gefahren bestehen.

Bei Kontaminationen der „Haut" sind in der Regel Kopfhaut, Haare, Gesicht, Hals und Hände betroffen. Die geeigneten Maßnahmen zur Verhinderung dadurch bedingter Strahlenexpositionen werden sich in erster Linie auf die Säuberung dieser Körperbereiche konzentrieren, wobei es dabei auf das Wie und Wo ankommt. Bei einer Kontamination der Haare z.B. ist die Verwendung einer normalen Dusche ohne besondere Vorsichtsmaßnahmen nicht zu empfehlen, weil dabei die Gefahr besteht, dass die vom Kopf abgespülten radioaktiven Stoffe in die Augen, die Nase oder in den Mund gelangen und auf diesem Wege zu inneren Strahlenexpositionen führen.

Die geeigneten Maßnahmen zur Verhinderung von Strahlenexpositionen durch Hautkontaminationen werden in der Regel Sofortmaßnahmen sein, die die kontaminierte Person, sofern sie dazu in der Lage ist, selbst durchführt. Geschieht eine Hautkontamination in Verbindung mit einer Verletzung der Haut oder ist eine Inkorporation radioaktiver Stoffe zu befürchten, sind ggf. weitere Maßnahmen, z.b. durch einen ermächtigten Arzt, nötig.

Im Übrigen konkretisieren sich die unverzüglichen Maßnahmen in Kontroll- und Überwachungsbereichen für „nicht festhaftende Oberflächenkontaminationen" (Definition: siehe § 3 Nr. 19 Buchstabe b) und in Arealen des Betriebsgeländes außerhalb von Strahlenschutzbereichen sowohl für festhaftende als auch für nicht festhaftende Oberflächenkontamination in folgender Weise:

Areal	Kontamination an	Art der Kontamination	Maßnahmen oberhalb von
Kontrollbereich	Verkehrsflächen, Arbeitsplätzen, Kleidung	nicht festhaftend	> 100fachem Anlage III, Tabelle 1 Spalte 4 (z.B. für Sr-90: 100 Bq/cm^2)
Überwachungsbereich	Verkehrsflächen, Arbeitsplätzen, Kleidung	nicht festhaftend	> 10fachem Anlage III, Tabelle 1 Spalte 4 (z.B. für Sr-90: 10 Bq/cm^2)
Betriebsgelände außerhalb von Strahlenschutzbereichen	Bodenflächen, Gebäuden, beweglichen Gegenständen (insb. Kleidung)	nicht festhaftend und festhaftend	> einfachem Anlage III, Tabelle 1 Spalte 4 (z.B. für Sr-90: 1 Bq/cm^2)

Satz 4 ermächtigt die zuständige Behörde, Kontaminationsprüfungen nach Satz 2 auch beim Verlassen von Überwachungsbereichen festzulegen, sofern dort offene radioaktive Stoffe oberhalb der Freigrenzen vorhanden sind.

Zu Absatz 2:

Satz 1 Nrn. 1 und 2 dieser Vorschrift legen fest, dass zur Verhinderung der Verschleppung offener radioaktiver Stoffe oder ihrer Inkorporation unverzüglich Maßnahmen zu treffen sind, wenn auf Verkehrsflächen, an Arbeitsplätzen oder an der Kleidung in Kontrollbereichen oder Überwachungsbereichen ein bestimmtes Vielfaches der Werte der Anlage III Tabelle 1 Spalte 4 für die nicht festhaftende Oberflächenkontamination überschritten werden.

Satz 1 Nr. 3 verlangt, diese unverzüglichen Maßnahmen zu treffen, wenn in Bereichen auf dem Betriebsgelände, die nicht Strahlenschutzbereiche sind, die Oberflächenkontamination von Bodenflächen, Gebäuden und beweglichen Gegenständen, z.B. von Kleidung, die Werte der Anlage III Tabelle 1 Spalte 4 überschreitet.

Die unverzüglichen Maßnahmen zur Verhinderung der Verschleppung oder Inkorporation offener radioaktiver Stoffe sind hier also in Abhängigkeit von bestimmten Werten für die Oberflächenkontamination und nicht in Abhängigkeit daraus resultierender Werte für die Dosis zu treffen. Das heißt, dass die Maßnahmen zur Verhinderung auch dann zu treffen sind, wenn die Oberflächenkontamination nicht zur Überschreitung von Dosisgrenzwerten führt. Wichtige Maßnahmen sind: sofortiges Einstellen der Arbeiten in dem betreffenden Raum, verschüttete radioaktive Substanzen aufsaugen oder abdecken, bei Kontaminationen des Fußbodens Schuhe ausziehen und abstellen, Luftzug vermeiden (Fenster schließen, Klimaanlage und Ventilatoren abstellen), ggf. Raum zunächst verschließen und kennzeichnen, ggf. kontaminierte Gegenstände als radioaktive Abfälle behandeln – auf jeden Fall Personen fern halten.

Bei den Verkehrsflächen nach Nrn. 1 und 2 handelt es sich um alle Flächen innerhalb von Kontroll- oder Überwachungsbereichen, auf denen sich Personen bewegen oder aufhalten oder auf denen Sachgüter bewegt oder abgestellt werden, sofern ein Abstellen von Sachgütern erlaubt ist.

Als Definition für die Arbeitsplätze nach Nrn. 1 und 2 kann die Durchführungsanweisung zu § 18 der Unfallverhütungsvorschrift (UVV) [zitiert aus OPF] zu Grunde gelegt werden, worin es heißt:

„Arbeitsplätze sind Bereiche, in denen Beschäftigte sich bei der von ihnen auszuübenden Tätigkeit aufhalten. Es können Gänge, Laufstege, Treppen, Leitern, Brücken, Dächer, Arbeitsgruben ebenso sein wie fest angebrachte oder bewegliche Podeste, Bühnen oder Gerüste aller Art.

Arbeitsplätze können ihrer Dauer nach ständig (z.B. am Fließband, in der Werkstatt) oder vorübergehend (z.B. Montagestellen) und ihrer Art nach ortsfest (z.B. Maschinenstände, fest angebrachte Bühnen) oder ortsveränderlich (z.b. Leitern, Gerüste, Fahrzeuge) sein."

Bei der Kleidung nach Nrn. 1 und 2 handelt es sich nicht nur um Arbeitskleidung, sondern, z.B. mit Blick auf mögliche Besucher in Strahlenschutzbereichen, um alle Arten der Bekleidung.

Die Definition für Oberflächenkontamination bzw. nicht festhaftende Oberflächenkontamination ergibt sich aus § 3 Nr. 19a und b.

Zu Absatz 3:

Diese Vorschrift verlangt, dass die Werte der Anlage III Tabelle 1 für die Oberflächenkontamination (Spalte 4) und die spezifische Aktivität (Spalte 5) an bzw. in beweglichen Gegenständen nicht überschritten werden dürfen, wenn die Gegenstände zur Wiederverwendung oder zur Reparatur aus Kontrollbereichen herausgebracht werden sollen.

Nach Satz 3 kann die zuständige Behörde die Nichtüberschreitung dieser Werte auch verlangen, wenn bewegliche Gegenstände für die in Satz 1 genannten Zwecke aus Überwachungsbereichen herausgebracht werden sollen.

Der Zweck für das Herausbringen beweglicher Gegenstände aus Strahlenschutzbereichen ist mit Blick auf den Verordnungstext beschränkt auf das Ziel der Wiederverwendung oder der Reparatur dieser Gegenstände.

Um eine Wiederverwendung im Sinne dieser Vorschrift handelt es sich, wenn z.b. Spezialwerkzeuge oder Geräte, die ein Servicebetrieb zur Durchführung von Wartungs- oder Reparaturarbeiten in Strahlenschutzbereiche mitbringt, nach Abschluss der Arbeiten und dem Herausbringen aus den Strahlenschutzbereichen ihrer Bestimmung gemäß in jedem anderen Betrieb oder im privaten Bereich wieder benutzt werden dürfen. Dass es sich bei dem Vorgang des Herausbringens nicht um eine Freigabe im Sinne des § 29 dieser Verordnung handelt, wird daran deutlich, dass die Werkzeuge oder Geräte, die ein Serviceunternehmen mit in Strahlenschutzbereiche nimmt und wieder herausbringt, von der Anlagen- oder der Umgangsgenehmigung nicht erfasst sein müssen und insoweit keine aus genehmigungsbedürftigen Tätigkeiten stammenden beweglichen Gegenstände sind. Die Frage der Entlassung solcher Werkzeuge oder Geräte aus der atomrechtlichen Überwachung stellt sich somit nicht.

Was die Reparatur im Sinne dieser Vorschrift angeht, so ist gemeint, dass Anlagenteile wie z.B. Pumpen, Ventile oder Behälter zum Zweck ihrer Reparatur bei Erfüllung der Voraussetzungen aus Strahlenschutzbereichen herausgebracht werden dürfen, um nach ihrer Reparatur wieder dorthin gebracht zu werden.

Obwohl das materielle Ergebnis des Herausbringens von Gegenständen aus Strahlenschutzbereichen nach dieser Vorschrift mit dem der uneingeschränkten Freigabe fester Stoffe nach § 29 zumindest für den Zeitraum des Herausgebrachtseins identisch ist, handelt es sich auch hierbei nicht um eine Freigabe. Der Verordnungsgeber geht nämlich beim Herausbringen von beweglichen Anlagenteilen von dem festen Willen des Strahlenschutzverantwortlichen aus, herausgebrachte Anlagenteile nach ihrer Reparatur wieder in Strahlenschutzbereichen zu verwenden. Die Anlagenteile werden nämlich in aller Regel von der Anlagengenehmigung erfasst sein und deshalb in unmittelbarem Zusammenhang mit genehmigungsbedürftigen Tätigkeiten stehen; sie unterliegen also der atomrechtlichen Überwachung. Das Herausbringen dieser Anlagenteile geschieht in eigener Verantwortung des Genehmigungsinhabers. Es handelt sich dabei nicht um einen Verwaltungsakt der Behörde und insoweit nicht um eine Entlassung der Anlagenteile aus der atomrechtlichen Überwachung. Zur Erklärung dieses Vorgangs sei deshalb die Auslegung gestattet, dass die atomrechtliche Überwachung bei herausgebrachten Anlagenteilen oder anderen Gegenständen während ihrer Reparatur außerhalb von Strahlenschutzbereichen ruht. Sie ruht analog gesehen ebenso, wie die Ablieferungspflicht für radioaktive Abfälle gemäß § 77 Satz 2 dieser Verordnung ruht, wenn über einen Freigabeantrag noch nicht entschieden ist.

Sollte die Reparatur eines herausgebrachten Anlagenteils scheitern und ein Zurückbringen in Strahlenschutzbereiche nicht mehr in Betracht kommen, ist für die „draußen verbleibenden" Anlagenteile ein Freigabeverfahren nötig, da eine Entlassung aus der atomrechtlichen Überwachung nur durch den Verwaltungsakt der Freigabe bewirkt wird. Ob es praktisch ist, z.B. wegen des Scheiterns einer Reparatur „draußen verbleibende" Anlagenteile noch einem Freigabeverfahren zu unterziehen, wo doch vor der Herausgabe die Oberflächenkontamination oder spezifische Aktivität mit den Werten verglichen worden ist, die auch bei der uneingeschränkten Freigabe Anwendung finden, ist eine andere Frage.

Jedenfalls kommt ein Herausbringen beweglicher Gegenstände aus Strahlenschutzbereichen zu Zwecken, die denen einer uneingeschränkten Freigabe im Sinne des § 29 Abs. 1 Nr. 1 gleichkommen, mittels der Anwendung der Vorschriften des § 44 Abs. 3 nicht in Betracht. Die Erfüllung der Voraussetzungen zum Herausbringen von Gegenständen aus Strahlenschutzbereichen nach dieser Vorschrift ersetzen also nicht die Durchführung eines Verfahrens zur Freigabe nach § 29, wenn für die beweglichen Gegenstände die dauerhaften Wirkungen einer Freigabe in Anspruch genommen werden sollen.

Zu Absatz 4:

Damit die Tätigkeiten zur Dekontamination fachgerecht (vgl. auch DIN 6843; [DIN 5]) und damit wirksam durchgeführt werden, müssen die Personen, die diese Tätigkeiten ausüben, die dafür erforderlichen Kenntnisse besitzen. Tätigkeiten zur Dekontamination sind genehmigungsbedürftige Tätigkeiten im Sinne dieser Verordnung.

Zu Absatz 5:

Ist zu besorgen, dass in Kontroll- oder Überwachungsbereichen die Werte der Anlage III Tabelle 1 Spalte 4 für die nicht festhaftende Oberflächenkontamination auf Verkehrsflächen, an Arbeitsplätzen oder an der Kleidung überschritten werden können, sind für die dort beschäftigten Personen besondere Maßnahmen zum Arbeitsschutz zu treffen.

Solche Arbeitsschutzmaßnahmen sollen Gefährdungen durch Kontamination und Inkorporation radioaktiver Stoffe und damit Strahlenexpositionen verhindern. Diese Maßnahmen können nur greifen, wenn die Beschäftigten über die besonderen Gefahren beim Umgang mit offenen radioaktiven Stoffen informiert sind und die Wirkungsweise und die Anwendungsmöglichkeiten persönlicher Schutzausrüstungen kennen. Im Übrigen gelten die einschlägigen Arbeitsschutzregeln, z.B. besondere Arbeitskleidung, Filtermaske, Schutzbrille, Inkorporationsschutzanzüge. Die Arbeitskleidung muss mechanisch stabil und beständig gegenüber Wasser, Laugen und Säuren sein (einteilig, Kapuze, engmaschiges und leicht dekontaminierbares Gewebe, Bundverschluss an Ärmeln und Hosenbeinen, Überzüge für Schuhe, ganzteiliger Kunststoff-Reißverschluss, Gummihandschuhe).

Ordnungswidrigkeiten

Siehe § 33.

§ 45 Beschäftigungsverbote und Beschäftigungsbeschränkungen

(1) Es ist dafür zu sorgen, dass Personen unter 18 Jahren nicht mit offenen radioaktiven Stoffen oberhalb der Freigrenzen der Anlage III Tabelle 1 Spalte 2 und 3 umgehen.

(2) Die zuständige Behörde kann Ausnahmen von Absatz 1 für Auszubildende und Studierende im Alter zwischen 16 und 18 Jahren gestatten, soweit dies zur Erreichung ihrer Ausbildungsziele erforderlich ist und eine ständige Aufsicht und Anleitung durch eine Person, die die erforderliche Fachkunde im Strahlenschutz besitzt, gewährleistet wird.

Teil 2: Zielgerichtete Nutzung radioaktiver Stoffe oder ionisierender Strahlung

(3) Es ist dafür zur sorgen, dass Schüler beim genehmigungsbedürftigen Umgang mit radioaktiven Stoffen nur in Anwesenheit und unter der Aufsicht des zuständigen Strahlenschutzbeauftragten mitwirken.

Kommentierung § 45

Der Organismus einer Person unter 18 Jahren, also eines noch im Wachstum befindlichen Menschen, weist eine vergleichsweise hohe Strahlenempfindlichkeit auf. Aus diesem Grund müssen Jugendliche vor ionisierender Strahlung besonders geschützt werden. Dies gilt selbstverständlich sowohl für äußere als auch für innere Bestrahlungen. Besteht die Gefahr von Inkorporationen – und diese ist immer beim Umgang mit offenen radioaktiven Stoffen latent vorhanden –, so müssen besondere Schutzmaßnahmen bedacht werden, was darauf hinausläuft, dass oben genannte Personen der Umgang mit offenen radioaktiven Stoffen oberhalb der Freigrenzen nach Anlage III Tabelle 1 Spalte 2 und 3 nicht erlaubt ist. Personen unter 18 Jahren ist nach Reduzierung der Kontrollbereichsgrenze von früher 15 mSv/a (effektive Dosis) auf jetzt 6 mSv/a (bei max. 40 h/W) der Aufenthalt in Kontrollbereichen in Abhängigkeit von der Art der Strahlenquelle durchaus erlaubt (siehe nachfolgende Tabelle), es müssen aber die Grenzwerte nach § 55 Abs. 3 eingehalten werden.

Zusammenfassung zu Absatz 1:

Tätigkeiten	Personen unter 18 Jahren
Aufenthalt in Strahlenschutzbereichen, in denen mit umschlossenen radioaktiven Stoffen umgegangen wird	ja
Aufenthalt in Strahlenschutzbereichen, in denen mit offenen radioaktiven Stoffen (oberhalb der Freigrenze) umgegangen wird	nein

Jugendliche über 16 Jahre können von dem generellen Verbot des Absatzes 1 durch eine Gestattung seitens der zuständigen Behörde ausgenommen werden, wenn dies für die Ausbildung dieser Jugendlichen erforderlich ist. Die Tätigkeiten in Kontrollbereichen dürfen jedoch nur unter ständiger Aufsicht und Anleitung von Fachkundigen ausgeübt werden. In Absatz 3 ist die Mitwirkung von Schülern bei Experimenten im Unterricht mit genehmigungspflichtigen Strahlenquellen (z.B. mit radioaktiven Präparaten oder Neutronenquellen) geregelt. Hier muss eine Lehrkraft oder eine andere entsprechend physikalisch-technisch ausgebildete Person als Strahlenschutzbeauftragter bestellt sein und die Aufsicht führen.

Ordnungswidrigkeiten

Nach § 116 Abs. 2 handelt ordnungswidrig, wer vorsätzlich oder fahrlässig entgegen § 33 Abs. 1 Nr. 1 und 3 als Strahlenschutzverantwortlicher nicht dafür sorgt, dass eine der in § 116 Abs. 2 Nrn. 3 bis 5 genannten Schutzvorschriften eingehalten wird.

Nach § 116 Abs. 3 handelt ordnungswidrig, wer vorsätzlich oder fahrlässig entgegen § 33 Abs. 1 Nr. 2 als Strahlenschutzverantwortlicher oder Strahlenschutzbeauftragter nicht dafür sorgt, dass eine der in § 116 Abs. 3 Nrn. 1 bis 3 genannten Schutzvorschriften eingehalten wird.

§ 46 Begrenzung der Strahlenexposition der Bevölkerung

(1) Für Einzelpersonen der Bevölkerung beträgt der Grenzwert der effektiven Dosis durch Strahlenexpositionen aus Tätigkeiten nach § 2 Abs. 1 Nr. 1 ein Millisievert im Kalenderjahr.

(2) Unbeschadet des Absatzes 1 beträgt der Grenzwert der Organdosis für die Augenlinse 15 Millisievert im Kalenderjahr und der Grenzwert der Organdosis für die Haut 50 Millisievert im Kalenderjahr.

(3) Bei Anlagen oder Einrichtungen gilt außerhalb des Betriebsgeländes der Grenzwert für die effektive Dosis nach Absatz 1 für die Summe der Strahlenexposition aus Direktstrahlung und der Strahlenexposition aus Ableitungen. Die für die Strahlenexposition aus Direktstrahlung maßgebenden Aufenthaltszeiten richten sich nach den räumlichen Gegebenheiten der Anlage oder Einrichtung oder des Standortes; liegen keine begründeten Angaben für die Aufenthaltszeiten vor, ist Daueraufenthalt anzunehmen.

Kommentierung § 46

Die §§ 46 bis 48 befassen sich mit den Vorschriften über den Schutz der Bevölkerung und der Umwelt. Entsprechende Strahlenexpositionen können durch Direktstrahlung – im Wesentlichen durch hochenergetische Photonen oder Neutronen – und/oder durch Ableitung radioaktiver Stoffe über den Luft- und Wasserpfad zustande kommen. Direktstrahlung wird nur den „Nahbereich" einer Umgebung von Anlagen, Einrichtungen oder sonstigen Strahlenquellen betreffen, der weder als Kontrollbereich noch als Überwachungsbereich ausgewiesen ist. Dieser Nahbereich kann bis in Areale außerhalb des Betriebsgeländes reichen, wo als Maß für die Strahlenexposition von Personen der Bevölkerung aus Direktstrahlung und aus Ableitungen in der Regel nur die in der Anlage VI definierte effektive Dosis relevant sein wird (Grenzwert: 1 mSv im Kalenderjahr). Neben dem genannten Grenzwert für die effektive Dosis gelten noch weitere Grenzwerte, so für die Augenlinse (15 mSv/a) und für die Haut (50 mSv/a). Die effektive Dosis liefert eine quantitative Aussage über die Größenordnung des stochastischen Strahlenrisikos. Sie stellt einen Zahlenwert dar, der sich aus der Summe aller bezüglich einer stochastischen Strahlenwirkung relevanten und daher mit entsprechenden Wichtungsfaktoren bezüglich Mortalität versehenen Organ- bzw. Gewebedosen zusammensetzt. Die betreffenden Organe bzw. Gewebe und die Wichtungsfaktoren sind in Anlage VI Teil C Nr. 2 zusammengefasst (weitere Ausführungen zur effektiven Dosis: siehe Kommentierung zu Anlage VI).

Der Grenzwert für die effektive Dosis durch Direktstrahlung beträgt für Personen der Bevölkerung auf und außerhalb des Betriebsgeländes also 1 mSv im Kalenderjahr (siehe aber Übergangsvorschrift § 117 Abs. 15). Von diesem Wert müssen aber die Strahlenexpositionen durch eine mögliche Ableitung radioaktiver Stoffe über Luft und Wasser abgezogen werden. Für diese gelten die Regelungen des § 47. Die natürliche Strahlenexposition

Teil 2: Zielgerichtete Nutzung radioaktiver Stoffe oder ionisierender Strahlung

durch die Umgebungsstrahlung bleibt unberücksichtigt; ihr Mittelwert liegt in ähnlicher Größenordnung wie der Grenzwert. Es muss beachtet werden, dass der Grenzwert von 1 mSv im Kalenderjahr außerhalb des Betriebsgeländes für die effektive Dosis für die Summe der Strahlenexposition aus Direktstrahlung und derjenigen aus Ableitungen gilt. Grenzwertüberlegungen im Rahmen des § 46 sind also für Strahlenexposition aus Direktstrahlung (d.h. im Nahbereich) mit der Aufenthaltszeit von Personen in dem betreffenden Bereich verknüpft. Absatz 3 lässt daher bei Vorliegen eindeutig belastbarer Angaben über die Aufenthaltszeit (oder über die Einschaltzeit) durchaus Abweichungen vom so genannten Daueraufenthalt zu. Grundsätzlich wird man auf dem Betriebsgelände von einer Aufenthaltszeit (ggf. Einschaltzeit) von 2.000 h/a, außerhalb desselben von einer Aufenthaltszeit von 8.760 h/a („Daueraufenthalt") ausgehen. Normen zur Berechnung von Abschirmungen berücksichtigen diese Tatsache durch Einführung so genannter Aufenthaltsfaktoren T. Daraus ergibt sich im einfachsten Fall ein Grenzwert für die Ortsdosis (als Umgebungs-Äquivalentdosis), indem man den Grenzwert für die effektive Dosis durch den Aufenthaltsfaktor dividiert. Der Daueraufenthalt von Personen an einem Ort, d.h. für einen Zeitraum von 8.760 Stunden im Jahr (z.B. in einem Wohnhaus), wird durch einen auf 1 normierten Aufenthaltsfaktor (T = 1) repräsentiert.

Es gibt andere Bereiche, z.B. eine Straße (T = 0,3), für die Aufenthaltsfaktoren kleiner als 1 festgelegt werden können. Es ist daher möglich, dass in dem durch das Vorliegen von Direktstrahlung definierten Nahbereich Ortsdosen von mehr als 1 mSv im Kalenderjahr nicht gegen die Bestimmungen des § 46 verstoßen. In einem Wohnhaus dagegen wird man ohne Berücksichtigung der Umgebungsstrahlung und unter der Annahme, dass keine Ableitung radioaktiver Stoffe über Luft und Wasser vorliegen, die Ortsdosis auf 1 mSv im Kalenderjahr, entsprechend einer Ortsdosisleistung von 0,11 µSv/h, beschränken müssen.

Die zuständige Behörde kann abweichend von Absatz 3 unter den in Absatz 4 genannten Bedingungen einen höheren Grenzwert für die effektive Dosis als 1 mSv im Kalenderjahr zulassen. Diese Ausnahmeregelung dürfte aber mehr für Direktstrahlung gelten, weniger für Ableitungen im Sinne des § 47.

Kurze Halbwertzeiten der zur Diskussion stehenden Radionuklide, extrem hohe Verdünnungen des radioaktiven Abwassers z.B. auf dem Weg von der Einleitung bis zur Kläranlage bzw. der radioaktiven Abluft z.B. durch hohe Kamine und wechselnde Windrichtungen wären einige Gründe, in bestimmten Einzelfällen ein hinreichendes Verhältnis von Emissions- zur Immissionsrate anzunehmen und höhere Werte für die Ableitung radioaktiver Stoffe zuzulassen. Zum Beispiel wird für den Expositionspfad „Trinkwasser" eine Ausbreitungsrechnung – skizzenhaft dargestellt – folgendermaßen verlaufen: Die jährliche Aufnahme eines bestimmten Radionuklids mit Trinkwasser (in Bq) ist proportional zu einem Produkt aus der Trinkrate (in m^3/a, entsprechend in kg/a nach Anlage VII Teil B Tabelle 1), der jährlich abgeleiteten Aktivität dieses Radionuklids (in Bq), dem (dimensionslosen) Mischungsverhältnis zwischen dem betreffenden radioaktiven Abwasser und dem Fließgewässer am Einleitungsort und dem reziproken Wert der Abwassermenge pro Zeiteinheit (diese in m^3/s). Der Wert dieses Produktes reduziert sich noch durch die Abnahme der Aktivität gemäß dem physikalischen Zerfallsgesetz in der Zeit zwischen Abwassereinleitung und Wasserentnahme sowie zwischen der Entnahme und der Einspeisung in das Trinkwassernetz.

Ordnungswidrigkeiten

Nach § 116 Abs. 2 handelt ordnungswidrig, wer vorsätzlich oder fahrlässig entgegen § 33 Abs. 1 Nr. 1 und 3 als Strahlenschutzverantwortlicher nicht dafür sorgt, dass eine der in § 116 Abs. 2 Nrn. 3 bis 5 genannten Schutzvorschriften eingehalten wird.

Nach § 116 Abs. 3 handelt ordnungswidrig, wer vorsätzlich oder fahrlässig entgegen § 33 Abs. 1 Nr. 2 als Strahlenschutzverantwortlicher oder Strahlenschutzbeauftragter nicht dafür sorgt, dass eine der in § 116 Abs. 3 Nrn. 1 bis 3 genannten Schutzvorschriften eingehalten wird.

§ 47 Begrenzung der Ableitung radioaktiver Stoffe

(1) Für die Planung, die Errichtung, den Betrieb, die Stilllegung, den sicheren Einschluss und den Abbau von Anlagen oder Einrichtungen gelten folgende Grenzwerte der durch Ableitungen radioaktiver Stoffe mit Luft oder Wasser aus diesen Anlagen oder Einrichtungen jeweils bedingten Strahlenexposition von Einzelpersonen der Bevölkerung im Kalenderjahr:

1. Effektive Dosis – 0,3 Millisievert

2. Organdosis für Keimdrüsen, Gebärmutter, Knochenmark (rot) – 0,3 Millisievert

3. Organdosis für Dickdarm, Lunge, Magen, Blase, Brust, Leber, Speiseröhre, Schilddrüse, andere Organe oder Gewebe gemäß Anlage VI Teil C Nr. 2 Fußnote 1, soweit nicht unter Nr. 2 genannt – 0,9 Millisievert

4. Organdosis für Knochenoberfläche, Haut – 1,8 Millisievert.

Es ist dafür zu sorgen, dass radioaktive Stoffe nicht unkontrolliert in die Umwelt abgeleitet werden.

(2) Bei der Planung von Anlagen oder Einrichtungen ist die Strahlenexposition nach Absatz 1 für eine Referenzperson an den ungünstigsten Einwirkungsstellen unter Berücksichtigung der in Anlage VII Teil A bis C genannten Expositionspfade, Lebensgewohnheiten der Referenzperson und übrigen Annahmen zu ermitteln; dabei sind die mittleren Verzehrsraten der Anlage VII Teil B Tabelle 1 multipliziert mit den Faktoren der Spalte 8 zu verwenden. Die Bundesregierung erlässt mit Zustimmung des Bundesrates allgemeine Verwaltungsvorschriften über die zu treffenden weiteren Annahmen. Die zuständige Behörde kann davon ausgehen, dass die Grenzwerte des Absatzes 1 eingehalten sind, wenn dies unter Zugrundelegung der allgemeinen Verwaltungsvorschriften nachgewiesen wird.

(3) Für den Betrieb, die Stilllegung, den sicheren Einschluss und den Abbau von Anlagen oder Einrichtungen legt die zuständige Behörde die zulässigen Ableitungen radioaktiver Stoffe mit Luft und Wasser durch Begrenzung der Aktivitätskonzentrationen oder Aktivitätsmengen fest. Der Nachweis der Einhaltung der Grenzwerte des Absatzes 1 gilt als erbracht, wenn diese Begrenzungen nicht überschritten werden.

(4) Bei Anlagen oder Einrichtungen, die keiner Genehmigung nach §§ 6, 7 oder 9 des Atomgesetzes und keines Planfeststellungsbeschlusses nach § 9b des Atomgesetzes bedürfen, kann die zuständige Behörde von der Festlegung von Aktivitätsmengen und Aktivitätskonzentrationen absehen und den Nachweis nach Absatz 2 zur Einhaltung der in Absatz 1 genannten Grenzwerte als erbracht anse-

hen, sofern die nach Anlage VII Teil D zulässigen Aktivitätskonzentrationen für Ableitungen radioaktiver Stoffe mit Luft oder Wasser aus Strahlenschutzbereichen im Jahresdurchschnitt nicht überschritten werden. Soweit die zuständige Behörde nichts anderes festlegt, sind die zulässigen Aktivitätskonzentrationen an der Grenze eines Strahlenschutzbereiches einzuhalten. Satz 1 findet keine Anwendung, wenn der zuständigen Behörde Anhaltspunkte vorliegen, dass die in Absatz 1 genannten Grenzwerte an einem Standort durch Ableitungen aus Anlagen oder Einrichtungen oder früheren Tätigkeiten überschritten werden können.

(5) Sofern Ableitungen aus dem Betrieb anderer Anlagen oder Einrichtungen oder früheren Tätigkeiten im Geltungsbereich dieser Verordnung an diesen oder anderen Standorten zur Strahlenexposition an den in Absatz 2 Satz 1 bezeichneten Einwirkungsstellen beitragen, hat die zuständige Behörde darauf hinzuwirken, dass die in Absatz 1 genannten Werte insgesamt nicht überschritten werden. Die für die Berücksichtigung anderer Anlagen und Einrichtungen zu treffenden Annahmen werden in die allgemeinen Verwaltungsvorschriften nach Absatz 2 aufgenommen.

Kommentierung § 47

Die Bestimmungen des § 46 gelten für Expositionen außerhalb von Kontrollbereichen und Überwachungsbereichen innerhalb und außerhalb des Betriebsgeländes, und zwar im Wesentlichen durch Einfluss direkter Strahleneinwirkungen (hauptsächlich hochenergetische Photonen und Neutronen), wobei aber mögliche Strahlenexpositionen durch Ableitung radioaktiver Stoffe über den Luft- und Wasserpfad ebenfalls zu berücksichtigen sind. Direktstrahlung kann nur in unmittelbarer Umgebung eines Kontroll- oder Überwachungsbereiches wirksam werden („Nahbereich"), während Strahlenexpositionen für die Bevölkerung in größeren Entfernungen von Anlagen, Einrichtungen oder sonstigen Strahlenquellen nur über Ableitungen radioaktiver Stoffe mit Luft oder Wasser möglich sind („Fernbereich"). Der Fernbereich wird – im Gegensatz zum Nahbereich – in der Regel nur außerhalb des Betriebsgeländes anzunehmen sein.

Die Bestimmungen des § 47, die im Rahmen von Planungen, Errichtungen und Betreiben, aber auch Stilllegungen, den sicheren Einschluss und den Abbau von Anlagen oder Einrichtungen grundsätzlich auch für Betriebsgelände gelten, befassen sich jedoch de facto mit der Festlegung von Dosisgrenzwerten für den Fernbereich, also hauptsächlich für das allgemeine Staatsgebiet, das – im Gegensatz zum Nahbereich – wohl kaum von der Direktstrahlung betroffen sein kann. Ein weiterer Unterschied zum Inhalt des § 46 Abs. 3 ist die Tatsache, dass nicht nur die effektive Dosis, sondern auch alle anderen Organe und Gewebe mit in die Grenzwertbetrachtungen einbezogen werden müssen. Diese orientieren sich an der Schwankungsbreite bzw. an der Größenordnung der natürlichen Strahlenexposition. Für die effektive Dosis, die Keimdrüsen, die Gebärmutter und das rote Knochenmark beträgt der Grenzwert 0,3 mSv im Kalenderjahr, so dass hier das so genannte 0,3-mSv-Konzept der alten Strahlenschutzverordnung erhalten geblieben ist. Auch für die Knochenoberfläche und die Haut (Grenzwert: 1,8 mSv im Kalenderjahr) und für alle anderen Organe und Gewebe, z.B. für die Schilddrüse oder die Lunge (Grenzwert: 0,9 mSv im Kalenderjahr), sind die Werte der alten Strahlenschutzverordnung übernommen worden. Alle Grenzwerte gelten getrennt für den Luftpfad und für den Wasserpfad. Beide Expositionspfade sind in Anlage VII näher beschrieben (siehe auch die entsprechende Kommentierung).

Es ist daher durchaus denkbar, dass bei Grenzwertbetrachtungen bezüglich der effektiven Dosis in einem Nahbereich, der auch von Ableitungen radioaktiver Stoffe über Luft *und* Wasser betroffen ist, folgende Maximalwerte im Kalenderjahr festgesetzt werden müssen: je 0,3 mSv für den Luft- und Wasserpfad sowie 0,4 mSv für die Direktstrahlung (Summe: 1 mSv/a). Die Kombination z.B. 0,5 mSv/a für den Luft- und 0,3 mSv/a für den Wasserpfad sowie 0,2 mSv/a für die Direktstrahlung ist nicht zulässig!

Strahlenexpositionen durch Ableitung radioaktiver Stoffe können auf zwei Wegen erfolgen:

- durch Inkorporation (Inhalation und Ingestion)

- durch externe Bestrahlung aus radioaktiven Gaswolken und kontaminierten Oberflächen (β- und γ-Submersion)

Die Bestimmung oder Berechnung von Organ- bzw. Gewebedosen (in der physikalischen Einheit Sievert) aus einer durch Inkorporation über Luft oder Wasser bzw. Nahrung zugeführten Aktivität (in der physikalischen Einheit Becquerel) hängt in komplexer Form von vielen Parametern ab, die unter anderem von der Art des Expositionspfades und den Lebensgewohnheiten der betroffenen Person (Atemrate, Lebensmittelverbrauch, Aufenthaltszeiten) beeinflusst werden. Zwecks möglichst weitgehender Standardisierung dieser recht unübersichtlichen Verhältnisse werden in § 47 Abs. 2 die Begriffe „Referenzperson" (Anlage VII Teil B), „ungünstige Einwirkungsstellen" und „Expositionspfad" eingeführt. Allgemeine Verwaltungsvorschriften, die im Wesentlichen den Inhalt der SSK-Veröffentlichung „Modelle, Annahmen und Daten mit Erläuterungen zur Berechnung der Strahlenexposition bei der Ableitung radioaktiver Stoffe mit der Luft oder Wasser zum Nachweis der Einhaltung der Dosisgrenzwerte nach § 45 StrlSchV" [SSK 2] übernehmen sollen, werden der zuständigen Behörde als Grundlage für den Nachweis zur Einhaltung der Grenzwerte nach § 47 Abs. 1 und – bei Gefahr von Grenzwertüberschreitungen – zur Festlegung der Begrenzung der Aktivitätsmengen dienen. Zentraler Inhalt dieser Verwaltungsvorschriften werden tabellierte Dosisfaktoren (Dosiskoeffizienten) für verschiedene Radionuklide sein, mit deren Hilfe – bei Inhalation und Ingestion – die effektive Dosis bzw. Organdosen im Sinne einer „50-Jahre-Folgedosis" $H_T(50)$ bzw. $E(50)$ aus der inkorporierten Aktivität bzw. – bei Submersion, d.h. unter Berücksichtigung von Ausbreitungsfaktoren – aus der abgeleiteten Aktivität berechnet werden können. Dabei sind die Lebensgewohnheiten der Referenzperson, was den Jahresverbrauch an Lebensmitteln einschließlich Trinkwasser, die jährliche Atemrate und die auf ein Jahr bezogenen Aufenthaltszeiten betrifft, zu Grunde zu legen. In § 47 Abs. 5 wird klar gemacht, dass die Werte für die Strahlenexposition an einem Standort auch bei Existenz mehrerer Emittenten radioaktiver Stoffe insgesamt nicht überschritten werden dürfen. Sind eine Genehmigung nach den §§ 6, 7 oder 9 des Atomgesetzes (Aufbewahrung von Kernbrennstoffen, Betrieb z.B. eines Kernkraftwerkes, Be- und Verarbeitung von Kernbrennstoffen außerhalb z.B. eines Kernkraftwerks – z.B. Aufbereitung) und ein Planfeststellungsbeschluss nach § 9 AtG [ATG] (Errichtung und Betrieb sog. Anlagen des Bundes zur Entlagerung radioaktiver Abfälle) nicht erforderlich, vereinfacht sich der Nachweis nach § 47 Abs. 3 zur Einhaltung des 0,3-0,9-1,8-mSv-Konzeptes erheblich: Ausreichend ist die Feststellung, dass die Aktivitätskonzentrationen nach Anlage VII Teil D nicht überschritten sind (Abs. 4).

Beispiele:

1) Ableitung mit Wasser

J-131, zulässige Aktivitätskonzentration $\overline{A}$ nach Anlage VII Tabelle 4 Spalte 3

Abwassermenge: $\leq 10^5$ m³/a („Faktor 10")

Trinkwasserrate für Erwachsene: 0,35 m³/a (entsprechend 350 kg/a)

Art der Körperdosis	Dosisfaktor (Sv Bq⁻¹) (Mittelwert)	$\overline{A}$ (Bq/m³)	Körperdosis (mSv/a)	Grenzwert nach § 47 Abs. 1 (mSv/a)
effektive Dosis	$1{,}3 \cdot 10^{-8}$	$10 \cdot 5 \cdot 10^3$	0,23	0,3
Schilddrüse	$4{,}3 \cdot 10^{-7}$	$10 \cdot 5 \cdot 10^3$	0,75	0,9

2) Ableitung mit Luft

J-131, zulässige Aktivitätskonzentration $\overline{A}$ nach Anlage VII Tabelle 4, Spalte 2

Fortluftstrom Q = 10^5 m³/h

Atemrate für Erwachsene: 8.100 m³/a

Art der Körperdosis	Dosisfaktor (Sv Bq⁻¹) (Mittelwert)	$\overline{A}$ (Bq/m³)	Körperdosis (mSv/a)	Grenzwert nach § 47 Abs. 1 (mSv/a)
effektive Dosis	$4{,}3 \cdot 10^{-8}$	0,5	0,17	0,3
Lunge	$2{,}4 \cdot 10^{-7}$	0,5	0,97	0,9

3) Submersion

N-13, O-15, Aktivitätskonzentration $\overline{A}$ nach Anlage VII Tabelle 5

Fortluftstrom Q $\leq 10^4$ m³/h („Faktor 10")

Zulässige Aktivitätskonzentration $\overline{A}$:

$10 \cdot 2 \cdot 10^3 = 20$ kBq/m³ (N-13)

$10 \cdot 1 \cdot 10^3 \cdot 10^3 = 10$ kBq/m³ (O-15)

Die Bestimmungen des § 47 Abs. 4 unterstellen, dass eine Person beispielsweise ihre Atemluft und ihr Trinkwasser ausschließlich aus den entsprechenden Ablassstellen (z.B. Kamin, Kanalisation) von Kontroll- und Überwachungsbereichen bezieht, wie die Beispielrechnungen unter Zuhilfenahme von Dosisfaktoren zeigen können; denn die Ergebnisse der Berechnungsvorschriften nach Absatz 4 ergeben als Ergebnis in guter Anäherung die Grenzwerte nach Absatz 1.

Nach Absatz 3 hat die Behörde die Pflicht, die jährlichen Aktivitätsableitungen zu beschränken, und zwar genau dann, wenn zu befürchten ist, dass das „0,3-0,9-1,8-mSv-Konzept" des Absatz 1 an *einem* Standort – unter Umständen durch Einwirkung mehrerer Anlagen – gefährdet ist. Rechnungen zur Bestimmung einer diesem Konzept genügen-

Kommentierung

den zulässigen Aktivitätsableitung können sehr kompliziert sein. Sie laufen z.B. für Inhalation prinzipiell nach folgendem Schema ab (siehe auch Erläuterungen zu Anlage VII):

Zulässige jährlich abzuleitende Aktivität eines bestimmten Radionuklids (in Bq) = Dosisgrenzwert nach Absatz 1 (in Sv), dividiert durch ein Produkt aus Ausbreitungsfaktor (in s/m^3), Atemrate (in m^3/s) und Dosisfaktor für Inhalation eines bestimmten Nuklids für ein bestimmtes Organ (in Sv/Bq).

Beispiel:

Cs-137, Grenzwert für die effektive Dosis: $0{,}3 \cdot 10^{-3}$ Sv

Ausbreitungsfaktor: z.B. 10^{-2} s/m^3

Atemrate: $2{,}57 \cdot 10^{-4}$ m^3/s, entspr. 8.100 m^3/a (Anlage VII, Teil B, Tabelle 2)

Dosisfaktor: $8{,}6 \cdot 10^{-9}$ Sv/Bq

zulässige, jährlich über Luft abzuleitende Aktivität: $1{,}35 \cdot 10^{10}$ Bq

Bei mehreren Nukliden muss die Summenregel angewandt werden. Für Ingestion ist folgendes Berechnungsprinzip maßgebend: zulässig jährlich abzuleitende Aktivität eines bestimmten Radionuklids (in Bq) = Dosisgrenzwert nach Absatz 1 (in Sv), dividiert durch ein Produkt aus dem Dosisfaktor für Ingestion eines bestimmten Nuklids für ein bestimmtes Organ (in Sv/Bq) und einer dimensionslosen Funktion, welche für ein bestimmtes Nuklid so genannte Washout-, Fallout- und Transferfaktoren enthält.

Washout- bzw. Falloutfaktoren beschreiben das Sichabsetzen radioaktiver Stoffe durch Niederschlag bzw. durch so genannte trockene Ablagerung, während Transferfaktoren die Ernährungsketten charakterisieren (detaillierte Ausführungen dazu siehe Erläuterungen zu Anlage VII). Bei mehreren Nukliden muss auch hier die Summenregel beachtet werden.

Man beachte auch die Übergangsvorschrift des § 117 Abs. 16.

Ordnungswidrigkeiten

Nach § 116 Abs. 2 handelt ordnungswidrig, wer vorsätzlich oder fahrlässig entgegen § 33 Abs. 1 Nr. 1 und 3 als Strahlenschutzverantwortlicher nicht dafür sorgt, dass eine der in § 116 Abs. 2 Nrn. 3 bis 5 genannten Schutzvorschriften eingehalten wird.

Nach § 116 Abs. 3 handelt ordnungswidrig, wer vorsätzlich oder fahrlässig entgegen § 33 Abs. 1 Nr. 2 als Strahlenschutzverantwortlicher oder Strahlenschutzbeauftragter nicht dafür sorgt, dass eine der in § 116 Abs. 3 Nrn. 1 bis 3 genannten Schutzvorschriften eingehalten wird.

§ 48 Emissions- und Immissionsüberwachung

(1) Es ist dafür zu sorgen, dass Ableitungen aus Anlagen oder Einrichtungen

1. überwacht und

2. nach Art und Aktivität spezifiziert der zuständigen Behörde mindestens jährlich mitgeteilt werden. Die zuständige Behörde kann im Einzelfall von der Mitteilungspflicht ganz oder teil-

weise befreien, wenn sie sonst hinreichend abschätzen kann, dass die Grenzwerte des § 47 Abs. 1 Satz 1 durch die Ableitung nicht überschritten werden.

(2) Die zuständige Behörde kann anordnen, dass bei dem Betrieb von Anlagen oder Einrichtungen die Aktivität von Proben aus der Umgebung sowie die Ortsdosen nach einem festzulegenden Plan durch Messung bestimmt werden und dass die Messergebnisse aufzuzeichnen, der zuständigen Behörde auf Verlangen vorzulegen und der Öffentlichkeit zugänglich zu machen sind. Die zuständige Behörde kann die Stelle bestimmen, die die Messungen vorzunehmen hat.

(3) Die zuständige Behörde kann anordnen, dass bei Anlagen oder Einrichtungen, die einer Genehmigung nach §§ 6, 7 oder 9 des Atomgesetzes oder eines Planfeststellungsbeschlusses nach § 9b des Atomgesetzes bedürfen, für die Ermittlung der Strahlenexposition durch Ableitungen, ergänzend zu den Angaben nach Absatz 1, die für die meteorologischen und hydrologischen Ausbreitungsverhältnisse erforderlichen Daten zu ermitteln und der zuständigen Behörde mindestens jährlich mitzuteilen sind.

(4) Zur Sicherstellung eines bundeseinheitlichen Qualitätsstandards bei der Emissions- und Immissionsüberwachung führen die in Anlage XIV genannten Verwaltungsbehörden des Bundes als Leitstellen Vergleichsmessungen und Vergleichsanalysen durch. Die Leitstellen haben ferner die Aufgabe, Probenahme-, Analyse- und Messverfahren zu entwickeln und festzulegen sowie die Daten der Emissions- und Immissionsüberwachung zusammenzufassen, aufzubereiten und zu dokumentieren. Die Physikalisch-Technische Bundesanstalt stellt Radioaktivitätsstandards für Vergleichsmessungen bereit.

Kommentierung § 48

Der Genehmigungsinhaber muss die Ableitungen radioaktiver Stoffe überwachen (z.B. Luftüberwachungssystem im Abluftstrom eines Großbeschleunigers) und diesbezügliche Ergebnisse der zuständigen Behörde nuklid- und aktivitätsspezifisch regelmäßig mitteilen. Diese kann vor dieser für viele Fälle unnötigen und oft aufwendigen Pflichtaufgabe Abstand nehmen, wenn man sich auf andere, einfache Art und Weise von der Einhaltung des 0,3-0,9-1,8-mSv-Konzeptes überzeugen kann. Die zuständige Behörde kann eine Überwachung bezüglich der Einhaltung der Bestimmungen der §§ 46 bis 47 bei dem genehmigungsbedürftigen Betrieb „von Anlagen und Einrichtungen" anordnen. Damit werden die in § 3 Nrn. 5 und 11 aufgeführten Anlagen und Einrichtungen angesprochen, also auch diejenigen, die einer Genehmigung oder eines Planfeststellungsbeschlusses nach dem AtG [ATG] bedürfen, wobei insbesondere ein Kernkraftwerk, aber auch andere Produktions-, Verarbeitungs- und Lagerungsstätten der kerntechnischen Industrie sowie eventuell große Beschleuniger in Frage kommen. Mit „Umgebung" sind die in den Erläuterungen zu § 46 eingeführten Nahbereiche (außerhalb des Betriebsgeländes), wo auch die Direktstrahlung noch wirksam sein kann, und das sich daran anschließende Areal („Fernbereich") gemeint, das in signifikanter Weise von der Einwirkung radioaktiver Stoffe über den Luft- und Wasserpfad betroffen sein kann. Die bisher geltende Richtlinie „zur Emissions- und Immissionsüberwachung kerntechnischer Anlagen" (REI) gibt sowohl für die betreibereigene Umgebungsüberwachung als auch für die als Gegenkontrolle dazu gedachten und daher von unabhängigen Messstellen durchzuführenden „Maßnahmen zur Überwachung der Umgebung" detaillierte Hinweise, welches Medium (z.B. Luft, Boden, Wasser) mit welcher Messmethode (z.B. γ-Spektrometrie, α-/β-Aktivitätsbestimmung mit Low-Level-Messplätzen, γ-Ortsdosimetrie, Luft-, Wasser- und Lebensmittel-Monitore), die eine bestimmte Nachweisgrenze aufweisen muss (z.B. 0,07 Bq/kg für γ-Spektrometrie von Trinkwasser, 1.000 Bq/m² für die β-Aktivitätsmessung der Bodenoberfläche, 0,1 mSv pro Jahr für die γ-Ortsdosimetrie), an welchem Ort (z.b. Zaun der Anlage, nächster Brunnen) wie häufig (z.b. vierteljährliche, jährliche Auswertung) ausgemessen werden soll (siehe auch Richtlinie „Kontrolle der Eigenüberwachung radioaktiver Emissionen aus Kernkraftwerken"). Für die in Absatz 3 angesprochenen Anlagen oder Einrichtungen kommt noch hinzu, dass Informationen über die meteorologischen und hydrologischen Ausbreitungsverhältnisse zu ermitteln sind. Fast unmittelbare und sofort auswertbare Ergebnisse könnte die als alternatives behördliches Kontrollsystem gedachte Kernkraftwerk-Fernüberwachung liefern. Aus messtechnischen Gründen wird diese aber die oben geschilderte konventionelle Umgebungsüberwachung kaum vollständig ersetzen können.

Den in Anlage XIV zusammengestellten so genannten Leitstellen des Bundes für die Emissions- und Immissionsüberwachung (z.B. für die Überwachung der Atmosphäre der Deutsche Wetterdienst, für die Radioaktivität im menschlichen Körper, in Baustoffen und in der Abluft das Bundesamt für Strahlenschutz) kommt nach Absatz 4 unter Beteiligung der Physikalisch-Technischen Bundesanstalt (PTB) eine qualitätssichernde Aufgabe im Sinne der REI zu. Dadurch wird diese bisher nur auf Richtlinienebene (REI) geforderte Qualitätssicherung in den Verordnungstext integriert.

Ordnungswidrigkeiten

Nach § 116 Abs. 2 handelt ordnungswidrig, wer vorsätzlich oder fahrlässig entgegen § 33 Abs. 1 Nr. 1 und 3 als Strahlenschutzverantwortlicher nicht dafür sorgt, dass eine der in § 116 Abs. 2 Nrn. 3 bis 5 genannten Schutzvorschriften eingehalten wird.

Nach § 116 Abs. 3 handelt ordnungswidrig, wer vorsätzlich oder fahrlässig entgegen § 33 Abs. 1 Nr. 2 als Strahlenschutzverantwortlicher oder Strahlenschutzbeauftragter nicht dafür sorgt, dass eine der in § 116 Abs. 3 Nrn. 1 bis 3 genannten Schutzvorschriften eingehalten wird.

§ 49 Sicherheitstechnische Auslegung für den Betrieb von Kernkraftwerken, für die standortnahe Aufbewahrung bestrahlter Brennelemente und für Anlagen des Bundes zur Sicherstellung und zur Endlagerung radioaktiver Abfälle

(1) Bei der Planung baulicher oder sonstiger technischer Schutzmaßnahmen gegen Störfälle in oder an einem Kernkraftwerk, das der Erzeugung von Elektrizität dient, darf bis zur Stilllegung nach § 7 Abs. 3 des Atomgesetzes unbeschadet der Forderungen des § 6 in der Umgebung der Anlage im ungünstigsten Störfall durch Freisetzung radioaktiver Stoffe in die Umgebung höchstens

1. eine effektive Dosis von 50 Millisievert,
2. eine Organdosis der Schilddrüse und der Augenlinse von jeweils 150 Millisievert,
3. eine Organdosis der Haut, der Hände, der Unterarme, der Füße und Knöchel von jeweils 500 Millisievert,

4. eine Organdosis der Keimdrüsen, der Gebärmutter und des Knochenmarks (rot) von jeweils 50 Millisievert,

5. eine Organdosis der Knochenoberfläche von 300 Millisievert,

6. eine Organdosis des Dickdarms, der Lunge, des Magens, der Blase, der Brust, der Leber, der Speiseröhre, der anderen Organe oder Gewebe gemäß Anlage VI Teil C Nr. 2 Fußnote 1, soweit nicht unter Nummer 4 genannt, von jeweils 150 Millisievert

zugrunde gelegt werden. Maßgebend für eine ausreichende Vorsorge gegen Störfälle nach Satz 1 ist der Stand von Wissenschaft und Technik. Die Genehmigungsbehörde kann diese Vorsorge insbesondere dann als getroffen ansehen, wenn der Antragsteller bei der Auslegung der Anlage die Störfälle zugrunde gelegt hat, die nach den veröffentlichten Sicherheitskriterien und Leitlinien für Kernkraftwerke die Auslegung eines Kernkraftwerkes bestimmen müssen.

(2) Absatz 1 Satz 1 und 2 gilt auch für die Aufbewahrung bestrahlter Kernbrennstoffe nach § 6 des Atomgesetzes an den jeweiligen Standorten der nach § 7 des Atomgesetzes genehmigten Kernkraftwerke sowie für Anlagen des Bundes zur Sicherstellung und zur Endlagerung radioaktiver Abfälle.

(3) Die Absätze 1 und 2 gelten nicht für Güter, die als gefährliche Güter nach § 2 des Gefahrgutbeförderungsgesetzes befördert werden.

Kommentierung § 49

Absatz 1 gilt für das Stadium der Planung baulicher und sonstiger technischer Schutzmaßnahmen gegen Störfälle in Zusammenhang mit dem Betrieb eines Kernkraftwerkes, auf das die Bestimmungen des § 7 AtG [ATG] anwendbar sind.

Schutzmaßnahmen in dieser Art, die gegen Störfälle (vgl. Definition in § 3 Abs. 2 Nr. 28) in oder an einem Kernkraftwerk gerichtet sind, sind selbstverständlich am Minimierungsgebot zu orientieren, sie sind darüber hinaus so zu planen, dass selbst im ungünstigen Störfall die in § 49 Abs. 1 genannten Werte, z.B. die Werte für die effektive Dosis (20 mSv) und für die Schilddrüse (150 mSv), in der Umgebung der Anlage eingehalten werden können. Das Minimierungsgebot ergänzend wird eine ausreichende Vorsorge gegen Schäden durch Auslegungs-Störfälle dann als gewährleistet anzusehen sein, wenn der Stand von Wissenschaft und Technik, repräsentiert durch die Sicherheitskriterien und Leitlinien für Kernkraftwerke, das Ausmaß dieser Vorsorge bestimmt.

Die in Absatz 1 für Elektrizität erzeugende Kernkraftwerke geforderte dosisbegrenzende Störfallplanung ist nach Absatz 2 auch für die Einrichtung zur Aufbewahrung bestrahlter Kernbrennstoffe am Standort eines Kernkraftwerkes und für Anlagen des Bundes zur Sicherstellung und zur Endlagerung radioaktiver Abfälle (siehe auch § 76) erforderlich.

Für vor dem 1. August 2001 begonnenen Genehmigungsverfahren für die Aufbewahrung bestrahlter Kernbrennstoffe nach § 6 AtG oder für vor dem In-Kraft-Treten der neuen StrlSchV begonnene Planfeststellungsverfahren für die Errichtung und den Betrieb von Anlagen zur Sicherstellung und zur Endlagerung radioaktiver Abfälle siehe die Übergangsvorschrift des § 117 Abs. 17.

Ordnungswidrigkeiten

Nach § 116 Abs. 2 handelt ordnungswidrig, wer vorsätzlich oder fahrlässig entgegen § 33 Abs. 1 Nr. 1 und 3 als Strahlenschutzverantwortlicher nicht dafür sorgt, dass eine der in § 116 Abs. 2 Nrn. 3 bis 5 genannten Schutzvorschriften eingehalten wird.

Nach § 116 Abs. 3 handelt ordnungswidrig, wer vorsätzlich oder fahrlässig entgegen § 33 Abs. 1 Nr. 2 als Strahlenschutzverantwortlicher oder Strahlenschutzbeauftragter nicht dafür sorgt, dass eine der in § 116 Abs. 3 Nrn. 1 bis 3 genannten Schutzvorschriften eingehalten wird.

§ 50 Begrenzung der Strahlenexposition als Folge von Störfällen bei sonstigen Anlagen und Einrichtungen und bei Stilllegungen

(1) Bei der Planung von anderen als in § 49 genannten Anlagen nach § 7 Abs. 1 des Atomgesetzes sind bauliche oder technische Schutzmaßnahmen unter Berücksichtigung des potenziellen Schadensausmaßes zu treffen, um die Strahlenexposition bei Störfällen durch die Freisetzung radioaktiver Stoffe in die Umgebung zu begrenzen. Die Genehmigungsbehörde legt Art und Umfang der Schutzmaßnahmen unter Berücksichtigung des Einzelfalls, insbesondere des Gefährdungspotenzials der Anlage und der Wahrscheinlichkeit des Eintritts eines Störfalls, fest.

(2) Absatz 1 gilt auch für die Stilllegung, den sicheren Einschluss der endgültig stillgelegten Anlagen und den Abbau der Anlagen oder von Anlagenteilen nach § 7 Abs. 3 Satz 1 des Atomgesetzes.

(3) Für die übrigen Tätigkeiten nach § 6 Abs. 1 und § 9 Abs. 1 des Atomgesetzes gilt Absatz 1 entsprechend. Satz 1 gilt auch für Abbau- und Stilllegungsmaßnahmen im Rahmen von Tätigkeiten nach § 6 Abs. 1 und § 9 Abs. 1 des Atomgesetzes. Satz 1 gilt ferner für Tätigkeiten nach § 7 dieser Verordnung, bei denen mit mehr als dem 10^{7}fachen der Freigrenzen der Anlage III Tabelle 1 Spalte 2 als offener radioaktiver Stoff oder mit mehr als dem 10^{10}fachen der Freigrenzen der Anlage III Tabelle 1 Spalte 2 als umschlossener radioaktiver Stoff umgegangen wird, sofern nicht einem einzelnen Betrieb oder selbständigen Zweigbetrieb, bei Nichtgewerbetreibenden am Ort der Tätigkeit des Genehmigungsinhabers, mit diesen radioaktiven Stoffen in mehreren, räumlich voneinander getrennten Gebäuden, Gebäudeteilen, Anlagen oder Einrichtungen umgegangen wird und ausreichend sichergestellt ist, dass die radioaktiven Stoffe aus den einzelnen Gebäuden, Gebäudeteilen, Anlagen oder Einrichtungen nicht zusammenwirken können.

(4) Die Bundesregierung erlässt mit Zustimmung des Bundesrates allgemeine Verwaltungsvorschriften, in denen unter Berücksichtigung der Eintrittswahrscheinlichkeit des Schadensausmaßes und des Vielfachen der Freigrenzen für offene und umschlossene radioaktive Stoffe bei Tätigkeiten nach § 7 Abs. 1 dieser Verordnung Schutzziele zur Störfallvorsorge nach den Absätzen 1 bis 3 festgelegt werden.

(5) Die Absätze 1 bis 3 gelten nicht für Güter, die als gefährliche Güter nach § 2 des Gefahrgutbeförderungsgesetzes befördert werden.

Kommentierung § 50

Die Vorschriften in § 50 stehen in einem engen sachlichen Zusammenhang mit denen in § 49. Die Vorschriften in § 49 sind anzuwenden für die sicherheitstechnische Auslegung von Kernkraftwerken (so genannte Leistungsreaktoren zur kommerziellen Stromerzeugung), für die Auslegung standortnaher Brennelemente-Zwischenlager (so genannte Interimslager, wobei mit „standortnah" in der Regel das Kraftwerksgelände gemeint ist) und für Anlagen des Bundes, gemeinhin bekannt unter dem Begriff „Endlager".

Die Vorschriften in § 50 dehnen den Anwendungsbereich des § 49 auf andere kerntechnische Anlagen und Einrichtungen, auf Tätigkeiten nach dem Atomgesetz und auf bestimmte Tätigkeiten nach dieser Verordnung aus.

Zu Absatz 1:

Die Vorschriften dieses Absatzes beziehen sich auf andere als die in § 49 Satz 1 genannten Anlagen und Einrichtungen, die einer Genehmigung nach § 7 Abs. 1 des Atomgesetzes bedürfen (z.b. Forschungsreaktoren oder Anlagen oder Einrichtungen des Kernbrennstoffkreislaufs) und in denen nach § 6 des Atomgesetzes Kernbrennstoffe außerhalb der staatlichen Verwahrung aufbewahrt werden.

Bei der Planung baulicher oder technischer Schutzmaßnahmen, welche die störfallbedingte Freisetzung radioaktiver Stoffe in die Umgebung der Anlage oder Einrichtung und damit die Strahlenexposition bei Störfällen begrenzen sollen (zum Begriff des Störfalls vgl. § 3 Nr. 28), haben sich die für die Planung Verantwortlichen zunächst an dem in § 6 formulierten Vermeidungs- und Minimierungsgebot zu orientieren (vgl. auch die Kommentierung dazu). Darüber hinaus sind die Schutzmaßnahmen unter Berücksichtigung des potenziellen Schadensausmaßes so zu planen, dass selbst angesichts ungünstiger Störfallverläufe die in § 49 Abs. 1 genannten Werte für die effektive Dosis und die Organdosen in der Umgebung der Anlage oder Einrichtung nicht überschritten werden. Während die Genehmigungsbehörde bei der sicherheitstechnischen Auslegung eines Kernkraftwerkes die nach dem Stand von Wissenschaft und Technik (zum Stand von Wissenschaft und Technik vgl. Kommentierung zu § 9 Abs. 1 Nr. 5) erforderliche Vorsorge gegen Schäden als getroffen ansehen kann, wenn bei der Auslegung die Störfälle zu Grunde gelegt worden sind, die nach den veröffentlichten Sicherheitskriterien und Leitlinien für Kernkraftwerke die Auslegung eines Kernkraftwerkes bestimmen, fehlen für andere kerntechnische Anlagen und Einrichtungen solche standardisierten Auslegungskriterien. Generelle Beschreibungen des Standes von Wissenschaft und Technik liegen dafür also nicht vor. Deshalb legt die Genehmigungsbehörde Art und Umfang der Schadensvorsorge durch Konkretisierung von Schutzmaßnahmen selbst fest, und zwar bezogen auf die jeweilige Anlage oder Einrichtung, deren Gefährdungspotenzial und die Eintrittswahrscheinlichkeit eines Störfalls.

Da Absatz 1 nur auf die Planung abstellt, gelten die Vorschriften nicht für Anlagen oder Einrichtungen, die bereits errichtet sind. Soweit sich für solche Anlagen oder Einrichtungen mit Blick auf den fortschreitenden Stand von Wissenschaft und Technik und die damit einhergehende dynamische Schadensvorsorge z.B. Erfordernisse nach ihrer Ertüchtigung ergeben, bietet § 17 Abs. 5 des Atomgesetzes eine Eingriffsmöglichkeit. Fragen des Bestandsschutzes dürfen dabei aber nicht unberücksichtigt bleiben.

Zu Absatz 2:

Diese Vorschrift erweitert die Planungsgrundsätze des Absatzes 1 und insoweit den Anwendungsbereich der Vorschriften des § 49 Satz 1 auf die Planung der Stilllegung von

Kernkraftwerken, Wiederaufarbeitungs- und Urananreicherungsanlagen, auf die Planung von Maßnahmen im Zusammenhang mit dem Rückbau dieser Anlagen und des sicheren Einschlusses dieser endgültig stillgelegten Anlagen.

Zu Absatz 3:

Die Planungsgrundsätze des Absatzes 1 gelten auch für Anlagen oder Einrichtungen, in denen Kernbrennstoffe nach § 6 Abs. 1 des Atomgesetzes aufbewahrt und Kernbrennstoffe nach § 9 Abs. 1 des Atomgesetzes bearbeitet oder sonst verwendet werden. Sie sind nach Absatz 3 in bestimmten Fällen auch beim Umgang mit radioaktiven Stoffen nach § 7 Abs. 1 dieser Verordnung anzuwenden. Durch die Erweiterung der Planungsgrundsätze auf Tätigkeiten nach dem Atomgesetz in Anlagen des Kernbrennstoffkreislaufs und auf bestimmte Tätigkeiten nach dieser Verordnung außerhalb kerntechnischer Anlagen verrechtlicht der Verordnungsgeber die bisherige Praxis, wonach bei diesen Tätigkeiten in der Regel auf Verlangen der Genehmigungsbehörde in analoger Anwendung des § 28 Abs. 3 der alten 89er-Strahlenschutzverordnung [STR] ebenfalls eine Störfallplanung durchgeführt wurde.

Durch Absatz 3 erhält die Genehmigungsbehörde die Möglichkeit, die Randbedingungen der Störfallplanung mit Blick auf den konkreten Einzelfall angemessen zu gestalten. Art und Umfang der Maßnahmen zur Schadensvorsorge bei Tätigkeiten nach dieser Verordnung richten sich nach dem Vielfachen der Freigrenzenmengen für offene oder umschlossene radioaktive Stoffe. Jene Mengen sind nach § 53 Abs. 4 auch maßgebend zur Vorbereitung der Schadensbekämpfung bei Unfällen und Störfällen.

Schließlich legt Absatz 3 für Tätigkeiten nach § 7 Abs. 1 dieser Verordnung auch fest, dass bei der Überschreitung bestimmter Freigrenzenmengen die Vorschriften in § 50 anzuwenden sind, wenn die Aktivitätsmengen bei Störfällen tatsächlich zusammenwirken können.

Zu Absatz 4:

Der Verordnungsgeber sieht mit Blick auf die Störfallplanung vor, Schutzziele, an denen sich die Genehmigungsbehörden bei der Festlegung von Maßnahmen orientieren sollen, in allgemeinen Verwaltungsvorschriften auszugestalten. Es ist zu erwarten, dass darin für die unterschiedlichen Anwendungsfälle der Absätze 1 bis 3 differenzierte abgestufte Regelungen mit Blick auf das Schadensausmaß und die Eintrittswahrscheinlichkeit getroffen werden. Da bei der Erarbeitung solcher Regelungen wegen der unterschiedlichen Anlagen- und Einrichtungstypen auch unterschiedliche Störfallszenarien mit voneinander abweichenden Gefahrenpotenzialen zu berücksichtigen sind, ist davon auszugehen, dass bis zur Vorlage der angekündigten Verwaltungsvorschriften noch geraume Zeit vergehen wird.

Bis dahin ist bei der Planung der in dieser Vorschrift genannten Anlagen und Einrichtungen nach § 117 Abs. 18 die Störfallexposition so zu begrenzen, dass die durch Freisetzung radioaktiver Stoffe in die Umgebung verursachte effektive Dosis von 50 mSv nicht überschritten wird.

Zu Absatz 5:

Nach diesem Absatz sind die Vorschriften des § 50 Abs. 1 bis 3 nicht bei der Beförderung gefährlicher Güter der Klasse 7 (radioaktive Stoffe) anzuwenden. Die Genehmigung für eine Beförderung radioaktiver Stoffe ist nämlich nach § 18 Abs. 1 Nr. 3 u.a. dann zu erteilen, *„wenn gewährleistet ist, dass die radioaktiven Stoffe unter Beachtung der für den jeweiligen Verkehrsträger geltenden Rechtsvorschriften über die Beförderung gefährlicher Güter befördert werden ... ".*

Daraus ist abzuleiten, dass die nach dem Stand von Wissenschaft und Technik erforderliche Schadensvorsorge bei der Beförderung radioaktiver Stoffe getroffen ist, wenn sie nach den *„für den jeweiligen Verkehrsträger geltenden Rechtsvorschriften"* befördert werden. Den international gültigen Rechtsvorschriften für die Beförderung radioaktiver Stoffe liegen analoge Störfallplanungen zu Grunde (vgl. auch Kommentierung zu § 18 Abs. 1 Nr. 3).

Ordnungswidrigkeiten

Siehe § 33.

§ 51 Maßnahmen bei Ereignissen

(1) Bei radiologischen Notstandssituationen, Unfällen und Störfällen sind unverzüglich alle notwendigen Maßnahmen einzuleiten, damit die Gefahren für Mensch und Umwelt auf ein Mindestmaß beschränkt werden. Der Eintritt einer radiologischen Notstandssituation, eines Unfalls, eines Störfalls oder eines sonstigen sicherheitstechnisch bedeutsamen Ereignisses ist der atomrechtlichen Aufsichtsbehörde und, falls dies erforderlich ist, auch der für die öffentliche Sicherheit oder Ordnung zuständigen Behörde sowie den für den Katastrophenschutz zuständigen Behörden unverzüglich mitzuteilen.

(2) Die zuständigen Behörden unterrichten in radiologischen Notstandssituationen unverzüglich die möglicherweise betroffene Bevölkerung und geben Hinweise über Verhaltensmaßnahmen, einschließlich genauer Hinweise für zu ergreifende Gesundheitsschutzmaßnahmen. Die Information an die Bevölkerung enthält die in Anlage XIII Teil A aufgeführten Angaben.

Kommentierung § 51

Nach § 51 besteht bei radiologischen Notstandssituationen, Unfällen und Störfällen die Verpflichtung, unverzüglich, d.h. ohne schuldhaftes Zögern, Strahlenschutzmaßnahmen zu treffen, die dazu beitragen, die Auswirkungen auf Mensch und Umwelt zu minimieren. Diese Vorschrift ergänzt die Verpflichtung des Strahlenschutzverantwortlichen und -beauftragten zur Abwendung von Gefahren nach § 33 Abs. 3. Eine radiologische Notstandssituation, ein Unfall oder Störfall treten stets unvermutet ein. Zur Eingrenzung der Auswirkungen ist ein schnelles Handeln erforderlich. Daher sollten schon vor Aufnahme der Tätigkeit Überlegungen angestellt werden, welche Maßnahmen zu ergreifen sind. Wenn z.B. bei der technischen Radiographie auf einer Baustelle bei der Prüfung von Schweißnähten der Strahler nicht mehr in den Schutzbehälter eingefahren werden kann, da sich der Strahlerhalter mit dem Strahler vom Ausfahrkabel gelöst hat, müssen die Werkstoffprüfer genaue Anweisungen haben, wie der Strahler geborgen werden kann, ohne dass die beteiligten Personen einer unzulässigen Strahlenexposition ausgesetzt sind. Ein anderes Beispiel ergibt sich bei der medizinischen Anwendung. Wenn bei der Therapie eines Patienten mittels einer Co-60-Strahlenquelle hoher Aktivität nach Ablauf der vorgewählten Bestrahlungszeit der Verschluss der Bestrahlungsanlage trotz hoher Zuverlässigkeit dieser Einrichtung nicht mehr selbsttätig schließt, müssen für das Bedienungspersonal genaue Anweisungen vorliegen, damit dieser Störfall sicher beherrscht werden kann. Die hier notwendigen Maßnahmen sind schon vor einer Patientenbestrahlung durch den Strahlenschutzverantwortlichen bzw. -beauftragten festzulegen und mit dem Personal einzuüben. Im Schadensfall wird dann durch schnelles, gezieltes Handeln sowohl für den Patienten als auch für das Bedienungspersonal eine überhöhte bzw. unzulässige Strahlenexposition vermieden. Solche Anweisungen für einen Störfall oder Unfall sind auch Bestandteil einer Strahlenschutzanweisung, die nach § 34 von der Behörde gefordert werden kann. Für alle sicherheitstechnisch bedeutsamen Ereignisse ist eine Anzeige an die zuständigen Behörden (in jedem Fall atomrechtliche Aufsichtsbehörde, ggf. Polizei, Ordnungsamt, Katastrophenschutzbehörde) vorgeschrieben. Die informierten Behörden sollen einerseits helfen, das Ereignis zu bewältigen, z.b. erforderlichenfalls Absperrungen vornehmen, und andererseits durch eine Ereignisanalyse Verbesserungen für die Zukunft ableiten. So können z.B. konstruktive Mängel an technischen Geräten oder organisatorische Mängel im Strahlenschutz erkannt und behoben werden. Bei Vorliegen radiologischer Notstandssituationen muss die möglicherweise betroffene Bevölkerung von der zuständigen Behörde informiert werden (siehe Anlage XIII Teil A).

Ordnungswidrigkeiten

Nach § 116 Abs. 2 handelt ordnungswidrig, wer vorsätzlich oder fahrlässig entgegen § 33 Abs. 1 Nr. 1 und 3 als Strahlenschutzverantwortlicher nicht dafür sorgt, dass eine der in § 116 Abs. 2 Nrn. 3 bis 5 genannten Schutzvorschriften eingehalten wird.

Nach § 116 Abs. 3 handelt ordnungswidrig, wer vorsätzlich oder fahrlässig entgegen § 33 Abs. 1 Nr. 2 als Strahlenschutzverantwortlicher oder Strahlenschutzbeauftragter nicht dafür sorgt, dass eine der in § 116 Abs. 3 Nrn. 1 bis 3 genannten Schutzvorschriften eingehalten wird.

§ 52 Vorbereitung der Brandbekämpfung

Zur Vorbereitung der Brandbekämpfung sind mit den nach Landesrecht zuständigen Behörden die erforderlichen Maßnahmen zu planen. Hierbei ist insbesondere festzulegen, an welchen Orten die Feuerwehr (in untertägigen Betrieben: Grubenwehr) im Einsatzfall

1. ohne besonderen Schutz vor den Gefahren radioaktiver Stoffe tätig werden kann (Gefahrengruppe I),

2. nur unter Verwendung einer Sonderausrüstung tätig werden kann (Gefahrengruppe II) und

3. nur mit einer Sonderausrüstung und unter Hinzuziehung eines Sachverständigen, der die während des Einsatzes entstehende Strahlengefährdung und die anzuwendenden Schutzmaßnahmen beurteilen kann, tätig werden kann (Gefahrengruppe III).

Die betroffenen Bereiche sind jeweils am Zugang deutlich sichtbar und dauerhaft mit dem Zeichen „Gefahrengruppe I", „Gefahrengruppe II" oder „Gefahrengruppe III" zu kennzeichnen.

Kommentierung § 52

Bei der Brandbekämpfung in Bereichen, in denen radioaktive Stoffe vorhanden sind, also auch in kerntechnischen Anlagen, können durch unsachgemäße Maßnahmen auf Grund der Radioaktivität Gefahren für die Feuerwehrleute bestehen. Darüber hinaus sind durch unnötige Verbreitung von radioaktiven Stoffen Auswirkungen auf Beschäftigte, die Bevölkerung oder die Umwelt möglich. Damit im Brandfall schnelle und sachgerechte Brandbekämpfung möglich ist, muss der Genehmigungsinhaber den Behörden rechtzeitig vor Aufnahme der Tätigkeit und nach wesentlichen Änderungen alle erforderlichen Informationen zur Verfügung stellen, z.b. über Art und Aktivität der Stoffe und den Aufbewahrungsort. Die für die Brandbekämpfung zuständige Behörde kann daraufhin geeignete Brandbekämpfungsmittel und Schutzausrüstungen vorhalten, die erforderlichen Einsatzpläne anfertigen und im Brandfall die geeigneten Brandbekämpfungsmethoden anwenden. Die Zugänge zu den in den Nrn. 1 bis 3 definierten Bereichen müssen entsprechend der Gefahrengruppen I bis III gekennzeichnet werden.

Ordnungswidrigkeiten

Nach § 116 Abs. 2 handelt ordnungswidrig, wer vorsätzlich oder fahrlässig entgegen § 33 Abs. 1 Nr. 1 und 3 als Strahlenschutzverantwortlicher nicht dafür sorgt, dass eine der in § 116 Abs. 2 Nrn. 3 bis 5 genannten Schutzvorschriften eingehalten wird.

Nach § 116 Abs. 3 handelt ordnungswidrig, wer vorsätzlich oder fahrlässig entgegen § 33 Abs. 1 Nr. 2 als Strahlenschutzverantwortlicher oder Strahlenschutzbeauftragter nicht dafür sorgt, dass eine der in § 116 Abs. 3 Nrn. 1 bis 3 genannten Schutzvorschriften eingehalten wird.

§ 53 Vorbereitung der Schadensbekämpfung bei sicherheitstechnisch bedeutsamen Ereignissen

(1) Zur Eindämmung und Beseitigung der durch Unfälle oder Störfälle auf dem Betriebsgelände entstandenen Gefahren sind das hierzu erforderliche, geschulte Personal und die erforderlichen Hilfsmittel vorzuhalten. Deren Einsatzfähigkeit ist der zuständigen Behörde nachzuweisen. Dies kann auch dadurch geschehen, dass ein Anspruch auf Einsatz einer für die Erfüllung dieser Aufgaben geeigneten Institution nachgewiesen wird.

(2) Den für die öffentliche Sicherheit oder Ordnung sowie den für den Katastrophenschutz zuständigen Behörden, den Feuerwehren sowie den öffentlichen und privaten Hilfsorganisationen sind die für die Beseitigung einer radiologischen Notstandssituation, eines Unfalls oder Störfalls notwendigen Informationen und die erforderliche Beratung zu geben. Das Gleiche gilt für die Planung der Beseitigung der Folgen einer radiologischen Notstandssituation, eines Unfalls oder eines Störfalls. Darüber hinaus ist den zuständigen Behörden, den Feuerwehren und den Hilfsorganisationen jede Information und Beratung zu geben, die für die Aus- und Fortbildung von Einsatzkräften sowie die Unterrichtung im Einsatz hinsichtlich der auftretenden Gesundheitsrisiken und der erforderlichen Schutzmaßnahmen notwendig sind.

(3) Die zuständigen Behörden, Feuerwehren und Hilfsorganisationen unterrichten die Personen, die im Falle einer radiologischen Notstandssituation bei Rettungsmaßnahmen eingesetzt werden können, über die gesundheitlichen Risiken eines solchen Einsatzes und relevante Vorsichtsmaßnahmen. Die entsprechenden Informationen tragen den verschiedenen Arten von radiologischen Notstandssituationen Rechnung und werden regelmäßig auf den neuesten Stand gebracht. Die Informationen werden, sobald eine Notstandssituation eintritt, den Umständen der konkreten Situation entsprechend, ergänzt.

(4) Die Absätze 1 und 2 sind nicht auf den Umgang mit radioaktiven Stoffen anzuwenden, deren Aktivitäten die Freigrenzen der Anlage III Tabelle 1 Spalte 2 um nicht mehr überschreiten als das

1. 107fache, wenn es sich um offene radioaktive Stoffe handelt,
2. 1010fache, wenn es sich um umschlossene radioaktive Stoffe handelt.

Das Gleiche gilt für Anlagen zur Erzeugung ionisierender Strahlen, falls deren Errichtung keiner Genehmigung nach § 11 Abs. 1 bedarf. Die Sätze 1 und 2 sind auch anzuwenden, wenn in dem einzelnen Betrieb oder selbständigen Zweigbetrieb, bei Nichtgewerbetreibenden am Ort der Tätigkeit des Antragstellers, mit radioaktiven Stoffen in mehreren räumlich voneinander getrennten Gebäuden, Gebäudeteilen, Anlagen oder Einrichtungen umgegangen wird, die Aktivität der radioaktiven Stoffe in den einzelnen Gebäuden, Gebäudeteilen, Anlagen oder Einrichtungen die Werte des Satzes 1 nicht überschreitet und ausreichend sichergestellt ist, dass die radioaktiven Stoffe aus den einzelnen Gebäuden, Gebäudeteilen, Anlagen oder Einrichtungen nicht zusammenwirken können.

(5) Soweit die für die öffentliche Sicherheit oder Ordnung bzw. die für den Katastrophenschutz zuständigen Behörden besondere Schutzpläne für den Fall einer radiologischen Notstandssituation aufgestellt haben, ist die Bevölkerung, die bei einer radiologischen Notstandssituation betroffen sein könnte, in geeigneter Weise und unaufgefordert mindestens alle fünf Jahre über die Sicherheitsmaßnahmen und das richtige Verhalten bei solchen Ereignissen zu informieren. Entsprechende Informationen sind jedermann zugänglich zu machen. Die Informationen müssen die in Anlage XIII Teil B aufgeführten Angaben enthalten und bei Veränderungen, die Auswirkungen auf die Sicherheit oder den Schutz der Bevölkerung haben, auf den neuesten Stand gebracht werden. Soweit die Informationen zum Schutze der Öffentlichkeit bestimmt sind, sind sie mit den für die öffentliche Sicherheit oder Ordnung zuständigen Behörden sowie den für den Katastrophenschutz zuständigen Behörden abzustimmen. Die Art und Weise, in der die Informationen zu geben, zu wiederholen und auf den neuesten Stand zu bringen sind, ist mit den für den Katastrophenschutz zuständigen Behörden abzustimmen.

Kommentierung § 53

Neben der Verpflichtung zur Schadensbegrenzung nach § 51 schreibt § 53 Maßnahmen zur Vorbereitung der Schadensbekämpfung vor. Nach Absatz 1 hat der Strahlenschutzverantwortliche dafür zu sorgen, dass sowohl geschultes Personal als auch Hilfsmittel in geeigneter und ausreichender Zahl zur Verfügung stehen, um im Schadensfall die Gefahren auf dem Betriebsgelände beherrschen zu können. Erfordert dies für den Strahlenschutzverantwortlichen einen unzumutbar hohen Aufwand, so kann er dieser Verpflichtung auch dadurch nachkommen, dass er den Nachweis erbringt, dass eine andere geeignete Institution diese Aufgaben für ihn übernehmen wird. Die Möglichkeiten des behördlichen Katastrophenschutzes können in gewissen Fällen als Vorsorge ausreichend sein.

Wichtig für die Schadensbekämpfung, u.a. für die Planung der Beseitigung der Folgen einer radiologischen Notstandsituation, ist auch die Unterstützung der Behörden, Feuer-

Teil 2: Zielgerichtete Nutzung radioaktiver Stoffe oder ionisierender Strahlung

wehren und Organisationen durch Information und Beratung, zu der der Strahlenschutzverantwortliche bzw. -beauftragte auf Grund von § 53 Abs. 2 verpflichtet ist. Diese genannten Stellen wiederum müssen diejenigen Personen über eventuelle gesundheitliche Risiken informieren, die bei radiologischen Notstandssituationen eingesetzt werden (Abs. 3).

Für den Umgang mit radioaktiven Stoffen, bei dem bestimmte, in Absatz 4 Satz 1 festgelegte Aktivitätsgrenzen (dieselben Werte wie in § 50 Abs. 3) unterschritten werden, und für Anlagen zur Erzeugung ionisierender Strahlen, die keiner Errichtungsgenehmigung nach § 11 Abs. 1 bedürfen, sind die besonderen Vorbereitungsmaßnahmen nach den Absätzen 1 und 2 nicht erforderlich. In diesen Fällen wird davon ausgegangen, dass der Genehmigungsinhaber auch ohne besondere Maßnahmen mögliche Unfälle und Störfälle beherrschen kann. Diese Ausnahme gilt auch, wenn zwar die Gesamtaktivität diese Grenzen übersteigt, die radioaktiven Stoffe jedoch auf einzelne Gebäude oder Gebäudeteile so verteilt sind, dass die Grenze in den jeweiligen Bereichen nicht überschritten wird und die radioaktiven Stoffe im Schadensfall nicht zusammenwirken können. Absatz 4 regelt die Informationsmodalitäten im Zusammenhang mit dem Extremfall einer radiologischen Notstandssituation. Details sind in Anlage XIII Teil B festgelegt.

Ordnungswidrigkeiten

Nach § 116 Abs. 2 handelt ordnungswidrig, wer vorsätzlich oder fahrlässig entgegen § 33 Abs. 1 Nr. 1 und 3 als Strahlenschutzverantwortlicher nicht dafür sorgt, dass eine der in 116 Abs. 2 Nrn. 3 bis 5 genannten Schutzvorschriften eingehalten wird.

Nach § 116 Abs. 3 handelt ordnungswidrig, wer vorsätzlich oder fahrlässig entgegen § 33 Abs. 1 Nr. 2 als Strahlenschutzverantwortlicher oder Strahlenschutzbeauftragter nicht dafür sorgt, dass eine der in § 116 Abs. 3 Nrn. 1 bis 3 genannten Schutzvorschriften eingehalten wird.

§ 54 Kategorien beruflich strahlenexponierter Personen

Personen, die einer beruflichen Strahlenexposition durch Tätigkeiten nach § 2 Abs. 1 Nr. 1 ausgesetzt sind, sind zum Zwecke der Kontrolle und arbeitsmedizinischen Vorsorge folgenden Kategorien zugeordnet:

1. Beruflich strahlenexponierte Personen der **Kategorie A**:
   Personen, die einer beruflichen Strahlenexposition ausgesetzt sind, die im Kalenderjahr zu einer effektiven Dosis von mehr als 6 Millisievert oder einer höheren Organdosis als 45 Millisievert für die Augenlinse oder einer höheren Organdosis als 150 Millisievert für die Haut, die Hände, die Unterarme, die Füße oder Knöchel führen kann.

2. Beruflich strahlenexponierte Personen der **Kategorie B**:
   Personen, die einer beruflichen Strahlenexposition ausgesetzt sind, die im Kalenderjahr zu einer effektiven Dosis von mehr als 1 Millisievert oder einer höheren Organdosis als 15 Millisievert für die Augenlinse oder einer höheren Organdosis als 50 Millisievert für die Haut, die Hände, die Unterarme, die Füße oder Knöchel führen kann, ohne in die Kategorie A zu fallen.

Kommentierung § 54

In der neuen Strahlenschutzverordnung werden nur noch zwei Personengruppen angesprochen:

- Einzelpersonen der Bevölkerung (in den §§ 5, 46)
- beruflich strahlenexponierte Personen infolge Tätigkeiten nach § 2 Abs. 1 Nr. 1 (hier in § 54)

Die Gruppe der nicht beruflich strahlenexponierten Personen (§ 51 der alten StrlSchV) ist entfallen, was gewisse Probleme aufwirft.

Nach wie vor unterscheidet man zwischen der beruflichen Strahlenexposition der Kategorie A und B, wobei die Schnittstelle zwischen beiden Gruppen durch die Kontrollbereichsdefinition (§ 36 Abs. 1 Nr. 2) bestimmt wird.

Kategorie	Dosis im Kalenderjahr		
	effektive Dosis (mSv)	Augenlinse (mSv)	Haut, Extremitäten (mSv)
A	> 6	> 45	> 150
B	> 1 ≤ 6	> 15 ≤ 45	> 50 ≤ 150

Die genannten Dosiswerte betreffen sowohl die äußere als auch die innere **berufliche** Strahlenexposition (siehe § 3 Abs. 2 Nr. 31).

§ 55 Schutz bei beruflicher Strahlenexposition

(1) Für beruflich strahlenexponierte Personen beträgt der Grenzwert der effektiven Dosis 20 Millisievert im Kalenderjahr. § 58 bleibt unberührt. Die zuständige Behörde kann im Einzelfall für ein einzelnes Jahr eine effektive Dosis von 50 Millisievert zulassen, wobei für fünf aufeinander folgende Jahre 100 Millisievert nicht überschritten werden dürfen.

(2) Der Grenzwert der Organdosis beträgt für beruflich strahlenexponierte Personen:

1. für die Augenlinse 150 Millisievert,
2. für die Haut, die Hände, die Unterarme, die Füße und Knöchel jeweils 500 Millisievert,
3. für die Keimdrüsen, die Gebärmutter und das Knochenmark (rot) jeweils 50 Millisievert,
4. für die Schilddrüse und die Knochenoberfläche jeweils 300 Millisievert,
5. für den Dickdarm, die Lunge, den Magen, die Blase, die Brust, die Leber, die Speiseröhre, andere Organe oder Gewebe gemäß Anlage VI Teil C Nr. 2 Fußnote 1, soweit nicht unter Nummer 3 genannt, jeweils 150 Millisievert

im Kalenderjahr.

(3) Für Personen unter 18 Jahren beträgt der Grenzwert der effektiven Dosis 1 Millisievert im Kalenderjahr. Der Grenzwert der Organdosis beträgt für die Augenlinse 15 Millisievert, für die

Teil 2: Zielgerichtete Nutzung radioaktiver Stoffe oder ionisierender Strahlung

Haut, die Hände, die Unterarme, die Füße und Knöchel jeweils 50 Millisievert im Kalenderjahr. Abweichend von den Sätzen 1 und 2 kann die zuständige Behörde für Auszubildende und Studierende im Alter zwischen 16 und 18 Jahren einen Grenzwert von 6 Millisievert für die effektive Dosis, 45 Millisievert für die Organdosis der Augenlinse und jeweils 150 Millisievert für die Organdosis der Haut, der Hände, der Unterarme, der Füße und Knöchel im Kalenderjahr festlegen, wenn dies zur Erreichung des Ausbildungszieles notwendig ist.

(4) Bei gebärfähigen Frauen beträgt der Grenzwert für die über einen Monat kumulierte Dosis an der Gebärmutter 2 Millisievert. Für ein ungeborenes Kind, das aufgrund der Beschäftigung der Mutter einer Strahlenexposition ausgesetzt ist, beträgt der Grenzwert der Dosis aus äußerer und innerer Strahlenexposition vom Zeitpunkt der Mitteilung über die Schwangerschaft bis zu deren Ende 1 Millisievert.

Kommentierung § 55

Der Begriff „beruflich strahlenexponierte Personen (der Kategorie A und B)" ist in § 54 definiert. Für die durch innere und äußere Bestrahlung bedingten Körperdosen, worin die effektive Dosis mit eingeschlossen ist, gelten die in § 55 aufgeführten Dosisgrenzwerte pro Kalenderjahr (siehe aber die Übergangsregelung in § 117 Abs. 19). Die zuständige Behörde kann im Einzelfall und das nur für ein einzelnes Jahr einen höheren Grenzwert für die effektive Dosis zulassen. Das wird sicherlich nur selten oder gar nicht notwendig sein. Diese Ausnahmeregelung hätte man sich eigentlich ersparen können, denn besonders zugelassene höhere Strahlenexpositionen werden anderweitig geregelt (§ 58). Die effektive Dosis (Abs. 1) ist ein Maß nur für das stochastische Strahlenrisiko, so dass sich ihr Grenzwert auch nur auf Strahlenwirkungen dieser Art bezieht. Die in § 55 Abs. 2 genannten so genannten Organdosen schließen dagegen deterministische Effekte mit ein. In § 55 wird *nicht* zwischen beruflich strahlenexponierten Personen der Kategorie A und B unterschieden. Personen, die sich von unten den in Absatz 1 und 2 genannten Grenzwerten (z.B. 20 mSv/a für die effektive Dosis, 150 mSv/a für die Augenlinse und 500 mSv/a für die Haut bzw. die Extremitäten) nähern, erfahren sozusagen „automatisch" eine Umgruppierung von der Kategorie B in diejenige von A.

Beispiele für den Zusammenhang zwischen zugeführter Aktivität und dem Grenzwert für die effektive Dosis:

1) Durch Ingestion einer Aktivität von $1,6 \cdot 10^6$ Bq des Isotops J-131 (Dosisfaktor für die effektive Dosis: $1,3 \cdot 10^{-8}$ Sv/Bq) wird der Jahresgrenzwert für beruflich Strahlenexponierte für die effektive Dosis (20 mSv) erreicht.

2) Durch Inhalation einer Aktivität von $2,3 \cdot 10^6$ Bq des Isotops Cs-137 (Dosisfaktor für die effektive Dosis: $8,6 \cdot 10^{-9}$ Sv/Bq) wird der Jahresgrenzwert für beruflich Strahlenexponierte für die effektive Dosis (20 mSv) erreicht.

Die Absätze 3 und 4 verlangen eine Reduzierung der Dosisgrenzwerte für Personen unter 18 Jahren auf 1 mSv/a effektive Dosis außer für diejenigen, die im Rahmen einer Ausbildung in Strahlenschutzbereichen tätig werden müssen und – im Benehmen mit der zuständigen Behörde – dadurch eventuell zu den beruflich Strahlenexponierten der Kategorie B zu zählen sind, und für gebärfähige Frauen (in der Regel bis 45 Jahre), für diese aber nur bezüglich der Organdosis an der Gebärmutter (≤ 2 mSv im Monat). Für ein ungeborenes Kind ist der Grenzwert der effektiven Dosis auf 1 mSv festgesetzt, und zwar für den Zeitraum der Mitteilung der Schwangerschaft (an den Strahlenschutzverantwortlichen bzw. -beauftragten) bis zum Schwangerschaftsende. Setzt man für durchdringende Strahlung in erster Näherung die effektive Dosis des ungeborenen Kindes gleich der Organdosis an der Gebärmutter, so resultiert daraus in Abhängigkeit von dem Zeitpunkt der Mitteilung rein rechnerisch ein Grenzwert von $\geq 1{,}3$ mSv/a. Ein auf das Kalenderjahr bezogener „maximaler Grenzwert" ist in der Verordnung nicht festgelegt worden.

Alle genannten Personengruppen dürfen also in Strahlenschutzbereichen, d.h. auch im Kontrollbereich, tätig werden, vorausgesetzt, die in den Absätzen 1 bis 4 genannten Grenzwerte werden nicht überschritten.

Zusammenfassung: Grenzwerte bei beruflicher Strahlenexposition
(hier für die effektive Dosis)

Personengruppe	Grenzwert (effektive Dosis)
beruflich Strahlenexponierte	20 mSv/a (§ 117 Abs. 19 beachten)
Personen unter 18 Jahren	1 mSv/a
Personen im Alter zwischen 16 und 18 Jahren als Auszubildende oder Studierende (im Benehmen mit der Behörde)	6 mSv/a
gebärfähige Frauen	je nach Einordnung: 1,6 oder 20 mSv/a (aber: ≤ 2 mSv/Monat an der Gebärmutter)
schwangere Frauen	1 mSv vom Zeitpunkt der Mitteilung der Schwangerschaft bis zu deren Ende (für das ungeborene Kind)

Zusammenfassung: Bereiche und Grenzwerte
(hier für die effektive Dosis)

Bereich	Definition	zeitlicher Bezug	Aufenthaltszeit	Grenzwert (im Kalenderjahr)
Sperrbereich (Teil des Kontrollbereichs)	> 3 mSv (Ortsdosis)	1 Stunde		• 20 mSv (beruflich strahlenexponierte Personen)
Kontrollbereich	> 6 mSv	Kalenderjahr	40 h in der Woche (50 Wochen/a)	• 1 mSv (Einzelpersonen der Bevölkerung)
Überwachungsbereich	> 1 mSv	Kalenderjahr		

Bereich	Definition	zeitlicher Bezug	Aufenthalts-zeit	Grenzwert (im Kalenderjahr)
Bereich *innerhalb* des Betriebs-geländes, der nicht Strahlenschutz-bereich ist	insgesamt ≥ 0 mSv (Direkt-strahlung einschließlich „Ableitung")	Kalender-jahr	40 h in der Woche (50 Wochen/a)	1 mSv davon max. 0,3 mSv über Wasserpfad, max. 0,3 mSv über Luftpfad
Bereich *außerhalb* des Betriebs-geländes, der nicht Strahlenschutz-bereich ist		Kalender-jahr	Daueraufenthalt	

Ordnungswidrigkeiten

Nach § 116 Abs. 2 handelt ordnungswidrig, wer vorsätzlich oder fahrlässig entgegen § 33 Abs. 1 Nr. 1 und 3 als Strahlenschutzverantwortlicher nicht dafür sorgt, dass eine der in § 116 Abs. 2 Nrn. 3 bis 5 genannten Schutzvorschriften eingehalten wird.

Nach § 116 Abs. 3 handelt ordnungswidrig, wer vorsätzlich oder fahrlässig entgegen § 33 Abs. 1 Nr. 2 als Strahlenschutzverantwortlicher oder Strahlenschutzbeauftragter nicht dafür sorgt, dass eine der in § 116 Abs. 3 Nrn. 1 bis 3 genannten Schutzvorschriften eingehalten wird.

§ 56 Berufslebensdosis

Der Grenzwert für die Summe der in allen Kalenderjahren ermittelten effektiven Dosen beruflich strahlenexponierter Personen beträgt 400 Millisievert. Die zuständige Behörde kann im Benehmen mit einem Arzt nach § 64 Abs. 1 Satz 1 eine weitere berufliche Strahlenexposition zulassen, wenn diese nicht mehr als 10 Millisievert effektive Dosis im Kalenderjahr beträgt und die beruflich strahlenexponierte Person einwilligt. Die Einwilligung ist schriftlich zu erteilen.

Kommentierung § 56

Im Gegensatz zur Formulierung der alten Strahlenschutzverordnung [STR] (dort in § 49 Abs. 1 Satz 3) darf nach § 56 für eine beruflich strahlenexponierte Person die Summe der in allen Kalenderjahren ermittelten effektiven Dosen den Wert von 400 mSv durchaus überschreiten, wenn man sich – mit schriftlichem Einverständnis der betroffenen Person – in den Folgejahren auf maximal 10 mSv/a beschränkt. Diese Möglichkeit kann aber nur seitens der zuständigen Behörde zugelassen werden, wenn ein ermächtigter Arzt keine Bedenken geäußert hat. Für die wegen der Dosisreduzierung von 50 auf 20 mSv/a „neu hinzukommenden" beruflich Strahlenexponierten zählt nur diejenige Dosis zur Berufslebensdosis, die sie auf Grund ihres neuen Status erhalten. Man beachte die Übergangsvorschrift für die Stilllegung und Sanierung der Betriebsanlagen und Betriebsstätten des Uranbergbaus (§ 117 Abs. 21).

Ordnungswidrigkeiten

Nach § 116 Abs. 2 handelt ordnungswidrig, wer vorsätzlich oder fahrlässig entgegen § 33 Abs. 1 Nr. 1 und 3 als Strahlenschutzverantwortlicher nicht dafür sorgt, dass eine der in § 116 Abs. 2 Nrn. 3 bis 5 genannten Schutzvorschriften eingehalten wird.

Nach § 116 Abs. 3 handelt ordnungswidrig, wer vorsätzlich oder fahrlässig entgegen § 33 Abs. 1 Nr. 2 als Strahlenschutzverantwortlicher oder Strahlenschutzbeauftragter nicht dafür sorgt, dass eine der in § 116 Abs. 3 Nrn. 1 bis 3 genannten Schutzvorschriften eingehalten wird.

§ 57 Dosisbegrenzung bei Überschreitung

Wurde unter Verstoß gegen § 55 Abs. 1 oder 2 ein Grenzwert im Kalenderjahr überschritten, so ist eine Weiterbeschäftigung als beruflich strahlenexponierte Person nur zulässig, wenn die Expositionen in den folgenden vier Kalenderjahren unter Berücksichtigung der erfolgten Grenzwertüberschreitung so begrenzt werden, dass die Summe der Dosen das Fünffache des jeweiligen Grenzwertes nicht überschreitet. Ist die Überschreitung eines Grenzwertes so hoch, dass bei Anwendung von Satz 1 die bisherige Beschäftigung nicht fortgesetzt werden kann, kann die zuständige Behörde im Benehmen mit einem Arzt nach § 64 Abs. 1 Satz 1 Ausnahmen von Satz 1 zulassen.

Kommentierung § 57

In § 57 wird eine Regelung für den Fall angesprochen, dass ein Grenzwert für beruflich Strahlenexponierte überschritten wird. Dabei wird nicht unterschieden zwischen beruflich Strahlenexponierten der Kategorie A und B. Die Konsequenz einer Überschreitung des Wertes z.B. für die effektive Dosis von 6 mSv/a für Kategorie-B-Personen besteht einfach in einer Umgruppierung in die Kategorie A. Das Konzept der Dosisbegrenzung nach Grenzwertüberschreitung soll an einem Beispiel erläutert werden:

- effektive Dosis im Jahr 2003: z.B. 40 mSv
- Grenzwert: 20 mSv im Kalenderjahr (§ 55 Abs. 1), (§ 117 Abs. 19 soll hier ignoriert werden)
- 5faches des Grenzwertes: 100 mSv
- verbleibt für die folgenden 4 Kalenderjahre: 100 – 40 = 60 mSv
- mögliche Verteilung auf die Jahre 2004 bis 2007: jeweils 15 mSv/a

Bei sehr gravierenden Grenzwertüberschreitungen, z.B. als Folge eines Unfalls, kann die zuständige Behörde nach Einschaltung eines ermächtigten Arztes das so genannte Dosisbegrenzungsschema modifizieren, z.B. durch deutliche Reduzierung der Dosen in den Folgejahren. Auf die Übergangsvorschrift des § 117 Abs. 19 und auf § 55 Abs. 1 Satz 3 wird hingewiesen.

Ordnungswidrigkeiten

Nach § 116 Abs. 2 handelt ordnungswidrig, wer vorsätzlich oder fahrlässig entgegen § 33 Abs. 1 Nr. 1 und 3 als Strahlenschutzverantwortlicher nicht dafür sorgt, dass eine der in § 116 Abs. 2 Nrn. 3 bis 5 genannten Schutzvorschriften eingehalten wird.

Nach § 116 Abs. 3 handelt ordnungswidrig, wer vorsätzlich oder fahrlässig entgegen § 33 Abs. 1 Nr. 2 als Strahlenschutzverantwortlicher oder Strahlenschutzbeauftragter nicht dafür sorgt, dass eine der in § 116 Abs. 3 Nrn. 1 bis 3 genannten Schutzvorschriften eingehalten wird.

§ 58 Besonders zugelassene Strahlenexpositionen

(1) Unter außergewöhnlichen, im Einzelfall zu beurteilenden Umständen kann die zuständige Behörde zur Durchführung notwendiger spezifischer Arbeitsvorgänge Strahlenexpositionen abweichend von § 55 Abs. 1, 2 und 4 Satz 1 zulassen. Für diese besonders zugelassene Strahlenexposition beträgt der Grenzwert der effektiven Dosis 100 Millisievert, der Grenzwert der Organdosis für die Augenlinse 300 Millisievert, der Grenzwert der Organdosis für die Haut, die Hände, die Unterarme, die Füße und Knöchel jeweils 1 Sievert für eine Person im Berufsleben.

(2) Einer Strahlenexposition nach Absatz 1 dürfen nur Freiwillige, die beruflich strahlenexponierte Personen der Kategorie A sind, ausgesetzt werden, ausgenommen schwangere Frauen und, wenn die Möglichkeit einer Kontamination nicht ausgeschlossen werden kann, stillende Frauen.

(3) Eine Strahlenexposition nach Absatz 1 ist im Voraus zu rechtfertigen. Die Personen nach Absatz 2 sind über das mit der Strahlenexposition verbundene Strahlenrisiko aufzuklären. Der Betriebsrat oder der Personalrat, die Fachkräfte für Arbeitssicherheit, der Arzt nach § 64 Abs. 1 Satz 1 oder die Betriebsärzte, soweit sie nicht Ärzte nach § 64 Abs. 1 Satz 1 sind, sind zu beteiligen.

(4) Die Körperdosis durch eine Strahlenexposition nach Absatz 1 ist unter Berücksichtigung der Expositionsbedingungen zu ermitteln. Sie ist in den Aufzeichnungen nach §§ 42 und 64 Abs. 3 getrennt von den übrigen Ergebnissen der Messungen und Ermittlungen der Körperdosis einzutragen. Die Strahlenexposition nach Absatz 1 ist bei der Summe der in allen Kalenderjahren ermittelten effektiven Dosen nach § 56 zu berücksichtigen.

(5) Wurden bei einer Strahlenexposition nach Absatz 1 die Grenzwerte des § 55 Abs. 1 oder 2 überschritten, so ist diese Überschreitung allein kein Grund, die Person ohne ihr Einverständnis von ihrer bisherigen Beschäftigung auszuschließen.

Kommentierung § 58

Es sind Situationen („im Einzelfall zu beurteilende Umstände") vorstellbar, in deren Verlauf eine Überschreitung der Dosisgrenzwerte für eine „Person im Berufsleben" (nach Absatz 2 für beruflich strahlenexponierte Personen der Kategorie A) in Kauf genommen werden *muss*.

Dies kann zwecks Beseitigung der Folgen von Störfällen (Definition in § 3 Abs. 2 Nr. 28) oder von Unfällen (Definition in § 3 Abs. 2 Nr. 35), im § 58 *ohne* akute Gefährdung von Personen, nötig sein. In diesem Zusammenhang dürfen die Begriffe „Störfall" oder „Unfall" keineswegs nur mit dem Betrieb einer kerntechnischen Anlage in Verbindung gebracht werden. Das Auftreten von Störfällen ist beispielsweise auch beim Betrieb von Beschleunigeranlagen (z.b. sicherheitstechnisch erforderliches Betreten aktivierter Bereiche), an medizinischen Gammabestrahlungsanlagen (z.b. Versagen des Verschlussmechanismus) oder beim Umgang mit offenen radioaktiven Stoffen (z.b. Beseitigung umfangreicher Kontaminationen) durchaus möglich. Nur dem besonders überwachten und strahlenbiologisch nicht so sehr gefährdeten Personenkreis (beruflich Strahlenexponierte der Kategorie A, keine Personen unter 18 Jahren, keine schwangeren Frauen, keine stillenden Frauen bei möglichem Vorliegen von Kontamination) können die nach § 58 Abs. 1 festgelegten „besonders zugelassenen Strahlenexpositionen" seitens der zuständigen Behörde erlaubt werden. In Absatz 1 wird für die Erhöhung der im Berufsleben zu applizierenden Körperdosen nur ein Faktor 5 (für die effektive Dosis 100 mSv) bzw. nur ein Faktor 2 für die im Laufe des Berufslebens zu applizierenden Organdosen (Augenlinse: 300 mSv, Haut und Extremitäten: 1.000 mSv) zugestanden. Diese Grenzwerte sind *nur* für die „besonders zugelassene Strahlenexposition" reserviert; andere Strahlenexpositionen, sozusagen bedingt durch den „Routinebetrieb", werden in die Grenzwertbetrachtungen des § 58 Abs. 1 *nicht* mit einbezogen und müssen getrennt aufgezeichnet werden. Weitere Randbedingungen für die Bewältigung von Situationen, die eine Aufnahme von „besonders zugelassenen Strahlenexpositionen" erfordern, sind:

- Freiwilligkeit
- Aufklärung über das Strahlenrisiko
- Beteiligungen von Betriebs- oder Personalrat, der Fachkräfte für Arbeitssicherheit und eines ermächtigten Arztes

Gewissermaßen tröstend für eine Person, die eine (sicherlich nicht für die eigene Person nützliche) besonders zugelassene Strahlenexposition auf sich genommen hat, ist die Aussage des Absatz 5, dass eine allein dadurch bedingte Überschreitung eines Grenzwertes keine Modifizierung ihrer beruflichen Tätigkeit zur Folge haben muss. Dies wird aber bezüglich einer eventuellen Überschreitung des Grenzwertes für die Lebensdosis (400 mSv) dadurch eingeschränkt, dass von nun an als Grenzwert für die effektive Dosis nur noch 10 mSv im Kalenderjahr zur Verfügung stehen (§ 56).

Beispiel:

Zur Behebung eines Störfalls (z.b. eines technischen Schadens) an einem Beschleuniger vom Typ Synchrotron muss eine Stunde lang ein Areal betreten werden, in dem durch Aktivierung von Strukturelementen eine γ-Ortsdosisleistung von 50 mSv/h und durch Aktivierung der Luft eine Ar-41-Aktivitätskonzentration von 10 MBq/m^3 gemessen werden. Die N-13- und O-15-Aktivierung in der Luft hat man durch entsprechende Wartezeiten (Halbwertszeiten: 9,96 bzw. 2,03 min) weitgehend abklingen lassen. Es wird eine Identität zwischen Ortsdosis (Umgebungs-Äquivalentdosis) und effektiver Dosis und Konstanz der Ar-41-Aktivitätskonzentration während der Aufenthaltszeit angenommen. Für Ar-41 ist die Submersion grenzwertbestimmend. Nach § 47 Abs. 4 in Zusammenhang mit Anlage VII Tabelle 5 gilt für Ar- 41: 200 Bq/m^3 = 0,3 mSv effektive Dosis bei 2.000 Stunden Aufenthaltsdauer pro Jahr. Dann ergibt sich für 1 Stunde und 10 MBq/m^3 eine effektive Dosis von 7,5 mSv. Die durch die Aktivität der Strukturelemente bedingte γ-Ortsdosisleistung liefert mit 50 mSv zur gesamten effektiven Dosis von 57,5 mSv den größten Beitrag.

Ordnungswidrigkeiten

Nach § 116 Abs. 2 handelt ordnungswidrig, wer vorsätzlich oder fahrlässig entgegen § 33 Abs. 1 Nr. 1 und 3 als Strahlenschutzverantwortlicher nicht dafür sorgt, dass eine der in § 116 Abs. 2 Nrn. 3 bis 5 genannten Schutzvorschriften eingehalten wird.

Nach § 116 Abs. 3 handelt ordnungswidrig, wer vorsätzlich oder fahrlässig entgegen § 33 Abs. 1 Nr. 2 als Strahlenschutzverantwortlicher oder Strahlenschutzbeauftragter nicht dafür sorgt, dass eine der in § 116 Abs. 3 Nrn. 1 bis 3 genannten Schutzvorschriften eingehalten wird.

§ 59 Strahlenexposition bei Personengefährdung und Hilfeleistung

(1) Bei Maßnahmen zur Abwehr von Gefahren für Personen ist anzustreben, dass eine effektive Dosis von mehr als 100 Millisievert nur einmal im Kalenderjahr und eine effektive Dosis von mehr als 250 Millisievert nur einmal im Leben auftritt.

(2) Die Rettungsmaßnahmen dürfen nur von Freiwilligen über 18 Jahren ausgeführt werden, die zuvor über die Gefahren dieser Maßnahmen unterrichtet worden sind.

(3) Die Körperdosis einer bei Rettungsmaßnahmen eingesetzten Person durch eine Strahlenexposition bei den Rettungsmaßnahmen ist unter Berücksichtigung der Expositionsbedingungen zu ermitteln. Die Rettungsmaßnahme und die ermittelte Körperdosis der bei der Rettungsmaßnahme eingesetzten Personen sind der zuständigen Behörde unverzüglich mitzuteilen. Die Strahlenexposition nach Satz 1 ist bei der Summe der in allen Kalenderjahren ermittelten effektiven Dosen nach § 56 zu berücksichtigen. § 58 Abs. 4 Satz 2 und Abs. 5 gilt entsprechend.

Kommentierung § 59

In § 59 ist – sozusagen als Steigerung zu den Bestimmungen des § 58 – explizit die Personengefährdung angesprochen. Im Rahmen entsprechender Hilfeleistungen „ist anzustreben", dass die effektive Dosis E der Hilfeleistung gewährenden Person den Wert von 100 mSv nur einmal im Kalenderjahr überschreitet. Die effektive Dosis darf sogar mehr als 250 mSv betragen, aber das sollte nur einmal im Leben der Hilfeleistung gewährenden Person geschehen. Ansonsten gelten die Bestimmungen des § 58 in entsprechender Weise.

Beispiel:

- Co-60-Quelle mit einer Aktivität $A = 1\,TBq = 10^{12}\,Bq$
- Ortsdosisleistung im Abstand r (in m) $H^*(10) = \Gamma \cdot A \cdot r^{-2}$ mSv/h
  (Γ = Dosisleistungskonstante, für Co-60: $\Gamma = 3{,}5 \cdot 10^{-10}$ mSv·h · m²/Bq)
- $H^*(10) = 87{,}5$ mSv/h in 2 m Entfernung

- Wird H*(10) = E gesetzt, so werden E = 100 mSv in etwas mehr als 1 Stunde, E = 250 mSv in knapp 3 Stunden erreicht.

Ordnungswidrigkeiten

Nach § 116 Abs. 2 handelt ordnungswidrig, wer vorsätzlich oder fahrlässig entgegen § 33 Abs. 1 Nr. 1 und 3 als Strahlenschutzverantwortlicher nicht dafür sorgt, dass eine der in § 116 Abs. 2 Nrn. 3 bis 5 genannten Schutzvorschriften eingehalten wird.

Nach § 116 Abs. 3 handelt ordnungswidrig, wer vorsätzlich oder fahrlässig entgegen § 33 Abs. 1 Nr. 2 als Strahlenschutzverantwortlicher oder Strahlenschutzbeauftragter nicht dafür sorgt, dass eine der in § 116 Abs. 3 Nrn. 1 bis 3 genannten Schutzvorschriften eingehalten wird.

§ 60 Erfordernis der arbeitsmedizinischen Vorsorge

(1) Eine beruflich strahlenexponierte Person der Kategorie A darf im Kontrollbereich Aufgaben nur wahrnehmen, wenn sie innerhalb eines Jahres vor Beginn der Aufgabenwahrnehmung von einem Arzt nach § 64 Abs. 1 Satz 1 untersucht worden ist und dem Strahlenschutzverantwortlichen eine von diesem Arzt ausgestellte Bescheinigung vorliegt, nach der der Aufgabenwahrnehmung keine gesundheitlichen Bedenken entgegenstehen.

(2) Eine beruflich strahlenexponierte Person der Kategorie A darf in der in Absatz 1 bezeichneten Weise nach Ablauf eines Jahres seit der letzten Beurteilung oder Untersuchung nur Aufgaben weiter wahrnehmen, wenn sie von einem Arzt nach § 64 Abs. 1 Satz 1 erneut beurteilt oder untersucht worden ist und dem Strahlenschutzverantwortlichen eine von diesem Arzt ausgestellte Bescheinigung vorliegt, dass gegen die Aufgabenwahrnehmung keine gesundheitlichen Bedenken bestehen.

(3) Die zuständige Behörde kann auf Vorschlag des Arztes nach § 64 Abs. 1 Satz 1 die in Absatz 2 genannte Frist abkürzen, wenn die Arbeitsbedingungen oder der Gesundheitszustand der beruflich strahlenexponierten Person dies erfordern.

(4) Die zuständige Behörde kann in entsprechender Anwendung der Absätze 1 und 2 für eine beruflich strahlenexponierte Person der Kategorie B Maßnahmen der arbeitsmedizinischen Vorsorge anordnen.

Kommentierung § 60

§ 60 StrlSchV dient der Umsetzung der Richtlinie 96/29 EURATOM [EU 1]. Beruflich strahlenexponierte Personen – insbesondere diejenigen der Kategorie A – unterliegen einem erhöhten Gesundheitsrisiko. Mit der ärztlichen Untersuchung soll der Gesundheitszustand festgestellt und damit die Eignung für die Wahrnehmung von Aufgaben im Kontrollbereich bestätigt werden. Die Untersuchung ist für alle beruflich strahlenexponierten Personen der Kategorie A zwingend, auch dann, wenn es sich dabei um einen Strahlenschutzverantwortlichen handelt. Eine Wahrnehmung von Aufgaben im Kontrollbereich darf nur erfolgen, wenn der ermächtigte Arzt im Rahmen einer Bescheinigung keine gesundheitlichen Bedenken äußert und seine Bescheinigung nicht älter als ein Jahr ist. Liegen gesundheitliche Bedenken vor, sind die erforderlichen Maßnahmen seitens des ermächtigten Arztes festzulegen. Diese könnten darin bestehen, dass eine weitere Tätigkeit als strahlenexponierte Person untersagt werden muss oder die Tätigkeit nur unter Einschränkungen weitergeführt werden darf oder verkürzte Fristen für eine ärztliche Untersuchung festzulegen sind. Die zuständige Behörde kann alle erforderlichen Maßnahmen nach § 111 anordnen.

Beruflich strahlenexponierte Personen der Kategorie B sind grundsätzlich von der ärztlichen Untersuchung ausgenommen, da dieser Personenkreis einer geringeren Strahlenexposition ausgesetzt ist. Die zuständige Behörde kann aber im Rahmen ihres Ermessens verlangen, dass auch bei einer beruflich strahlenexponierten Person der Kategorie B vor Aufnahme ihrer Wahrnehmung von Aufgaben im Kontrollbereich eine ärztliche Untersuchung durch den ermächtigten Arzt erfolgt. Dabei ist die Art dieser Wahrnehmung, wie z.b. der Umgang mit offenen oder umschlossenen radioaktiven Stoffen oder der Betrieb von Anlagen zur Erzeugung ionisierender Strahlen, für ein solches Verlangen nur von untergeordneter Bedeutung. Der Behörde müssen allerdings begründbare Erkenntnisse vorliegen, die eine Untersuchung von beruflich strahlenexponierten Personen der Kategorie B rechtfertigen.

Ordnungswidrigkeiten

Nach § 116 Abs. 2 handelt ordnungswidrig, wer vorsätzlich oder fahrlässig entgegen § 33 Abs. 1 Nr. 1 und 3 als Strahlenschutzverantwortlicher nicht dafür sorgt, dass eine der in § 116 Abs. 2 Nrn. 3 bis 5 genannten Schutzvorschriften eingehalten wird.

Nach § 116 Abs. 3 handelt ordnungswidrig, wer vorsätzlich oder fahrlässig entgegen § 33 Abs. 1 Nr. 2 als Strahlenschutzverantwortlicher oder Strahlenschutzbeauftragter nicht dafür sorgt, dass eine der in § 116 Abs. 3 Nrn. 1 bis 3 genannten Schutzvorschriften eingehalten wird.

§ 61 Ärztliche Bescheinigung

(1) Der Arzt nach § 64 Abs. 1 Satz 1 muss zur Erteilung der ärztlichen Bescheinigung die bei der arbeitsmedizinischen Vorsorge von anderen Ärzten nach § 64 Abs. 1 Satz 1 angelegten Gesundheitsakten anfordern, soweit diese für die Beurteilung erforderlich sind, sowie die bisher erteilten ärztlichen Bescheinigungen, die behördlichen Entscheidungen nach § 62 und die diesen zugrunde liegenden Gutachten. Die angeforderten Unterlagen sind dem Arzt nach § 64 Abs. 1 Satz 1 unverzüglich zu übergeben. Die ärztliche Bescheinigung ist auf dem Formblatt nach Anlage VIII zu erteilen.

(2) Der Arzt nach § 64 Abs. 1 Satz 1 kann die Erteilung der ärztlichen Bescheinigung davon abhängig machen, dass ihm

1. die Art der Aufgaben der beruflich strahlenexponierten Person und die mit diesen Aufgaben verbundenen Arbeitsbedingungen,
2. jeder Wechsel der Art der Aufgaben und der mit diesen verbundenen Arbeitsbedingungen,
3. die Ergebnisse der physikalischen Strahlenschutzkontrolle nach § 42 und
4. der Inhalt der letzten ärztlichen Bescheinigung

schriftlich mitgeteilt werden. Die Person, die der arbeitsmedizinischen Vorsorge unterliegt, kann eine Abschrift dieser Mitteilungen verlangen.

(3) Der Arzt nach § 64 Abs. 1 Satz 1 hat die ärztliche Bescheinigung dem Strahlenschutzverantwortlichen, der beruflich strahlenexponierten Person und, soweit gesundheitliche Bedenken bestehen, auch der zuständigen Behörde unverzüglich zu übersenden. Während der Dauer der Wahrnehmung von Aufgaben als beruflich strahlenexponierte Person ist die ärztliche Bescheinigung aufzubewahren und auf Verlangen der zuständigen Behörde vorzulegen. Die Übersendung an die beruflich strahlenexponierte Person kann durch Eintragung des Inhalts der Bescheinigung in den Strahlenpass ersetzt werden.

(4) Die ärztliche Bescheinigung kann durch die Entscheidung der zuständigen Behörde nach § 62 ersetzt werden.

Kommentierung § 61

Zum Schutz der zu überwachenden Person und um abklären zu können, welche gesundheitlichen Erkenntnisse bereits vorliegen, ist der ermächtigte Arzt grundsätzlich verpflichtet, alle bereits erteilten ärztlichen Bescheinigungen und alle Gutachten, die im Rahmen einer behördlichen Entscheidung erstellt wurden, sowie die Entscheidungen der Behörde nach § 62 StrlSchV und, falls erforderlich, auch die Gesundheitsakte der betroffenen Person anzufordern. Die Personen, an die die Anforderung zur Überlassung der Unterlagen gerichtet wird, z.B. ein weiterer ermächtigter Arzt, der Strahlenschutzverantwortliche oder auch die beruflich strahlenexponierte Person selbst, sind verpflichtet, die Unterlagen dem ermächtigten Arzt zu übergeben. Sind weitere Angaben zur Beurteilung des Gefährdungspotenzials der zu untersuchenden Person erforderlich, um abschließend gesundheitliche Bedenken beurteilen zu können, kann der ermächtigte Arzt auf weitere schriftliche Mitteilungen seitens des Strahlenschutzverantwortlichen bestehen. Eine Beschreibung der Art der Tätigkeit unter Angabe der zugehörigen Arbeitsbedingungen sowie das Ergebnis der physikalischen Strahlenschutzkontrolle können wesentliche Anhaltspunkte liefern, ob gesundheitliche Bedenken gegen die Tätigkeit der zu untersuchenden Person vorliegen. Abschriften dieser zusätzlichen Mitteilungen sind der zu untersuchenden Person auf Verlangen vorzulegen. Damit erhält die zu überwachende Person die Möglichkeit, die Angaben des Strahlenschutzverantwortlichen und damit alle Angaben, die unter Umständen maßgeblich mit zur Beurteilung ihrer gesundheitlichen Fähigkeiten zur Ausübung der Tätigkeiten führten, einsehen zu können.

Unabhängig vom Untersuchungsergebnis muss der ermächtigte Arzt die ärztliche Bescheinigung dem Strahlenschutzverantwortlichen und der betroffenen Person übersenden, Letztgenannter allerdings nur, wenn der Inhalt der Bescheinigung nicht in den Strahlenpass aufgenommen wird. Bestehen gesundheitliche Bedenken, ist eine Bescheinigung auch der zuständigen Behörde zu übersenden, damit diese prüfen kann, ob die betroffene Person später keine unzulässigen Tätigkeiten durchführt.

Die ärztliche Bescheinigung ist nach dem Muster der Anlage VIII zu erteilen.

Der Strahlenschutzverantwortliche hat die ärztlichen Bescheinigungen aufzubewahren, solange die entsprechenden Aufgaben als beruflich strahlenexponierte Person wahrgenommen werden, und zwar unabhängig von der Art der Aufgaben, die die betroffene Person weiterhin ausübt. Der Behörde sind auf Verlangen die ärztlichen Bescheinigungen vorzulegen.

Wird von der zuständigen Behörde eine Entscheidung nach § 62 StrlSchV getroffen, ersetzt diese die ärztliche Bescheinigung.

Ordnungswidrigkeiten

Nach § 116 Abs. 2 handelt ordnungswidrig, wer vorsätzlich oder fahrlässig entgegen § 33 Abs. 1 Nr. 1 und 3 als Strahlenschutzverantwortlicher nicht dafür sorgt, dass eine der in § 116 Abs. 2 Nrn. 3 bis 5 genannten Schutzvorschriften eingehalten wird.

Nach § 116 Abs. 3 handelt ordnungswidrig, wer vorsätzlich oder fahrlässig entgegen § 33 Abs. 1 Nr. 2 als Strahlenschutzverantwortlicher oder Strahlenschutzbeauftragter nicht dafür sorgt, dass eine der in § 116 Abs. 3 Nrn. 1 bis 3 genannten Schutzvorschriften eingehalten wird.

Wer als ermächtigter Arzt vorsätzlich oder fahrlässig eine Gesundheitsakte nach § 61 Abs. 1 nicht anfordert oder eine angeforderte Gesundheitsakte nicht übergibt oder die ärztliche Bescheinigung dem Strahlenschutzverantwortlichen, der ärztlich zu überwachenden Person oder der zuständigen Behörde nach § 61 Abs. 3 nicht übersendet, handelt nach § 116 Abs. 5 Nr. 1 und 2 ordnungswidrig.

§ 62 Behördliche Entscheidung

(1) Hält der Strahlenschutzverantwortliche oder die beruflich strahlenexponierte Person die vom Arzt nach § 64 Abs. 1 Satz 1 in der Bescheinigung nach § 61 getroffene Beurteilung für unzutreffend, so kann die Entscheidung der zuständigen Behörde beantragt werden.

(2) Die zuständige Behörde kann vor ihrer Entscheidung das Gutachten eines im Strahlenschutz fachkundigen Arztes einholen. Die Kosten des ärztlichen Gutachtens sind vom Strahlenschutzverantwortlichen zu tragen.

Kommentierung § 62

Weder die im Rahmen der arbeitsmedizinischen Vorsorge zu überwachende strahlenexponierte Person noch der Strahlenschutzverantwortliche können unmittelbar Rechtsmittel gegen das Ergebnis der ärztlichen Untersuchung einlegen. Um der Richtlinie 96/29/EURATOM [EU 1] gerecht zu werden und dem Betroffenem Rechtsschutz zu gewähren, kann eine Entscheidung der Behörde durch die ärztlich zu überwachende Person oder durch den Strahlenschutzverantwortlichen beantragt werden, wenn diese mit der Entscheidung des ermächtigten Arztes nicht einverstanden sind. Die Behörde kann nach eigenem Ermessen ein Gutachten eines im Strahlenschutz fachkundigen Arztes einholen. Die Kosten des Gutachtens sind vom Strahlenschutzverantwortlichen zu übernehmen.

Ist die betroffene Person mit der Entscheidung der Behörde nicht einverstanden, kann sie gegen diese Entscheidung den Verwaltungsrechtsweg beschreiten, d.h., letztlich kann auch eine gerichtliche Entscheidung herbeigeführt werden. Dieser Rechtsweg ist bei gesundheitlichen Bedenken von besonderer Bedeutung, da die daraus resultierende

Konsequenz für die betreffende Person sogar die zwangsweisen Beendigung ihrer ausgeübten beruflichen Tätigkeit sein kann.

Die behördliche Entscheidung ersetzt nach § 61 Abs. 4 die ärztliche Bescheinigung.

§ 63 Besondere arbeitsmedizinische Vorsorge

(1) Hat eine Person durch eine Strahlenexposition nach § 58 oder § 59 oder aufgrund anderer außergewöhnlicher Umstände Strahlenexpositionen erhalten, die im Kalenderjahr die effektive Dosis von 50 Millisievert oder die Organdosis von 150 Millisievert für die Augenlinse oder von 500 Millisievert für die Haut, die Hände, die Unterarme, die Füße oder Knöchel überschreiten, ist dafür zu sorgen, dass sie unverzüglich einem Arzt nach § 64 Abs. 1 Satz 1 vorgestellt wird.

(2) Ist nach dem Ergebnis der besonderen arbeitsmedizinischen Vorsorge nach Absatz 1 zu besorgen, dass diese Person an ihrer Gesundheit gefährdet wird, wenn sie erneut eine Aufgabe als beruflich strahlenexponierte Person wahrnimmt oder fortsetzt, so kann die zuständige Behörde anordnen, dass sie diese Aufgabe nicht oder nur unter Beschränkungen ausüben darf.

(3) Nach Beendigung der Aufgabenwahrnehmung nach Absatz 2 ist dafür zu sorgen, dass die besondere arbeitsmedizinische Vorsorge so lange fortgesetzt wird, wie es der Arzt nach § 64 Abs. 1 Satz 1 zum Schutz der Gesundheit der beruflich strahlenexponierten Person für erforderlich erachtet.

(4) Für die Ergebnisse der besonderen arbeitsmedizinischen Vorsorge nach Absatz 3 gilt § 62 entsprechend.

Kommentierung § 63

Nach § 58 StrlSchV können besondere Strahlenexpositionen von der Behörde zugelassen werden und nach § 59 sind erhöhte Strahlenexpositionen im Rahmen von Rettungsmaßnahmen und Hilfeleistungen unter bestimmten Voraussetzungen zulässig. Wird in diesem Zusammenhang oder durch andere außergewöhnliche Umstände beispielsweise die effektive Dosis von 50 mSv im Kalenderjahr überschritten, hat der Strahlenschutzverantwortliche umgehend eine arbeitsmedizinische Vorsorge dieser Person durch einen ermächtigten Arzt zu veranlassen. Hierdurch sollen Strahlenschäden rechtzeitig erkannt und Maßnahmen zum vorbeugenden Gesundheitsschutz der betroffenen Personen getroffen werden. Äußert der ermächtigte Arzt Bedenken gegen eine erneute Wahrnehmung von Aufgaben als beruflich strahlenexponierte Person, ist die ärztliche Bescheinigung entsprechend § 61 der zuständigen Behörde zu übersenden. Die Behörde kann anordnen, dass die Beschäftigung nicht mehr oder nur unter bestimmten Einschränkungen fortgeführt werden darf. Die arbeitsmedizinische Vorsorge ist so lange fortzuführen, wie der ermächtigte Arzt dieses für erforderlich hält, auch dann, wenn eine Aufgabe als beruflich strahlenexponierte Person nicht mehr wahrgenommen wird.

Ordnungswidrigkeiten

Nach § 116 Abs. 2 handelt ordnungswidrig, wer vorsätzlich oder fahrlässig entgegen § 33 Abs. 1 Nr. 1 und 3 als Strahlenschutzverantwortlicher nicht dafür sorgt, dass eine der in § 116 Abs. 2 Nrn. 3 bis 5 genannten Schutzvorschriften eingehalten wird.

Nach § 116 Abs. 3 handelt ordnungswidrig, wer vorsätzlich oder fahrlässig entgegen § 33 Abs. 1 Nr. 2 als Strahlenschutzverantwortlicher oder Strahlenschutzbeauftragter nicht dafür sorgt, dass eine der in § 116 Abs. 3 Nrn. 1 bis 3 genannten Schutzvorschriften eingehalten wird.

§ 64 Ermächtigte Ärzte

(1) Die zuständige Behörde ermächtigt Ärzte zur Durchführung arbeitsmedizinischer Vorsorgemaßnahmen nach den §§ 60, 61 und 63. Die Ermächtigung darf nur einem Arzt erteilt werden, der die für die arbeitsmedizinische Vorsorge beruflich strahlenexponierter Personen erforderliche Fachkunde im Strahlenschutz nachweist.

(2) Der Arzt nach Absatz 1 Satz 1 hat die Aufgabe, die Erstuntersuchungen, die erneuten Beurteilungen oder Untersuchungen und die besondere arbeitsmedizinische Vorsorge nach § 63 durchzuführen sowie die Maßnahmen vorzuschlagen, die bei erhöhter Strahlenexposition zur Vorbeugung vor gesundheitlichen Schäden und zu ihrer Abwehr erforderlich sind.

(3) Der Arzt nach Absatz 1 Satz 1 ist verpflichtet, für jede beruflich strahlenexponierte Person, die der arbeitsmedizinischen Vorsorge unterliegt, eine Gesundheitsakte nach Maßgabe des Satzes 2 zu führen. Diese Gesundheitsakte hat Angaben über die Arbeitsbedingungen, die Ergebnisse der arbeitsmedizinische Vorsorge nach § 60 Abs. 1 oder 2, die ärztliche Bescheinigung nach § 61 Abs. 1 Satz 3, die Ergebnisse der besonderen arbeitsmedizinischen Vorsorge nach § 63 Abs. 2 und Maßnahmen nach § 60 Abs. 3 oder § 62 Abs. 1 Halbsatz 2 oder Gutachten nach § 62 Abs. 2 Satz 1 sowie die durch die Wahrnehmung von Aufgaben als beruflich strahlenexponierte Person erhaltene Körperdosis zu enthalten. Die Gesundheitsakte ist so lange aufzubewahren, bis die Person das 75. Lebensjahr vollendet hat oder vollendet hätte, mindestens jedoch 30 Jahre nach Beendigung der Wahrnehmung von Aufgaben als beruflich strahlenexponierte Person. Sie ist spätestens 95 Jahre nach der Geburt der überwachten Person zu vernichten.

(4) Der Arzt nach Absatz 1 Satz 1 ist verpflichtet, die Gesundheitsakte auf Verlangen der zuständigen Behörde einer von dieser benannten Stelle zur Einsicht vorzulegen und bei Beendigung der Ermächtigung zu übergeben. Dabei ist die ärztliche Schweigepflicht zu wahren.

(5) Der Arzt nach Absatz 1 Satz 1 hat der untersuchten Person auf ihr Verlangen Einsicht in ihre Gesundheitsakte zu gewähren.

Kommentierung § 64

Arbeitsmedizinische Vorsorge nach der Strahlenschutzverordnung darf nur von besonders ermächtigten Ärzten durchgeführt werden. Für die Ermächtigung ist eine mehrjährige ärztliche Tätigkeit in einem für die Aufgaben des ermächtigten Arztes relevanten Gebiet erforderlich (z.B. Arbeitsmedizin, Radiologie). Weiterhin muss er an speziellen Fachkundekursen für die arbeitsmedizinische Vorsorge beruflich strahlenexponierter Personen teilgenommen haben. Die Fachkunde für den ermächtigten Arzt ist in der Richtlinie „Arbeitsmedizinische Vorsorge beruflich strahlenexponierter Personen durch ermächtigte Ärzte" [RL 10] geregelt. Die Ermächtigung ist bei der zuständigen Behörde zu beantragen.

In Absatz 2 wird festgelegt, welche Untersuchungen von dem ermächtigten Arzt innerhalb der arbeitsmedizinische Vorsorge durchzuführen sind. Weiterhin wird er dazu ermächtigt, Maßnahmen vorzuschlagen, die bei erhöhter Strahlenexposition zur Vorbeugung gegen gesundheitliche Schäden oder ihrer Abwehr dienen können. Bei der Durchführung seiner Tätigkeit hat er die Grundsätze für die ärztliche Überwachung von beruflich strahlenexponierten Personen [RL 10] zu berücksichtigen. In [RL 10] sind z.B. Muster der Niederschrift über die Anamnese sowie Formulare für die Untersuchungsbefunde und die Laboruntersuchung enthalten.

Der ermächtigte Arzt ist verpflichtet, eine Gesundheitsakte für alle überwachten Personen zu führen. In dieser Gesundheitsakte sind alle relevanten Daten, wie z.B. Angaben über den Arbeitsplatz, die Ergebnisse der bisherigen physikalischen und ärztlichen Überwachung und insbesondere die applizierten Körperdosen, festzuhalten. Die Gesundheitsakte muss so lange aufbewahrt werden, bis die zu überwachenden Personen das 75. Lebensjahr vollendet haben oder vollendet hätten, mindestens jedoch 30 Jahre nach Beendigung der Wahrnehmung von Aufgaben als beruflich strahlenexponierte Personen.

Der ermächtigte Arzt ist verpflichtet, die Gesundheitsakte einer von der Behörde genannten Stelle auf Verlangen zur Einsicht vorzulegen. Wird die Ermächtigung zurückgegeben bzw. beendet der ermächtigte Arzt seine Tätigkeit, ist die Gesundheitsakte an einer von der Behörde zu bestimmenden Stelle zu hinterlegen.

Man beachte auch die Übergangsvorschrift des § 117 Abs. 22.

Ordnungswidrigkeiten

Nach § 116 Abs. 5 Nr. 3 bis 5 handelt ordnungswidrig, wer vorsätzlich oder fahrlässig als ermächtigter Arzt die Gesundheitsakte nicht, nicht richtig oder nicht vollständig führt oder nicht lange genug aufbewahrt oder auf Verlangen der zuständigen Stelle nicht vorlegt oder nicht übergibt.

§ 65 Lagerung und Sicherung radioaktiver Stoffe

(1) Radioaktive Stoffe, deren Aktivität die Freigrenzen der Anlage III Tabelle 1 Spalte 2 und 3 überschreiten, sind,

1. solange sie nicht bearbeitet, verarbeitet oder sonst verwendet werden, in geschützten Räumen oder Schutzbehältern zu lagern und

2. gegen Abhandenkommen und den Zugriff durch unbefugte Personen zu sichern.

(2) Kernbrennstoffe müssen so gelagert werden, dass während der Lagerung kein kritischer Zustand entstehen kann.

(3) Radioaktive Stoffe, die Sicherheitsmaßnahmen aufgrund internationaler Verpflichtungen unterliegen, sind so zu lagern, dass die Durchführung der Sicherheitsmaßnahmen nicht beeinträchtigt wird.

Kommentierung § 65

Die Begriffe „Sicherheit" und „Sicherung" haben im Zusammenhang mit der Lagerung, Bearbeitung oder der sonstigen Verwendung radioaktiver Stoffe – mit dem Umgang also –

unterschiedliche Bedeutung. Im weitesten Sinne formuliert meint das Wort „Sicherheit" die technische Qualität von Arbeitsmitteln, die dann „sicher" sind, wenn ihr Gebrauch schadlos für Mensch und Umwelt ist. Ein Schutzziel von „Sicherheit" in diesem Sinne ist z.B. die Verhinderung des Ausfalls der Absauganlage an einer Handschuhbox.

Das Schutzziel der „Sicherung" im Sinne dieser Vorschrift ist, eine Gefährdung von Mensch und Umwelt als Folge des Abhandenkommens radioaktiver Stoffe zu verhindern. Im Kern geht es um die Verhinderung der vorsätzlichen kriminellen Entwendung radioaktiver Stoffe.

Die Verantwortung für Maßnahmen gegen das Abhandenkommen radioaktiver Stoffe, für Sicherungsmaßnahmen also, tragen der Strahlenschutzverantwortliche oder der Strahlenschutzbeauftragte.

Zu Absatz 1:

Die Anforderungen an „*geschützte Räume*" und „*Schutzbehälter*" sind in der DIN 25422 definiert [DIN 11]. Diese Norm beschreibt in Abhängigkeit vom radiologischen Gefahrenpotenzial die „*Aufbewahrung radioaktiver Stoffe – Anforderungen an Aufbewahrungseinrichtungen und deren Aufstellungsräume zum Strahlen-, Brand- und Diebstahlschutz*". Zu diesem Zweck sind in der Norm definierte Aktivitätsklassen definierten Diebstahlschutzklassen zugeordnet. Die radioaktiven Stoffe oberhalb der Freigrenze sind in vier Aktivitätsklassen eingeteilt. In den Diebstahlschutzklassen werden die Anforderungen an die Barrieren von Räumen und Behältern sowie Anforderungen an eine Einbruchmeldeanlage definiert.

Wie der Titel der erwähnten Norm schon sagt, enthält sie auch Hinweise zum allgemeinen Strahlenschutz. Zum Beispiel im Zusammenhang mit der umgangsbedingten Lagerung radioaktiver Stoffe, die im Arbeitsprozess gerade nicht oder noch nicht gebraucht werden. Werden diese Hinweise umgesetzt und der Betrieb in einer umsichtigen Weise geführt (vgl. weiter unten), werden weitere Sicherungsmaßnahmen in vielen Fällen entbehrlich sein, besonders dann, wenn es sich um Kleinstmengen handelt.

Was ansonsten „*den Zugriff durch unbefugte Personen*" angeht, so dürfen Schlüssel für Räume oder Schränke, in denen radioaktive Stoffe aufbewahrt werden, nur zutrittsberechtigten Personen zur Verfügung gestellt werden. Zutrittsberechtigte Personen müssen im Sinne der in § 9 festgelegten Genehmigungsvoraussetzungen zuverlässig sein, da im Zusammenhang mit Sicherungsmaßnahmen auch der Aspekt der Entwendung radioaktiver Stoffe durch zutrittsberechtigte Personen zu betrachten ist.

Zu Absatz 2:

Ein „*kritischer Zustand*" entsteht, wenn die Masse von Kernbrennstoffen, die Spaltstoffmasse also, so groß ist oder wird, dass eine sich selbst erhaltende Kettenreaktion in Gang kommt. Das ist eine Kernreaktion, die sich von selbst fortsetzt, sozusagen wie in einem Kernreaktor. Da Kernbrennstoffe mit solchen Massen (in Abhängigkeit von bestimmten Randbedingungen mehrere Kilogramm) aber nicht von den Genehmigungsvorschriften dieser Verordnung erfasst werden, ist die Vorschrift praktisch nur ein Hinweis für eine sehr wichtige Anforderung an die Lagerung von Kernbrennstoffen unter den Bedingungen der Vorschriften des Atomgesetzes.

Da aber mit kleinen Massen von Kernbrennstoffen, also solchen unter 15 g, nach den Genehmigungsvorschriften dieser Verordnung (§ 7 Abs. 1) umgegangen werden darf, gelten die Sicherungsmaßnahmen dieser Vorschrift ebenfalls für kleine Massen Kernbrennstoffe. Mit Blick auf die besonderen Eigenschaften der Kernbrennstoffe verdienen hier Sicherungsmaßnahmen sogar besondere Beachtung, wenn man z.b. an die Möglichkeit denkt, dass kleine Massen mit dem Ziel entwendet werden könnten, große und damit recht gefährliche Massen zu Missbrauchszwecken anzuhäufen.

Deshalb ist für Mengen von Kernbrennstoffen unter 15 g, für die eine Genehmigung nach dieser Verordnung ausreicht, gemäß der *„Richtlinie über Maßnahmen für den Schutz von kerntechnischen Anlagen mit Kernmaterial der Kategorie III gegen Störmaßnahmen oder sonstige Einwirkungen Dritter"* [BMU 93] ein Schutz entsprechend den Grundsätzen einer umsichtigen Betriebsführung vorzusehen. Zur umsichtigen Betriebsführung gehören die Aufbewahrung des Kernbrennstoffs unter Verschluss und die Kontrolle des Verschlusses, die gesicherte Schlüsselaufbewahrung mit kontrollierter Ausgabe, der Zugang bzw. der Zugriff und Umgang nur durch berechtigte Personen, die Dokumentation des Kernbrennstoffinventars sowie die schriftliche Festlegung der Maßnahmen der umsichtigen Betriebsführung in Dienst- und Fachanweisungen (Strahlenschutzanweisung gemäß § 34).

Zu Absatz 3:

Diese Vorschrift steht in einem engen Zusammenhang mit der unter Absatz 2. Besondere Sicherheitsmaßnahmen auf Grund internationaler Verpflichtungen bestehen nämlich insbesondere für Kernbrennstoffe, was am Beispiel der international vereinbarten Sicherheitsmaßnahmen zur Nichtverbreitung von Spaltstoffen deutlich wird. Die Lagerung ist so zu gestalten, damit die Sicherheitsmaßnahmen zur Spaltstoffflusskontrolle durch die Inspekteure der Internationalen Atomenergieorganisation (IAEO) ungehindert durchgeführt werden können.

Ordnungswidrigkeiten

Siehe § 33.

§ 66 Wartung, Überprüfung und Dichtheitsprüfung

(1) Die zuständige Behörde bestimmt Sachverständige für Aufgaben nach Absatz 2 Satz 1, für Aufgaben nach Absatz 4 und für Aufgaben nach Absatz 5. Die zuständige Behörde kann Anforderungen an einen Sachverständigen nach Satz 1 hinsichtlich seiner Ausbildung, Berufserfahrung, Eignung, Einweisung in die Sachverständigentätigkeit, seines Umfangs an Prüftätigkeit und seiner sonstigen Voraussetzungen und Pflichten, insbesondere seiner messtechnischen Ausstattung, sowie seiner Zuverlässigkeit und Unparteilichkeit festlegen.

(2) Anlagen zur Erzeugung ionisierender Strahlen und Bestrahlungsvorrichtungen sowie Geräte für die Gammaradiographie sind jährlich mindestens einmal zu warten und zwischen den Wartungen durch einen nach Absatz 1 bestimmten Sachverständigen auf sicherheitstechnische Funktion,

Sicherheit und Strahlenschutz zu überprüfen. Satz 1 gilt nicht für die in § 12 Abs. 1 und 3 genannten Anlagen.

(3) Die zuständige Behörde kann bei

1. Bestrahlungsvorrichtungen, die bei der Ausübung der Heilkunde oder Zahnheilkunde am Menschen verwendet werden und deren Aktivität 1014 Becquerel nicht überschreitet,

2. Bestrahlungsvorrichtungen, die zur Blut- oder zur Produktbestrahlung verwendet werden und deren Aktivität 1014 Becquerel nicht überschreitet, und

3. Geräten für die Gammaradiographie

die Frist für die Überprüfung nach Absatz 2 Satz 1 bis auf drei Jahre verlängern.

(4) Die zuständige Behörde kann bestimmen, dass die Dichtheit der Umhüllung bei umschlossenen radioaktiven Stoffen, deren Aktivität die Freigrenzen der Anlage III Tabelle 1 Spalte 2 überschreitet, zu prüfen und die Prüfung in bestimmten Zeitabständen zu wiederholen ist. Sie kann festlegen, dass die Prüfung nach Satz 1 durch einen nach Absatz 1 bestimmten Sachverständigen durchzuführen ist.

(5) Wenn die Umhüllung umschlossener radioaktiver Stoffe oder die Vorrichtung, in die sie eingefügt sind, mechanisch beschädigt oder korrodiert ist, ist vor der Weiterverwendung zu veranlassen, dass die Umhüllung des umschlossenen radioaktiven Stoffes durch einen nach Absatz 1 bestimmten Sachverständigen auf Dichtheit geprüft wird.

(6) Die Prüfbefunde nach Absatz 2 sind der zuständigen Behörde vorzulegen. Die Prüfbefunde nach Absatz 4 oder 5 sind der zuständigen Behörde auf Verlangen vorzulegen. Festgestellte Undichtheiten sind der zuständigen Behörde unverzüglich mitzuteilen.

Kommentierung § 66

Im § 66 sind drei unterschiedliche Maßnahmen gefordert:

- Überprüfungen durch behördlich bestimmte Sachverständige
- Wartungen
- Dichtheitsprüfungen von umschlossenen radioaktiven Stoffen

Folgende Anlagen und Einrichtungen müssen mindestens einmal jährlich einer Sachverständigenprüfung und einer Wartung unterzogen werden:

- Beschleuniger und Plasmaanlagen, deren Betrieb nach § 11 Abs. 2 genehmigt werden muss (also nicht die in § 12 genannten, auch *nicht* die unter § 5 RöV fallenden Anlagen)
- im Sinne des § 3 Abs. 2, Abs. 6: Bestrahlungsvorrichtungen mit radioaktiven Strahlungsquellen (also γ-Bestrahlungsvorrichtungen in der Strahlentherapie sowie nichtmedizinische Bestrahlungsvorrichtungen mit Aktivitäten größer als $2 \cdot 10^{13}$ Bq)
- Geräte für die Gammaradiographie

Neu in die Verordnung aufgenommen ist die Möglichkeit der zuständigen Behörde, Anforderungen an die Qualifikation des Sachverständigen und seine messtechnische Ausstattung festzulegen. Anforderungen dieser Art wurden im Rahmen der alten StrlSchV auch schon gestellt, aber bundesweit nicht einheitlich und auf rechtlich unsicherer Basis. Man wird diese Anforderungen wahrscheinlich in einer speziellen Verordnung konkretisieren, aber man kann jetzt schon von folgenden Voraussetzungen für die Bestimmung als Sachverständiger nach § 66 StrlSchV ausgehen:

- Fachhochschul- oder Hochschulstudium in einer ingenieurwissenschaftlichen oder naturwissenschaftlichen Fachrichtung
- Kenntnisse im Strahlenschutz, möglicherweise durch erfolgreiche Teilnahme an einem Strahlenschutzkurs
- Berufserfahrung (Sachkunde): Teilnahme an einer bestimmten Zahl von Überprüfungen an denjenigen Einrichtungen, die von der angestrebten Bestimmung als Sachverständiger erfasst werden sollen
- entsprechend messtechnische Ausstattung
- Vorliegen von Zuverlässigkeit und Unparteilichkeit

Was die Bestimmung von Sachverständigen angeht, so beachte man auch die Übergangsvorschrift des § 117 Abs. 23.

Der Verordnungsgeber misst einer regelmäßigen Wartung (z.B. durch den Hersteller der Anlage oder durch entsprechende Fachleute des Betreibers) ebenfalls eine Strahlenschutzrelevanz zu und verspricht sich aus einer über das Jahr verteilten, sich ergänzenden Kombination aus Sachverständigenprüfung und Wartung eine optimale Effizienz für die Sicherheit bei den unter Umständen äußerst komplexen Anlagen und Einrichtungen. Überprüfungsdetails sind in entsprechenden Richtlinien geregelt [RL 6], [RL 8], [RL 9]. Der Text des § 66 Abs. 2 („auf sicherheitstechnische Funktion, Sicherheit und Strahlenschutz zu überprüfen") könnte vermuten lassen (und Diskussionen zu diesem Thema bestätigen das), dass es bei der Sachverständigenprüfung um einen allumfassenden „Sicherheits-Checkup" gehen würde (z.B. auch um die Überprüfung rein elektrischer und mechanischer Sicherheitsanforderungen). Man muss aber aus der Tatsache, dass diese Bestimmung Bestandteil der **Strahlen**schutzverordnung ist, ableiten, dass andere sicherheitstechnische Bereiche nur dann betroffen sind, wenn sie mittelbar oder unmittelbar die Strahlenschutzeinrichtungen beeinflussen können. Auch diese Formulierung macht es dem Sachverständigen nicht immer leicht, besonders bei großen Beschleunigeranlagen und in Anbetracht eines in wirtschaftlichen Grenzen zu haltenden Prüfumfangs den richtigen Weg zwischen den Belangen des Strahlenschutzes und der mehr konventionellen Sicherheitstechnik zu finden. Die in den genannten Richtlinien aufgeführten Prüfkataloge geben aber in der Regel eine ausreichende Anleitung, wie diese Problematik gelöst werden kann.

Der Text des § 66 Abs. 3 lässt es in Anbetracht der Erfahrungen, die von den Sachverständigen und Behörden gewonnen wurden, zu, bei medizinisch genutzten Bestrahlungsquellen mit radioaktiven Stoffen, deren Aktivität den Wert $2 \cdot 10^{14}$ Bq nicht überschreitet (gemeint sind hauptsächlich Afterloadinggeräte), oder Bestrahlungsvorrichtungen zur Blut- oder zur Produktbestrahlung und bei Geräten für die Gammaradiographie die jährliche

Frist für Sachverständigenprüfungen auf drei Jahre zu verlängern. Zu diesem Zweck muss ein diesbezüglicher Antrag an die Behörde gestellt werden, dessen Inhalt von einem Sachverständigen mitgetragen werden sollte.

Der Begriff „umschlossene radioaktive Stoffe" nach § 3 Abs. 2 Nr. 29b sagt aus, dass der radioaktive Stoff ständig so umschlossen oder eingebettet ist, dass sein Austritt bei der üblichen betriebsmäßigen Beanspruchung mit Sicherheit verhindert wird. Da die Sicherheitsmaßnahmen für den Umgang mit umschlossenen radioaktiven Stoffen auf diese Eigenschaft abgestimmt sind, ist es wichtig, dass diese Eigenschaft auch stets erhalten bleibt. Deshalb schreibt § 66 Abs. 5 für umschlossene radioaktive Stoffe vor, dass bei Beschädigung oder Korrosion der den radioaktiven Stoff umschließenden Umhüllung vor der Weiterverwendung eine Dichtheitsprüfung erfolgen muss. Sie ist durch einen speziell hierfür von der zuständigen Behörde bestimmten Sachverständigen durchzuführen. Wichtig ist hier der Hinweis, dass die Bestimmungen als Dichtheitsmessstelle nach der alten StrlSchV auf Grund fehlender Übergangsregelungen nicht fortgelten.

Darüber hinaus kann die Behörde nach § 66 Abs. 4 für umschlossene radioaktive Stoffe oberhalb der Freigrenze weitere Dichtheitsprüfungen, z.B. in bestimmten Zeitabständen, fordern. In der Regel werden diese Fristen bereits im Genehmigungsbescheid durch eine Auflage festgelegt. Die Behörden richten sich bei ihren Forderungen nach der Richtlinie über Dichtheitsprüfungen an umschlossenen radioaktiven Stoffen [RL 4], die je nach Art des Radionuklids, der Umhüllung und des Verwendungszwecks Zeitabstände für die regelmäßigen Wiederholungsprüfungen festlegt und auch die Fälle angibt, in denen regelmäßige Wiederholungsprüfungen nicht notwendig sind.

Werden Undichtheiten festgestellt, so ist dies in jedem Fall der Behörde unverzüglich, d.h. ohne schuldhaftes Zögern, anzuzeigen.

Ergänzt wird diese Vorschrift durch die Bestimmungen des § 69 Abs. 2. Hier ist festgelegt, dass bei der Abgabe von umschlossenen radioaktiven Stoffen der Erwerber eine Bescheinigung über die Dichtheit und Kontaminationsfreiheit der Umhüllung erhält.

Man beachte auch die Übergangsvorschrift des § 117 Abs. 9.

Ordnungswidrigkeiten

Nach § 116 Abs. 2 handelt ordnungswidrig, wer vorsätzlich oder fahrlässig entgegen § 33 Abs. 1 Nr. 1 und 3 als Strahlenschutzverantwortlicher nicht dafür sorgt, dass eine der in § 116 Abs. 2 Nrn. 3 bis 5 genannten Schutzvorschriften eingehalten wird.

Nach § 116 Abs. 3 handelt ordnungswidrig, wer vorsätzlich oder fahrlässig entgegen § 33 Abs. 1 Nr. 2 als Strahlenschutzverantwortlicher oder Strahlenschutzbeauftragter nicht dafür sorgt, dass eine der in § 116 Abs. 3 Nrn. 1 bis 3 genannten Schutzvorschriften eingehalten wird.

§ 67 Strahlungsmessgeräte

(1) Zur Messung der Personendosis, der Ortsdosis, der Ortsdosisleistung, der Oberflächenkontamination, der Aktivität von Luft und Wasser und bei einer Freimessung nach § 29 Abs. 3 aufgrund der Vorschriften dieser Verordnung sind, sofern geeichte Strahlungsmessgeräte nicht vorgeschrieben sind, andere geeignete Strahlungsmessgeräte zu verwenden. Es ist dafür zu sorgen, dass die Strahlungsmessgeräte

1. den Anforderungen des Messzwecks genügen,
2. in ausreichender Zahl vorhanden sind und
3. regelmäßig auf ihre Funktionstüchtigkeit geprüft und gewartet werden.

(2) Der Zeitpunkt und das Ergebnis der Funktionsprüfung und Wartung nach Absatz 1 Satz 2 Nr. 3 sind aufzuzeichnen. Die Aufzeichnungen sind zehn Jahre ab dem Zeitpunkt der Funktionsprüfung oder Wartung aufzubewahren und auf Verlangen der zuständigen Behörde vorzulegen oder bei einer von ihr zu bestimmenden Stelle zu hinterlegen.

(3) Strahlungsmessgeräte, die dazu bestimmt sind, fortlaufend zu messen, um bei Unfällen oder Störfällen vor Gefahren für Mensch und Umwelt zu warnen, müssen so beschaffen sein, dass ihr Versagen durch ein deutlich wahrnehmbares Signal angezeigt wird, sofern nicht zwei oder mehrere voneinander unabhängige Messvorrichtungen dem gleichen Messzweck dienen.

(4) Die Anzeige der Geräte zur Überwachung der Ortsdosis oder Ortsdosisleistung in Sperrbereichen muss auch außerhalb dieser Bereiche wahrnehmbar sein.

Kommentierung § 67

Nur für eine vergleichsweise kleine Auswahl der in § 67 Abs. 1 aufgezählten Messaufgaben stehen **geeichte** Messgeräte zur Verfügung (Personen- und Ortsdosimeter, die den **Photonen**energiebereich von 5 keV bis 3 MeV ganz oder teilweise abdecken). Um zu verhindern, dass durch Gebrauch nicht-geeichter Messgeräte Fehlmessungen produziert und dadurch falsche Strahlenschutzmaßnahmen veranlasst werden, durch die Personen sogar gefährdet werden können, sind in § 67 einige – dem generellen Anliegen der StrlSchV gemäß natürlich nur allgemein gehaltene – Vorschriften für diese Geräte aufgeführt:

- Erfüllung des Messzwecks (Nachweis einer bestimmten Strahlenart, Anzeige der gewünschten Messgröße – natürlich in der korrekten Einheit –, ausreichende Empfindlichkeit, geringer Nulleffekt, Energieunabhängigkeit, keine bzw. geringe Störung durch andere Strahlenarten usw.)

- ausreichende Anzahl (beispielsweise überall dort, wo erforderlich: ODL-Systeme und Hand-Fuß-Monitore, Ersatz für defekte Geräte)

- **regelmäßige** Prüfung der Funktionstüchtigkeit und Wartung (ist vielleicht noch wichtiger als die Eichung, denn diese wird nur in verhältnismäßig großen Zeitabständen wiederholt; am besten: Prüfung mit Kalibrierstrahlern; Empfehlung: mindestens monatlich; Reinigung der Geräte und Überprüfung aller Kabelanschlüsse)

Da der letztgenannte Punkt außerordentlich bedeutsam ist (es gehört zu den größten und peinlichsten Fehlern eines Strahlenschutzbeauftragten, wenn er auf Grund eines defekten

Messgerätes ein falsches Messergebnis bekannt gibt), enthält Absatz 2 eine Aufzeichnungspflicht bezüglich der Ergebnisse von Prüfung und Wartung. Die Behörde kann Einsicht in diese Aufzeichnungen verlangen. Strahlungsmessgeräte der in Absatz 3 genannten Art findet man häufig beim Betrieb von Beschleunigern und von Bestrahlungseinrichtungen mit radioaktiven Quellen. Wegen ihrer großen Bedeutung – sie sollen ggf. „bei Unfällen oder Störfällen vor Gefahren für Mensch und Umwelt" warnen – darf es nicht passieren, dass ihr Versagen unbemerkt bleibt. Ein Ereignis dieser Art muss – wie auch immer technisch gelöst – durch menschliche Sinnesorgane (optisch und/oder akustisch) deutlich wahrnehmbar sein. Außerdem muss beim Betreten eines Bestrahlungsraumes für fernbedienbare Applikationseinrichtungen bzw. für γ-Bestrahlungseinrichtungen ein Signal deutlich wahrnehmbar sein, wenn der Strahler sich außerhalb der Ruhestellung befindet bzw. wenn der Verschluss geöffnet ist. Ist ein Netzausfall die Ursache der Störung, sollte eine Batterie den Weiterbetrieb des Messgerätes für mindestens 30 Minuten ermöglichen. Kann dies alles nicht realisiert werden, muss man auf das Redundanzprinzip übergehen.

In diesem Fall sind zwei oder mehrere **voneinander unabhängige** Systeme erforderlich. Wegen der in der Regel hohen Ortsdosisleistungen in Sperrbereichen ist es notwendig, die Anzeige dort stationierter Strahlungsmessgeräte auch außerhalb sichtbar zu machen. Dadurch erhält man eine Warnung vor möglicherweise erheblichen Strahlenexpositionen, schon *bevor* man diese Bereiche betreten hat.

Ordnungswidrigkeiten

Nach § 116 Abs. 2 handelt ordnungswidrig, wer vorsätzlich oder fahrlässig entgegen § 33 Abs. 1 Nr. 1 und 3 als Strahlenschutzverantwortlicher nicht dafür sorgt, dass eine der in § 116 Abs. 2 Nrn. 3 bis 5 genannten Schutzvorschriften eingehalten wird.

Nach § 116 Abs. 3 handelt ordnungswidrig, wer vorsätzlich oder fahrlässig entgegen § 33 Abs. 1 Nr. 2 als Strahlenschutzverantwortlicher oder Strahlenschutzbeauftragter nicht dafür sorgt, dass eine der in § 116 Abs. 3 Nrn. 1 bis 3 genannten Schutzvorschriften eingehalten wird.

§ 68   Kennzeichnungspflicht

(1) Mit Strahlenzeichen nach Anlage IX in ausreichender Anzahl sind deutlich sichtbar und dauerhaft zu kennzeichnen:

1. Räume, Geräte, Vorrichtungen, Schutzbehälter, Aufbewahrungsbehältnisse und Umhüllungen für radioaktive Stoffe, mit denen nur aufgrund einer Genehmigung nach den §§ 6, 7 oder 9 des Atomgesetzes oder der Planfeststellung nach § 9b des Atomgesetzes oder einer Genehmigung nach § 7 Abs. 1 dieser Verordnung umgegangen werden darf,
2. Anlagen zur Erzeugung ionisierender Strahlen,
3. Kontrollbereiche und Sperrbereiche,
4. Bereiche, in denen die Kontamination die in § 44 Abs. 2 genannten Werte überschreitet,
5. bauartzugelassene Vorrichtungen nach § 25 Abs. 1.

Die Kennzeichnung muss die Worte „VORSICHT – STRAHLUNG", „RADIOAKTIV", „KERN-BRENNSTOFFE" oder „KONTAMINATION" enthalten, soweit dies nach Größe und Beschaffenheit des zu kennzeichnenden Gegenstandes möglich ist.

(2) Absatz 1 gilt nicht für Behältnisse oder Geräte, die innerhalb eines Kontrollbereiches in abgesonderten Bereichen verwendet werden, solange die mit dieser Verwendung betraute Person in dem abgesonderten Bereich anwesend ist oder solche Bereiche gegen unbeabsichtigten Zutritt gesichert sind.

(3) Schutzbehälter und Aufbewahrungsbehältnisse, die gemäß Absatz 1 gekennzeichnet sind, dürfen nur zur Aufbewahrung von radioaktiven Stoffen verwendet werden.

(4) Kennzeichnungen nach Absatz 1 sind nach einer Freigabe gemäß § 29 oder nach einem Herausbringen aus Strahlenschutzbereichen gemäß § 44 Abs. 3 zu entfernen.

(5) Alle Vorratsbehälter, die radioaktive Stoffe in offener Form von mehr als dem 104fachen der Werte der Anlage III Tabelle 1 Spalte 2 enthalten, müssen so gekennzeichnet sein, dass folgende Einzelheiten feststellbar sind:

1. Radionuklid,
2. chemische Verbindung,
3. Tag der Abfüllung,
4. Aktivität am Tag der Abfüllung oder an einem daneben besonders zu bezeichnenden Stichtag und
5. Strahlenschutzverantwortlicher zum Zeitpunkt der Abfüllung.

Kennnummern, Zeichen und sonstige Abkürzungen dürfen dabei nur verwendet werden, wenn diese allgemein bekannt oder ohne weiteres aus der Buchführung nach § 70 Abs. 1 Satz 1 Nr. 2 zu entnehmen sind. Die Sätze 1 und 2 sind auch auf Vorrichtungen anzuwenden, die radioaktive Stoffe in umschlossener oder festhaftend in offener Form von mehr als dem 105fachen der Werte der Anlage III Tabelle 1 Spalte 2 enthalten.

(6) Bauartzugelassene Vorrichtungen, in die sonstige radioaktive Stoffe nach § 2 Abs. 1 des Atomgesetzes eingefügt sind, sind neben der Kennzeichnung nach Absatz 1 Nr. 5 so zu kennzeichnen, dass die enthaltenen Radionuklide und deren Aktivität zum Zeitpunkt der Herstellung ersichtlich sind, soweit dies nach Größe und Beschaffenheit der Vorrichtung möglich ist.

Kommentierung § 68

Die Kennzeichnungspflicht, u.a. für Räume, Geräte und Behältnisse mit radioaktiven Stoffen, Strahlenschutzbereiche und kontaminierte Flächen, hat für den Strahlenschutz eine grundlegende Bedeutung. Da die ionisierende Strahlung mit menschlichen Sinnen nicht erfassbar ist, soll die Kennzeichnung sicherstellen, dass mögliche Strahlengefahren rechtzeitig erkannt werden. Es kommt vor, dass z.b. durch Diebstahl abhanden gekommene Strahlenquellen oder Schutzbehälter von Unbeteiligten gefunden werden. Eine allgemein bekannte und verständliche Kennzeichnung hilft dann, größere Schäden zu verhindern.

Beim Betrieb von Anlagen zur Erzeugung ionisierender Strahlen und beim Umgang mit radioaktiven Stoffen gilt grundsätzlich das Minimierungsgebot (§ 6). Dazu gehört auch die Sicherstellung, dass nicht ohne weiteres solche Areale betreten werden dürfen, wo

Ortsdosisleistungen oder – bei Beachtung von Aufenthaltszeiten – Ortsdosen bestimmte Werte überschreiten können. So sind Bereiche, in denen die Ortsdosisleistung höher als 3 mSv/h sein kann (Sperrbereiche), abzugrenzen und zu kennzeichnen. Die Kennzeichnung des Sperr- und Kontrollbereiches müssen sich an DIN 25430 [DIN 4] orientieren. Fest installierte Beschilderungen sind formal zwar ausreichend, jedoch haben sich Leuchttableaus besser bewährt, da sie den verschiedenen Betriebszuständen eines Beschleunigers durch farblich gekennzeichnete Transparentanzeigen Rechnung tragen können. Natürlich soll die Betriebszustandsanzeige automatisch erfolgen, also mit der Bedienungseinrichtung verriegelt sein, denn beispielsweise kann eine permanente Anzeige eines nur formal vorhandenen Sperrbereiches lange nach Abschalten des Beschleunigers nicht Sinn einer von Personal (und Patienten) ernst zu nehmenden Warnung sein. Bei wissenschaftlichen Beschleunigern mit mehreren Targetstationen bietet es sich an, die Leuchttableaus mit den anderen sicherheitstechnischen Elementen wie Strahlführungssystem (z.B. Schaltmagnet), Türkontakt oder Strahlerstopp (z.B. Faradaycup) zu verriegeln. Die Dimensionierung eines Leuchttableaus sollte mindestens zwei Felder bzw. Farben umfassen, und zwar separat für die Vorbereitung und den Strahlbetrieb. Die Kennzeichnung muss mindestens durch das **Strahlenzeichen** (früher: Strahlenwarnzeichen) entsprechend Anlage IX erfolgen, d.h. durch ein schwarzes Flügelrad auf gelbem Untergrund. Durch Artikel 10 in [VUES] ist diese neue Bezeichnung auch in die Verordnung über radioaktive oder mit ionisierenden Strahlen behandelte Arzneimittel [VRA] eingeführt worden.

Soweit die Größe des zu kennzeichnenden Gegenstandes es zulässt, muss die Kennzeichnung durch einen der in Absatz 1 Satz 2 abschließend aufgezählten Begriffe ergänzt werden, damit dadurch die Gefahr näher beschrieben ist. Absatz 2 legt für einen gesonderten Bereich in einem Kontrollbereich mögliche Ausnahmen von dieser Kennzeichnungspflicht fest. Die Ausnahmen gelten z.B. für Reagenzgläser, Pipetten und Tiegel, die kurzfristig für Messungen, Umfüllen oder ähnliche Tätigkeiten im gegen unbeabsichtigten Zutritt gesicherten Kontrollbereich benötigt werden.

In nach Absatz 1 gekennzeichneten Schutzbehältern und Aufbewahrungsbehältnissen dürfen – an sich selbstverständlich – nur radioaktive Stoffe aufbewahrt werden (Abs. 3). Genauso einleuchtend ist die Forderung, entsprechende Kennzeichnungen bei nicht mehr vorhandener Radioaktivität (nach Freigabe, nach Dekontamination) zu entfernen (Abs. 4). Vielfach werden nicht mehr benötigte Behältnisse wegen ihres Materialwertes an Dritte abgegeben. Ist die Kennzeichnung nicht entfernt worden, führt dies zu unnötigen Aufregungen und aufwendigen Schutzmaßnahmen am Fundort, weil davon ausgegangen wurde, dass das Behältnis radioaktive Stoffe enthält.

Eine noch umfangreichere Kennzeichnung schreibt Absatz 5 für Behältnisse vor, die offene radioaktive Stoffe mit Aktivitäten über dem 10^4fachen der Freigrenze bzw. umschlossene radioaktive Stoffe mit Aktivitäten über dem 10^5fachen der Freigrenze enthalten. Auch bauartzugelassene Vorrichtungen, die radioaktive Stoffe enthalten, unterliegen der Kennzeichnungspflicht (Abs. 6).

Ordnungswidrigkeiten

Nach § 116 Abs. 2 handelt ordnungswidrig, wer vorsätzlich oder fahrlässig entgegen § 33 Abs. 1 Nr. 1 und 3 als Strahlenschutzverantwortlicher nicht dafür sorgt, dass eine der in § 116 Abs. 2 Nrn. 3 bis 5 genannten Schutzvorschriften eingehalten wird.

Nach § 116 Abs. 3 handelt ordnungswidrig, wer vorsätzlich oder fahrlässig entgegen § 33 Abs. 1 Nr. 2 als Strahlenschutzverantwortlicher oder Strahlenschutzbeauftragter nicht dafür sorgt, dass eine der in § 116 Abs. 3 Nrn. 1 bis 3 genannten Schutzvorschriften eingehalten wird.

§ 69 Abgabe radioaktiver Stoffe

(1) Stoffe, mit denen nur aufgrund einer Genehmigung nach den §§ 6, 7 oder 9 des Atomgesetzes oder nach § 7 Abs. 1 oder § 11 Abs. 2 dieser Verordnung umgegangen werden darf, dürfen im Geltungsbereich des Atomgesetzes nur an Personen abgegeben werden, die die erforderliche Genehmigung besitzen.

(2) Wer umschlossene radioaktive Stoffe an einen anderen zur weiteren Verwendung abgibt, hat dem Erwerber zu bescheinigen, dass die Umhüllung dicht und kontaminationsfrei ist. Die Bescheinigung muss die die Prüfung ausführende Stelle sowie Datum, Art und Ergebnis der Prüfung enthalten. Satz 1 findet keine Anwendung, wenn der abzugebende radioaktive Stoff nicht weiter als umschlossener radioaktiver Stoff verwendet werden soll.

(3) Wer radioaktive Stoffe zur Beförderung oder Weiterbeförderung auf öffentlichen oder der Öffentlichkeit zugänglichen Verkehrswegen abgibt, hat unbeschadet des § 75 dafür zu sorgen, dass sie durch Personen befördert werden, die nach § 4 des Atomgesetzes oder nach § 16 oder § 17 dieser Verordnung berechtigt sind, die Stoffe zu befördern. Wer die Stoffe zur Beförderung abgibt, hat ferner dafür zu sorgen, dass sie bei der Übergabe unter Beachtung der für die jeweilige Beförderungsart geltenden Rechtsvorschriften verpackt sind. Fehlen solche Rechtsvorschriften, sind die Stoffe gemäß den Anforderungen, die sich nach dem Stand von Wissenschaft und Technik für die beabsichtigte Art der Beförderung ergeben, zu verpacken. Zur Weiterbeförderung dürfen die Stoffe nur abgegeben werden, wenn die Verpackung unversehrt ist.

(4) Wer radioaktive Stoffe befördert, hat dafür zu sorgen, dass diese Stoffe nur an den Empfänger oder an eine von diesem zum Empfang berechtigte Person übergeben werden. Bis zu der Übergabe hat er für den erforderlichen Schutz gegen Abhandenkommen, Störmaßnahmen oder sonstige Einwirkung Dritter zu sorgen.

Kommentierung § 69

Diese Vorschrift regelt in Verbindung mit § 2 Abs. 1 Nr. 1b die Abgabe künstlich erzeugter und natürlich vorkommender radioaktiver Stoffe an andere. Sie regelt auch die Abgabe radioaktiver Abfälle, für die § 75 ergänzende Regelungen zur Übermittlung von Informationen zwischen dem Abgeber und Empfänger enthält (vgl. weiter unten zu Absatz 1).

Was den Umgang mit den natürlich vorkommenden radioaktiven Stoffen angeht, gilt die Vorschrift nur dann, wenn der Umgang wegen der Nutzung der kernphysikalischen Eigenschaften der natürlich radioaktiven Stoffe erfolgt. Sie gilt also nicht für die Abgabe von überwachungsbedürftigen Rückständen zur Beseitigung oder Verwertung, auch wenn der Begriff „Abgabe" in den Vorschriften zu den §§ 97 ff. verwendet wird (vgl. dazu Kommentierung zu § 97 Abs. 4).

Mit radioaktiven Stoffen umgehen, sie verarbeiten oder sonst verwenden darf nur, wer im Besitz der dafür erforderlichen Genehmigung nach dem AtG [ATG] oder nach dieser Verordnung ist. Mit den Vorschriften zu § 69 soll verhindert werden, dass radioaktive Stoffe an Personen abgegeben werden, die solche erforderlichen Genehmigungen nicht besitzen. Nötig ist diese Bestimmung deshalb, weil die Tätigkeiten „Erwerb" und „Abgabe" nach § 2 Abs. 1 Nr. 1 Buchstabe b unter keinen Genehmigungstatbestand dieser Verordnung oder des AtG fallen und es sich insoweit nicht um genehmigungsbedürftige Tätigkeiten handelt.

Zu Absatz 1:

Radioaktive Stoffe sind Kernbrennstoffe und sonstige radioaktive Stoffe. Da radioaktive Abfälle auch radioaktive Stoffe sind und überdies Abschnitt 9 „Radioaktive Abfälle" in Teil 2 Kapitel 3 Regelungen enthält, die ohne die Ermöglichung der Abgabe radioaktiver Abfälle an andere als Vorstufe zu ihrer Ablieferung an staatliche Stellen entbehrlich wären, gelten die Vorschriften zu § 69 auch für radioaktive Abfälle. Hierauf wird deshalb hingewiesen, weil die Vorschriften zur Abgabe radioaktiver Stoffe in § 77 der alten StrlSchV [STR] nicht für radioaktive Abfälle galten. Mit Blick auf § 9a Abs. 2 Satz 1 AtG schrieb nämlich die alte StrlSchV in §§ 81 und 82 die Ablieferung radioaktiver Abfälle ausschließlich an staatliche Stellen vor; Ausnahmen davon bedurften grundsätzlich der Genehmigung. Die entsprechenden heutigen Vorschriften enthalten diesen Grundsatz zwar auch, doch ließ der Verordnungsgeber damals außer Acht, zu regeln, dass radioaktive Abfälle, bevor der Ablieferungspflichtige sie an eine staatliche Stelle abliefern konnte, in vielen Fällen mangels geeigneter Anlagen zunächst von anderen als von ihm selbst konditioniert werden mussten. Die formale Regelung für eine Abgabe radioaktiver Abfälle zu diesem Zweck fehlte aber in der alten StrlSchV. Die Vorschriften zu Abschnitt 9 „Radioaktive Abfälle" und insbesondere diejenigen in § 75 zu den „Pflichten bei der Abgabe radioaktiver Abfälle" schließen diese bislang formal bestehende Lücke.

Die Vorschrift richtet sich an den, der radioaktive Stoffe abgibt. Abgeber ist der, der zum Zeitpunkt der Abgabe die Verfügungsgewalt über die radioaktiven Stoffe hat, sie also besitzt. Im Übrigen ist Abgeber auch der, der die erforderliche Genehmigung besitzt, die ihn z.B. zum Umgang mit den radioaktiven Stoffen berechtigt, die er abgeben will.

Im Besitz welcher erforderlichen Genehmigung die Personen sein müssen, hängt von der Art der radioaktiven Stoffe ab, die an sie abgegeben werden sollen. Werden an Personen Radiopharmaka abgegeben, deren Aktivität höher ist als die Freigrenzen in Anlage III Tabelle 1 Spalten 2 oder 3, so müssen sie im Besitz einer von der zuständigen Landesbehörde erteilten Genehmigung nach § 7 Abs. 1 sein. Erhält eine Person bestrahlte Brennelemente zur Aufbewahrung außerhalb der staatlichen Verwahrung, so muss ihr das Bundesamt für Strahlenschutz dafür eine Genehmigung nach § 6 AtG erteilt haben.

Kommentierung

Zu Absatz 2:

Diese Vorschrift gilt für den, der umschlossene radioaktive Stoffe an einen anderen (den Erwerber) zur weiteren Verwendung als umschlossene radioaktive Stoffe abgibt. Es handelt sich dabei um Stoffe, die nach § 3 Nr. 29b ständig von einer allseitig dichten, festen, inaktiven Hülle umschlossen oder in festen inaktiven Stoffen ständig so eingebettet sind, dass bei üblicher betriebsmäßiger Beanspruchung ein Austritt radioaktiver Stoffe mit Sicherheit verhindert wird; eine Abmessung muss mindestens 0,2 cm betragen.

Bei der Dichtheitsprüfung, deren Durchführung der Abgeber dem Erwerber zu bescheinigen hat, handelt es sich um jene nach § 66 Abs. 3 bis 6.

Satz 3 verhindert überflüssige Dichtheitsprüfungen z.b. für den Fall, dass die radioaktiven Stoffe, die abgegeben werden sollen, nicht mehr als umschlossene radioaktive Stoffe verwendet werden sollen.

Zu Absatz 3:

Diese Vorschrift weist demjenigen bestimmte Vorsorgepflichten zu, der radioaktive Stoffe zur Beförderung auf öffentlichen oder der Öffentlichkeit zugänglichen Verkehrswegen abgibt. Zu den Begriffen der *„öffentlichen oder der Öffentlichkeit zugänglichen Verkehrswege"* wird auf die Kommentierung zu § 16 Abs. 1 Nrn. 4 und 5 verwiesen.

Die Abgabe radioaktiver Stoffe erfüllt sich erst, wenn der Erwerber sie in Besitz genommen hat, und nicht etwa dann, wenn der Abgeber sie zur Beförderung aushändigt.

Nach Satz 1 hat jeder, der radioaktive Stoffe abgibt, die Pflicht, dafür zu sorgen, dass die radioaktiven Stoffe, die er abgibt, nur von solchen Personen befördert werden, die nach § 4 AtG [ATG] oder nach den §§ 16 oder 17 dieser Verordnung dazu berechtigt sind. Da diese Vorschrift nicht auf die Personen abhebt, die im Besitz einer solchen Beförderungsgenehmigung sind (dies können ja der Absender, der Beförderer oder derjenige sein, der es übernimmt, die Versendung oder die Beförderung zu besorgen; vgl. Kommentierung zu § 16 Abs. 3), sondern auf Personen, die berechtigt sind, diese Stoffe zu befördern, besteht die Vorsorgepflicht des Abgebers darin, sich zu vergewissern, ob diese Personen berechtigt sind, den Vorgang der Ortsveränderung vorzunehmen. Dies können Personen sein, die eine Beförderungsgenehmigung besitzen; nach den Vorschriften in § 16 muss das aber nicht der Fall sein.

Der Hinweis auf § 75 stellt klar, dass die darin enthaltenden Pflichten zur Übermittlung von Informationen zwischen dem Abgeber und dem Erwerber (Empfänger) bei der Abgabe radioaktiver Abfälle anzuwenden sind.

Nach Satz 2 hat der Abgeber ferner die Pflicht, dafür zu sorgen, dass die radioaktiven Stoffe bei der Übergabe an die zur Beförderung berechtigte Person so verpackt sind, wie es die geltenden Vorschriften des Gefahrgutbeförderungsgesetzes [GGBG] und die international geltenden Vorschriften für den jeweiligen Verkehrsträger (Luft, Schiene, Wasser, Straße) verlangen (IATA, ICAO, GGVE, GGVS, RID-Regeln etc.; vgl. hierzu Kommentierung zu § 16 Abs. 6). Falls solche Rechtsvorschriften fehlen, was angesichts der Vielzahl der international geltenden Transportvorschriften für radioaktive Stoffe kaum vorstellbar ist, sind die Kriterien maßgebend, die sich für die beabsichtigte Art der Beförderung nach dem Stand von Wissenschaft und Technik ergeben.

Im Zusammenhang mit den bekannt gewordenen Vorkommnissen um die radioaktive Kontamination von Behältern für den Transport bestrahlter Brennelemente aus Kernkraftwerken ist deutlich geworden, dass der vorstehend kommentierte Satz 2, der identisch ist mit Satz 2 in Absatz 4 des § 77 der alten StrlSchV [STR], den Punkt markiert, wo sich atomrechtliche und gefahrgutrechtliche Vorschriften berühren. Denn wer nach § 69 Abs. 3 Satz 1 radioaktive Stoffe zur Beförderung abgibt, ist – wie mit Blick auf die Kommentierung zu Absatz 1 zu sehen war – der, der zum Zeitpunkt der Abgabe Besitzer der radioaktiven Stoffe ist. Und dies ist in einem Kernkraftwerk der Strahlenschutzverantwortliche bzw. dessen Strahlenschutzbeauftragter (SSB). Mit Blick auf die zulässigen Werte der Oberflächenkontamination in Anlage III Tabelle 1 Spalte 4 wird es der SSB in der Regel sein, der mit dem Gefahrgutbeauftragten des Kernkraftwerkbetreibers dafür zu sorgen hat, dass die sich aus den Transportvorschriften ergebenden Werte der Oberflächenkontamination mit denen dieser Verordnung im zulässigen Bereich decken.

Sind während des Ortswechsels Umstände aufgetreten, die zu einer Beschädigung der Verpackung geführt haben, ist die Verpackung mit Blick auf die Vorschrift in Satz 4 erst instand zu setzen, bevor das Gefahrgut weiterbefördert wird.

Zu Absatz 4:

Satz 1 dieser Vorschrift richtet sich an den, der die Ortveränderung der radioaktiven Stoffe vornimmt, sie also befördert, und der insoweit im Sinne des Absatzes 3 Satz 1 zur Beförderung der radioaktiven Stoffe berechtigt ist. In diesem Zusammenhang obliegt dem Beförderer die Pflicht, die radioaktiven Stoffe nur an den vom Abgeber bestimmten Empfänger (Erwerber) oder an eine von diesem zum Empfang ermächtigte Person zu übergeben.

Ferner hat der Beförderer gemäß Satz 2 die Pflicht, das Gefahrgut bis zum Zeitpunkt der Übergabe gegen Abhandenkommen, Störmaßnahmen oder sonstige Einwirkungen Dritter zu sichern. In diesem Zusammenhang sei auf die Kommentierung zu § 18 Abs. 1 Nr. 5 verwiesen.

Ordnungswidrigkeiten

Ordnungswidrig im Sinne des § 46 Abs. 1 Nr. 4 AtG handelt, wer vorsätzlich oder fahrlässig entgegen § 69 Abs. 3 Satz 1 und Abs. 4 nicht dafür sorgt, dass radioaktive Stoffe durch eine berechtigte Person befördert oder an den Empfänger oder eine berechtigte Person übergeben werden.

Ordnungswidrig im Sinne des § 46 Abs. 1 Nr. 4 AtG handelt auch, wer vorsätzlich oder fahrlässig entgegen § 33 Abs. 1 Nr. 3 als Strahlenschutzverantwortlicher oder entgegen § 33 Abs. 2 Nr. 1 als Strahlenschutzbeauftragter nicht dafür sorgt,

- dass radioaktive Stoffe, mit denen nur auf Basis der in der Vorschrift genannten Genehmigungen umgangen werden darf, an Personen abgegeben werden, welche die erforderliche Genehmigung besitzen,
- dass dem Erwerber die Dichtheitsprüfung bescheinigt wird.

§ 70 Buchführung und Mitteilung

(1) Wer mit radioaktiven Stoffen umgeht, hat

1. der zuständigen Behörde Gewinnung, Erzeugung, Erwerb, Abgabe und den sonstigen Verbleib von radioaktiven Stoffen innerhalb eines Monats unter Angabe von Art und Aktivität mitzuteilen,
2. über Gewinnung, Erzeugung, Erwerb, Abgabe und den sonstigen Verbleib von radioaktiven Stoffen unter Angabe von Art und Aktivität Buch zu führen und
3. der zuständigen Behörde den Bestand an radioaktiven Stoffen mit Halbwertszeiten von mehr als 100 Tagen am Ende jedes Kalenderjahres innerhalb eines Monats mitzuteilen.

Satz 1 gilt nicht für Tätigkeiten, die nach § 8 Abs. 1 keiner Genehmigung bedürfen.

(2) Die Masse der Stoffe, für die eine wirksame Feststellung nach § 29 Abs. 3 Satz 1 getroffen wurde, ist unter Angabe der jeweiligen Freigabeart gemäß § 29 Abs. 2 Satz 2 Nr. 1 oder 2 oder Satz 3 und im Fall des § 29 Abs. 2 Satz 2 Nr. 2 unter Angabe des tatsächlichen Verbleibs der zuständigen Behörde jährlich mitzuteilen.

(3) Über die Stoffe, für die eine wirksame Feststellung nach § 29 Abs. 3 Satz 1 getroffen wurde, ist Buch zu führen. Dabei sind die getroffenen Festlegungen nach den Anlagen III und IV anzugeben, insbesondere die spezifische Aktivität, die Masse, die Radionuklide, das Freimessverfahren, die Mittelungsmasse, die Mittelungsfläche und der Zeitpunkt der Feststellung.

(4) Der Mitteilung nach Absatz 1 Satz 1 Nr. 1 über den Erwerb umschlossener radioaktiver Stoffe ist die Bescheinigung nach § 69 Abs. 2 beizufügen.

(5) Die zuständige Behörde kann im Einzelfall von der Buchführungs- und Mitteilungspflicht ganz oder teilweise befreien, wenn dadurch eine Gefährdung von Mensch und Umwelt nicht eintreten kann und es sich nicht um Mitteilungs- oder Buchführungspflichten nach den Absätzen 2 und 3 handelt.

(6) Die Unterlagen nach Absatz 1 Satz 1 Nr. 2 und Absatz 3 Satz 1 sind 30 Jahre ab dem Zeitpunkt der Gewinnung, der Erzeugung, des Erwerbs, der Abgabe, des sonstigen Verbleibs oder der Feststellung aufzubewahren und auf Verlangen der zuständigen Behörde bei dieser zu hinterlegen. Im Falle einer Beendigung der Tätigkeit vor Ablauf der Aufbewahrungsfrist nach Satz 1 sind die Unterlagen unverzüglich einer von der zuständigen Behörde bestimmten Stelle zu übergeben.

Kommentierung § 70

Diese Vorschrift regelt Buchführungs- und Mitteilungspflichten und räumt damit der zuständigen Aufsichtsbehörde Kontrollmöglichkeiten ein.

Zu Absatz 1:

Wer mit radioaktiven Stoffen, also mit sonstigen radioaktiven Stoffen und Kernbrennstoffen umgeht, hat der Behörde z.B. den Erwerb und die Abgabe radioaktiver Stoffe mitzuteilen und z.B. darüber Buch zu führen.

Der Umgang mit radioaktiven Stoffen ist in § 3 Abs. 2 Nr. 34 definiert. Hierzu gehören Tätigkeiten wie das Bearbeiten, Lagern, Verarbeiten oder das sonstige Verwenden radioaktiver Stoffe. Da das AtG [ATG] z.B. die sonstige Verwendung von Kernbrennstoffen (§ 9 AtG) bzw. diese Verordnung den Umgang mit sonstigen radioaktiven Stoffen (§ 7 Abs. 1) der Genehmigungspflicht unterwirft, obliegen die Buchführungs- und Mitteilungspflichten nach Satz 1 jedem, dem Tätigkeiten nach dem AtG bzw. nach dieser Verordnung genehmigt worden sind, und insoweit dem Strahlenschutzverantwortlichen bzw. seinem Strahlenschutzbeauftragten.

Zu den Absätzen 2 und 3:

Damit die Entwicklung des Bestandes radioaktiver Stoffe für den Strahlenschutzverantwortlichen bzw. seinen Strahlenschutzbeauftragten und die zuständige Aufsichtsbehörde auch im Zusammenhang mit Freigaben jederzeit übersehbar ist, unterstellen diese Vorschriften auch diejenigen Stoffe den Mitteilungs- und Buchführungspflichten, für die eine wirksame Feststellung nach § 29 Abs. 3 getroffen wurde.

Zu Absatz 4:

Derjenige, der der zuständigen Behörde den Erwerb umschlossener radioaktiver Stoffe mitzuteilen hat, muss dieser Mitteilung die Bescheinigung nach § 69 Abs. 2 über die durchgeführte Dichtheitsprüfung beifügen, die er beim Erwerb vom Abgeber der umschlossenen radioaktiven Stoffe erhalten hat (vgl. auch Kommentierung zu § 69 Abs. 2).

Zu Absatz 5:

Die Entscheidung darüber, ob im Einzelfall von der Buchführungs- und Mitteilungspflicht ganz oder teilweise befreit werden kann, steht im Ermessen der zuständigen Behörde.

Zu Absatz 6:

Diese Vorschrift ermöglicht es der zuständigen Behörde, die Bestandsentwicklung radioaktiver Stoffe rückwirkend über einen Zeitraum von bis zu 30 Jahren zu überprüfen. Im Übrigen regelt die Vorschrift die Pflicht desjenigen, dem die Buchführungs- und Mitteilungspflichten nach Absatz 1 Satz 1 obliegen, im Falle der Beendigung der Tätigkeiten die Unterlagen zu übergeben, damit sichergestellt wird, dass auch diese im Nachhinein verfügbar sind.

Ordnungswidrigkeiten

Ordnungswidrig im Sinne des § 46 Abs. 1 Nr. 4 AtG handelt auch, wer vorsätzlich oder fahrlässig entgegen § 33 Abs. 1 Nr. 3 als Strahlenschutzverantwortlicher oder entgegen § 33 Abs. 2 Nr. 1 als Strahlenschutzbeauftragter nicht dafür sorgt,

- dass den in § 70 Abs. 1 bis 4 aufgeführten Mitteilungs- und Buchführungspflichten nachgekommen wird,

- dass die in § 70 Abs. 6 aufgeführten Unterlagen aufbewahrt und auf Verlangen hinterlegt werden.

Kommentierung

§ 71 Abhandenkommen, Fund, Erlangung der tatsächlichen Gewalt

(1) Der bisherige Inhaber der tatsächlichen Gewalt über radioaktive Stoffe, deren Aktivität die Freigrenzen der Anlage III Tabelle 1 Spalte 2 und 3 überschreitet, hat der atomrechtlichen Aufsichtsbehörde oder der für die öffentliche Sicherheit oder Ordnung zuständigen Behörde das Abhandenkommen dieser Stoffe unverzüglich mitzuteilen.

(2) Wer

1. radioaktive Stoffe findet oder
2. ohne seinen Willen die tatsächliche Gewalt über radioaktive Stoffe erlangt oder
3. die tatsächliche Gewalt über radioaktive Stoffe erlangt hat, ohne zu wissen, dass diese Stoffe radioaktiv sind,

hat dies der atomrechtlichen Aufsichtsbehörde oder der für die öffentliche Sicherheit oder Ordnung zuständigen Behörde unverzüglich mitzuteilen, sobald er von der Radioaktivität dieser Stoffe Kenntnis erlangt. Satz 1 gilt nicht, wenn die Aktivität der radioaktiven Stoffe die Werte der Anlage III Tabelle 1 Spalte 2 oder 3 nicht überschreitet.

(3) Absatz 2 gilt auch für den, der als Inhaber einer Wasserversorgungsanlage oder einer Abwasseranlage die tatsächliche Gewalt über Wasser erlangt, das radioaktive Stoffe enthält, wenn die Aktivitätskonzentration radioaktiver Stoffe im Kubikmeter Wasser von

1. Wasserversorgungsanlagen das Dreifache oder
2. Abwasseranlagen das 60fache

der Werte der Anlage VII Teil D Nr. 2 übersteigt.

(4) Einer Genehmigung nach den §§ 4, 6 oder 9 des Atomgesetzes oder nach § 7 Abs. 1 oder § 16 Abs. 1 dieser Verordnung bedarf nicht, wer in den Fällen des Absatzes 2 oder 3 nach unverzüglicher Mitteilung die radioaktiven Stoffe bis zur Entscheidung der zuständigen Behörde oder auf deren Anordnung lagert oder aus zwingenden Gründen zum Schutz von Leben und Gesundheit befördert oder handhabt.

Kommentierung § 71

Diese Vorschriften sollen Fälle des Verlustes und des Fundes radioaktiver Stoffe sowie Fälle regeln, in denen eine Person sonst die tatsächliche Gewalt über radioaktive Stoffe erlangt, ohne die dafür nötige Genehmigung nach dem AtG [ATG] oder dieser Verordnung zu besitzen.

Die Vorschriften, die im Wesentlichen auf jenen in § 80 der alten StrlSchV [STR] zum Fund und zur Erlangung der tatsächlichen Gewalt basieren, sollen die zuständigen Behörden zu einem frühestmöglichen Zeitpunkt in die Lage versetzen, im Rahmen von Maßnahmen zur allgemeinen Gefahrenabwehr die verlorenen, gefundenen oder sonst wie an eine Person geratenen radioaktiven Stoffe sicherzustellen, ohne ein Genehmigungsverfahren nach dem AtG oder nach dieser Verordnung durchzuführen. Bei solchen Fällen kommt es nämlich nicht darauf an, die ionisierenden Strahlen oder die Eigenschaften radioaktiver Stoffe zu nutzen, was nur der darf, der dafür die erforderlichen Genehmigungen besitzt. Es kommt bei Fällen des § 71 darauf an, die radioaktiven Stoffe zur Abwehr der gegenwärtigen Gefahr sicherzustellen. Eine Sicherstellung ist nach dem Polizei- und Ordnungsrecht zu-

Teil 2: Zielgerichtete Nutzung radioaktiver Stoffe oder ionisierender Strahlung

lässig zur Abwehr einer gegenwärtigen Gefahr, von der zunächst einmal auszugehen ist, wenn der Behörde z.b. Hinweise auf den Fund radioaktiver Stoffe mitgeteilt werden.

Das AtG und die darauf beruhenden Rechtsverordnungen sowie das Strahlenschutzvorsorgegesetz enthalten für die Abwicklung von Handlungen mit radioaktiven Stoffen, die nicht auf die erlaubte Nutzung ihrer ionisierenden Strahlung oder ihrer stofflichen Eigenschaften ausgerichtet ist, keine Regelungen. Maßnahmen zur Abwehr von Störungen der öffentlichen Sicherheit und Ordnung z.b. durch verloren gegangene radioaktive Stoffe sind Maßnahmen zur allgemeinen Gefahrenabwehr und insoweit Sache der Ordnungsbehörden. Soweit auch Maßnahmen zur Strafverfolgung nötig sind, was z.b. bei missbräuchlicher Freisetzung radioaktiver Stoffe in die Umwelt der Fall wäre, können die Obliegenheiten weiterer Behörden berührt sein. Bei der Abwicklung solcher Fälle werden die Strahlenschutzbehörden in aller Regel im Rahmen der Amtshilfe tätig.

Spätestens seit dem Bekanntwerden der mittlerweile drastisch zurückgegangenen Fälle der illegalen Einfuhr radioaktiver Stoffe insbesondere aus den osteuropäischen Ländern zu Beginn der 90er Jahre erhielt im Zusammenhang mit der behördlichen Abwicklung solcher Fälle der Begriff Nachsorge Bedeutung. Mit diesem Begriff wurden und werden alle Maßnahmen bezeichnet, die erforderlich sind, um Gefahren durch ionisierende Strahlen bei Fund, Verlust und Missbrauch radioaktiver Stoffe abzuwehren. Je nach Art der Fälle in dem hier erläuterten Zusammenhang waren und sind auch andere Begriffe gebräuchlich, z.b. nukleare Nachsorge, Nachsorge für gravierende Fälle, Nuklearkriminalität, nuklearspezifische Gefahrenabwehr. Bei der Abwicklung solcher Fälle, gleich unter welchem Begriff, spielen die Regelungen des § 71 deshalb eine Rolle, weil sie sozusagen Handhabungen mit radioaktiven Stoffen regeln, für die, wenn die Handhabungen nicht zur allgemeinen Gefahrenabwehr im Sinne des Ordnungsrechts nötig wären, Genehmigungen nach dem AtG oder nach dieser Verordnung beantragt werden müssten.

Zu Absatz 1:

Diese Vorschrift weist demjenigen die Pflicht zur Mitteilung des Abhandenkommens radioaktiver Stoffe zu, der vor dem Verlust die Verfügungsgewalt über die radioaktiven Stoffe besaß. Dies ist im Falle des Verlustes radioaktiver Stoffe, mit denen z.B. auf der Basis einer Genehmigung nach § 7 Abs. 1 umgegangen wurde, der Inhaber dieser Genehmigung, also der Strahlenschutzverantwortliche.

In der Regel wird der Mitteilungspflichtige immer ein Strahlenschutzverantwortlicher bzw. dessen Beauftragter sein, also schließlich jemand, der eine Genehmigung nach dem AtG [ATG] oder nach dieser Verordnung besitzt und dem es insoweit erlaubt war oder ist, mit radioaktiven Stoffen umzugehen. Es wird nämlich kaum vorkommen, dass jemand illegal radioaktive Stoffe besitzt und deren Verlust der Behörde mitteilt, es sei denn, er täte dies anonym.

Der Mitteilungspflichtige hat den Verlust radioaktiver Stoffe der zuständigen atomrechtlichen Aufsichtsbehörde oder der für die öffentliche Sicherheit und Ordnung zuständigen Behörde ohne schuldhaftes Verzögern mitzuteilen. Ist der Mitteilungspflichtige ein Strahlenschutzverantwortlicher oder dessen Beauftragter, so wird dieser sich zweckmäßigerweise an die für ihn zuständige und insoweit bekannte atomrechtliche Aufsichtsbehörde

213

wenden. Andernfalls ist die Verlustmitteilung an die örtlich zuständige Ordnungsbehörde zu richten.

Eine Verlustmitteilung ist nicht nötig, wenn die Freigrenzen der Aktivität und der spezifischen Aktivität der verlorenen radioaktiven Stoffe nach Anlage III Tabelle 1 Spalte 2 und 3 oder die Werte der Oberflächenkontamination der verlorenen Gegenstände nach Anlage III Tabelle 1 Spalte 4 nicht überschritten sind. Auch diese Regelung ist ein Indiz dafür, dass der Mitteilungspflichtige in aller Regel ein Strahlenschutzverantwortlicher sein wird, weil nur dem Inhaber einer Genehmigung bekannt sein dürfte, wie hoch oder niedrig die Aktivität oder die Oberflächenkontamination des verlorenen Stoffs ist.

Zu Absatz 2:

Satz 1 Nr. 1

§ 965 Abs. 1 des Bürgerlichen Gesetzbuches (BGB) [BGB] regelt den Fund verlorener Sachen. § 965 Abs. 2 BGB verlangt vom Finder, den Fund bei der zuständigen Behörde unverzüglich anzuzeigen, wenn er den Empfangsberechtigten nicht kennt. Finden bedeutet in diesem Sinne das Bemerken oder das Entdecken der Sache.

Seiner Mitteilungspflicht kommt der Finder radioaktiver Stoffe in hinreichendem Maße nach, wenn er sein Bemerken oder seine Entdeckung, den Ort und die näheren Umstände seiner Bemerkung bzw. Entdeckung dem örtlichen Ordnungsamt oder der Polizei mitteilt, denn diese Dienststellen wird der Finder aller Wahrscheinlichkeit nach kennen und auch immer erreichen.

Satz 1 Nr. 2

Ohne ihren Willen kann eine Person die tatsächliche Gewalt über radioaktive Stoffe erlangen, wenn auf ihrem Grundstück oder in ihrem Betrieb radioaktive Stoffe heimlich abgelegt oder im Rahmen von Liefervorgängen von jemandem, der z.B. radioaktive Stoffe befördern darf, im Betrieb vergessen wurden. Bemerkt oder entdeckt dies die Person z.B. anhand von Verpackungsaufschriften, muss sie dies der Behörde unverzüglich mitteilen. Sofern es sich um eine Person handelt, die radioaktive Stoffe auf ihrem Grundstück findet, wird sie sich an das Ordnungsamt ihrer Heimatgemeinde oder an die Polizei wenden. Im Falle eines Gewerbebetriebes liegt es nahe, dass sich die Person an das für ihren Betrieb zuständige Amt für Arbeitsschutz, das Gewerbeaufsichtsamt oder auch das Umweltamt wendet, je nachdem, welcher Behörde die zuständige atomrechtliche Aufsichtsbehörde angegliedert ist.

Satz 1 Nr. 3

Es kann sein, dass eine Person die tatsächliche Gewalt über radioaktive Stoffe hat, ohne zu wissen, dass diese Stoffe radioaktiv sind. Dies kommt z.B. vor, wenn Schrotthändler im Streckengeschäft mit Schrott beliefert werden und sich erst nach dem Abladen auf dem Schrottplatz herausstellt, dass sich im Schrott radioaktive Bestandteile befinden, die innerhalb der Containerladung wirksam abgeschirmt waren und die bei der mittlerweile bei allen größeren Betrieben des Schrotthandels üblichen Eingangsmessung nicht detektiert wurden. Der Schrotthändler muss in dem Moment, in dem er von der Radioaktivität oder

Teil 2: Zielgerichtete Nutzung radioaktiver Stoffe oder ionisierender Strahlung

der radioaktiven Kontamination der Schrottbestandteile Kenntnis bekommt, die Behörde informieren.

Nach Satz 2 ist in allen drei Fällen keine Mitteilung an die Behörde nötig, wenn die Aktivität oder die spezifische Aktivität der radioaktiven Stoffe die Freigrenzen der Anlage III Tabelle 1 Spalte 2 oder 3 nicht überschreitet.

Während die Beschränkung der Mitteilungspflicht auf Fälle, bei denen die Aktivität oder die spezifische Aktivität die Freigrenzen überschreitet, bei den nach Absatz 1 Verpflichteten wohl kaum problematisch ist, erscheint die Beschränkung bei den Verpflichteten nach Absatz 2 deshalb praxisfremd, weil wohl die wenigsten Finder, sofern sie nicht irgendeinem größeren Industriebetrieb angehören oder dazu nähere Kontakte haben, im Besitz eines geeigneten Messgerätes sind, mit dem sie feststellen können, ob sie eine Mitteilung machen müssen oder nicht. Dazu kommt, dass „sonstige" und insoweit fachlich unvorbereitete Finder ein Strahlenmessgerät in der Regel gar nicht bedienen können. Im Übrigen können die gebräuchlichen Messgeräte weder die Aktivität noch die spezifische Aktivität unmittelbar angeben. Jene Werte sind nur durch Umrechnung zu ermitteln, die jedoch eine gewisse Sachkunde verlangt, die bei dem Adressatenkreis nach Absatz 2 Satz 1 nicht unbedingt vorausgesetzt werden darf. Um also auf der sicheren Seite zu liegen, werden die Adressaten nach Absatz 2 der Behörde wohl jeden Fund mitteilen, sofern sie sich infolge einer Häufung von Funden, wie z.B. im Schrotthandel, nicht sachkundig gemacht haben oder sich von Servicefirmen unterstützen lassen.

Zu Absatz 3:

Diese Vorschrift fasst die bisherigen Regelungen in § 80 Abs. 1 Nr. 4 und § 80 Abs. 1 Satz 2 der alten StrlSchV [STR], u.a. in redaktionell veränderter Form, zusammen.

Sofern die Aktivität radioaktiver Stoffe im Wasser von Wasserversorgungsanlagen im Kubikmeter das Dreifache und im Wasser von Abwasseranlagen im Kubikmeter das 300fache der Werte der Anlage VII Teil D Nr. 2 überschreitet, ist der Inhaber der Wasserversorgungsanlage oder der Abwasseranlage mitteilungspflichtig nach Absatz 2.

Bei den Werten der Anlage VII Teil D Nr. 2 handelt es sich um maximal zulässige Aktivitätskonzentrationen im Wasser, das aus Strahlenschutzbereichen in Abwasserkanäle eingeleitet wird. Diese Werte werden bei der Ermittlung der Strahlenexposition als in einem Wasser vorhanden unterstellt, das als Nahrungsmittel dient oder zur Nahrungsaufnahme verwendet wird.

Im Zusammenhang mit den Vorschriften zu § 71 Abs. 3 geben diese Werte aber nicht die Anforderungen an die Beschaffenheit von Trinkwasser wieder. Die Beschaffenheit von Trinkwasser wird in den entsprechenden lebensmittel-, seuchen- und wasserrechtlichen Gesetzen geregelt, wobei die Wasserqualität von den für die Durchführung dieser Gesetze zuständigen Behörden überwacht wird.

Die nach Absatz 3 erforderliche Mitteilung soll die Behörde in die Lage versetzen, bei größeren Verunreinigungen des Wassers durch radioaktive Stoffe entsprechende Maßnahmen zur allgemeinen Gefahrenabwehr einzuleiten.

Kommentierung

Zu Absatz 4:

Während die Absätze 1 bis 3 die Mitteilungspflichten regeln, ermöglicht es die Anwendung dieser Vorschrift, ohne Genehmigung nach dem AtG [ATG] zur Beförderung, Aufbewahrung oder Verwendung von Kernbrennstoffen und ohne Genehmigung nach dieser Verordnung zum Umgang und zur Beförderung sonstiger radioaktiver Stoffe alle Maßnahmen zu ergreifen, die zur Abwehr einer gegenwärtigen Gefahr durch radioaktive Stoffe oder durch ionisierende Strahlen erforderlich sind.

Voraussetzung zur Anwendung dieser Vorschrift ist, dass es sich um die Abwehr gegenwärtiger Gefahren durch Verlust, Fund oder Missbrauch radioaktiver Stoffe oder durch Missbrauch ionisierender Strahlen handelt, und nicht etwa um Fälle, bei denen die radiologische Gefahr z.b. durch sicherheitstechnisch bedeutsame Ereignisse bei genehmigungsbedürftigen Tätigkeiten im Sinne des § 3 Abs. 1 Nr. 1 verursacht wird. Für solche Fälle gelten andere Vorschriften, z.b. jene der Abschnitte 4 und 5 in Teil 2 Kapitel 3.

Wer in den Fällen der Absätze 2 oder 3 nach unverzüglicher Mitteilung die radioaktiven Stoffe bis zur Entscheidung der zuständigen Behörde lagert oder aus zwingenden Gründen zum Schutz von Leben und Gesundheit befördert oder handhabt, bedarf keiner Genehmigung nach dem AtG oder nach dieser Verordnung.

Bei der Frage, wer die radioaktiven Stoffe zur Gefahrenabwehr lagert, befördert oder handhabt und dafür keine Genehmigung benötigt, kommt es auf den Fall und die damit verbundene radiologische Gefahr an. Zum einen kann dies bei unbedeutenden radiologischen Gefahrenlagen der Mitteilungspflichtige sein, also der, der radioaktive Stoffe gefunden oder ohne seinen Willen über sie die tatsächliche Gewalt erlangt hat. Zum anderen kann dies aber auch die Ordnungsbehörde als Gefahrenabwehrbehörde, die Strahlenschutzbehörde als Sonderordnungsbehörde oder eine von diesen Behörden oder dem Mitteilungspflichtigen beauftragte oder ermächtigte Stelle sein, besonders dann, wenn ernste radiologische Gefahrenlagen zu bewältigen sind.

Entscheidend ist, dass die gegenwärtige Gefahr durch Sicherstellung der radioaktiven Stoffe abgewehrt wird. Nach dem Polizei- und Ordnungsrecht ist die zwingende Rechtsfolge der Sicherstellung einer Sache deren behördliche Verwahrung, wodurch zwischen dem Verfügungsberechtigten über die Sache und der Behörde ein öffentlich-rechtliches Verwahrungsverhältnis entsteht [MÖ]. Ein solches Verhältnis besteht in dem hier erläuterten Zusammenhang aber nur, solange die Verwahrung, also die Lagerung der radioaktiven Stoffe, zur Gefahrenabwehr nötig ist. Sofern eine der beteiligten Behörden die radioaktiven Stoffe im Rahmen der Gefahrenabwehr lagert und zu diesem Zweck handhaben oder befördern muss, benötigt weder sie dafür eine Genehmigung noch derjenige, der dies in ihrem Auftrag oder mit ihrer Ermächtigung tut, weil die Behörde die Gefahr etwa mit ihren eigenen Mitteln nicht abwehren kann.

Ordnet die Behörde im Rahmen der Gefahrenabwehr die Lagerung, Beförderung oder Handhabung der radioaktiven Stoffe an, muss sie sich darüber im Klaren sein, dass sie diese Anordnung möglicherweise gegen eine Person richtet, die für den Zustand, also für die Gefahrenlage durch radioaktive Stoffe und ionisierende Strahlen, nicht verantwortlich ist. Dies kann z.B. der Fall sein, wenn ein Schrotthändler an einem an ihn gelieferten

Container ionisierende Strahlen mit einer Dosis feststellt, die dazu führt, dass die Ladung ohne weiteres auf öffentlichen Verkehrswegen nicht an den Lieferanten zurückgeschickt werden kann, sondern auf seinem Betriebsgelände separiert werden muss. Nur unter besonderen, eng umgrenzten Voraussetzungen können ausnahmsweise auch gegen solche Personen Maßnahmen gerichtet werden, die nicht verantwortlich sind, wie hier gegen den Schrotthändler. Man spricht dann von einem polizeilichen Notstand und vom Notstandspflichtigen [MÖ].

Die Dauer der Lagerung radioaktiver Stoffe die Strecke ihrer Beförderung und der Umfang der mit ihnen erforderlichen Handhabungen, und zwar ohne die dafür erforderlichen Genehmigungen, dürfen weder zu eng noch zu weit ausgelegt werden. In erster Linie muss sich die Wahl von Dauer, Strecke und Umfang an den notwendigen Maßnahmen zur Gefahrenabwehr orientieren.

Keinesfalls dürfen die radioaktiven Stoffe nach ihrer Sicherstellung, d.h. nach Abschluss ihrer behördlichen Verwahrung, ohne Genehmigung befördert werden, während ihre Beförderung vom Fundort zu einem geeigneten (Zwischen-)Lagerort zum Zweck der Sicherstellung ohne Genehmigung erfolgen kann. Während z.B. die Grobanalyse eines Stoffgemisches zur Feststellung der einzuleitenden Gefahrenabwehrmaßnahmen am Fundort noch ohne Umgangsgenehmigung erfolgen darf und auch muss, darf die nähere Bestimmung des Nuklidspektrums und die Aktivität der beteiligten Radionuklide nach der Sicherstellung des Stoffgemisches nicht mehr ohne Umgangsgenehmigung durchgeführt werden.

Das bedeutet schließlich, dass die zuständige Behörde über die weiteren Maßnahmen nach der Sicherstellung der radioaktiven Stoffe zügig zu entscheiden hat, damit eventuell in Anspruch genommenen Nichtstörern oder Notstandspflichtigen keine Nachteile erwachsen. Da nach der Sicherstellung über das weitere Geschehen radioaktiver Stoffe zu entscheiden ist, obliegt diese Entscheidung der atomrechtlich zuständigen Behörde.

Vorbemerkungen Teil 2, Kapitel 3, Abschnitt 9: Radioaktive Abfälle

1. Die Schonung der vorhandenen Ressourcen und die umweltverträgliche Beseitigung von Abfällen aller Art liegen im besonderen Interesse der Öffentlichkeit. Das Kreislaufwirtschafts- und Abfallgesetz (KrW-/AbfG) [KRW] befriedigt dieses Interesse, indem es die Förderung der Kreislaufwirtschaft zur Schonung der natürlichen Ressourcen und die Sicherung der umweltverträglichen Beseitigung von Abfällen regelt. Abfälle im Sinne dieses Gesetzes sind alle in den Gruppen in Anhang I zum KrW-/AbfG aufgeführten beweglichen Sachen, deren sich ihr Besitzer entledigt, entledigen will oder entledigen muss. Die Entledigung liegt vor, wenn der Besitzer bewegliche Sachen einer Verwertung oder einer Beseitigung zuführt oder die tatsächliche Sachherrschaft über sie unter Wegfall jeder weiteren Zweckbestimmung aufgibt (vgl. § 3 Abs. 2 KrW-/AbfG).

Grundsätzlich könnten die Vorschriften, die das KrW-/AbfG enthält, in entsprechender Weise auch für die Verwertung radioaktiver Reststoffe und die Regelung der Entsorgung radioaktiver Abfälle herangezogen werden. Dass das KrW-/AbfG nicht für Kernbrennstoffe und sonstige radioaktive Stoffe im Sinne des AtG [ATG] gilt und insoweit auch nicht für Abfälle, die aus solchen Stoffen bestehen oder die mit diesen Stoffen kontaminiert sind, hat einen rein physikalischen Grund: Es sind die Eigenschaften der ionisierenden Strahlen, die sich als elektromagnetische Wellen oder als Teilchenströme durch Raum und Materie in alle Richtungen ausbreiten. Diese überträgt ihre Energie auf Materie, z.b. auf biologisches Gewebe, völlig unabhängig davon, wie die jeweilige Gefährlichkeit des radioaktiven Stoffes z.b. nach den Gefahrgutvorschriften eingestuft ist. Radioaktives Jod z.b. ist *auch* auf chemischer Basis gesundheitsschädlich, radioaktives Cäsium ist *auch* ätzend und leicht entzündlich, Plutonium ist *auch* sehr giftig. Vor diesem Hintergrund ist es folgerichtig, ionisierende Strahlung in Abfällen, die mit Blick auf den Strahlenschutz nicht außer Acht gelassen werden kann, als ein physikalisches Ereignis anzusehen, dessen mögliche schädigende Wirkung auf den Organismus unabhängig ist von allen übrigen stofflichen Eigenschaften der Abfälle. Bei radioaktiven Abfällen stehen rechtlich gesehen physikalische Belastungsfaktoren und nicht etwa stoffliche im Vordergrund. Das bedeutet grundsätzlich nicht, dass ionisierende Strahlung als physikalischer Belastungsfaktor gefährlicher ist als die chemische Struktur des Abfalls (stofflicher Belastungsfaktor). Vielmehr muss ionisierende Strahlung als physikalischer Belastungsfaktor nach anderen materiellen und rechtlichen Regelungen beurteilt werden als andere (stoffliche) Eigenschaften.

Angesichts dieser Zusammenhänge wird deutlich, warum aus dem Atomrecht entlassene, also nach § 29 freigegebene Stoffe dem KrW-/AbfG unterfallen, wenn sie als Abfälle beseitigt werden. Da die ionisierende Strahlung freigegebener Abfälle mit Blick auf den Strahlenschutz außer Acht gelassen werden kann, tritt der physikalische Belastungsfaktor solcher Abfälle in den Hintergrund, so dass nur noch die stofflichen Belastungsfaktoren der Abfälle berücksichtigt werden müssen.

2. Nach der Definition in § 3 Abs. 2 Nr. 1a sind radioaktive Abfälle radioaktive Stoffe im Sinne des § 2 Abs. 1 AtG [ATG] und mithin Kernbrennstoffe oder sonstige radioaktive Stoffe, die nach § 9a AtG geordnet beseitigt werden müssen. Für radioaktive Stoffe, die mit Luft oder Wasser aus Anlagen oder Einrichtungen abgeleitet werden, in denen Tätigkeiten im Sinne des § 2 Abs. 1 Nr. 1 stattfinden, entfällt die geordnete Beseitigung.

3. § 9a AtG regelt die Verwertung radioaktiver Reststoffe und die Beseitigung radioaktiver Abfälle. Hiernach hat derjenige, dem Tätigkeiten nach § 2 Abs. 1 Nr. 1 dieser Verordnung genehmigt worden sind, dafür zu sorgen, dass anfallende radioaktive Reststoffe schadlos verwertet oder als radioaktive Abfälle geordnet beseitigt werden. Das seinerzeit im AtG verankerte Verwertungsgebot für radioaktive Reststoffe gilt nicht mehr, so dass der Genehmigungsinhaber wählen kann, ob er seine radioaktiven Reststoffe der schadlosen Verwertung zuführt oder sie als radioaktive Abfälle geordnet beseitigt.

Der Wegfall des einstigen Verwertungsgebotes für radioaktive Reststoffe resultierte aus dem Verzicht auf eine nationale Wiederaufarbeitung bestrahlter Brennelemente aus Kernkraftwerken und dem sich daraus ergebenden Zwang, die direkte Endlagerung bestrahlter Brennelemente, die seinerzeit ganz klar als verwertungsfähige radioaktive Reststoffe angesehen wurden, zu ermöglichen. Zu kritisieren ist, dass der Gesetzgeber seinerzeit den Wegfall des Verwertungsgebotes nicht auf bestrahlte Brennelemente begrenzt hat. Seither ist nämlich verschiedentlich die Neigung mancher Inhaber von Genehmigungen zum Umgang mit sonstigen radioaktiven Stoffen beobachtet worden, radioaktive „Reststoffe" mit offenkundigem Abfallcharakter dann nicht als radioaktive Abfälle zu bezeichnen, wenn ihnen die Abnahme dieser „Reststoffe" zum Zweck ihrer Verwertung durch einen anderen Genehmigungsinhaber angeboten wurde, auch wenn an dem Nutzen dieser „Verwertung" Zweifel geäußert werden konnten. Es mag dahingestellt sein, ob eine keinen oder nur einen fragwürdigen Nutzen bringende „Verwertung" von Reststoffen, die offenkundig Abfälle sind, sinnvoll ist oder nicht; klar ist angesichts des § 76 nur, dass radioaktive Abfälle abzuliefern sind, sofern nichts anderes genehmigt oder angeordnet worden ist. Um die berechtigte Forderung nach Ablieferung radioaktiver Abfälle mit dem Ziel ihrer geordneten Beseitigung umzusetzen, sollte es unbeschadet der Möglichkeiten zur Freigabe allgemeine behördliche Praxis sein, Genehmigungsinhaber, die bei ihnen angefallene radioaktive Stoffe mit offenkundigem Abfallcharakter nicht als radioaktive Abfälle bezeichnen und deswegen keine Ablieferung vorsehen, aufzufordern, unter Nennung objektiver Kriterien darzulegen, dass diese radioaktiven Reststoffe stofflich verwertet oder zur Gewinnung von Energie genutzt und wiederverwendet werden können.

4. Die Pflicht zur Ablieferung radioaktiver Abfälle als Regelfall der Beseitigung ist in § 9a Abs. 2 AtG begründet. Hiernach sind radioaktive Abfälle entweder an eine Landessammelstelle oder an eine Anlage des Bundes zur Sicherstellung und Endlagerung abzuliefern. Die Begriffe „Anlagen zur Sicherstellung" und „Anlagen zur Endlagerung" sind der Kommentierung zu § 78 beschrieben.

§ 76 regelt die Ablieferungspflicht. Wer dieser nachkommt, bedarf für die Beseitigung von radioaktiven Abfällen keiner atomrechtlichen Genehmigung.

5. Radioaktive Reststoffe stellen einen Unterfall der radioaktiven Stoffe dar. Nach § 9a AtG besteht für radioaktive Reststoffe keine Ablieferungspflicht. Daraus folgt, dass ein Genehmigungsinhaber, der sich der bei Tätigkeiten nach § 2 Abs. 1 Nr. 1 angefallenen radioaktiven Reststoffe entledigen will, diese entweder als radioaktive Stoffe im Sinne des § 69 an einen anderen Genehmigungsinhaber abgeben oder bei Vorliegen der Voraussetzungen ihre Freigabe nach § 29 beantragen kann.

Voraussetzung für diese Abgabe ist u.a., dass die radioaktiven Reststoffe verwertbar sind, weil sie sonst als radioaktive Abfälle an die Landessammelstelle oder an eine Einrichtung des Bundes (Endlager) abgeliefert werden müssen.

Die Voraussetzungen für die Freigabe ergeben sich aus § 29.

Anmerkungen zur endgültigen Beseitigung radioaktiver Abfälle in einer Anlage des Bundes (Endlager)

Unter 3. und 4. dieser Vorbemerkungen wurde ausgeführt, dass § 9a des Atomgesetzes (AtG) [ATG] die Verwertung radioaktiver Reststoffe und die Beseitigung radioaktiver

Abfälle regelt und dass die Ablieferung radioaktiver Abfälle der Regelfall ihrer Beseitigung ist. Der Staat hat sich mit § 9a Abs. 3 AtG selbst die Pflicht auferlegt, Anlagen zu schaffen, an die die Abfallverursacher ihre radioaktiven Abfälle abliefern können. Der Staat hat die Abfallverursacher sogar über die Regelungen in § 9a Abs. 2 AtG und in §§ 81 und 82 der ehemaligen StrlSchV [STR] dazu verpflichtet, ihre radioaktiven Abfälle an solche Anlagen abzuliefern. An dieser Pflicht der Abfallverursacher will der Staat mit Blick auf die neuen Regelungen in § 76 auch festhalten. Während die Länder ihrer Pflicht zur Schaffung von Stellen zur Sammlung und Zwischenlagerung der auf ihren Gebieten anfallenden radioaktiven Abfälle (Landessammelstellen) längst nachgekommen sind, sieht es angesichts der so genannten Entsorgungspolitik der amtierenden Bundesregierung so aus, als käme erst in 30 oder 40 Jahren die Einlagerung radioaktiver Abfälle in ein Endlager in Betracht. Diese Voraussicht vermittelt den Eindruck, als wolle sich der Bund seiner Pflicht zur Einrichtung von Anlagen zur Sicherstellung und Endlagerung radioaktiver Abfälle auf lange Sicht entziehen. Das ist kein Novum rot-grüner Koalitionspolitik, das war bis auf die kurzfristigen Episoden des Betriebs der „Asse" und des Betriebs des der letzten schwarz-gelb geführten Bundesregierung in den Schoß gefallenen Endlagers für radioaktive Abfälle Morsleben (ERAM) immer schon so. Dabei fällt auf, dass die Fragen zur Beseitigung radioaktiver Abfälle aus den Bereichen der Industrie, Forschung und Medizin von jenen zur Beseitigung bestrahlter Brennelemente aus den Kernkraftwerken und der dort anfallenden wärmeentwickelnden Abfälle immer überlagert wurden. Es gibt Gründe genug, anzunehmen, dass es für die Beseitigung radioaktiver Abfälle aus Industrie, Forschung und Medizin deshalb noch kein Endlager gibt, weil die politisch motivierte Debatte um die Nutzung der Kernenergie und die Entsorgung der dabei anfallenden radioaktiven Reststoffe und Abfälle dies stets verhindert hat. Die Schutzziele bei der Endlagerung radioaktiver Abfälle sind zwar unabhängig von ihrer Herkunft dieselben und als solche stets sicherzustellen. Der Aufwand für die sichere Endlagerung bestrahlter Brennelemente oder wärmeentwickelnder Abfälle aus der Wiederaufarbeitung ist aber ungleich höher als derjenige für die radioaktiven Abfälle, die z.B. bei Tracerversuchen oder bei der Anwendung radioaktiver Stoffe in der Medizin angefallen sind bzw. anfallen. Solange die Problematik der Endlagerung bestrahlter Brennelemente und der wärmeentwickelnden radioaktiven Abfälle den Maßstab für die Lösung der Endlagerung der übrigen radioaktiven Abfälle bestimmt, so lange werden die Betreiber der Landessammelstellen und jene der anderen Zwischenlager wohl auf ihren Abfällen sitzen bleiben und die Konsequenzen selbst zu tragen haben, die sich aus der Langzeitzwischenlagerung materiell und kostenmäßig ergeben. Alle Beteuerungen der amtierenden Bundesregierung, dass sie sich der Pflicht zur Schaffung eines Endlagers bewusst sei, werden in 20 Jahren mit großer Wahrscheinlichkeit ebenso konsequenzlos gewesen sein, wie es der Vortrag eines hochrangigen Beamten als Vertreter des seinerzeit zuständigen Bundesministeriums des Innern auf dem 6. Deutschen Atomrechts-Symposium am 8. Oktober 1979 *„Über die Sicherheit der Kernkraftwerke heute"* gewesen ist. Zum *„Entsorgungsdruck im medizinisch-röntgenologischen Bereich",* nachzulesen im Bulletin der Bundesregierung vom 11. Oktober 1979, Nr. 122, auf Seite 1143, führte dieser hochrangige Beamte aus:

„Ich übersehe allerdings auch nicht die Aufgabe des Bundes, Endlager für alle Arten radioaktiver Abfälle einzurichten und die Annahmebedingungen hierfür festzulegen. ... Wenn von Entsorgung die Rede ist, sollte man nicht vergessen, daß es außerhalb des

Teil 2: Zielgerichtete Nutzung radioaktiver Stoffe oder ionisierender Strahlung

Brennstoffkreislaufs fast noch wichtigere Bereich gibt, die von radioaktiven Abfällen entsorgt werden müssen. Ich meine die Isotopenanwendung in Medizin, Industrie, Hochschulen und deren Forschungsinstituten.

Die anstehenden Probleme sind in diesen Bereichen nicht minder drückend als bei der Entsorgung von Kernkraftwerken. Während wir dort noch über überbrückende Zwischenmaßnahmen verfügen, brennen uns die in großen Mengen anfallenden schwachaktiven Abfälle ohne sichtbare Alternativen bereits heute unter den Nägeln. Und was die Zukunft angeht: Kernkraftwerke kann man langfristig nötigenfalls durch andere Energieträger ersetzen. Die Nichtanwendung von Radioisotopen in der Medizin hat demgegenüber auch langfristig eine unersetzbare und individuelle Konsequenz für das Wohl vieler unserer Mitbürger. ...

Wegen des gesamtstaatlichen Interesses werden alle ... Beteiligten ... mithelfen müssen, die rechtlich-politische Last akzeptabel zu halten. Für die Anwender von Radioisotopen heißt das unter anderem, den Anfall von Müll drastisch zu beschränken. Für die Länder heißt das, zur Überbrückung von Engpässen ausreichende Landessammelstellen bereitzustellen, und für den Bund, den endgültigen Abfluß zu ermöglichen. ... "

Wahrscheinlich sollen die Vorschriften in dieser StrlSchV zu den radioaktiven Abfällen mit den neuen Nachweis- und Buchungspflichten, Planungs- und Mitteilungspflichten, Erfassungs-, Bereitstellungs-, Aufzeichnungs- und Aktualisierungspflichten, Kennzeichnungspflichten, Behandlungs- und Verpackungspflichten die Lösung der Entsorgung schlechthin darstellen; beseitigen kann man Abfälle mit solchen Lösungen aber nicht. Überdies wird auch angesichts der vorstehenden Anmerkungen klar, dass die neuen Vorschriften überlastet sind mit kerntechnisch geprägten Anforderungen, die für die größte Zahl der Genehmigungsinhaber und Ablieferungspflichtigen ohne jede Relevanz sind.

§ 72 Planung für Anfall und Verbleib radioaktiver Abfälle

Wer eine Tätigkeit nach § 2 Abs. 1 Nr. 1 Buchstabe a, c oder d plant oder ausübt, hat

1. den erwarteten jährlichen Anfall von radioaktiven Abfällen für die Dauer der Betriebszeit abzuschätzen und der Behörde unter Angabe des geplanten Verbleibs der radioaktiven Abfälle mitzuteilen und

2. den Verbleib radioaktiver Abfälle nachzuweisen und hierzu

    a) den erwarteten Anfall an radioaktiven Abfällen für das nächste Jahr erstmals ab Betriebsbeginn, danach ab Stichtag abzuschätzen und dabei Angaben über den Verbleib zu machen und

    b) den Anfall radioaktiver Abfälle seit dem letzten Stichtag und den Bestand zum Stichtag anzugeben.

Die Angaben nach Satz 1 Nr. 2 sind jeweils zum Stichtag 31. Dezember fortzuschreiben und bis zum darauffolgenden 31. März der zuständigen Behörde vorzulegen. Sie sind unverzüglich fortzuschreiben und der zuständigen Behörde vorzulegen, falls sich wesentliche Änderungen ergeben. Die Sätze 1 bis 3 gelten nicht für bestrahlte Brennelemente und für radioaktive Abfälle, die nach § 76 Abs. 4 an Landessammelstellen abzuliefern sind, soweit sie unbehandelt sind. Abweichend von Satz 4 gelten die Sätze 1 bis 3 entsprechend für denjenigen, der radioaktive Abfälle im Sinne des Satzes 4 von Abfallverursachern übernimmt und hierdurch selbst ablieferungspflichtig wird.

Kommentierung § 72

Die bisherigen Vorschriften zu radioaktiven Abfällen wurden um Nachweis- und Buchungspflichten sowie Vorschriften über deren Behandlung und Verpackung ergänzt. Damit konkretisierte der Verordnungsgeber seine lange und immer wieder verkündete Absicht, die Regelungen in seiner so genannten Abfallkontrollrichtlinie [RL1] nach deren Erprobung in eine Verordnung einzufügen. Diese Abfallkontrollrichtlinie erarbeiteten Bund und Länder schon im Jahre 1988 unter dem Eindruck der seinerzeit aufgedeckten Unregelmäßigkeiten bei der Hanauer Firma Transnuklear, jener Firma, die nicht lange nach der Tschernobyler Katastrophe mit ihren gemeinhin als „TN-Affäre" bezeichneten Unregelmäßigkeiten für Schlagzeilen sorgte.

Mit Satz 1 Nr. 1 wird demjenigen, der bestimmte Tätigkeiten als Antragsteller plant, die Pflicht aufgegeben, schon vor der Aufnahme der Tätigkeiten und für den Zeitraum ihrer voraussichtlichen Dauer abzuschätzen und der zuständigen Behörde mitzuteilen, welches Abfallvolumen zu erwarten und was hinsichtlich seines späteren Verbleibs geplant ist. Dass Angaben „*des*" geplanten Verbleibs mitzuteilen sind, deutet darauf hin, dass es im Verlauf eines Genehmigungsverfahrens zunächst ausreicht, mitzuteilen, wo die radioaktiven Abfälle nach ihrem Anfall verbleiben.

Satz 1 Nr. 2 und die Sätze 2 und 3 konkretisieren die Pflicht des Genehmigungsinhabers, also desjenigen, der bereits bestimmte Tätigkeiten ausübt, den Verbleib radioaktiver Abfälle nachzuweisen und dabei fristgebunden abzuschätzen, welches Abfallvolumen zu erwarten ist. Dass dabei Angaben „*über*" den Verbleib zu machen sind, deutet darauf hin, dass die zuständige Behörde über die Angabe des Antragstellers gemäß Satz 1 Nr. 1 hinaus, wo die radioaktiven Abfälle nach ihrem Anfall verbleiben, von Genehmigungsinhabern Angaben erwarten darf, welche auf den Verbleib gerichteten Behandlungen und Verpackungen vorgesehen sind. Wenn solche Angaben nämlich fehlen, kann die Behörde nach § 74 die Art der Behandlung und Verpackung anordnen.

Satz 4 besagt, dass für bestrahlte Brennelemente und über radioaktive Abfälle, die an Landessammelstellen abzuliefern sind, keine der nach den Sätzen 1 bis 3 verlangten Angaben zu machen sind. Dies ist eine Vereinfachung für Genehmigungsinhaber, bei deren Tätigkeiten kleine Abfallmengen anfallen, wovon grundsätzlich ausgegangen wird, wenn die Genehmigungsinhaber verpflichtet sind, ihre Abfälle an Landessammelstellen abzuliefern. Die Ablieferungspflichtigen müssen mit Blick auf Satz 4 über ihre Abfälle dann nur noch die Angaben machen, die die Landessammelstelle für die Übernahme und die weitere Dokumentation der Abfälle von ihnen verlangt, denn schließlich muss die Landessammelstelle gemäß Satz 5 die Planungs- und Mitteilungspflichten der Sätze 1 bis 3 sozusagen im Nachhinein für die Ablieferungspflichtigen erfüllen.

Den Verbleib bestrahlter Brennelemente will der Gesetzgeber an anderer Stelle regeln; insoweit gelten die Sätze 1 bis 3 auch nicht für Brennelemente.

Satz 5 verlangt von demjenigen, der es übernimmt, die Abfälle von Ablieferungspflichtigen mit kleinen Abfallvolumen zu sammeln und zu behandeln, und dadurch selbst ablieferungspflichtig wird, alle Planungs- und Mitteilungspflichten der Sätze 1 bis 3 zu erfüllen.

Teil 2: Zielgerichtete Nutzung radioaktiver Stoffe oder ionisierender Strahlung

Ordnungswidrigkeiten

Siehe § 33.

§ 73 Erfassung

(1) Wer eine Tätigkeit nach § 2 Abs. 1 Nr. 1 Buchstabe a, c oder d ausübt, hat die radioaktiven Abfälle nach Anlage X Teil A und B zu erfassen und bei Änderungen die Erfassung zu aktualisieren. Besitzt ein anderer als der nach § 9a Abs. 1 des Atomgesetzes Verpflichtete die Abfälle, so hat der Besitzer bei Änderungen der erfassten Angaben diese Änderungen nach Anlage X Teil A und B zu erfassen und die erfassten Angaben dem Abfallverursacher bereitzustellen.

(2) Die erfassten Angaben sind in einem von dem nach § 9a Abs. 1 des Atomgesetzes Verpflichteten einzurichtenden elektronischen Buchführungssystem so aufzuzeichnen, dass auf Anfrage der zuständigen Behörde die erfassten Angaben unverzüglich bereitgestellt werden können. Das Buchführungssystem bedarf der Zustimmung der zuständigen Behörde.

(3) Die Angaben im Buchführungssystem nach Absatz 2 sind zu aktualisieren und nach Ablieferung der jeweiligen radioaktiven Abfälle an die Landessammelstelle oder an eine Anlage des Bundes zur Sicherstellung und zur Endlagerung radioaktiver Abfälle für mindestens ein Jahr bereitzuhalten.

(4) § 72 Satz 4 und 5 gilt entsprechend.

Kommentierung § 73

Verarbeitete radioaktive Abfälle haben eine „Geschichte", die mit Blick auf die Zwischen- und Endlagerung der Abfälle aufgeschrieben und erhalten werden muss. In dieser „Geschichte" sollen alle Entsorgungsschritte (Abfallbehandlung, Konditionierung, Beförderung, Zwischenlagerung) beschrieben und alle Abfalldaten erfasst werden, die es dem Endlagerbetreiber ermöglichen, festzustellen, ob die Bedingungen für die Einlagerung der Abfallgebinde ins Endlager erfüllt sind. Stellt sich durch die vor der Einlagerung ins Endlager stichprobenweise durchzuführende Produktkontrolle nämlich heraus, dass diese Beschreibung nicht vollständig oder inhaltlich nicht schlüssig ist, kann bis zur Klärung der Unstimmigkeiten, die äußerst zeitaufwendig und insoweit kostenintensiv ist, keine Einlagerung der Abfälle ins Endlager erfolgen.

Insbesondere die auf der Basis der Abfallkontrollrichtlinie [RL1] erarbeiteten Vorschriften in § 73 konkretisieren diese „Geschichtsschreibung" mit der implizit gestellten Forderung, sämtliche Entsorgungsschritte so zu regeln, dass jederzeit Menge, Verbleib und Behandlungszustand von Abfällen mit Blick auf ihre sichere Zwischen- und Endlagerung festgestellt werden kann.

Zu Absatz 1:

Satz 1 weist denjenigen, die nach dieser Verordnung oder dem AtG [ATG] genehmigte Tätigkeiten ausüben, die Pflicht zu, ihre Abfälle nach den Vorgaben der Anlage X zu benennen, über sie mittels eindeutiger, auf jeden einzelnen Abfall bzw. auf jede einzelne Abfallcharge bezogene Daten Buch zu führen und die bevorstehende Beförderung von

Abfällen mit den dafür notwendigen Angaben der atomrechtlichen Aufsichtsbehörde zu melden.

§ 9a Abs. 1 AtG weist denjenigen, die nach dieser Verordnung oder dem AtG Tätigkeiten ausüben, die Pflicht zu, dafür zu sorgen, dass die radioaktiven Abfälle geordnet beseitigt werden, die durch die ausgeübten Tätigkeiten verursacht werden. Die zu dieser Sorge Verpflichteten sind also die Abfallverursacher. Es ist gemeinhin Praxis, dass Abfallverursacher ihre Abfälle z.B. zur Konditionierung an andere Genehmigungsinhaber im Sinne des § 75 abgeben, wenn sie die Konditionierung nicht selbst vornehmen wollen oder dazu materiell nicht in der Lage sind. In solchen Fällen sind die Abfallverursacher nicht von ihrer Pflicht befreit, für die geordnete Beseitigung der Abfälle zu sorgen; insoweit sind sie auch weiterhin ablieferungspflichtig im Sinne des § 76.

Satz 2 stellt sicher, dass die Abfallverursacher auch dann die Kontrolle über ihre Abfälle behalten, wenn sie nicht die Verfügungsgewalt darüber besitzen. Die Pflicht der Abfallverursacher, für die geordnete Beseitigung ihrer Abfälle zu sorgen, erlischt erst mit der Ablieferung der Abfälle an eine Landessammelstelle oder an ein Endlager.

Zu Absatz 2:

Derjenige, der nach § 9a Abs. 1 AtG die Pflicht hat, Abfälle geordnet zu beseitigen, also der Abfallverursacher, muss die nach Absatz 1 erfassten Angaben (Daten) in einem Datenverarbeitungssystem aufzeichnen, das er einzurichten hat. Konsequenterweise ist die Anwendung dieser Vorschrift mit Blick auf Satz 2 in Absatz 1 auch für den zweckmäßig, der die Verfügungsgewalt über die Abfälle besitzt, weil er die Angaben (Daten), die er erfasst, dem Abfallverursacher bereitstellen muss.

Die zuständige Behörde kann sich die erfassten Angaben (Daten) bereitstellen lassen, d.h., sie kann sie beim Abfallverursacher einsehen oder sie sich von ihm auf Datenträger oder in Papierform zur Verfügung stellen lassen. Die zuständige Behörde muss dem Datenverarbeitungssystem zustimmen. Auf diese Weise kann die Behörde darauf einwirken, dass insbesondere die Verursacher großer Abfallmengen, in der Regel also die Betreiber der Kernkraftwerke, ihre Angaben (Daten) nach einem einheitlichen System erfassen.

Zu Absatz 3:

Die Regelungen, insbesondere in § 73, stellen sicher, dass jederzeit Menge, Verbleib und Behandlungszustand von Abfällen mit Blick auf ihre sichere Zwischen- und Endlagerung festgestellt werden kann. Die mit Absatz 3 geforderte Aktualisierung der Angaben (Daten) ist mit Blick auf die Feststellung des momentanen Entsorgungsschritts ebenso wichtig wie die Feststellung von Einzelheiten aus den vorausgegangenen Entsorgungsschritten, sofern es gilt, Zweifelsfälle zu klären.

Die Pflicht der Abfallverursacher, für die geordnete Beseitigung ihrer Abfälle zu sorgen, erlischt mit der Ablieferung dieser Abfälle an eine Landessammelstelle oder an ein Endlager (vgl. Kommentierung zu Absatz 1). Absatz 3 verlangt von den Abfallverursachern, die Angaben (Daten) über die abgelieferten Abfälle mindestens noch ein Jahr nach der Ablieferung bereitzuhalten. Das Erlöschen der Pflicht zur Sorge der geordneten Beseitigung darf also nicht sofort zur Tilgung der erfassten Abfalldaten führen. Absatz 3 ermöglicht es der zuständigen Behörde, nachträglich Entsorgungsschritte zur Klärung von Zweifelsfällen zurückzuverfolgen.

Zu Absatz 4:

Diejenigen, die Abfälle an Landessammelstellen abliefern, unterliegen nicht den Planungs- und Mitteilungspflichten nach § 72. Solche Ablieferungspflichtigen unterliegen nach Absatz 4 auch nicht der Pflicht zur Erfassung der Angaben nach den Absätzen 1 bis 3.

Dagegen sind aber diejenigen zur Erfassung der Angaben in den Absätzen 1 bis 3 verpflichtet, die Abfälle von Abfallverursachern z.B. zur Konditionierung übernommen haben und die momentane Verfügungsgewalt über diese Abfälle besitzen, ohne Abfallverursacher zu sein.

Ordnungswidrigkeiten

Siehe § 33.

§ 74 Behandlung und Verpackung

(1) Die zuständige Behörde oder eine von ihr bestimmte Stelle kann die Art der Behandlung und Verpackung radioaktiver Abfälle vor deren Ablieferung anordnen und einen Nachweis über die Einhaltung dieser Anordnung verlangen. Die nach dem Atomgesetz für die Sicherstellung und Endlagerung radioaktiver Abfälle zuständige Behörde legt alle sicherheitstechnischen Anforderungen an Abfallgebinde, die für die Endlagerung bestimmt sind, sowie die Vorgaben für die Behandlung der darin enthaltenen Abfälle fest und stellt die Endlagerfähigkeit der nach diesen Anforderungen und Vorgaben hergestellten Abfallgebinde fest.

(2) Bei der Behandlung und Verpackung radioaktiver Abfälle zur Herstellung endlagerfähiger Abfallgebinde sind Verfahren anzuwenden, deren Anwendung das Bundesamt für Strahlenschutz zugestimmt hat. Sofern nach § 76 Abs. 4 an Landessammelstellen abgelieferte radioaktive Abfälle nach Absatz 1 Satz 2 behandelt und verpackt wurden, trägt der Bund die Kosten, die sich aus einer nachträglichen Änderung der Anforderungen und Vorgaben ergeben. § 72 Satz 4 und 5 gilt entsprechend.

(3) Abfallbehälter oder sonstige Einheiten sind mit einer Kennzeichnung nach Anlage X Teil B zu versehen. § 72 Satz 4 und 5 gilt entsprechend.

(4) Anforderungen auf der Grundlage des Gefahrgutbeförderungsgesetzes bleiben unberührt.

Kommentierung § 74

In der Kommentierung zu § 72 Satz 1 Nr. 2 über die Planungs- und Mitteilungspflichten wurde ausgeführt, dass die zuständige Behörde Angaben erwarten darf, welche auf den Verbleib der radioaktiven Abfälle gerichteten Behandlungen und Verpackungen vorgesehen sind und, wenn solche Angaben fehlen, die Behörde die Art der Behandlung und Verpackung anordnen kann.

Kommentierung

Zu Absatz 1:

Unabhängig davon, ob die nach § 72 zur Planung und Mitteilung Verpflichteten Angaben in hinreichendem Umfang gemacht haben oder nicht oder die zuständige Behörde eine andere als von diesen Verpflichteten vorgesehene Behandlung und Verpackung der radioaktiven Abfälle für nötig hält, ermöglicht die Vorschrift in Satz 1 den zuständigen Behörden, Anforderungen an die Behandlung radioaktiver Abfälle und deren Verpackung zu stellen und über die Umsetzung dieser Anforderungen Nachweise zu verlangen.

Sofern die zuständige Behörde die Behandlung und Verpackung radioaktiver Abfälle anordnet und Nachweise über die Einhaltung der angeordneten Anforderungen verlangt, hat sie dies nach Satz 1 *vor* der Ablieferung der Abfälle zu tun. Das heißt, dass die Anordnungsbefugnis sich auf alle radioaktiven Abfälle bezieht, weil alle radioaktiven Abfälle abgeliefert werden müssen. Dass Anordnungen gemäß Satz 1 *vor* der Ablieferung der Abfälle zu treffen sind, schließt Anordnungen *nach* der Ablieferung grundsätzlich aus. Im Falle einer Ablieferung von Abfällen an eine Anlage des Bundes ist dieser grundsätzliche Ausschluss sinnvoll, weil sich durch diese Ablieferung die in § 9a Abs. 1 AtG [ATG] vorgeschriebene geordnete Beseitigung der Abfälle sowohl formal als auch materiell erfüllt.

Die Verpflichtung eines Abfallverursachers zur geordneten Beseitigung von Abfällen, die an eine Landessammelstelle abzuliefern sind, erfüllt sich durch diese Ablieferung zunächst nur formal, denn die materielle geordnete Beseitigung ist Sache der Landessammelstelle, die die an sie abgelieferten Abfälle nach § 76 Abs. 6 grundsätzlich an eine Anlage des Bundes abführt. Um Anordnungen zur Behandlung und Verpackung von Abfällen, die aus Landessammelstellen noch abzuführen sind, zu ermöglichen, dürfte sich die Anordnungsbefugnis nach Satz 1 auch auf solche Abfälle beziehen.

Für Anordnungen zur Behandlung und Verpackung von Abfällen sind die nach Landesrecht zuständigen Behörden zuständig. Dies liegt auf der Hand, wenn es sich um Abfälle handelt, die an Landessammelstellen abzuliefern sind.

Anordnungen treffen aber auch dann die nach Landesrecht zuständigen Behörden, wenn die Abfälle bereits an Landessammelstellen abgeliefert sind und die Landessammelstelle mit den Abfällen im Rahmen der ihr erteilten Genehmigung umgeht. Sollten im Rahmen dieses Umgangs gegenüber der Landessammelstelle Anordnungen zur Behandlung und Verpackung von Abfällen zu treffen sein, die die Endlagerfähigkeit der Abfälle betreffen, wird diese Anordnungen das Bundesamt für Strahlenschutz gemäß Satz 2 zu treffen haben, sozusagen als die mit Blick auf § 9a Abs. 3 Satz 2 AtG für die Endlagerung zuständige Behörde.

Satz 2 behebt die bislang verschiedentlich aufgekommenen Differenzen zu der Frage, wer mit Blick auf die Abfallbehandlung und -verpackung, die sich innerhalb einer Anlage oder Einrichtung im Rahmen der dafür erteilten atomrechtlichen Genehmigung vollzieht, zuständig ist. Die nach Landesrecht zuständige Behörde ist für alle Belange zuständig, die sich aus der atomrechtlichen Genehmigung, die der Betreiber der Anlage oder Einrichtung besitzt, ergeben. Nach Satz 2 ist das Bundesamt für Strahlenschutz abweichend von den landesrechtlichen Zuständigkeitsregelungen erst dann für den Betreiber der Anlage oder

Einrichtung zuständig, wenn Anordnungen zu treffen sind, die sich auf die Einhaltung der Endlagerungsbedingungen beziehen.

Zu Absatz 2:

Satz 1 dieser Vorschrift konkretisiert die Regelungen in der Abfallkontrollrichtlinie [RL1] zur Anwendung der darin so bezeichneten qualifizierten Verfahren; die Vorschrift soll die Einhaltung der Endlagerungsbedingungen gewährleisten. Zu diesem Zweck wird vorgeschrieben, radioaktive Abfälle so zu behandeln und so zu verpacken, dass ein Abfallprodukt entsteht, das, umschlossen von einem Abfallbehälter, als Abfallgebinde endlagerfähig ist. Um dies zu erreichen, sind Verfahren z.B. zur Vorbehandlung, Konditionierung und Verpackung von Abfällen anzuwenden, bei denen davon ausgegangen werden kann, dass endlagerfähige Abfallgebinde entstehen. Der Anwendung dieser Verfahren muss das Bundesamt für Strahlenschutz sozusagen als für die Endlagerung zuständige Behörde zugestimmt haben.

Satz 2 entbindet die Länder als zur Einrichtung von Landessammelstellen Verpflichtete von der Bezahlung von Kosten, die sie nicht zu vertreten haben.

Die Landessammelstellen erheben von den Ablieferungspflichtigen Kosten oder Entgelte für die Übernahme ihrer radioaktiven Abfälle. Die Landessammelstellen decken damit z.B. die Kosten ab, die ihnen durch ihre Aufwendungen zur Herstellung endlagerfähiger Abfallgebinde im Sinne des Satzes 1 entstehen. Sollten sich danach die Verfahren zur Herstellung endlagerfähiger Abfallgebinde etwa durch Modifizierung der Endlagerungsbedingungen ändern und die Landessammelstellen dadurch in die Lage kommen, ihre Abfälle einer Nachbehandlung zu unterziehen, so trägt der Bund alle damit verbundenen Kosten, sofern sie nachgewiesen sind. Eine nachträgliche Inanspruchnahme der ursprünglichen Ablieferungspflichtigen als Kostenträger ist nämlich nicht möglich, sofern sie z.B. die Benutzungsordnung der Landessammelstelle beachtet oder ihre Abfälle nach den Kriterien des Satzes 1 behandelt und verpackt haben.

Satz 3 dieser Vorschrift besagt durch Verweis auf § 72 Satz 4, dass bestrahlte Brennelemente und Abfälle, die an Landessammelstellen abzuliefern sind, von den Regelungen in Satz 1 ausgenommen sind. Derjenige aber, der es gemäß § 72 Satz 5 übernimmt, die Abfälle von Ablieferungspflichtigen mit kleinem Abfallvolumen zu sammeln und zu behandeln, und dadurch selbst ablieferungspflichtig wird, hat die übernommenen Abfälle nach Verfahren gemäß Satz 1 zu behandeln und zu verpacken. Sofern also Landessammelstellen die von ihr gesammelten Abfälle behandeln und verpacken, gilt für sie die Vorschrift in Satz 1.

Zu Absatz 3:

Diese Vorschrift konkretisiert ebenfalls Regelungen der Abfallkontrollrichtlinie [RL1], nämlich die zur Kennzeichnung radioaktiver Abfälle und Maßnahmen gegen unbemerktes Verändern. Kern dieser Vorschrift ist die Festlegung eines einheitlichen Systems zur Kennzeichnung von Abfallbehältern oder sonstiger Einheiten. Sonstige Einheiten können angefallene radioaktive Abfälle in beliebiger Art, mit beliebigem Volumen oder in beliebigem Behandlungszustand sein, die mit Blick auf den in § 73 enthaltenen Anspruch, jederzeit Menge, Verbleib und Behandlungszustand von Abfällen feststellen zu können, gekennzeichnet werden müssen. Eine sonstige Einheit muss nicht unbedingt in einem Behälter verpackt sein. Das Erfordernis zur Deklarierung einer sonstigen Einheit wird sich ergeben, wenn der angefallene Abfall eine irgendwie zusammenhängende und transportfähige Form erhält, z.b. als in einem Sack verpackter Rohabfall oder als in Folie eingeschweißtes Zwischenprodukt.

Jeder an den Entsorgungsschritten Beteiligte hat zu prüfen, welche Kennzeichnungspflichten ihm mit Blick auf den jeweiligen Entsorgungsschritt obliegen. Beteiligte in diesem Sinne werden neben dem Abfallverursacher, der für die Abfälle bis zu ihrer Ablieferung verantwortlich ist, in der Regel diejenigen sein, die Abfälle vom Abfallverursacher übernommen haben und sie behandeln und verpacken.

Zu Absatz 4:

Der vierte Absatz spricht für sich. Verpackungsvorschriften, die sich aus dem Gefahrgutrecht ergeben, sind neben den Vorschriften dieser Verordnung zusätzlich anzuwenden.

Ordnungswidrigkeiten

Ordnungswidrig im Sinne des § 46 Abs. 1 Nr. 4 AtG handelt, wer vorsätzlich oder fahrlässig als Strahlenschutzverantwortlicher einer vollziehbaren Anordnung nach § 74 Abs. 1 zuwiderhandelt.

Im Übrigen vgl. § 33.

§ 75 Pflichten bei der Abgabe radioaktiver Abfälle

(1) Wer radioaktive Abfälle abgibt, hat vorher eine schriftliche Erklärung des Empfängers über dessen Annahmebereitschaft einzuholen. Er hat dem Empfänger dabei die Angaben nach § 73 Abs. 1 zu überlassen.

(2) Wer radioaktive Abfälle zur Beförderung abgibt, hat dies der für ihn zuständigen Behörde mindestens fünf Arbeitstage vor Beginn der Beförderung mitzuteilen. In die Mitteilung sind die Angaben nach Anlage X Teil C aufzunehmen. Ein Abdruck der Mitteilung ist gleichzeitig dem Empfänger zuzusenden. Kann der Beförderungstermin in der Meldung nicht verbindlich genannt werden, ist dieser mindestens zwei Arbeitstage vor dem Beginn der Beförderung entsprechend der Sätze 1 und 2 nachzumelden. Die Sätze 1 und 2 gelten entsprechend auch für den Empfänger, falls die für ihn zuständige Behörde mit der für den Abgebenden zuständigen Behörde nicht identisch ist.

(3) Der Empfänger hat

1. unverzüglich den nach Absatz 2 erhaltenen Abdruck der Mitteilung nach Anlage X Teil C auf Unstimmigkeiten zwischen den Angaben und dem beförderten Gut zu prüfen und Unstimmigkeiten der für ihn zuständigen Behörde mitzuteilen,

2. den Abgebenden unverzüglich schriftlich über die Annahme der radioaktiven Abfälle zu unterrichten und

3. die Angaben nach § 75 Abs. 1 in sein Buchführungssystem zu übernehmen.

(4) Mitteilungen nach Absatz 2 sind bei einer Verbringung nach § 5 Abs. 2 der Atomrechtlichen Abfallverbringungsverordnung nicht erforderlich.

(5) § 72 Satz 4 und 5 gilt entsprechend.

Teil 2: Zielgerichtete Nutzung radioaktiver Stoffe oder ionisierender Strahlung

Kommentierung § 75

Die alte StrlSchV [STR] enthielt keine Regelungen zur Abgabe radioaktiver Abfälle, für die nur die Ablieferung geregelt war. Die damaligen Regelungen in § 77 für die Abgabe radioaktiver Stoffe konnten also für radioaktive Abfälle nur hilfsweise herangezogen werden, wenn die Abfälle als Unterfall der radioaktiven Stoffe z.b. zur Behandlung an einen anderen Genehmigungsinhaber abgegeben werden sollten.

Neben der in § 69 geregelten Abgabe radioaktiver Stoffe, die im Wesentlichen der Regelung in § 77 der alten StrlSchV entspricht, enthält § 75 neue Vorschriften für die Abgabe radioaktiver Abfälle. Die neue Vorschrift regelt im Kern die Übermittlung von Informationen zwischen dem Abgeber, dem Empfänger und der bzw. den zuständigen Behörden.

Zu Absatz 1:

Durch diese Vorschrift wird der Abgeber verpflichtet, radioaktive Abfälle erst dann abzugeben, wenn er sich zuverlässig Klarheit über die Bereitschaft des Empfängers verschafft hat, die Abfälle anzunehmen. Erklärt der Empfänger auf Basis der ihm vom Abgeber nach § 73 Abs. 1 überlassenen Angaben seine Bereitschaft zur Annahme, darf davon ausgegangen werden, dass er im Besitz der dafür nötigen atomrechtlichen Genehmigung und insoweit auch materiell zur Annahme der Abfälle im Stande ist.

Zu Absatz 2:

Die Mitteilung einer bevorstehenden Abgabe radioaktiver Abfälle nach dieser Vorschrift an die zuständige Behörde versetzt diese in die Lage, zu überprüfen, ob z.b. sowohl die atomrechtlichen als auch die Kriterien des Gefahrgutbeförderungsgesetzes [GGBG] beachtet worden sind oder ob dem Abgeber die Erklärung des Empfängers vorliegt. Einen Abdruck dieser Mitteilung hat der Abgeber zeitgleich dem Empfänger zuzusenden.

Zu Absatz 3:

Der Empfänger der Abfälle hat nach Nr. 1 dieser Vorschrift die Pflicht, zu überprüfen, ob der empfangene Abfall mit dem angekündigten übereinstimmt. Etwaige Unregelmäßigkeiten hat er der für ihn zuständigen Behörde mitzuteilen.

Im Übrigen muss der Empfänger dem Abgeber den Erhalt der Abfälle nach Nr. 2 dieser Vorschrift schriftlich mitteilen.

Die Pflicht des Empfängers zur unverzüglichen Aktualisierung seiner Buchführung nach Nr. 3 dieser Vorschrift stellt sicher, dass falsch deklarierte Abfälle auffallen und dadurch die Kontrolle über alle abgegebenen Abfälle transparent bleibt.

Zu Absatz 4:

Wer radioaktive Abfälle im Sinne der Atomrechtlichen Abfallverbringungsverordnung [ATAV] verbringt, ist von den in Absatz 2 festgelegten Mitteilungspflichten deshalb befreit, weil die zuständige Behörde schon vom Verbringer über die Verbringung der Abfälle gemäß den Regelungen in der Atomrechtlichen Abfallverbringungsverordnung unterrichtet worden ist und Doppelregelungen vermieden werden sollen.

229

Zu Absatz 5:

Auch diese Vorschrift besagt durch Verweis auf § 72 Satz 4, dass bestrahlte Brennelemente und Abfälle, die an Landessammelstellen abzuliefern sind, von den Regelungen des § 75 ausgenommen sind. Derjenige aber, der es gemäß § 72 Satz 5 übernimmt, die Abfälle von Ablieferungspflichtigen mit kleinem Abfallvolumen zu sammeln und zu behandeln, und dadurch selbst ablieferungspflichtig wird, hat den in § 75 geregelten Informations- und Mitteilungspflichten nachzukommen.

Ordnungswidrigkeiten

Siehe § 33.

§ 76 Ablieferung

(1) Radioaktive Abfälle sind an eine Anlage des Bundes zur Sicherstellung und zur Endlagerung radioaktiver Abfälle abzuliefern, wenn sie

1. bei der staatlichen Verwahrung von Kernbrennstoffen nach § 5 des Atomgesetzes,
2. bei der Aufbewahrung nach § 6 des Atomgesetzes,
3. in den nach § 7 des Atomgesetzes genehmigungsbedürftigen Anlagen oder
4. bei Tätigkeiten nach § 9 des Atomgesetzes oder
5. bei Tätigkeiten, die nur aufgrund von § 2 Abs. 3 des Atomgesetzes nicht dem § 9 des Atomgesetzes unterfallen,

entstanden sind.

(2) Absatz 1 findet auch Anwendung auf radioaktive Abfälle aus einem Umgang nach § 7 Abs. 1, wenn dieser im Zusammenhang mit einer der Tätigkeiten nach Absatz 1 erfolgt oder wenn sich gemäß § 7 Abs. 2 eine nach dem Atomgesetz erteilte Genehmigung auch auf einen Umgang nach § 7 Abs.1 erstreckt.

(3) Andere radioaktive Abfälle dürfen an eine Anlage des Bundes zur Sicherstellung und zur Endlagerung radioaktiver Abfälle nur abgeliefert werden, wenn die für den Abfallerzeuger zuständige Landesbehörde dies zugelassen hat. Im Fall der Zulassung entfällt die Ablieferungspflicht nach Absatz 4.

(4) Radioaktive Abfälle sind an eine Landessammelstelle abzuliefern, wenn sie

1. aus einem Umgang nach § 7 Abs. 1 oder
2. aus einem genehmigungsbedürftigen Betrieb von Anlagen zur Erzeugung ionisierender Strahlen

stammen, es sei denn, diese Abfälle sind nach Absatz 1 Nr. 5 an eine Anlage des Bundes zur Sicherstellung und zur Endlagerung radioaktiver Abfälle abzuliefern.

(5) Die in den Absätzen 1 und 2 genannten radioaktiven Abfälle dürfen an eine Landessammelstelle nur abgeliefert werden, wenn die für den Abfallerzeuger zuständige Landesbehörde dies zugelassen hat. Im Fall der Zulassung entfällt die Ablieferungspflicht nach Absatz 1 oder 2.

(6) Die Landessammelstelle führt die bei ihr zwischengelagerten radioaktiven Abfälle grundsätzlich an eine Anlage des Bundes zur Sicherstellung und zur Endlagerung radioaktiver Abfälle ab.

Kommentierung § 76

Die Pflicht zu Ablieferung radioaktiver Abfälle als Regelfall der Beseitigung ist in § 9a Abs. 2 AtG [ATG] begründet. Hiernach sind radioaktive Abfälle entweder an eine Anlage des Bundes im Sinne des § 9a Abs. 3 Satz 1 Halbsatz 2 AtG oder an eine Landessammelstelle gemäß § 9a Abs. 3 Satz 1 Halbsatz 1 AtG abzuliefern.

§ 76 regelt die Ablieferungspflicht. Wer dieser nachkommt, bedarf für die Beseitigung seiner Abfälle keiner atomrechtlichen Genehmigung.

In dieser Vorschrift sind die Regelungen der §§ 81 und 82 der alten StrlSchV [STR] aus systematischen Gründen zusammengefasst worden. Die Regelungen für die Ablieferung der Abfälle sind aber mit Blick auf deren Volumen und Nuklidinventar insoweit getrennt geblieben, als die großvolumigen und mit Kernbrennstoffen kontaminierten Abfallströme aus den kerntechnischen Betrieben unmittelbar an ein Endlager abgeliefert werden müssen, während die ungleich geringeren Volumina der mit sonstigen radioaktiven Stoffen kontaminierten Abfallströme aus den übrigen Industriebetrieben, aus dem Forschungsbereich und dem Bereich der Medizin zunächst an Landessammelstellen abgeliefert werden müssen, um von dort aus in gesammelter und erforderlichenfalls aufbereiteter Form an ein Endlager abgeführt zu werden.

Zu Absatz 1:

Diese Vorschrift bezieht sich auf Abfälle, die an eine Anlage des Bundes, also an ein Endlager abzuliefern sind, was allerdings derzeit noch nicht vorhanden ist. Sie richtet sich an die Ablieferungspflichtigen, in deren Anlagen oder Einrichtungen Kernbrennstoffe nach Nr. 1 staatlich verwahrt, nach Nr. 2 aufbewahrt, nach Nr. 3 z.B. gespalten oder angereichert oder nach Nr. 4 in sonstiger Weise bearbeitet oder verwendet werden. Infolge dieser nach dem AtG genehmigungsbedürftigen Tätigkeiten werden Abfälle anfallen, die mehr oder weniger hohe Anteile Kernbrennstoffe enthalten und ihre Behandlung insoweit manchmal erschweren.

Obwohl Kernbrennstoffe mit einer geringen Masse bis 15 g oder mit einer geringen Konzentration bis 15 g pro 100 kg im Sinne des § 2 Abs. 3 AtG als sonstige radioaktive Stoffe gelten und insoweit die Genehmigungsvorschriften des § 7 Abs. 1 dieser Verordnung anzuwenden sind, verlangt Nr. 5 dieser Vorschrift, dass auch geringe Massen von Kernbrennstoffen in Abfällen an ein Endlager abgeliefert werden sollen (zur „15-Gramm-Regel" vgl. auch Kommentierung zu § 7 Abs. 1 und § 16 Abs. 1).

Zu Absatz 2:

Sofern im Zusammenhang mit den Tätigkeiten nach den §§ 5,6,7 oder 9 AtG ein genehmigungsbedürftiger Umgang mit sonstigen radioaktiven Stoffen im Sinne des § 7 Abs. 1 dieser Verordnung stattfindet und dabei radioaktive Abfälle anfallen, sind auch diese Abfälle an ein Endlager abzuliefern. Das Gleiche gilt, wenn sich eine Genehmigung nach den §§ 5,6,7 oder 9 AtG auf einen genehmigungsbedürftigen Umgang mit sonstigen radioaktiven Stoffen im Sinne des § 7 Abs. 1 dieser Verordnung erstreckt und dabei radioaktive Abfälle anfallen.

Zu Absatz 3:

Diese Vorschrift ermöglicht denjenigen, die ihre Abfälle an eine Landessammelstelle abzuliefern haben, die Abfälle mit Zulassung der für sie zuständigen Behörde ersatzweise auch direkt an eine Anlage des Bundes abzuliefern. Die Zulassung erfolgt auf Antrag.

Die Vorschrift sieht zwar nicht vor, dass die für den Ablieferungspflichtigen zuständige Landesbehörde im Falle eines Antrages auf Zulassung das Einvernehmen mit dem Bundesamt für Strahlenschutz herzustellen hat, bevor sie dem Antrag stattgibt. Ein solches Einvernehmen sollte die Landesbehörde im Falle einer beabsichtigten Zulassung aber deshalb anstreben, weil es verschiedentlich zweckmäßig sein dürfte, dem Ablieferungspflichtigen Maßgaben zur Behandlung und Verpackung seiner Abfälle mit dem Ziel aufzugeben, endlagerfähige Abfallgebinde herzustellen oder herstellen zu lassen. Soweit es nämlich um die Einhaltung der Endlagerungsbedingungen geht, ist das Bundesamt für Strahlenschutz gemäß § 74 Abs. 1 Satz 2 für Maßgaben zur Behandlung und Verpackung von Abfällen zuständig.

Zu Absatz 4:

Diese Vorschrift bezieht sich auf Abfälle, die an eine Landessammelstelle abzuliefern sind.

Eine Landessammelstelle hat gemäß § 9a Abs. 3 Satz 1 Halbsatz 1 AtG die Aufgabe, die in ihrem Zuständigkeitsbereich, d.h. innerhalb der Grenzen des Bundeslandes angefallenen radioaktiven Abfälle zwischenzulagern. Im Gegensatz zur Endlagerung ist die Zwischenlagerung keine endgültige, sondern nur eine vorübergehende Lagerung. Aufgabe einer Landessammelstelle ist es deswegen auch, die gesammelten Abfälle an eine Anlage des Bundes abzuführen, also an ein Endlager.

Die Vorschrift richtet sich an Ablieferungspflichtige, die mit sonstigen radioaktiven Stoffen im Sinne des § 7 Abs. 1 dieser Verordnung umgehen oder die Anlagen zur Erzeugung ionisierender Strahlen im Sinne des § 11 Abs. 2 betreiben und bei deren Umgang und Betrieb radioaktive Abfälle anfallen.

Soweit es sich bei den sonstigen radioaktiven Stoffen im Sinne des § 7 Abs. 1 dieser Verordnung um Kernbrennstoffe mit geringer Masse bis 15 g oder mit geringer Konzentration bis 15 g pro 100 kg handelt und bei diesem Umgang radioaktive Abfälle anfallen, müssen diese Abfälle an eine Anlage des Bundes abgeliefert werden. Eine Zulassung im Sinne des Absatzes 3 ist in diesem Falle nicht erforderlich.

Zu Absatz 5:

Diese Vorschrift ist, um es vorwegzunehmen, eine eher praxisfremde Umkehrung der Vorschrift in Absatz 3. Sie ermöglicht denjenigen, die ihre Abfälle an eine Anlage des Bundes abzuliefern haben, die Abfälle mit Zulassung der für sie zuständigen Behörde ersatzweise auch an eine Landessammelstelle abzuliefern. Die Zulassung erfolgt auf Antrag.

Die Vorschrift sieht zwar ebenfalls nicht vor, dass die für den Ablieferungspflichtigen zuständige Landesbehörde im Falle eines Antrages auf Zulassung das Einvernehmen mit der Landessammelstelle und der für sie zuständigen Landesbehörde herzustellen hat, bevor sie dem Antrag stattgibt. Ein solches Einvernehmen sollte die für den Ablieferungspflichtigen zuständige Landesbehörde im Falle einer beabsichtigten Zulassung aber deshalb anstreben, weil die Landessammelstelle prüfen muss, ob sie die Abfälle mit Blick auf ihre Benutzungsordnung oder Annahmebedingungen und mit Blick auf die ihr erteilte Genehmigung annehmen kann. Selbst wenn sich dies als materiell möglich erweist, dürfte es für eine Landessammelstelle auch wichtig sein, zunächst festzustellen, ob es ihr und das Interesse des Landes ist, im Falle der Annahme von Abfällen, die Kernbrennstoffe enthalten, zu einer Kernanlage im Sinne der Begriffsbestimmungen in Anlage I zum AtG mit allen sich daraus ergebenden formellen und materiellen Konsequenzen zu werden.

Anträge auf Zulassung nach der Vorschrift in Absatz 5 dürften, wenn überhaupt, wohl nur Erfolg haben, wenn es sich um geringe Kernbrennstoffmassen oder -konzentrationen handelt, für die die Genehmigungsvorschriften nach § 7 Abs. 1 dieser Verordnung für sonstige radioaktive Stoffe gelten. Ansonsten ist diese Vorschrift, wie eingangs erwähnt, eher praxisfremd.

Zu Absatz 6:

Den Landessammelstellen wird mit dieser Vorschrift die Pflicht zugewiesen, die bei ihr zwischengelagerten radioaktiven Abfälle an eine Anlage des Bundes abzuführen. Da eine Anlage des Bundes seit der Schließung des Endlagers für radioaktive Abfälle Morsleben nicht vorhanden ist und der Zeitpunkt der Bereitstellung eines anderen Endlagers angesichts verschiedener Randbedingungen eher in den Sternen steht als wenigstens näherungsweise erkennbar ist, werden die Landessammelstellen sich wohl auf eine 30 bis 40 Jahre währende Zwischenlagerung der gesammelten Abfälle einzustellen haben. Dies wird mit Blick auf die Langzeitsicherheit der in Landessammelstellen bislang üblicherweise verwendeten Behälter wahrscheinlich insoweit nicht ohne Konsequenzen bleiben, als Qualitätssicherungsmaßnahmen an den bereits mit Abfällen eingelagerten Behältern optimiert und die bislang üblichen Anforderungen an neue Behälter zumindest überdacht werden müssen.

Die Abführungspflicht für die Landessammelstellen wird durch die Verwendung des Begriffes „grundsätzlich" eingeschränkt. Neben der Abführung von Abfällen an eine Anlage des Bundes werden nämlich auch die Freigabe (§ 29) radioaktiver Abfälle, z.B. zum Zweck ihrer Beseitigung nach den Vorschriften des Kreislaufwirtschafts- und Abfallgesetzes (KrW-/AbfG) [KRW], oder auch die Abgabe (§ 69) wiederverwertbarer oder wiederverwendbarer radioaktiver Stoffe durch andere Genehmigungsinhaber in Betracht kommen.

Ordnungswidrigkeiten

Siehe § 33.

§ 77 Ausnahmen von der Ablieferungspflicht

Die Ablieferungspflicht nach § 76 bezieht sich nicht auf radioaktive Abfälle, soweit deren anderweitige Beseitigung oder Abgabe im Einzelfall oder für einzelne Abfallarten im Einvernehmen mit der für den Empfänger der radioaktiven Abfälle zuständigen Behörde angeordnet oder genehmigt worden ist. Sie ruht, solange über einen Antrag auf Freigabe nach § 29 noch nicht entschieden oder eine anderweitige Zwischenlagerung der radioaktiven Abfälle angeordnet oder genehmigt ist.

Kommentierung § 77

Zu Satz 1:

Anderweitige Beseitigung

Von der Ablieferungspflicht ist nach Satz 1 dieser Vorschrift derjenige befreit, dem genehmigt oder dem gegenüber angeordnet wurde, seine radioaktiven Abfälle im Einzelfall anderweitig zu beseitigen oder abzugeben. Die Befreiung gilt auch für einzelne Abfallarten, deren anderweitige Beseitigung oder Abgabe genehmigt oder angeordnet worden ist.

Eine anderweitige Beseitigung radioaktiver Abfälle liegt vor, wenn die Abfälle anders beseitigt werden als durch Ablieferung an eine Landessammelstelle oder an eine Anlage des Bundes. In der Praxis sind eher wenige Fälle zu finden, die als eine anderweitige Beseitigung radioaktiver Abfälle zu bezeichnen sind.

Um eine anderweitige Beseitigung handelt es sich z.B., wenn ein Abfallverursacher seine radioaktiven Abfälle in einer geeigneten Anlage unter atomrechtlicher Überwachung selbst verbrennt oder von einem anderen Genehmigungsinhaber, der eine geeignete Anlage betreibt, verbrennen lässt. Hierdurch werden die Abfälle zwar nicht vollständig beseitigt, aber immerhin ein großer Teil ihres Volumens. Die radioaktiv kontaminierten Verbrennungsrückstände sind dann zu konditionieren und abzuliefern.

Auch das so genannte Blenden von Eisenschmelzen kann als ein weiteres Beispiel für eine anderweitige Beseitigung radioaktiver Abfälle aufgeführt werden. Vorauszuschicken ist, dass das „Blenden" ein Begriff aus der Brennelementherstellung ist und zur Herstellung eines vom Kunden gewünschten Anreicherungsgrades der Brennelemente führt. Die Anwender des Blendens von Eisenschmelzen haben den Begriff sozusagen von den Brennelementherstellern ausgeliehen.

Wird Schrott eingeschmolzen, der mit angereicherten Kernbrennstoffen kontaminiert ist, „wandern" die Kernbrennstoffe vom Eisen weg in die Schlacke, was zu ihrer Aufkonzentration führt. Durch die Zugabe von abgereichertem Uran in die Schmelzen, also dem Blenden der Schmelzen mit abgereichertem Uran, das bei der Brennelementherstellung als radioaktiver Abfall angefallen ist, stellt sich ein Schlackeprodukt her, das überwiegend abgereichertes Uran enthält und deshalb nicht als Abfall in Form von Kernbrennstoff beseitigt werden muss, was mit Blick auf die Erfüllung der Endlagerungsbedingungen Vorteile hat. Der Verursacher des abgereicherten Uranabfalls ist auf diese Weise seiner Pflicht zur geordneten Beseitigung anders als durch Ablieferung an eine Anlage des Bundes nachgekommen.

Eine anderweitige Beseitigung radioaktiver Abfälle liegt auch vor, wenn im Rahmen eines Verfahrens nach § 7 Abs. 1 in Verbindung mit § 77 Satz 1 genehmigt worden ist, radioaktive Abfälle aus genehmigungsbedürftigen Tätigkeiten unter Inanspruchnahme der Regelungen für den genehmigungsfreien Umgang nach § 8 Abs. 1 durch Verdünnung oder Aufteilung in Freigrenzenmengen zu beseitigen (vgl. Kommentierung zu § 79 Nr. 4). Es liegt auf der Hand, dass bei der genehmigten oder angeordneten anderweitigen Beseitigung radioaktiver Abfälle die Vorschriften für die Abgabe radioaktiver Stoffe im Sinne des § 69 beachtet werden müssen.

Dass die ablieferungspflichtige Beseitigung der Regelfall ist und auch der Regelfall bleiben soll, wird durch den Hinweis in dieser Vorschrift deutlich, dass eine anderweitige Beseitigung nur im Einzelfall oder nur für einzelne Abfallarten genehmigt oder angeordnet werden kann.

Abgabe

Wenn ein Abfallverursacher seine Pflicht zur geordneten Beseitigung seiner radioaktiven Abfälle lediglich dadurch erfüllen will, dass er es einem anderen überlässt, sie zu beseitigen, muss ihm dies als Abgabe gemäß Satz 1 dieser Vorschrift und im Übrigen in Verbindung mit § 69 nach § 7 Abs. 1 genehmigt werden, es sei denn, diese Abgabe wird von der zuständigen Behörde angeordnet. Diese Form der Abgabe zieht ggf. den Übergang der abgegebenen radioaktiven Abfälle in das Eigentum des Empfängers nach sich, der die empfangenen Abfälle nun geordnet zu beseitigen hat. Wer radioaktive Abfälle auf diese Weise abgibt, ist von der Ablieferungspflicht befreit.

Dass jeder Abfallverursacher die Pflicht zur geordneten Beseitigung seiner radioaktiven Abfälle selbst erfüllen soll, wird durch den Hinweis in dieser Vorschrift deutlich, dass eine Abgabe radioaktiver Abfälle zu dem Zweck, sie durch einen anderen Genehmigungsinhaber beseitigen zu lassen, nur im Einzelfall oder nur für einzelne Abfallarten genehmigt oder angeordnet werden kann.

Sofern die anderweitige Beseitigung oder die Abgabe im vorstehend beschriebenen Sinne mit einem Wechsel des Besitzes oder des Eigentums an den Abfällen verbunden ist – was ja nicht immer sein muss –, ist das Einvernehmen der für den neuen Besitzer oder Eigentümer zuständigen Behörde nötig.

Zu Satz 2:

Diese Vorschrift stellt zum einen sicher, dass radioaktive Abfälle nicht während eines Verfahrens zur Erteilung der Freigabe nach § 29 abgeliefert werden müssen.

Zum anderen ruht die Ablieferungspflicht auch, wenn dem Ablieferungspflichtigen genehmigt oder ihm gegenüber angeordnet wurde, die radioaktiven Abfälle anderweitig zwischenzulagern. So wie eine anderweitige Beseitigung radioaktiver Abfälle keine Beseitigung durch deren Ablieferung ist, so ist auch eine anderweitige Zwischenlagerung radioaktiver Abfälle keine Zwischenlagerung in einer Anlage, an die radioaktive Abfälle abgeliefert werden. Auch die Zwischenlagerung radioaktiver Abfälle, die im Rahmen des genehmigten Umgangs z.B. zum Zweck ihrer Konditionierung betriebsbedingt nötig ist, ist keine anderweitige Zwischenlagerung.

Eine anderweitige Zwischenlagerung radioaktiver Abfälle kann z.B. auf dem Betriebsgelände des Verursachers dieser Abfälle erfolgen, wie dies z.B. in den Abfalllagern verschiedener Forschungszentren oder in den so genannten Transportbereitstellungshallen an den verschiedenen Kernkraftwerkstandorten der Fall ist. Auch die Zwischenlagerung bestrahlter Brennelemente in den Transportbehälterlagern Gorleben und Ahaus ist dem Sinne nach eine anderweitige Zwischenlagerung.

§ 78 Zwischenlagerung

Bis zur Inbetriebnahme von Anlagen des Bundes zur Sicherstellung und zur Endlagerung radioaktiver Abfälle sind die nach § 76 Abs. 1 oder 2 abzuliefernden radioaktiven Abfälle vom Ablieferungspflichtigen zwischenzulagern; die zwischengelagerten radioaktiven Abfälle werden nach Inbetriebnahme dieser Anlagen von deren Betreiber abgerufen. Die Zwischenlagerung kann auch von mehreren Ablieferungspflichtigen gemeinsam oder durch Dritte erfolgen.

Kommentierung § 78

1. Radioaktive Abfälle, die bei den in § 76 Abs. 1 Nrn. 1 bis 5 aufgeführten Tätigkeiten anfallen, sind an eine Anlage des Bundes zur Sicherstellung und zur Endlagerung radioaktiver Abfälle abzuliefern.

Anlagen zur Sicherstellung

Der Begriff „*Anlagen des Bundes zur Sicherstellung*" wird in dieser Verordnung nicht definiert. Ein kurzer Blick auf das Polizei- und Ordnungsrecht kann deshalb nicht schaden. Die nachstehende Auslegung ist im Zusammenhang mit der Frage, was eine Anlage des Bundes zur Sicherstellung radioaktiver Abfälle ist, zwar nur begrenzt verwendbar; gleichwohl kann mit ihr der Vorgang der Sicherstellung radioaktiver Abfälle hilfsweise erklärt werden.

Nach dem Polizei- und Ordnungsrecht wird durch die Sicherstellung einer Sache dem bisherigen Eigentümer oder sonstigen Berechtigten die Verfügungsgewalt über die Sache entzogen. Eine Sicherstellung ist zulässig zur Abwehr einer gegenwärtigen Gefahr. Die zwingende Rechtsfolge der Sicherstellung ist die Verwahrung, denn sichergestellte Sachen sind in behördliche Verwahrung zu nehmen. Durch die Sicherstellung entsteht ein öffentlich-rechtliches Verwahrungsverhältnis zwischen dem Verfügungsberechtigten und der Behörde, auch wenn die Verwahrung auf einen Dritten übertragen wird [MÖ].

Dadurch, dass der Gesetzgeber vom Abfallverursacher durch § 9a Abs. 2 AtG [ATG] verlangt, seine radioaktiven Abfälle an eine Landessammelstelle oder an eine Anlage des Bundes, also an staatliche Stellen, abzuliefern, macht der Gesetzgeber deutlich, dass der Abfallverursacher als Eigentümer der Abfälle sein Eigentum daran aufgeben muss, weil der Staat es als seine Aufgabe ansieht, abgelieferte radioaktive Abfälle in seine Obhut zu nehmen und damit sicherzustellen, jedenfalls nach Auslegung der geltenden atomrechtlichen Bestimmungen. Die Sicherstellung geht insoweit der Endlagerung voraus, so dass die Landessammelstellen als staatliche Stellen sozusagen Anlagen der Länder zur Sicherstellung radioaktiver Abfälle sind. Das Eingangslager eines Endlagers wäre vor diesem Hintergrund eine Anlage des Bundes zur Sicherstellung radioaktiver Abfälle, die als Folge der Sicherstellung in das Endlager eingelagert werden.

Die privaten Zwischenlager der Abfallverursacher, in denen die radioaktiven Abfälle nach § 78 Satz 1 Halbsatz 2 bis zum Abruf durch den Endlagerbetreiber zwischengelagert werden, sind zwar Anlagen zur sicheren Zwischenlagerung radioaktiver Abfälle,

Teil 2: Zielgerichtete Nutzung radioaktiver Stoffe oder ionisierender Strahlung

die der staatlichen Aufsicht nach § 19 AtG unterliegen; sie sind aber keine Anlagen zur Sicherstellung, weil hier das Merkmal der Verwahrung als zwingende Rechtsfolge der Sicherstellung durch eine Behörde fehlt.

Anlagen zur Endlagerung

Anders als im Polizei- und Ordnungsrecht, nach dem die sichergestellte und von der Behörde verwahrte Sache dem Berechtigten nur auf Zeit entzogen wird, verliert der Eigentümer radioaktiver Abfälle sein Eigentum daran durch ihre Ablieferung an staatliche Stellen. Der Eigentumsverlust findet seine Entsprechung in den Polizei- und Ordnungsgesetzen, wonach nach Möller/Wilhelm [MÖ] in Ausnahmefällen die Möglichkeit besteht, eine Sache endgültig dem Berechtigten durch Verwertung, Unbrauchbarmachung oder Vernichtung zu entziehen. Die geordnete Beseitigung radioaktiver Abfälle durch Endlagerung kommt im übertragenen Sinne einer Unbrauchbarmachung oder Vernichtung dieser Abfälle gleich.

2. Satz 1 Halbsatz 1 dieser Vorschrift trägt der Tatsache Rechnung, dass Anlagen des Bundes zur Sicherstellung und zur Endlagerung radioaktiver Abfälle fehlen. Die Betreiber kerntechnischer Anlagen und Einrichtungen, die die bei ihren Tätigkeiten angefallenen radioaktiven Abfälle gemäß § 76 Abs. 1 an eine Anlage des Bundes abliefern müssen, haben ihre Abfälle bis zur Inbetriebnahme einer Anlage des Bundes zwischenzulagern. Zu diesem Zweck werden im nordrhein-westfälischen Ahaus und im niedersächsischen Gorleben je ein externes, also außerhalb des Geländes eines Kernkraftwerkes befindliches Zwischenlager zur Aufbewahrung (§ 6 AtG) bestrahlter Brennelemente aus Leistungsreaktoren betrieben. In Gorleben befindet sich darüber hinaus ein externes Zwischenlager für radioaktive Betriebsabfälle, die beim Betrieb kerntechnischer Anlagen und Einrichtungen (z.B. §§ 7 und 9 AtG) oder beim genehmigungsbedürftigen Umgang mit sonstigen radioaktiven Stoffen nach § 7 Abs. 1 angefallen sind. Außerdem werden zur Erfüllung der Pflicht zur Zwischenlagerung auch verschiedene Zwischenlager an den Kernkraftwerksstandorten oder innerhalb der Forschungszentren betrieben, in denen bestrahlte Brennelemente aufbewahrt oder sonstige radioaktive Betriebsabfälle zwischengelagert werden.

3. Satz 1 Halbsatz 2 dieser Vorschrift stellt darauf ab, dass die nach § 77 Satz 2 ruhende Ablieferungspflicht erst wieder auflebt, wenn die konkrete Möglichkeit besteht, dass der Endlagerbetreiber beim Ablieferungspflichtigen Abfallchargen zur Einlagerung ins Endlager abruft. Die Ablieferungspflicht lebt also nicht dann schon auf, wenn der Betreiber das Endlager in Betrieb nimmt.

4. Satz 2 eröffnet den Ablieferungspflichtigen die Möglichkeit, ihre radioaktiven Abfälle oder ihre bestrahlten Brennelemente gemeinsam in einer externen Anlage zwischenzulagern, die von einem Dritten, wie z.B. an den Standorten Ahaus und Gorleben, betrieben wird. Die Benutzung einer von einem Ablieferungspflichtigen betriebenen Zwischenlagereinrichtung am Standort seiner Anlage durch mehrere Ablieferungspflichtige wird kaum praktiziert.

5. Geordnet beseitigt im Sinne des § 9a Abs. 1 AtG hat der Abfallverursacher seine radioaktiven Abfälle, wenn er sie an ein Endlager abgeliefert hat. Die Ablieferung kann

237

erst erfolgen, wenn der Abfallverursacher gegenüber dem Bundesamt für Strahlenschutz die Erfüllung der Endlagerungsbedingungen nachgewiesen hat. Schließlich sorgt der Endlagerbetreiber für die tatsächliche geordnete Beseitigung der Abfälle. Die Erfüllung der Endlagerungsbedingungen gewährleistet die wartungsfreie und sichere Beseitigung der radioaktiven Abfälle, deren Rückholung nicht mehr beabsichtigt und die Endlagerung deshalb ein unbefristeter Vorgang ist. Deshalb ist die Endlagerung auch keine Verwahrung im Sinne der oben stehenden Auslegung zu den Polizei- und Ordnungsgesetzen.

Ordnungswidrigkeiten

Siehe § 33.

§ 79 Umgehungsverbot

Niemand darf sich den Pflichten aus den §§ 72 bis 78 dadurch entziehen, dass er radioaktive Abfälle aus genehmigungsbedürftigen Tätigkeiten nach § 2 Abs. 1 Nr. 1 ohne Genehmigung unter Inanspruchnahme der Regelung des § 8 Abs. 1 durch Verdünnung oder Aufteilung in Freigrenzenmengen beseitigt, beseitigen lässt oder deren Beseitigung ermöglicht. § 29 Abs. 2 Satz 4 bleibt unberührt.

Kommentierung § 79

1. Diese Vorschrift gilt für radioaktive Abfälle, die bei genehmigungsbedürftigen Tätigkeiten nach § 2 Abs. 1 Nr. 1 entstanden sind. Deshalb fallen Abfälle, die radioaktive Stoffe aus genehmigungsfreiem Umgang oder die Kernbrennstoffe aus genehmigungsfreiem Besitz im Sinne des § 8 Abs. 1 enthalten, und Abfälle, die bei Arbeiten nach § 2 Abs. 1 Nr. 2 angefallen sind, nicht unter diese Vorschrift.

2. Von vornherein fallen solche radioaktiven Abfälle nicht unter diese Vorschrift, für die eine der in § 77 genannten Ausnahmen vorliegt. Die Genehmigung ihrer anderweitigen Beseitigung oder Abgabe erfolgt nämlich, sofern keine Anordnung vorliegt, immer auf der Grundlage eines Antrages, also einer ausdrücklichen Willenserklärung desjenigen, der radioaktive Abfälle anderweitig beseitigen oder abgeben will. Die Vorschrift geht an dieser Stelle deshalb ins Leere, weil kaum unterstellt werden kann, dass derjenige, dem die anderweitige Beseitigung oder Abgabe antragsgemäß genehmigt worden ist, sich dieser Begünstigung schließlich entzieht.

Auch im Falle der Anordnung einer anderweitigen Beseitigung oder Abgabe radioaktiver Abfälle nach § 77 Satz 1 geht die Vorschrift ins Leere, weil der Empfänger der Anordnung verpflichtet ist, die Anordnung zu befolgen und insoweit das Umgehungsverbot nicht mehr tangiert ist. Er kann sich dieser Anordnung rechtswidrigerweise zwar entziehen; das aber wäre ein Verstoß gegen die Anordnung nach § 77 Satz 1.

3. Niemand, der Tätigkeiten nach § 2 Abs. 1 Nr. 1 ausübt, bei denen radioaktive Abfälle anfallen, darf sich

- den Planungs- und Mitteilungspflichten für radioaktive Abfälle nach § 72,
- den Pflichten zur Erfassung radioaktiver Abfälle nach § 73,
- den Pflichten zur Anwendung von Verfahren bei der Behandlung und Verpackung radioaktiver Abfälle und deren Kennzeichnung nach § 74 Abs. 2 und 3, denen das Bundesamt für Strahlenschutz zugestimmt hat,
- den Pflichten bei der Abgabe radioaktiver Abfälle nach § 75,
- der Ablieferungspflicht nach § 76 und
- der Pflicht zur Zwischenlagerung radioaktiver Abfälle nach § 78

dadurch entziehen, dass er die radioaktiven Abfälle ohne Genehmigung unter Inanspruchnahme der Regelung des § 8 Abs. 1 durch Verdünnung oder Aufteilung in Freigrenzenmengen beseitigt, beseitigen lässt oder deren Beseitigung ermöglicht.

Es bedarf keines besonderen Sachverstandes oder Aufwandes, radioaktive Abfälle durch Zugabe nicht radioaktiver Materialien zu verdünnen oder radioaktive Abfälle so aufzuteilen, um die in Anlage I genannten Voraussetzungen zu erreichen, damit die Regelungen des § 8 Abs. 1 für den genehmigungsfreien Umgang mit sonstigen radioaktiven Stoffen in Anspruch genommen werden können. Damit das nicht mit radioaktiven Abfällen aus genehmigungsbedürftigen Tätigkeiten passiert, verbietet der Verordnungsgeber, die Regelung des § 8 Abs. 1 durch Verdünnung radioaktiver Abfälle oder deren Aufteilung in Freigrenzenmengen in Anspruch zu nehmen.

Exkurs

§ 8 Abs. 1 regelt den genehmigungsfreien Umgang mit sonstigen radioaktiven Stoffen insoweit, als eine Genehmigung nach § 7 Abs. 1 zum Umgang mit sonstigen radioaktiven Stoffen für bestimmte Fälle nicht erforderlich ist. Im Zusammenhang mit der Kommentierung zu § 79 stellte sich die Frage, was mit Abfällen zu geschehen hat, die beim genehmigungsfreien Umgang nach § 8 Abs. 1 in Verbindung mit Anlage I Teil B Nrn. 1 und 2 angefallen sind und deren Aktivität oder spezifische Aktivität die Freigrenzen in Anlage III Tabelle 1 Spalten 2 und 3 nicht, hingegen aber die Freigabewerte in Anlage III Tabelle 1 Spalten 5 und 6 sowie 9 überschreitet.

Die Antwort dazu sei ihrer Begründung vorangestellt:

Abfälle, die beim genehmigungsfreien Umgang nach § 8 Abs. 1 mit sonstigen radioaktiven Stoffen angefallen sind, dürfen unbeschadet der Vorschriften des Kreislaufwirtschafts- und Abfallgesetzes [KRW] genehmigungsfrei, also auf beliebige Weise, oder, um mit dem Vokabular der Freigaberegelungen zu sprechen, uneingeschränkt beseitigt, verwertet oder wiederverwendet werden, wenn deren Aktivität oder spezifische Aktivität die Freigrenzen der Anlage III Tabelle 1 Spalten 2 und 3 nicht überschreitet. Bedeutend ist in diesem Zusammenhang der Hinweis, dass alle Freigabewerte zum Teil erheblich geringer sind als die Werte der Freigrenzen; höchstenfalls entsprechen die Werte für die Freigabe ihrem Betrag nach den Werten der Freigrenzen.

Begründung:

a) Nach § 3 Abs. 2 Nr. 34 sind u.a. die Beseitigung oder die sonstige Verwendung von radioaktiven Stoffen Unterfälle des Umgangs damit. Ist der Umgang genehmigungsfrei, muss deswegen auch die Beseitigung oder die sonstige Verwendung von Abfällen aus dem genehmigungsfreien Umgang ohne Genehmigung möglich sein, wenn die entsprechenden Freigrenzen nicht überschritten werden.

b) Nach § 9a Abs. 1 AtG [ATG] sind radioaktive Reststoffe, die bei genehmigungsbedürftigen Tätigkeiten angefallen sind, entweder schadlos zu verwerten oder als Abfälle geordnet zu beseitigen. Folglich ist die Vorschrift der schadlosen Verwertung radioaktiver Reststoffe oder ihrer geordneten Beseitigung als radioaktive Abfälle nicht auf Reststoffe oder Abfälle anzuwenden, die bei genehmigungsfreien Tätigkeiten im Sinne des Umgangs nach Anlage I Teil B Nrn. 1 und 2 angefallen sind.

c) Wenn die Aktivität oder spezifische Aktivität der beim genehmigungsfreien Umgang angefallen Reststoffe oder Abfälle die Freigrenzen der Anlage III Tabelle 1 Spalten 2 und 3 nicht überschreitet, ist die Überschreitung der Freigabewerte der Anlage III Tabelle 1 Spalten 5 und 6 sowie 9 kein Hindernis dafür, die Reststoffe oder Abfälle auf beliebige Weise, also uneingeschränkt, zu beseitigen, zu verwerten oder wiederzuverwenden. Die Regelungen des § 29 zur Freigabe gelten nämlich nur für Inhaber bestimmter Genehmigungen nach dem AtG oder nach dieser Verordnung. Die Freigabewerte sind deshalb nicht für Stoffe aus genehmigungsfreiem Umgang anzuwenden.

4. In der Vorschrift heißt es, dass niemand sich den Regelungen über radioaktive Abfälle dadurch entziehen darf, dass er sie **ohne Genehmigung** unter Inanspruchnahme der Regelung des § 8 Abs. 1 durch Verdünnung oder Aufteilung in Freigrenzenmengen beseitigen darf.

Was auf Grund dieser Vorschrift nun **mit Genehmigung** gemacht werden darf, ist so einfach nicht zu erkennen. Es spricht aber vieles dafür, davon auszugehen, dass radioaktive Abfälle aus genehmigungsbedürftigen Tätigkeiten im Rahmen einer Genehmigung nach § 7 Abs. 1 in Verbindung mit einer Ausnahme nach § 77 Satz 1 unter Inanspruchnahme der Regelung des § 8 Abs. 1 durch Verdünnung oder Aufteilung in Freigrenzenmengen anderweitig beseitigt werden dürfen.

Begründung:

a) Es gilt der Grundsatz, dass radioaktive Abfälle aus genehmigungsbedürftigen Tätigkeiten nach § 76 abgeliefert werden müssen. Ausnahmen davon regelt § 77.

b) Für radioaktive Abfälle, für die ein Ausnahmetatbestand nach § 77 Satz 1 vorliegt, sind die Vorschriften des § 79 von vornherein nicht anzuwenden (vgl. Kommentierung zu § 79 Nr. 2). Das heißt, dass das Umgehungsverbot nicht für radioaktive Abfälle gilt, deren anderweitige Beseitigung oder Abgabe genehmigt oder angeordnet worden ist. Folglich kann sich im Sinne des § 79 bei einem Ausnahmetatbestand nach § 77 Satz 1 auch deshalb niemand der Ablieferungspflicht entziehen, weil die Ablieferungspflicht bei diesem Ausnahmetatbestand nicht mehr gilt.

c) Ist im Rahmen eines Verfahrens nach § 7 Abs. 1 in Verbindung mit § 77 Satz 1 über die Erteilung einer Genehmigung zur anderweitigen Beseitigung oder Abgabe radioaktiver Abfälle als Ausnahme von der Ablieferungspflicht zu entscheiden, kann auch darüber entschieden werden, ob radioaktive Abfälle aus genehmigungsbedürftigen Tätigkeiten wegen des Wegfalls des Umgehungsverbotes verdünnt und in Freigrenzenmengen aufgeteilt werden dürfen, um sie unter Inanspruchnahme der Regelungen für den genehmigungsfreien Umgang nach § 8 Abs. 1 anderweitig zu beseitigen (vgl. Exkurs in der Kommentierung zu § 79 Nr. 3).

Radioaktive Abfälle aus genehmigungsbedürftigen Tätigkeiten dürfen also **mit Genehmigung** unter Inanspruchnahme der Regelung des § 8 Abs. 1 durch Verdünnung oder Aufteilung in Freigrenzen im Rahmen einer Ausnahme nach § 77 Satz 1 anderweitig beseitigt werden. Eine solche Genehmigung, radioaktive Abfälle über die Regelungen für den genehmigungsfreien Umgang nach den Vorschriften des Kreislaufwirtschafts- und Abfallgesetzes [KRW] zu beseitigen, führt zu demselben Ergebnis wie eine Freigabe nach § 29 dieser Verordnung. Die Freigabe gilt jedoch nicht für Abfälle aus genehmigungsfreiem Umgang, der im Zusammenhang mit § 79 zur Debatte steht (vgl. Exkurs in der Kommentierung zu § 79 Nr. 3c).

Im Übrigen wird die Inanspruchnahme der Regelung für den genehmigungsfreien Umgang im Zusammenhang mit der anderweitigen Beseitigung als Ausnahme von der Ablieferungspflicht nur im Einzelfall und wenn dafür ein Bedürfnis (§ 9 Abs. 2 Satz 2) vorliegt, in Betracht kommen.

5. Die Verdünnung und Aufteilung radioaktiver Abfälle in Freigrenzenmengen zu dem Zweck, die Regelungen des § 8 Abs. 1 in Anspruch zu nehmen, sollte in der Tat auf Einzelfälle beschränkt bleiben. Alles andere würde die Regelungen zur Freigabe unterlaufen.

Ein anderer Fall ist die Verdünnung radioaktiver Abfälle aus genehmigungsbedürftigen Tätigkeiten, wenn sie als unvermeidbare Begleiterscheinung bei der Herstellung endlagerfähiger Abfallgebinde auftritt, also im Rahmen von Tatbeständen, die ohnehin zu nichts anderem führen als zur Ablieferung der Abfälle an staatliche Stellen nach § 76 oder zu ihrer Zwischenlagerung nach § 78. In diesem Zusammenhang ist die Verdünnung kein Verstoß gegen atomrechtliche Vorschriften, auch wenn die Verdünnung zur möglichen radioaktiven Kontamination nicht radioaktiver Materialien (Stoffe) und zu einer Vergrößerung des Abfallvolumens führt. Tritt dabei jedoch möglicherweise der Fall ein, dass Abfallprodukte entstehen, für die wegen ihrer Aktivität oder spezifischen Aktivität die Regelung des § 8 Abs. 1 in Anspruch genommen werden kann, so hat die zuständige Behörde diesen Sachzusammenhang mit Blick auf § 74 genauestens zu prüfen, damit eine missbräuchliche Inanspruchnahme der Regelungen für genehmigungsfreien Umgang ausgeschlossen wird.

Die nachfolgende Kommentierung dient zur Veranschaulichung von Fällen der verbotenen und erlaubten Verdünnung.

Verbot der Verdünnung radioaktiver Abfälle

Eine verbotene Verdünnung radioaktiver Abfälle aus genehmigungsbedürftigen Tätigkeiten liegt vor, wenn es für die Notwendigkeit der Verdünnung keine objektiv nachvollziehbaren Gründe gibt und die Verdünnung offensichtlich nur den Zweck hat, um die Aktivität oder die spezifische Aktivität der Abfälle so weit zu reduzieren, dass die Regelung des § 8 Abs. 1 in Anspruch genommen werden kann oder die Voraussetzungen für die Freigabe nach § 29 erfüllt sind (vgl. Kommentierung zu § 29 Abs. 1 Satz 4). Dabei ist es unerheblich, ob zur Verdünnung nicht radioaktive Materialien (Stoffe) oder Stoffe verwendet werden, mit denen nach § 8 Abs. 1 genehmigungsfrei umgegangen werden darf. Eine solche Verdünnung wird allein schon durch die Vorschrift in § 6 Abs. 1, jede unnötige Kontamination zu vermeiden, untersagt.

Erlaubte Verdünnung radioaktiver Abfälle

Bei der Vorbehandlung und Konditionierung radioaktiver Abfälle kann es z.B. zur Minimierung der Strahlenbelastung oder zur Reduzierung der Transportvorgänge zweckmäßig sein, verschiedenartige oder aus verschiedener Herkunft stammende radioaktive Abfälle zu vermischen. Werden dabei Abfälle mit geringer radioaktiver Kontamination mit solchen vermischt, deren radioaktive Kontamination höher ist, führt dies zwangsläufig zu einer Verdünnung der spezifischen Aktivität bei den vormals höher kontaminierten Abfällen. Diese Verdünnung ist so lange nicht zu beanstanden, wie gewährleistet wird, dass nur Abfälle vermischt werden, die ohnehin der Ablieferungspflicht unterliegen.

Eine Verdünnung ist sogar auch dann erlaubt, wenn radioaktive Rohabfälle im Zuge der Herstellung endlagerfähiger Abfallgebinde mit nicht radioaktiven Materialien vermischt werden müssen. Die Zugabe von Zement und Wasser zur Verfestigung oder die Zugabe von Bitumen zur Fixierung von radioaktiven Abfällen sind Beispiele dafür. (Der Gehalt an natürlich radioaktiven Stoffen im Zement soll hier außer Acht gelassen werden.) Solange die Zugabe von Materialien (Stoffen) zur Herstellung einer für die spätere Endlagerung notwendigen Produktqualität führt, ist sie nicht zu beanstanden, selbst wenn dies zur Verdünnung der Radioaktivität der Abfälle oder zur radioaktiven Kontamination nicht radioaktiver Stoffe führt.

Ordnungswidrigkeiten

Siehe § 33.

Vorbemerkung zu Teil 2, Kapitel 4: Besondere Anforderungen bei der medizinischen Anwendung radioaktiver Stoffe und ionisierender Strahlung

Zur Umsetzung der Richtlinie 97/43/EURATOM [EU 4] (Patientenrichtlinie) wurde in der Strahlenschutzverordnung zu den besonderen Anforderungen bei der medizinischen Anwendung radioaktiver Stoffe und ionisierender Strahlung ein besonderes Kapitel eingeführt. In diesem Kapitel wurde der Bereich, der in der Strahlenschutzverordnung vor

1989 in den §§ 41 bis 43 enthalten war, neu strukturiert. Hierdurch wird den rechtlichen Anforderungen an den Strahlenschutz in der Medizin ein stärkeres Gewicht verliehen und den Anwendern das Auffinden der für sie maßgeblichen Vorschriften erleichtert. Es muss beachtet werden, dass das Genehmigungserfordernis für den Umgang mit radioaktiven Stoffen in § 7 und für den Betrieb einer Anlage zur Erzeugung ionisierender Strahlen in § 11 geregelt ist. In den §§ 9 Abs. 3 und 14 Abs. 2 sind besondere Voraussetzungen, die im Verfahren auf Erteilung einer Genehmigung zur Anwendung radioaktiver Stoffe bzw. ionisierender Strahlen am Menschen nachgewiesen werden müssen, speziell ausgeführt.

Die besonderen Genehmigungsvoraussetzungen, die bei der Anwendung radioaktiver Stoffe oder ionisierender Strahlung in der medizinischen Forschung erfüllt sein müssen, sind in die §§ 23 und 24 aufgenommen.

Das Kapitel 4 „Besondere Anforderungen bei der medizinischen Anwendung radioaktiver Stoffe oder ionisierender Strahlung" enthält somit die Schutzvorschriften, die bisher in den §§ 41 (medizinische Forschung), 42 (Anwendung in der Heilkunde) und 43 (Aufzeichnungen) enthalten waren.

Grundsätzlich gilt, dass die Vorschriften der §§ 80 bis 86 dieser Verordnung, die die Heilkunde und Zahnheilkunde betreffen, auch dann zu beachten sind, wenn medizinische Forschung durchgeführt wird, soweit in den speziellen Regelungen für die medizinische Forschung nichts anderes festgelegt ist.

Wie schon in der Kommentierung zu § 24 ausgeführt, wird auch in diesem Kapitel in Anlehnung an den Text der Strahlenschutzverordnung der Begriff „Arzt" für die Ärztin/ den Arzt verwendet.

§ 80 Rechtfertigende Indikation

(1) Radioaktive Stoffe oder ionisierende Strahlung dürfen unmittelbar am Menschen in Ausübung der Heilkunde oder Zahnheilkunde nur angewendet werden, wenn eine Person nach § 82 Abs. 1 Nr. 1 hierfür die rechtfertigende Indikation gestellt hat. Die rechtfertigende Indikation erfordert die Feststellung, dass der gesundheitliche Nutzen einer Anwendung am Menschen gegenüber dem Strahlenrisiko überwiegt. Andere Verfahren mit vergleichbarem gesundheitlichem Nutzen, die mit keiner oder einer geringeren Strahlenexposition verbunden sind, sind bei der Abwägung zu berücksichtigen. Eine rechtfertigende Indikation nach Satz 1 ist auch dann zu stellen, wenn eine Anforderung eines überweisenden Arztes vorliegt. § 23 bleibt unberührt.

(2) Der die rechtfertigende Indikation stellende Arzt hat vor der Anwendung, erforderlichenfalls in Zusammenarbeit mit einem überweisenden Arzt, die verfügbaren Informationen über bisherige medizinische Erkenntnisse heranzuziehen, um jede unnötige Strahlenexposition zu vermeiden. Patienten sind über frühere medizinische Anwendungen von radioaktiven Stoffen oder ionisierender Strahlung, die für die vorgesehene Anwendung von Bedeutung sind, zu befragen.

(3) Vor einer Anwendung radioaktiver Stoffe oder ionisierender Strahlung hat der anwendende Arzt gebärfähige Frauen, erforderlichenfalls in Zusammenarbeit mit einem überweisenden Arzt, zu befragen, ob eine Schwangerschaft besteht oder bestehen könnte oder ob sie stillen. Bei bestehender oder nicht auszuschließender Schwangerschaft ist die Dringlichkeit der Anwendung besonders zu prüfen. Bei Anwendung offener radioaktiver Stoffe gilt Satz 2 entsprechend für stillende Frauen.

Kommentierung § 80

§ 80 legt den Grundsatz fest, dass radioaktive Stoffe oder ionisierende Strahlung nur in Ausübung der Heilkunde oder Zahnheilkunde unmittelbar am Menschen angewendet werden dürfen. Die Anwendung in der Heilkunde oder Zahnheilkunde setzt jedoch voraus, dass neben der vor jedem Arzt zu stellende **medizinischen** Indikation die so genannte **rechtfertigende** Indikation (Definition: § 3 Abs. 2 Nr. 17) von einem im Strahlenschutz fachkundigen Arzt („fachkundiger Arzt") gestellt werden muss. Konkret bedeutet dies z.B., dass ein fachkundiger Arzt die Anforderungen („medizinische Indikation"), die ein überweisender Arzt an Art und Umfang der Strahlenanwendung gestellt rechtfertigende hat, in *jedem* Fall überprüfen muss. Nach § 80 Abs. 1 ist also die Indikation auch dann zu stellen, wenn eine fachlich alle Zweifel ausschließende medizinische Indikation (Anforderung) eines überweisenden Arztes vorliegt. Man muss sogar davon ausgehen, dass die rechtfertigende Indikation auch dann (erneut) gestellt werden muss, wenn die Anforderung von einem überweisenden Arzt stammt, der über die Fachkunde im Strahlenschutz verfügt. Diese Regelung ist durchaus sinnvoll, da nur der (fachkundige) für die medizinische Anwendung unmittelbar verantwortliche Arzt letzten Endes entscheiden muss, welcher Strahlenexposition seine Patienten unter Einbeziehung der ihm zur Verfügung stehenden technischen Möglichkeiten und der von ihm praktizierten Untersuchungs- oder Behandlungsmethoden ausgesetzt werden können. In konkreten Einzelfällen mag es durchaus schwierig sein, völlig widerspruchsfrei zwischen den Anliegen der medizinischen und rechtfertigenden Indikation zu unterscheiden.

Besagter Arzt muss also auf Grund der vorliegenden rechtfertigenden Indikation abwägen, ob der gesundheitliche Nutzen einer Anwendung am Menschen gegenüber dem Strahlenrisiko überwiegt. In diese Überlegungen muss er mit einbeziehen, ob möglicherweise andere Verfahren mit vergleichbarem gesundheitlichen Nutzen zur Verfügung stehen, die mit keiner oder nur mit einer geringeren Strahlenexposition verbunden sind. Diese Entscheidung kann er natürlich nur dann treffen, wenn er wirklich in der Lage ist, seine Anlagen und Methoden mit alternativen Verfahren vergleichen zu können. Erfolgt die Anwendung radioaktiver Stoffe oder ionisierender Strahlen am Menschen in der medizinischen Forschung, sind die speziellen Regelungen des § 23 zu beachten.

Es versteht sich eigentlich von selbst, dass ein fachkundiger Arzt sozusagen in einer Person sowohl die medizinische als auch die rechtfertigende Indikation stellen kann.

Der fachkundige Arzt, der die rechtfertigende Indikation stellt, muss vor der Anwendung alle verfügbaren Informationen über bisherige medizinische Erkenntnisse heranziehen, um unnötige Strahlenexpositionen zu vermeiden. Da im Rahmen von Überweisungen Abwägungen dieser Art nur in Zusammenarbeit mit dem überweisenden Arzt vorgenommen werden können, wird der überweisende Arzt nach § 80 Abs. 2 in die Pflicht genommen, alle diesbezüglich relevanten Informationen über den Patienten dem anwendenden Arzt zur Verfügung zu stellen. Der anwendende Arzt benötigt diese Informationen sowohl zur Stellung der rechtfertigenden Indikation als auch für die Anwendung selbst. Nur so kann er die durchzuführende radiologische Maßnahme für die klinische Verantwortung übernehmen. Die Formulierung im Verordnungstext, der anwendende und die rechtfertigende Indikation stellende Arzt müsse *„erforderlichenfalls in Zusammenarbeit mit dem*

Teil 2: Zielgerichtete Nutzung radioaktiver Stoffe oder ionisierender Strahlung

überweisenden Arzt" die verfügbaren Informationen heranziehen, macht deutlich, dass diese Forderung nur dann gilt, wenn eine Überweisungssituation gegeben ist. Auch die Befragung der Patienten über frühere medizinische Anwendungen radioaktiver Stoffe oder ionisierender Strahlung kann dem anwendenden Arzt weitere Hinweise zur Reduzierung der Patientenexposition geben. Die Befragung muss also im Vorfeld der Anwendungen liegen. In diesem Zusammenhang darf der anwendende Arzt nicht vergessen, gebärfähige Frauen nach bestehender Schwangerschaft zu fragen oder zu fragen, ob sie stillen.

Ordnungswidrigkeiten

Nach § 116 Abs. 2 handelt ordnungswidrig, wer vorsätzlich oder fahrlässig entgegen § 33 Abs. 1 Nr. 1 und 3 als Strahlenschutzverantwortlicher nicht dafür sorgt, dass eine der in § 116 Abs. 2 Nrn. 3 bis 5 genannten Schutzvorschriften eingehalten wird.

Nach § 116 Abs. 3 handelt ordnungswidrig, wer vorsätzlich oder fahrlässig entgegen § 33 Abs. 1 Nr. 2 als Strahlenschutzverantwortlicher oder Strahlenschutzbeauftragter nicht dafür sorgt, dass eine der in § 116 Abs. 3 Nrn. 1 bis 3 genannten Schutzvorschriften eingehalten wird.

Da diese Vorschrift als Normadressat abschließend den Strahlenschutzverantwortlichen und Strahlenschutzbeauftragten nennt, handelt der überweisende Arzt auch dann nicht ordnungswidrig im Sinne der Strahlenschutzverordnung, wenn er dem anwendenden Arzt die im verfügbaren Informationen nicht weitergibt.

§ 81 Beschränkung der Strahlenexposition

(1) Die durch ärztliche Untersuchungen bedingte Strahlenexposition ist so weit einzuschränken, wie dies mit den Erfordernissen der medizinischen Wissenschaft zu vereinbaren ist. Ist bei Frauen trotz bestehender oder nicht auszuschließender Schwangerschaft die Anwendung radioaktiver Stoffe oder ionisierender Strahlung geboten, sind alle Möglichkeiten zur Herabsetzung der Strahlenexposition der Schwangeren und insbesondere des ungeborenen Kindes auszuschöpfen. Bei Anwendung offener radioaktiver Stoffe gilt Satz 2 entsprechend für stillende Frauen.

(2) Bei der Untersuchung von Menschen sind diagnostische Referenzwerte zugrunde zu legen. Eine Überschreitung der diagnostischen Referenzwerte ist schriftlich zu begründen. Das Bundesamt für Strahlenschutz erstellt und veröffentlicht die diagnostischen Referenzwerte.

(3) Vor der Anwendung radioaktiver Stoffe oder ionisierender Strahlung zur Behandlung am Menschen muss von einem Arzt nach § 82 Abs. 1 Nr. 1 und einem Medizinphysik-Experten ein auf den Patienten bezogener Bestrahlungsplan schriftlich festgelegt werden. Die Dosis im Zielvolumen ist bei jeder zu behandelnden Person nach den Erfordernissen der medizinischen Wissenschaft individuell festzulegen; die Dosis außerhalb des Zielvolumens ist so niedrig zu halten, wie dies unter Berücksichtigung des Behandlungszwecks möglich ist.

(4) Die Vorschriften über Dosisgrenzwerte und über die physikalische Strahlenschutzkontrolle nach den §§ 40 bis 44 gelten nicht für Personen, an denen in Ausübung der Heilkunde oder Zahnheilkunde radioaktive Stoffe oder ionisierende Strahlung angewendet werden.

(5) Helfende Personen sind über die möglichen Gefahren der Strahlenexposition vor dem Betreten des Kontrollbereichs zu unterrichten. Es sind Maßnahmen zu ergreifen, um ihre Strahlenexposition zu beschränken. Absatz 4, § 40 Abs. 1 Satz 1 und § 42 Abs. 1 Satz 1 gelten entsprechend für helfende Personen.

245

(6) Dem Patienten oder der helfenden Person sind nach der Untersuchung oder Behandlung mit radioaktiven Stoffen geeignete schriftliche Hinweise auszuhändigen, wie die Strahlenexposition oder Kontamination der Angehörigen, Dritter und der Umwelt möglichst gering gehalten oder vermieden werden kann, soweit dies aus Gründen des Strahlenschutzes erforderlich ist. Satz 1 findet keine Anwendung, wenn eine solche Strahlenexposition oder Kontamination ausgeschlossen werden kann oder der Patient weiter stationär behandelt wird.

(7) Es ist dafür zu sorgen, dass für die ausschließliche Anwendung radioaktiver Stoffe oder ionisierender Strahlung am Menschen bestimmte Anlagen zur Erzeugung ionisierender Strahlen, Bestrahlungsvorrichtungen oder sonstige Geräte oder Ausrüstungen nur in dem Umfang vorhanden sind, wie sie für die ordnungsgemäße Durchführung medizinischer Anwendungen erforderlich sind.

Kommentierung § 81

Der anwendende Arzt ist verpflichtet, die Strahlenexposition bei der Diagnostik so weit einzuschränken, wie dies mit den Erfordernissen der medizinischen Wissenschaft zu vereinbaren ist, d.h., das Untersuchungsergebnis soll eine ausreichende Befundung ermöglichen und dabei die Strahlenexposition so gering wie möglich sein. Diese Forderung kann als eine spezielle Version des grundsätzlich geltenden Minimierungsprinzips interpretiert werden.

Um diese spezielle Minimierung zu realisieren, muss der anwendende Arzt z.B. prüfen, ob mehrere bildgebende Verfahren mit vergleichbarer Aussagekraft zur Verfügung stehen. Ist dies der Fall, so muss dasjenige gewählt werden, das die niedrigste Strahlenexposition verursacht.

Die Richtlinie 97/43/EURATOM (Patientenrichtlinie) [EU 4] verpflichtet die Mitgliedsstaaten, für die Untersuchung von Menschen diagnostische Referenzwerte aufzustellen. Diagnostische Referenzwerte sind die Strahlenexposition des Patienten beschreibende Dosiswerte, besonders wichtig bei der Diagnostik mit ionisierender Strahlung oder mit radioaktiven Stoffen, und zwar für typische Untersuchungen an Patientengruppen mit Standardmaßen oder an Standardphantomen für allgemein definierte Arten von Ausrüstungen. Um die EURATOM-Patientenrichtlinie umzusetzen, wurde das Bundesamt für Strahlenschutz (BfS) verpflichtet, diagnostische Referenzwerte zu erstellen und zu veröffentlichen. Hierbei musste sich das Bundesamt für Strahlenschutz an dem jeweiligen Stand der Heilkunde und Technik unter Berücksichtigung internationaler Erkenntnisse orientieren. Um dieses zu gewährleisten, hat das BfS bei der Erstellung der Referenzwerte sowohl nationale als auch internationale Fachleute beteiligt.

Der anwendende Arzt ist verpflichtet, die veröffentlichten diagnostischen Referenzwerte bei seinen Untersuchungen zu berücksichtigen. Hierdurch sollen Vergleichsmöglichkeiten für Dosis- und Aktivitätswerte geschaffen werden, die eine bessere Qualitätskontrolle bei der diagnostischen Verwendung radioaktiver Stoffe oder ionisierender Strahlung ermöglichen wird. Diese Regelung trägt dazu bei, die Strahlenexposition von Patienten so niedrig wie möglich zu halten. Sollte im Einzelfall die Überschreitung der diagnostischen Referenzwerte erforderlich sein, ist dieses schriftlich zu begründen. Damit soll gewährleistet werden, dass die Überschreitung der diagnostischen Referenzwerte nur in den vom anwendenden Arzt bewusst festgelegten und zu begründenden Einzelfällen erfolgen darf.

Bei der Behandlung von Patienten ist, vergleichbar mit diagnostischen Anwendungen, ebenfalls das grundsätzliche Minimierungsprinzip zu beachten. So sind Dosis und Dosisverteilung entsprechend den Erfordernissen der medizinischen Wissenschaft so festzulegen, dass möglichst nur das zu behandelnde Organ oder Gewebe der therapeutisch erforderlichen Dosis ausgesetzt ist. Um dieses in jedem Einzelfall zu gewährleisten, muss die Dosis im Zielvolumen bei jeder zu behandelnden Person individuell festgelegt werden.

Hierzu ist es erforderlich, dass vor der Anwendung radioaktiver Stoffe oder ionisierender Strahlung zur Behandlung von einem Arzt mit der erforderlichen Fachkunde im Strahlenschutz und einem Medizinphysik-Experten ein auf den jeweiligen Patienten bezogener Bestrahlungsplan schriftlich festgelegt wird.

Es gibt eine generelle Pflicht zur Befragung von Patienten nach § 80 Abs. 2. Zusätzlich sind gebärfähige Frauen vor einer Anwendung radioaktiver Stoffe oder ionisierender Strahlung zu befragen, ob eine Schwangerschaft besteht oder bestehen könnte oder ob sie stillen (§ 80 Abs. 3). Diese Vorschrift betrifft sowohl den anwendenden Arzt als auch den überweisenden Arzt, der in der Regel mehr über die Patientin weiß und ggf. von einer Überweisung zu einer radiologischen Untersuchung oder Behandlung absehen kann. Sollte bei bestehender oder nicht auszuschließender Schwangerschaft eine Anwendung radioaktiver Stoffe oder ionisierender Strahlung aus medizinischer Indikation unumgänglich sein, müssen alle Möglichkeiten zur Herabsetzung der Strahlenexposition der Schwangeren und insbesondere des ungeborenen Kindes ausgeschöpft werden. Diese Regelung geht über die Vorschrift der Strahlenschutzverordnung von 1989 hinaus, in der nur der Schutz der Leibesfrucht verlangt war. Die Ausdehnung dieser Schutzvorschriften auf die Schwangere selbst, aber auch auf die stillende Frau, dient indirekt ebenfalls dem Schutz des ungeborenen Kindes oder bei stillenden Frauen dem Schutz des Säuglings. In der Heilkunde wird – anders als in der medizinischen Forschung – die Anwendung radioaktiver Stoffe oder ionisierender Strahlung bei Schwangeren oder Stillenden grundsätzlich nicht ausgeschlossen, sofern sie aus ärztlicher Indikation geboten ist. Sie ist allerdings einer besonders strengen Abwägungs- und Minimierungspflicht, d.h. einer besonderen Rechtfertigung unterworfen.

Die Vorschriften über Dosisgrenzwerte und die physikalische Strahlenschutzkontrolle (z.B. die Personendosimetrie) finden auf Patienten keine Anwendung, da die Diagnostik oder Therapie im Interesse des Patienten liegt und die Einhaltung dieser Grenzwerte den Diagnose- oder Heilerfolg erschweren oder sogar verhindern könnte. Die Durchführung der physikalischen Strahlenschutzkontrolle kann schon deshalb entfallen, weil die Strahlenschutzverordnung im § 85 Abs. 1 die Aufzeichnung aller zur Ermittlung der Patientenexposition notwendigen Daten fordert.

Neu ist in der Strahlenschutzverordnung die Regelung für die so genannten helfenden Personen (Definition: § 3 Abs. 2 Nr. 24). Das sind Personen, die außerhalb ihrer beruflichen Tätigkeit bei der Unterstützung und Betreuung von Personen helfen, an denen in Ausübung der Heilkunde oder Zahnheilkunde oder im Rahmen der medizinischen Forschung radioaktive Stoffe oder ionisierende Strahlung angewandt werden. Für diese Personen gelten, wie für Patienten, die Vorschriften über Dosisgrenzwerte und die physikalische Strahlenschutzkontrolle nicht. Voraussetzung ist aber, dass diese Personen die

Hilfeleistung freiwillig erbringen und zuvor über das mögliche Ausmaß ihrer Strahlenexposition unterrichtet worden sind und ihnen ebenso wie Patienten alle erforderlichen Hinweise zum Schutz Angehöriger, Dritter und der Umwelt schriftlich ausgehändigt werden. Der Einsatz von helfenden Personen muss gerechtfertigt sein. Die möglichen Expositionen helfender Personen müssen daher einen hinreichenden Nutzen erbringen. Also muss der gesundheitliche Vorteil für den Patienten wesentlich höher eingeschätzt werden als die von der Exposition möglicherweise verursachte Schädigung der helfenden Person. Das ist nur zu gewährleisten, wenn alle möglichen Maßnahmen ergriffen werden, die Strahlenexposition helfender Personen zu beschränken.

Aus strahlenhygienischen Gründen ist die Möglichkeit, helfende Personen in der Radiologie einzusetzen, eine sinnvolle Regelung. Das kann dazu beitragen, das in der Regel beruflich strahlenexponierte Personal dosismäßig zu entlasten.

Nach der Richtlinie 97/43 EURATOM [EU 4] (Patientenrichtlinie) sollen die Mitgliedsstaaten einer unnötigen Vermehrung radiologischer Ausrüstungen entgegenwirken. Der Verordnungsgeber hat diese Verpflichtung an den Strahlenschutzverantwortlichen weitergegeben, der dafür sorgen muss, dass die für die Anwendung bestimmten Anlagen, Bestrahlungsvorrichtungen oder sonstigen Geräte oder Ausrüstungen nur in dem Umfang vorhanden sind, wie es für die ordnungsgemäße Durchführung medizinischer Anwendungen nach den Erfordernissen der medizinischen Wissenschaft erforderlich ist. Diese Regelung betrifft nur den Verantwortungsbereich des einzelnen Strahlenschutzverantwortlichen. Er hat also ausschließlich in seinem Bereich dafür Sorge zu tragen, dass der erforderliche Umfang nicht überschritten wird. Das Ziel der Patientenrichtlinie wird aber hierdurch nicht erreicht. Sinn der Patientenrichtlinie ist es, eine unnötige Vermehrung innerhalb der Mitgliedsstaaten entgegenzuwirken. Dieses kann jedoch nicht durch die Verantwortungsübertragung auf den einzelnen Strahlenschutzverantwortlichen erreicht werden, sondern wäre nur im Rahmen der staatlichen Genehmigungspraxis möglich.

Ordnungswidrigkeiten

Nach § 116 Abs. 2 handelt ordnungswidrig, wer vorsätzlich oder fahrlässig entgegen § 33 Abs. 1 Nr. 1 und 3 als Strahlenschutzverantwortlicher nicht dafür sorgt, dass eine der in § 116 Abs. 2 Nrn. 3 bis 5 genannten Schutzvorschriften eingehalten wird.

Nach § 116 Abs. 3 handelt ordnungswidrig, wer vorsätzlich oder fahrlässig entgegen § 33 Abs. 1 Nr. 2 als Strahlenschutzverantwortlicher oder Strahlenschutzbeauftragter nicht dafür sorgt, dass eine der in § 116 Abs. 3 Nrn. 1 bis 3 genannten Schutzvorschriften eingehalten wird.

§ 82 Anwendung radioaktiver Stoffe oder ionisierender Strahlung am Menschen

(1) In der Heilkunde oder Zahnheilkunde dürfen radioaktive Stoffe oder ionisierende Strahlung am Menschen nur angewendet werden von

1. Personen, die als Ärzte oder Zahnärzte approbiert sind oder denen die Ausübung des ärztlichen Berufs erlaubt ist und die die erforderliche Fachkunde im Strahlenschutz besitzen,

Teil 2: Zielgerichtete Nutzung radioaktiver Stoffe oder ionisierender Strahlung

2. Personen, die als Ärzte oder Zahnärzte approbiert sind oder denen die Ausübung des ärztlichen oder zahnärztlichen Berufs erlaubt ist und die nicht die erforderliche Fachkunde im Strahlenschutz besitzen, wenn sie auf ihrem speziellen Arbeitsgebiet über die für den Umgang mit radioaktiven Stoffen und die Anwendung ionisierender Strahlung erforderlichen Kenntnisse im Strahlenschutz verfügen und unter Aufsicht und Verantwortung einer der unter Nummer 1 genannten Personen tätig sind.

(2) Die technische Mitwirkung bei der Anwendung radioaktiver Stoffe oder ionisierender Strahlung am Menschen in der Heilkunde oder Zahnheilkunde ist neben den Personen nach Absatz 1 ausschließlich

1. Personen mit einer Erlaubnis nach § 1 Nr. 2 des MTA-Gesetzes vom 2. August 1993 (BGBl. I S. 1402), das zuletzt durch Artikel 23 des Gesetzes vom 27. April 2002 (BGBl. I S. 1467) geändert worden ist,

2. Personen mit einer staatlich geregelten, staatlich anerkannten oder staatlich überwachten abgeschlossenen Ausbildung, wenn die technische Mitwirkung Gegenstand ihrer Ausbildung und Prüfung war und sie die erforderliche Fachkunde im Strahlenschutz besitzen,

3. Personen, die sich in einer die erforderlichen Voraussetzungen zur technischen Mitwirkung vermittelnden beruflichen Ausbildung befinden, wenn sie unter ständiger Aufsicht und Verantwortung einer Person nach Absatz 1 Nr. 1 Arbeiten ausführen, die ihnen im Rahmen ihrer Ausbildung übertragen sind, und sie die erforderlichen Kenntnisse im Strahlenschutz besitzen,

4. Personen mit einer abgeschlossenen sonstigen medizinischen Ausbildung, wenn sie unter ständiger Aufsicht und Verantwortung einer Person nach Absatz 1 Nr. 1 tätig sind und die erforderlichen Kenntnisse im Strahlenschutz besitzen,

erlaubt.

(3) Für häufig vorgenommene Untersuchungen und Behandlungen sind schriftliche Arbeitsanweisungen zu erstellen. Diese sind zur jederzeitigen Einsicht durch die bei diesen Untersuchungen und Behandlungen tätigen Personen bereitzuhalten und auf Anforderung der zuständigen Behörde zu übersenden.

(4) Für Behandlungen mit radioaktiven Stoffen oder ionisierender Strahlung ist ein Medizinphysik-Experte zu enger Mitarbeit hinzuzuziehen. Bei nuklearmedizinischen Untersuchungen oder bei Standardbehandlungen mit radioaktiven Stoffen muss ein Medizinphysik-Experte, insbesondere zur Optimierung und Qualitätssicherung bei der Anwendung radioaktiver Stoffe, verfügbar sein.

Kommentierung § 82

Absatz 1 übernimmt die bewährten Regelungen der Röntgenverordnung, die festlegen, welche Personen zur **Anwendung** am Menschen berechtigt sind. Diese Regelung dient der Umsetzung von Artikel 9 Abs. 2 der EURATOM-Patientenrichtlinie [EU 4], die als Mindestanforderung zum Schutz des Patienten die unmittelbare Anwendung radioaktiver Stoffe oder ionisierender Strahlung in der Heilkunde und Zahnheilkunde nur durch bestimmte Personen zulässt. Es ist sinnvoll, sich bei der Definition des Begriffes „Anwendung" in Ermangelung einer entsprechenden Formulierung in der StrlSchV sinngemäß an der Begriffsbestimmung in der RöV (dort: § 2 Nr. 1) zu orientieren.

Grundsätzlich dürfen radioaktive Stoffe oder ionisierende Strahlung am Menschen von Personen, die als Ärzte oder Zahnärzte approbiert sind oder denen nach § 10 Bundesärzteordnung [BÄO] die Ausübung des ärztlichen Berufs erlaubt ist und die die erforderliche Fachkunde im Strahlenschutz für das jeweilige Anwendungsgebiet besitzen, angewendet werden. Hierbei handelt es sich um den Personenkreis, der auch nach § 80 StrlSchV die rechtfertigende Indikation stellen darf. Dieser Personenkreis wird grundsätzlich eigenverantwortlich, d.h. ohne Aufsicht durch einen anderen Arzt, tätig. Durch die im untergesetzlichen Regelwerk (Richtlinie Strahlenschutz in der Medizin [RL 2]) vorgegebenen Zeiten des Sachkundeerwerbs besteht hier im Gegensatz zu den Regelungen der Röntgenverordnung auch nicht die Möglichkeit, dass ein Arzt im Praktikum bereits über die nach Strahlenschutzrecht vorgeschriebene Fachkunde im Strahlenschutz verfügt, generell aber nach § 34 Bundesärzteordnung [BÄO] unter der Aufsicht des ausbildenden Arztes tätig sein muss.

Neben den fachkundigen Ärzten oder Zahnärzten dürfen auch Personen, die als Arzt oder Zahnarzt approbiert sind oder denen die Ausübung des ärztlichen oder zahnärztlichen Berufs nach § 10 Bundesärzteordnung erlaubt ist und nicht die erforderliche Fachkunde im Strahlenschutz besitzen, radioaktive Stoffe oder ionisierende Strahlung am Menschen anwenden, wenn sie auf ihrem speziellen Arbeitsgebiet über die für ihre Tätigkeit erforderlichen Kenntnisse im Strahlenschutz verfügen und unter ständiger Aufsicht und Verantwortung eines fachkundigen Arztes tätig sind.

Der Erwerb der erforderlichen Kenntnisse im Strahlenschutz ist entsprechend den Regelungen der Röntgenverordnung in einem untergesetzlichen Regelwerk [RL 2] festgelegt worden. Aus der Formulierung in der Strahlenschutzverordnung ist erkennbar, dass die erforderlichen Kenntnisse auf dem speziellen Arbeitsgebiet erworben werden müssen, d.h., es ist eine entsprechende Ausbildung notwendig, z.B. bei der Anwendung radioaktiver Stoffe in der Nuklearmedizin oder beim Betrieb von Bestrahlungsvorrichtungen oder Anlagen zur Erzeugung ionisierender Strahlen. Vergleichbar zu den Vorschriften im untergesetzlichen Regelwerk zur Röntgenverordnung ist festgelegt worden, welche Mindestinhalte eine solche Ausbildung enthalten muss und wie nachgewiesen werden kann, dass die entsprechende Person tatsächlich über die erforderlichen Kenntnisse im Strahlenschutz verfügt. Dieses kann z.B. durch einen auf dem speziellen Arbeitsgebiet fachkundigen Arzt erfolgen, der dieser Person in einem Zeugnis bestätigt, dass der Erwerb der erforderlichen Kenntnisse im Strahlenschutz durch Teilnahme an einer Ausbildung erfolgt ist.

Der Verordnungsgeber konkretisiert in der Begründung zur Strahlenschutzverordnung, dass die Forderung nach ständigen Aufsicht und Verantwortung durch einen fachkundigen Arzt bedeuten würde, die fachkundige Person müsse bei der Anwendung radioaktiver Stoffe oder ionisierender Strahlung anwesend sein. Eine Rufbereitschaft genüge nicht. An dieser Stelle weicht der Begründungstext zur StrlSchV von den bisher praktizierten Verfahren nach der Röntgenverordnung ab. Auch in der Röntgenverordnung ist die Forderung nach ständiger Aufsicht und Verantwortung eines fachkundigen Arztes Voraussetzung für die Anwendung von Röntgenstrahlen am Menschen durch nichtfachkundige Ärzte. Allerdings wird dieses nach RöV so interpretiert, dass der fachkundige Arzt bei der Anwendung nicht unmittelbar vor Ort anwesend sein muss, jedoch in der Lage sein soll, innerhalb einer kurzen Zeit am Ort der Anwendung eintreffen zu können, um ggf. korrigierend einzugreifen. Gesundheitsministerien verschiedener Länder, so auch z.b. in Nordrhein-Westfalen, haben diese Zeit mit maximal 15 Minuten vorgegeben, aber festgeschrieben, dass eine außerhäusliche Rufbereitschaft grundsätzlich für derartige Fälle nicht ausreichend sei. Die aufsichtsführende Person müsse sich also auf dem Klinikgelände aufhalten. Im Bereich der Röntgenverordnung hat sich diese Regelung sehr bewährt. Man darf daher nicht ausschließen, dass die im Rahmen der StrlSchV vorgegebene enge Auslegung des Verordnungstextes zu personellen Problemen im radiologischen Bereich führen kann, was eine zusätzliche Belastung der fachkundigen Ärzte zur Folge haben könnte.

Mit dem Erwerb seiner Sachkunde im Strahlenschutz gewinnt ein Arzt ein vorgeschriebenes Potenzial im Bereich der „Anwendung". Er darf erst dann beginnen, wenn er die erforderlichen Kenntnisse im Strahlenschutz nachgewiesen hat. Unter „Anwendung radioaktiver Stoffe oder ionisierender Strahlung am Menschen" würde man dann im Rahmen der StrlSchV neben den technisch orientierten Arbeiten (z.b. die Applikation eines Radionuklids oder das Einschalten der Strahlung an einem Beschleuniger) auch vorbereitende Tätigkeiten, wie die Durchführung der Bestrahlungsplanung, und in der nuklearmedizinischen Diagnostik die Befundung verstehen.

Im Gegensatz zu den Personen, die als Ärzte oder Zahnärzte approbiert sind oder denen die Ausübung des ärztlichen Berufs erlaubt ist und die alle Tätigkeiten ausführen dürfen, die mit der Anwendung am Menschen zusammenhängen (§ 82 Abs. 1 Nrn. 1 und 2), dürfen medizinisch-technische Radiologieassistentinnen oder Radiologieassistenten (MTRA) nur im Rahmen der ihnen nach § 9 Abs. 1 Nr. 2 des Gesetzes über technische Assistenten in der Medizin (MTA-G) [MTAG] vorbehaltene, nachfolgend aufgezählten Tätigkeiten ausführen (§ 82 Abs. 2 Nr. 1):

- technische Mitwirkung in der Strahlentherapie bei der Erstellung des Bestrahlungsplanes und dessen Reproduktion am Patienten einschließlich der Qualitätssicherung

- technische Mitwirkung in der nuklearmedizinischen Diagnostik und Therapie einschließlich der Qualitätssicherung

- Durchführung messtechnischer Aufgaben (Dosimetrie und Strahlenschutz) in Diagnostik, Strahlentherapie und Nuklearmedizin

Die Aufgaben der MTRA sind in der Ausbildungs- und Prüfungsverordnung für technische Assistenten in der Medizin vom 25. April 1994 [MTAAP] definiert. Dieser Personenkreis darf in der Strahlentherapie nach den Vorgaben des Bestrahlungsplanes Einstellungen am Patienten auf dem Gebiet der Stehfeld- und Bewegungsbestrahlung oder der Großfeld-Satelliten-Technik mit unter Berücksichtigung der Apparatetechnik und Dosimetrie einschließlich der erforderlichen Aufzeichnungen durchführen. Dazu gehört auch die Bedienung der Bestrahlungsvorrichtung oder des Beschleunigers. In der Nuklearmedizin dürfen MTRA Lokalisations- oder Funktionsuntersuchungen mit dynamischen Studien und Messungen für Funktionsuntersuchungen oder In-vitro-Untersuchungen durchführen sowie die Messergebnisse auswerten. Die unmittelbare Anwendung des radioaktiven Stoffes am Menschen innerhalb der Nuklearmedizin darf jedoch nicht durch MTRA erfolgen, sondern ist den Ärzten vorbehalten.

Kommentierung

Die MTRA erwerben die fachlichen Qualifikationen im Strahlenschutz für die Ausübung der ihnen vorbehaltenen Tätigkeiten im Rahmen ihrer dreijährigen Ausbildung nach der Ausbildungs- und Prüfungsverordnung für technische Assistenten in der Medizin vom 25. April 1994 [MTAAP]. Sollte die Ausbildung *nicht* nach dieser Verordnung erfolgt, aber zu einem staatlich geregelten, staatlich anerkannten oder zu einem staatlich überwachten Abschluss gekommen sein, muss die MTRA die erforderlichen Fachkunde im Strahlenschutz durch Teilnahme an einem besonderen Ausbildungslehrgang für die jeweilige Tätigkeit erwerben (§ 82 Abs. 2 Nr. 2). Dauer und Inhalt dieser Lehrgänge sind im untergesetzlichen Regelwerk (Richtlinie Strahlenschutz in der Medizin) [RL 2] festgelegt.

Zu den Bestandteilen der „Verordnung zur Änderung der RöV und anderer atomrechtlicher Verordnungen" [RöV] gehört neben der geänderten RöV (Artikel 1) auch eine Änderung der StrlSchV (Artikel 2). So ist u.a. § 82 Abs. 2 um die Nummern 3 und 4 erweitert und somit dem Tenor der RöV (dort: § 24 Abs. 2 Nrn. 3 und 4) angepasst worden. Zwei weitere Personengruppen sind jetzt – wie in der RöV – an der „technischen Mitwirkung bei der Anwendung radioaktiver Stoffe oder ionisierender Strahlung am Menschen in der Heilkunde oder Zahnheilkunde" unter der Voraussetzung des Vorhandenseins ihrer erforderlichen Kenntnisse im Strahlenschutz sowie der Präsenz einer ständigen Aufsicht und Verantwortung eines fachkundigen Arztes beteiligt:

- in der Ausbildung zur „technischen Durchführung" Befindliche (§ 82 Abs. 2 Nr. 3)
- eine abgeschlossene sonstige medizinische Ausbildung (z.B. Arzthelfer) Besitzende (§ 82 Abs. 2 Nr. 4)

Welchen Umfang die technische Mitwirkung durch diese Person haben kann, ist nach Auffassung des BMU von der Genehmigungsbehörde unter Berücksichtigung der Richtlinie Strahlenschutz in der Medizin [RL 2] festzulegen. Ob diese Auffassung vor dem Hintergrund der Formulierung im MTA-G [MTAG] und in der StrlSchV selbst Bestand haben kann, bleibt einer verwaltungsgerichtlichen Entscheidung vorbehalten.

Der Strahlenschutzverantwortliche und der Strahlenschutzbeauftragte haben die Pflicht, für Standardanwendungen, d.h. für wiederholt oder häufig vorkommende Anwendungen, zur einheitlichen Durchführung der Optimierung und zur Verhütung von Anwendungsfehlern schriftliche Anweisungen zu erstellen und für das anwendende Personal jederzeit verfügbar zu halten. Die schriftlichen Arbeitsanweisungen müssen z.B. den zeitlichen Ablauf einer Untersuchung, die Festlegung einer bestimmten Aktivität unter Berücksichtigung von Körpergröße und Alter des Patienten sowie die Festlegung der Messparameter und die apparative Einstellung und die Art der Ausstattung enthalten. Die schriftlichen Arbeitsanweisungen sind der zuständigen Aufsichtsbehörde auf Anforderung zu übersenden.

Der Verordnungstext bezüglich der Erstellung schriftlicher Arbeitsanweisungen spricht dafür, dass Ärzte, die nicht über die erforderliche Fachkunde im Strahlenschutz verfügen, und Personen nach § 82 (2) Nr. 4 im Rahmen der ihnen erlaubten Anwendungen auch tätig werden dürfen, wenn sich der fachkundige Arzt bei der Anwendung in ihrer unmittelbarer Nähe aufhält. Gerade diese schriftlichen Arbeitsanweisungen sollen dafür sorgen, dass z.B. Anwendungsfehler vermieden werden.

Teil 2: Zielgerichtete Nutzung radioaktiver Stoffe oder ionisierender Strahlung

In Anlehnung an die Forderung nach Bestellung eines Medizinphysik-Experten als weiteren Strahlenschutzbeauftragten in der Strahlentherapie mit Beschleunigeranlagen (§ 14 Abs. 2 Nr. 2) muss nach Absatz 4 für Behandlungen mit radioaktiven Stoffen in der Nuklearmedizin oder mit ionisierender Strahlung, z.B. mit Gammabestrahlungs- oder Afterloadingeinrichtungen, ein Medizinphysik-Experte „zu enger Mitarbeit" herangezogen werden. Das kann natürlich im Rahmen eines Angestelltenvertrages geschehen, d.h., der Medizinphysik-Experte ist Mitarbeiter der medizinisch-radiologischen Institution, könnte aber auch über einen entsprechend formulierten Konsiliarvertrag realisiert werden. Wichtig ist, dass die Gelegenheit besteht, alle medizinisch-physikalischen Aspekte einer strahlentherapeutischen Maßnahme im Sinne der Richtlinie Strahlenschutz in der Medizin [RL 2] abdecken zu können.

Bei Standardbehandlungen, bei denen also die Bestrahlungsparameter nicht oder nur unwesentlich durch individuelle Patientenmerkmale bestimmt sind, und bei nuklearmedizinischen Untersuchungen kann die Beteiligung eines Medizinphysik-Experten bei Fokussierung auf die Qualitätssicherung auf eine bloße Verfügbarkeit beschränkt bleiben. Man wird in diesen Fällen sinnvollerweise mit einem (entsprechend fachkundigen) Medizinphysik-Experten einen Vertrag auf „Stand-by-Basis" abschießen.

Ordnungswidrigkeiten

Nach § 116 Abs. 2 handelt ordnungswidrig, wer vorsätzlich oder fahrlässig entgegen § 33 Abs. 1 Nr. 1 und 3 als Strahlenschutzverantwortlicher nicht dafür sorgt, dass eine der in § 116 Abs. 2 Nrn. 3 bis 5 genannten Schutzvorschriften eingehalten wird.

Nach § 116 Abs. 3 handelt ordnungswidrig, wer vorsätzlich oder fahrlässig entgegen § 33 Abs. 1 Nr. 2 als Strahlenschutzverantwortlicher oder Strahlenschutzbeauftragter nicht dafür sorgt, dass eine der § 116 Abs. 3 Nrn. 1 bis 3 genannten Schutzvorschriften eingehalten wird.

§ 83 Qualitätssicherung bei der medizinischen Strahlenanwendung

(1) Zur Qualitätssicherung der medizinischen Strahlenanwendung bestimmt die zuständige Behörde ärztliche Stellen. Den von den ärztlichen Stellen durchzuführenden Prüfungen zur Qualitätssicherung der medizinischen Strahlenanwendung unterliegen die Genehmigungsinhaber nach den §§ 7 und 11 für die Anwendungen radioaktiver Stoffe oder ionisierender Strahlung am Menschen. Die zuständige Behörde legt fest, in welcher Weise die ärztlichen Stellen die Prüfungen durchführen, mit denen sichergestellt wird, dass bei der Anwendung radioaktiver Stoffe oder ionisierender Strahlung am Menschen die Erfordernisse der medizinischen Wissenschaft beachtet werden und die angewendeten Verfahren und eingesetzten Anlagen zur Erzeugung ionisierender Strahlen, Bestrahlungsvorrichtungen, sonstige Geräte oder Ausrüstungen den nach dem Stand von Wissenschaft und Technik jeweils notwendigen Qualitätsstandards entsprechen, um die Strahlenexposition des Patienten so gering wie möglich zu halten. Die ärztlichen Stellen haben der zuständigen Behörde

1. die Ergebnisse der Prüfungen nach Satz 3,

2. die beständige, ungerechtfertigte Überschreitung der bei der Untersuchung zu Grunde zu legenden diagnostischen Referenzwerte nach § 81 Abs. 2 Satz 1 und

3. eine Nichtbeachtung der Optimierungsvorschläge nach Absatz 2

mitzuteilen.

(2) Die ärztliche Stelle hat im Rahmen ihrer Befugnisse nach Absatz 1 die Aufgabe, dem Strahlenschutzverantwortlichen Möglichkeiten zur Optimierung der medizinischen Strahlenanwendung vorzuschlagen und nachzuprüfen, ob und wieweit die Vorschläge umgesetzt werden.

(3) Eine ärztliche Stelle unterliegt im Hinblick auf patientenbezogene Daten der ärztlichen Schweigepflicht.

(4) Die genehmigungsbedürftige Tätigkeit nach § 7 Abs. 1 in Verbindung mit § 9 Abs. 1 und 3 oder § 11 Abs. 2 in Verbindung mit § 14 Abs. 1 und 2 ist bei einer von der zuständigen Behörde bestimmten ärztlichen Stelle anzumelden. Ein Abdruck der Anmeldung ist der zuständigen Behörde zu übersenden. Der ärztlichen Stelle sind auf Verlangen die Unterlagen vorzulegen, die diese zur Erfüllung ihrer Aufgaben nach den Absätzen 1 und 2 benötigt, insbesondere Angaben zu der verabreichten Aktivität und Dosis, den Anlagen zur Erzeugung ionisierender Strahlen, den Bestrahlungsvorrichtungen oder sonstigen verwendeten Geräten oder Ausrüstungen und Angaben zur Anwendung des § 80. Der ärztlichen Stelle ist auf Verlangen die schriftliche Begründung der Überschreitung der diagnostischen Referenzwerte nach § 81 Abs. 2 Satz 2 vorzulegen.

(5) Die bei der Anwendung von radioaktiven Stoffen und ionisierender Strahlung zur Untersuchung oder Behandlung von Menschen verwendeten Bestrahlungsvorrichtungen, Anlagen zur Erzeugung ionisierender Strahlen oder sonstigen Geräte oder Ausrüstungen sind unbeschadet der Anforderungen des § 66 regelmäßig betriebsintern zur Qualitätssicherung zu überwachen. Umfang und Zeitpunkt der Überwachungsmaßnahmen sind aufzuzeichnen. Die Aufzeichnungen sind zehn Jahre ab dem Zeitpunkt der Überwachungsmaßnahme aufzubewahren und der zuständigen Behörde auf Verlangen vorzulegen.

Kommentierung § 83

Nach DIN 55350-11 [DIN 2] wird mit Qualitätssicherung die Gesamtheit der Tätigkeiten des Qualitätsmanagements, der Qualitätsplanung, der Qualitätslenkung und der Qualitätsprüfungen bezeichnet.

Qualität ist die Beschaffenheit (der Zustand) der Ergebnisse von Tätigkeiten (Prozessen) – z.B. einer nuklearmedizinischen Untersuchung – oder der Tätigkeiten (Prozesse) selbst, z.B. Art und Weise der Durchführung einer Untersuchung.

- **Qualitätsmanagement** beschreibt denjenigen Aspekt der Qualitätssicherung, der die Absichten und Ziele einer Organisation (z.B. eines Krankenhauses) zur Realisierung der Qualitätssicherung festlegt und zur Ausführung bringt.

- **Qualitätsplanung** betreibt die Auswahl und Klassifizierung der Qualitätsmerkmale (Prüfmerkmale) sowie die für sie geltenden Anforderungen (z.B. Grenzwerte, Toleranzen im Zusammenhang mit Abnahme- und Konstanzprüfungen).

- **Qualitätslenkung** sind die überwachenden und korrigierenden Tätigkeiten mit dem Ziel, die Qualitätsanforderung zu erfüllen (z.B. Einleitung von Maßnahmen seitens eines Medizinphysik-Experten oder einer ärztlichen Stelle, damit bestimmte Messergebnisse weiterhin vorgegebene Grenzwerte oder Toleranzen erfüllen).

- **Qualitätsprüfungen** stellen fest, inwieweit die Ergebnisse von Tätigkeiten (Prozessen) oder diese selbst die Qualitätsforderungen erfüllen (z.B. über die vom Strahlenschutzverantwortlichen zu organisierende Durchführung von Konstanzprüfungen in der radiologischen Abteilung seines Hauses).

Im Rahmen der Qualitätssicherung bei der medizinischen Strahlenanwendung sollen Geräte, Vorrichtungen, Ausrüstungen und Anlagen sowohl in der Diagnostik (z.b. in der Nuklearmedizin) als auch in der Therapie (z.b. bei Bestrahlungen mit Elektronenbeschleunigern sowie mit Gammabestrahlungs- und Afterloadinganlagen) überwacht werden. Die in § 83 geforderte Qualitätssicherung ersetzt keineswegs das in § 66 beschriebene System aus Sachverständigenprüfung und Wartung – auch nicht in umgekehrter Weise. In der Strahlenschutzverordnung findet man keine Details zur praktischen Durchführung der Qualitätssicherung, die als „regelmäßig" und „betriebsintern" durchgeführte Prüfungen (siehe Abs. 5) verstanden werden sollen. Es ist zu erwarten, dass sich Qualitätsmanagement und -planung an Strukturen orientieren, die schon vor In-Kraft-Treten der Strahlenschutzverordnung in vielen medizinischen Einrichtungen installiert worden waren. Möglicherweise wird man – ähnlich wie im Rahmen der §§ 16, 17 RöV [QSR] – eine Richtlinie zum § 83 StrlSchV erarbeiten, in der die Qualitätsplanung näher spezifiziert wird. Bei der praktischen Durchführung der Qualitätssicherung sollte man sich an die (schon bestehende) Normung halten, in der die Prüfhäufigkeiten („regelmäßig"), die einzelnen Verfahren, die Prüfbedingungen und Prüfmerkmale zusammengestellt sind.

Beispiel:

Normenreihe zu den medizinischen Elektronenbeschleuniger-Anlagen [DIN 3]

Norm	Zweck	Bezug zur StrlSchV
6847-1	Anforderungen an die Konstruktion und an die Sicherheitsausrüstung	• Betriebsgenehmigung (§ 11 Abs. 2) • Sachverständigenprüfung (§ 66 Abs. 2)
6847-2	baulicher Strahlenschutz	• Betriebsgenehmigung (§ 11 Abs. 2) • Einhaltung von Grenzwerten (§§ 46, 55)
6847-3	Typprüfung, Abnahmeprüfung, wiederkehrende Prüfung	• Betriebsgenehmigung (§ 11 Abs. 2) • Sachverständigenprüfung (§ 66 Abs. 2) • Qualitätssicherung (§ 83)
6847-4 (IEC 976:1989)	apparative Qualitätsmerkmale	wie 6847-3
6847-5	regelmäßige Prüfung sog. Kennmerkmale („Konstanzprüfung")	• Qualitätssicherung (§ 83)

In Absatz 1 wird die von der zuständigen Behörde zu bestimmende (durch Vertrag oder Landesgesetz!) so genannte ärztliche Stelle eingeführt. Diese vertritt zwar primär eine Beratungsfunktion in Richtung Strahlenschutzverantwortlichen und anwendenden Arzt (Vorschläge zur Optimierung des Strahlenschutzes), hat aber nach Überprüfung (von Unterlagen oder vor Ort) die Pflicht, die zuständige atomrechtliche Behörde über die Ergebnisse ihrer Prüfungen, über beständige und ungerechtfertigte Überschreitung diagnostischer Referenzwerte und über die mögliche Nichtbeachtung ihrer Vorschläge zu informieren. Diese Behörde kann im Einzelfall mit gegebenen Mitteln die Realisierung dieser Vorschläge erzwingen. Die ärztliche Stelle, ein Gremium aus Radiologen, Medizinphysikern, MTRs und ggf. Behördenvertretern, ist bei den einzelnen Bundesländern in der Regel bei den Ärztekammern angesiedelt. Strahlenschutzverantworliche entsprechender, in die Qualitätssicherung eingebundener medizinischer Institutionen (Genehmigungsinhaber nach §§ 7 und 11 für die Anwendungen radioaktiver Stoffe oder ionisierender Strahlung am Menschen) müssen sich bei der ärztlichen Stelle anmelden und diese über die Art der Anwendung ionisierender Strahlung und radioaktiver Stoffe (Geräte, Vorrichtungen etc. sowie Angaben zu rechtfertigenden Indikation nach § 80) informieren. Die ärztliche Stelle kann verlangen, dass die nach § 81 Abs. 2 Satz 2 ohnehin geforderten schriftlichen Begründungen für (durchaus medizinische notwendige) Überschreitungen diagnostischer Referenzwerte durch Zusendung diesbezüglicher Unterlagen zugänglich werden.

Details zur Arbeit und zu den Aufgaben der ärztlichen Stellen sind in einer diesbezüglichen Richtlinie zur StrlSchV und RöV [ÄSA] zu finden.

Zur Bestimmung der ärztlichen Stellen durch die zuständige Behörde beachte man die Übergangsvorschriften des § 117 Abs. 24.

Ordnungswidrigkeiten

Nach § 116 Abs. 2 handelt ordnungswidrig, wer vorsätzlich oder fahrlässig entgegen § 33 Abs. 1 Nr. 1 und 3 als Strahlenschutzverantwortlicher nicht dafür sorgt, dass eine der in § 116 Abs. 2 Nrn. 3 bis 5 genannten Schutzvorschriften eingehalten wird.

Nach § 116 Abs. 3 handelt ordnungswidrig, wer vorsätzlich oder fahrlässig entgegen § 33 Abs. 1 Nr. 2 als Strahlenschutzverantwortlicher oder Strahlenschutzbeauftragter nicht dafür sorgt, dass eine der in § 116 Abs. 3 Nrn. 1 bis 3 genannten Schutzvorschriften eingehalten wird.

§ 84 **Bestrahlungsräume**

Anlagen zur Erzeugung ionisierender Strahlen sowie Bestrahlungsvorrichtungen, deren Aktivität $5 \cdot 1.010$ Becquerel überschreitet, dürfen in Ausübung der Heilkunde oder Zahnheilkunde nur in allseitig umschlossenen Räumen (Bestrahlungsräumen) betrieben werden. Diese müssen so bemessen sein, dass die erforderlichen Verrichtungen ohne Behinderung vorgenommen werden können. Die Bedienungsvorrichtungen, die die Strahlung freigeben, müssen sich in einem Nebenraum außerhalb des Kontrollbereiches befinden. In dem Bestrahlungsraum muss sich mindestens ein Notschalter befinden, mit dem die Anlage abgeschaltet, der Strahlerkopf der Bestrahlungsvorrichtung geschlossen oder der radioaktive Stoff in die Abschirmung eingefahren werden kann. Es muss eine geeignete Ausstattung zur Überwachung des Patienten im Bestrahlungsraum vorhanden sein.

Kommentierung § 84

Zu medizinischen Zwecken (Strahlentherapie) dürfen Beschleuniger und Bestrahlungsvorrichtungen mit radioaktiven Strahlungsquellen nur in so genannten Bestrahlungsräumen betrieben werden.

Teil 2: Zielgerichtete Nutzung radioaktiver Stoffe oder ionisierender Strahlung

Folgende Einrichtungen und Strahler repräsentieren zurzeit den Stand der medizinischen Technik:

- Elektronenlinearbeschleuniger zur Erzeugung von Photonen- und Elektronenstrahlung

- Ionenbeschleuniger vom Typ Neutronengenerator und Zyklotron zur Erzeugung von Neutronen, Letzteres auch zur Erzeugung von PET-Radionukliden

- Ionenbeschleuniger vom Typ Zyklotron und Synchrotron zur Erzeugung hochenergetischer Ionenströme (z.B. Protonen, Kohlenstoffionen)

- γ-Bestrahlungs- und Nachladevorrichtungen („Afterloading") mit Aktivitäten größer als $5 \cdot 10^{10}$ Bq (z.B. der Isotope Co-60, Cs-137 und Ir-192)

- β- oder γ-Strahler für die so genannte endovasale Brachytherapie [WA]

Während des Betriebs bestehen auf jeden Fall die Bedingungen eines Sperrbereiches (vgl. § 36 Abs. 1 Nr. 3), so dass während der Einschaltzeit ein Aufenthalt von Personen (bis auf den Patienten) nicht in Frage kommen kann (beispielsweise beträgt die Kermaleistung in der Nutzstrahlung eines Linearbeschleunigers ca. 2 bis 5 Gy/min in 1 m Abstand von der Strahlenquelle). Die flächenmäßig ausreichend dimensionierten Bestrahlungsräume sind allseitig mit (oft meterdicken) Betonwänden umgeben; der Zugang ist labyrinthartig ausgelegt, damit sich die Abschirmdicke des Zugangstores aus wirtschaftlichen und bedienungsfreundlichen Gründen in Grenzen halten kann (Reduzierung der Ortsdosisleistung durch Mehrfachstreuung an mehreren Wänden). Im Bestrahlungsraum muss mindestens ein Notausschalter vorhanden sein, der bei Betätigung die Nutzstrahlung abschaltet oder ihre Abschirmung veranlasst. Die Bedienungsvorrichtung befindet sich außerhalb des Bestrahlungsraumes (im Überwachungsbereich). Der Patient muss von außerhalb des Bestrahlungsraumes überwachbar sein.

So weit die sicherheitstechnischen Forderungen des § 84.

Die Normen DIN 6847-1 [DIN 1] für Elektronenbeschleuniger und DIN 6846 für γ-Bestrahlungsanlagen [DIN 6] verlangen aber weitere Anforderungen an das Personensicherheitssystem, die schon bei der Kommentierung des § 36 aufgeführt worden sind. Die wichtigsten sind optische (in der Regel über eine Fernsehanlage) und akustische Verbindungen (Wechselsprechanlage) zum Patienten, Abschaltkontakte bei Betätigung des Tores („Türkontakte"), Strahlungsmonitor im Bestrahlungsraum beim Betrieb von γ-Bestrahlungsanlagen zum sicheren Nachweis der Funktionsfähigkeit des Verschlussmechanismus, Lüftungsanlage bei Beschleunigeranlagen zwecks Reduzierung eventueller Luftaktivitäten, optische Anzeigen innerhalb und außerhalb des Bestrahlungsraumes für die Betriebszustände „Strahlung ein" und „Strahlung aus".

Das Funktionsprinzip des Personensicherheitssystems ist als Auflage in den entsprechenden Genehmigungen enthalten, und die Genehmigungsbehörde wird verlangen, dass seine Funktionsfähigkeit in der Regel durch Einschaltung eines Sachverständigen zu überprüfen ist.

Kommentierung

Ordnungswidrigkeiten

Nach § 116 Abs. 2 handelt ordnungswidrig, wer vorsätzlich oder fahrlässig entgegen § 33 Abs. 1 Nr. 1 und 3 als Strahlenschutzverantwortlicher nicht dafür sorgt, dass eine der in § 116 Abs. 2 Nrn. 3 bis 5 genannten Schutzvorschriften eingehalten wird.

Nach § 116 Abs. 3 handelt ordnungswidrig, wer vorsätzlich oder fahrlässig entgegen § 33 Abs. 1 Nr. 2 als Strahlenschutzverantwortlicher oder Strahlenschutz-beauftragter nicht dafür sorgt, dass eine der in § 116 Abs. 3 Nrn. 1 bis 3 genannten Schutzvorschriften eingehalten wird.

§ 85 Aufzeichnungspflichten

(1) Es ist dafür zu sorgen, dass über die Befragung nach § 80 Abs. 2 Satz 2 und Abs. 3 Satz 1, die Untersuchung und die Behandlung von Patienten Aufzeichnungen nach Maßgabe der Sätze 2 und 3 angefertigt werden. Die Aufzeichnungen müssen enthalten:

1. das Ergebnis der Befragung,

2. den Zeitpunkt, die Art und den Zweck der Untersuchung oder Behandlung, die dem Patienten verabreichten radioaktiven Stoffe nach Art, chemischer Zusammensetzung, Applikationsform, Aktivität,

3. Angaben zur rechtfertigenden Indikation nach § 80 Abs. 1 Satz 1,

4. die Begründung nach § 81 Abs. 2 Satz 2,

5. bei der Behandlung zusätzlich die Körperdosis und den Bestrahlungsplan nach § 81 Abs. 3 Satz 1,

6. bei der Behandlung mit Bestrahlungsvorrichtungen oder Anlagen zur Erzeugung ionisierender Strahlen zusätzlich das Bestrahlungsprotokoll.

Die Aufzeichnungen sind gegen unbefugten Zugriff und unbefugte Änderungen zu sichern. Aufzeichnungen, die unter Einsatz von Datenverarbeitungsanlagen angefertigt werden, müssen innerhalb der Aufbewahrungsfrist nach Absatz 3 in angemessener Zeit lesbar gemacht werden können.

(2) Der untersuchten oder behandelten Person ist auf ihr Verlangen eine Abschrift der Aufzeichnung nach Absatz 1 Satz 1 auszuhändigen.

(3) Die Aufzeichnungen über die Untersuchung sind zehn Jahre lang, über die Behandlung 30 Jahre lang nach der letzten Untersuchung oder Behandlung aufzubewahren. Die zuständige Behörde kann verlangen, dass im Falle der Praxisaufgabe oder sonstiger Einstellung der Tätigkeit die Aufzeichnungen bei einer von ihr bestimmten Stelle zu hinterlegen sind; dabei ist die ärztliche Schweigepflicht zu wahren.

(4) Wer eine Person mit radioaktiven Stoffen oder ionisierender Strahlung untersucht oder behandelt hat, hat demjenigen, der später eine solche Untersuchung oder Behandlung vornimmt, auf dessen Verlangen Auskunft über die Aufzeichnungen nach Absatz 1 zu erteilen und die sich hierauf beziehenden Unterlagen vorübergehend zu überlassen. Werden die Unterlagen von einer anderen Person aufbewahrt, so hat diese dem Auskunftsberechtigten die Unterlagen vorübergehend zu überlassen.

(5) Das Bundesamt für Strahlenschutz ermittelt regelmäßig die medizinische Strahlenexposition der Bevölkerung und ausgewählter Bevölkerungsgruppen.

(6) Es ist ein aktuelles Verzeichnis der Bestrahlungsvorrichtungen, der Anlagen zur Erzeugung ionisierender Strahlen oder der sonstigen Geräte oder Ausrüstungen zu führen. Das Bestandsverzeichnis nach § 8 der Verordnung über das Errichten, Betreiben und Anwenden von Medizinprodukten kann hierfür herangezogen werden. Das Bestandsverzeichnis ist der zuständigen Behörde auf Verlangen vorzulegen.

Kommentierung § 85

Vor einer möglichen medizinischen Anwendung radioaktiver Stoffe oder ionisierender Strahlen soll eine Befragung des Patienten durch den die Indikation im Sinne des § 80 stellenden Arzt (ggf. nach Rücksprache mit dem überweisenden Arzt) über vorangegangene, vor allen Dingen in anatomischem und indikationstechnischem Sinne vergleichbare Anwendungen sicherstellen, dass, soweit möglich, unnötige mehrfache Strahlenanwendungen vermieden werden. So kann eventuell der untersuchende oder behandelnde Arzt eigene radiologische Anwendungen vermeiden bzw. einschränken, falls bereits medizinische verwertbare Untersuchungsergebnisse oder Behandlungsunterlagen seitens anderer Ärzte vorliegen, deren Überlassung nach Absatz 4 nicht verweigert werden darf.

Gleichzeitig müssen überweisender und anwendender Arzt Frauen im gebärfähigen Alter fragen, ob eine Schwangerschaft besteht bzw. möglich ist oder ob sie stillen (§ 85 Abs. 1 Satz 1 i.V.m. § 80 Abs. 3).

Neben den Ergebnissen dieser Befragungen sind auch alle Einzelheiten der Untersuchungen entsprechend den Forderungen des Absatzes 1 aufzuzeichnen, so dass aus diesen Daten die Strahlenexposition des Patienten errechnet bzw. abgeschätzt werden kann. Diese Daten ermöglichen es dem Arzt, bei späteren Strahlenanwendungen eine Entscheidung zu treffen, ob weitere Strahlenexpositionen noch vertretbar sind (Risiko-Nutzen-Abschätzung). Die Aufzeichnungen sollen einerseits dem Patienten (Abs. 2) und andererseits einem später untersuchenden oder behandelnden Arzt (Abs. 4) auf Verlangen zur Verfügung gestellt werden.

Die Aufzeichnungen sind, entsprechend den Vorschriften des Absatzes 3, zehn Jahre bei Diagnostik und 30 Jahre bei Therapie aufzubewahren. Bei Praxisaufgabe geschieht dies meistens durch den Praxisnachfolger oder auch durch eine andere der ärztlichen Schweigepflicht unterliegenden Stelle auf Grund privatrechtlicher Vereinbarungen. Gegebenenfalls kann auch die Behörde eine geeignete Stelle bestimmen (Abs. 3).

Zur Anpassung an die modernen technischen Gegebenheiten spricht Absatz 1 Satz 3 auch die Aufbewahrung der Aufzeichnungen auf Bildträgern oder anderen Datenträgern an, für die bestimmte Voraussetzungen erfüllt werden müssen, wie der Datenschutz, die Datenintegrität (u.a. durch verlustfreie Kompression), die Datenverfügbarkeit („innerhalb angemessener Zeit lesbar") und ein Datenzugriff nur durch Identifikationszwang.

Es klingt beruhigend, dass das Bundesamt für Strahlenschutz die Strahlenexposition der Bevölkerung durch medizinische Anwendungen verfolgt, um offensichtlich früh genug signalisieren zu können, wenn ein signifikant ansteigender Trend zu erkennen ist (Abs. 5).

Kommentierung

Ordnungswidrigkeiten

Nach § 116 Abs. 2 handelt ordnungswidrig, wer vorsätzlich oder fahrlässig entgegen § 33 Abs. 1 Nr. 1 und 3 als Strahlenschutzverantwortlicher nicht dafür sorgt, dass eine der in § 116 Abs. 2 Nrn. 3 bis 5 genannten Schutzvorschriften eingehalten wird.

Nach § 116 Abs. 3 handelt ordnungswidrig, wer vorsätzlich oder fahrlässig entgegen § 33 Abs. 1 Nr. 2 als Strahlenschutzverantwortlicher oder Strahlenschutzbeauftragter nicht dafür sorgt, dass eine der in § 116 Abs. 3 Nrn. 1 bis 3 genannten Schutzvorschriften eingehalten wird.

§ 86 Anwendungen am Menschen außerhalb der Heilkunde oder Zahnheilkunde

Für Anwendungen radioaktiver Stoffe oder ionisierender Strahlung am Menschen, die durch andere gesetzliche Regelungen vorgesehen oder zugelassen sind, gelten die §§ 80 bis 85 entsprechend.

Kommentierung § 86

Die Anwendung ionisierender Strahlung oder radioaktiver Stoffe am Menschen außerhalb der Heil- und Zahnheilkunde wird wohl kaum im therapeutischen (Hochdosis-)Bereich stattfinden, sondern sie wird sich diagnostischer Methoden bedienen, und zwar in erster Linie der Nutzung von Röntgeneinrichtungen (Röntgenverordnung! [RöV]) und – wesentlich seltener – nuklearmedizinischer Techniken. Als rechtliche Basis für derartige Untersuchungen werden in der Begründung zur StrlSchV folgende Beispiele genannt: Vorschriften des Sozialrechts, arbeitsmedizinische Vorschriften und Strafprozessordnung. Die Einbeziehung anderer gesetzlicher Regelungen entbindet Strahlenschutzverantwortliche und -beauftragte sowie anwendende Ärzte nicht, die Grundsätze der medizinischen Strahlenanwendung zu beachten, wie die Stellung der rechtfertigenden Indikation (§ 80), Beschränkung der Strahlenexposition (§ 81), Kreis der zur Anwendung und zur technischen Mitwirkung berechtigten Personen (§ 82), Qualitätssicherung, ärztliche Stellen (§ 83), Bereitstellung vorschriftsmäßiger Bestrahlungsräume (§ 84) und die Anfertigung entsprechender Aufzeichnungen (§ 85).

Ordnungswidrigkeiten

Nach § 116 Abs. 2 handelt ordnungswidrig, wer vorsätzlich oder fahrlässig entgegen § 33 Abs. 1 Nr. 1 und 3 als Strahlenschutzverantwortlicher nicht dafür sorgt, dass eine der in § 116 Abs. 2 Nrn. 3 bis 5 genannten Schutzvorschriften eingehalten wird.

Nach § 116 Abs. 3 handelt ordnungswidrig, wer vorsätzlich oder fahrlässig entgegen § 33 Abs. 1 Nr. 2 als Strahlenschutzverantwortlicher oder Strahlenschutzbeauftragter nicht dafür sorgt, dass eine der in § 116 Abs. 3 Nrn. 1 bis 3 genannten Schutzvorschriften eingehalten wird.

Teil 2: Zielgerichtete Nutzung radioaktiver Stoffe oder ionisierender Strahlung

Vorbemerkung Teil 2 Kapitel 4 Abschnitt 2: Medizinische Forschung

Wie bereits bei der Kommentierung der §§ 23 und 24 erwähnt, verpflichtet die Strahlenschutzverordnung denjenigen, der medizinische Forschung durchführen will, hierfür eine besondere Genehmigung zu erwerben. In diesem Verfahren sind die einzelnen Genehmigungsvoraussetzungen beschrieben (siehe Kommentierung zu den §§ 23 und 24).

Die Schutzvorschriften, die bei der praktischen Durchführung, d.h. bei der Anwendung radioaktiver Stoffe oder ionisierender Strahlung in der medizinischen Forschung beachtet werden müssen, sind in diesem Abschnitt aufgeführt. Insoweit ersetzen die §§ 87 bis 92 die Anforderungen, die in der Strahlenschutzverordnung von 1989 in § 41 Abs. 3 bis 10 aufgeführt waren.

Der Begriff „Proband" wird in diesem Abschnitt für die Probandin/den Probanden verwendet.

§ 87 Besondere Schutz- und Aufklärungspflichten

(1) Die Anwendung von radioaktiven Stoffen oder ionisierender Strahlung am Menschen in der medizinischen Forschung ist nur mit dessen persönlicher Einwilligung zulässig. Der Inhaber der Genehmigung nach § 23 hat eine schriftliche Erklärung des Probanden darüber einzuholen, dass der Proband mit

1. der Anwendung radioaktiver Stoffe oder ionisierender Strahlung an seiner Person und
2. den Untersuchungen, die vor, während und nach der Anwendung zur Kontrolle und zur Erhaltung seiner Gesundheit erforderlich sind,

einverstanden ist. Die Erklärung ist nur wirksam, wenn der Proband geschäftsfähig und in der Lage ist, das Risiko der Anwendung der radioaktiven Stoffe oder ionisierenden Strahlung für sich einzusehen und seinen Willen hiernach zu bestimmen. Diese Erklärung und alle im Zusammenhang mit der Anwendung stehenden Einwilligungen können jederzeit vom Probanden formlos widerrufen werden.

(2) Die Anwendung ist ferner nur zulässig, wenn der Proband zuvor eine weitere schriftliche Erklärung darüber abgegeben hat, dass er mit

1. der Mitteilung seiner Teilnahme an dem Forschungsvorhaben und
2. der unwiderruflichen Mitteilung der durch die Anwendung erhaltenen Strahlenexpositionen an die zuständige Behörde

einverstanden ist.

(3) Vor Abgabe der Einwilligungen ist der Proband durch den das Forschungsvorhaben leitenden oder einen von diesem beauftragten Arzt über Art, Bedeutung, Tragweite und Risiken der Anwendung der radioaktiven Stoffe oder ionisierenden Strahlung und über die Möglichkeit des Widerrufs aufzuklären. Der Proband ist zu befragen, ob an ihm bereits radioaktive Stoffe oder ionisierende Strahlung zum Zweck der Untersuchung, Behandlung oder außerhalb der Heilkunde oder Zahnheilkunde angewandt worden sind. Über die Aufklärung und die Befragung des Probanden sind Aufzeichnungen anzufertigen.

(4) Der Proband ist vor Beginn der Anwendung radioaktiver Stoffe oder ionisierender Strahlung ärztlich zu untersuchen. Die Aktivität der radioaktiven Stoffe ist vor deren Anwendung zu bestimmen. Die Körperdosis ist durch geeignete Verfahren zu überwachen. Der Zeitpunkt der Anwendung, die Ergebnisse der Überwachungsmaßnahmen und die Befunde sind aufzuzeichnen.

(5) Die Erklärungen nach Absatz 1 Satz 2 und Absatz 2 und die Aufzeichnungen nach Absatz 3 Satz 3 und Absatz 4 Satz 3 sind 30 Jahre lang nach deren Abgabe oder dem Zeitpunkt der Anwendung aufzubewahren und auf Verlangen der zuständigen Behörde vorzulegen. Für die Aufzeichnungen gilt § 85 Abs. 1 Satz 2 bis 4, Abs. 2, Abs. 3 Satz 2 und Abs. 4 entsprechend.

(6) Die Anwendung von radioaktiven Stoffen oder ionisierender Strahlung am Menschen in der medizinischen Forschung darf nur von einer Person nach § 82 Abs. 1 vorgenommen werden.

(7) Die §§ 83, 84 und 85 Abs. 5 und 6 gelten entsprechend.

Kommentierung § 87

Grundsätzlich darf die Anwendung von radioaktiven Stoffen oder ionisierender Strahlung am Menschen in der medizinischen Forschung nur mit der persönlichen Einwilligung des jeweiligen Probanden erfolgen. Hierzu hat der Inhaber der Genehmigung für die medizinische Forschung nach § 23 eine schriftliche Erklärung des Probanden einzuholen, dass dieser mit der Anwendung radioaktiver Stoffe oder ionisierender Strahlung und allen Untersuchungen, die zur Kontrolle und Erhaltung seiner Gesundheit erforderlich sind, einverstanden ist. Selbstverständlich ist, dass diese Erklärung nur wirksam sein kann, wenn der Proband geschäftsfähig und in der Lage ist, das Risiko der Anwendung der radioaktiven Stoffe oder ionisierender Strahlung für sich selbst einzusehen und seinen Willen hiernach zu bestimmen. Dieses setzt voraus, dass er hierzu ausreichend aufgeklärt wurde. Die Einwilligung und Einverständniserklärungen des Probanden sind vom Genehmigungsinhaber *vor* der tatsächlichen Anwendung der radioaktiven Stoffe oder ionisierenden Strahlung und nicht schon im Genehmigungsverfahren einzuholen.

Der Proband kann die Einwilligung sowie seine Erklärungen, die im Zusammenhang mit der Anwendung stehen, jederzeit formlos widerrufen. Nach einem solchen Widerruf darf keine weitere Anwendung von radioaktiven Stoffen oder ionisierender Strahlung innerhalb der medizinischen Forschung an dem Probanden erfolgen.

Neben den oben beschriebenen Einwilligungen und Erklärungen ist die Anwendung radioaktiver Stoffe oder ionisierender Strahlung innerhalb der medizinischen Forschung nur zulässig, wenn der Proband sein schriftliches Einverständnis darüber abgegeben hat, dass die zuständige Behörde über seine Teilnahme und die durch die Anwendung erhaltenen Strahlenexposition informiert wird. Das bedeutet, dass der Proband den verantwortlichen Arzt in dieser Hinsicht von seiner ärztlichen Schweigepflicht befreien muss. Die Befreiung des verantwortlichen Arztes aus seiner ärztlichen Schweigepflicht betrifft nur die Mitteilung über die Teilnahme bestimmter Probanden und die applizierten Strahlenexpositionen. Die im Rahmen der Studie erhobenen medizinischen Befunde unterliegen aber weiterhin der ärztlichen Schweigepflicht. Durch die Regelung, dass der das Forschungsvorhaben leitende Arzt oder ein von ihm beauftragter Arzt den Probanden vor der Abgabe von Einwilligungen und Erklärungen über die Art, Bedeutung, Tragweite und

Teil 2: Zielgerichtete Nutzung radioaktiver Stoffe oder ionisierender Strahlung

Risiken der Anwendung radioaktiver Stoffe oder ionisierender Strahlung und über die Möglichkeit des Widerrufs aufklären muss, wird präzisiert, dass die in Absatz 1 geforderte Einwilligung mit den entsprechenden schriftlichen Erklärungen erst *nach* der erfolgten Aufklärung vom Probanden einzuholen ist. Im Rahmen dieser Aufklärung ist der Proband vom aufklärenden Arzt auch danach zu befragen, ob an ihm bereits radioaktive Stoffe oder ionisierende Strahlung angewendet worden sind. War das der Fall, muss es bei der weiteren Planung des medizinischen Forschungsvorhabens beachtet werden. Der aufklärende Arzt muss über die Aufklärung und die Befragung des Patienten eine Niederschrift anfertigen.

Der Proband ist vor Beginn der Anwendung radioaktiver Stoffe oder ionisierender Strahlung ärztlich zu untersuchen. Das soll gewährleisten, dass nur solche Probanden an der Studie teilnehmen, bei denen keine gesundheitlichen Gründe gegen eine Teilnahme sprechen. Innerhalb der Durchführung der Studie muss die Aktivität der radioaktiven Stoffe vor deren Anwendung bestimmt und die Körperdosis des Probanden durch ein geeignetes Verfahren, z.B. Filmdosimetrie, Ausscheidungs- oder Ganzkörpermessungen, überwacht werden.

Zusätzlich zur allgemeinen Aufzeichnungspflicht sind der Zeitpunkt der Anwendung, die Ergebnisse der Überwachungsmaßnahmen und die Befunde aufzuzeichnen. Diese Aufzeichnungen und die Erklärungen des Probanden sind 30 Jahre aufzubewahren und auf Verlangen der zuständigen Behörde vorzulegen. Dieses ist eine Vereinfachung gegenüber der bisherigen Regelung in § 41 Abs. 5 der Strahlenschutzverordnung von 1989, nach der generell die schriftliche Erklärung der Behörde vorgelegt werden musste. Für die Aufzeichnungen sind die Vorgaben des § 85 auch bezüglich der Hinterlegungspflicht zu beachten.

Durch Absatz 6 wird klargestellt, dass die Anwendung von radioaktiven Stoffen oder ionisierender Strahlung am Menschen in der medizinischen Forschung nur durch Personen erfolgen darf, die als Ärzte oder Zahnärzte approbiert sind oder denen die Ausübung des ärztlichen Berufs erlaubt ist,

- sofern sie die erforderliche Fachkunde im Strahlenschutz besitzen oder

- sofern sie nicht über die erforderliche Fachkunde im Strahlenschutz, aber auf ihrem speziellen Arbeitsgebiet über die für ihre Tätigkeit erforderlichen Kenntnisse im Strahlenschutz verfügen und unter Aufsicht eines fachkundigen Arztes tätig sind.

Die Anwendung in der medizinischen Forschung darf demnach nicht durch medizinisch-technische Radiologieassistentinnen oder -assistenten erfolgen. Offen bleibt die Frage nach der technischen Mitwirkung bei der Anwendung in diesem Personenkreis, da nach § 22 Abs. 2 Tätigkeiten dieser Art auf den Bereich der Heilkunde beschränkt und in den §§ 87 bis 92 explizit nicht angesprochen sind.

Auch bei der Anwendung von radioaktiven Stoffen oder ionisierender Strahlung am Menschen innerhalb der medizinischen Forschung sind die Vorschriften über Qualitätssicherung (§ 83) und Bestrahlungsräume (§ 84) sowie bestimmte Bereiche der Aufzeichnungspflichten nach § 86 (Ermittlung der medizinischen Strahlenexposition der Bevölkerung durch das BfS und Führung eines aktuellen Verzeichnisses der Vorrichtungen, Anlagen oder sonstigen Geräte) zu beachten.

Ordnungswidrigkeiten

Nach § 116 Abs. 2 handelt ordnungswidrig, wer vorsätzlich oder fahrlässig entgegen § 33 Abs. 1 Nr. 1 und 3 als Strahlenschutzverantwortlicher nicht dafür sorgt, dass eine der in § 116 Abs. 2 Nrn. 3 bis 5 genannten Schutzvorschriften eingehalten wird.

Nach § 116 Abs. 3 handelt ordnungswidrig, wer vorsätzlich oder fahrlässig entgegen § 33 Abs. 1 Nr. 2 als Strahlenschutzverantwortlicher oder Strahlenschutzbeauftragter nicht dafür sorgt, dass eine der in § 116 Abs. 3 Nrn. 1 bis 3 genannten Schutzvorschriften eingehalten wird.

§ 88 Anwendungsverbote und Anwendungsbeschränkungen für einzelne Personengruppen

(1) An schwangeren Frauen dürfen radioaktive Stoffe oder ionisierende Strahlung in der medizinischen Forschung nicht angewendet werden. An stillenden Frauen dürfen radioaktive Stoffe in der medizinischen Forschung nicht angewendet werden. An Personen, die auf gerichtliche oder behördliche Anordnung verwahrt werden, dürfen radioaktive Stoffe oder ionisierende Strahlung in der medizinischen Forschung nicht angewendet werden.

(2) Von der Anwendung ausgeschlossen sind Probanden, bei denen in den vergangenen zehn Jahren radioaktive Stoffe oder ionisierende Strahlung zu Forschungs- oder Behandlungszwecken angewendet worden sind, wenn durch die erneute Anwendung in der medizinischen Forschung eine effektive Dosis von mehr als 10 Millisievert zu erwarten ist. Die Genehmigungsbehörde kann eine höhere effektive Dosis als 10 Millisievert zulassen, wenn mit der Anwendung gleichzeitig für den Probanden ein diagnostischer oder therapeutischer Nutzen verbunden ist. § 24 Abs. 2 Satz 1 bleibt unberührt.

(3) Die Anwendung radioaktiver Stoffe oder ionisierender Strahlung an Probanden, die das 50. Lebensjahr nicht vollendet haben, ist nur zulässig, wenn nachgewiesen ist, dass die Heranziehung solcher Personen ärztlich gerechtfertigt und zur Erreichung des Forschungszieles besonders notwendig ist.

(4) An geschäftsunfähigen und beschränkt geschäftsfähigen Probanden ist die Anwendung radioaktiver Stoffe oder ionisierender Strahlung nur zulässig, wenn

1. das Forschungsziel anders nicht erreicht werden kann,

2. die Anwendung gleichzeitig zur Untersuchung oder Behandlung des Probanden angezeigt ist und

3. der gesetzliche Vertreter oder der Betreuer seine Einwilligung abgegeben hat, nachdem er von dem das Forschungsvorhaben leitenden Arzt über Wesen, Bedeutung, Tragweite und Risiken aufgeklärt worden ist. Ist der geschäftsunfähige oder beschränkt geschäftsfähige Proband in der Lage, Wesen, Bedeutung und Tragweite der Anwendung einzusehen und seinen Willen hiernach zu bestimmen, ist zusätzlich dessen persönliche Einwilligung erforderlich.

Für die Erklärungen nach Satz 1 Nr. 3 gilt § 87 Abs. 1 bis 3 entsprechend.

Kommentierung § 88

In § 88 werden Anwendungsverbote und Anwendungsbeschränkungen für einzelne Personengruppen festgelegt. Danach gilt, dass an schwangeren Frauen radioaktive Stoffe oder ionisierende Strahlung in der medizinischen Forschung grundsätzlich nicht angewendet werden dürfen. Dieser Ausschluss dient in erster Linie dem Schutz des ungeborenen Kindes und setzt somit die Vorgaben der EURATOM-Patientenrichtlinie [EU 4] in nationales Recht um. Weiterhin dürfen radioaktive Stoffe in der medizinischen Forschung an stillenden Frauen nicht angewendet werden. Hierdurch soll der an einer Studie nicht beteiligte Säugling geschützt werden. Stillende Frauen sind nicht mehr, wie in der Strahlenschutzverordnung von 1989 [STR], von der Anwendung ionisierender Strahlung in der medizinischen Forschung ausgeschlossen. Ein solches Anwendungsverbot ist sachlich auch nicht begründet, da die Anwendung ionisierender Strahlung an stillenden Müttern offensichtlich keine Auswirkungen auf das zu stillende Kind hat.

Generell dürfen radioaktive Stoffe oder ionisierende Strahlung in der medizinischen Forschung nicht an Personen angewendet werden, die auf gerichtliche oder behördliche Anordnung verwahrt sind (z.b. Untersuchungshäftlinge, Strafgefangene, Patienten in einer geschlossenen psychiatrischen Klinik).

Durch den Ausschluss von Probanden, bei denen in denen vergangenen zehn Jahren radioaktive Stoffe oder ionisierende Strahlung zu Forschungs- und Therapiezwecken angewendet worden sind und bei denen bei der Anwendung eine zusätzliche effektive Dosis von mehr als 10 mSv zu erwarten ist, sollen unerwünschte Kumulationen von Expositionen aus der Teilnahme an mehreren medizinischen Forschungsvorhaben verhindert werden. Ausnahmsweise kann die zuständige Behörde (BfS) eine höhere effektive Dosis als 10 mSv bei der erneuten Anwendung zulassen, wenn mit dieser erneuten Anwendung gleichzeitig für den Probanden ein diagnostischer oder therapeutischer Nutzen verbunden ist. Die Möglichkeit dieser Ausnahme ist dadurch begründet, dass bei der Anwendung innerhalb der Heilkunde keine Dosisgrenze vorgegeben ist und beide Anwendungen einen vergleichbaren diagnostischen oder therapeutischer Nutzen vermuten lassen.

Durch die Regelungen des Absatzes 3 wird klargestellt, dass die Anwendung radioaktiver Stoffe oder ionisierender Strahlung an Probanden, die das 50. Lebensjahr noch nicht vollendet haben, grundsätzlich nicht gewünscht wird. Ausnahmen hiervon können nur in Anspruch genommen werden, wenn das Forschungsziel in der Regel auf andere Weise nicht erreicht werden kann und die Forschung an solchen Personen ärztlich gerechtfertigt ist. Die Notwendigkeit einer Einbindung von Personen, die das 50. Lebensjahr noch nicht vollendet haben, in ein Forschungsvorhaben ist in dem nach § 24 Abs. 1 erforderlichen Studienplan zu begründen.

Durch die Regelungen des Absatzes 4 wird die Anwendung radioaktiver Stoffe oder ionisierender Strahlung im Bereich der medizinischen Forschung auch an Geschäftsunfähigen und beschränkt Geschäftsfähigen in engen Grenzen für zulässig erklärt.

Mit dieser neuen Regelung hat sich der Verordnungsgeber wesentlich an die Vorschriften der §§ 40 Abs. 4 und 41 des Arzneimittelgesetzes [AMG] sowie an die §§ 17 und 18 des Medizinproduktegesetzes [MPG] angelehnt.

Hierdurch wird anerkannt, dass auch bei Geschäftsunfähigen und beschränkt Geschäftsfähigen sowohl in der biomedizinischen Grundlagenforschung als auch in der klinischen Medizin Forschungsbedarf besteht. Gemeint ist der Forschungsbedarf, der bei Zuständen oder Krankheiten, die nur oder überwiegend bei Kindern und Jugendlichen, geistig Behinderten oder Bewusstlosen auftreten, vorhanden ist.

Sollen radioaktive Stoffe oder ionisierende Strahlung im Rahmen der medizinischen Forschung bei diesen Personen angewendet werden, muss man nachweisen, dass das Forschungsziel anders nicht zu erreichen ist, die Anwendung gleichzeitig der Untersuchung oder Behandlung der Person dient und der gesetzliche Vertreter seine Einwilligung abgegeben hat. Darüber hinaus ist auch die persönliche Einwilligung der Person erforderlich, wenn sie in der Lage ist, ihren Willen über die Teilnahme zu bestimmen. Auch hier muss der leitende Arzt über Wesen, Bedeutung, Tragweise und Risiken der Anwendung aufklären, bevor die Einwilligung abgegeben wird. Ebenso wie bei Probanden, die voll geschäftsfähig sind, kann die erteilte Einwilligung jederzeit formlos widerrufen werden.

Ordnungswidrigkeiten

Nach § 116 Abs. 2 handelt ordnungswidrig, wer vorsätzlich oder fahrlässig entgegen § 33 Abs. 1 Nr. 1 und 3 als Strahlenschutzverantwortlicher nicht dafür sorgt, dass eine der in § 116 Abs. 2 Nrn. 3 bis 5 genannten Schutzvorschriften eingehalten wird.

Nach § 116 Abs. 3 handelt ordnungswidrig, wer vorsätzlich oder fahrlässig entgegen § 33 Abs. 1 Nr. 2 als Strahlenschutzverantwortlicher oder Strahlenschutzbeauftragter nicht dafür sorgt, dass eine der in § 116 Abs. 3 Nrn. 1 bis 3 genannten Schutzvorschriften eingehalten wird.

§ 89 Mitteilungs- und Berichtspflichten

(1) Der zuständigen Aufsichtsbehörde und der Genehmigungsbehörde sind unverzüglich mitzuteilen:

1. jede Überschreitung der Dosiswerte nach § 24 Abs. 2 Satz 1 und § 88 Abs. 2 Satz 1, oder, sofern die Genehmigungsbehörde nach § 24 Abs. 2 Satz 2 oder § 88 Abs. 2 Satz 2 höhere Dosiswerte zugelassen hat, der zugelassenen Dosiswerte unter Angabe der näheren Umstände,

2. die Beendigung der Anwendung radioaktiver Stoffe oder ionisierender Strahlung für die Durchführung des Forschungsvorhabens.

(2) Der zuständigen Aufsichtsbehörde und der Genehmigungsbehörde ist nach Beendigung der Anwendung je ein Abschlussbericht vorzulegen, aus dem die im Einzelfall ermittelte Körperdosis und die zur Berechnung der Körperdosis relevanten Daten hervorgehen.

Kommentierung § 89

§ 89 beschreibt die Mitteilungs- und Berichtspflichten, die dem Inhaber der Genehmigung zur medizinischen Forschung nach § 23 obliegen. Hiernach ist der Genehmigungsinhaber verpflichtet, jede Überschreitung der in der StrlSchV festgelegten bzw. von der Genehmigungsbehörde zugelassenen Dosiswerte nach den §§ 24 Abs. 2 und 88 Abs. 2 für die Anwendung am Menschen in der medizinischen Forschung unter Angabe der näheren Umstände sowie die Beendigung der Anwendung für die Durchführung eines Forschungsvorhabens unter Angabe der erforderlichen Daten an die zuständigen Aufsichtsbehörden und an die Genehmigungsbehörde zu übermitteln. Genehmigungsbehörde für den Bereich der medizinischen Forschung ist das Bundesamt für Strahlenschutz (BfS). Aufsichtsbehörden sind weiterhin die nach dem jeweiligen Landesrecht zuständigen Behörden. Ihnen obliegt die Aufsicht nach § 19 AtG.

Die Tatsache, dass sich jede meldepflichtige Überschreitung der in der StrlSchV festgelegten bzw. der genehmigten Dosiswerte auf die effektive Dosis des Probanden bezieht, soll verdeutlichen, dass z.B. In-vitro-Untersuchungen oder ähnliche Untersuchungen, die im Rahmen der medizinischen Forschung durchgeführt werden, nicht der Grenzwertregelung unterliegen und es somit auch keine Meldepflicht gibt.

Neben den genannten Mitteilungs- und Berichtspflichten ist der Genehmigungsinhaber verpflichtet, der zuständigen Aufsichtsbehörde und der Genehmigungsbehörde nach Beendigung des Forschungsvorhabens je einen Abschlussbericht vorzulegen, aus dem die im Einzelfall ermittelte Körperdosis und die zur Berechnung der Körperdosis relevanten Daten hervorgehen.

Ordnungswidrigkeiten

Nach § 116 Abs. 2 handelt ordnungswidrig, wer vorsätzlich oder fahrlässig entgegen § 33 Abs. 1 Nr. 1 und 3 als Strahlenschutzverantwortlicher nicht dafür sorgt, dass eine der in § 116 Abs. 2 Nrn. 3 bis 5 genannten Schutzvorschriften eingehalten wird.

Nach § 116 Abs. 3 handelt ordnungswidrig, wer vorsätzlich oder fahrlässig entgegen § 33 Abs. 1 Nr. 2 als Strahlenschutzverantwortlicher oder Strahlenschutzbeauftragter nicht dafür sorgt, dass eine der in § 116 Abs. 3 Nrn. 1 bis 3 genannten Schutzvorschriften eingehalten wird.

§ 90 Schutzanordnung

Ist zu besorgen, dass ein Proband aufgrund einer Überschreitung der genehmigten Dosiswerte für die Anwendung radioaktiver Stoffe oder ionisierender Strahlung in der medizinischen Forschung an der Gesundheit geschädigt wird, so ordnet die zuständige Behörde an, dass er durch einen Arzt nach § 64 Abs. 1 Satz 1 untersucht wird.

Kommentierung § 90

Diese Anordnungsbefugnis verpflichtet die zuständige Behörde (gemeint ist hier die Aufsichtsbehörde) beispielsweise bei Erkennung einer Grenzwertüberschreitung und einer daraus resultierenden Befürchtung um die Gesundheit des Probanden infolge der Anwendung radioaktiver Stoffe oder ionisierender Strahlung in der medizinischen Forschung zur Anordnung, dass der Proband durch einen nach StrlSchV ermächtigten Arzt untersucht wird.

Ordnungswidrigkeiten

Nach § 116 Abs. 2 handelt ordnungswidrig, wer vorsätzlich oder fahrlässig entgegen § 33 Abs. 1 Nr. 1 und 3 als Strahlenschutzverantwortlicher nicht dafür sorgt, dass eine der in § 116 Abs. 2 Nrn. 3 bis 5 genannten Schutzvorschriften eingehalten wird.

Nach § 116 Abs. 3 handelt ordnungswidrig, wer vorsätzlich oder fahrlässig entgegen § 33 Abs. 1 Nr. 2 als Strahlenschutzverantwortlicher oder Strahlenschutzbeauftragter nicht dafür sorgt, dass eine der in § 116 Abs. 3 Nrn. 1 bis 3 genannten Schutzvorschriften eingehalten wird.

§ 91 Deckungsvorsorge im Falle klinischer Prüfungen

Die Regelungen des § 24 Abs. 1 Nr. 5 dieser Verordnung gelten nicht, soweit die Vorgaben der Atomrechtlichen Deckungsvorsorge-Verordnung durch die Vorsorge zur Erfüllung gesetzlicher Schadenersatzverpflichtungen nach den entsprechenden Vorschriften des Arzneimittelgesetzes oder des Medizinproduktegesetzes dem Grund und der Höhe nach erfüllt sind.

Kommentierung § 91

Da neben der medizinischen Forschung nach der Strahlenschutzverordnung auch klinische Prüfungen nach dem Arzneimittelgesetz [AMG] oder dem Medizinproduktegesetz [MPG] die Vorsorge zur Erfüllung gesetzlicher Schadensersatzverpflichtungen beinhalten, wird durch diese Regelung zugelassen, dass die strahlenschutzrechtliche Deckungsvorsorge hinter denen des Arzneimittelgesetzes bzw. des Medizinproduktegesetzes zurücktritt, wenn diese Regelungen nicht zu einer materiellen Schlechterstellung des Probanden führen. Hierdurch wird vermieden, dass derjenige, der gleichzeitig medizinische Forschung nach der Strahlenschutzverordnung und klinische Prüfung nach dem Arzneimittel- oder Medizinproduktegesetz durchführt, mehrfach die Vorsorge zur Erfüllung gesetzlicher Schadensersatzverpflichtungen nachweisen muss, d.h., er wird nicht verpflichtet, mehrere Versicherungen abzuschließen.

§ 92 Ethikkommission

Eine im Geltungsbereich dieser Verordnung tätige Ethikkommission muss unabhängig, interdisziplinär besetzt und bei der zuständigen Bundesoberbehörde registriert sein. Ihre Aufgabe ist es, den Studienplan mit den erforderlichen Unterlagen nach ethischen und rechtlichen Gesichtspunkten mit mindestens fünf Mitgliedern mündlich zu beraten und innerhalb von drei Monaten eine schriftliche Stellungnahme abzugeben. Bei multizentrischen Studien genügt die Stellungnahme einer Ethikkommission. Eine Registrierung erfolgt nur, wenn in einer veröffentlichten Verfahrensordnung die Mitglieder, die aus medizinischen Sachverständigen und nichtmedizinischen Mitgliedern bestehen und die erforderliche Fachkompetenz aufweisen, das Verfahren und die Anschrift der Ethikkommission aufgeführt sind.

Kommentierung § 92

Nach § 24 Abs. 1 Nr. 1 ist ein Studienplan vorzulegen, zu dem eine Ethikkommission eine Stellungnahme gegenüber der Genehmigungsbehörde abgegeben haben muss. Hier werden die Aufgaben der Ethikkommission und insbesondere der Inhalt der von ihr abzugebenden Stellungnahme konkretisiert.

§ 92 stellt klar, dass mindestens fünf Mitglieder der Ethikkommission die Stellungnahme mündlich beraten müssen und innerhalb einer Frist von drei Monaten eine schriftliche Stellungnahme abzugeben haben. Um zu verhindern, dass bei Multi-Center-Studien für jeden Ort, an dem die Studie durchgeführt wird, eine Ethikkommission eine Stellungnahme abgeben muss, wird zugelassen, dass bei diesen Studien die Stellungnahme einer Ethikkommission ausreicht. Die Strahlenschutzverordnung regelt nicht, ob die Ethikkommission in ihrer Stellungnahme auch Belange anderer Vorschriften, z.B. des ärztlichen Standesrechts, aufnehmen darf oder ob für Stellungnahmen auf Grund anderer Vorschriften weitere Ethikkommissionen einzubinden sind. Hier muss das jeweils anzuwendende Recht, z.B. Standesrecht, Arzneimittelrecht, Medizinprodukterecht, beachtet werden.

In § 92 sind außerdem nähere Bestimmungen zu der personellen Zusammensetzung der Kommission und zur grundlegenden Arbeitsweise festgelegt. Neben den Grundsätzen der interdisziplinären Zusammensetzung und der erforderlichen Fachkunde muss die Kommission insbesondere hinsichtlich der jeweiligen Studie unabhängig sein. Konkretisiert bedeutet dieses, dass bei keinem Mitglied der Ethikkommission ein Grund zur Befangenheit im Hinblick auf das jeweilige Forschungsvorhaben vorliegen darf. Ein solcher Grund zur Befangenheit wäre anzunehmen, wenn ein Mitglied der Ethikkommission z.B. Mitarbeiter oder Berater des jeweiligen Antragstellers ist.

Die Ethikkommissionen, die im Rahmen der Strahlenschutzverordnung tätig werden, müssen bei der zuständigen Behörde registriert sein. Da sich die Tätigkeit einer Ethikkommission im Rahmen des Genehmigungsverfahrens für die medizinische Forschung ergibt, ist das Bundesamt für Strahlenschutz zuständige Registrierungsbehörde. Man muss davon ausgehen, dass – neben den Voraussetzungen für eine Registrierung wie Mitteilung der Zusammensetzung der Kommission, Änderung dieser Zusammensetzung, Veröffentlichung der Anschrift und Namen der Kommissionsmitglieder – beim Wegfall einer Voraussetzung die Ethikkommission aus dem Register gestrichen werden kann. Sobald eine Ethikkommission aus dem Register gestrichen worden ist, darf sie keine Stellungnahme mehr zum Studienplan für die medizinische Forschung abgeben. Um beispielsweise den Behörden die Prüfung, ob eine Ethikkommission registriert ist, zu ermöglichen, ist eine veröffentlichte Verfahrensordnung vorgeschrieben.

Teil 3: Natürliche Strahlungsquellen bei Arbeiten

§ 93 Dosisbegrenzung

Wer in eigener Verantwortung eine Arbeit der in Kapitel 2 oder Kapitel 4 genannten Art ausübt oder ausüben lässt, hat dafür zu sorgen, dass die Dosisgrenzwerte in den Kapiteln 2 und 4 nicht überschritten werden.

Kommentierung § 93

Im Gegensatz zu „Tätigkeiten" (siehe § 3 Abs. 1 Nr. 1) werden bei den in Teil 3 behandelten „Arbeiten" bestimmte radiologisch wirksame Materialien *nicht* verwendet, um beispielsweise deren Radioaktivität explizit zu nutzen. Aber Arbeiten im Sinne des § 3 Abs. 1 Nr. 2 können durchaus mit Strahlenexpositionen verbunden sein. Auch diese dürfen daher (bestimmte in den Kapiteln 2 und 4 genannte) Grenzwerte nicht überschreiten. Ein Teil (Kapitel 2) der in § 93 zur Diskussion stehenden Arbeiten ist in der Anlage XI zur StrlSchV näher beschrieben (siehe Erläuterungen zu Anlage XI). Es geht hier um natürliche terrestrische Strahlungsquellen, bei denen in Anlage XI zwischen Radon (Rn-222) sowie Uran und Thorium plus deren Zerfallsprodukten unterschieden wird. Der andere Teil (Kapitel 4) betrifft die Expositionen durch kosmische Strahlung, die Flugzeugbesatzungen bei ihrer Arbeit erhalten. Näheres darüber findet man in der Kommentierung zu § 103.

Radon und seine Zerfallsprodukte bestreiten den größten Teil der Bevölkerungsexposition durch natürlich vorkommende radioaktive Stoffe. Radon ist ein Edelgas mit drei natürlichen Isotopen:

- Rn-222 (α-Strahler, Halbwertzeit: 3,8 d) entsteht aus dem α-Zerfall von Ra-226 im Verlauf der U-238-Zerfallsreihe. Dieses Isotop stellt bei weitem den Hauptanteil an der Strahlenexposition durch Radon.

- Rn-220 (Halbwertzeit: 55 s) entsteht aus dem α-Zerfall von Ra-224 im Verlauf der Th-232-Zerfallsreihe und Rn-219 (Halbwertzeit: 4 s) entsteht aus dem α-Zerfall von Ra-223 im Verlauf der U-235-Zerfallsreihe.

Rn-222 ist, wie alle strahlenbiologisch potenten α-Strahler, nur bei Inkorporationen wirksam, und zwar in seiner Eigenschaft als Gas durch Inhalation, aber auch als Bestandteil im Wasser durch Ingestion. Relevante Zerfallsprodukte des Rn-222 sind die α-Strahler Po-218 und Po-214 sowie die β-Strahler Pb-214 und Bi-214. In der ICRP 65 [ICRP 2] wird als Dosisfaktor folgender Wert angegeben: Die Aktivitätskonzentration von 50 Bq/m³ Rn-222 führt bei einer Einwirkungsdauer von einem Jahr zu einer effektiven Dosis von 1 mSv.

Uran in der Natur besteht aus drei Isotopen:

- U-238 (α-Strahler, Halbwertzeit: 4,5 Gigajahre, Anteil: 99,3 %) mit den radiologisch bedeutsamen Zerfallsprodukten Ra-226 (α- und γ-Strahler, Halbwertzeit 1600 a) und Rn-222 plus seinen Zerfallsprodukten

- U-235 (Anteil: 0,7 %)
- U-234 (Anteil: 0,005 %)

Thorium in der Natur wird durch die im radioaktiven Gleichgewicht stehenden α-strahlenden Isotope Th-232 und Th-228 repräsentiert. Radiologisch bedeutsam sind neben Th-232 dessen γ-strahlende Zerfallsprodukte Pb-212, Bi-212 und Th-208.

Man geht davon aus, dass die mittlere jährliche effektive Dosis der Bevölkerung in der Bundesrepublik Deutschland durch Einwirkung der U-238-Zerfallsreihe (u.a. durch Ra-226 und Rn-222) infolge innerer und äußerer Exposition 1,35 mSv pro Jahr beträgt. Der entsprechende Wert für die Th-232-Zerfallsreihe liegt bei 0,38 mSv pro Jahr [KIE]. Bei der Grenzwertbetrachtung des § 93 für die in Anlage XI genannten Arbeiten werden die genannten mittleren Bevölkerungsexpositionen nicht mit einbezogen.

Ordnungswidrigkeiten

Nach § 116 Abs. 1 Nr. 15 und 16 handelt ordnungswidrig, wer vorsätzlich oder fahrlässig nicht dafür sorgt, dass ein in § 95 Abs. 4, 5, 7 oder 8 sowie in § 103 Abs. 2, 3 oder 5 genannter Dosisgrenzwert nicht überschritten wird.

§ 94 Dosisreduzierung

Wer in eigener Verantwortung eine Arbeit der in den Kapiteln 2 bis 4 genannten Art plant, ausübt oder ausüben lässt, hat geeignete Maßnahmen zu treffen, um unter Berücksichtigung aller Umstände des Einzelfalls die Strahlenexposition so gering wie möglich zu halten.

Kommentierung § 94

Das Minimierungsgebot des § 6 StrlSchV gilt auch für Strahlenexpositionen, die durch in Anlage XI aufgezählte Arbeitsfelder, durch das Vorhandensein natürlicher radioaktiver Stoffe in so genannten Rückständen oder durch kosmische Strahlung entstehen können. Die Aussage des § 94 ist sozusagen als eine Grundsatzerklärung zu den Kapiteln 2 bis 4 zu verstehen. Grundsätzlich sind folgende Maßnahmen sinnvoll und geeignet:

- Abstand halten und vergrößern („quadratisches Abstandsgesetz", bei α- und β-Strahlung kommt eine erhöhte Luftabsorption hinzu)

- Einwirkungsdauer verkürzen (z.B. möglichst geringe Aufenthaltsdauer in der Nähe der Strahlungsquellen oder Verringerung der Arbeitszeiten in strahlenexponierten Arealen)

- hinter Abschirmungen arbeiten (besonders leicht für α- und β-Strahler zu realisieren)

- Aktivität verringern (größere Verteilung durch geringere spezifische Aktivitäten bzw. Aktivitätskonzentrationen)

- Inkorporation vermeiden (vor allem bei α-Strahlern)

§ 95 Natürlich vorkommende radioaktive Stoffe an Arbeitsplätzen

(1) Wer in seiner Betriebsstätte eine Arbeit ausübt oder ausüben lässt, die einem der in Anlage XI genannten Arbeitsfelder zuzuordnen ist, hat je nach Zugehörigkeit des Arbeitsfeldes zu Teil A oder B der Anlage XI innerhalb von sechs Monaten nach Beginn der Arbeiten eine auf den Arbeitsplatz bezogene Abschätzung der Radon-222-Exposition oder der Körperdosis durchzuführen. Die Abschätzung ist unverzüglich zu wiederholen, wenn der Arbeitsplatz so verändert wird, dass eine höhere Strahlenexposition auftreten kann. Satz 1 gilt auch für denjenigen, der in einer fremden Betriebsstätte in eigener Verantwortung Arbeiten nach Satz 1 ausübt oder unter seiner Aufsicht stehende Personen Arbeiten ausüben lässt. In diesem Fall hat der nach Satz 1 Verpflichtete ihm vorliegende Abschätzungen für den Arbeitsplatz bereitzustellen.

(2) Der nach Absatz 1 Verpflichtete hat der zuständigen Behörde innerhalb von drei Monaten nach Durchführung der Abschätzung nach Absatz 1 Anzeige gemäß Satz 2 zu erstatten, wenn die Abschätzung nach Absatz 1 ergibt, dass die effektive Dosis 6 Millisievert im Kalenderjahr überschreiten kann. Aus der Anzeige müssen die konkrete Art der Arbeit, das betreffende Arbeitsfeld oder die betreffenden Arbeitsfelder, die Anzahl der betroffenen Personen, die eine effektive Dosis von mehr als 6 Millisievert im Kalenderjahr erhalten können, die nach Absatz 10 Satz 1 vorgesehene Ermittlung und die nach § 94 vorgesehenen Maßnahmen hervorgehen. Bei Radonexpositionen kann davon ausgegangen werden, dass die effektive Dosis von 6 Millisievert im Kalenderjahr durch diese Expositionen nicht überschritten ist, wenn das Produkt aus Aktivitätskonzentration von Radon-222 am Arbeitsplatz und Aufenthaltszeit im Kalenderjahr den Wert von $2 \cdot 10^6$ Becquerel pro Kubikmeter mal Stunden nicht überschreitet. Bei deutlichen Abweichungen des Gleichgewichtsfaktors zwischen Radon und seinen kurzlebigen Zerfallsprodukten von dem zugrunde gelegten Wert von 0,4 kann die Behörde abweichende Werte für das Produkt aus Radon-222-Aktivitätskonzentration und Aufenthaltszeit im Kalenderjahr festlegen.

(3) Der nach Absatz 1 Satz 3 Verpflichtete hat dafür zu sorgen, dass er selbst und die unter seiner Aufsicht stehenden Personen in fremden Betriebsstätten anzeigebedürftige Arbeiten nur ausüben, wenn jede Person im Besitz eines vollständig geführten, bei der zuständigen Behörde registrierten Strahlenpasses ist.

(4) Für Personen, die anzeigebedürftige Arbeiten ausüben, beträgt der Grenzwert der effektiven Dosis 20 Millisievert im Kalenderjahr. Der Grenzwert der Organdosis beträgt für die Augenlinse 150 Millisievert, für die Haut, die Hände, die Unterarme, die Füße und Knöchel jeweils 500 Millisievert. Bei Radonexpositionen kann davon ausgegangen werden, dass die effektive Dosis von 20 Millisievert im Kalenderjahr durch diese Expositionen nicht überschritten ist, wenn das Produkt aus Aktivitätskonzentration von Radon-222 am Arbeitsplatz und Aufenthaltszeit im Kalenderjahr den Wert von 6×10^6 Becquerel pro Kubikmeter mal Stunden nicht überschreitet. Absatz 2 Satz 4 gilt entsprechend.

(5) Der Grenzwert für die Summe der in allen Kalenderjahren ermittelten effektiven Dosen beruflich strahlenexponierter Personen beträgt 400 Millisievert. Die zuständige Behörde kann im Benehmen mit einem Arzt nach § 64 Abs. 1 Satz 1 eine weitere berufliche Strahlenexposition zulassen, wenn diese nicht mehr als 10 Millisievert effektive Dosis im Kalenderjahr beträgt und die beruflich strahlenexponierte Person einwilligt. Die Einwilligung ist schriftlich zu erteilen.

(6) Wurde unter Verstoß gegen Absatz 4 Satz 1 oder 2 ein Grenzwert im Kalenderjahr überschritten, so ist eine Weiterbeschäftigung als beruflich strahlenexponierte Person nur zulässig, wenn die Expositionen in den folgenden vier Kalenderjahren unter Berücksichtigung der erfolgten Grenzwertüberschreitung so begrenzt werden, dass die Summe der Dosen das Fünffache des jeweiligen Grenzwertes nicht überschreitet. Ist die Überschreitung eines Grenzwertes so hoch, dass bei Anwendung von Satz 1 die bisherige Beschäftigung nicht fortgesetzt werden kann, kann die Behörde im Benehmen mit einem Arzt nach § 64 Abs. 1 Satz 1 Ausnahmen von Satz 1 zulassen.

(7) Für Personen unter 18 Jahren beträgt der Grenzwert der effektiven Dosis 6 Millisievert im Kalenderjahr. Der Grenzwert der Organdosis beträgt für die Augenlinse 50 Millisievert, für die Haut, die Hände, die Unterarme, die Füße und Knöchel jeweils 150 Millisievert im Kalenderjahr.

(8) Für ein ungeborenes Kind, das aufgrund der Beschäftigung seiner Mutter einer Strahlenexposition ausgesetzt ist, beträgt der Grenzwert für die Summe der Dosis aus äußerer und innerer Strahlenexposition vom Zeitpunkt der Mitteilung über die Schwangerschaft bis zu deren Ende 1 Millisievert.

(9) Sobald eine Frau, die eine anzeigebedürftige Arbeit nach Anlage XI Teil B ausübt, den nach Absatz 1 Verpflichteten darüber informiert hat, dass sie schwanger ist oder stillt, hat er ihre Arbeitsbedingungen so zu gestalten, dass eine innere berufliche Strahlenexposition ausgeschlossen ist.

(10) Für Personen, die anzeigebedürftige Arbeiten ausüben, hat der nach Absatz 1 Verpflichtete die Radon-222-Exposition und die Körperdosis auf geeignete Weise durch Messung der Ortsdosis, der Ortdosisleistung, der Konzentration radioaktiver Stoffe oder Gase in der Luft, der Kontamination des Arbeitsplatzes, der Personendosis, der Körperaktivität oder der Aktivität der Ausscheidung nach Maßgabe des Satzes 3 zu ermitteln. Die Radon-222-Exposition kann auch durch direkte Messung ermittelt werden. Die Ermittlungsergebnisse müssen spätestens neun Monate nach erfolgter Strahlenexposition der die anzeigebedürftige Arbeit ausführenden Person vorliegen. Für die Messungen kann die zuständige Behörde die anzuwendenden Messmethoden und Messverfahren festlegen und für Messungen Messstellen bestimmen. § 41 Abs. 8 gilt entsprechend.

(11) Der nach Absatz 1 Verpflichtete darf Personen, die anzeigebedürftige Arbeiten ausüben, eine Beschäftigung oder Weiterbeschäftigung nur erlauben, wenn sie innerhalb des jeweiligen Kalenderjahrs von einem Arzt nach § 64 Abs. 1 Satz 1 untersucht worden sind und dem nach Absatz 1 Verpflichteten eine von diesem Arzt ausgestellte Bescheinigung vorliegt, nach der der Beschäftigung keine gesundheitlichen Bedenken entgegenstehen. Satz 1 gilt entsprechend für Personen, die in eigener Verantwortung in eigener oder in einer anderen Betriebsstätte Arbeiten ausüben. § 60 Abs. 3 und die §§ 61 und 62 gelten entsprechend. Die in entsprechender Anwendung des § 61 Abs. 1 Satz 1 angeforderten Unterlagen sind dem Arzt nach § 64 Abs. 1 Satz 1 unverzüglich zu übergeben. Der Arzt hat die ärztliche Bescheinigung dem Verpflichteten nach Absatz 1 Satz 1, der beruflich strahlenexponierten Person und, soweit gesundheitliche Bedenken bestehen, auch der zuständigen Behörde unverzüglich zu übersenden.

(12) Bei einer Arbeit nach Absatz 1, die zu einer effektiven Dosis von weniger als 6 Millisievert im Kalenderjahr führt, kann die Pflicht nach § 94 auch dadurch erfüllt werden, dass Strahlenschutzmaßnahmen auf der Grundlage von Vorschriften des allgemeinen Arbeitsschutzes Anwendung finden. Die zuständige Behörde kann entsprechende Nachweise verlangen.

Kommentierung § 95

Die Bestimmungen des § 95 beziehen sich auf die in Anlage XI genannten Arbeitsfelder. Es wird in Absatz 1 eine auf den Arbeitsplatz bezogene Abschätzung der Körperdosis, z.B. der effektiven Dosis oder der Rn-222-Exposition, verlangt.

Die zuständige Behörde muss im Sinne der Definition des Kontrollbereiches (§ 36 Abs. 1 Nr. 2) informiert werden (Anzeige!), wenn durch die in Absatz 1 genannten Arbeiten die abgeschätzte effektive Dosis mehr als 6 mSv im Kalenderjahr beträgt (Abs. 2). Man beachte die Übergangsvorschrift des § 117 Abs. 25.

Beispiel Radon (Rn-222):

Mit Hilfe des in den Erläuterungen zum § 93 genannten Dosisfaktors lässt sich der in Absatz 2 genannte Wert von $2 \cdot 10^6$ Bq h/m³ mit ausreichender Genauigkeit verifizieren:

50 Bq/m³ · 8.760 h/a · (6 mSv/1 mSv) = $2,6 \cdot 10^6$ Bq h/m³.

Diese Beziehung gilt nur für einen Gleichgewichtsfaktor zwischen Rn-222 und seinen wesentlichen kurzlebigen Zerfallsprodukten Po-218, Po-214 und Bi-214 in der Größenordnung von 0,4. Man spricht von einem radioaktiven Gleichgewicht zwischen einer langlebigen radioaktiven Muttersubstanz und den kurzlebigeren Zerfallsprodukten, wenn nach Abwarten von etwa 5 Halbwertzeiten des langlebigsten Zerfallsproduktes für jedes Zerfallsprodukt so viele Atomkerne zerfallen wie aus der Muttersubstanz oder aus dem vorhergehenden Radionuklid neu gebildet werden. Ein Maß für die Abweichung von dem radioaktiven Gleichgewicht ist der Gleichgewichtsfaktor. Ein Gleichgewichtsfaktor < 1 heißt, dass weniger Zerfallsprodukte von Rn-222 vorhanden sind als bei radioaktivem Gleichgewicht. Die Rn-222-Konzentration in Luft, gewichtet auf die Energie der emittierten α-Strahlungen, ist im radioaktiven Gleichgewicht, wenn sie identisch mit der Summe der prozentual gewichteten Konzentrationen der Folgeprodukte ist. Deren Anteile verteilen sich prozentual wie folgt:

Po-218 (10 %), Pb-214 (52 %), Bi-214 (38 %)

Je stärker die Lüftung eines mit Rn-222 atmosphärisch kontaminierten Innenraumes, desto weniger radioaktive Folgeprodukte können *dort* entstehen und desto geringer wird der Wert des Gleichgewichtsfaktors (z.B. 0,1 in stark belüfteten Räumen).

Wie bei den Bestimmungen des § 55 Abs. 1 beträgt auch hier der Grenzwert für Personen, die Arbeiten im hier genannten Sinne ausüben, 20 mSv effektive Dosis im Kalenderjahr, was in Relation zu der oben genannten Beziehung zwischen Rn-222-Konzentration und effektiver Dosis einem Grenzwert für die Rn-222-Exposition von $6 \cdot 10^6$ Bq h/m³ entspricht. In Analogie zu den §§ 55 Abs. 2 Nr. 1 und 2 und 56 gelten auch hier die dort genannten Grenzwerte für die Augenlinse, die Haut und für die Extremitäten sowie für die Berufslebensdosis. Für Personen unter 18 Jahren und für das ungeborene Kind sind die Grenzwerte ebenfalls identisch mit den in § 55 genannten Werten.

Kann die effektive Dosis bei Arbeiten im Sinne der Anlage XI den Wert von 6 mSv im Kalenderjahr nicht erreichen, darf man die Forderung des Minimierungsgebotes nach § 94 schon dadurch erfüllen, dass die Vorschriften des allgemeinen Arbeitsschutzes (z.B. Beachtung des Arbeitsschutzgesetzes) eingehalten werden.

Die messtechnische Ermittlung der Körperdosis und der individuellen Rn-222-Exposition für anzeigepflichtige Arbeiten im Sinne des § 95 Abs. 2 ist schwierig. Aus diesem Grund können sich diesbezügliche Ausführungen im Rahmen von erläuternden Texten zur neuen Strahlenschutzverordnung nur auf stichwortartige Zusammenfassungen beschränken. Der an Details interessierte Leser muss auf das Studium spezieller Literatur zu dieser Thematik verwiesen werden.

In § 95 Abs. 10 werden als Messgrößen genannt (siehe auch die Übergangsvorschriften des § 117 Abs. 26):

- Ortsdosis, Ortsdosisleistung
- Konzentration radioaktiver Stoffe oder Gase in der Luft
- Kontamination des Arbeitsplatzes
- Personendosis (Anzeige eines Personendosimeters)
- Körperaktivität und Aktivität von Ausscheidungen
- direkte Messung der Rn-222-Exposition

Die Messung der Ortsdosis/Ortsdosisleistung ist für reine α-Strahler wenig relevant, weil Expositionen durch Quellen dieser Art nur über Inkorporationen entstehen können. Die Messung der Ortsdosis als Umgebungs-Äquivalentdosis ist in der Regel für β-/γ-Strahler unproblematisch (z.B. mit Szintillationszählern, Geiger-Müller- und Proportionalzählrohren oder mit Ionisationskammern). Die Umgebungs-Äquivalentdosis stellt per Definition eine adäquate Abschätzung für die effektive Dosis dar. Auch die Messung der Personendosis mit Film-, Thermolumineszenz- und so genannten Stabdosimetern gelingt relativ einfach für γ-Strahler – mit Einschränkung auch für β-Strahler, nicht jedoch für α-Strahler.

Kontaminationsmonitore könnte man in die zwei folgenden Geräteklassen einteilen:

- α-/β-Monitore mit extrem dünnem, nicht gasdichtem Eintrittsfenster und nachzufüllendem Kohlenwasserstoffgas-Nachweismedium (z.B. Butan, Propan). Durch Umschaltung der Zählrohrspannung ist eine Diskrimierung zwischen α-Strahlung und der Summe aus α- und β-Strahlung möglich.

- β-/γ-Monitore mit gasdichtem Eintrittsfenster und permanenter Füllung mit einem Gas höherer Ordnungszahl (z.B. Xenon).

Die Anzeigen von Kontaminationsmonitoren geben entweder die Zahl der Impulse pro Sekunde („ips"), die dann mittels nuklidspezifischer Kalibrierfaktoren in die Einheit Bq/cm^2 umgerechnet werden müssen, oder sie sind – bei modernen Geräten – per nuklidbezogener Tastenwahl direkt in Bq/cm^2 kalibriert.

Ein spezielles, besonders für die Messaufgaben im Rahmen des § 95 Abs. 10 sehr effizientes Messverfahren ist die Ausmessung von Proben. Dabei muss die Sammlung und Ausmessung von Proben aller Aggregatzustände (z.B. Mineral-, Wasser- und Luftproben) möglich sein. Dabei müssen z.B. bei Mineralien die Art des Einschlusses radioaktiver Stoffe, die Struktur des Trägermaterials (z.B. Sand, einatembare Stäube) und das spezielle Radionuklid (Art der emittierten Strahlung, Halbwertzeit, Bestehen eines radioaktiven Gleichgewichts, Nuklid aus der Thorium- oder Uranreihe) mit berücksichtigt werden. Radiologisch auswertbare Messergebnisse entstehen bei Probenahmen durch α- und γ-Spektrometrie und Aktivitätsabstimmungen, meistens nach chemischer und/oder physikalischer Aufbereitung der gesammelten Proben.

Radonmessungen: Das wichtigste Radonisotop ist Rn-222 (α-Strahler, Halbwertzeit: 3,8 d, Bestandteil der U-238-Zerfallsreihe). Radon kommt vor in Böden, Gesteinen und Mineralen, somit auch möglicherweise in Baumaterialien sowie, aus diesen Stoffen sich freisetzend, in Luft und Wasser. Radon ist ein Gas, aber auch die schon genannten Zerfallsprodukte können – aerosolgebunden – in die Atmosphäre gelangen. Wichtigste Messgröße im Zusammenhang mit der Bestimmung der Rn-Exposition ist die Aktivitätskonzentration in Luft und Wasser (Bq/m^3) durch Messung folgender Strahlenarten/Nuklide:

Strahlenart	Nuklid
α-Strahlung	Rn-222, Po-218, P-214
β-Strahlung	Pb-214, Bi-214
γ-Strahlung	Pb-214, Bi-214

Die Aktivitätskonzentration in Luft kann beispielsweise durch Ausmessung der β-/γ-Aktivität der Radionuklide Pb-214 und Bi-214 in einem Proportionaldetektor geschehen, dem ein über einen Luftprobensammler „aktiviertes" Filter (Staub, Aerosole) zugeführt wird.

Eine andere Methode nutzt die hohe Absorptionsfähigkeit von Aktivkohle für Radon aus und bestimmt dann die Aktivitätskonzentration über eine quantitative Auswertung der γ-Linien von Pb-214 und Bi-214 mit einen NaJ- oder Halbleiterdetektor. Eine weitere Messmethode nutzt das Prinzip der Kernspurdosimetrie zum Nachweis der dicht ionisierenden α-Strahlung: Auszählen von Kernspuren in speziellen Plastikfolien nach Sichtbarmachen mit chemischem Verfahren.

Tiefenwässer können erhöhte Rn-Konzentrationen enthalten (100 Bq pro Liter in Trinkwasserversorgungseinrichtungen sind möglich). Glasfaserfilter sind geeignet, Rn-Zerfallsprodukte (Po-218, Pb-214, Bi-214) zu absorbieren.

Dieser Filter kann dann zwecks Ausmessung einem Detektorsystem zugänglich gemacht werden.

Ordnungswidrigkeiten

Nach § 116 Abs. 1 Nrn. 17 bis 22 handelt ordnungswidrig, wer vorsätzlich oder fahrlässig eine der Schutzvorschriften des § 95 Abs. 1, 2, 3, 9 10 oder 11 nicht einhält.

§ 96 Dokumentation und weitere Schutzmaßnahmen

(1) Wer in eigener Verantwortung eine anzeigebedürftige Arbeit nach § 95 Abs. 2 ausübt oder ausüben lässt, hat die Ergebnisse der Ermittlungen nach § 95 Abs. 10 Satz 1 unverzüglich aufzuzeichnen. Die Radon-222-Exposition ist gemäß den Vorgaben des § 95 Abs. 2 Satz 3 und 4 in einen Wert der effektiven Dosis umzurechnen.

(2) Der nach Absatz 1 Verpflichtete hat

1. die Aufzeichnungen nach Absatz 1

   a) so lange aufzubewahren, bis die überwachte Person das 75. Lebensjahr vollendet hat oder vollendet hätte, mindestens jedoch 30 Jahre nach Beendigung der jeweiligen Beschäftigung,

b) spätestens 95 Jahre nach der Geburt der betroffenen Person zu löschen,

c) auf Verlangen der überwachten Person oder der zuständigen Behörde vorzulegen oder bei einer von dieser Behörde zu bestimmenden Stelle zu hinterlegen,

d) bei einem Wechsel des Beschäftigungsverhältnisses dem neuen Arbeitgeber auf Verlangen mitzuteilen, falls weiterhin eine Beschäftigung als beruflich strahlenexponierte Person ausgeübt wird,

2. Überschreitungen der Grenzwerte der Körperdosis nach § 95 Abs. 4 Satz 1 oder 2, Abs. 5 Satz 1, Abs. 7 und 8 der zuständigen Behörde unter Angabe der Gründe, der betroffenen Personen und der ermittelten Körperdosen unverzüglich mitzuteilen,

3. den betroffenen Personen im Fall der Nummer 2 die Körperdosis unverzüglich mitzuteilen.

(3) Der nach Absatz 1 Verpflichtete hat die nach Absatz 1 Satz 2 umgerechnete oder nach § 95 Abs. 10 Satz 1 ermittelte Körperdosis und die in § 112 Abs. 1 Nr. 2 und 3 genannten Angaben der zuständigen Behörde oder einer von ihr bestimmten Stelle zur Weiterleitung an das Strahlenschutzregister binnen Monatsfrist nach der Aufzeichnung zu übermitteln. Das Bundesamt für Strahlenschutz bestimmt das Format und das Verfahren der Übermittlung. Auskünfte aus dem Strahlenschutzregister werden dem nach Absatz 1 Verpflichteten erteilt, soweit es für die Wahrnehmung seiner Aufgaben erforderlich ist. § 112 Abs. 4 Satz 1 Nr. 1 und 3 und Satz 2 findet Anwendung.

(4) Soweit die Expositionsbedingungen es erfordern, ordnet die zuständige Behörde bei anzeigebedürftigen Arbeiten geeignete Maßnahmen entsprechend den §§ 30, 34 bis 39, 43 bis 45, 47 Abs. 3 Satz 1, § 48 Abs. 2, § 67 sowie § 68 Abs. 1 Satz 1 Nr. 3 und 4 an. Sie kann auch anordnen, auf welche Weise die bei anzeigebedürftigen Arbeiten anfallenden Materialien zu entsorgen sind.

(5) Treten in anderen als den in Anlage XI Teil B genannten Arbeitsfeldern Expositionen auf, die denen der in Anlage XI Teil B genannten Arbeitsfeldern entsprechen, kann die zuständige Behörde in entsprechender Anwendung der Absätze 1 bis 4 und des § 95 die erforderlichen Anordnungen treffen.

Kommentierung § 96

Die Ergebnisse der Dosisermittlungen nach § 95 Abs. 10 (beispielsweise Ortsdosis/ -leistung, z.B. in mSv oder mSv/h, Aktivitätskonzentration z.B. in Bq/m^3, Kontamination z.B. in Bq/cm^2, Personen-Äquivalentdosis z.B. in mSv) müssen aufgezeichnet werden. Die Regelungen des § 42 über diesbezügliche Aufbewahrungs-, Vorlege-, Mitteilungs- und Hinterlegungspflichten sowie über die Anzeigepflicht bei Grenzwertüberschreitungen gelten auch für anzeigepflichtige Arbeit im Sinne des § 95 Abs. 2.

Die aus den genannten Messungen (nicht immer ganz einfach) zu ermittelnde Dosis oder Radon-222-Exposition ist, z.B. über die zuständige Behörde, dem Strahlenschutzregister (siehe § 112) zugänglich zu machen. Beispiel für die Ermittlung der Körperdosis aus einer Messung der Rn-222-Aktivitätskonzentration: 250 Bq/m^3 bei einem Gleichgewichtsfaktor 0,4.

Messergebnis: Mit dem in den Erläuterungen zum § 95 angegebenen Dosisfaktor „50 Bq/m^3 im Jahr entsprechen einer effektiven Dosis von 1 mSv" ergibt sich eine effektive Dosis von 5 mSv/a.

Im Übrigen kann die Behörde bei anzeigepflichtigen Arbeiten im Sinne des § 95 Abs. 2 „geeignete" Schutzmaßnahmen anordnen, die sich an den in Absatz 4 genannten Paragraphen orientieren (z.b. geeignete betriebliche Organisation des Strahlenschutzes, messtechnische Überwachungen in Strahlenschutzbereichen, Schutz von Bevölkerung und Umwelt, arbeitsmedizinische Vorsorge, Kennzeichnungspflicht). Man beachte die Übergangsvorschrift des § 117 Abs. 26.

Ordnungswidrigkeiten

Nach § 116 Abs. 1 Nrn. 23 bis 28 handelt ordnungswidrig, wer vorsätzlich oder fahrlässig eine der Schutzvorschriften des § 96 Abs. 1 bis 3 nicht einhält oder einer vollziehbaren Anordnung nach § 96 Abs. 4 oder 5 zuwiderhandelt.

Vorbemerkungen zu Teil 3, Kapitel 3:
Schutz der Bevölkerung bei natürlich vorkommenden radioaktiven Stoffen

Titel VII der EURATOM-Grundnormen [EU1] enthält Regelungen zur möglichen Aufnahme erheblich erhöhter Strahlenexpositionen durch natürliche Strahlenquellen. Natürliche Strahlenquellen in diesem Sinne sind natürliche Nuklide, die radioaktiv sind. Hierzu gehören Nuklide, die durch Kernreaktionen der kosmischen Strahlung in den obersten Atmosphärenschichten ständig neu gebildet werden; man nennt sie kosmogene Radionuklide. Primordiale (uranfängliche) Radionuklide sind Nuklide, die seit Entstehen der Erde vorhanden und auf Grund ihrer langen Halbwertzeit noch nicht zerfallen sind. Viele davon entstammen der vom Uran-238 ausgehenden Uran/Radium-Zerfallsreihe, der vom Uran-235 ausgehenden Uran/Actinium-Zerfallsreihe und schließlich der vom Thorium-232 ausgehenden Thorium-Zerfallsreihe. Hauptsächlich die Radionuklide dieser Zerfallsreihen sind Inhalt der Stoffe, die u.a. Gegenstand der Vorschriften dieses Kapitels sind.

Wie die Überschrift des Kapitels zeigt, ist das Ziel dieser Vorschriften der *„Schutz der Bevölkerung bei natürlich vorkommenden radioaktiven Stoffen"*. Der Verordnungsgeber hat mit diesen Vorschriften Neuland betreten. In der Bundesrepublik Deutschland gab es nämlich bislang keine bundesweiten Regelungen zum Schutz der Bevölkerung vor den schädlichen Wirkungen ionisierender Strahlen, die aus Umweltveränderungen resultieren, die die Menschen verursacht haben und die zu einer Erhöhung der natürlicherweise vorhandenen Strahlenexposition führen. Insoweit wurden bei der Erarbeitung der Vorschriften dieses Kapitels auch die auf den Uranerzbergbau bezogenen Vorschriften des Strahlenschutzrechts der ehemaligen Deutschen Demokratischen Republik einbezogen.

Im Zusammenhang mit Maßnahmen zum Schutz der Bevölkerung bei natürlich vorkommenden radioaktiven Stoffen wird mittlerweile auch der Begriff NORM verwendet (**N**aturally **O**ccuring **R**adioaktive **M**aterials).

Artikel 40 Abs. 2c in Titel VII der EURATOM-Grundnormen [EU 1] enthält die Aufforderung an die Mitgliedstaaten der Europäischen Union, durch Untersuchungen oder andere geeignete Mittel die Arbeiten zu ermitteln, *„bei deren Durchführung Rückstände ent-*

stehen, die normalerweise nicht als radioaktiv gelten, jedoch natürliche Radionuklide enthalten, die die Exposition von Einzelpersonen der Bevölkerung und gegebenenfalls von Arbeitskräften erheblich erhöhen". Die substantiierte Zusammenfassung dieser Untersuchungen ist sozusagen in Teil A der Anlage XII enthalten, in der die aus bergbaulichen und industriellen Prozessen stammenden Rückstände aufgeführt sind, die natürliche Radionuklide mit zum Teil erheblichen Konzentrationen enthalten und die in den Wirtschaftskreislauf gelangen können. Der Verordnungsgeber hat diesen Rückständen nun – intiiert durch die EURATOM-Grundnormen – im Rahmen seiner Regelungen in diesem Kapitel besondere Bedeutung zukommen lassen.

Die Vorschriften betreffen Rückstände, die bei Arbeiten im Sinne des § 3 Abs. 1 Nr. 2 anfallen und die natürliche radioaktive Stoffe enthalten und die deswegen die Strahlenexposition oder radioaktive Kontamination gegenüber dem in der Umwelt natürlicherweise vorzufindenden Niveau erheblich erhöhen können.

Bei Arbeiten im Sinne dieser Verordnung geht es nicht wie bei Tätigkeiten nach § 3 Abs. 1 Nr. 1 um die Nutzung der Eigenschaften radioaktiver Stoffe oder der Eigenschaften der ionisierenden Strahlen. Bei Arbeiten fallen diese Eigenschaften nur zufälligerweise oder als unvermeidbare Nebenerscheinung mit an. Deshalb sind auch keine Vorsorge- und Überwachungsmaßnahmen zum Schutz vor den schädlichen Wirkungen ionisierender Strahlen in der Weise und in dem Umfang zu treffen, wie dies bei Tätigkeiten der Fall ist, für die Genehmigungen nach dem AtG [ATG] oder nach dieser Verordnung erteilt werden müssen. Gleichwohl sind bei Arbeiten Maßnahmen zum Schutz der Bevölkerung zu treffen, wenn mit Blick auf die Strahlenexposition bestimmte Überwachungsgrenzen überschritten sind. Die Maßnahmen zum Schutz der Bevölkerung gelten gleichermaßen für die mit den Arbeiten befassten Beschäftigten. Einzelpersonen der Bevölkerung und Beschäftigte sind vor diesem Hintergrund als eine Personengruppe anzusehen.

Bei Rückständen im Sinne der Regelungen in diesem Kapitel handelt es sich um Stoffe, die natürliche Radionuklide enthalten, die die Strahlenexposition von Einzelpersonen der Bevölkerung und ggf. von Arbeitskräften gemäß Artikel 40 Abs. 2c der EURATOM-Grundnormen *„erheblich erhöhen"*. Dennoch handelt es sich bei Rückständen, die die Überwachungsgrenzen in Anlage XII Teil B nicht überschreiten, nicht um radioaktive Stoffe im Sinne des § 2 Abs. 1 AtG und auch nicht um radioaktive Reststoffe im Sinne des § 9a Abs. 1 AtG, die geordnet beseitigt werden müssen. § 2 Abs. 2 Nr. 3 AtG bestimmt nämlich, dass die *„Aktivität oder Aktivitätskonzentration eines Stoffes ... außer Acht gelassen werden"* kann, *„... soweit es sich um einen Stoff natürlichen Ursprungs handelt, der ... nicht der Überwachung ... unterliegt"*. Rückstände unterliegen vor diesem Hintergrund also auch nicht der Ablieferungspflicht nach § 76.

Um radioaktive Stoffe im Sinne des § 2 Abs. 1 AtG handelt es sich bei Rückständen erst dann, wenn die Einhaltung der Überwachungsgrenzen in Anlage XII Teil B nicht sichergestellt ist und die Rückstände deshalb in den Anwendungsbereich dieses Kapitels fallen. Die zuständige atomrechtliche Behörde kann solche Rückstände dann unter bestimmten Voraussetzungen aus der Überwachung mit der Folge entlassen, dass für die Verwertung oder Beseitigung der Rückstände die Vorschriften des Kreislaufwirtschafts- und Abfallgesetzes [KRW] oder ggf. bei untertägiger Deponierung die Vorschriften des Bergrechts anzuwenden sind.

Eine Ablieferungspflicht im Sinne des § 76 ergibt sich für Rückstände auch dann nicht, wenn sie radioaktive Stoffe im Sinne des § 2 Abs. 1 AtG sind. Radioaktive Rückstände im Sinne dieses Kapitels sind nämlich deshalb keine radioaktiven Reststoffe oder radioaktiven Abfälle nach § 9a Abs. 1 AtG und § 76 dieser Verordnung, weil sie nicht bei genehmigungsbedürftigen Tätigkeiten angefallen sind und deswegen auch nicht schadlos verwertet oder durch Ablieferung geordnet beseitigt werden müssen.

Die Verordnung sieht im Sinne der EURATOM-Grundnormen [EU1] eine Strahlenexposition, die aus natürlicher Radioaktivität in Folge industrieller oder bergbaulicher Arbeiten resultiert, dann als erheblich erhöht an, wenn als zusätzliche Strahlenexposition die effektive Dosis im Kalenderjahr höher als 1 mSv ist.

Führen die beschrittenen Verwertungs- oder Beseitigungswege für die Rückstände nicht zu einer höheren zusätzlichen Strahlenexposition als 1 mSv effektive Dosis für Einzelpersonen der Bevölkerung im Kalenderjahr, wird aus strahlenschutzrechtlicher Sicht kein Bedarf zur Überwachung der Verwertungs- oder Beseitigungswege der Rückstände gesehen. Die Einhaltung der in Anlage XII Teil B genannten Überwachungsgrenzen führt in aller Regel nicht zu Strahlenexpositionen, die über 1 mSv effektive Dosis im Kalenderjahr liegen, und insoweit auch nicht zur Überwachung.

Für den Verordnungsgeber waren verschiedene Gesichtspunkte maßgebend, sich mit Blick auf die Rückstände nicht an dem für Freigaben nach § 29 maßgebenden Merkmal der geringfügigen Dosis im Bereich von 10 µSv effektiver Dosis im Kalenderjahr für Einzelpersonen der Bevölkerung, sondern an dem Dosiskriterium von 1 mSv effektiver Dosis im Kalenderjahr zu orientieren.

Die Internationale Strahlenschutzkommission empfiehlt einen Jahresgrenzwert für die effektive Dosis von 1 mSv, da bei Ausschluss der sehr unterschiedlichen Radonexpositionen die effektive Dosis durch natürliche Quellen bei etwa 1 mSv pro Jahr liegt (ICRP Publikation 60, Abschnitt 191 [ICRP1]). Der empfohlene Wert 1 mSv ist vor diesem Hintergrund kein Grenzwert, sondern ein Richtwert.

Da die EU-Ratskommission auf Grund der ICRP-Empfehlung eine Strahlenexposition aus natürlicher Radioaktivität von mehr als 1 mSv effektiver Dosis im Kalenderjahr als erheblich erhöhte Strahlenexposition ansieht, die nach Artikel 40 und 41 der EURATOM-Grundnormen [EU1] eine Überwachung erforderlich macht, kann im Umkehrschluss eine erhöhte Strahlenexposition ausgeschlossen werden, wenn Produkte oder Abfälle aus Arbeitsprozessen, die natürliche Radionuklide enthalten, lediglich zu effektiven Dosen von weniger als 1 mSv im Kalenderjahr führen. Da natürliche Radionuklide auch unter menschlich unbeeinflussten Umweltverhältnissen vorkommen und unvermeidbar zu einer Strahlenexposition von etwa 1 mSv im Kalenderjahr führen, hielt es der Verordnungsgeber für keine sinnvolle Lösung, sich bei Rückständen an der für Freigaben maßgebenden geringfügigen effektiven Dosis von 10 µSv im Kalenderjahr zu orientieren. Da nahezu alle Stoffe und mithin auch Rückstände, die natürliche Radionuklide enthalten, das Dosiskriterium von 10 µSv im Kalenderjahr erheblich überschreiten, müsste dann gegen natürlicherweise vorhandene und insoweit unvermeidbare Strahlenexpositionen interveniert werden, was zu einem sinnlosen Unterfangen führen würde. Deshalb war es mit Blick auf die Rückstände bzw. mit Blick auf die natürliche Radionuklide enthaltenen Stoffe nötig, ein sinnvolles Abgrenzungskriterium zu wählen, von dem sich zu überwachende Stoffe hinreichend abheben. Es lag deshalb nahe, die effektive Dosis der natürlichen Strahlenexposition (ohne Radon) von etwa 1 mSv im Kalenderjahr als Abgrenzungskriterium festzulegen, weil sich zu überwachende Stoffe von diesem natürlichen Hintergrund auch messtechnisch und hinreichend genau identifizierbar abheben.

Auf der Basis des Einigungsvertrags fortgeltender Strahlenschutzvorschriften der ehemaligen Deutschen Demokratischen Republik wurde im Bereich der neuen Bundesländer für die Nutzung bergbaulicher und industrieller Haldenmaterialien das Dosiskriterium 1 mSv effektive Dosis im Kalenderjahr schon angewendet. Die dabei gewonnenen Vollzugserfahrungen haben zu der Auffassung des Verordnungsgebers geführt, dass eine effektive Dosis von 1 mSv im Kalenderjahr bei Haldenmaterialien, die im Sinne des Teils A der Anlage XII Rückstände sind, eine sinnvolle Orientierungsgröße und damit ein handhabbares Schutzkonzept darstellt.

§ 97 Überwachungsbedürftige Rückstände

(1) Wer in eigener Verantwortung Arbeiten ausübt oder ausüben lässt, bei denen überwachungsbedürftige Rückstände anfallen, durch deren Verwertung oder Beseitigung für Einzelpersonen der Bevölkerung der Richtwert der effektiven Dosis von 1 Millisievert im Kalenderjahr überschritten werden kann, hat Maßnahmen zum Schutz der Bevölkerung zu ergreifen.

(2) Überwachungsbedürftig sind die Rückstände gemäß Anlage XII Teil A, es sei denn, es ist sichergestellt, dass bei ihrer Beseitigung oder Verwertung die Überwachungsgrenzen in Anlage XII Teil B und die dort genannten Beseitigungs- oder Verwertungswege eingehalten werden. Anfallende Rückstände dürfen vor der beabsichtigten Beseitigung oder Verwertung nicht mit anderen Materialien vermischt oder verdünnt werden, um die Überwachungsgrenzen der Anlage XII Teil B einzuhalten.

(3) Die zuständige Behörde kann verlangen, dass für die in Anlage XII Teil A genannten Rückstände die Einhaltung der Überwachungsgrenzen der Anlage XII Teil B nachgewiesen wird. Sie kann hierfür technische Verfahren, geeignete Messverfahren und sonstige Anforderungen, insbesondere solche zur Ermittlung repräsentativer Messwerte der spezifischen Aktivität, festlegen.

(4) Der Verpflichtete nach Absatz 1 hat Rückstände gemäß Anlage XII Teil A vor ihrer Beseitigung oder Verwertung gegen Abhandenkommen und vor dem Zugriff durch Unbefugte zu sichern. Sie dürfen an andere Personen nur zum Zwecke der Beseitigung oder Verwertung abgegeben werden.

Kommentierung § 97

Zu Absatz 1:

Die strahlenschutzrechtliche Verantwortlichkeit für überwachungsbedürftige Rückstände obliegt nach dieser Vorschrift dem, der Arbeiten in eigener Verantwortung ausübt oder ausüben lässt. Das bedeutet, dass nicht der abhängig Beschäftigte Maßnahmen zum

Schutz der Bevölkerung ergreifen muss, sondern der betrieblich Verantwortliche, also der, der im Zusammenhang mit den Arbeiten weisungsbefugt ist und der den Ablauf der Arbeiten betrieblich bestimmt und darüber entscheidet. Die Verantwortlichkeit bezieht sich dabei aber nicht auf beliebige Arbeiten, sondern nur auf solche, bei denen überwachungsbedürftige Rückstände anfallen, und auf Arbeiten mit überwachungsbedürftigen Rückständen.

Müssen Maßnahmen zum Schutz der Bevölkerung ergriffen werden, so haben sich Art und Umfang dieser Maßnahmen an dem Kriterium von 1 mSv effektiver Dosis im Kalenderjahr auszurichten. Dieser Richtwert für die Strahlenexposition von Einzelpersonen der Bevölkerung, also mithin auch für die abhängig Beschäftigten, die die Arbeiten ausüben, soll nicht überschritten werden.

Zu Absatz 2:

Die Stoffe, die in Satz 1 erster Halbsatz dieser Vorschrift als überwachungsbedürftige Rückstände definiert sind, auf die sich im Übrigen alle Regelungen in Teil 3 Kapitel 3 dieser Verordnung beziehen, sind in Anlage XII Teil A aufgeführt. Dabei handelt es sich um Stoffe aus bestimmten bergbaulichen und industriellen Prozessen, bei denen durch physikalisch-chemische Vorgänge eine Anreicherung radioaktiver Stoffe stattfindet. Hierzu gehört sowohl bergbauliches Nebengestein, das in Abhängigkeit von den jeweiligen geologischen Verhältnissen natürlich radioaktive Stoffe höherer Konzentration enthält, als auch ausgehobener oder abgetragener Boden sowie Abbruchbauschutt von baulichen Anlagen, wenn diese Aushub-, Abtragungs- und Abbruchstoffe Rückstände nach Anlage XII Teil A enthalten.

Rückstände der in Anlage XII Teil A genannten Art sind nach Satz 1 zweiter Halbsatz dieser Vorschrift nicht überwachungswachungsbedürftig, wenn folgende Bedingungen erfüllt werden:

Zum einen muss zum Zeitpunkt der Beseitigung oder Verwertung der Rückstände der Weg ihrer Beseitigung oder Verwertung standardmäßig beschritten werden können. Das bedeutet, dass der Verantwortliche sinnvollerweise schon vor der Entstehung der überwachungsbedürftigen Rückstände alles veranlassen sollte, um eine für die Bevölkerung unbedenkliche Beseitigung oder Verwertung der Rückstände sicherzustellen.

Auf das, was standardmäßig sein kann, weist Anlage XII Teil B hin, in der der Deponierung von Rückständen, ihrer Verwertung im Hausbau oder im Straßen-, Wege-, Landschafts- oder Wasserbau oder ihrer untertägigen Verwertung, z.B. als Bau- oder Versatzmaterial, Bedeutung zugemessen worden ist.

Zum anderen dürfen die an die standardmäßigen Beseitigungs- und Verwertungswege gebundenen Überwachungsgrenzen nicht überschritten werden, die in Anlage XII Teil B aufgeführt sind.

Werden die Überwachungsgrenzen in Anlage XII Teil B nicht überschritten, ist sichergestellt, dass weder Einzelpersonen der Bevölkerung noch die Beschäftigten, die mit der Verwertung oder der Beseitigung der Rückstände befasst sind, höhere effektive Dosen als 1 mSv im Kalenderjahr erhalten (zum Dosiskriterium 1 mSv vgl. auch Vorbemerkungen zu Kapitel 3 in Teil 3 dieser Verordnung).

Ist eine dieser Bedingungen, also das Beschreiten eines standardmäßigen Beseitigungs- oder Verwertungsweges oder die Nichtüberschreitung der Überwachungsgrenzen, nicht erfüllt oder nicht zu erfüllen, sind die Rückstände dem Sinn dieser Vorschrift entsprechend überwachungsbedürftig.

Die Vorschriften zu den überwachungsbedürftigen Rückständen treten gemäß Artikel 12 Abs. 2 der Verordnung für die Umsetzung von EURATOM-Richtlinien zum Strahlenschutz in den alten Bundesländern erst am 1. Januar 2004 in Kraft. Die meisten Vertreter und Vertreterinnen der obersten Strahlenschutzbehörden der Bundesländer in den Beratungsgremien des Bundes waren gegen die Übernahme der Vorschriften für die überwachungsbedürftigen Rückstände in die Verordnung, gleichwohl man sie mit Blick auf die „Wismut-Sanierung" für angebracht hielt bzw. es dort ähnliche Vorschriften schon gab.

Die meisten Fälle, mit denen sich der Kommentator bislang mit Blick auf den zukünftigen Vollzug der Vorschriften befassen musste, waren problematisch. Erwähnt seien hier zum Beispiel die Fragen, ob Stoffe, deren chemisch-physikalische Beschaffenheit auf die Eigenschaft „überwachungsbedürftiger Rückstand" hinweist, keine Rückstände im Sinne der Vorschrift sind, nur weil sie nicht aus der Gewinnung und Aufbereitung von Bauxit, Columbit, Pyrochlor usw., sondern aus anderen Prozessen stammen und insoweit nicht der Liste in Teil A Nr. 3a) der Anlage XII zugeordnet werden können. Greift in allen Fällen, bei denen eine Zuordnung von Stoffen in diese Liste nicht möglich ist, automatisch die Auffangvorschrift in § 102 (vgl. dortige Kommentierung), wenn wegen der natürlich radioaktiven Inhaltsstoffe und der damit verbundenen Exposition Schutzmaßnahmen nötig sind? Ist die Regelung in § 102 tatsächlich für alle möglichen Stoffe anwendbar, die Inhaltsstoffe haben, die „so aussehen" wie überwachungsbedürftige Rückstände, definitionsgemäß aber keine sind? Und was soll mit all den überwachungsbedürftigen Rückständen geschehen, die in der Überwachung bleiben müssen, weil für sie kein standardmäßiger Verwertungs- oder Beseitigungsweg gefunden wird?

Und schließlich: Bei der Ermittlung von Überwachungsgrenzen für die Beseitigung von überwachungsbedürftigen Rückständen ist die Gesamtmasse der auf der Deponie schon deponierten überwachungs- und nichtüberwachungsbedürftigen Rückstände zu prüfen (Kriterium: > 5.000 Mg/a). Diese Prüfung muss derzeit scheitern, da bei den Deponiebetreibern keine Informationen über Rückstände vorliegen, die nicht überwachungsbedürftig sind. Ob eine systematische Erfassung vielleicht durch Eigenüberwachung und gegenseitige Information der Deponiebetreiber erreicht werden kann, erscheint zumindest fraglich. In diesem Zusammenhang ist die Umsetzung der Vorschriften kaum möglich.

Zu Absatz 3:

Die zuständige Behörde kann von dem Verantwortlichen den Nachweis der in Anlage XII Teil B aufgeführten Überwachungsgrenzen verlangen und dafür bestimmte technische Verfahren, geeignete Messverfahren oder sonstige Anforderungen festlegen. Hierdurch stellt sie die Nichtüberschreitung des Richtwertes für die effektive Dosis von 1 mSv im Kalenderjahr sicher.

Zu Absatz 4:

Kommen überwachungsbedürftige Rückstände abhanden oder geraten sie in die Hände von Unbefugten, ist die Befolgung der sich aus Kapitel 3 in Teil 3 dieser Verordnung ergebenden Verpflichtungen nicht mehr gewährleistet. Nach Satz 1 dieser Vorschrift hat deshalb der für die überwachungsbedürftigen Rückstände Verantwortliche Maßnahmen zur Sicherung gegen ihr Abhandenkommen und gegen den Zugriff Unbefugter zu treffen.

Satz 2 dieser Vorschrift verlangt von dem für die überwachungsbedürftigen Rückstände Verantwortlichen, dass er sie an andere Personen nur zum Zweck ihrer Beseitigung oder Verwertung abgibt.

Die Beseitigung oder Verwertung, die hier gemeint ist, hat sich mit Blick auf das Schutzziel, auf das sich die Verpflichtungen im oben erwähnten Kapitel 3 beziehen, auf standardmäßigen Beseitigungs- oder Verwertungswegen im Sinne des Absatzes 2 dieser Vorschrift zu vollziehen.

Bei der Abgabe überwachungsbedürftiger Rückstände handelt es sich im Übrigen nicht um eine Abgabe radioaktiver Stoffe im Sinne des § 69 und auch nicht um eine Abgabe radioaktiver Abfälle im Sinne des § 75, sondern eher um eine Weitergabe überwachungsbedürftiger Rückstände in gesicherte Beseitigungs- oder Verwertungswege im Sinne des Absatzes 2 dieser Vorschrift.

Die Wahl des Wortes *„abgegeben"* in Satz 2 dieser Vorschrift ist insoweit leicht irreführend, als das Wort *„Abgabe"* inhaltlich sowohl im Zusammenhang mit der Abgabe radioaktiver Stoffe nach § 69 als auch im Zusammenhang mit der Abgabe radioaktiver Abfälle nach § 75 belegt ist. Bei überwachungsbedürftigen Rückständen handelt es sich zwar um radioaktive Stoffe im Sinne des § 2 Abs. 1 AtG [ATG], aber nicht um radioaktive Stoffe aus genehmigungsbedürftigen Tätigkeiten, für die bei der Abgabe § 69 gilt. Folglich handelt es sich bei überwachungsbedürftigen Rückständen auch nicht um radioaktive Abfälle, die definitionsgemäß nach § 9a Abs. 1 AtG ja nur radioaktive Abfälle sind, wenn sie bei genehmigungsbedürftigen Tätigkeiten angefallen sind und geordnet beseitigt werden müssen (vgl. hierzu auch die Vorbemerkungen zu Kapitel 3 in Teil 3).

Ordnungswidrigkeiten

Ordnungswidrig im Sinne des § 46 Abs. 1 Nr. 4 AtG handelt, wer vorsätzlich oder fahrlässig

- dem Verlangen der zuständigen Behörde nach § 97 Abs. 3 nicht nachkommt, die Einhaltung der Überwachungsgrenzen nachzuweisen,

- anfallende Rückstände vermischt oder verdünnt, um die Überwachungsgrenzen der Anlage XII Teil B einzuhalten,

- überwachungsbedürftige Rückstände nach § 97 Abs. 4 Satz 1 nicht gegen Abhandenkommen und vor dem Zugriff Unbefugter sichert,

- überwachungsbedürftige Rückstände nach § 97 Abs. 4 Satz 2 an andere Personen zu anderen Zwecken als der Beseitigung oder Verwertung dieser Rückstände abgibt.

§ 98 Entlassung von Rückständen aus der Überwachung

(1) Die zuständige Behörde entlässt auf Antrag überwachungsbedürftige Rückstände zum Zwecke einer bestimmten Verwertung oder Beseitigung durch schriftlichen Bescheid aus der Überwachung, wenn aufgrund der Umstände des Einzelfalls und der getroffenen Schutzmaßnahmen der erforderliche Schutz der Bevölkerung vor Strahlenexpositionen sichergestellt ist. Maßstab hierfür ist, dass als Richtwert hinsichtlich der durch die Beseitigung oder Verwertung bedingten Strahlenexposition von Einzelpersonen der Bevölkerung eine effektive Dosis von 1 Millisievert im Kalenderjahr auch ohne weitere Maßnahmen nicht überschritten wird. Eine abfallrechtliche Verwertung oder Beseitigung ohne Entlassung aus der Überwachung ist nicht zulässig.

(2) Der Nachweis nach Absatz 1 Satz 1 und 2 ist unter Anwendung der in Anlage XII Teil D genannten Grundsätze zu erbringen. Die bei der Beseitigung oder Verwertung tätig werdenden Arbeitnehmer gelten dabei als Einzelpersonen der Bevölkerung. Sollen die Rückstände gemeinsam mit anderen Rückständen oder mit Abfällen deponiert werden, so kann die zuständige Behörde davon ausgehen, dass die Voraussetzungen des Absatzes 1 vorliegen, wenn die in Anlage XII Teil C genannten Anforderungen erfüllt sind.

(3) Eine Entlassung kann nur erfolgen, wenn keine Bedenken gegen die abfallrechtliche Zulässigkeit des vorgesehenen Verwertungs- oder Beseitigungsweges und seine Einhaltung bestehen. Der zuständigen Behörde ist vor Erteilung des Bescheides nach Absatz 1 eine Erklärung des Antragstellers über den Verbleib des künftigen Abfalls und eine Annahmeerklärung des Verwerters oder Beseitigers vorzulegen. Der Antragsteller hat der für die Verwertungs- und Beseitigungsanlage nach dem Kreislaufwirtschafts- und Abfallgesetz zuständigen Behörde gleichzeitig eine Kopie der Annahmeerklärung zuzuleiten und dies der zuständigen Behörde nachzuweisen. Diese Behörde kann von der zuständigen Behörde innerhalb einer Frist von 30 Kalendertagen nach Zugang der Kopie verlangen, dass Einvernehmen hinsichtlich der Anforderungen an den Verwertungs- oder Beseitigungsweg hergestellt wird. Die Bestimmungen des Kreislaufwirtschafts- und Abfallgesetzes sowie der aufgrund dieses Gesetzes erlassenen Bestimmungen zur Führung von Nachweisen über die ordnungsgemäße Entsorgung von Abfällen bleiben unberührt.

Kommentierung § 98

Die Vorschrift legt fest, unter welchen Voraussetzungen überwachungsbedürftige Rückstände zur Verwertung oder Beseitigung aus der atomrechtlichen Überwachung entlassen werden können. Bei der Entscheidung über die Entlassung überwachungsbedürftiger Rückstände handelt es sich wie bei der Freigabe radioaktiver Stoffe nach § 29 um einen Verwaltungsakt mit unmittelbarer Wirkung nach außen, d.h., dass die Entlassung der Rückstände mit Erlass des Verwaltungsaktes eintritt (vgl. auch Kommentierung zu § 29 Abs. 1).

Zu Absatz 1:

Satz 1 dieser Vorschrift bestimmt, dass die nach Landesrecht zuständige Behörde auf Antrag die Entlassung überwachungsbedürftiger Rückstände schriftlich durch Verwaltungsakt erlässt. Die zuständige Behörde hat die Entlassung an eine bestimmte Art von Verwertung oder Beseitigung der Rückstände nach ihrer Entlassung zu binden.

Das dem Erlass der Entlassung zu Grunde liegende maßgebliche Schutzziel ist erreicht, wenn unter Berücksichtigung der Umstände des Einzelfalles und der getroffenen Maßnahmen zum Schutz der Bevölkerung zu erwarten ist, dass die im Entlassungsbescheid – oder wie auch immer die zuständige Behörde den Verwaltungsakt benennt – festgelegte Verwertung oder Beseitigung der Rückstände nach ihrer Entlassung bei Einzelpersonen der Bevölkerung nicht zu einer höheren effektiven Dosis als 1 mSv im Kalenderjahr führt. Dieses Schutzziel muss aber nach Satz 2 erreicht werden, ohne dass weitere Maßnahmen zum Schutz der Bevölkerung nach der Entlassung der Rückstände getroffen werden müssen. In diesem Sinne käme eine Entlassung von Rückständen nicht in Frage, wenn z.B. der Betrieb von Einrichtungen allein zum Zweck des Schutzes vor den schädlichen Wirkungen der von den entlassenen Rückständen ausgehenden ionisierenden Strahlen nötig wäre. Denn dies wäre ja eine weitere Überwachung, die nach der Entlassung zum Schutz der Bevölkerung aus radiologischer Sicht nicht mehr erforderlich sein soll.

Mit Satz 3 unterstreicht der Verordnungsgeber seinen Willen nach dem Erlass eines Verwaltungsaktes, durch den die Rückstände aus dem Atomrecht entlassen werden und nach den Vorschriften des KrW-/AbfG oder des Bergrechts verwertet oder beseitigt werden dürfen.

Zu Absatz 2:

Nach Satz 1 dieser Vorschrift ist der Nachweis, dass die Entlassung von Rückständen bei Einzelpersonen der Bevölkerung auch ohne weitere Maßnahmen nach der Entlassung der Rückstände nicht zu einer höheren effektiven Dosis als 1 mSv im Kalenderjahr führt, auf Basis der Grundsätze zu erbringen, die in Anlage XII Teil D aufgeführt sind. Das bedeutet, dass dieser Nachweis auf Expositionsszenarien basieren muss, die auch der Ermittlung der Strahlenexposition bei Freigaben radioaktiver Stoffe nach § 29 und bei der Begrenzung der Ableitung radioaktiver Stoffe nach § 47 zu Grunde gelegt werden müssen.

Satz 2 enthält Regelungen für den Fall, dass die gemeinsame Deponierung entlassener, also ehemals überwachungsbedürftiger, Rückstände mit anderen Rückständen oder mit Abfällen beabsichtigt ist. Wenn die in Anlage XII Teil C genannten Anforderungen, die eigens für diesen Fall erarbeitet wurden, erfüllt sind, kann die für die Entlassung überwachungsbedürftiger Rückstände zuständige Landesbehörde davon ausgehen, dass die gemeinsame Deponierung bei Einzelpersonen der Bevölkerung nicht zu einer höheren effektiven Dosis als 1 mSv im Kalenderjahr führt. Die gemeinsame Deponierung entlassener Rückstände mit anderen Rückständen oder mit Abfällen vollzieht sich dann in Abfallbeseitigungsanlagen nach dem Kreislaufwirtschaft- und Abfallgesetz (KrW-/AbfG) [KRW].

Zu Absatz 3:

Die Entlassung überwachungsbedürftiger Rückstände mit dem Ziel einer bestimmten Verwertung oder Beseitigung kann ebenso wenig ohne das Einvernehmen der für das KrW-/AbfG [KRW] zuständigen Behörde erfolgen, wie dies bei der Freigabe radioaktiver Abfälle zur Beseitigung nach § 29 der Fall ist. Überwachungsbedürftige Rückstände gelten nämlich als radioaktive Stoffe im Sinne des § 2 Abs. 1 AtG (vgl. Vorbemerkungen zu Kapitel 3 in Teil 3), die mit der Entlassung aus der atomrechtlichen Überwachung ihre rechtliche Qualifizierung als radioaktiv ebenso verlieren, wie dies bei freigegebenen Stoffen der Fall ist (vgl. Vorbemerkungen zu den Erläuterungen zu § 29 Nr. 5). Die Verwertung oder Beseitigung entlassener Rückstände unterfällt dann den Vorschriften des KrW-/AbfG oder ggf.

auch denen des Bergrechts. Deshalb enthält Absatz 3 mit Blick auf eine beabsichtigte Entlassung überwachungsbedürftiger Rückstände bestimmte Erklärungs- und Informationspflichten der an dem Entlassungsverfahren Beteiligten, also desjenigen, der die Entlassung beantragt hat und der für die Entlassung zuständigen atomrechtlichen und der für das KrW-/AbfG bzw. Bergrecht zuständigen Behörde. Vor diesem Hintergrund ist Absatz 3 inhaltlich ähnlich mit § 29 Abs. 5.

§ 99 In der Überwachung verbleibende Rückstände

Der nach § 97 Abs. 1 Satz 1 Verpflichtete hat der zuständigen Behörde innerhalb eines Monats Art, Masse und spezifische Aktivität der überwachungsbedürftigen Rückstände sowie eine geplante Beseitigung oder Verwertung dieser Rückstände oder die Abgabe zu diesem Zweck anzuzeigen, wenn wegen der Art und spezifischen Aktivität der Rückstände eine Entlassung aus der Überwachung gemäß § 98 Abs. 1 Satz 1 nicht möglich ist. Die zuständige Behörde kann anordnen, dass Schutzmaßnahmen zu treffen sind und auf welche Weise die Rückstände zu beseitigen sind.

Kommentierung § 99

Wenn überwachungsbedürftige Rückstände nicht nach § 98 Abs. 1 aus der Überwachung entlassen werden können, hat nach Satz 1 dieser Vorschrift derjenige, dem die strahlenschutzrechtliche Verantwortlichkeit über die überwachungsbedürftigen Rückstände obliegt (vgl. Kommentierung zu § 97 Abs. 1), diesen Umstand der zuständigen atomrechtlichen Behörde unter Nennung rückstandsspezifischer Kriterien anzuzeigen. Dieser Verantwortliche hat darüber hinaus dafür zu sorgen, dass für die Dauer der Überwachung alle Maßnahmen nach § 97 Abs. 1 zum Schutz der Bevölkerung getroffen werden. Das heißt zum einen, dass die Wahl dieser Maßnahmen dem strahlenschutzrechtlich Verantwortlichen obliegt, und zum anderen, dass die Maßnahmen gewährleisten müssen, dass der Richtwert von 1 mSv effektive Dosis im Kalenderjahr für die Strahlenexposition von Einzelpersonen der Bevölkerung nicht überschritten wird.

Nach Satz 2 dieser Vorschrift kann die zuständige Behörde anordnen, dass der strahlenschutzrechtlich Verantwortliche z.B. andere als von ihm vorgesehene oder ergänzende Maßnahmen zum Schutz der Bevölkerung zu treffen hat. Sie kann auch anordnen, dass dieser Verantwortliche zur Beseitigung der überwachungsbedürftigen Rückstände einen bestimmten Weg zu beschreiten hat. Mit Blick darauf, dass überwachungsbedürftige Rückstände nicht mehr dem Wertstoffkreislauf der Wirtschaft überlassen werden sollen, hat der Verordnungsgeber darauf verzichtet, in Satz 2 neben der Befugnis zur Anordnung der Beseitigung auch die Befugnis zur Anordnung der Verwertung solcher Rückstände zu schaffen.

Überwachungsbedürftige Rückstände können nicht aus der Überwachung entlassen werden, wenn kein Verwertungs- oder Beseitigungsweg beschritten werden kann, der sicherstellt, dass der Richtwert von 1 mSv effektive Dosis im Kalenderjahr für die Strahlenexposition von Einzelpersonen der Bevölkerung nicht überschritten wird. Die Entlassung ist darüber hinaus auch dann nicht möglich, wenn beschreitbare Verwertungs- oder Beseitigungswege vorliegen sollten, der Richtwert von 1 mSv voraussichtlich aber nur dann nicht überschritten wird, wenn die Verwertungs- oder Beseitigungswege nur mit administrativen oder technischen Maßnahmen beschreitbar sind, die auf die Nichtüberschreitung des Richtwertes von 1 mSv abzielen.

§ 100 Mitteilungspflicht, Rückstandskonzept, Rückstandsbilanz

(1) Wer in seiner Betriebsstätte Arbeiten ausübt oder ausüben lässt, bei denen jährlich mehr als insgesamt 2.000 Tonnen an Rückständen im Sinne der Anlage XII Teil A anfallen oder verwendet werden, hat dies der zuständigen Behörde und der nach dem Kreislaufwirtschafts- und Abfallgesetz zuständigen Behörde zu Beginn jedes Kalenderjahrs mitzuteilen.

(2) Der nach Absatz 1 Verpflichtete hat ein Konzept über die Verwertung und Beseitigung dieser Rückstände (Rückstandskonzept) nach Maßgabe von Satz 3 und Absatz 3 Satz 1 zu erstellen und der zuständigen Behörde auf Verlangen vorzulegen. Das Rückstandskonzept dient als internes Planungsinstrument. Es hat zu enthalten:

1. Angaben über Art, Masse, spezifische Aktivität und Verbleib der Rückstände, einschließlich Schätzungen der in den nächsten fünf Jahren anfallenden Rückstände,

2. Darstellung der getroffenen und für die nächsten fünf Jahre geplanten Beseitigungs- oder Verwertungsmaßnahmen.

(3) Das Rückstandskonzept ist erstmalig bis zum 1. April 2003 für die nächsten fünf Jahre zu erstellen. Es ist alle fünf Jahre fortzuschreiben. Die zuständige Behörde kann die Vorlage zu einem früheren Zeitpunkt verlangen. Sie kann verlangen, dass Form und Inhalt bestimmten Anforderungen genügen.

(4) Der nach Absatz 1 Verpflichtete hat jährlich, erstmalig zum 1. April 2004, jeweils für das vorhergehende Jahr eine Bilanz über Art, Masse, spezifische Aktivität und Verbleib der verwerteten und beseitigten Rückstände (Rückstandsbilanz) zu erstellen und der zuständigen Behörde auf Verlangen vorzulegen. Absatz 3 Satz 3 gilt entsprechend. Entsprechende Nachweise nach den §§ 19 und 20 des Kreislaufwirtschafts- und Abfallgesetzes können ergänzend vorgelegt werden.

Kommentierung § 100

Diese Vorschrift regelt Melde-, Planungs- und Bilanzierungspflichten desjenigen, der in eigener Verantwortung in seinem Betrieb Arbeiten im Sinne des § 2 Abs. 1 Nr. 2, also Arbeiten mit natürlichen Strahlungsquellen, ausübt oder ausüben lässt, deren ionisierende Strahlen aus der Sicht des Strahlenschutzes nicht außer Acht gelassen werden dürfen. Diesen Pflichten muss aber nur der nachkommen, bei dessen Arbeiten mehr als 2.000 Mg Rückstände im Sinne der Anlage XII Teil A jährlich anfallen oder der in seinem Betrieb mehr 2.000 Mg dieser Rückstände jährlich verwendet oder verwenden lässt.

Die Planungs- und Bilanzierungspflichten dieser Vorschrift lehnen sich an die Vorschriften des § 19 „Abfallwirtschaftskonzepte" und § 20 „Abfallbilanzen" des Kreislaufwirtschafts- und Abfallgesetzes (KrW-/AbfG) [KRW] an, worin z.B. Angaben über Art, Menge und Verbleib überwachungsbedürftiger Abfälle verlangt werden, sofern davon jährlich mehr als 2.000 Mg anfallen.

Teil 3: Natürliche Strahlungsquellen bei Arbeiten

Zu Absatz 1:

Zur Meldung von Arbeiten, bei denen mehr als 2.000 Mg Rückstände jährlich anfallen oder bei denen mehr als 2.000 Mg Rückstände jährlich verwendet werden, ist derjenige verpflichtet, dem die strahlenschutzrechtliche Verantwortlichkeit für die Rückstände obliegt (vgl. Kommentierung zu § 97 Abs. 1) und der die Arbeiten in seiner Betriebsstätte ausübt oder ausüben lässt. Der Verpflichtete hat die Meldung zu Beginn eines jeden Kalenderjahres sowohl an die für die Durchführung des KrW-/AbfG als auch die für die Durchführung der StrlSchV zuständige Behörde zu richten.

Zu Absatz 2:

Das Konzept über die Verwertung und Beseitigung von Rückständen hat derjenige zu erstellen, der den Anfall und die Verwendung von Rückständen gemäß Absatz 1 den zuständigen Behörden melden muss. Die für die Durchführung der StrlSchV zuständige Behörde kann die Vorlage dieses Rückstandskonzepts vom Meldepflichtigen verlangen.

Zum einen soll das Rückstandskonzept dem Meldepflichtigen als internes Planungsinstrument dienen. Seine Erstellung appelliert an die Eigenverantwortung des Meldepflichtigen, sich auf die Gegebenheiten einzustellen, die mit dem Umgang mit Rückständen verbunden sind, und schließlich im Auge zu behalten, dass es sich bei den Rückständen immerhin um radioaktive Stoffe im Sinne des Atomgesetzes handeln könnte, die unter Umständen sogar, wenn die Überwachungsgrenzen in Anlage XII Teil B überschritten sind und Verwertungs- oder Beseitigungswege fehlen, atomrechtlich überwacht werden müssen. In diesem Zusammenhang soll das Rückstandskonzept den Meldepflichtigen dazu anhalten, erforderlichenfalls Verwertungs- und Beseitigungswege für die Rückstände zu erschließen.

Zum anderen versetzt das Rückstandskonzept und die Kenntnis der Rückstandsströme die Strahlenschutzbehörde in die Lage, ihre Überwachungsmaßnahmen auf Basis dieses Konzeptes angemessen zu gestalten oder diese zu optimieren, um dadurch der Tatsache Rechnung zu tragen, dass ein großer Teil der Rückstände ohne präventive Aufsichtsmaßnahmen verwertet oder beseitigt werden kann.

Schließlich besteht auf Basis der Rückstandskonzepte die Möglichkeit, dass die Bundesrepublik Deutschland als EU-Mitgliedstaat erforderlichenfalls die Ergebnisse, die sie in Umsetzung des Titels VII der EURATOM-Grundnormen [EU1] ermittelt hatte, den tatsächlichen Gegebenheiten anpasst.

Zu Absatz 3:

Während der Meldepflichtige den jährlichen Anfall oder die jährliche Verwendung von mehr als 2.000 Mg Rückständen den Behörden nach Absatz 1 zu Beginn eines jeden Kalenderjahres melden muss, muss er das Rückstandskonzept erstmals bis zum 1. April 2003 erstellt haben. Dieses Rückstandskonzept muss dann die Angaben nach Absatz 2 enthalten, die für die nächsten fünf Jahre, also bis zum 1. April 2008, absehbar sind. Die Vorschrift verlangt die Fortschreibung des Rückstandskonzeptes alle fünf Jahre, im vorliegenden Fall also bis zum 1. April 2013.

Satz 2 ermächtigt die für die Durchführung der StrlSchV zuständige Behörde, sich das erstmals zu erstellende Rückstandskonzept auch vor dem 1. April 2003 vorlegen zu lassen. So wie die Strahlenschutzbehörde in diesem Zusammenhang auch den Zeitpunkt für die Fortschreibung verkürzen kann, kann sie nach Satz 3 der Vorschrift Form und Inhalt des Rückstandskonzeptes bestimmen.

Zu Absatz 4:

Diese Vorschrift lehnt sich an § 20 „Abfallbilanzen" des KrW-/AbfG an. Die Rückstandsbilanz in Absatz 4 entspricht der Abfallbilanz in § 20 KrW-/AbfG. Die Rückstandsbilanz ergänzt das Rückstandskonzept der Absätze 2 und 3, so dass die Rückstandsbilanz für die Strahlenschutzbehörde ein zusätzliches Instrument der Aufsicht und für den Meldepflichtigen nach Absatz 1 ein weiteres Instrument zur Planung des betrieblichen Umgangs mit Rückständen ist.

Der Mitteilungspflichtige hat seine Rückstandsbilanz jährlich zu erstellen, erstmals zum 1. April 2004, und zwar für den Zeitrahmen vom 1. April 2003 bis 31. März 2004. Die Strahlenschutzbehörde kann sich die Rückstandsbilanz vorlegen lassen; wie im Falle des Absatzes 3 kann sie Form und Inhalt der Rückstandsbilanz bestimmen.

Ordnungswidrigkeiten

Ordnungswidrig im Sinne des § 46 Abs. 1 Nr. 4 AtG handelt, wer vorsätzlich oder fahrlässig

- das Rückstandskonzept oder die Rückstandsbilanz nach § 100 nicht, nicht richtig, nicht vollständig oder nicht rechtzeitig erstellt,

- dem Verlangen der zuständigen Behörde nach Vorlage des Rückstandskonzeptes oder der Rückstandsbilanz nicht nachkommt.

§ 101 Entfernung von radioaktiven Verunreinigungen von Grundstücken

(1) Wer Arbeiten im Sinne des § 97 Abs. 1 Satz 1 beendet, hat Verunreinigungen durch überwachungsbedürftige Rückstände vor Nutzung des Grundstücks durch Dritte, spätestens jedoch fünf Jahre nach Beendigung der Nutzung, so zu entfernen, dass die Rückstände keine Einschränkung der Nutzung begründen. Maßstab für eine Grundstücksnutzung ohne Einschränkungen ist, dass im Hinblick auf die Strahlenexposition von Einzelpersonen der Bevölkerung durch die nicht entfernten Rückstände als Richtwert eine effektive Dosis von 1 Millisievert im Kalenderjahr eingehalten wird.

(2) Der nach Absatz 1 Verpflichtete hat der zuständigen Behörde den Abschluss der Entfernung der Verunreinigungen unter Beifügung geeigneter Nachweise innerhalb von drei Monaten anzuzeigen. Der Nachweis nach Satz 1 ist unter Anwendung der in Anlage XII Teil D Nr. 4 genannten Grundsätze zu erbringen. Die Behörde kann verlangen, dass der Verbleib der entfernten Verunreinigungen nachgewiesen wird.

(3) Die zuständige Behörde kann im Einzelfall ganz oder teilweise von der Pflicht nach Absatz 1 befreien, wenn Umstände vorliegen oder Schutzmaßnahmen getroffen werden, die eine Strahlenexposition von mehr als 1 Millisievert effektive Dosis im Kalenderjahr für Einzelpersonen der Bevölkerung auch ohne Entfernung der Verunreinigungen verhindern. Sie kann die Durchführung der

Pflicht nach Absatz 1 auch zu einem späteren Zeitpunkt gestatten, wenn auf dem Grundstück weiterhin Arbeiten nach § 97 Abs. 1 ausgeübt werden sollen.

Kommentierung § 101

Vorbemerkungen

Diese Vorschrift regelt in erster Linie die Sanierung von Grundstücken, von denen überwachungsbedürftige Rückstände so zu entfernen sind, dass die Nutzung der Grundstücke wieder ohne Einschränkung möglich ist. Ziel dieser Vorschrift ist es also, keine Altlasten entstehen zu lassen.

Da Arbeiten im Sinne des § 97 Abs. 1 mit überwachungsbedürftigen Rückständen auf einem Grundstück sowohl unter freiem Himmel als auch innerhalb von auf dem Grundstück befindlichen Gebäuden oder anderen baulichen Anlagen ausgeübt werden können, sind die Regelungen zur Entfernung von Verunreinigungen, die durch überwachungsbedürftige Rückstände verursacht worden sind, in zweiter Linie auch auf die Gebäude oder andere bauliche Anlagen auf dem Grundstück anzuwenden. Da eine Verunreinigung einerseits nichts anderes ist als eine Kontamination und die Entfernung einer Verunreinigung de facto identisch ist mit einer Dekontamination, die Vorschriften des § 44 zur Kontamination und Dekontamination andererseits aber nur für das Vorhandensein offener radioaktiver Stoffe in Strahlenschutzbereichen oder auf Betriebsgeländen gelten und nicht für Arbeiten im Sinne des § 3 Abs. 1 Nr. 2, so ist auch dies ein Hinweis darauf, dass die Vorschriften zur Entfernung von überwachungsbedürftigen Rückständen von einem Grundstück auch auf die darauf errichteten Gebäude oder die anderen baulichen Anlagen anzuwenden sind. Voraussetzung ist allerdings, dass in den Gebäuden oder in den anderen baulichen Anlagen Arbeiten im Sinne des § 97 Abs. 1 ausgeübt wurden und beendet worden sind.

Zu Absatz 1:

Nach Satz 1 hat derjenige die Verunreinigungen durch überwachungsbedürftige Rückstände zu entfernen oder entfernen zu lassen, der die Arbeiten mit überwachungsbedürftigen Rückständen beendet hat. Beenden im unternehmerischen Sinne kann die Arbeiten nur der, der sie im Sinne des § 97 Abs. 1 in eigener Verantwortung auch ausgeübt hat oder hat ausüben lassen. Zur Entfernung der Verunreinigungen ist also nicht der abhängig Beschäftigte, der seine Arbeiten beendet hat, verpflichtet, sondern derjenige, der für die überwachungsbedürftigen Rückstände strahlenschutzrechtlich verantwortlich ist (vgl. Kommentierung zu § 97 Abs. 1).

Satz 2 konkretisiert den Maßstab dafür, wann Verunreinigungen durch überwachungsbedürftige Rückstände hinreichend genug vom Grundstück entfernt worden sind. Dies ist der Fall, wenn die auf dem Grundstück verbliebenen Verunreinigungen im Kalenderjahr nicht zu einer Strahlenexposition von Einzelpersonen der Bevölkerung führt, die die effektive Dosis von 1 mSv überschreitet. Diese Dosis markiert den für die Strahlenexposition aus natürlichen Strahlenquellen von der Internationalen Strahlenschutzkommission (ICRP) [ICRP1] empfohlenen Richtwert, unterhalb dessen z.B. kein Bedarf zur Überwachung der

Verwertungs- und Beseitigungswege von Rückständen im Sinne des § 97 Abs. 2 mehr gesehen wird oder unterhalb dessen Rückstände aus der Überwachung nach § 98 Abs. 1 entlassen werden können (vgl. Vorbemerkungen zu Kapitel 3 in Teil 3 dieser Verordnung).

Zu Absatz 2:

Satz 1 verlangt von dem, der zur Entfernung von Verunreinigungen gemäß Absatz 1 verpflichtet ist, der zuständigen Strahlenschutzbehörde den Abschluss der Entfernung der Verunreinigungen anzuzeigen. Die Formulierung des Satzes 1 drückt aus, dass die Verunreinigungen zum Zeitpunkt der Anzeige schon vom Grundstück entfernt sein dürfen, was aber mit Blick auf die Verlangensermächtigung in Satz 3 nicht sein muss (vgl. dazu Kommentierung zu Absatz 2 Satz 3 weiter unten).

Nach Satz 2 muss der Verpflichtete seiner Anzeige nach Satz 1 den Nachweis beifügen, dass die Rückstände, die er nicht vom Grundstück entfernen konnte, bei neuer uneingeschränkter Benutzung des Grundstücks nicht zu einer Strahlenexposition von Einzelpersonen der Bevölkerung im Kalenderjahr führt, die höher ist als die effektive Dosis von 1 mSv. Bei der Ermittlung der Strahlenexposition hat der Verpflichtete alle Expositionen einzubeziehen, die nach Anlage XII Teil D Nr. 4 *„bei realistischen Nutzungsannahmen unter Berücksichtigung der natürlichen Standortverhältnisse auftreten können".* Das heißt, dass die Summe der effektiven Dosen, die die verbliebenen Verunreinigungen auf dem Grundstück und in den auf ihm befindlichen Gebäuden oder anderen baulichen Anlagen einschließlich der natürlichen Standortverhältnisse verursachen, insgesamt eine effektive Dosis von 1 mSv nicht überschreiten darf.

Kann in dem Nachweis gezeigt werden, dass die auf dem Grundstück und in den für die Arbeiten benutzten Gebäuden oder anderen baulichen Anlagen verbliebenen Verunreinigungen durch überwachungsbedürftige Rückstände und die natürlichen Standortverhältnisse insgesamt keine höhere effektive Dosis als 1 mSv für Einzelpersonen der Bevölkerung im Kalenderjahr verursachen, so können Grundstück und Gebäude oder andere bauliche Anlagen ohne Einschränkung wieder benutzt werden.

Satz 3 ermächtigt die zuständige Strahlenschutzbehörde, zu verlangen, dass der, der zur Entfernung der Verunreinigungen nach Satz 1 verpflichtet ist, den Verbleib der entfernten Verunreinigungen nachweist. Das heißt auch mit Blick auf Satz 1 in Absatz 2, dass der zur Entfernung Verpflichtete den Verbleib der Verunreinigungen bereits geregelt hat.

Es liegt nahe, anzunehmen, dass der zur Entfernung von Verunreinigungen aus überwachungsbedürftigen Rückständen Verpflichtete die Verunreinigungen auch dorthin entfernt, wo seine Rückstände verbleiben. Vor diesem Hintergrund ist es zweckmäßig, wenn sich die zuständige Strahlenschutzbehörde z.B. auf Basis des mit § 100 Abs. 2 verlangten Rückstandskonzeptes darüber bereits frühzeitig ein Bild macht. Da die Erstellung eines Rückstandskonzeptes aber nur bei Anfall von mehr als 2.000 Mg Rückständen verlangt wird, sollte die zuständige Strahlenschutzbehörde von dem zur Entfernung von Verunreinigungen Verpflichteten stets verlangen, ihr den Verbleib der Verunreinigungen mitzuteilen, bevor diese vom Grundstück entfernt werden.

Zu Absatz 3:

Diese Vorschrift ermächtigt die zuständige Strahlenschutzbehörde, den zur Entfernung von Verunreinigungen Verpflichteten von dieser Pflicht ganz oder teilweise zu befreien. Diese Befreiung oder eine teilweise Befreiung kommen in Betracht, wenn auf Basis objektiver Kriterien absehbar ist oder wenn der Verpflichtete nachweist, dass keine höhere Strahlenexposition als 1 mSv effektive Dosis für Einzelpersonen der Bevölkerung im Kalenderjahr auftritt, wenn die Verunreinigungen nicht vom Grundstück oder aus den für die Arbeiten benutzten Gebäuden oder anderen baulichen Anlagen entfernt werden. Sofern auf dem Grundstück weiterhin Arbeiten nach § 97 Abs. 1 ausgeübt werden, kann die zuständige Strahlenschutzbehörde den Zeitpunkt der Entfernung der Verunreinigungen vom Grundstück verschieben.

Ordnungswidrigkeiten

Ordnungswidrig im Sinne des § 46 Abs. 1 Nr. 4 AtG handelt, wer vorsätzlich oder fahrlässig Verunreinigungen durch überwachungsbedürftige Rückstände nach § 101 Abs. 1 nicht rechtzeitig und nicht im erforderlichen Umfang vom Grundstück entfernt.

§ 102 Überwachung sonstiger Materialien

Kann durch Arbeiten mit Materialien, die nicht Rückstände im Sinne der Anlage XII Teil A sind, oder durch die Ausübung von Arbeiten, bei denen solche Materialien anfallen, die Strahlenexposition von Einzelpersonen der Bevölkerung so erheblich erhöht werden, dass Strahlenschutzmaßnahmen notwendig sind, trifft die zuständige Behörde die erforderlichen Anordnungen. Sie kann insbesondere anordnen,

1. dass bestimmte Schutzmaßnahmen zu ergreifen sind,
2. dass die Materialien bei einer von ihr zu bestimmenden Stelle aufzubewahren oder zu verwahren sind oder
3. dass und in welcher Weise die Materialien zu beseitigen sind.

Kommentierung § 102

Materialien sind nach § 3 Nr. 20 Stoffe, die ausschließlich natürliche Radionuklide enthalten oder die ausschließlich mit solchen Stoffen kontaminiert sind. Materialien sind nach dieser Vorschrift keine Rückstände im Sinne der Anlage XII Teil A. Insoweit stellt diese Vorschrift einen Auffangtatbestand dar, der die zuständige Strahlenschutzbehörde ermächtigt, sonstige Materialien, die zunächst nicht als radioaktive Stoffe im Sinne des § 2 Abs. 1 AtG [ATG] gelten und die auch keine Rückstände im Sinne der Anlage XII Teil A sind, erforderlichenfalls ihrer Überwachung zu unterstellen.

Die Feststellung, ob sonstige Materialien und die Arbeiten damit überwacht werden müssen, trifft die zuständige Strahlenschutzbehörde gegenüber demjenigen, der die Arbeiten mit sonstigen Materialien ausübt oder ausüben lässt. Stellt die Behörde fest, dass die Arbeiten mit sonstigen Materialien oder die Arbeiten, bei denen sonstige Materialien anfallen, die Strahlenexposition von Einzelpersonen der Bevölkerung erheblich erhöht, so hat sie Maßnahmen zum Schutz der Bevölkerung vor den schädlichen Wirkungen ionisierender Strahlung anzuordnen. Erst, wenn die zuständige Strahlenschutzbehörde diese Feststellung getroffen hat, gelten die sonstigen Materialien als radioaktive Stoffe im Sinne des § 2 Abs. 1 AtG, woraus folgt, dass die Behörde erst dann die Vorschriften des § 102 anwenden kann.

Die Behörde richtet ihre Anordnungen an denjenigen, der für die sonstigen Materialen strahlenschutzrechtlich verantwortlich ist. Diese Veranwortlichkeit ergibt sich für den, der Arbeiten mit sonstigen Materialien ausübt oder ausüben lässt, aber erst, wenn die Behörde festgestellt hat, dass die Strahlenexposition durch die sonstigen Materialien erheblich erhöht ist und es sich deshalb bei den sonstigen Materialien um radioaktive Stoffe im Sinne des § 2 Abs. 1 AtG handelt.

Die Vorschrift enthält keinen Maßstab für die Feststellung der Behörde, ab welcher Dosis für Einzelpersonen der Bevölkerung die Strahlenexposition erheblich erhöht ist. Also obliegt es der Behörde im Einzelfall, zu beurteilen, wann dies der Fall ist. Sie kann sich dabei an dem für überwachungsbedürftige Rückstände maßgebenden Dosiskriterium von 1 mSv effektiver Dosis orientieren, sofern die sonstigen Materialien, für die festgestellt werden muss, ob die durch sie verursachte Strahlenexposition erheblich erhöht ist, vergleichbare Eigenschaften haben wie überwachungsbedürftige Rückstände.

Da die Vorschrift sonstige Materialien aber als eigenständige Stoffkategorie definiert, kann die zuständige Behörde in diesem Einzelfall auch ein anderes Dosiskriterium als Maßstab für eine erhöhte Strahlenexposition wählen. Mit Blick auf die Tatsache, dass die Strahlenexposition bei sonstigen Materialen wie bei Rückständen aus der Anwesenheit natürlicher Radionuklide resultiert, wird sich die Wahl des Dosiskriteriums für die ionisierende Strahlung sonstiger Materialien wohl kaum auf das für Freigaben maßgebende „10-µSv-Konzept", sondern eher auf den Richtwert von 1 mSv effektiver Dosis für Einzelpersonen der Bevölkerung pro Kalenderjahr konzentrieren (vgl. Vorbemerkungen zu Kapitel 3 in Teil 3 dieser Verordnung). Wieweit die Behörde bei der Wahl des Dosiskriteriums für sonstige Materialien hinter dem Richtwert von 1 mSv zurückbleibt oder darüber hinausgeht, sollte ihrer Beurteilung überlassen bleiben.

Da im Zusammenhang mit überwachungsbedürftigen Rückständen eine Strahlenexposition aber als erheblich erhöht angesehen wird, wenn der Richtwert der effektiven Dosis von 1 mSv für Einzelpersonen im Kalenderjahr überschritten ist, sollte die Behörde bei der Wahl des Dosiskriteriums für die Strahlenexposition durch sonstige Materialien nicht wesentlich über den Richtwert von 1 mSv hinausgehen. Sofern es die besonderen Umstände des Einzelfalles verlangen, kann die zuständige Behörde in Anlehnung an Artikel 13 Abs. 2 der EURATOM-Grundnormen [EU1] einen höheren Wert der effektiven Dosis pro Jahr festlegen, sofern der Mittelwert über fünf aufeinander folgende Jahre 1 mSv pro Jahr nicht überschreitet.

Die Vorschrift gestattet der zuständigen Behörde, angesichts der möglichen Vielfalt sonstiger Materialien in jedem Einzelfall situationsadäquat zu handeln. Dies trifft, wie oben erläutert, sowohl auf die Festlegung des Dosiskriteriums als auch auf die Festlegung der erforderlichen Schutzmaßnahmen zu, mit denen in jedem Einzelfall ein strahlenschutzgerechter Zustand hergestellt werden muss.

§ 103 Schutz des fliegenden Personals vor Expositionen durch kosmische Strahlung

(1) Wer Flugzeuge, die in der deutschen Luftfahrzeugrolle nach § 3 des Luftverkehrsgesetzes in der Fassung der Bekanntmachung vom 27. März 1999 (BGBl. I S. 550) in der jeweils geltenden Fassung eingetragen sind, gewerblich oder im Rahmen eines wirtschaftlichen Unternehmens betreibt, oder wer als Unternehmer mit Sitz im Geltungsbereich dieser Verordnung Flugzeuge betreibt, die in einem anderen Land registriert sind und Personal, das in einem Beschäftigungsverhältnis gemäß dem deutschen Arbeitsrecht steht, einsetzt, hat die effektive Dosis, die das fliegende Personal durch kosmische Strahlung während des Fluges einschließlich der Beförderungszeit nach § 4 Abs. 1 Satz 1 der Zweiten Durchführungsverordnung zur Betriebsordnung für Luftfahrtgerät vom 12. November 1974 (BGBl. I S. 3181), die zuletzt durch die Verordnung vom 6. Januar 1999 (BAnz. S. 497) geändert worden ist, in der jeweils geltenden Fassung erhält, nach Maßgabe des Satzes 2 zu ermitteln, soweit die effektive Dosis durch kosmische Strahlung 1 Millisievert im Kalenderjahr überschreiten kann. Die Ermittlungsergebnisse müssen spätestens sechs Monate nach dem Einsatz vorliegen. Die Sätze 1 und 2 gelten auch für Flugzeuge, die im Geschäftsbereich des Bundesministeriums der Verteidigung betrieben werden.

(2) Für das fliegende Personal beträgt der Grenzwert der effektiven Dosis durch kosmische Strahlung 20 Millisievert im Kalenderjahr. Der Pflicht zur Dosisreduzierung nach § 94 kann insbesondere bei der Aufstellung der Arbeitspläne und bei der Festlegung der Flugrouten und -profile Rechnung getragen werden.

(3) Der Grenzwert für die Summe der in allen Kalenderjahren ermittelten effektiven Dosen beruflich strahlenexponierter Personen beträgt 400 Millisievert. Die zuständige Behörde kann im Benehmen mit einem Arzt nach § 64 Abs. 1 Satz 1 eine weitere berufliche Strahlenexposition zulassen, wenn diese nicht mehr als 10 Millisievert effektive Dosis im Kalenderjahr beträgt und die beruflich strahlenexponierte Person einwilligt. Die Einwilligung ist schriftlich zu erteilen.

(4) Wurde unter Verstoß gegen Absatz 2 Satz 1 der Grenzwert der effektiven Dosis im Kalenderjahr überschritten, so ist eine Weiterbeschäftigung als beruflich strahlenexponierte Person nur zulässig, wenn die Expositionen in den folgenden vier Kalenderjahren unter Berücksichtigung der erfolgten Grenzwertüberschreitung so begrenzt werden, dass die Summe der Dosen das Fünffache des Grenzwertes nicht überschreitet. Ist die Überschreitung eines Grenzwertes so hoch, dass bei Anwendung von Satz 1 die bisherige Beschäftigung nicht fortgesetzt werden kann, kann die zuständige Behörde im Benehmen mit einem Arzt nach § 64 Abs. 1 Satz 1 Ausnahmen von Satz 1 zulassen.

(5) Für ein ungeborenes Kind, das aufgrund der Beschäftigung seiner Mutter einer Strahlenexposition ausgesetzt ist, beträgt der Grenzwert der Dosis aus äußerer Strahlenexposition vom Zeitpunkt der Mitteilung über die Schwangerschaft bis zu deren Ende 1 Millisievert.

(6) Der nach Absatz 1 Verpflichtete hat das fliegende Personal mindestens einmal im Kalenderjahr über die gesundheitlichen Auswirkungen der kosmischen Strahlung und über die zum Zweck der Überwachung von Dosisgrenzwerten und der Beachtung der Strahlenschutzgrundsätze erfolgende Verarbeitung und Nutzung personenbezogener Daten zu unterrichten; hierbei sind Frauen darüber zu unterrichten, dass eine Schwangerschaft im Hinblick auf die Risiken einer Strahlenexposition für das ungeborene Kind so früh wie möglich mitzuteilen ist. Die Unterrichtung kann Bestandteil erforderlicher Unterweisungen nach anderen Vorschriften sein. Der nach Absatz 1 Verpflichtete hat über den Inhalt und Zeitpunkt der Unterrichtung Aufzeichnungen zu führen, die von der unterrichteten Person zu unterzeichnen sind. Er hat die Aufzeichnungen fünf Jahre lang nach der Unterrichtung aufzubewahren und der zuständigen Behörde auf Verlangen vorzulegen.

(7) Der nach Absatz 1 Verpflichtete hat

1. die Ergebnisse der Dosisermittlung nach Absatz 1 unverzüglich aufzuzeichnen,

2. die Aufzeichnungen nach Nummer 1

   a) so lange aufzubewahren, bis die überwachte Person das 75. Lebensjahr vollendet hat oder vollendet hätte, mindestens jedoch 30 Jahre nach Beendigung der jeweiligen Beschäftigung,

   b) spätestens 95 Jahre nach der Geburt der betroffenen Person zu löschen,

   c) auf Verlangen der überwachten Person oder der zuständigen Behörde vorzulegen oder bei einer von dieser Behörde zu bestimmenden Stelle zu hinterlegen,

   d) bei einem Wechsel des Beschäftigungsverhältnisses dem neuen Arbeitgeber auf Verlangen zur Kenntnis zu geben, falls weiterhin eine Beschäftigung als beruflich strahlenexponierte Person ausgeübt wird,

3. Überschreitungen des Grenzwertes der effektiven Dosis nach Absatz 2 Satz 1 der zuständigen Behörde unter Angabe der Gründe, der betroffenen Personen und der ermittelten Dosen unverzüglich mitzuteilen,

4. den betroffenen Personen im Fall der Nummer 3 die effektive Dosis unverzüglich mitzuteilen.

(8) Der nach Absatz 1 Verpflichtete hat die ermittelte effektive Dosis und die in § 112 Abs. 1 Nr. 2 und 3 genannten Angaben dem Luftfahrt-Bundesamt oder einer vom Luftfahrt-Bundesamt bestimmten Stelle zur Weiterleitung an das Strahlenschutzregister mindestens halbjährlich zu übermitteln. Auskünfte aus dem Strahlenschutzregister werden dem nach Absatz 1 Verpflichteten erteilt, soweit es für die Wahrnehmung seiner Aufgaben erforderlich ist. § 112 Abs. 4 Satz 1 Nr. 1 und 3 und Satz 2 findet Anwendung.

(9) Der nach Absatz 1 Verpflichtete darf Personen, bei denen die Ermittlung nach Absatz 1 ergeben hat, dass eine effektive Dosis von mehr als 6 Millisievert im Kalenderjahr überschritten werden kann, eine Beschäftigung oder Weiterbeschäftigung nur erlauben, wenn sie innerhalb des jeweiligen Kalenderjahrs von einem Arzt nach § 64 Abs. 1 Satz 1 untersucht worden sind und dem gemäß Absatz 1 Verpflichteten eine von diesem Arzt ausgestellte Bescheinigung vorliegt, nach der der Beschäftigung keine gesundheitlichen Bedenken entgegenstehen. Die in entsprechender Anwendung des § 61 Abs. 1 Satz 1 angeforderten Unterlagen sind dem Arzt nach § 64 Abs. 1 Satz 1 unverzüglich zu übergeben. Der Arzt hat die ärztliche Bescheinigung dem Verpflichteten nach Absatz 1 Satz 1, der beruflich strahlenexponierten Person und, soweit gesundheitliche Bedenken bestehen, auch der zuständigen Behörde unverzüglich zu übersenden. Die Untersuchung kann im Rahmen der fliegerärztlichen Untersuchung erfolgen.

Kommentierung § 103

Am Erdboden beträgt die mittlere natürliche Strahlenexposition in der BRD auf der Basis der effektiven Dosis ca. 2,4 mSv/a, wobei sich deren Anteile auf folgende Quellen verteilen: körpereigene Radioaktivität – im Wesentlichen durch K-40 (0,3 mSv/a), Radon in Häusern (1,3 mSv/a), terrestrische Strahlung (0,5 mSv/a) und kosmische Strahlung (0,3 mSv/a). Zum Vergleich liegt der entsprechende Wert durch die Anwendung ionisierender Strahlung in der Medizin (Hauptanteil: Röntgendiagnostik) bei 1,5 mSv/a.

Teil 3: Natürliche Strahlungsquellen bei Arbeiten

Der Strahlenexposition durch kosmische Strahlung steigt mit der Höhe an. In 11 bis 13 km Höhe beträgt ihre Dosisleistung über der Polarregion ca. 10 µSv/h, über der Äquatorregion ca. 5 µSv/h. Man unterscheidet bezüglich der Herkunft der kosmischen Strahlung zwischen einer galaktischen und einer solaren Komponente. Der primäre, die Erdatmosphäre treffende Anteil besteht aus Baryonen (ca. 98 %) und Elektronen (ca. 2 %) mit Energien bis in den GeV-Bereich, wobei sich die Baryonen wiederum unterteilen in Protonen (ca. 87 %), He-Ionen (ca. 12 %) und schwere Ionen (ca. 1 %). Nach Wechselwirkung der Protonen mit den oberen Atmosphärenschichten entstehen eine Elektronen-Photonen-Komponente, eine hadronische Komponente (Neutronen, sekundäre Protonen) und eine myonische Komponente (µ-Mesonen).

Folgende Strahlenexpositionen treten bei Langstreckenflügen auf (Beispiel):

Flugroute	Flugzeit	max. Flughöhe	effektive Dosis
London – New York	6,8 h	11,7 km	50 µSv
New-York – Tokio	13,0 h	12,9 km	100 µSv
Frankfurt – Los Angeles	9,0 h	11,0 km	60 µSv

Aus dieser Tabelle gemittelt, wären beispielsweise 600 Flugstunden dieser Art im Jahr mit einer maximalen effektiven Dosis von 4,3 mSv verbunden. Für dieses Beispiel würde also der Forderung des Absatzes 1 nach Ermittlung der Strahlenexposition für das fliegende Personal nachzukommen sein.

Hier ist eine Dosimetrie in gemischten Strahlenfeldern hoher Energie erforderlich, die z.B. mit Hilfe eines gewebeäquivalenten Niederdruck-Proportionalzählers („TEPC") erfolgen kann [SCHR]. Routinemäßig wird man sicherlich nicht messen, sondern aus bekannten Daten über die höhenabhängigen Dosiswerte rechnerisch die effektive Dosis für einen bestimmten Flug berechnen.

Nach den bisher vorliegenden Messergebnissen sowie bei Berücksichtigung der im Luftverkehr heutzutage üblichen flugtechnischen Modalitäten (Flugstunden, Flughöhe, Flugroute etc.) werden die Werte der effektiven Dosis für das fliegende Personal deutlich unter dem in Absatz 2 angegebenen Wert von 20 mSv/a bleiben. Kritischer ist für den entsprechenden Personenkreis allerdings die Forderung nach Einhaltung des in § 55 Abs. 4 zum Schutz des ungeborenen Kindes genannten Dosisgrenzwertes (Abs. 5).

Grundsätzlich existiert durchaus die realistische Möglichkeit, dass fliegendes Personal unter Umständen in einem Umfeld arbeitet, das die Bedingungen eines Kontrollbereiches erfüllt (effektive Dosis > 6 mSv/a).

Aus diesem Grund sind in Absatz 4 Maßnahmen zur Verringerung der Dosis vorgeschrieben, die aber kaum auf strahlenschutztechnischer Basis (z.B. durch Abschirmungen) realisiert werden können, sondern sich auf organisatorischer Ebene abspielen müssen (z.B. durch gezielten Wechsel von Flugrouten und -plänen). In Absatz 7 und 8 kommen die im Zusammenhang mit dem §§ 42 und 96 schon angesprochenen Pflichten der Verantwortlichen bei der Ermittlung von Strahlenexpositionen erneut zur Sprache (Aufzeichnungspflicht, Weiterleitung an das Luftfahrt-Bundesamt oder an das Strahlenschutzregister).

Man beachte die Übergangsvorschrift des § 117 Abs. 26.

Weitere Literaturangaben: siehe die Begründung zum § 103 der StrlSchV.

Ordnungswidrigkeiten

Nach § 116 Abs. 1 Nrn. 36 bis 46 handelt ordnungswidrig, wer vorsätzlich oder fahrlässig eine der Schutzvorschriften des § 103 Abs. 1, 6 bis 9 nicht einhält.

§ 104 Mitteilungspflichten zur Betriebsorganisation

Besteht bei juristischen Personen das vertretungsberechtigte Organ aus mehreren Mitgliedern oder sind bei teilrechtsfähigen Personengesellschaften oder nicht rechtsfähigen Personenvereinigungen mehrere vertretungsberechtigte Personen vorhanden, so ist der zuständigen Behörde mitzuteilen, wer von ihnen die Verpflichtungen nach diesem Teil der Verordnung wahrnimmt. Die Gesamtverantwortung aller Organmitglieder oder vertretungsberechtigter Mitglieder der Personenvereinigung bleibt davon unberührt.

Kommentierung § 104

Die Vorschrift verdeutlicht, dass bei juristischen Personen und bei Personenvereinigungen ohne eigene Rechtsfähigkeit die Wahrnehmung der sich aus dem Teil 3 dieser Verordnung ergebenden Aufgaben jeweils einer bestimmten Person innerhalb der Leitungsebene zuzuordnen ist. Der zuständigen Behörde ist mitzuteilen, von wem diese Aufgaben wahrgenommen werden.

Inhaltlich folgt die Vorschrift der in § 31 Abs. 1 Satz 2 und 3 für den Bereich der „Tätigkeiten" getroffenen Bestimmung über die Wahrnehmung der Aufgaben des Strahlenschutzverantwortlichen.

Teil 4: Schutz des Verbrauchers beim Zusatz radioaktiver Stoffe zu Produkten

Vorbemerkungen zu Teil 4

Die Vorschriften zum Schutz des Verbrauchers beim Zusatz radioaktiver Stoffe zu Produkten oder bei der Aktivierung waren in der Strahlenschutzverordnung von 1989 [STR] in § 4 Abs. 4 enthalten. Da es sich hier um besondere Vorschriften im Hinblick auf den Verbraucherschutz handelt, wurden für sie ein eigener Teil in der Strahlenschutzverordnung eingeführt. Mit diesen besonderen Vorschriften werden die Vorgaben der EURATOM-Grundnormen [EU 1] in nationales Recht umgesetzt.

Die hier beschriebenen Regelungen gelten für den zweckgerichteten Zusatz/die zweckgerichtete Aktivierung

- künstlich erzeugter Radionuklide oder
- natürlich vorkommender Radionuklide

zur Erzeugung besonderer Eigenschaften, auch wenn der Zusatz der radioaktiven Stoffe/die Aktivierung nicht auf Grund der Radioaktivität erfolgt.

Es sei daran erinnert, dass der Zusatz von radioaktiven Stoffen bei der Herstellung von Konsumgütern und von Arzneimitteln nach dem Arzneimittelgesetz sowie die Aktivierung dieser Produkte nach § 2 Abs. 1 Nr. 1e zu den Tätigkeiten im Sinne des § 3 Abs. 1 Nr. 1 gezählt wird. Der Vorgang des „Zusetzens" ist als Umgang im Sinne des § 3 Abs. 2 Nr. 34 zu verstehen und daher, von den Ausnahmen des § 8 abgesehen, genehmigungspflichtig.

§ 105 Unzulässiger Zusatz von radioaktiven Stoffen und unzulässige Aktivierung

Der Zusatz von radioaktiven Stoffen bei der Herstellung von

1. kosmetischen Mitteln im Sinne des Lebensmittel- und Bedarfsgegenständegesetzes,
2. Spielwaren,
3. Schmuck,
4. Lebensmitteln einschließlich Trinkwasser, Zusätze und Tabakerzeugnisse im Sinne des Lebensmittel- und Bedarfsgegenständegesetzes oder von
5. Futtermitteln oder Zusatzstoffen im Sinne des Futtermittelgesetzes

und die grenzüberschreitende Verbringung derartiger Waren nach § 108 sowie das In-Verkehr-Bringen derartiger Waren sind unzulässig. Satz 1 gilt entsprechend für die Aktivierung derartiger Waren, wenn dies zu einer spezifischen Aktivität im Produkt von mehr als 500 Mikrobecquerel je Gramm führt oder wenn bei Schmuck die Werte nach Anlage III Tabelle 1 Spalte 5 überschritten werden. Satz 1 gilt nicht für den Zusatz von Radionukliden, für die in Anlage III Tabelle 1 keine Freigrenzen festgelegt sind. Im Übrigen bleiben die Rechtsvorschriften für Lebensmittel, Trinkwasser, kosmetische Mittel, Futtermittel und sonstige Bedarfsgegenstände unberührt.

Kommentierung § 105

Diese Regelung untersagt den absichtlichen Zusatz radioaktiver Stoffe und die absichtliche Aktivierung (auf mehr als 500 µBq) bei der Herstellung von Lebensmitteln, Spielwaren, personlichen Schmuckgegenständen (mehr als die Werte nach Anlage III Tabelle 1, Spalte 5 in Bq/g), kosmetischer Erzeugnisse und Futtermittel bzw. Zusatzstoffen im Sinne des Futtermittelgesetzes [FMG] sowie die Ein- und Ausfuhr derartig behandelter Waren. Grund für diese generelle Untersagung ist, dass für den Zusatz radioaktiver Stoffe zu bzw. für die Aktivierung dieser Waren keinerlei Rechtfertigung besteht, d.h., der Nutzen solcher Zusätze ist nicht erkennbar oder nicht bedeutend genug, als dass eine hierdurch entstehende zusätzliche Exposition der Bevölkerung oder der Beschäftigten in Kauf genommen werden könnte.

Ausgenommen von dieser Untersagung ist der Zusatz von radioaktiven Stoffen/die Aktivierung für Trinkwasser, falls es den lebensmittel- und trinkwasserrechtlichen Vorschriften entspricht, oder wenn Radionuklide zugesetzt werden sollen, deren Freigrenze nach Anlage III Tabelle 1 zur Strahlenschutzverordnung nicht beschränkt ist.

Mit der generellen Untersagung des zweckgerichteten Zusatzes von radioaktiven Stoffen und der zweckgerichteten Aktivierung über den Wert der spezifischen Aktivität von 500 µBq/g hinaus verschärft der neue § 105 die Regelung des § 4 Abs. 4 der Strahlenschutzverordnung von 1989, nach der unter bestimmten Voraussetzungen eine Genehmigung für den Zusatz von radioaktiven Stoffen zu Produkten bzw. für deren Aktivierung möglich war.

Ordnungswidrigkeiten

Nach § 116 Abs. 1 Nr. 47 StrlSchV handelt ordnungswidrig, wer vorsätzlich oder fahrlässig bei der Herstellung von kosmetischen Mitteln im Sinne des Lebensmittel- und Bedarfsgegenständegesetzes [LMG], Spielwaren, Schmuck, Lebensmitteln im Sinne des Lebensmittel- und Bedarfsgegenständegesetzes oder von Futtermitteln oder Zusatzstoffen im Sinne des Futtermittelgesetzes [FMG] zweckgerichtet radioaktive Stoffe zusetzt, solche Waren aktiviert oder solche Waren in Verkehr bringt oder grenzüberschreitend verbringt.

§ 106 Genehmigungsbedürftiger Zusatz von radioaktiven Stoffen und genehmigungsbedürftige Aktivierung

(1) Wer bei der Herstellung von Konsumgütern, von Arzneimitteln im Sinne des Arzneimittelgesetzes, von Pflanzenschutzmitteln im Sinne des Pflanzenschutzgesetzes, von Schädlingsbekämpfungsmitteln und von Stoffen nach § 1 Nr. 1 bis 5 des Düngemittelgesetzes, die im Geltungsbereich dieser Verordnung erworben oder an andere abgegeben werden sollen, radioaktive Stoffe zusetzt, bedarf der Genehmigung. Satz 1 gilt entsprechend für die Aktivierung der dort genannten Produkte. § 105 bleibt unberührt.

(2) Eine Genehmigung nach Absatz 1 ersetzt keine Genehmigung nach § 7 Abs. 1 oder § 11 Abs. 2.

(3) Eine Genehmigung nach Absatz 1 ist nicht erforderlich für den Zusatz von

Teil 4: Schutz des Verbrauchers beim Zusatz radioaktiver Stoffe zu Produkten

1. aus der Luft gewonnenen Edelgasen, wenn das Isotopenverhältnis im Zusatz demjenigen in der Luft entspricht, oder

2. Radionukliden, für die in Anlage III Tabelle 1 keine Freigrenzen festgelegt sind.

Kommentierung § 106

Unabhängig von dem in § 105 genannten (nahezu) generellen Verbot des Zusatzes/der Aktivierung ist der zweckgerichtete Zusatz radioaktiver Stoffe/die zweckgerichtete Aktivierung bei der Herstellung von Konsumgütern, Arzneimitteln, Pflanzenschutzmitteln, Schädlingsbekämpfungsmitteln und Stoffen nach bestimmten Vorschriften des Düngemittelgesetzes [DMG] zulässig, sofern für den zweckgerichteten Zusatz/die zweckgerichtete Aktivierung eine Genehmigung vorliegt und die Produkte im Geltungsbereich dieser Verordnung erworben oder an andere abgegeben werden sollen. Unter Konsumgütern (siehe Definition des § 3 Abs. 2 Nr. 18) sind für den Endverbraucher bestimmte Bedarfsgegenstände im Sinne des Lebensmittel- und Bedarfsgegenständegesetzes [LMG] sowie Güter und Gegenstände des täglichen Gebrauchs zusammengefasst. Hierunter fallen z.B. Kompasse und Uhren mit Tritium, Starter für Leuchtstoffröhren und Überspannungsableiter. Durch den Hinweis in § 106 Abs. 1, dass § 105 (unzulässiger Zusatz/unzulässige Aktivierung) unberührt bleibt, wird verdeutlicht, dass den dort aufgeführten Waren, z.B. den Lebensmitteln, selbst radioaktive Stoffe nicht zugesetzt werden dürfen. Bei der nach Absatz 1 erforderlichen Genehmigung handelt es sich um eine zusätzliche Genehmigung. Sie beinhaltet nicht die Genehmigung, die für Tätigkeiten (§ 7 und § 11) oder für Arbeiten (§ 95) erforderlich sind.

Genehmigungsfrei darf der zweckgerichtete Zusatz radioaktiver Stoffe erfolgen, wenn es sich um aus der Luft gewonnene Edelgase handelt, sofern das Isotopenverhältnis im Zusatz demjenigen der Luft entspricht (z.B. Krypton-Zusatz bei Mehrfachverglasung), oder wenn es sich um Radionuklide handelt, deren Freigrenze nach Anlage III Tabelle 1 nicht beschränkt ist.

Obwohl auch Ionisationsrauchmelder formal als Konsumgüter gelten, finden hierfür nicht die in diesem Paragraphen genannten Vorschriften, sondern die Vorschriften über die Bauartzulassung (§§ 25 bis 27) Anwendung. Durch diese Regelung soll die sich bisher bewährte Praxis erhalten bleiben.

Man beachte auch die Übergangsvorschrift des § 117 Abs. 6.

Ordnungswidrigkeiten

Nach § 116 Abs. 1 Nr. 1 Buchstabe h handelt ordnungswidrig, wer vorsätzlich oder fahrlässig bei der Herstellung von Konsumgütern, Medizinprodukten oder Arzneimitteln zweckgerichtet radioaktive Stoffe zusetzt oder solche Waren aktiviert.

§ 107 Genehmigungsvoraussetzungen für den Zusatz von radioaktiven Stoffen und die Aktivierung

(1) Die Genehmigung nach § 106 für den Zusatz radioaktiver Stoffe bei der Herstellung von Konsumgütern ist zu erteilen, wenn

1. die Aktivität der zugesetzten radioaktiven Stoffe nach dem Stand der Technik so gering wie möglich ist und

    a) wenn in dem Konsumgut die Werte der Anlage III Tabelle 1 Spalte 2 nicht überschritten wird und, falls die spezifische Aktivität der zugesetzten künstlichen radioaktiven Stoffe in dem Konsumgut die Werte der Anlage III Tabelle 1 Spalte 5 oder die spezifische Aktivität der zugesetzten natürlichen radioaktiven Stoffe in dem Konsumgut 0,5 Becquerel je Gramm überschreitet, gewährleistet ist, dass in einem Rücknahmekonzept dargelegt ist, dass das Konsumgut nach Gebrauch kostenlos dem Antragsteller oder einer von ihm benannten Stelle zurückgegeben werden kann oder

    b) nachgewiesen wird, dass für Einzelpersonen der Bevölkerung nur eine effektive Dosis im Bereich von 10 Mikrosievert im Kalenderjahr auftreten kann,

2. das Material, das die radioaktiven Stoffe enthält, berührungssicher abgedeckt ist oder der radioaktive Stoff fest in das Konsumgut eingebettet ist und die Ortsdosisleistung im Abstand von 0,1 Metern von der berührbaren Oberfläche des Konsumgutes 1 Mikrosievert durch Stunde unter normalen Nutzungsbedingungen nicht überschreitet,

3. gewährleistet ist, dass dem Konsumgut eine Information beigefügt wird, die

    a) den radioaktiven Zusatz erläutert,

    b) den bestimmungsgemäßen Gebrauch beschreibt und

    c) im Fall der Nummer 1 Buchstabe a Halbsatz 2 auf die Rückführungspflicht nach § 110 Satz 2 und die zur Rücknahme verpflichtete Stelle hinweist, falls die spezifische Aktivität der zugesetzten künstlichen radioaktiven Stoffe in dem Konsumgut die Werte der Anlage III Tabelle 1 Spalte 5 oder die spezifische Aktivität der zugesetzten natürlichen radioaktiven Stoffe in dem Konsumgut 0,5 Becquerel je Gramm überschreitet,

4. es sich bei dem Zusatz um sonstige radioaktive Stoffe nach § 2 Abs. 1 des Atomgesetzes handelt,

5. beim Zusetzen die Voraussetzungen des § 9 Abs. 1 Nr. 1 bis 9 erfüllt sind und

6. § 4 Abs. 3 dem Zusetzen nicht entgegensteht.

(2) Die zuständige Behörde kann bei Konsumgütern, die überwiegend im beruflichen, nicht häuslichen Bereich genutzt werden, Abweichungen von Absatz 1 Nr. 1 Buchstabe a und Nr. 2 gestatten, sofern das Zehnfache der Freigrenze in einem einzelnen Konsumgut nicht überschritten wird.

(3) Die Genehmigung nach § 106 ist bei der Herstellung von Arzneimitteln im Sinne des Arzneimittelgesetzes, von Pflanzenschutzmitteln im Sinne des Pflanzenschutzgesetzes, von Schädlingsbekämpfungsmitteln und von Stoffen nach § 1 Nr. 1 bis 5 des Düngemittelgesetzes zu erteilen, wenn

1. es sich bei dem Zusatz um sonstige radioaktive Stoffe nach § 2 Abs. 1 des Atomgesetzes handelt,

2. beim Zusetzen die Voraussetzungen des § 9 Abs. 1 Nr. 1 bis 9 erfüllt sind.

(4) Die Absätze 1 bis 3 gelten entsprechend für die Aktivierung mit der Maßgabe, dass anstelle der Genehmigungsvoraussetzungen des § 9 die des § 14 Nr. 1 bis 9 treten.

(5) Dem Genehmigungsantrag sind die Unterlagen, die Anlage II Teil A entsprechen, beizufügen.

Kommentierung § 107

In § 107 werden abschließend die Genehmigungsvoraussetzungen für den Zusatz radioaktiver Stoffe oder die Aktivierung aufgezählt. Sofern diese Genehmigungsvoraussetzungen erfüllt sind, hat die Behörde die Genehmigung zu erteilen; der Genehmigungsbehörde steht also kein Ermessen zu. Zu den Genehmigungsvoraussetzungen gehört die Einhaltung des Minimierungsgebots. Maßstab hierfür ist der Stand der Technik. Über die Einhaltung des Standes der Technik hinaus darf entweder die Freigrenze nicht überschritten werden oder es ist ein Nachweis darüber zu führen, dass auch bei einer Aktivität oberhalb der Freigrenze nur eine effektive Dosis im Bereich von 10 µSv im Kalenderjahr verursacht werden kann. Für diesen Nachweis sind in der Regel die im Strahlenschutzbericht Nr. 65 der Europäischen Kommission [EU 5] zu Grunde liegenden Expositionsszenarien heranzuziehen. Darüber hinaus muss das Material, das die radioaktiven Stoffe enthält, entweder berührungssicher abgedeckt oder der radioaktive Stoff fest eingebettet sein, um die Anforderungen zum Schutz vor Kontamination sicher zu erfüllen. Zum Schutz gegen unzulässige Bestrahlung darf die Ortsdosisleistung im Abstand von 10 cm von der berührbaren Oberfläche 1 µSv pro Stunde unter realistischen Nutzungsbedingungen nicht überschreiten. Die Einhaltung dieser Voraussetzungen ist entsprechend, z.B. durch Berechnungen, Messungen, Zeichnungen, nachzuweisen.

Sofern die spezifische Aktivität der zugesetzten radioaktiven Stoffe in dem Konsumgut bestimmte Werte der Anlage III Tabelle 1 Spalte 5 überschreitet (Werte für die uneingeschränkte Freigabe), muss der Anwender bzw. Verbraucher durch ein beigefügtes Merkblatt auf den radioaktiven Zusatz, den bestimmungsgemäßen Gebrauch und auf die evtl. zutreffende Rückführungspflicht und die zur Rücknahme verpflichtete Stelle hingewiesen werden.

Der Zusatz zu Konsumgütern darf nur erfolgen, wenn es sich um einen sonstigen radioaktiven Stoff nach § 2 Abs. 1 AtG handelt. Damit wird ausgeschlossen, dass Kernbrennstoffe zu Konsumgütern zugesetzt werden. Dieser Ausschluss gilt auch, wenn der zuzusetzende Stoff auf Grund eines geringen Anteils der in § 2 Abs. 2 AtG aufgeführten Isotope für die Genehmigungsvorschriften als sonstiger radioaktiver Stoff gilt. Im Rahmen des Genehmigungsverfahrens für den Zusatz radioaktiver Stoffe bei der Herstellung von Konsumgütern muss nachgewiesen werden, dass die Voraussetzungen des § 9 Abs. 1 zum Umgang mit radioaktiven Stoffen, wie Zuverlässigkeit, Fachkunde, Schutzausrüstungen und Maßnahmen, erfüllt sind.

Dass der Zusatz radioaktiver Stoffe zu Konsumgütern nur dann genehmigungsfähig ist, wenn er als gerechtfertigt angesehen wird, ergibt sich bereits aus § 4. Sofern in einer auf § 4 beruhenden Regelung festgestellt ist, dass der Zusatz eines oder mehrerer bestimmter radioaktiver Stoffe nicht gerechtfertigt ist, darf die Behörde hierfür keine Genehmigung erteilen.

Kommentierung

Wenn sichergestellt ist, dass Konsumgüter überwiegend im beruflichen Bereich genutzt werden, darf die zuständige Behörde Abweichungen von der Voraussetzung, dass die Freigrenzen nach Anlage III Tabelle 1 Spalte 2 nicht überschritten werden, bzw. von den Anforderungen zum Schutz vor Kontaminationen und Bestrahlungen gestatten. Voraussetzung für eine solche Gestattung ist, dass das zehnfache der Freigrenzen in einem einzelnen Konsumgut nicht überschritten wird.

In Absatz 3 werden die Genehmigungsvoraussetzungen für die Herstellung der in § 106 genannten Produkte, die nicht Konsumgüter sind, aufgeführt. Hiernach ist die Genehmigung zu erteilen, wenn es sich bei dem Zusatz um sonstige radioaktive Stoffe nach § 2 Abs. 1 AtG handelt (Kommentierung siehe oben) und wenn die Voraussetzungen des § 9 Abs. 1 zum Umgang mit radioaktiven Stoffen erfüllt sind. Da auch die Aktivierung der in § 106 genannten Güter genehmigungspflichtig ist, gelten die beschriebenen Voraussetzungen auch für eine Genehmigung zur Aktivierung.

Den Genehmigungsanträgen sind folgende Unterlagen entsprechend Anlage 2 Teil A beizufügen:

- erläuternde Pläne, Zeichnungen und Beschreibungen

- Angaben, die es ermöglichen, zu überprüfen, ob bestimmte Voraussetzungen vorliegen, damit die Schutzvorschriften eingehalten werden können, und ob der Schutz gegen Störmaßnahmen und sonstige Einwirkungen Dritter gewährleistet ist (§ 9 Abs. 1)

- Angaben, die es ermöglichen, die Zuverlässigkeit und die erforderliche Fachkunde im Strahlenschutz der Strahlenschutzverantwortlichen und der Strahlenschutzbeauftragten zu prüfen (polizeiliches Führungszeugnis und Fachkundenachweis)

- Nachweis über die Vorsorge für die Erfüllung gesetzlicher Schadensersatzverpflichtungen (Deckungsvorsorgenachweis)

Am Beispiel des Zusatzes von natürlichem Thorium (Th_{nat}) zur Erzielung von Antireflexeffekten bei der Herstellung optischer Elemente sollen die etwas verschachtelten Anforderungen des § 107 Abs. 1 erläutert werden.

Eine Linse (Masse: 120 g) könnte Th_{nat} mit einer Aktivitätskonzentration von 1,6 Bq/g und daher mit einer Aktivität von 192 Bq enthalten. Mit diesem Wert liegt die effektive Dosis E von Einzelpersonen der Bevölkerung deutlich unterhalb von 10 µSv/a. Der radioaktive Stoff ist abgedeckt bzw. in das Material eingebettet. Die Ortsdosisleistung (ODL) in 0,1 m Abstand beträgt viel weniger als 1 µSv/h. Damit sind die Anforderungen des Absatzes 1 folgendermaßen zu interpretieren:

Teil 4: Schutz des Verbrauchers beim Zusatz radioaktiver Stoffe zu Produkten

Lf. Nr.	Anforderungen des § 107 Abs. 1	Zusatz von Th_{nat}	Th_{nat} in einer optischen Linse (Beispiel)
1	Nr. 1a (Anlage III Tabelle 1 Spalte 2) und Vorliegen eines Rücknahmekonzeptes (Nr. 1a)	$\leq 10^3$ Bq erforderlich, falls $> 0{,}5$ Bq/g	192 Bq 1,6 Bq/g
2	Nr. 1b	$E \leq 10$ mSv/a	$E << 10$ mSv/a
3	Berührungssicher oder eingebettet und Grenzwert für ODL in 0,1 m Abstand	ODL ≤ 1 mSv/h	Ja ODL $<< 1$ mSv/h

Die Genehmigungsvoraussetzungen nach § 107 Abs. 1 sind gegeben, wenn folgende Bedingungen erfüllt sind: (lf. Nr. 1 *oder* lf. Nr. 2) *und* (lf. Nr. 3).

§ 108 Genehmigungsbedürftige grenzüberschreitende Verbringung von Konsumgütern

Wer Konsumgüter, denen radioaktive Stoffe zugesetzt oder die aktiviert worden sind,

1. in den Geltungsbereich dieser Verordnung oder
2. aus dem Geltungsbereich dieser Verordnung in einen Staat, der nicht Mitgliedstaat der Europäischen Gemeinschaften ist,

verbringt, bedarf der Genehmigung. Satz 1 gilt nicht für

1. die Verbringung von Waren im Reiseverkehr, die weder zum Handel noch zur gewerblichen Verwendung bestimmt sind,
2. die Durchfuhr,
3. Konsumgüter, deren Herstellung nach § 106 in Verbindung mit § 107 Abs. 1 Nr. 1 Buchstabe b genehmigt ist,
4. Produkte, in die Konsumgüter eingebaut sind, deren Herstellung nach § 106 oder deren Verbringung nach Satz 1 genehmigt ist.

§ 106 Abs. 3 gilt entsprechend.

Kommentierung zu § 108

Artikel 4 Abs. 1c der Richtlinie 96/29/EURATOM [EU 1] verlangt von den Mitgliedstaaten, eine Genehmigung vorzuschreiben für *„den absichtlichen Zusatz radioaktiver Stoffe bei der Produktion und Herstellung von Konsumgütern und die Einfuhr oder die Ausfuhr solcher Erzeugnisse"*.

Mit dem ersten Satz in § 108 wird dieses Verlangen umgesetzt; Satz 2 übernimmt die Regelung des § 12 Abs. 3 Satz 2 der alten Strahlenschutzverordnung [STR].

Kommentierung

Zur Gleichbehandlung insbesondere mit einem Hersteller in der Bundesrepublik Deutschland bedarf auch das Verbringen von Konsumgütern aus einem Mitgliedstaat der Europäischen Gemeinschaften in die Bundesrepublik Deutschland der Genehmigung, damit für den Importeur die gleichen Anforderungen gelten wie für den Hersteller in der Bundesrepublik. Das bedeutet, dass sowohl die Verbringung von Konsumgütern aus einem Staat außerhalb der Europäischen Gemeinschaften in die Bundesrepublik Deutschland einer Genehmigung vorbehalten ist als auch die Verbringung aus einem Mitgliedstaat, weil diese Verordnung nach § 106 ff. spezielle Anforderungen – wie z.B. die Rücknahme – stellt, die möglicherweise nicht in allen Mitgliedstaaten vorgeschrieben werden.

§ 109 Genehmigungsvoraussetzungen für die grenzüberschreitende Verbringung von Konsumgütern

Die Genehmigung nach § 108 ist zu erteilen, wenn die Voraussetzung des § 22 Abs. 1 Nr. 1 erfüllt ist. Bei Verbringung in den Geltungsbereich dieser Verordnung müssen zusätzlich die Voraussetzungen der § 107 Abs. 1 Nr. 1 bis 4 und 6 erfüllt sein. § 107 Abs. 2 und § 110 Satz 1 gelten entsprechend, dabei tritt der Verbringer an die Stelle des Herstellers im Sinne des § 110 Satz 1.

Kommentierung § 109

Diese Vorschrift beschreibt die Voraussetzungen, bei deren Erfüllung die Genehmigung für eine grenzüberschreitende Verbringung von Konsumgütern in die Bundesrepublik Deutschland zu erteilen ist. Mit der Formulierung *„ist zu erteilen"* hat der Verordnungsgeber die Genehmigungsentscheidung unzweifelhaft als gebundene Entscheidung ausgestaltet; ein Ermessen steht der Genehmigungsbehörde insoweit nicht zu.

Die Zuverlässigkeit des Verbringers entsprechend der Vorschrift in § 22 Abs. 1 muss sowohl für eine Verbringung von Konsumgütern in die Bundesrepublik Deutschland als auch aus Deutschland heraus gegeben sein. Bei einer Verbringung in die Bundesrepublik Deutschland muss darüber hinaus

- ggf. die Möglichkeit der Rücknahme geschaffen sein (§ 107 Abs. 1 Nr. 1a),
- dem Konsumgut ggf. eine Information beigefügt sein (§ 107 Abs. 1 Nr. 3),
- gewährt sein, dass das Konsumgut keine Kernbrennstoffe im Sinne des § 2 Abs. 3 des Atomgesetzes enthält (§ 107 Abs. 1 Nr. 4),
- gewährt sein, dass die Herstellung des Konsumgutes nicht unter die nicht gerechtfertigten Tätigkeitsarten fällt, die Inhalt der Rechtsverordnung nach § 12 Abs. 1 Satz 1 Nr. 1 des Atomgesetzes sind (§ 107 Abs. 1 Nr. 6 i.V.m. § 4 Abs. 3).

Das bedeutet, dass bei einer Verbringung in die Bundesrepublik Deutschland materiell die gleichen Voraussetzungen gelten wie für jemanden, der in Deutschland Konsumgüter herstellt.

Teil 4: Schutz des Verbrauchers beim Zusatz radioaktiver Stoffe zu Produkten

§ 110 Rückführung von Konsumgütern

Wer als Hersteller eines Konsumgutes einer Genehmigung nach § 106 in Verbindung mit § 107 Abs. 1 Nr. 1 Buchstabe a Halbsatz 2 bedarf, hat sicherzustellen, dass das Konsumgut kostenlos zurückgenommen werden kann. Der Letztverbraucher hat nach Beendigung des Gebrauchs das Konsumgut unverzüglich an die in der Information nach § 107 Abs. 1 Nr. 3 angegebene Stelle zurückzugeben.

Kommentierung § 110

Falls die spezifische Aktivität der künstlichen radioaktiven Stoffe, die einem Konsumgut bei seiner Herstellung zugesetzt werden sollen, die Werte der Anlage III Tabelle 1 Spalte 5 überschreitet, hat der Antragsteller in einem Rücknahmekonzept darzulegen, dass das Konsumgut nach Gebrauch kostenlos ihm oder einer von ihm bestimmten Stelle zurückgegeben werden kann (§ 107 Abs. 1 Nr. 1a). Diese Darlegung ist eine der Voraussetzungen für die Erteilung einer Genehmigung zum Zusatz von radioaktiven Stoffen bei der Herstellung von Konsumgütern.

Satz 1 in § 110 verpflichtet den Hersteller nun, sein Rücknahmekonzept materiell umzusetzen, damit die Konsumgüter auch tatsächlich zurückgenommen werden können.

Satz 2 verpflichtet denjenigen, der das Konsumgut zuletzt gebraucht hat, zur Rückgabe des Konsumgutes nach Beendigung der Nutzung. Die Verpflichtung zur Rückgabe besteht korrespondierend zur Vorschrift in § 107 Abs. 1 Nr. 1a aber nur, wenn die spezifische Aktivität der radioaktiven Stoffe im Konsumgut die Werte der Anlage III Tabelle 1 Spalte 5 überschreitet. Ist diese spezifische Aktivität geringer als diese Werte, besteht keine Pflicht zur Rückgabe. Die Werte in der Anlage III Tabelle 1 Spalte 5 dieser Verordnung sind nämlich jene für die uneingeschränkte Freigabe, was für den Fall eines Konsumgutes bedeutet, dass die „Restaktivität" im Konsumgut bei Unterschreitung der Freigabewerte so gering ist, dass sie außer Acht gelassen werden darf.

Teil 5: Gemeinsame Vorschriften

§ 111 Festlegungen zur Ermittlung der Strahlenexposition; Duldungspflicht

(1) Bei der Ermittlung der Körperdosis durch Tätigkeiten nach § 2 Abs. 1 Nr. 1 sind die medizinische Strahlenexposition, die Strahlenexposition als helfende Person, die natürliche Strahlenexposition und die Strahlenexposition nach § 86 nicht zu berücksichtigen. Berufliche Strahlenexpositionen aus dem Anwendungsbereich der Röntgenverordnung sowie berufliche Strahlenexpositionen, die außerhalb des räumlichen Geltungsbereiches dieser Verordnung erfolgen, sind zu berücksichtigen.

(2) Bei der Ermittlung der Körperdosis durch Arbeiten nach § 2 Abs. 1 Nr. 2 sind die medizinische Strahlenexposition, die Strahlenexposition als helfende Person und die Strahlenexposition nach § 86 nicht zu berücksichtigen. Die natürliche Strahlenexposition ist zu berücksichtigen, soweit sie nach § 95 Abs. 10 und § 103 Abs. 1 zu ermitteln ist. Berufliche Strahlenexpositionen, die außerhalb des räumlichen Geltungsbereiches dieser Verordnung erfolgen, sind ebenfalls zu berücksichtigen.

(3) Sind für eine Person sowohl die Körperdosis durch Tätigkeiten nach § 2 Abs. 1 Nr. 1 als auch die Körperdosis durch Arbeiten nach § 2 Abs. 1 Nr. 2 zu ermitteln, so sind die effektiven Dosen und die jeweiligen Organdosen zu addieren. Für den Nachweis, dass die für die Tätigkeit oder für die Arbeit jeweils geltenden Grenzwerte nicht überschritten wurden, ist der addierte Wert entscheidend.

(4) Personen,

1. an denen nach § 40 Abs. 1 Satz 1, § 41 Abs. 1 Satz 1 oder 2, Abs. 2, 3 Satz 1, Abs. 6 Satz 1, § 58 Abs. 4 Satz 1 oder § 59 Abs. 3 Satz 1 die Körperdosis oder nach § 95 Abs. 10 Satz 1 oder § 103 Abs. 1 die Dosis zu ermitteln ist oder

2. an denen nach § 44 Abs. 1 Satz 1 oder 2 Kontaminationen festzustellen sind oder

3. die nach § 60 Abs. 1 oder 2, § 95 Abs. 11 oder § 103 Abs. 9 der arbeitsmedizinischen Vorsorge unterliegen oder

4. die nach § 63 Abs. 1 der besonderen arbeitsmedizinischen Vorsorge unterliegen,

haben die erforderlichen Messungen, Feststellungen und ärztlichen Untersuchungen zu dulden. Satz 1 gilt auch für Personen, für die die zuständige Behörde nach § 60 Abs. 4, § 96 Abs. 4 und 5 oder § 113 Abs. 4 Messungen oder ärztliche Untersuchungen angeordnet hat. Bei einer Überschreitung von Grenzwerten oder auf Verlangen ist diesen Personen Auskunft über das Ergebnis der Ermittlungen oder Feststellungen zu geben.

Kommentierung § 111

Bei der Ermittlung der Körperdosis für Personen, die sich zur Durchführung von Tätigkeiten im Sinne der Definition des § 3 Abs. 1 Nr. 1 im Kontrollbereich aufhalten (siehe § 39 Abs. 1), dürfen die natürliche Strahlenexposition (durch körpereigene Radionuklide, kosmische und terrestrische Strahlung sowie durch Radon), die Strahlenexposition als helfende Person (siehe § 3 Abs. 2 Nr. 24) und die medizinisch bedingte Strahlenexposition (z.B. infolge einer Röntgenuntersuchung) nicht mit einbezogen und bei eventuellen Grenzwertbetrachtungen berücksichtigt werden (Abs. 1).

Bei der Ermittlung der Körperdosis für Personen, die zur Durchführung von **Arbeiten** im Sinne der Definition des § 3 Abs. 1 Nr. 2 einer Strahlenexposition ausgesetzt sind (siehe § 95 Abs. 10 und § 103 Abs. 1), dürfen nach Absatz 2 die Strahlenexposition als helfende Person und die medizinisch bedingte Expositionen nicht mit einbezogen werden, wohl aber Expositionen durch natürliche Strahlenquellen, wenn sie nach den Vorschriften der StrlSchV ermittelt werden müssen.

Die Aussage des Absatzes 1 über die Nichteinbeziehung der natürlichen Strahlenexpositionen in die Ermittlung der Körperdosis bei Tätigkeiten gilt nach Absatz 3 *nicht*, wenn die Vorschriften der StrlSchV verlangen, dass die Strahlenexpositionen einer Person sowohl aus Tätigkeiten als auch aus Arbeiten ermittelt werden müssen.

Beispiel für die Anwendung des Absatzes 3: Eine Person ist bei Arbeiten im Untertagebau einer unter die Bestimmungen des § 95 Abs. 2 fallenden Radonexposition ausgesetzt und muss sich außerdem infolge ihrer **Tätigkeiten** mit Geräten für die Gammaradiographie im Kontrollbereich aufhalten und daher nach § 40 Abs. 1 ihre Körperdosis ermitteln.

In die zu ermittelnden Körperdosen müssen berufliche Strahlenexpositionen, die eine Person im Ausland erhält oder im Zusammenhang mit dem Betrieb von Röntgeneinrichtungen, mit einbezogen werden.

Beispiel: Ein radiologisch tätiger Arzt summiert im Kalenderjahr folgende effektive Dosis auf: durch röntgendiagnostische Tätigkeiten 10 mSv, in der Nuklearmedizin durch äußere Strahlenexpositionen 5 mSv und durch innere Strahlenexpositionen 7 mSv. Würden die Strahlenexpositionen je nach Verordnung getrennt bewertet (10 mSv nach RöV, 12 mSv nach StrlSchV), würde daraus keine Überschreitung des Grenzwertes der effektiven Dosis für berufliche Strahlenexponierte resultieren. Nach § 111 Abs. 1 ist aber die Summe maßgeblich (22 mSv), so dass tatsächlich eine Überschreitung des Grenzwertes im Sinne beider Verordnungen vorliegt.

An Personen, die sich im Kontrollbereich aufhalten, sowie an Personen, die besonders zugelassene Strahlenexpositionen oder Strahlenexpositionen bei Hilfeleistungen aufnehmen müssen, ferner an Personen, die Arbeiten im Sinne des § 95 Abs. 2 durchführen, sind die Körperdosen entsprechend der §§ 40, 41, 58, 59, 95 Abs. 10 oder § 103 Abs. 1 zu ermitteln und an Personen, die sich in Bereichen aufhalten, in denen mit offenen radioaktiven Stoffen umgegangen wird, ist gemäß § 44 festzustellen, ob sie kontaminiert wurden. Dies sind Pflichten des Strahlenschutzverantwortlichen bzw. -beauftragten. Diese und einige weitere in Absatz 4 erwähnte Vorschriften dienen dem Schutz der Personen, die einer relevanten Strahlenexposition ausgesetzt sein können. Absatz 4 legt fest, dass die betroffenen Personen die erforderlichen Messungen an sich zu dulden haben. Hierzu gehören Personendosismessungen, Inkorporationsmessungen und Kontaminationsfeststellungen. Absatz 4 schreibt auch die Duldungspflicht für die erforderlichen ärztlichen Untersuchungen vor.

Erwähnt werden muss das Recht des Betroffenen, über das Ergebnis der Ermittlungen informiert zu werden, wenn Grenzwertüberschreitungen festgestellt wurden oder wenn er eine Auskunft verlangt.

Kommentierung

Ordnungswidrigkeiten

Nach § 116 Abs. 2 handelt ordnungswidrig, wer vorsätzlich oder fahrlässig entgegen § 33 Abs. 1 Nr. 1 und 3 als Strahlenschutzverantwortlicher nicht dafür sorgt, dass eine der in § 116 Abs. 2 Nrn. 3 bis 5 genannten Schutzvorschriften eingehalten wird.

Nach § 116 Abs. 3 handelt ordnungswidrig, wer vorsätzlich oder fahrlässig entgegen § 33 Abs. 1 Nr. 2 als Strahlenschutzverantwortlicher oder Strahlenschutzbeauftragter nicht dafür sorgt, dass eine der in § 116 Abs. 3 Nrn. 1 bis 3 genannten Schutzvorschriften eingehalten wird.

§ 112 Strahlenschutzregister

(1) In das Strahlenschutzregister nach § 12c des Atomgesetzes werden eingetragen:

1. die im Rahmen der beruflichen Strahlenexposition nach § 41 Abs. 7 Satz 1 oder 2, § 58 Abs. 4, § 59 Abs. 3, § 95 Abs. 10 und § 103 Abs. 1 ermittelten Dosiswerte sowie dazugehörige Feststellungen der zuständigen Behörde,

2. Angaben über registrierte Strahlenpässe nach § 40 Abs. 2 Satz 1 oder § 95 Abs. 3 und

3. die jeweiligen Personendaten (Familienname, Vornamen, Geburtsdatum und -ort, Geschlecht), Beschäftigungsmerkmale und Expositionsverhältnisse sowie die Anschrift des Strahlenschutzverantwortlichen nach § 31 Abs. 1 oder des Verpflichteten nach § 95 Abs. 1 oder § 103 Abs. 1.

(2) Dem Strahlenschutzregister übermitteln jeweils die Daten nach Absatz 1

1. die Messstellen nach § 41 Abs. 3 Satz 1 oder Abs. 6 Satz 1 binnen Monatsfrist,

2. die zuständige Behörde oder die von ihr bestimmte Stelle nach § 96 Abs. 3 Satz 1 binnen Monatsfrist,

3. das Luftfahrt-Bundesamt oder die von ihm bestimmte Stelle nach § 103 Abs. 8 Satz 1 mindestens halbjährlich und

4. die zuständige Behörde hinsichtlich ihrer Feststellungen sowie der Angaben über registrierte Strahlenpässe unverzüglich,

soweit neue oder geänderte Daten vorliegen. Die zuständige Behörde kann anordnen, dass eine Messstelle bei ihr aufgezeichnete Ergebnisse zu einer früher erhaltenen Körperdosis an das Strahlenschutzregister übermittelt; sie kann von ihr angeforderte Aufzeichnungen des Strahlenschutzverantwortlichen oder des Strahlenschutzbeauftragten oder des nach § 95 Abs. 1 oder § 103 Abs. 1 Verpflichteten über Ergebnisse von Messungen und Ermittlungen zur Körperdosis an das Strahlenschutzregister weiterleiten.

(3) Das Bundesamt für Strahlenschutz fasst die übermittelten Daten im Strahlenschutzregister personenbezogen zusammen, wertet sie aus und unterrichtet die zuständige Behörde, wenn es dies im Hinblick auf die Ergebnisse der Auswertung für erforderlich hält.

(4) Auskünfte aus dem Strahlenschutzregister werden erteilt, soweit dies für die Wahrnehmung der Aufgaben des Empfängers erforderlich ist:

1. einem Strahlenschutzverantwortlichen über bei ihm tätige Personen betreffende Daten auf Antrag,

2. einem Träger der gesetzlichen Unfallversicherung über bei ihm versicherte Personen betreffende Daten auf Antrag,

3. einer zuständigen Behörde, einer Messstelle oder einer von der zuständigen Behörde bestimmten Stelle auf Anfrage; die zuständige Behörde kann Auskünfte aus dem Strahlenschutzregister an den Strahlenschutzverantwortlichen über bei ihm tätige Personen betreffende Daten, an dessen Strahlenschutzbeauftragten sowie an den zuständigen Arzt nach § 64 Abs. 1 Satz 1 weitergeben, soweit dies zur Wahrnehmung ihrer Aufgaben erforderlich ist.

Dem Betroffenen werden Auskünfte aus dem Strahlenschutzregister über die zu seiner Person gespeicherten Daten auf Antrag erteilt.

(5) Hochschulen, anderen Einrichtungen, die wissenschaftliche Forschung betreiben, und öffentlichen Stellen dürfen auf Antrag Auskünfte erteilt werden, soweit dies für die Durchführung bestimmter wissenschaftlicher Forschungsarbeiten im Bereich des Strahlenschutzes erforderlich ist und § 12c Abs. 3 des Atomgesetzes nicht entgegensteht. Wird eine Auskunft über personenbezogene Daten beantragt, so ist eine schriftliche Einwilligung des Betroffenen beizufügen. Soll die Auskunft ohne Einwilligung des Betroffenen erfolgen, sind die für die Prüfung der Voraussetzungen nach § 12c Abs. 3 Satz 2 des Atomgesetzes erforderlichen Angaben zu machen; zu § 12c Abs. 3 Satz 3 des Atomgesetzes ist glaubhaft zu machen, dass der Zweck der wissenschaftlichen Forschung bei Verwendung anonymisierter Daten nicht mit vertretbarem Aufwand erreicht werden kann. Personenbezogene Daten dürfen nur für die Forschungsarbeit verwendet werden, für die sie übermittelt worden sind; die Verwendung für andere Forschungsarbeiten oder die Weitergabe richtet sich nach den Sätzen 2 und 3 und bedarf der Zustimmung des Bundesamtes für Strahlenschutz.

(6) Die im Strahlenschutzregister gespeicherten personenbezogenen Daten sind 95 Jahre nach der Geburt der betroffenen Person zu löschen.

(7) Die Messstellen, die zuständigen Behörden oder die von ihnen bestimmten Stellen beginnen mit der Übermittlung zu dem Zeitpunkt, den das Bundesamt für Strahlenschutz bestimmt. Das Bundesamt für Strahlenschutz bestimmt das Datenformat und das Verfahren der Übermittlung.

Kommentierung § 112

Das Strahlenschutzregister ist nach § 12c AtG [ATG] beim Bundesamt für Strahlenschutz eingerichtet worden. Aufgabe des Strahlenschutzregisters ist es, strahlenexponierte Personen und die ihnen zuzuordnenden Strahlenexpositionen bundesweit zu erfassen. Zur Erfüllung dieser Aufgabe werden in das Strahlenschutzregister die im Rahmen der beruflichen Strahlenexposition ermittelten Dosiswerte sowie dazugehörige Feststellungen der zuständigen Behörde, die Angaben über registrierte Strahlenpässe und die jeweiligen Personendaten, die Beschäftigungsmerkmale und Expositionsverhältnisse sowie die Anschrift des Strahlenschutzverantwortlichen oder des Verpflichteten bei natürlich vorkommenden radioaktiven Stoffen an Arbeitsplätzen bzw. bei der Exposition durch kosmische Strahlung eingetragen.

Verpflichtet zur Datenübermittlung sind die behördlich bestimmten Messstellen (Dosismessstellen nach § 41 Abs. 3 oder Inkorporationsmessstellen nach § 41 Abs. 6), die zuständigen Behörden und das Luftfahrt-Bundesamt. In Veränderung zum bisherigen § 63a ist der Anwendungsbereich um die zu registrierenden Dosiswerte aus natürlichen Strahlenquellen erweitert worden. Das Strahlenschutzregister dient dazu, die berufliche Strahlenexposition bundesweit zu kontrollieren und die zuständigen Länderaufsichtsbehörden zu informieren, falls Dosisüberschreitungen festgestellt werden. Es dient weiterhin dazu, die Dosisdaten radiologisch auszuwerten, um die Wirksamkeit vorhandener Strahlenschutzregelungen zu überprüfen und ggf. fortzuentwickeln.

Das Strahlenschutzregister erteilt auch Auskünfte, soweit dies für die Wahrnehmung der Aufgaben des Empfängers erforderlich ist. Auf Anfrage werden der zuständigen Behörde, einer Messstelle oder einer von der zuständigen Behörde bestimmten Stelle Auskünfte erteilt. Die zuständige Behörde kann diese Auskünfte an den Strahlenschutzverantwortlichen, an den Strahlenschutzbeauftragten oder an den ermächtigten Arzt weitergeben, soweit dies zur Wahrnehmung der Aufgaben erforderlich ist. Darüber hinaus werden Auskünfte dem Strahlenschutzverantwortlichen über Daten der bei ihm tätigen Personen sowie dem Träger der gesetzlichen Unfallversicherung über die bei ihr versicherten Personen erteilt. Einem Betroffenen werden Auskünfte aus dem Strahlenschutzregister über die zu seiner Person gespeicherten Daten erteilt.

Für wissenschaftliche Forschungen auf dem Gebiet des Strahlenschutzes können unter bestimmten Umständen auch Auskünfte an Dritte erteilt werden. In der Regel soll es sich hier um anonymisierte Daten handeln. Personenbezogene Daten dürfen vom Strahlenschutzregister an Dritte nur weitergegeben werden, wenn eine schriftliche Einwilligung des Betroffenen vorliegt oder wenn glaubhaft gemacht wird, dass der Zweck der wissenschaftlichen Forschung bei der Verwendung anonymisierter Daten nicht mit vertretbarem Aufwand erreicht werden kann.

Alle im Strahlenschutzregister gespeicherten personenbezogenen Daten müssen 95 Jahre nach der Geburt der betroffenen Person gelöscht werden.

Das Bundesamt für Strahlenschutz wird durch die Strahlenschutzverordnung ermächtigt, gegenüber den Messstellen, den zuständigen Behörden oder den von ihnen bestimmten Stellen den Zeitpunkt, das Datenformat und das Verfahren der Übermittlung zu bestimmen.

§ 113 Anordnung von Maßnahmen

(1) Die zuständige Behörde kann diejenigen Maßnahmen anordnen, die zur Durchführung der §§ 4, 5, 6, 30 bis 88 erforderlich sind. Sie kann auch erforderliche Maßnahmen zur Durchführung der §§ 93 bis 104 anordnen. Soweit die Maßnahmen nicht die Beseitigung einer Gefahr für Leben, Gesundheit oder bedeutende Umweltgüter bezwecken, ist für die Ausführung eine Frist zu setzen.

(2) Die Anordnung ist bei Maßnahmen zur Durchführung von Vorschriften des Teils 2 an den Strahlenschutzverantwortlichen nach § 31 zu richten. Sie kann in dringenden Fällen auch an den Strahlenschutzbeauftragten gerichtet werden. Dieser hat den Strahlenschutzverantwortlichen unverzüglich zu unterrichten. Bei Maßnahmen zur Durchführung von Vorschriften des Teils 3 ist die Anordnung an den Verpflichteten nach § 95 Abs. 1, § 97 Abs. 1, § 100 Abs. 1 oder § 103 Abs. 1 zu richten.

(3) Beim ortsveränderlichen Umgang mit radioaktiven Stoffen oder beim Betrieb von ortsveränderlichen Anlagen zur Erzeugung ionisierender Strahlen kann die Anordnung auch an denjenigen gerichtet werden, in dessen Verfügungsbereich der Umgang oder Betrieb stattfindet. Dieser hat die erforderlichen Maßnahmen zu treffen und den von ihm für Tätigkeiten nach Satz 1 beauftragten Strahlenschutzverantwortlichen auf die Einhaltung der Maßnahmen hinzuweisen.

(4) Ist zu besorgen, dass bei Personen, die sich in Bereichen aufhalten oder aufgehalten haben, in denen Tätigkeiten nach § 2 Abs. 1 Nr. 1 oder Arbeiten nach § 2 Abs. 1 Nr. 2 in Verbindung mit § 95 Abs. 2 ausgeübt werden, die Grenzwerte des § 55 Abs. 1 bis 4 oder des § 95 Abs. 4, 7 oder 8 überschritten sind, kann die zuständige Behörde anordnen, dass sich diese Personen von einem Arzt nach § 64 Abs. 1 Satz 1 untersuchen lassen.

Kommentierung § 113

Die Regelungen der Strahlenschutzverordnung haben das Ziel, zum Schutz des Menschen und der Umwelt vor der schädlichen Wirkung ionisierender Strahlung Grundsätze und Anforderungen für Vorsorge- und Schutzmaßnahmen zu regeln (vgl. § 1). Um dieses Ziel auch dann erreichen zu können, wenn der Strahlenschutzverantwortliche die notwendigen Vorsorge- und Schutzmaßnahmen nicht beachtet, kann die Behörde die Schutzmaßnahmen anordnen, die zur Einhaltung der Schutzvorschriften dienen. Auf Grund des erweiterten Anwendungsbereichs der Strahlenschutzverordnung gilt die Anordnungsbefugnis sowohl für Tätigkeiten (vergleichbar der Strahlenschutzverordnung von 1989) als auch für den Bereich der Arbeiten, in deren Verlauf Personen einer Strahlenexposition durch natürliche Strahlenquellen ausgesetzt werden können. Nach den Grundsätzen des Verwaltungsverfahrensrechtes müssen die Behörden bei Anordnungen nach pflichtgemäßem Ermessen und dem Grundsatz der Verhältnismäßigkeit entscheiden. Das bedeutet auch, dass, soweit die Schutzmaßnahmen nicht die Beseitigung einer Gefahr für Leben, Gesundheit oder bedeutende Umweltgüter bezwecken, für die Ausführung der Anordnung eine dem Risiko angemessene Frist zu setzen ist. Wann eine Frist angemessen ist, hängt von der Lage des Falles ab. Die Frist muss einerseits das Interesse an einer zeitnahen Erreichung des Ziels der Anordnungen berücksichtigen, andererseits aber auch die Mittel und Möglichkeiten desjenigen, der die Anordnungen durchführen muss.

Vor Erlass einer Anordnung muss die Behörde unter Beachtung des Verwaltungsverfahrensrechtes dem Normadressaten der Anordnungen, also dem Strahlenschutzverantwortlichen, in der Regel die Möglichkeit einräumen, sich zu der vorgesehenen Anordnung zu äußern, und beim Erlass der Anordnung die Äußerung entsprechend würdigen. Nach dem Grundsatz der Verhältnismäßigkeit darf die Behörde nur solche Mittel wählen, die für denjenigen, gegen den sich die Anordnung richtet, die geringsten Nachteile haben. Die Anordnungen müssen zudem in einem angemessenen Verhältnis zu ihrem Zweck stehen.

Die Durchführung von Anordnungen zur Beseitigung einer Gefahr für Leben, Gesundheit oder bedeutende Umweltgüter ist nicht aufschiebbar, d.h., dass derjenige, gegen den sich solche Anordnungen richten, diese unverzüglich durchzuführen hat oder, soweit er dazu selbst nicht in der Lage ist, für die Durchführung der Anordnungen unverzüglich zu sorgen hat. Die Obliegenheiten der für die allgemeine Gefahrenabwehr zuständigen Behörden bleiben unberührt.

Die Anordnung ist in den Fällen, in denen es sich um Tätigkeiten nach der Strahlenschutzverordnung handelt, an den Strahlenschutzverantwortlichen zu richten. In dringenden Fällen kann sie auch an den Strahlenschutzbeauftragten gerichtet werden, der die Pflicht hat, den Strahlenschutzverantwortlichen unverzüglich über die getroffene Anordnung zu unterrichten. Betrifft die Anordnung den Schutz von Mensch und Umwelt bei natürlichen Strahlenquellen, d.h. bei den Arbeiten, ist die Anordnung an den in den einzelnen Schutzvorschriften beschriebenen Verpflichteten zu richten. Als Anordnungsmöglichkeit neu aufgenommen wurde die Regelung, dass die Behörden beim ortsveränderlichen Einsatz (Umgang mit radioaktiven Stoffen, Betrieb von Anlagen) die Anordnung auch gegen den Verfügungsberechtigten, in dessen Bereich der Einsatz stattfindet, richten können. Derartige Anordnungen können erforderlich werden, wenn z.b. mehrere verschiedene Genehmigungsinhaber bei demselben Verfügungsberechtigten Durchstrahlungsprüfungen durchführen und bestimmte Beschränkungen zum Schutz der Bevölkerung und der Beschäftigten angeordnet werden müssen. Bei den hier genannten Beschäftigten handelt es sich in der Regel um das Personal des Verfügungsberechtigten. Neben dieser speziellen Anordnungsmöglichkeit der atomrechtlichen Behörden können in diesen Fällen auch die Anordnungsmöglichkeiten nach dem Arbeitsschutzgesetz [ARB] greifen. Voraussetzung für eine Anordnung nach Arbeitsschutzgesetz wäre jedoch, dass die prüfende Behörde sowohl für die Durchführung der Strahlenschutzverordnung als auch für die Durchführung des Arbeitsschutzgesetzes zuständig wäre. Da die einzelnen Länder in ihren Zuständigkeitsregelungen jedoch voneinander abweichen und die atomrechtlichen Behörden nicht immer auch für die Durchführung des Arbeitsschutzgesetzes zuständig sind, war es sinnvoll, eine solche spezielle Regelung in die Strahlenschutzverordnung aufzunehmen. Außerdem dient diese Regelung insbesondere auch dem Schutz der Bevölkerung, der durch das Arbeitsschutzgesetz nicht sichergestellt werden kann.

Absatz 4 gibt der Behörde die Möglichkeit, arbeitsmedizinische Vorsorge bei den Personen zu veranlassen, die sich in Bereichen aufgehalten haben, in denen Tätigkeiten oder bestimmte Arbeiten ausgeübt werden, wenn im Einzelfall der Verdacht besteht, dass die Dosisgrenzwerte bei beruflich strahlenexponierten Personen überschritten sein könnten. Diese Regelung ist speziell für Personen gedacht, die nicht der Kategorie A angehören, z.B. für helfende Personen, für nicht beruflich strahlenexponierte Personen, die vorübergehend in Strahlenschutzbereichen tätig sind, oder für Besucher.

§ 114 Behördliche Ausnahmen von Strahlenschutzvorschriften

Die zuständige Behörde kann im Einzelfall gestatten, dass von den Vorschriften der §§ 34 bis 92, 95 bis 104 mit Ausnahme der Dosisgrenzwerteregelungen abgewichen wird, wenn

1. ein Gerät, eine Anlage, eine sonstige Vorrichtung, eine Tätigkeit oder eine Arbeit erprobt werden soll oder die Einhaltung der Anforderungen einen unverhältnismäßig großen Aufwand erfordern würde, sofern in beiden Fällen die Sicherheit des Gerätes, der Anlage, der sonstigen Vorrichtung oder der Tätigkeit oder der Arbeit sowie der Strahlenschutz auf andere Weise gewährleistet sind oder

2. die Sicherheit des Gerätes, der Anlage, der sonstigen Vorrichtung, einer Tätigkeit oder einer Arbeit durch die Abweichung nicht beeinträchtigt werden und der Strahlenschutz gewährleistet ist.

Kommentierung § 114

In definierten Fällen wird der Behörde die Befugnis eingeräumt, Ausnahmen von der Einhaltung der Schutzvorschriften für Tätigkeiten oder Arbeiten zuzulassen. Nicht zulassen kann die Behörde eine Ausnahme von der Einhaltung der Dosisgrenzwerte. Die behördliche Zulassung von Ausnahmen von den Schutzvorschriften ist in der Praxis eher selten und bedarf einer für die Behörde nachvollziehbaren Begründung des Antragstellers.

Zugelassen werden können solche Ausnahmen z.b.

- bei der Erprobung von Geräten, Anlagen, sonstigen Vorrichtungen oder auch von Tätigkeiten und Arbeiten oder
- bei unverhältnismäßigem Aufwand zur Einhaltung der Schutzvorschriften.

Grundsätzlich muss gewährleistet werden, dass die Sicherheit des Gerätes, der Anlage, der sonstigen Vorrichtung oder der Tätigkeit bzw. der Arbeit sowie der Strahlenschutz auf andere Weise gewährleistet sind oder durch die Abweichung nicht beeinträchtigt werden. Der Antragsteller muss dieses neben der genannten Begründung beim Antrag auf die Ausnahme nachweisen.

Die Zulassung von Ausnahmen, die im Ermessen der zuständigen Behörde liegt, ist beschränkt auf Einzelfälle im Rahmen des in der Vorschrift beschriebenen Umfangs. Im Übrigen können nicht von jeder Schutzvorschrift Ausnahmen zugelassen werden, sondern nur von den Schutzvorschriften in §§ 34 bis 92 und 95 bis 104.

§ 115 Schriftform und elektronische Form

(1) Soweit nach dieser Verordnung Aufzeichnungs- oder Buchführungspflichten bestehen, können diese mit Zustimmung der zuständigen Behörde auch in elektronischer Form erbracht werden. Gleiches gilt für die Mitteilungen gegenüber der zuständigen Behörde. Die zuständige Behörde bestimmt das Verfahren und die hierzu notwendigen Anforderungen. In diesen Fällen ist das elektronische Dokument mit einer qualifizierten elektronischen Signatur nach dem Signaturgesetz vom 16. Mai 2001 (BGBl. I S. 876) zu versehen.

(2) § 73 Abs. 2 und § 85 Abs. 1 Satz 4 bleiben unberührt.

Kommentierung § 115

Zu Absatz 1:

Die Strahlenschutzverordnung erkennt hier an, dass sich die modernen Informations- und Kommunikationstechniken im Routinebetrieb der Unternehmen etabliert haben und bei nach der Verordnung notwendigen Aufzeichnungs-, Buchführungs- oder Mitteilungspflichten, die grundsätzlich in schriftlicher Form zu erbringen sind, zu einer Vereinfachung beitragen können. Sie lässt insoweit zu, dass diese Pflichten mit Zustimmung der atomrechtlichen Behörde auch in elektronischer Form erbracht werden können. Da häufig Unterschriften bei Aufzeichnungen, der Buchführung oder Mitteilungen erforderlich sind, lässt die Strahlenschutzverordnung für diese Fälle ausdrücklich zu, dass die erforderliche Signatur durch eine digitale Signatur nach dem Signaturgesetz [SG] erfolgen darf.

Zu Absatz 2:

Die Pflicht des zur geordneten Beseitigung radioaktiver Abfälle Verpflichteten, Abfalldaten nach § 73 Abs. 2 in einem elektronischen Buchführungssystem aufzuzeichnen, bleibt von der Vorschrift in Absatz 1 unberührt. Ebenso unberührt von der Vorschrift in Absatz 1 bleiben die Pflichten zur Aufbewahrung der Aufzeichnungen von Patientendaten auf Datenträgern im Sinne des § 85 Abs. 4 dieser Verordnung.

§ 116 Ordnungswidrigkeiten

(1) Ordnungswidrig im Sinne des § 46 Abs. 1 Nr. 4 des Atomgesetzes handelt, wer vorsätzlich oder fahrlässig

1. ohne Genehmigung nach

    a) § 7 Abs. 1 mit sonstigen radioaktiven Stoffen oder mit Kernbrennstoffen umgeht,

    b) § 11 Abs. 1 eine dort bezeichnete Anlage errichtet,

    c) § 11 Abs. 2 eine Anlage zur Erzeugung ionisierender Strahlen betreibt oder die Anlage oder ihren Betrieb verändert,

    d) § 15 Abs. 1 in einer fremden Anlage oder Einrichtung eine unter seiner Aufsicht stehende Person beschäftigt oder eine Aufgabe selbst wahrnimmt,

    e) § 16 Abs. 1 sonstige radioaktive Stoffe oder Kernbrennstoffe befördert,

    f) § 19 Abs. 1 Satz 1 sonstige radioaktive Stoffe oder Kernbrennstoffe verbringt,

    g) § 23 Abs. 1 radioaktive Stoffe oder ionisierende Strahlung zum Zwecke der medizinischen Forschung am Menschen anwendet,

    h) § 106 Abs. 1 Satz 1, auch in Verbindung mit Satz 2, radioaktive Stoffe zusetzt oder dort genannte Produkte aktiviert oder

    i) § 108 Satz 1 dort genannte Konsumgüter in den Geltungsbereich dieser Verordnung oder aus dem Geltungsbereich dieser Verordnung in einen Staat, der nicht Mitgliedstaat der Europäischen Gemeinschaften ist, verbringt,

2. entgegen § 17 Abs. 3 Kernmaterialien übernimmt,

3. einer vollziehbaren Auflage nach § 26 Abs. 1 Satz 2 Nr. 3 zuwiderhandelt,

4. entgegen § 27 Abs. 1 Nr. 1 oder 2 eine Qualitätskontrolle nicht oder nicht rechtzeitig durchführt oder nicht überwachen lässt,

5. entgegen § 27 Abs. 1 Nr. 3 oder 4, jeweils auch in Verbindung mit Absatz 2 Satz 2, einen Abdruck des Zulassungsscheines oder eine Betriebsanleitung nicht oder nicht rechtzeitig aushändigt,

6. entgegen § 27 Abs. 2 Satz 1 einen Abdruck des Zulassungsscheins oder einen Prüfbefund nicht bereithält,

7. entgegen § 27 Abs. 3 eine Änderung vornimmt,

Teil 5: Gemeinsame Vorschriften

8. entgegen § 27 Abs. 4 eine Vorrichtung verwendet oder eine Schutzmaßnahme nicht oder nicht rechtzeitig trifft,

9. entgegen § 27 Abs. 5 eine Vorrichtung nicht oder nicht rechtzeitig stilllegt oder eine Schutzmaßnahme nicht oder nicht rechtzeitig trifft,

10. entgegen § 27 Abs. 6 Satz 1 eine Vorrichtung nicht oder nicht rechtzeitig prüfen lässt,

11. entgegen § 27 Abs. 7 eine Vorrichtung nicht oder nicht rechtzeitig zurückgibt oder nicht oder nicht rechtzeitig abgibt,

12. einer vollziehbaren Anordnung nach § 40 Abs. 5 oder § 113 Abs. 4 zuwiderhandelt,

13. entgegen § 69 Abs. 3 Satz 1 nicht dafür sorgt, dass radioaktive Stoffe durch dort genannte Personen befördert werden,

14. entgegen § 69 Abs. 4 nicht dafür sorgt, dass radioaktive Stoffe an den Empfänger oder eine berechtigte Person übergeben werden,

15. entgegen § 93 nicht dafür sorgt, dass ein in § 95 Abs. 4 Satz 1 oder 2, Abs. 5 Satz 1, Abs. 7 oder 8 genannter Dosisgrenzwert nicht überschritten wird,

16. entgegen § 93 nicht dafür sorgt, dass ein in § 103 Abs. 2 Satz 1, Abs. 3 Satz 1 oder Abs. 5 genannter Dosisgrenzwert nicht überschritten wird,

17. entgegen § 95 Abs. 1 Satz 1, auch in Verbindung mit Satz 3, § 95 Abs. 1 Satz 2 oder Abs. 10 Satz 1 eine Abschätzung nicht, nicht richtig oder nicht rechtzeitig durchführt oder nicht oder nicht rechtzeitig wiederholt oder die Radon-222-Exposition oder die Körperdosis nicht, nicht richtig oder nicht rechtzeitig ermittelt,

18. entgegen § 95 Abs. 2 Satz 1 eine Anzeige nicht, nicht richtig, nicht vollständig oder nicht rechtzeitig erstattet,

19. entgegen § 95 Abs. 3 nicht dafür sorgt, dass eine Person eine Arbeit nur ausübt, wenn sie im Besitz eines dort genannten Strahlenpasses ist,

20. entgegen § 95 Abs. 9 die Arbeitsbedingungen nicht, nicht richtig oder nicht rechtzeitig gestaltet,

21. entgegen § 95 Abs. 11 Satz 1 eine Beschäftigung oder Weiterbeschäftigung erlaubt,

22. entgegen § 95 Abs. 11 Satz 4 eine ärztliche Bescheinigung nicht oder nicht rechtzeitig übergibt,

23. entgegen § 96 Abs. 1 Satz 1 ein Ergebnis der Ermittlungen nicht, nicht richtig oder nicht rechtzeitig aufzeichnet,

24. entgegen § 96 Abs. 2 Nr. 1 Buchstabe a eine Aufzeichnung nicht, nicht vollständig oder nicht für die vorgeschriebene Dauer aufbewahrt,

25. entgegen § 96 Abs. 2 Nr. 1 Buchstabe b eine Aufzeichnung nicht oder nicht rechtzeitig löscht,

26. entgegen § 96 Abs. 2 Nr. 1 Buchstabe c eine Aufzeichnung nicht oder nicht rechtzeitig vorlegt oder nicht oder nicht rechtzeitig hinterlegt,

27. entgegen § 96 Abs. 2 Nr. 2 oder § 100 Abs. 1 eine Mitteilung nicht, nicht richtig, nicht vollständig oder nicht oder nicht rechtzeitig macht,

28. entgegen § 96 Abs. 3 Satz 1 eine ermittelte Dosis nicht, nicht richtig oder nicht rechtzeitig übermittelt,

317

Kommentierung

29. einer vollziehbaren Anordnung nach § 96 Abs. 4 oder 5, § 97 Abs. 3 Satz 1, § 99 Satz 2, § 101 Abs. 2 Satz 3 oder § 102 zuwiderhandelt,

30. entgegen § 97 Abs. 2 Satz 2 Materialien vermischt oder verdünnt,

31. entgegen § 97 Abs. 4 Satz 1 oder 2 Rückstände nicht sichert oder abgibt,

32. entgegen § 98 Abs. 1 Satz 3 überwachungsbedürftige Rückstände verwertet oder beseitigt,

33. entgegen § 99 Satz 1 oder § 101 Abs. 2 Satz 1 eine Anzeige nicht, nicht richtig, nicht vollständig oder nicht rechtzeitig erstattet,

34. entgegen § 100 Abs. 2 Satz 1, Abs. 3 Satz 2 oder Abs. 4 Satz 1 ein Rückstandskonzept oder eine Rückstandsbilanz nicht, nicht richtig, nicht vollständig oder nicht rechtzeitig erstellt, nicht oder nicht rechtzeitig fortschreibt oder nicht oder nicht rechtzeitig vorlegt,

35. entgegen § 101 Abs. 1 Satz 1 eine Verunreinigung nicht, nicht in der vorgeschriebenen Weise oder nicht rechtzeitig entfernt,

36. entgegen § 103 Abs. 1 Satz 1 die dort genannte effektive Dosis nicht, nicht richtig oder nicht rechtzeitig ermittelt,

37. entgegen § 103 Abs. 6 Satz 1 das fliegende Personal nicht, nicht richtig oder nicht rechtzeitig unterrichtet,

38. entgegen § 103 Abs. 6 Satz 3 oder 4 eine Aufzeichnung nicht, nicht richtig oder nicht vollständig führt, nicht oder nicht mindestens fünf Jahre aufbewahrt oder nicht oder nicht rechtzeitig vorlegt,

39. entgegen § 103 Abs. 7 Nr. 1 die Ergebnisse der Dosisermittlung nicht, nicht richtig oder nicht rechtzeitig aufzeichnet,

40. entgegen § 103 Abs. 7 Nr. 2 Buchstabe a eine Aufzeichnung nicht, nicht vollständig oder nicht für die vorgeschriebene Dauer aufbewahrt,

41. entgegen § 103 Abs. 7 Nr. 2 Buchstabe b eine Aufzeichnung nicht oder nicht rechtzeitig löscht,

42. entgegen § 103 Abs. 7 Nr. 2 Buchstabe c eine Aufzeichnung nicht oder nicht rechtzeitig vorlegt oder nicht oder nicht rechtzeitig hinterlegt,

43. entgegen § 103 Abs. 7 Nr. 3 eine Mitteilung nicht, nicht richtig, nicht vollständig oder nicht rechtzeitig macht,

44. entgegen § 103 Abs. 8 Satz 1 die ermittelte Dosis nicht, nicht richtig oder nicht rechtzeitig übermittelt,

45. entgegen § 103 Abs. 9 Satz 1 eine Beschäftigung oder Weiterbeschäftigung erlaubt,

46. entgegen § 103 Abs. 9 Satz 3 eine ärztliche Bescheinigung nicht oder nicht rechtzeitig übersendet,

47. entgegen § 105 Satz 1, auch in Verbindung mit Satz 2, radioaktive Stoffe zusetzt oder eine Ware verbringt, in den Verkehr bringt oder aktiviert oder

48. entgegen § 111 Abs. 4 Satz 1 eine Messung, eine Feststellung oder eine ärztliche Untersuchung nicht duldet.

(2) Ordnungswidrig im Sinne des § 46 Abs. 1 Nr. 4 des Atomgesetzes handelt, wer als Strahlenschutzverantwortlicher vorsätzlich oder fahrlässig

1. einer vollziehbaren Anordnung nach § 12 Abs. 2 oder § 74 Abs. 1 Satz 1 zuwiderhandelt,

1.a. entgegen § 31 Abs. 2 Satz 1 die erforderliche Anzahl von Strahlenschutzbeauftragten nicht oder nicht in der vorgeschriebenen Weise bestellt,

2. entgegen § 31 Abs. 4 Satz 1 eine Mitteilung nicht, nicht richtig, nicht vollständig oder nicht rechtzeitig macht,

3. entgegen § 33 Abs. 1 Nr. 1 Buchstabe a, b Doppelbuchstabe aa, dd oder ff oder Buchstabe c nicht dafür sorgt, dass eine Vorschrift des § 29 Abs. 1 Satz 1, § 31 Abs. 2 Satz 2 oder Abs. 3, § 32 Abs. 3, § 34 Satz 1, § 49 Abs. 1 Satz 1 oder Abs. 2, § 50 Abs. 1 Satz 1, Abs. 2 oder 3, des § 61 Abs. 3 Satz 2 oder des § 83 Abs. 4 Satz 1 eingehalten wird oder

4. entgegen § 33 Abs. 1 Nr. 1 Buchstabe b Doppelbuchstabe cc in Verbindung mit § 5 Satz 1 nicht dafür sorgt, dass ein in § 47 Abs. 1 Satz 1 genannter Dosisgrenzwert für die Planung oder die Errichtung einer Anlage oder Einrichtung nicht überschritten wird,

5. entgegen § 33 Abs. 1 Nr. 3 nicht dafür sorgt, dass die erforderlichen Maßnahmen gegen ein unbeabsichtigtes Kritischwerden von Kernbrennstoff getroffen werden.

(3) Ordnungswidrig im Sinne des § 46 Abs. 1 Nr. 4 des Atomgesetzes handelt, wer als Strahlenschutzverantwortlicher oder Strahlenschutzbeauftragter vorsätzlich oder fahrlässig

1. entgegen § 33 Abs. 1 Nr. 2 Buchstabe a, b Doppelbuchstabe aa, bb Dreifachbuchstabe aaa, Doppelbuchstabe cc Dreifachbuchstabe bbb, Doppelbuchstabe ee Dreifachbuchstabe bbb, Doppelbuchstabe ff, gg Dreifachbuchstabe aaa, Doppelbuchstabe hh oder Buchstabe c oder Abs. 2 Nr. 1 Buchstabe a nicht dafür sorgt, dass eine Vorschrift des § 29 Abs. 2 Satz 4, § 35, § 36 Abs. 1 Satz 1, Abs. 2 Satz 1 oder 2 oder Abs. 4 Satz 1, § 37 Abs. 1 Satz 1 oder Abs. 2, § 38 Abs. 1 Satz 1 bis 3, Abs. 2 bis 4, § 39, § 40 Abs. 1 Satz 1, Abs. 2 Satz 1, Abs. 3 oder 4, § 41 Abs. 1 Satz 1 oder 2, Abs. 2, Abs. 3 Satz 1 bis 4, Abs. 4 Satz 1, Abs. 5 oder 6, § 42 Abs. 1 Satz 1 bis 6, § 43, § 44 Abs. 1 Satz 1 bis 3, Abs. 2 Satz 1, Abs. 3 Satz 2, Abs. 4 oder 5, § 45 Abs. 1 oder 3, § 48 Abs. 1 Nr. 1 Satz 1, § 57 Satz 1, § 58 Abs. 4, § 59 Abs. 2 oder 3 Satz 1 oder 2, § 60 Abs. 1 oder 2, § 63 Abs. 1, § 65, § 66 Abs. 1 Satz 1, 5 oder Abs. 6 Satz 1 oder 2, § 67, § 68 Abs. 1 oder 3 Abs. 3 bis 6, § 69 Abs. 1 oder 2 Satz 1, § 70 Abs. 1 Satz 1 Nr. 2, Abs. 2 bis 4 oder 6, § 72 Satz 1 oder 3, § 73 Abs. 1, 2 Satz 1, Abs. 3 oder 4, § 74 Abs. 2 oder 3, § 75 Abs. 1 bis 3, § 79 Satz 1, § 80 Abs. 1 Satz 1 Abs. 2 Satz 2 oder Abs. 3 Satz 1, § 81 Abs. 1 Satz 1 oder 2, Abs. 2 Satz 1 oder 2, Abs. 3, Abs. 5 Satz 1 oder 2 oder Abs. 6 Satz 1, § 82 Abs. 1 oder 3, § 83 Abs. 4 Satz 2 bis 4 oder Abs. 5, § 84, § 85 Abs. 1, 2 oder 3 Satz 1, Abs. 4 Satz 1 oder Abs. 6 Satz 1 oder 3, § 87 Abs. 1 Satz 2 oder Abs. 3 bis 7, § 88 Abs. 1, 2 Satz 1 oder Abs. 3 oder 4 oder § 89 Abs. 2 eingehalten wird,

2. entgegen § 33 Abs. 1 Nr. 2 Buchstabe b Doppelbuchstabe bb Dreifachbuchstabe bbb, Doppelbuchstabe cc Dreifachbuchstabe ccc, Doppelbuchstabe gg Dreifachbuchstabe bbb oder Abs. 2 Nr. 1 Buchstabe a nicht dafür sorgt, dass eine Mitteilung nach § 42 Abs. 2 Satz 1, § 48 Abs. 1 Satz 1 Nr. 2, § 66 Abs. 6 Satz 3, § 70 Abs. 1 Satz 1 Nr. 1 oder 3 gemacht wird oder

3. entgegen § 33 Abs. 1 Nr. 2 Buchstabe b Doppelbuchstabe cc Dreifachbuchstabe aaa, Doppelbuchstabe ee Dreifachbuchstabe aaa oder Abs. 2 Nr. 1 Buchstabe a, jeweils in Verbindung mit § 5 Satz 1, nicht dafür sorgt, dass ein in § 46 Abs. 1 oder 2, § 55 Abs. 1, Abs. 2, 3 oder 4, § 56 Satz 1 oder § 58 Abs. 1 Satz 2 genannter Dosisgrenzwert oder ein in § 47 Abs. 1 Satz 1 genannter Dosisgrenzwert für den Betrieb einer Anlage oder Einrichtung nicht überschritten wird.

319

(4) Ordnungswidrig im Sinne des § 46 Abs. 1 Nr. 4 des Atomgesetzes handelt, wer als Strahlenschutzbeauftragter vorsätzlich oder fahrlässig entgegen § 113 Abs. 2 Satz 3 den Strahlenschutzverantwortlichen nicht oder nicht rechtzeitig unterrichtet.

(5) Ordnungswidrig im Sinne des § 46 Abs. 1 Nr. 4 des Atomgesetzes handelt, wer als Arzt nach § 64 Abs. 1 Satz 1 vorsätzlich oder fahrlässig

1. entgegen § 61 Abs. 1 Satz 2 eine angeforderte Unterlage nicht oder nicht rechtzeitig übergibt,

2. entgegen § 61 Abs. 3 Satz 1 eine ärztliche Bescheinigung nicht oder nicht rechtzeitig übersendet,

3. entgegen § 64 Abs. 3 Satz 1, 3 oder 4 eine Gesundheitsakte nicht, nicht richtig oder nicht vollständig führt, nicht oder nicht für die vorgeschriebene Dauer aufbewahrt oder nicht oder nicht rechtzeitig vernichtet,

4. entgegen § 64 Abs. 4 Satz 1 eine Gesundheitsakte nicht oder nicht rechtzeitig vorlegt oder nicht oder nicht rechtzeitig übergibt oder

5. entgegen § 64 Abs. 5 Einsicht in die Gesundheitsakte nicht oder nicht rechtzeitig gewährt.

(6) Die Zuständigkeit für die Verfolgung und Ahndung von Ordnungswidrigkeiten nach Absatz 1 Nr. 16 und Nr. 36 bis 46 wird auf das Luftfahrt-Bundesamt übertragen.

Kommentierung § 116

Vornehmlicher Zweck des Atomgesetzes – AtG [ATG] – und der Strahlenschutzverordnung ist der Schutz der Menschen und der Umwelt vor den Gefahren der Kernenergie und der schädlichen Wirkung ionisierender Strahlen. Zur Sanktionierung rechtswidriger oder vorwerfbarer Verhaltensweisen verantwortlicher Personen gegen die Vorschriften der Strahlenschutzverordnung enthält das Atomgesetz in seinem fünften Abschnitt Bußgeldvorschriften. Seine Regelungen unter § 46 bildeten die Ermächtigungsgrundlage für die in der Strahlenschutzverordnung formulierten Ordnungswidrigkeiten, für die, wenn sie denn geschehen, die atomrechtliche Behörde in bestimmten Fällen ein Bußgeld festsetzen kann.

Die Regelungen über die Ordnungswidrigkeiten wurden an den neuen Pflichtenkatalog dieser Verordnung angepasst und ihrem Aufbau entsprechend neu gegliedert.

Die Personen oder Personenkreise, für die die jeweiligen Vorschriften gedacht sind, ergeben sich aus den Vorschriften selbst.

Absatz 6 enthält gemäß § 36 Abs. 3 des Ordnungswidrigkeitengesetzes die Bestimmung des Luftfahrt-Bundesamtes zur Verwaltungsbehörde nach diesem Gesetz. Insoweit handelt es sich um eine Verordnung des Bundesministeriums für Verkehr, Bau- und Wohnungswesen.

§ 117 Übergangsvorschriften

(1) Eine vor dem 1. August 2001 für die Beförderung oder die grenzüberschreitende Verbringung sonstiger radioaktiver Stoffe erteilte Genehmigung gilt als Genehmigung nach § 16 oder § 19 mit allen Nebenbestimmungen fort. Eine vor dem 1. August 2001 für den Umgang mit sonstigen radio-

aktiven Stoffen, für die Errichtung oder den Betrieb von Anlagen zur Erzeugung ionisierender Strahlen erteilte Genehmigung gilt als Genehmigung nach § 7, § 11 Abs. 1 oder Abs. 2 mit allen Nebenbestimmungen mit der Maßgabe fort, dass die Grenzwerte der §§ 46 und 55 nicht überschritten werden. Sind bei diesen Genehmigungen zur Begrenzung von Ableitungen radioaktiver Stoffe mit Luft und Wasser aus Strahlenschutzbereichen die Aktivitätskonzentrationen nach § 46 Abs. 3 oder 4 der Strahlenschutzverordnung vom 30. Juni 1989 maßgebend, treten bis zum 1. August 2003 an deren Stelle die Werte der Anlage VII Teil D. Hat die zuständige Behörde nach § 46 Abs. 5 der Strahlenschutzverordnung in der Fassung vom 30. Juni 1989 höhere Aktivitätskonzentrationen oder -abgaben zugelassen und wurde innerhalb von drei Monaten ab dem In-Kraft-Treten dieser Verordnung ein Antrag auf Neufestsetzung der Werte gestellt, so gelten diese Aktivitätskonzentrationen oder -abgaben bis zur Bestandskraft der Entscheidung weiter. Wird kein Antrag nach Satz 4 gestellt, gelten nach Ablauf von drei Monaten ab dem In-Kraft-Treten dieser Verordnung statt der zugelassenen höheren Werte die Werte der Anlage VII Teil D. Hat die zuständige Behörde nach § 46 Abs. 5 der Strahlenschutzverordnung in der Fassung vom 30. Juni 1989 niedrigere Aktivitätskonzentrationen oder -abgaben vorgeschrieben, gelten diese niedrigeren Festsetzungen fort. Strahlenschutzbereiche sind gemäß den Anforderungen nach § 36 Abs. 1 Satz 2 Nr. 1 oder 2 bis zum 1. August 2003 einzurichten und der zuständigen Behörde dieses auf Verlangen nachzuweisen.

(2) Tätigkeiten, die nach § 4 Abs. 1 in Verbindung mit Anlage II Nr. 1 oder § 17 Abs. 1 der Strahlenschutzverordnung vom 30. Juni 1989 angezeigt wurden und nach dem 1. August 2001 einer Genehmigung nach § 7 Abs. 1 oder § 11 Abs. 2 bedürfen, dürfen fortgesetzt werden, wenn der Antrag auf Genehmigung bis zum 1. August 2003 gestellt wurde.

(3) Genehmigungen nach § 3 oder § 5 der Röntgenverordnung vom 8. Januar 1987 für Anlagen zur Erzeugung ionisierender Strahlen, die nach dem 1. August 2001 in den Anwendungsbereich dieser Verordnung fallen, gelten als Genehmigungen nach § 11 Abs. 2 fort. Tätigkeiten, die nach § 4 Abs. 1 der Röntgenverordnung vom 8. Januar 1987 angezeigt wurden und die nach dem 1. August 2001 in den Anwendungsbereich dieser Verordnung fallen, dürfen fortgesetzt werden, wenn der Antrag auf Genehmigung bis zum 1. August 2003 gestellt wurde. Absatz 1 gilt entsprechend. Die erforderliche Vorsorge für die Erfüllung gesetzlicher Schadensersatzverpflichtungen ist bis zum 1. August 2003 nachzuweisen.

(4) Für eine vor dem 1. August 2001 für die Beschäftigung in fremden Anlagen oder Einrichtungen erteilte Genehmigung nach § 20 der Strahlenschutzverordnung vom 30. Juni 1989 gilt Absatz 1 Satz 2 entsprechend; soweit eine solche Genehmigung unbefristet erteilt worden ist, erlischt sie am 1. August 2003. Satz 1 gilt auch für eine unbefristet erteilte Genehmigung gemäß § 20a der Strahlenschutzverordnung vom 13. Oktober 1976.

(5) Genehmigungsverfahren nach § 41 der Strahlenschutzverordnung vom 30. Juni 1989, die vor dem 1. August 2001 begonnen worden sind, sind von der vor dem 1. August 2001 zuständigen Behörde abzuschließen. Auf diese Verfahren finden die Vorschriften des § 41 der Strahlenschutzverordnung vom 30. Juni 1989 weiterhin Anwendung.

(6) Die Herstellung von Konsumgütern, die nach § 4 Abs. 4 Nr. 2 Buchstabe b, c, d der Strahlenschutzverordnung vom 30. Juni 1989 genehmigungsfrei war und die einer Genehmigung nach § 106 bedarf, darf bis zur Entscheidung über den Antrag vorläufig fortgesetzt werden, wenn der Antrag auf Genehmigung bis zum 1. November 2001 gestellt wurde. Die Verwendung, Lagerung und Beseitigung von Konsumgütern im Sinne des Satzes 1 und von Konsumgütern, die vor dem 1. August 2001 genehmigungsfrei hergestellt wurden, bedarf weiterhin keiner Genehmigung. Genehmigungen nach § 3 der Strahlenschutzverordnung vom 30. Juni 1989 zur Herstellung von Konsumgütern gelten vorläufig fort. Eine solche Genehmigung erlischt am 1. November 2001, es sei denn,

1. vor diesem Zeitpunkt wird eine Genehmigung nach § 106 beantragt; die vorläufig fortgeltende Genehmigung gilt dann auch nach diesem Zeitpunkt fort und erlischt, wenn über den Antrag entschieden worden ist, oder

Kommentierung

2. die vorläufig fortgeltende Genehmigung ist befristet; die Genehmigung erlischt dann zu dem festgelegten früheren Zeitpunkt.

Genehmigungen nach § 3 der Strahlenschutzverordnung vom 30. Juni 1989 für den Zusatz von radioaktiven Stoffen bei der Herstellung von Arzneimitteln im Sinne des Arzneimittelgesetzes gelten mit allen Nebenbestimmungen fort. Die Sätze 1 bis 4 gelten entsprechend im Fall der Aktivierung. Sonstige Produkte, die den Anforderungen der Anlage III Teil A Nr. 5, 6 oder 7 der Strahlenschutzverordnung vom 30. Juni 1989 entsprechen und vor dem 1. August 2001 erworben worden sind, können weiter genehmigungs- und anzeigefrei verwendet, gelagert oder beseitigt werden.

(7) Eine vor dem 1. August 2001 erteilte Zulassung der Bauart von Vorrichtungen, die radioaktive Stoffe enthalten, gilt bis zum Ablauf der im Zulassungsschein genannten Frist fort. Für die Verwendung und Lagerung von Vorrichtungen, die radioaktive Stoffe enthalten und für die vor dem 1. August 2001 eine Bauartzulassung erteilt worden ist, gelten die Regelungen des § 4 Abs. 1, 2 Satz 2 und 5 in Verbindung mit Anlage II Nr. 2 oder 3 und Anlage III Teil B Nr. 4, § 29 Abs. 1 Satz 1, §§ 34 und 78 Abs. 1 Nr. 1 der Strahlenschutzverordnung vom 30. Juni 1989 und nach dem Auslaufen dieser Bauartzulassung auch § 23 Abs. 2 Satz 3 der Strahlenschutzverordnung vom 30. Juni 1989 fort; § 31 Abs. 1 Satz 2 bis 4, Abs. 2 bis 5, §§ 32, 33 und 35 dieser Verordnung gelten entsprechend. Vorrichtungen, deren Bauartzulassung vor dem 1. August 2001 ausgelaufen war und die nach Maßgabe des § 23 Abs. 2 Satz 3 in Verbindung mit § 4 der Strahlenschutzverordnung vom 30. Juni 1989 weiterbetrieben wurden, dürfen weiter genehmigungsfrei betrieben werden. Die Sätze 1 und 2 gelten entsprechend auch für Ionisationsrauchmelder, für die nach Anlage III Teil B Nr. 4 der Strahlenschutzverordnung vom 30. Juni 1989 die Anzeige durch den Hersteller oder die Vertriebsfirma erfolgte.

(8) Die Verfahren der Bauartzulassung, die vor dem 1. August 2001 beantragt und bei denen die Bauartprüfung veranlasst worden ist, sind von der vor dem 1. August 2001 zuständigen Behörde abzuschließen. Auf diese Verfahren finden die Vorschriften des § 22 in Verbindung mit Anlage VI der Strahlenschutzverordnung vom 30. Juni 1989 mit der Maßgabe der in Anlage VI Teil A Nr. 1 und 2 aufgeführten Messgrößen dieser Verordnung Anwendung. Für die Erteilung des Zulassungsscheins gilt § 26 Abs. 1 dieser Verordnung entsprechend.

(9) Erforderliche Dichtheitsprüfungen nach § 27 Abs. 6 Satz 1, die vor dem 1. August 2006 fällig sind, sind bis zum 1. August 2006 durchführen zu lassen. § 27 Abs. 6 gilt nicht für Vorrichtungen, deren Bauart nach § 22 in Verbindung mit Anlage VI Nr. 6 der Strahlenschutzverordnung vom 30. Juni 1989 zugelassen ist, und nicht für Vorrichtungen, deren Bauart nach § 22 in Verbindung mit Anlage VI Nr. 1 bis 5 der Strahlenschutzverordnung vom 30. Juni 1989 zugelassen ist, wenn die eingefügte Aktivität das Zehnfache der Freigrenzen der Anlage III Tabelle 1 Spalte 2 nicht überschreitet.

(10) Regelungen für die Entlassung radioaktiver Stoffe sowie von beweglichen Gegenständen, Gebäuden, Bodenflächen, Anlagen oder Anlagenteilen, die aktiviert oder mit radioaktiven Stoffen kontaminiert sind und aus Tätigkeiten nach § 2 Nr. 1 Buchstabe a, c und d stammen, die in vor dem 1. August 2001 erteilten Genehmigungen oder anderen verwaltungsbehördlichen Entscheidungen enthalten sind, gelten als Freigaben vorläufig fort. Eine solche Freigabe erlischt am 1. August 2004, es sei denn

1. vor diesem Zeitpunkt wird eine Freigabe im Sinne des § 29 beantragt; die vorläufig fortgeltende Freigabe gilt dann auch nach diesem Zeitpunkt fort und erlischt, wenn die Entscheidung über den Antrag unanfechtbar geworden ist, oder

2. die der vorläufig fortgeltenden Freigabe zugrunde liegende Genehmigung oder verwaltungsbehördliche Entscheidung ist befristet; die Freigabe erlischt dann zu dem in der Genehmigung oder verwaltungsbehördlichen Entscheidung festgelegten früheren Zeitpunkt.

Teil 5: Gemeinsame Vorschriften

Freigaberegelungen in Genehmigungen nach den §§ 6, 7 Abs. 3 oder § 9 des Atomgesetzes sowie nach § 3 der Strahlenschutzverordnung vom 30. Juni 1989, die die Stilllegung von Anlagen und Einrichtungen zum Gegenstand haben, gelten unbegrenzt fort.

(11) Bei vor dem 1. August 2001 bestellten Strahlenschutzbeauftragten gilt die erforderliche Fachkunde im Strahlenschutz im Sinne des § 30 Abs. 1 als erworben und bescheinigt. Eine vor dem 1. August 2001 erfolgte Bestellung zum Strahlenschutzbeauftragten gilt fort, sofern die Aktualisierung der Fachkunde entsprechend § 30 Abs. 2 bei Bestellung vor 1976 bis zum 1. August 2003, bei Bestellung zwischen 1976 bis 1989 bis zum 1. August 2004, bei Bestellung nach 1989 bis zum 1. August 2006 nachgewiesen wird. Eine vor dem 1. August 2001 erteilte Fachkundebescheinigung gilt fort, sofern die Aktualisierung der Fachkunde bei Erwerb der Fachkunde vor 1976 bis zum 1. August 2003, bei Erwerb zwischen 1976 bis 1989 bis zum 1. August 2004, bei Erwerb nach 1989 bis zum 1. August 2006 nachgewiesen wird. Die Sätze 1 bis 3 gelten entsprechend für die Ärzte nach § 64 Abs. 1 Satz 1, für Strahlenschutzverantwortliche, die die erforderliche Fachkunde im Strahlenschutz besitzen und die keine Strahlenschutzbeauftragten bestellt haben, und für Personen, die die Fachkunde vor dem 1. August 2001 erworben haben, aber nicht als Strahlenschutzbeauftragte bestellt sind.

(11a) Bei vor dem 1. Juli 2002 tätigen Personen im Sinne des § 82 Abs. 1 Nr. 2 und Abs. 2 Nr. 4 gelten die Kenntnisse als nach § 30 Abs. 4 Satz 2 erworben fort, nach dem 1. Juli 2004 jedoch nur, wenn die nach § 30 Abs. 1 zuständige Stelle ihnen den Besitz der erforderlichen Kenntnisse bescheinigt hat.

(12) Vor dem 1. August 2001 anerkannte Kurse zur Vermittlung der Fachkunde im Sinne des § 30 Abs. 1 gelten bis zum 1. August 2006 als anerkannt fort, soweit die Anerkennung keine kürzere Frist enthält.

(13) Die Zuständigkeit nach Landesrecht für Messstellen nach § 63 Abs. 3 Satz 1 der Strahlenschutzverordnung vom 30. Juni 1989 gilt als Bestimmung im Sinne des § 41 Abs. 1 Satz 4 fort. Die Bestimmung von Messstellen nach § 63 Abs. 6 Satz 1 der Strahlenschutzverordnung vom 30. Juni 1989 gilt als Bestimmung im Sinne des § 41 Abs. 1 Satz 4 fort.

(14) Strahlenschutzanweisungen nach § 34 sind bis zum 1. August 2003 zu erlassen.

(15) Bis zum 13. Mai 2005 kann die zuständige Behörde bei Anlagen oder Einrichtungen abweichend von § 46 Abs. 1 zulassen, dass die effektive Dosis für Einzelpersonen der Bevölkerung mehr als 1 Millisievert im Kalenderjahr betragen darf, wenn insgesamt zwischen dem 14. Mai 2000 und dem 13. Mai 2005 fünf Millisievert nicht überschritten werden.

(16) In vor dem 1. August 2001 begonnenen Genehmigungsverfahren für die Aufbewahrung bestrahlter Kernbrennstoffe nach § 6 des Atomgesetzes an den jeweiligen Standorten der nach § 7 des Atomgesetzes genehmigten Kernkraftwerken oder vor dem 1. August 2001 begonnenen Planfeststellungsverfahren für die Errichtung und den Betrieb von Anlagen zur Sicherstellung und zur Endlagerung radioaktiver Abfälle, bei denen ein Erörterungstermin stattgefunden hat, kann der Antragsteller den Nachweis der Einhaltung der Grenzwerte des § 47 Abs. 1 dadurch erbringen, dass er unter Zugrundelegung der allgemeinen Verwaltungsvorschrift zu § 45 Strahlenschutzverordnung: „Ermittlung der Strahlenexposition durch die Ableitung radioaktiver Stoffe aus kerntechnischen Anlagen oder Einrichtungen vom 21. Februar 1990" (BAnz. Nr. 64a vom 31. März 1990) die Einhaltung des Dosisgrenzwertes des § 47 Abs. 1 Nr. 1 dieser Verordnung und der Teilkörperdosisgrenzwerte des § 45 Abs. 1 der Strahlenschutzverordnung vom 30. Juni 1989 mit den Organen der Anlage X Tabelle X2 unter Beachtung der Anlage X Tabelle XI Fußnote 1 und der Anlage X Tabelle X2 und mit den Annahmen zur Ermittlung der Strahlenexposition aus Anlage XI der Strahlenschutzverordnung vom 30. Juni 1989 und den Dosisfaktoren aus der im Bundesanzeiger Nr. 185a vom 30. September 1989 bekannt gegebenen Zusammenstellung nachweist. Für die Berechnung von Dosiswerten aus äußerer Strahlenexposition sind die Werte und Beziehungen in Anhang II der

Kommentierung

Richtlinie 96/29/EURATOM des Rates vom 13. Mai 1996 zur Festlegung der grundlegenden Sicherheitsnormen für den Schutz der Gesundheit der Arbeitskräfte und der Bevölkerung gegen die Gefahren durch ionisierende Strahlung (ABl. EG Nr. L 159 S. 1) maßgebend. Für andere als in Satz 1 genannte Verfahren sind für die Ermittlung der Strahlenexposition aus Ableitungen bis zum Ablauf eines Jahres nach In-Kraft-Treten der allgemeinen Verwaltungsvorschriften zu § 47 Abs. 2 Satz 2 die in den Sätzen 1 und 2 genannten Dosisgrenzwerte und Berechnungsverfahren maßgebend.

(17) In vor dem 1. August 2001 begonnenen Genehmigungsverfahren für die Aufbewahrung bestrahlter Kernbrennstoffe nach § 6 des Atomgesetzes an den jeweiligen Standorten der nach § 7 des Atomgesetzes genehmigten Kernkraftwerken oder vor In-Kraft-Treten dieser Verordnung begonnenen Planfeststellungsverfahren für die Errichtung und den Betrieb von Anlagen zur Sicherstellung und zur Endlagerung radioaktiver Abfälle, bei denen ein Erörterungstermin stattgefunden hat, kann der Antragsteller den Nachweis einer ausreichenden Vorsorge gegen Störfälle nach § 49 Abs. 2 dadurch erbringen, dass er die Einhaltung des Dosiswertes des § 49 Abs. 1 Nr. 1 dieser Verordnung und der Teilkörperdosiswerte des § 28 Abs. 3 mit den Organen der Anlage X Tabelle X2 unter Beachtung der Anlage X Tabelle XI Fußnote 1 und der Anlage X Tabelle X2 der Strahlenschutzverordnung vom 30. Juni 1989 und den Dosisfaktoren aus der im Bundesanzeiger Nr. 185a vom 30. September 1989 bekannt gegebenen Zusammenstellung nachweist. Für die Berechnung von Dosiswerten aus äußerer Strahlenexposition sind die Werte und Beziehungen in Anhang II der Richtlinie 96/29/EURATOM des Rates vom 13. Mai 1996 zur Festlegung der grundlegenden Sicherheitsnormen für den Schutz der Gesundheit der Arbeitskräfte und der Bevölkerung gegen die Gefahren durch ionisierende Strahlung (ABl. EG Nr. L 159 S. 1) maßgebend. Den vorstehend genannten Nachweisen können für Anlagen zur Sicherstellung und zur Endlagerung radioaktiver Abfälle die Berechnungsgrundlagen der Neufassung des Kapitels 4 „Berechnung der Strahlenexposition" der Störfallberechnungsgrundlagen für die Leitlinien zur Beurteilung der Auslegung von Kernkraftwerken mit DWR gemäß § 28 Abs. 3 der Strahlenschutzverordnung in der Fassung der Bekanntmachung im Bundesanzeiger Nr. 222a vom 26. November 1994 zugrunde gelegt werden. Für die Aufbewahrung bestrahlter Kernbrennstoffe nach § 6 des Atomgesetzes an den jeweiligen Standorten der nach § 7 des Atomgesetzes genehmigten Kernkraftwerken können den Nachweisen bis zur Veröffentlichung gesonderter Anforderungen für diese Tätigkeiten durch das für die kerntechnische Sicherheit und den Strahlenschutz zuständige Bundesministerium im Bundesanzeiger die in Satz 3 genannten Berechnungsgrundlagen zugrunde gelegt werden.

(18) Bis zum In-Kraft-Treten allgemeiner Verwaltungsvorschriften zur Störfallvorsorge nach § 50 Abs. 4 ist bei der Planung der in § 50 Abs. 1 bis 3 genannten Anlagen und Einrichtungen die Störfallexposition so zu begrenzen, dass die durch Freisetzung radioaktiver Stoffe in die Umgebung verursachte effektive Dosis von 50 Millisievert nicht überschritten wird.

(19) Bis zum 13. Mai 2005 darf abweichend von § 55 Abs. 1 die effektive Dosis für beruflich strahlenexponierte Personen bis zu 50 Millisievert in einem Kalenderjahr betragen, wenn die effektive Dosis durch innere Strahlenexposition 20 Millisievert in einem Kalenderjahr nicht überschreitet und insgesamt zwischen dem 14. Mai 2000 und dem 13. Mai 2005 die Summe der effektiven Dosen den Grenzwert von 100 Millisievert nicht überschreitet.

(20) Bis zum 1. August 2006 darf für gebärfähige Frauen abweichend von § 55 Abs. 4 die über einen Monat kumulierte Dosis an der Gebärmutter bis zu 5 Millisievert betragen.

(21) Bis zum 1. August 2006 findet § 56 in Verbindung mit § 118 Abs. 2 auf die Stilllegung und Sanierung der Betriebsanlagen und Betriebsstätten des Uranerzbergbaus mit der Maßgabe Anwendung, dass eine weitere berufliche Strahlenexposition von nicht mehr als 10 Millisievert im Kalenderjahr im Benehmen mit einem Arzt nach § 64 zulässig ist, wenn die beruflich strahlenexponierte Person einwilligt. Die Einwilligung ist schriftlich zu erteilen. § 60 Abs. 2 findet entsprechende Anwendung.

Teil 5: Gemeinsame Vorschriften

(22) Ermächtigungen von Ärzten im Sinne des § 71 Abs. 1 Satz 1 der Strahlenschutzverordnung vom 30. Juni 1989 gelten als Ermächtigungen nach § 64 Abs. 1 Satz 1 fort.

(23) Bestimmungen von Sachverständigen nach § 76 Abs. 1 Satz 1 der Strahlenschutzverordnung vom 30. Juni 1989 und Bestimmungen von Sachverständigen nach § 18 der Röntgenverordnung vom 8. Januar 1987 für Röntgeneinrichtungen und Störstrahler im Energiebereich größer ein Megaelektronvolt gelten als Bestimmungen nach § 66 Abs. 1 Satz 1 fort.

(24) Ärztliche Stellen nach § 83 sind bis zum 1. August 2003 von der zuständigen Behörde zu bestimmen.

(25) Die Fortsetzung von Arbeiten nach § 95 Abs. 2, die vor dem 1. August 2001 begonnen wurden, ist bis zum 1. August 2003 der zuständigen Behörde anzuzeigen. Genehmigungen nach § 3 der Strahlenschutzverordnung vom 30. Juni 1989 zum Umgang mit radioaktiven Stoffen, der nach § 95 Abs. 2 Satz 1 eine anzeigebedürftige Arbeit ist, gelten als Anzeige nach § 95 Abs. 2 fort, sofern nicht eine Genehmigung nach § 106 erforderlich ist. Im Rahmen solcher Genehmigungen erteilte Nebenbestimmungen gelten als Anordnungen nach § 96 Abs. 4 fort.

(26) Maßnahmen nach § 95 Abs. 10, § 96 Abs. 1 bis 3 und § 103 Abs. 1, Abs. 6 Satz 1, 3 und 4 und Abs. 9 sind bis zum 1. August 2003 umzusetzen.

(27) Die in Anlage VI Teil A Nr. 1 und 2 aufgeführten Messgrößen sind spätestens bis zum 1. August 2011 bei Messungen der Personendosis, Ortsdosis und Ortsdosisleistung nach § 67 zu verwenden. Unberührt hiervon ist bei Messungen der Ortsdosis oder Ortsdosisleistung unter Verwendung anderer als der in Anlage VI Teil A Nr. 2 genannten Messgrößen eine Umrechnung auf die Messgrößen nach Anlage VI Teil A Nr. 2 durchzuführen, wenn diese Messungen dem Nachweis dienen, dass die Grenzwerte der Körperdosis nach den §§ 46, 47, 55 und 58 nicht überschritten werden.

(28) Bis zum 1. August 2001 ermittelte Werte der Körperdosis oder der Personendosis gelten als Werte der Körperdosis nach Anlage VI Teil B oder der Personendosis nach Anlage VI Teil A Nr. 1 fort.

(29) Vor dem 1. April 1977 beschaffte Geräte, keramische Gegenstände, Porzellanwaren, Glaswaren oder elektronische Bauteile, mit denen nach § 11 der Ersten Strahlenschutzverordnung vom 15. Oktober 1965 ohne Genehmigung umgegangen werden durfte, dürfen weiter genehmigungsfrei verwendet und beseitigt werden, wenn diese Gegenstände im Zeitpunkt der Beschaffung den Vorschriften des § 11 der Ersten Strahlenschutzverordnung entsprochen haben.

(30) Keramische Gegenstände oder Porzellanwaren, die vor dem 1. Juni 1981 verwendet wurden und deren uranhaltige Glasur der Anlage III Teil A Nr. 6 der Strahlenschutzverordnung vom 30. Juni 1989 entspricht, können weiter genehmigungsfrei verwendet und beseitigt werden.

Kommentierung § 117

Eine Erläuterung der Übergangsvorschriften der StrlSchV soll sich darauf beschränken, diese zwecks einer übersichtlichen Darstellung tabellarisch zusammenzufassen. Damit entkleidet man sie zwar vieler juristisch notwendiger Details, die der Leser aber bei Bedarf im Verordnungstext nachlesen kann, es entsteht aber ein kompakter und schnell zugänglicher Überblick über die Schnittstellen zwischen der alten und der neuen Strahlenschutzverordnung.

Kommentierung

Absatz	Bezugsparagraph	Thematik
1	§§ 7, 11 16, 19, 36	Fortgeltung der nach alter StrlSchV erteilten Genehmigungen für • den Umgang mit sonstigen radioaktiven Stoffen, • die Beförderung radioaktiver Stoffe, • die grenzüberschreitende Verbringung radioaktiver Stoffe, • den Betrieb von Anlagen zur Erzeugung ionisierender Strahlen mit der Maßgabe bestimmter Randbedingungen (z.B. Einhaltung der Werte nach §§ 46, 55 sowie nach Anlage VII Teil D). Einrichtung von Strahlenschutzbereichen nach § 36 bis 2 Jahre nach In-Kraft-Treten der neuen StrlSchV.
2	§§ 7, 11	Umstellung von Anzeigeverfahren nach alter StrlSchV auf Genehmigungsverfahren nach neuer StrlSchV für radioaktive Stoffe und Anlagen zur Erzeugung ionisierender Strahlen: Stellung des Genehmigungsantrags bis 2 Jahre nach In-Kraft-Treten der neuen StrlSchV.
3	§ 11	Weitergeltung von Genehmigungen nach §§ 3, 5 RöV für Elektronenbeschleuniger (> 1 MeV, ≤ 3 MeV): gelten als Genehmigungen nach § 11 Abs. 2 der neuen StrlSchV weiter.
4	§ 15	Unbefristete Genehmigung für die Beschäftigung in fremden Anlagen nach § 20 der alten StrlSchV: gilt nach den in Absatz 1 genannten Randbedingungen bis 2 Jahre nach In-Kraft-Treten weiter.
5	§ 23	Abschluss der vor dem In-Kraft-Treten der neuen StrlSchV schon laufenden Genehmigungsverfahren („medizinische Forschung") muss vor In-Kraft-Treten erfolgt sein.
6	§§ 106, 107	Regelung für die nach alter StrlSchV genehmigungsfreie Herstellung von mit radioaktiven Stoffen versetzten Konsumgütern, Pflanzenschutzmitteln, Schädlingsbekämpfungsmitteln oder Stoffen nach dem Düngemittelgesetz.
/	§ 25	Fortgeltung der nach alter StrlSchV erteilten Bauartzulassungen von Vorrichtungen, die radioaktive Stoffe enthalten: bis zum Ablauf der im Zulassungsschein genannten Frist.
8	§ 25	Abschluss der vor dem In-Kraft-Treten der neuen StrlSchV schon laufenden Bauartzulassungsverfahren muss vor In-Kraft-Treten erfolgt sein.
9	§ 27	Dichtheitsprüfungen nach Absatz 6 Satz 1, die bis 5 Jahre nach In-Kraft-Teten der neuen StrlSchV fällig sind, müssen bis zu diesem Datum durchgeführt sein.
10	§ 29	Regelungen für die Entlassung radioaktiver Stoffe sowie aktivierter oder kontaminierter beweglicher Gegenstände etc., die z.B. in nach alter StrlSchV erteilten Genehmigungen enthalten sind, gelten als Freigaben nur vorläufig fort. Eine wesentliche Bedingung für die Fortgeltung der Freigabe ist: Beantragung der Freigabe nach § 29 innerhalb eines Zeitraums von 3 Jahren nach In-Kraft-Treten der neuen StrlSchV.

Teil 5: Gemeinsame Vorschriften

Ab-satz	Bezugs-paragraph	Thematik
11, 12	§§ 30, 31	Weitergeltung von Fachkunde im Strahlenschutz, von Fachkunde-kursen und von Bestellungen der Strahlenschutzbeauftragten nach Datum des In-Kraft-Tretens der neuen StrlSchV: • Fachkunde von Strahlenschutzbeauftragten (gilt als erworben und bescheinigt) • anerkannte Kurse (5 Jahre) • Bestellung von Strahlenschutzbeauftragten (gilt weiterhin bei entsprechender Aktualisierung der Fachkunde) • Fachkundebescheinigung (gilt weiterhin bei entsprechender Aktualisierung der Fachkunde)
13	§ 41 Abs. 1	Bestimmung von Messstellen nach alter StrlSchV gilt nach neuer StrlSchV fort.
14	§ 34	Strahlenschutzanweisung: ist bis 2 Jahre nach In-Kraft-Treten der neuen StrlSchV zu erlassen.
15	§ 46 Abs. 1	Zuständige Behörde kann bis 13.5.2005 bei Anlagen oder Einrich-tungen unter genannten Bedingungen mehr als 1 mSv/a effektive Dosis für Einzelpersonen der Bevölkerung zulassen.
16	§ 47 Abs. 2	Vorgehen bei der Ermittlung von Strahlenexpositionen bei „sonsti-gen" Ableitungen nach § 47 bis zum In-Kraft-Treten allgemeiner Verwaltungsvorschriften: Vorgehen nach § 45 Abs. 2 einschl. Anlage XI der alten StrlSchV und der dazugehörenden allgemeinen Verwaltungsvorschrift [SSK 2].
16 17	§§ 47 Abs. 1, 49 Abs. 2	Genehmigungsverfahren für die Aufbewahrung bestrahlter Kern-brennstoffe nach § 6 AtG oder Planfeststellungsverfahren: • Einhaltung von Grenzwerten • Vorsorge gegen Störfälle
18	§ 50 Abs. 4	Störfallexposition bis zum In-Kraft-Treten einer AVV: ≤ 50 mSv effektive Dosis.
19	§ 55 Abs. 1	Weitergeltung des Grenzwertes der effektiven Dosis für beruflich strahlenexponierte Personen: 50 mSv/a bis 5 Jahre nach In-Kraft-Treten der neuen StrlSchV (wenn ≤ 20 mSv/a durch innere Exposition, ≤ 100 mSv über diese 5 Jahre).
20	§ 55 Abs. 4	Grenzwert der über einen Monat kumulierten Dosis an der Gebär-mutter gebärfähiger Frauen: 5 mSv bis 5 Jahre nach In-Kraft-Treten der neuen StrlSchV.
21	§§ 56, 118 Abs. 2	Stilllegung und Sanierung von Betriebsanlagen und -stätten des Uranbergbaus: Unter bestimmten Bedingungen beträgt der Grenz-wert der effektiven Dosis bei beruflicher Strahlenexposition 10 mSv/a bis 5 Jahre nach In-Kraft-Treten der neuen StrlSchV.
22	§ 64 Abs. 1	Ermächtigung von Ärzten nach alter StrlSchV gilt nach neuer StrlSchV fort.

Kommentierung

Ab-satz	Bezugs-paragraph	Thematik
23	§ 66 Abs. 1	Bestimmung von Sachverständigen nach alter StrlSchV gilt nach neuer StrlSchV fort.
24	§ 83	Bestimmung ärztlicher Stellen: bis 2 Jahre nach In-Kraft-Treten der neuen StrlSchV.
25	§ 95 Abs. 2	Fortsetzung von Arbeiten auf den in Anlage XI genannten Arbeitsfeldern, bei denen die effektive Dosis > 6 mSv/a sein kann: Anzeige bis 2 Jahre nach In-Kraft-Treten der neuen StrlSchV erforderlich.
26	§§ 95, 96, 103	Maßnahmen nach den genannten Paragraphen sind bis 2 Jahre nach In-Kraft-Treten der neuen StrlSchV umzusetzen.
27	Anlage VI, §§ 46, 47, 55, 58, 67	Verwendung der neuen Messgrößen: • Einführung der neuen Messgrößen bei Messungen nach § 67 bis spätestens 10 Jahre nach In-Kraft-Treten der neuen StrlSchV. • Ohne Übergangsfrist bei Messungen zum Nachweis der Einhaltung von Grenzwerten der Körperdosis nach §§ 46, 47, 55, 58.
28	Anlage VI	Weitergeltung der Werte der Körperdosis oder der Personendosis nach alter Definition: gelten als Werte der Organdosis und der effektiven Dosis (Teil B) bzw. der Personendosis (Teil A Nr. 1) weiter.
29, 30	§ 108	Weiterverwendung von beispielsweise keramischen Gegenständen oder von Porzellanwaren: ist unter bestimmten Voraussetzungen möglich.

§ 118 Abgrenzung zu anderen Vorschriften, Sanierung von Hinterlassenschaften

(1) Auf dem in Artikel 3 des Einigungsvertrages vom 6. September 1990 (BGBl. 1990 II S. 8851) genannten Gebiet gelten für die Sanierung von Hinterlassenschaften früherer Tätigkeiten und Arbeiten sowie die Stilllegung und Sanierung der Betriebsanlagen und Betriebsstätten des Uranerzbergbaus nach Artikel 9 Abs. 2 in Verbindung mit Anlage II Kapitel XII Abschnitt III Nr. 2 und 3 des Einigungsvertrages die folgenden Regelungen fort:

1. Verordnung über die Gewährleistung von Atomsicherheit und Strahlenschutz vom 11. Oktober 1984 (GBl. I Nr. 30 S. 341) nebst Durchführungsbestimmung zur Verordnung über die Gewährleistung von Atomsicherheit und Strahlenschutz vom 11. Oktober 1984 (GBl. I Nr. 30 S. 348; ber. GBl. I 1987 Nr. 18 S. 196) und

2. Anordnung zur Gewährleistung des Strahlenschutzes bei Halden und industriellen Absetzanlagen und bei der Verwendung darin abgelagerter Materialien vom 17. November 1980 (GBl. I Nr. 34 S. 347).

Im Übrigen treten an die Stelle der in den Nummern 1 und 2 genannten Regelungen die Bestimmungen dieser Verordnung. Erlaubnisse, die auf Grund der in den Nummern 1 und 2 genannten Regelungen nach In-Kraft-Treten des Einigungsvertrages erteilt wurden bzw. vor diesem Zeitpunkt erteilt wurden, aber noch fortgelten, und die sich auf eines der in Anlage XI dieser Verordnung genannten Arbeitsfelder beziehen, gelten als Anzeige nach § 95 Abs. 2 Satz 1.

(2) Für den beruflichen Strahlenschutz der Beschäftigten bei der Stilllegung und Sanierung der Betriebsanlagen und Betriebsstätten des Uranerzbergbaus finden die Regelungen der §§ 5, 6, 15, 30, 34 bis 45, 54 bis 64, 67 und 68, der §§ 111 bis 115 sowie die darauf bezogenen Regelungen des § 116 Abs. 1 Nr. 1 Buchstabe d, Nr. 12 und 44, Abs. 2 Nr. 4 und 5 und Abs. 3 bis 5 und des § 117 Abs. 21 Anwendung; sofern die Beschäftigten nicht nur einer äußeren Strahlenexposition ausgesetzt sind, darf die Beschäftigung im Kontrollbereich im Sinne von § 40 Abs. 3 nur erlaubt werden, wenn auch die innere Exposition ermittelt wird. Bei Anwendung der in Satz 1 genannten Regelungen steht der Betriebsleiter nach § 3 Abs. 1 der Verordnung über die Gewährleistung von Atomsicherheit und Strahlenschutz vom 11. Oktober 1984 dem Strahlenschutzverantwortlichen nach den §§ 31 bis 33 gleich. Der verantwortliche Mitarbeiter nach § 3 Abs. 3 der Verordnung über die Gewährleistung von Atomsicherheit und Strahlenschutz vom 11. Oktober 1984 und der Kontrollbeauftragte nach § 7 Abs. 2 der Verordnung über die Gewährleistung von Atomsicherheit und Strahlenschutz vom 11. Oktober 1984 stehen dem Strahlenschutzbeauftragten nach den §§ 31 bis 33 gleich. Die Betriebsanlagen und Betriebsstätten des Uranerzbergbaus stehen Anlagen und Einrichtungen nach § 15 dieser Verordnung gleich. Die entsprechenden Bestimmungen der in Absatz 1 Nr. 1 und 2 genannten Regelungen des beruflichen Strahlenschutzes treten außer Kraft.

(3) Für die Emissions- und Immissionsüberwachung bei der Stilllegung und Sanierung der Betriebsanlagen und Betriebsstätten des Uranerzbergbaus findet § 48 Abs. 1, 2 und 4 entsprechende Anwendung.

(4) Für den beruflichen Strahlenschutz der Beschäftigten finden bei der Sanierung von Hinterlassenschaften früherer Tätigkeiten und Arbeiten auf dem in Artikel 3 des Einigungsvertrages genannten Gebiet die Regelungen des Teils 3 Kapitel 1 und 2 mit Ausnahme des § 95 Abs. 2 Satz 3 und 4, Abs. 4 Satz 3 und 4, § 96 Abs. 1 Satz 2, Abs. 3 Satz 1 erste Alternative entsprechende Anwendung. Die Radon-222-Exposition ist in einen Wert der effektiven Dosis umzurechnen. Einer Anzeige nach § 95 Abs. 2 Satz 1 bedarf es nicht, wenn die Sanierung aufgrund einer Erlaubnis nach den in Absatz 1 Nr. 1 und 2 genannten Regelungen erfolgt. Satz 1 gilt auch für die Sanierung von Hinterlassenschaften früherer Tätigkeiten und Arbeiten im sonstigen Geltungsbereich dieser Verordnung.

(5) Abweichend von Absatz 1 finden die Vorschriften des Teils 3 Kapitel 3 entsprechende Anwendung, wenn Rückstände im Sinne der Anlage XII Teil A oder sonstige Materialien im Sinne des § 102 aus Hinterlassenschaften früherer Tätigkeiten und Arbeiten oder aus der Stilllegung und Sanierung der Betriebsanlagen und Betriebsstätten des Uranerzbergbaus vom verunreinigten Grundstück, auch zum Zweck der Sanierung des Grundstücks, entfernt werden, es sei denn, die Rückstände oder Materialien werden bei der Sanierung anderer Hinterlassenschaften verwendet. Dies gilt auch für Rückstände aus der Sanierung früherer Tätigkeiten und Arbeiten, die im sonstigen Anwendungsbereich dieser Verordnung anfallen.

Kommentierung § 118

Diese Verordnung enthält mit Ausnahme der Regelungen in § 118 keine Regelungen für Tätigkeiten und Arbeiten, die in dem in Artikel 3 des Einigungsvertrages vom 6. September 1990 genannten Gebiet – dem der ehemaligen Deutschen Demokratischen Republik – vor seinem Beitritt zur Bundesrepublik Deutschland ausgeführt wurden.

Zu Absatz 1:

In der ehemaligen DDR gelten die in dieser Vorschrift genannten Regelungen nach den Bestimmungen des Einigungsvertrages fort. Die Gültigkeit der Regelungen wird aber auf die Sanierung von Hinterlassenschaften aus früheren Tätigkeiten und Arbeiten und auf die Stilllegung und Sanierung der Anlagen und Betriebsstätten des früheren Uranerzbergbaus beschränkt. Letztere Vorgänge sind gemeinhin bekannt unter dem Begriff „Wismut-Sanierung". Insoweit sind die seinerzeitigen DDR-Regelungen außerhalb der Sanierung von Hinterlassenschaften und außerhalb der Wismut-Sanierung außer Kraft gesetzt.

Der Charakteristik des ehemaligen DDR-Rechts entsprechend sind unter dem Begriff „*Erlaubnisse*" Genehmigungen, Zulassungen und Anzeigen nach altem Recht zu verstehen.

Zu Absatz 2:

Wenn diese Verordnung im Zusammenhang mit der Sanierung von Hinterlassenschaften in vollem Umfang anwendbar wäre, dann würde der Uranerzbergbau in den neuen Bundesländern eine Tätigkeit im Sinne dieser Verordnung darstellen. Für die Stilllegung und Sanierung der Anlagen der Wismut, für die Beendigung der dortigen Tätigkeiten also, legt die Regelung in Absatz 2 die Anwendung der Vorschriften zum Schutz von Mensch und Umwelt nach Teil 2 und die Anwendung der gemeinsamen Vorschriften nach Teil 5 dieser Verordnung fest.

Mit Blick auf die Regelung des beruflichen Strahlenschutzes betrug die zulässige Jahresdosis nach dem bisherigen DDR-Recht 50 mSv. Die von den EURATOM-Grundnormen [EU 1] geforderte Begrenzung der Jahresdosis für beruflich strahlenexponierte Personen auf 20 mSv findet nunmehr auch im Beitrittsgebiet, in den neuen Bundesländern also, umfassende Anwendung.

Zu Absatz 3:

Zur rechtlichen Absicherung der bei der Wismut-Sanierung bereits stattfindenden Emissions- und Immissionsüberwachung wird in Absatz 3 eine Sonderregelung getroffen.

Zu Absatz 4:

Dieser Absatz enthält eine Regelung für den beruflichen Strahlenschutz bei der Sanierung von Hinterlassenschaften früherer Tätigkeiten und Arbeiten in der gesamten Bundesrepublik Deutschland. Ausgenommen der Festlegungen für die Strahlenexposition durch Radon-222 sind die Regelungen der §§ 95 und 96 im gesamten Bundesgebiet anzuwenden. Soweit bei Sanierungen im Sinne dieses Absatzes Strahlenexpositionen durch Radon oder Thoron zu erwarten sind, ist in jedem Einzelfall der Zusammenhang zwischen der Aktivitätskonzentration und der Dosis zu ermitteln.

Zu Absatz 5:

Dieser Absatz bestimmt, dass diese Verordnung anzuwenden ist, wenn Rückstände im Sinne des § 97 oder Materialien im Sinne des § 102 aus Hinterlassenschaften früherer Tätigkeiten und Arbeiten sowie aus der Wismut-Sanierung von dem verunreinigten Grundstück entfernt und dabei nicht zur Sanierung anderer Hinterlassenschaften eingesetzt werden, z.B. zur Haldenabdeckung. Somit ist entscheidend, ob die Rückstände und Materialien einer Verwertung außerhalb eines Sanierungsgrundstückes oder einer Beseitigung auf externen Deponien zugeführt werden. Hintergrund ist, dass zum Teil erhebliche Mengen von Rückständen und Material aus dem früheren Uranerzbergbau und dem Abbau von Kupferschiefer vorhanden sind, mit denen im Rahmen von Sanierungsmaßnahmen oder anderer Maßnahmen gearbeitet wird. Hier sollen dieselben Vorschriften angewendet werden, wie sie für Rückstände und Materialen gelten.

Zu Absatz 6:

Obwohl die Vorschriften unter den §§ 97 bis 102 mit Blick auf Artikel 12 Absatz 2 der Verordnung für die Umsetzung von EURATOM-Richtlinien zum Strahlenschutz [EU 6] in den neuen Bundesländern seit In-Kraft-Treten dieser Verordnung anzuwenden sind, gelten sie im Beitrittsgebiet für das Entfernen von Rückständen und Materialien im Sinne des Absatzes 5 erst ab dem 1. Januar 2004. Bis dahin gelten die in § 118 Abs. 1 Nrn. 1 und 2 genannten Regelungen.

Anlagen

Kommentierung Anlage I

In Anlage I sind die Tätigkeiten zusammengefasst, die ohne Genehmigung ausgeübt werden dürfen. Sie nimmt Bezug auf die §§ 8, 12, 17 und 21 und erfasst im Wesentlichen die Inhalte der Anlagen II und III der alten 89er-Verordnung [STR]. Im Übrigen konkretisiert Anlage I die neue Systematik des in § 8 formulierten genehmigungsfreien Umgangs. Den Vorbehalt der Anzeige, so wie er bislang in § 4 der alten Verordnung formuliert war, gibt es nicht mehr.

Zu Teil A:

Er regelt die genehmigungsfreie Anwendung von Stoffen am Menschen, deren spezifische Aktivität sehr gering ist. Die Regelung gilt nicht für Lebensmittel und Trinkwasser, die lebensmittelrechtlichen Vorschriften unterliegen.

Zu Teil B:

In diesem Teil sind Umgangstatbestände festgelegt, für die auf Grund der Aktivität, der spezifischen Aktivität oder der sonstigen Beschaffenheit der radioaktiven Stoffe keine Genehmigung benötigt wird.

Nach den Nrn. 1 und 2 darf allgemein und ohne Genehmigung mit radioaktiven Stoffen umgegangen werden, wenn deren Aktivität und spezifische Aktivität bestimmte Freigrenzen nicht überschreitet. Der Eintritt der Genehmigungspflicht ist im Rahmen der Kommentierung zu Anlage III beschrieben worden.

In den Nrn. 3 bis 7 sind Tätigkeiten aufgeführt, für die auf Grund bestimmter Randbedingungen keine Genehmigung benötigt wird.

Was die genehmigungsfreie Beförderung nach § 17 und die genehmigungs- und anzeigefreie grenzüberschreitende Verbringung nach § 21 angeht, sei noch Folgendes bemerkt: Nach § 17 Abs. 1 Nr. 1 ist die Beförderung von Stoffen der in diesem Teil B genannten Art genehmigungsfrei. Die grenzüberschreitende Verbringung dieser Stoffe ist nach § 21 ebenfalls genehmigungs- und anzeigefrei.

Bei den in diesem Teil B genannten Stoffen handelt es sich um solche, die wegen ihrer geringen Aktivität oder spezifischen Aktivität, ihrer sonstigen Beschaffenheit als radioaktive Arzneimittel, als Vorrichtung oder als aus der Luft gewonnenem Edelgas oder darüber hinaus wegen ihrer geringen Radiotoxizität ohne Genehmigung befördert werden dürfen. In diesem Zusammenhang sei erwähnt, dass angesichts des neu strukturierten Europäischen Übereinkommens über die internationale Beförderung gefährlicher Güter auf der Straße [ADR] und der neu strukturierten Ordnung für die internationale Eisenbahnbeförderung gefährlicher Güter [RID] für die Abgrenzung „radioaktiv" zu „nichtradioaktiv" nicht mehr der einheitliche Grenzwert von 70 Bq/g gilt, sondern hierfür nuklidspezifische Aktivitätsgrenzen von 1 bis 10 MBq/g Anwendung finden.

Die Möglichkeit, solche Stoffe genehmigungsfrei nach dieser Verordnung zu befördern oder grenzüberschreitend zu verbringen, entbindet allerdings nicht von der Beachtung der Vorschriften des Gefahrgutbeförderungsgesetzes [GGBG] und der Gefahrgutverordnung Straße und Schiene [GGVSE].

Zu Teil C:

Zur Umsetzung des Artikels 3 Abs. 2 der Richtlinie 96/29/EURATOM [EU 1] wird für den Betrieb von Anlagen zur Erzeugung ionisierender Strahlen, die bauartzugelassen sind oder die eine geringe Beschleunigungsspannung aufweisen, keine Genehmigung benötigt.

Zusammenfassend ist festzustellen, dass für die in den Teilen A bis C dieser Anlage aufgeführten Tätigkeiten wegen des mit ihnen verbundenen geringfügigen Risikos für Mensch und Umwelt keine besonderen Maßnahmen zum Schutz vor den Einwirkungen ionisierender Strahlung nötig sind.

Kommentierung Anlage II

Anlage II beschreibt die erforderlichen Unterlagen, die ein Antragsteller bei einem Antrag auf Erteilung einer Genehmigung zum Umgang mit sonstigen radioaktiven Stoffen nach § 7 Abs. 1, zum Betrieb von Anlagen zur Erzeugung ionisierender Strahlen nach § 11 Abs. 1 oder zum Zusatz von radioaktiven Stoffen bei der Herstellung von Konsumgütern nach § 106 Abs. 1 der Behörde mindestens vorlegen muss.

In diesen Unterlagen soll der Antragsgegenstand einschließlich der vorgesehenen Schutz-, Sicherheits- und ggf. Sicherungsmaßnahmen substantiiert beschrieben werden, so dass die Behörde in die Sachverhaltsermittlung eintreten und den Antrag mit Blick auf die Erfüllung Genehmigungsvoraussetzungen prüfen kann. Dort, wo es auf Nachweise ankommt, z.B. im Zusammenhang mit dem Nachweis von Genehmigungsvoraussetzungen, können solche Nachweise Inhalt der Unterlagen sein. Ansonsten sind Nachweise separat vorzulegen.

Kommentierung Anlage III

Diese Anlage enthält in den Tabellen 1 und 2 Werte für radioaktive Stoffe, die für die Anwendung dieser Verordnung von maßgeblicher Bedeutung sind.

Spalte 1 der Tabelle bezeichnet die radioaktiven Nuklide (Radionuklide). Ein Nuklid ist eine durch seine Protonenzahl, Neutronenzahl und seinen Energiezustand charakterisierte Atomart.

In den Spalten 2 und 3 sind für jedes Nuklid die Freigrenzen für die Aktivität und die spezifische Aktivität angegeben.

Die Werte der Freigrenzen sind Obergrenzen für den genehmigungsfreien Umgang nach § 8 Abs. 1; sie sind den EURATOM-Grundnormen [EU1] entnommen. Die Werte für die Freigrenzen sind auf Basis von Expositionsszenarien abgeleitet worden, die beim typischen Umgang mit radioaktiven Stoffen auftreten. Dabei wurden als zulässige Strahlenexposition eine effektive Dosis von 10 µSv pro Jahr und eine Hautdosis von 50 mSv pro Jahr angesetzt.

In Verbindung mit Anlage I Teil B Nrn. 1 und 2 ist eine Tätigkeit genehmigungsfrei, wenn einer der beiden Werte für die Freigrenzen, die in den Spalten 2 und 3 angegeben sind, nicht überschritten wird. Das bedeutet, dass die Genehmigungspflicht erst eintritt, wenn für ein Nuklid sowohl die Freigrenze für die Aktivität als auch jene für die spezifische Aktivität überschritten wird. Auch wenn sich diese Auslegung mit der Formulierung in dieser Verordnung und derjenigen in den EURATOM-Grundnormen [EU 1] deckt, erscheint es nicht sachgerecht, wenn die Genehmigungspflicht erst bei der Überschreitung der Werte für beide Freigrenzen eintritt. Zur Vermeidung zu hoher „freier" Umgangsmengen sollte der Verordnungsgeber eine Regelung festschreiben, bei der die Genehmigungspflicht schon eintritt, wenn für ein Nuklid entweder der Wert der Freigrenze für die Aktivität in Spalte 2 oder der Wert für die spezifische Aktivität in Spalte 3 überschritten ist.

Spalte 4 enthält die Werte für die Oberflächenkontamination, die für die Kontaminationskontrolle und für die Maßnahmen zur Dekontamination in Strahlenschutzbereichen nach § 44 anzuwenden sind. Diese Werte berücksichtigen die radiologischen Eigenschaften der Nuklide und die sich daraus ergebende Strahlenexposition.

Die Werte in den Spalten 5 bis 8 sind bei der uneingeschränkten Freigabe von Stoffen und jene in den Spalten 9 bis 10a für die Freigabe zur Beseitigung von Stoffen, für den Gebäudeabriss und für die Freigabe von Metallschrott zur Recyklierung nach § 29 anzuwenden. Die Freigabewerte beruhen auf der Empfehlung der Deutschen Strahlenschutzkommission (SSK) vom 12. Februar 1998 [SSK1]. Nähere Hinweise zu der Ableitung der Freigabewerte und den dabei angenommenen Expositionsszenarien enthalten die Vorbemerkungen in der Kommentierung insbesondere unter Nr. 3 zu Teil 2 Kapitel 2 Abschnitt 9 und die Kommentierung insbesondere unter Absatz 1 und 4 zu § 29.

Die Spalte 11 enthält die Halbwertzeit (nicht Halbwert -s- zeit, bitte!) der Nuklide. Das ist die Zeit, in der die Hälfte der Atomkerne in einer Menge von Radionukliden zerfällt.

In Tabelle 2 zu Anlage III sind die Radionuklide aufgeführt, die in Tabelle 1 gekennzeichnet sind und deren Tochternuklide bereits bei der Berechnung der Werte für Tabelle 1 berücksichtigt wurden. Eine zusätzliche Betrachtung der Aktivität der Tochternuklide ist deshalb nicht mehr nötig.

Der Begriff Tochternuklid ist im radiologischen Strahlenschutz gebräuchlich. In der Zerfallsreihe radioaktiver Stoffe entsteht als Zerfallsprodukt eines Ausgangsnuklids, des Mutternuklids, zunächst das Tochternuklid und daraus durch Zerfall das Enkelnuklid. Ein Beispiel mag dies vervollständigen: Das bei der Spaltung von Kernbrennstoffen u.a. entstehende Jod-137 (Mutternuklid) zerfällt über Xenon-137 (Tochter), Cäsium-137 (Enkel), Barium-137 m (Urenkel) in das stabile Barium-137 (Ururenkel).

Kommentierung Anlage IV

Zu Teil A:

Hier werden die grundlegenden Anforderungen an die Verfahren festgelegt, mit denen die Nichtüberschreitung der Freigabewerte der Anlage III Tabelle 1 Spalten 5 bis 10a nachgewiesen werden soll. Grundsätzlich soll bei den Nachweisverfahren die Art und Beschaffenheit der freizugebenden Stoffe berücksichtigt werden, was z.b. bedeutet, dass eine rechnerische Bestimmung von Radionukliden in Erwägung gezogen werden kann, wenn direkte Messungen bei gammaspektrometrisch nicht erfassbaren Nukliden zu schwierig und aufwendig sind.

Bei der Verwendung von Radionukliden bekannter Aktivität in der Medizin und Forschung ist z.b. auch die Möglichkeit gegeben, die voraussichtliche Freigabeaktivität über eine Bilanzierung (eingesetzte Aktivitätsmengen, Zerfall, betriebsbedingte Verdünnungen, Verluste beim Pipettieren etc.) ohne Freigabemessung zu ermitteln, was allerdings im Einzelfall von der zuständigen Behörde zu prüfen ist. Für die Nachweisverfahren bei der Freigabe von Gebäuden, Bauschutt und/oder Bodenflächen gelten ergänzende Festlegungen gemäß Teil D, E und F.

Zu Teil B:

Die restriktivsten Freigabewerte gelten für die uneingeschränkte Freigabe von festen Stoffen, Flüssigkeiten, Bauschutt, Bodenaushub und Bodenflächen. Für Gebäude, die konventionell weiterverwendet werden sollen, gelten sie ebenso.

Die Art der Weitergabe und der Zustand all dieser Materialien oder Teilen davon spielen keine Rolle. Auch an die Art und den Ort der Wiederverwendung, Verwertung oder Nutzung der freigegebenen Materialien oder Teilen davon werden keinerlei Anforderungen gestellt, was auch für deren Beseitigung als gewöhnliche Abfälle gilt.

Zu Teil C:

Die Werte für die Freigabe zur Beseitigung gelten für feste Stoffe und Flüssigkeiten, die thermisch verwertet (verbrannt) oder deponiert werden; sie sind verschiedentlich höher als die Werte für die uneingeschränkte Freigabe, was zu der Maßgabe führt, dass eine stoffliche Verwertung und Wiederverwendung der freigegebenen festen Stoffe und Flüssigkeiten und damit bestimmte Expositionsszenarien ausgeschlossen sein müssen.

Zu Teil D:

Die Deutsche Strahlenschutzkommission (SSK) hat mit Blick auf die Freigabe von Gebäuden und dem Nachweis der Freigabewerte zwei Messstrategien unterschieden, zum einen den kontrollierten (also unter atomrechtlicher Überwachung erfolgten) Abriss des Gebäudes mit anschließender Freigabemessung und Freigabe des Abrissschutts und zum anderen die Freigabemessung der Oberfläche der Gebäudestruktur mit anschließender Freigabe des stehenden Gebäudes.

Die Freigabe eines stehenden Gebäudes bietet gegenüber der Freigabe des bei seinem Abriss anfallenden Bauschutts einige Vorteile. So kann ein Gebäude nach seiner Freimessung einer anderweitigen Nutzung zugeführt werden. Im Übrigen ist die „Radioaktivität" eines Gebäudes über die Messung der Kontamination seiner Flächen leichter zu ermitteln als die „Radioaktivität" von Bauschutt, also zerstörter Gebäudeoberflächen, wofür eine massenspezifische Messung nötig ist. Dies sind nur einige der Gründe, warum die SSK die Freigabe von Gebäuden vor dem Abriss bevorzugt [SSK1]. Teil D enthält die Randbedingungen für die Freigabe von Gebäuden.

Zu Teil E:

Es ist sowohl eine uneingeschränkte als auch eine eingeschränkte Freigabe von Bodenflächen möglich, wobei bei der Entscheidung darüber von einer auf den Standort und seine Umgebung bezogenen realistischen Nutzung der freigegebenen Fläche auszugehen ist. Eine eingeschränkte Freigabe kontaminierter Bodenflächen kommt nur in Betracht, wenn bestimmte Anforderungen auch nach der Freigabe umgesetzt werden können und auch auf Dauer umsetzbar bleiben.

Bei der Ermittlung der sich aus der Freigabe ergebenden Dosis sind Vorbelastungen durch den Gehalt natürlich radioaktiver Stoffe im Boden ebenso abzuziehen wie Vorbelastungen durch Kontaminationen, die aus der Ablagerung radioaktiver Stoffe aus den Kernwaffenversuchen, aus dem Tschernobyler Kernreaktorunfall oder aus der Düngung landwirtschaftlicher Flächen resultieren.

Zu Teil F:

Liegen die Voraussetzungen für eine Freimessung stehender Gebäudestrukturen gemäß Teil D nicht vor, kommt nur deren Abriss in Betracht. Sollen mehr als 1.000 Mg Abrissschutt (Bauschutt) pro Jahr freigegeben werden, gelten die massespezifischen Werte in Spalte 6 der Tabelle 1 der Anlage III. Werden weniger als 1.000 Mg pro Jahr Bauschutt freigegeben, gelten die Werte für die uneingeschränkte Freigabe (Spalte 5) oder jene für die Beseitigung von Feststoffen (Spalte 9).

Zu Teil G:

Die Freigabewerte für die Rezyklierung von Metallschrott gelten für alle Metalltypen, die als Schrott zum Einschmelzen freigegeben werden. Die Freigabewerte beziehen sich nicht auf Metalle, die vor der Freigabe im Rahmen einer Genehmigung eingeschmolzen worden sind. Sollen Metalle in Verbundstoffen wie in Elektroschrott, in Elektrokabeln oder in bewehrtem Beton zur Rezyklierung freigegeben werden, muss vor der Freigabe eine Trennung der metallischen von den nichtmetallischen Stoffen vorgenommen werden. Erst danach kann mit Blick auf die Vorschrift unter Nr. 2 dieses Teils G die Metallfraktion bei Unterschreitung der Freigabewerte freigegeben werden.

Zum Begriff „Schrott" vgl. auch Kommentierung zu § 29 Abs. 1 unter der Überschrift „Verwertung".

Kommentierung Anlage V

Anlage V enthält die Voraussetzungen, die im Rahmen von Bauartzulassungsverfahren nach § 25 StrlSchV erfüllt sein müssen. Hierbei unterscheidet die Anlage V zwischen Voraussetzungen für

- Geräte und sonstige Vorrichtungen, in die radioaktive Stoffe eingefügt sind, und
- Anlagen zur Erzeugung ionisierender Strahlen.

Teil A der Anlage V übernimmt zum Teil die Voraussetzungen, die in der StrlSchV von 1989 [STR] in Anlage VI aufgeführt waren, wobei unter Nr. 1 der Anlage V dieser Verordnung verdeutlicht wird, dass das Einfügen von Kernbrennstoffen in Geräten und sonstigen Vorrichtungen ausgeschlossen ist.

In Teil B werden die Voraussetzungen beschrieben, die Anlagen zur Erzeugung ionisierender Strahlen erfüllen müssen und die in der StrlSchV von 1989 in § 16 Abs. 2 enthalten waren.

Teil C der Anlage V zählt auf, welche Antragsunterlagen dem Antrag auf Bauartzulassung beizufügen sind.

Kommentierung Anlage VI

Zu Teil A:

Die Nachteile des alten Dosiskonzeptes (z.B. der Photonen-Äquivalentdosis H_X, siehe unten) für die Orts- und Personendosimetrie sind folgende:

- Es fehlen Orts- und Personendosisbegriffe für Photonen > 3 MeV, Elektronen (außer β-Strahlung), Mesonen und Schwerionen.

- Auf H_X kalibrierte Ortsdosimeter unterschätzen die effektive Dosis für Photonen um bis zu 30 %, weil der Rückstreuanteil fehlt („Frei-Luft-Messung"). Bei weicher Röntgenstrahlung (sehr geringe Eindringtiefe) wird die effektive Dosis teilweise überschätzt.

- Orts- und Personendosimeter messen bei Neutronen mit stark verschiedenen Energien ε falsch. Die effektive Dosis E(ε) muss für verschiedene Neutronenenergien getrennt berechnet und die Ergebnisse dann addiert werden: E Gesamt = Σ E(ε).

Diese Addition ist mit Fehlern behaftet, da die Bezugstiefe für den Geltungsbereich obiger Gleichung mit der Energie variabel ist. Das macht sich bei großen Unterschieden in der Energie besonders stark bemerkbar.

Die alte Dosisgröße für die Ortsdosis für Photonenstrahlung mit Maximalenergien bis 3 MeV, die Photonen-Äquivalentdosis H_X, wird aus der Standard-Ionendosis J_S abgeleitet:

$H_X = C \cdot J_S$ mit $C = 38{,}76$ kg Sv/C ($= 0{,}01$ Sv/R)

Kommentierung

Die alte Dosisgröße für β-Strahlung ist der Messwert eines Orts- bzw. Personendosimeters, das zur Messung der Energiedosis in Weichteilgewebe in einem halbunendlich ausgedehnten weichteilgewebeäquivalenten Körper der Dichte 1 g/cm³ in einer Tiefe von 0,07 mm kalibriert ist, multipliziert mit dem Faktor 1 Sv/Gy.

Die alte Dosisgröße für die Neutronen-Ortsdosis ist der Messwert eines Ortsdosimeters mit richtungs- und energieunabhängigem Äquivalentdosis-Ansprechvermögen, das mit Hilfe von Neutronenfluenz-Äquivalentdosis-Konversionsfaktoren kalibriert worden ist.

Die alte Dosisgröße für die Neutronen-Personendosis ist der Messwert eines Personendosimeters, das mit Hilfe von Neutronen-Äquivalentdosis-Konversionsfaktoren auf der Oberfläche eines zylinderförmigen Phantoms von 30 cm Durchmesser und 60 cm Länge aus weichteilgewebeäquivalentem Material der Dichte 1 g/cm³ kalibriert worden ist.

Die neuen Dosisgrößen für die Orts- und Personendosimetrie unterscheiden die Strahlenqualitäten nur noch nach den Begriffen „durchdringende Strahlung" (Bezugstiefe in 10 mm Gewebe) und „Strahlung geringer Eindringtiefe" (Bezugstiefe in 0,07 mm Gewebe).

Zusammenfassung (siehe u.a. [DIN 10]):

Art der Dosimetrie	durchdringende Strahlung	Strahlung geringer Eindringtiefe
Personendosimetrie	Tiefen-Personendosis $H_p(10)$	Oberflächen-Personendosis H_p (0,07 Ω)
Ortsdosimetrie	Umgebungs-Äquivalentdosis $H^*(10)$	Richtungs-Äquivalentdosis H' (0,07 Ω)

Vergleich zwischen alter und neuer Dosisgröße am Beispiel der Ortsdosimetrie für durchdringende Photonenstrahlung:

- Messung

 alte Dosisgröße: H_X („frei Luft", d.h. ohne Rückstreukörper)
 neue Dosisgröße: $H^*(10)$
        (in 10 mm Tiefe der sog. ICRU-Kugel, d.h. mit Rückstreukörper)

Fazit: Für durchdringende Strahlung ist in der Regel $H^*(10) > H_X$.

- Ermittlung der Körperdosis H bzw. der effektiven Dosis E

 alte Dosisgröße:
 1. Schritt: Messung von H_X ($H_X \neq H$ bzw. E)
 2. Schritt: Rechnung mit Konversionsfaktoren α
 $H = \alpha_H \cdot H_X$
 $E = \alpha_E \cdot H_X$

 neue Dosisgröße:
 $H^*(10)$ ist ein guter Schätzwert für die effektive Dosis
 ($H^*(10) \approx E$).

Die nachfolgende Tabelle stellt für verschiedene Photonen-Strahlenquellen das Verhältnis Umgebungs-Äquivalentdosis H*(10) zur Photonen-Äquivalentdosis H_X zusammen [BMU].

Strahlungsfeld	H*(10)/H_X
natürliche Umgebungsstrahlung und Gammastrahlung (mit Ausnahme der in folgender Zeile aufgeführten Gammastrahler)	1,0
Gammastrahlung aus ^{57}Co, ^{87}Ga, ^{75}Se, ^{99}Tc^m, ^{153}Gd, ^{153}Sm, ^{169}Yb, ^{170}Tm, ^{188}Re, ^{192}Ir, ^{197}Hg, ^{199}Au, ^{201}Tl, ^{241}Am	1,3
Röntgenstrahlungsfeld Erzeugungsspannung größer als 400 kV und Elektronenbeschleuniger	1,0
Röntgenstrahlungsfeld Erzeugungsspannungen von 50 kV bis 400 kV	1,3
Röntgenstrahlungsfeld Erzeugungsspannungen kleiner oder gleich 50 kV	1,0

Wichtig für Anwender und Betreiber entsprechender Strahlenquellen ist die Frage, wo durch die Umstellung von alten auf neue Messgrößen Abschirmungsprobleme zu erwarten sind (Prozentangabe: Unterschied der Dosiswerte alt − neu):

Strahlenquelle	Abschirmungsprobleme
radioaktive Stoffe (γ-Energie > 200 keV)	geringe bis keine (< 5 %)
radioaktive Stoffe (γ-Energie ≤ 200 keV)	große (30 % bei 60 keV)
Röntgenstrahlung Diagnostik	große (max. 30 %)
Röntgenstrahlung (konv. Strahlentherapie)	große (max. 30 %)
hochenergetische Bremsstrahlung von Linacs	keine
Neutronen	geringe bis große, je nach Energie (5 bis 30 %)

Man beachte die Übergangsvorschriften des § 117 Abs. 27 und 28.

Zu Teil B und C:

Die Festlegungen von Strahlenschutzbereichen (§ 36), die Definition beruflich strahlenexponierter Personen (§ 54) und die an mehreren Stellen der StrlSchV vorgenommene Festsetzung von Grenzwerten beziehen sich immer auf Organdosiswerte (Nr. 1 im Teil B) und auf die effektive Dosis (Nr. 2 im Teil B). Der Begriff der effektiven Dosis erscheint vielen Anwendern von radioaktiven Stoffen oder ionisierender Strahlung abstrakt und praxisfern, so dass darauf etwas näher eingegangen werden soll.

Der gesamte Strahlenschaden G, bezogen auf *eine* Person und induziert durch stochastische *und* deterministische Effekte, ist identisch mit der Summe aus den Produkten von auf 1 normierten Faktoren, welche die Gefährlichkeit g_e der einzelnen biologischen Effekte e

Kommentierung

und die Wahrscheinlichkeit p_e für ihr Eintreffen beschreiben ($G = \Sigma_e\, g_e \cdot p_e$). Betrachtet man im Folgenden *ausschließlich* die stochastischen Effekte im Organ bzw. Gewebe T (Krebs, Leukämie, genetische Schäden) unter der pessimistischen Annahme extremer Gefährlichkeit ($g_T = 1$) und mit der Unterstellung einer linearen Beziehung zwischen der Wahrscheinlichkeit für Mortalität p_T und der die biologische Wirkung hervorrufenden Äquivalentdosis H_T im Organ bzw. Gewebe T (Proportionalitätsfaktor = r_T, „Risikokoeffizient"), so ergibt sich für den gesamten stochastischen Strahlenschaden:

$$G_T = \Sigma\, r_T \cdot H_T.$$

Die Summe aller Risikokoeffizienten nennt man stochastisches Gesamtrisiko R ($= \Sigma\, r_T$), so dass der stochastische Strahlenschaden G_T formal auch so ausgedrückt werden kann:

$$G_T = R\Sigma\, (r_T / R) \cdot H_T.$$

Liegt eine gleichmäßig applizierte, den gesamten Körper erfassende Exposition vor, so erhalten alle Organe bzw. Gewebe dieselbe Äquivalentdosis $H = H_T$, und in diesem Fall wird der stochastische Strahlenschaden mit dem Ausdruck $G^H{}_T = R \cdot H\Sigma\, (r_T / R)$ beschrieben. Nun definiert man eine (zunächst fiktive) Äquivalentdosis E, die – gedacht als gleichmäßig applizierte, den gesamten Körper erfassende Dosis H – zu derselben Größenordnung des stochastischen Strahlenschadens führen würde wie eine (realistische) Reihe von Organ- bzw. Gewebedosen H_T. Das bedeutet: $E = H$, $G^H{}_T = G_T$. Aus der daraus resultierenden Identität der Gleichungen für G_T und $G^H{}_T$ und durch Bezeichnung der Dosis H mit dem Begriff „effektive Dosis" E ergibt sich nach Normierung der Summe aller r_T / R ($\Sigma\, r_T / R$) auf den Wert 1 ($\Sigma\, w_T = 1$, w_T = Wichtungsfaktoren bezüglich des Mortalitätsrisikos, siehe Teil C Nr. 2) der Ausdruck: $E = \Sigma\, w_T \cdot H_T$.

Man muss nochmals ausdrücklich betonen, dass der Begriff „effektive Dosis" nur auf stochastische Effekte angewendet werden darf, während die Grenzwerte für die Organdosen z.B. in § 55 Abs. 2 auch deterministische Effekte berücksichtigen, was zahlenmäßig leicht zu beweisen ist: Setzt man in die Gleichung $E = \Sigma\, w_T \cdot H_T$ für die in Anlage VI Teil C Nr. 2 aufgeführten Organe bzw. Gewebe beispielsweise die in § 55 Abs. 2 dafür geltenden Grenzwerte für beruflich Strahlenexponierte ein (Keimdrüsen: 50 mSv, Brust: 150 mSv, rotes Knochenmark: 50 mSv, Lunge: 150 mSv, Dickdarm: 150 mSv, Magen: 150 mSv, Blase: 150 mSv, Speiseröhre: 150 mSv, Leber: 150 mSv, Schilddrüse: 300 mSv, Knochenoberfläche: 300 mSv, Haut: 500 mSv und andere Organe und Gewebe: 150 mSv), so ergibt sich ein Wert von ca. 130 mSv, der um 110 mSv über dem entsprechenden Grenzwert der effektiven Dosis von 20 mSv (§ 55 Abs. 1) bzw. um 80 mSv über dem Wert von 50 mSv (§ 117 Abs. 19) liegt. Grundsätzliches Ziel des Grenzwertkonzeptes ist es, Schäden durch deterministische Effekte zu vermeiden (Vorhandensein eines Schwellenwertes) und das Risiko bezüglich stochastischer Effekte möglichst gering zu halten (Minimierungsgebot, § 6).

Die Bestimmung der effektiven Dosis und der Organdosen kann für Inkorporation oder Submersion mit Hilfe der bei den Erläuterungen zum § 47 schon häufig demonstrierten Methode des Gebrauchs von Dosiskoeffizienten erfolgen.

Die Zahlenwerte in Nr. 1 im Teil C sollen dazu beitragen, aus der in Teil B genannten Organ-Energiedosis $D_{T,R}$ die Organdosis H_T zu berechnen. Das geschieht mit Hilfe der

Strahlungs-Wichtungsfaktoren w_R die im Prinzip die Rolle der effektiven Qualitätsfaktoren Q der alten StrlSchV [STR] übernommen haben.

Dabei geht man von einer linearen Beziehung zwischen der das Strahlenrisiko ausdrückenden Äquivalentdosis und der „physikalischen" Energiedosis aus. Der Strahlungs-Wichtungsfaktor wiederum ist eine Funktion des so genannten linearen Energieübertragungsvermögens L, welches das Verhalten geladener Teilchen einer bestimmten Energie in einem Stoff (hier: Wasser) beschreibt, die pro Weglänge (ds) einen Energieverlust (-dE) durch Stöße erleiden.

Diese manifestieren sich durch Energieübertragung auf die betroffene Materie in Form von Anregungen und Ionisationen. Ist diese Energieübertragung nach oben nicht beschränkt, wird das lineare Energieübertragungsvermögen mit L^∞ bezeichnet (= dE/ds).

Für Neutronen wird eine Energiedosis nicht durch einen einzigen L^∞-Werte erzeugt; in diesem Fall ist der Strahlungs-Wichtungsfaktor von der Energie der Neutronen abhängig. Man beachte, dass der maximale Strahlungs-Wichtungsfaktor für Neutronen in Nr. 1 in Teil C (neue StrlSchV) mit einem Zahlwert 20 angegeben wird, während in Tabelle VII 2 der alten StrlSchV [STR] für „Neutronen nicht bekannter Energie" der effektive Qualitätsfaktor Q den Zahlenwert 10 nicht überschreitet.

Zu Teil D:

Bei einer länger andauernden Strahlenexposition infolge der Inkorporation radioaktiver Stoffe wird die Dosis in einem bestimmten, für das betreffende Radionuklid kritischen Organ oder die effektive Dosis durch die zum Zeitpunkt t_o inkorporierte Aktivität $A(t_o)$, die infolge physikalischen Zerfalls (T_{ph}) und biologischer Ausscheidung aus dem Körper (T_b) im Verlaufe der Zeit t mit der so genannten effektiven Halbwertzeit T_{eff} (= $T_b \cdot T_{ph} / [T_b + T_{ph}]$) abnimmt, und dem Einwirkungszeitraum T (T_{eff} und T in der Einheit d) bestimmt.

Die so genannte kumulierte Aktivität U_q (hier in Bq · d) wird durch folgenden Ausdruck beschrieben:

(1) $U_q = \int_{t_0}^{t_0+T} A(t)dt$ mit

(2) $A(t) = A(t_o) \exp[-(\ln 2/T_{eff}) \cdot t]$

Aus dem Zusammenhang zwischen zugeführter Aktivität A(t) und der resultierenden Organdosis $H_T(t) = h_T \cdot A(t)$ bzw. aus dessen Differential H(t) dt = $h_T \cdot$ dA (h_T = Organ-Dosisfaktor) entsteht nach anschließender Integralbildung in den Grenzen des Zeitintervalls T der Ausdruck für die **Organ-Folgedosis $H_T(T)$**, wie in Anlage VI Teil D Nr. 1 dargestellt.

Der Zusammenhang zwischen Organ-Folgedosis $H_T(T)$ (in Sv) und der kumulierten Aktivität U_q (in $B_q \cdot$ d) hat für ein bestimmtes Radionuklid folgendes Aussehen:

(3) $H_T(T) = 1{,}38 \cdot 10^{-5} \cdot f \cdot SEE \cdot U_q$

(SEE = Spezifische Effektive Energie pro Gramm im Zielorgan, in MeV/g, f = sog. Organanteil)

Beispiel:

J-131
$T_{eff} = 7,5$ d
$t_o = 0$
$A(0) = 1$ MBq
$T = 50$ a
$U_q = 10,7$ MBq $\cdot$ d (aus [1] und [2])
SEE = 0,01 MeV/g [RL 7] und
f = 0,3 für die Schilddrüse
$H_T(50) = 0,44$ Sv (aus [3])

Kommentierung Anlage VII

Anlage VII spezifiziert die in § 47 Abs. 2 angeführten Begriffe „Expositionspfade" und „Lebensgewohnheiten der Referenzperson", mit deren Hilfe die Strahlenexposition des Menschen in Bereichen, die nicht Strahlenschutzbereiche sind, ermittelt werden sollen. Bis der Verordnungsgeber dazu allgemeine Verwaltungsvorschriften erlassen wird, soll man sich lt. § 117 Abs. 16 StrlSchV an die Ermittlungsmodalitäten des § 45 Abs. 2 in Verbindung mit Anlage XI der alten StrlSchV, die dort genannten Dosisfaktoren und an die allgemeinen Verwaltungsvorschrift zu § 45 StrlSchV „Ermittlung der Strahlenexposition durch die Ableitung radioaktiver Stoffe aus kerntechnischen Anlagen oder Einrichtungen" halten. Das geschieht auch in diese Kommentierung.

In Anlage VII werden im Wesentlichen die beiden Expositionspfade Ableitungen mit Luft und Ableitungen mit Wasser unterschieden.

1. Ableitungen mit Luft

Nach Ableitung radioaktiver Stoffe mit einer bestimmten Emissionsquellstärke (in Bq/s), aus einer bestimmten (effektiven) Emissionshöhe und bei einer bestimmten mittleren Windgeschwindigkeit stellt sich in einer bestimmten Entfernung von der Quelle am Ort (x, y, z) eine Aktivitätskonzentration (in Bq/m^3) ein. Summiert (integriert) man diese über eine Zeitspanne, während der die konstante Ausbreitungsverhältnisse herrschen, erhält man einen Ausdruck, der sich als Produkt aus Aktivitätskonzentration (in Bq/m^3) am Ort (x, y, z) und Einwirkzeit (in s) dargestellt oder – anders interpretiert – ein Produkt aus der Aktivität (in Bq) am Ort (x, y, z) und einer Größe, die man Ausbreitungsfaktor X (in s/m^3) nennt. Betrachtet man nur die bodennahe Aktivität am Ort (x, y = 0, z = 0), so spricht man vom Kurzzeitausbreitungsfaktor, der konstante meteorologische Verhältnisse widerspiegelt. Die rechnerische Verfolgung von Daueremissionen verlangt zusätzlich die Einführung von Windrichtungssektoren, Diffusionskategorien und Windgeschwindigkeitsstufen („Langzeitausbreitungsfaktor"); sie soll hier nicht weiter kommentiert werden.

Anlagen

1.1 Exposition durch β-Strahlung innerhalb der Abluftfahne

Die Richtungs-Äquivalentdosisleistung in 0,07 mm Hauttiefe (in Sv/s) durch β-Submersion (externe Strahlenexposition durch β-Strahlung innerhalb einer Abluftfahne) ist wegen der geringen Reichweite von β-Strahlung in Luft proportional zu dem Produkt aus der Aktivitätskonzentration (in Bq/m^3) am betreffenden Ort und der mittleren β-Energie (in MeV).

Auf die Jahresdosis H_β (in Sv) umgerechnet und für eine mittlere β-Energie von 1 MeV lässt sich diese Tatsache auch so ausdrücken: H_β ist proportional zu dem Produkt aus der jährlich abgeleiteten Aktivität A (in Bq) eines bestimmten Nuklids und dem Ausbreitungsfaktor für β-Submersion X_β (in s/m^3). Proportionalitätsfaktor ist der Dosisleistungsfaktor für β-Submersion durch ein bestimmtes Nuklid (in Sv/Bq · m^3/s) [SSK 2] $H_\beta = g_\beta \cdot A \cdot X_\beta$.

1.2 Exposition durch γ-Strahlung aus der Abluftfahne

Die Berechnung der externen Strahlenexposition durch γ-Strahlung aus einer Abluftfahne (γ-Submersion) ist wegen der großen Reichweite der γ-Strahlung in Luft und der daraus resultierenden Notwendigkeit, die Verhältnisse in der gesamten Abluftfahne (Absorption, Streuung etc.) zu betrachten, außerordentlich komplex, so dass hier nur das vereinfachte Endergebnis angegeben werden soll:

$H_\gamma = g_\gamma \cdot A \cdot X_\gamma$.

g_γ = Dosisleistungsfaktor für γ-Submersion (Sv m^3/Bqs),
X_γ = Ausbreitungsfaktor für γ-Submersion (s/m^3).

1.3 Exposition durch γ-Strahlung der am Boden abgelagerten radioaktiven Stoffe

Der Vorgang der Bodenkontamination durch trockene Ablagerung („Fallout") und durch Niederschlag („Washout") erfolgt in der Regel so langsam, dass dabei nur Radionuklide mit verhältnismäßig großer Halbwertzeit eine Rolle spielen.

Bei der trockenen Ablagerung ist die abgelagerte Aktivität pro Flächeneinheit (in Bq/m^2) identisch mit dem Produkt aus der abgeleiteten Aktivität (in Bq), dem Ausbreitungsfaktor X (in s/m^3) und der so genannten Fallout-Geschwindigkeit V (in m/s). Das Produkt X · V nennt man Fallout-Faktor F (in $1/m^2$).

Die über eine bestimmte Zeit aufsummierte (integrierte) Aktivitätskonzentration C (in Bq/m^3) an einem Ort (x, y, z) (vgl. die Kommentierung in „1. Ableitungen in Luft") wird zusätzlich auch über die vertikale Richtung z, die Richtung eines zu erwartenden Niederschlags aufsummiert (integriert). Dieser Ausdruck (∫ C dt dz) ist der durch Niederschläge auf eine bestimmte Fläche abgelagerten Aktivität (in Bq/m^2) proportional; der Proportionalitätsfaktor heißt Washout-Konstante (in 1/s).

Das Ergebnis ist folgendermaßen interpretierbar: Die durch Niederschläge abgelagerte Aktivität pro Flächeneinheit (in Bq/m^2) ist identisch mit dem Produkt aus der abgeleiteten Aktivität (in Bq) und dem so genannten Washout-Faktor W (in $1/m^2$). Insgesamt lässt sich in der schon bekannten Nomenklatur folgende Beziehung angeben: Die Jahres-Körperdosis (hier mit der effektiven Dosis gleichzusetzen) (in Sv) ist proportional zu dem

Produkt aus der jährlich abgeleiteten Aktivität (in Bq) eines bestimmten Nuklids und dem Dosisleistungsfaktor für Bodenbestrahlung für dieses Nuklid (in Sv/Bq · m³/s). Der Proportionalitätsfaktor ist eine Art „Ausbreitungsfaktor" (in s/m²), der das Produkt aus (F + W) und einem Ausdruck ist, der die Anreicherung und den physikalischen Zerfall des betreffenden Nuklids am Boden wiedergibt.

1.4 Luft – Pflanze, Luft – Futterpflanze – Kuh/Tier – Milch/Fleisch, Luft – (Nahrung) – Muttermilch

Der erste Schritt zur Verfolgung dieser komplizierten und hier nicht im Detail zu beschreibenden Expositionspfade besteht in einer Berechnung der spezifischen Aktivität eines bestimmten Radionuklids (in Bq/kg), die sowohl durch Ablagerung *auf* der Pflanze als auch durch Anreicherung über die Wurzel *in* der Pflanze zustande kommt. Sind die Pflanzen nicht für den Verzehr durch den Menschen bestimmt, so setzt sich der Expositionspfad über die Verfütterung an Tiere mit dem Ziel fort, die spezifische Aktivität bzw. Aktivitätskonzentration des betreffenden Nuklids entweder in der Milch (in Bq/l oder in Bq/kg) oder im Fleisch (in Bq/kg) zu bestimmen. Ein spezieller Expositionspfad eröffnet sich, wenn stillende Frauen in diese luftgetragene Radionuklidausbreitung mit einbezogen werden.

1.5 Atemluft

Die Strahlenexposition durch Einatmung (Inhalation) eines bestimmten Radionuklids, repräsentiert durch die Jahres-Körperdosis H (in Sv) eines bestimmten Organs (exakt: durch die Organ-Folgedosis; siehe auch die Kommentierung zu Anlage VI Teil D), ist identisch mit dem Produkt aus der jährlich abgeleiteten Aktivität A (in Bq), dem Ausbreitungsfaktor für den Aufenthaltsort der betreffenden Person X (in s/m³), ihrer Atemrate V (nach Anlage VII Teil B Tabelle 2 für Erwachsene: $2{,}57 \cdot 10^{-4}$ m³/s, entspr. 8.100 m³/a) und dem Dosisfaktor für Inhalation g (in Sv/Bq) für das bestimmte Radionuklid und das betreffende Organ. Beispiel: J-131, $A = 4{,}4 \cdot 10^8$ Bq (Anlage VII Teil D Nr. 1.1 und Tabelle 4 Spalte 2 mit 8.760 h/a und $Q = 10^5$ m³/h), $X = 10^{-4}$ s/m³, $g = 2{,}7 \cdot 10^{-7}$ Sv/Bq (Schilddrüse Erwachsener), H = 3 mSv.

2. Ableitungen mit Wasser

Alle Expositionspfade dieser Kategorie beginnen an der Entnahmestelle eines Fließgewässers und damit mit dem Wert der dortigen Aktivitätskonzentration C (in Bq/l). Diese hängt ab von der jährlich in den Fluss mit einer bestimmten zeitlich bezogenen Abflussmenge Q (m³/s) abgeleiteten Aktivität A (in Bq), dem daraus resultierenden Mischungsverhältnis f zwischen Abwasser und Flusswasser an der Entnahmestelle, der Fließzeit (in s) zwischen Einleitungs- und Entnahmestelle und der physikalischen Halbwertzeit T des bestimmten Radionuklids (in s): $C \sim (A/Q) \cdot f \cdot \exp(-\ln 2 \cdot t/T)$. (Der Proportionalitätsfaktor beträgt $3{,}2 \cdot 10^{-11}$ und berücksichtigt die Umrechnung zwischen Jahr und Sekunden und zwischen m³ und l.)

2.1 Aufenthalt auf Sediment

Die daraus resultierende Strahlenexposition wird im Wesentlichen durch folgende Parameter beeinflusst: Aufenthaltszeit, Aktivitätskonzentration C (siehe 2.), Dosisfaktor und Halbwertzeit des bestimmten Radionuklids.

Anlagen

Die weiteren Strahlenexpositionen infolge Ableitungen radioaktiver Nuklide mit Wasser werden durch Ingestion bestimmt (innere Strahlenexposition). Die Jahres-Körperdosis H (in Sv) durch ingestionsbedingte Inkorporation eines bestimmten Radionuklids ist gleich dem Produkt aus der pro Jahr aufgenommenen Aktivität A (in Bq) und dem Dosisfaktor für Ingestion g (in Sv/Bq) für das bestimmte Radionuklid und das betreffende Organ: H = A · g.

2.2.1–2.2.4 Trinkwasser, Wasser – Fisch, Viehtränke – Kuh/Tier – Milch/Fleisch

Diese vier Expositionspfade gehen von folgendem Prinzip zur Berechnung der pro Jahr aufgenommenen Aktivitäten A (in Bq) aus: A ist in allen hier genannten Fällen proportional zu dem Produkt aus der in 2. eingeführten Aktivitätskonzentration C (in Bq/l) an der Entnahmestelle des Fließgewässers und jeweils einer der in Anlage VII Teil B Tabelle 1 und 2 aufgeführten Werte der mittleren Verzehrsraten der erwachsenen Referenzpersonen z.b. an Trinkwasser in kg/a (350), Fisch (7,5), Milch (130) und Fleisch (90): A ~ U · C. Folgende Proportionalitätsfaktoren gelten:

Expositionspfad	Proportionalitätsfaktor für die Beziehung A ~ U · C
Trinkwasser	exp(–ln 2 · t / T), t = Zeit (in s) zwischen Entnahme aus dem Gewässer und der Einspeisung ins Trinkwassernetz, T (in s) = physikalische Halbwertzeit des betreffenden Radionuklids
Wasser – Fisch	Konzentrationsfaktor (Bq/kg Frischfleisch pro Bq/l Wasser; z.B. für Jod: 50)
Viehtränke – Kuh – Milch	Produkt aus tägl. Wasserkonsum der Kuh (75 l) und Transferfaktor Wasser – Milch (Bq/l [Milch] pro Bq/Tag [Wasser]; z.B. für Jod: 0,01)
Viehtränke – Kuh – Fleisch	Produkt aus tägl. Wasserkonsum der Kuh (75 l) und Transferfaktor Wasser – Fleisch (Bq/kg [Fleisch] pro Bq/Tag [Wasser]; z.B. für Jod: 2,9 · 10^{-3})

2.2.5–2.2.8 Beregnung Futterpflanze – Kuh – Milch bzw. Tier – Fleisch, Beregnung Pflanze, Muttermilch

Die Berechnung dieser drei Expositionspfade (denn der Pfad „Muttermilch" eröffnet sich infolge der Aufnahme radioaktiver Stoffe durch die Mutter über die drei genannten Ingestionspfade) geht als 1. Schritt wiederum von der Grundgleichung aus, dass die Jahres-Körperdosis H (in Sv) durch das Produkt aus der pro Jahr aufgenommenen Aktivität A (in Bq) und dem Dosisfaktor für Ingestion g (in Sv/Bq) ausgedrückt werden kann. Auch der 2. Schritt entspricht der schon bekannten Proportionalität zwischen der pro Jahr aufgenommenen Aktivität A und dem Produkt aus der in 2. eingeführten Aktivitätskonzentration C (in Bq/l), den Wert der mittleren Verzehrsraten U der Referenzperson an pflanzlichen Produkten, Milch und Fleisch (in kg) und (zusätzlich nur für die beiden Expositionspfade Futterpflanze – Kuh/Tier – Milch – Fleisch) aus dem täglichen Futterverbrauch I (65 kg) und den Transferfaktoren T Futter – Milch bzw. Futter – Fleisch. (Letztere sind zahlenmäßig identisch mit den schon vorher benutzten Transferfaktoren Wasser – Milch bzw. Wasser – Fleisch.) Als 3. neuer Schritt kommt für alle drei Expositionspfade hinzu, dass die durch den 2. Schritt gewonnenen Produkte C · U (Pflanzenverzehr) bzw. C · U · I · T

345

(Milch- und Fleischverzehr) mit einem aus zwei verhältnismäßig umfangreichen Termen α und β bestehenden Ausdruck multipliziert werden müssen, der den Weg der Radioaktivität auf und in die Pflanze beschreibt (direkte Ablagerung auf der Pflanze und Anreicherung im Boden mit anschließender Aufnahme durch die Pflanze):

$A = C \cdot U \cdot (\alpha + \beta)$ (Pflanzenverzehr) bzw.
$A = C \cdot U \cdot I \cdot T (\alpha + \beta)$ (Milch- und Fleischverzehr).

Kommentierung Anlage VIII

Anlage VIII legt verbindlich das Formblatt fest, mit dem der nach der StrlSchV ermächtigte Arzt das Ergebnis der arbeitsmedizinischen Vorsorge strahlenexponierter Personen bescheinigen soll.

Die ärztliche Bescheinigung beinhaltet die grundsätzlich erforderlichen Daten des Strahlenschutzverantwortlichen und die persönlichen Angaben zur überwachten Person sowie das Untersuchungsdatum.

Der ermächtigte Arzt hat in seiner Beurteilung aufzuführen, ob derzeit keine Bedenken gegen eine Beschäftigung im Bereich ionisierender Strahlung bestehen oder ob Bedenken bestehen und für welche Tätigkeiten diese Bedenken gelten.

Darüber hinaus hat der ermächtigte Arzt die Möglichkeit, weitere Bemerkungen einzutragen und den Termin für die nächste Untersuchung oder für eine erneute Beurteilung aufzuführen. Wenn der ermächtigte Arzt die in § 60 Abs. 2 festgelegte Frist für die nächste Untersuchung verkürzen möchte, muss er dieses der zuständigen Behörde vorschlagen (§ 60 Abs. 3).

Sofern der Strahlenschutzverantwortliche oder die zu überwachende Person die Beurteilung des ermächtigten Arztes für unzutreffend hält, kann die Entscheidung der zuständigen Behörde beantragt werden (§ 62 Abs. 1).

Kommentierung Anlage IX

Anlage IX stellt das zur Kennzeichnung von radioaktiven Stoffen oder Strahlenquellen zu verwendende Warnzeichen dar und beschreibt es. Die Darstellung und Beschreibung entspricht der in Anlage VIII der alten 89er-Verordnung [STR].

Kommentierung Anlage X

Anlage X legt Einzelheiten der Benennung radioaktiver Abfälle, der Buchführung über die radioaktiven Abfälle und den Umfang und Inhalt der Meldung über ihren Transport fest.

Die Einzelheiten der Benennung und Buchführung in Anlage X hatte der Arbeitskreis „Radioaktive Reststoffe" des Fachausschusses Brennstoffkreislauf (FAB) des Länderausschusses für Atomkernenergie (LA) im Wesentlichen auf der Basis der „Richtlinie zur Kontrolle radioaktiver Abfälle mit vernachlässigbarer Wärmeentwicklung, die nicht an eine Landessammelstelle abgeliefert werden" (Abfallkontrollrichtlinie) [RL1] erarbeitet. Der Verordnungsgeber hatte ursprünglich die Absicht (vgl. auch einleitende Kommentierung zu § 72), die Ergebnisse der Beratungen des Arbeitskreises „Radioaktive Reststoffe" und die Regelungen in der Abfallkontrollrichtlinie in einer so genannten „Atomrechtlichen Reststoffverordnung" zu verrechtlichen, was nun durch die Novellierung der StrlSchV geschehen ist.

Die Festlegungen zur Transportmeldung in Teil C der Anlage X gehen zurück auf die Ergebnisse der Beratungen des LAFAB-Arbeitskreises „Transport radioaktiver Reststoffe".

Die Teile A und B konkretisieren die Angaben, die derjenige, dem bestimmte Tätigkeiten nach dem AtG [ATG] oder dieser Verordnung genehmigt worden sind (Abfallverursacher), und derjenige, der Abfälle vom Abfallverursacher z.b. zur Behandlung übernommen hat, nach § 73 erfassen, aktualisieren und bereitstellen muss.

Im Übrigen werden die Angaben konkretisiert, mit denen alle als deklarierbare Einheiten angefallenen Abfälle und Abfallbehälter gemäß § 74 Abs. 3 gekennzeichnet werden müssen. In diesem Zusammenhang hat jeder an den Entsorgungsschritten Beteiligte zu prüfen, welche Kennzeichnungspflichten ihm mit Blick auf den jeweiligen Entsorgungsschritt obliegen. Beteiligte in diesem Sinne werden neben dem Abfallverursacher als dem für die Abfälle bis zu ihrer Ablieferung Verantwortlichen in der Regel diejenigen sein, die Abfälle vom Abfallverursacher übernommen haben und sie behandeln und verpacken. Den Landessammelstellen als Abführungspflichtigen im Sinne des § 76 Abs. 6 obliegt sowohl die Pflicht zur Erfassung der Angaben nach § 73 als auch die Pflicht zur Kennzeichnung nach § 74 Abs. 4.

Teil C legt die Angaben fest, die derjenige, der Abfälle zur Beförderung im Sinne des § 75 Abs. 2 abgibt, der für ihn zuständigen Behörde fünf Arbeitstage vor Beginn der Beförderung schriftlich mitteilen muss.

Kommentierung Anlage XI

Regelungen zu Arbeitsplätzen mit möglichen Strahlenexpositionen durch natürlich vorkommende radioaktive Stoffe nach § 95 betreffen die in Anlage XI genannten Arbeitsfelder.

Diese unterteilen sich in solche mit erhöhter Radon-222-Konzentration und solche mit erhöhter Exposition durch die Zerfallsreihen von Uran und Thorium (Rn-222 ausgenommen).

Eine Kurzeinführung in die physikalischen Grundlagen der Uran- und Thorium-Zerfallsreihen einschließlich des wichtigsten Isotops, Rn-222 als Mitglied der U-238-Zerfallsreihe, findet man in der Kommentierung zum § 95.

Die direkte oder aerosolgebundene Inhalation von Radon, vor allem seiner Zerfallsprodukte im Bergbau, ist möglich

- im Untertagebergbau (Abbau von Erzen und von mineralischen Rohstoffen, Such- und Erkundungsarbeiten, Schauhöhlen und Besucher(Schau)-Bergwerke) [ICRP 3],
- bei bergbauähnlichen Tätigkeiten (z.b. Schacht- und Tunnelbau),
- in stillgelegten Bergbaubetrieben und in Umgebung von Abraum- bzw. Rückstände-Lagerstätten, Halden, Tagebaubetrieben, Deponien (Beispiel WISMUT [ET]).

Die Radon-Aktivitätskonzentrationen in Untertagebergbau-Betrieben (außer Uranerzbergbau „dort mehr" und Kohlebergbau „dort weniger") können 1.000 bis 3.000 Bq/m³ erreichen, unter Umständen – bei schlechter Bewetterung

- 5.000 Bq/m³, so dass die effektiven Dosen Werte von 5 mSv/a und zum Teil darüber (siehe § 95 Abs. 2) annehmen können [UL].
- Die Radontherapie in so genannten Radon-Bädern ist umstritten, gleichwohl wird sie nicht selten durchgeführt. Die Strahlenexposition des Personals liegt bei ausreichenden lufttechnischen Maßnahmen unterhalb von 5 mSv/a [UL].
- Radon diffundiert aus dem Boden oder aus Gesteinen in das dort vorhandene Tiefengewässer und kann sich darin wegen seiner guten Löslichkeit in Wasser anreichern. Deshalb existiert bei der Trinkwassergewinnung in Wasserwerken ebenfalls ein „Radonproblem" (einige 100 Bq/l sind möglich) [MPA].

Die für die terrestrische Strahlenexposition wichtigsten Radionuklide (u.a. Rn-222 [SSK 3]) entstammen drei Zerfallsreihen, die von folgenden Nukliden ausgehen: U-238, U-235 und Th-232. In Teil B der Anlage XI sind diejenigen Arbeitsfelder aufgeführt, bei denen erhöhte Strahlenexposition durch die drei genannten Zerfallsreihen (außer Radon) auftreten können. Beispiele [SSK 4]:

- Wolframelektroden, die mit bis zu 4 % Thorium zur Verbesserung des Zündverhaltens versetzt sind. Inhalation bei Verdampfung des Elektrodenmaterials ist möglich. Spezifische Aktivitäten: in der Regel $\leq$ 500 Bq/g. Man schätzt, dass in Deutschland ca. 45.000 Beschäftigte jährlich einer effektiven Dosis zwischen 1 und 6 mSv ausgesetzt sind.
- Thoriumhaltige Gasglühstrümpfe enthalten die Isotope Th-230 und Th-232 mit spezifischen Aktivitäten $\geq$ 500 Bq/g.
- Zirkonsande in Gießereien (Zr SiO$_4$) mit Radionukliden aus der Th-Reihe ($\leq$ 5 Bq/g) und Monazit (Ce PO$_4$) mit Radionukliden aus den U- und Th-Reihen ($\leq$ 10 Bq/g).
- In Kupferschlacke befindet sich das Radioisotop Ra-226 mit einer spezifischen Aktivität um 0,5 Bq/g.

- Phosphathaltige Düngemittel enthalten Uran und seine Folgeprodukte (≥ 2 Bq/g).
- Rohre und Anlagenteile im Zusammenhang mit der Förderung von Erdöl und Erdgas können z.b. mit Ra-226 direkt oder durch Anhaftungen, so genannte Verkrustungen, die Ra-226 enthalten, kontaminiert sein.
- Ähnliche Kontaminationsprobleme entstehen durch Ablagerungen an Rohren etc. im Zusammenhang mit Grubenentwässerungen. In den Ablagerungen findet man z.b. Ra-226/228 und Th 228 (≤ 32 Bq/g).
- Filterstaub von E-Filtern in Kohlekraftwerken kann bis zu 2 Bq/g (Uranreihe) und bis zu 1 Bq/g (Thoriumreihe) enthalten.

Die unter ungünstigen Bedingungen (z.B. relativ lange, arbeitszeitbedingte Einwirkdauer) im Jahr zu erwartende effektive Dosis durch die genannten oder durch ähnlich radiologisch strukturierte Arbeitsfelder [SSK 4] liegt größenordnungsmäßig im Bereich von 1 mSv bis maximal 6 mSv.

Kommentierung Anlage XII

Im Auftrag des Verordnungsgebers erstellte die Brenk Systemplanung GmbH einen Bericht zur Ableitung von Überwachungsgrenzen für Reststoffe mit erhöhten Konzentrationen natürlich radioaktiver Stoffe [BRE1]. Auf der Basis dieses Berichtes erstellte der Verordnungsgeber den Entwurf der Anlage XII, die die Regelungsinhalte der §§ 97 bis 102 inhaltlich ausfüllt.

Insbesondere die in Teil A der Anlage XII enthaltene Liste der Rückstände, deren ionisierende Strahlung wegen ihres Gehalts an natürlich radioaktiven Stoffen nicht außer Acht gelassen werden darf, war Gegenstand verschiedener Debatten zwischen den für den Strahlenschutz zuständigen obersten Landesbehörden, den Vertretern der betroffenen Branchen und dem Verordnungsgeber.

Auf der Basis des Ergebnisses dieser Debatten nahm die Brenk Systemplanung GmbH im Auftrag des Verordnungsgebers eine Eingrenzung und Bewertung der Branchen vor, in denen Arbeiten mit NORM-Rückständen (**N**aturally **O**ccuring **R**adioactive **M**aterials; vgl. Vorbemerkungen in der Kommentierung zu Teil 3 Kapitel 3) stattfinden, die mit Blick auf den Strahlenschutz berücksichtigt werden müssen [BRE2]. Im Wesentlichen auf dieser Grundlage erarbeitete der Verordnungsgeber die Anlage XII.

Anlage XII konkretisiert, was überwachungsbedürftige Rückstände im Sinne der Vorschriften der §§ 97 bis 101 sind. Sie benennt Überwachungsgrenzen, erläutert die Voraussetzungen für die Entlassung von Rückständen aus der Überwachung und nennt die Grundsätze für die Ermittlung der Strahlenexposition.

Zu Teil A:

Teil 1 enthält die Liste der Rückstände, die angesichts ihres Gehaltes an natürlich radioaktiven Stoffen der Überwachung bedürfen, weil ihre spezifische Aktivität zu einer Strahlenexposition führen kann, die nicht außer Acht gelassen werden darf.

Kommentierung

Die Liste der überwachungsbedürftigen Rückstände ist abgeschlossen. Andere, nicht als Rückstände geltende Stoffe können wegen ihres Gehaltes an natürlichen Radionukliden als Materialien im Sinne des § 102 in die Überwachung einbezogen werden, wenn die durch die Materialien verursachte Strahlenexposition von Einzelpersonen der Bevölkerung erheblich erhöht wird.

Zu Teil B:

Teil B benennt die Überwachungsgrenzen. Werden diese nicht überschritten, ist sichergestellt, dass weder Einzelpersonen der Bevölkerung noch die Beschäftigten, die mit der Verwertung oder der Beseitigung der Rückstände befasst sind, höhere effektive Dosen als 1 mSv im Kalenderjahr erhalten (zum Dosiskriterium 1 mSv vgl. auch Vorbemerkungen in der Kommentierung zu Teil 3 Kapitel 3). In solchen Fällen bedürfen die Rückstände also keiner Überwachung.

Es gelten folgende Randbedingungen [BRE2]:

Zu Teil B Nr. 1:

Die Überwachungsgrenze $C = 1$ Bq/g gilt für Rückstände, von denen weniger als 5.000 Mg pro Jahr deponiert werden sollen, oder für die Einlagerung größerer Rückstandsmassen auf einer Deponie, die nicht im Einzugsbereich eines Grundwasserleiters liegt, was bei vielen und vor allem neueren Deponien der Fall sein dürfte.

Was die Verwertung angeht, so gilt die Überwachungsgrenze $C = 1$ Bq/g für Rückstände, wenn ihr Anteil als Zuschlagmaterial im Hausbau auf 20 % und ihr Anteil als Zuschlagmaterial im Straßen-, Wege-, Landschafts- oder Wasserbau auf 50 % begrenzt wird.

Sofern es sich um aus Erzen und fossilen Rohstoffen herkommendes Nebengestein handelt, das verwertet oder deponiert werden soll, gilt im Übrigen, dass im Einzugsbereich eines Grundwasserleiters nur eine Fläche von höchstens 1 ha mit dem Nebengestein belegt werden darf.

Zu Teil B Nr. 2:

Hier werden Fälle geregelt, für die die Randbedingungen unter Nr. 1 nicht zutreffen.

Die Überwachungsgrenze $C = 0,5$ Bq/g gilt demnach für Rückstände, von denen größere Massen, also mehr als 5.000 Mg pro Jahr, auf einer Deponie, die zudem im Einzugsbereich eines nutzbaren Grundwasserleiters liegt, eingelagert werden sollen.

Was die Verwertung angeht, so gilt die Überwachungsgrenze $C = 0,5$ Bq/g für Rückstände, wenn ihr Anteil als Zuschlagmaterial im Hausbau 20 % und ihr Anteil als Zuschlagmaterial im Straßen-, Wege-, Landschafts- oder Wasserbau 50 % überschreitet.

Zu Teil B Nr. 3:

Für die untertägige Verwertung oder Deponierung von Rückständen wurde angesichts der relativ konservativen Expositionsszenarien die Überwachungsgrenze auf $C = 5$ Bq/g festgelegt.

Anlagen

Zu Teil B Nr. 4:

Nr. 4 enthält eine Sonderregelung für Rückstände mit erhöhten Konzentrationen der Nuklidkette Blei-210++ (Pb-210++). Der Aufkonzentrationsfaktor A gibt die Erhöhung der spezifischen Aktivität der Nuklide Pb-210++ gegenüber den übrigen Nukliden der U-238-Zerfallsreihe an.

Da bei gleicher Aktivitätskonzentration die Nuklide Pb-210++ eine geringere Strahlenexposition verursachen als die anderen Nuklide der U-238-Zerfallsreihe, kann die Aktivitätskonzentration der U-238-Zerfallsreihe bei Anwendung der Randbedingungen der Nrn. 1 bis 3 um den Reduktionsfaktor R vermindert werden.

Aus Gründen der Vereinfachung wurde für die übertägige Verwertung oder Beseitigung generell ein Reduktionsfaktor R = 0,5 bei einer relativen Erhöhung der Aktivität der Teil-Nuklidkette Pb-210++ von mindestens A = 5 angesetzt. Die Tabelle unter Nr. 4 enthält die Aufkonzentrationsfaktoren A für die jeweiligen Intervalle.

Die Reduktionsfaktoren R = 0,1 bis 0,3 für die untertägige Verwertung oder Beseitigung und R = 0,5 für die obertägige Verwertung oder Beseitigung sind konservativ gewählt, so dass die Anwendung der unter Nr. 4 enthaltenen Regelungen gegenüber denen unter den Nrn. 1 bis 3 keine höhere Strahlenexposition durch die Nuklidkette Pb-210++ zur Folge hat.

Zu Teil B Nr. 5:

Sollen große Massen Nebengestein, also mehr als 5.000 Mg jährlich, im Einzugsbereich eines nutzbaren Grundwasserleiters im Rahmen ihrer Verwertung oder Beseitigung auf eine größere Fläche als 1 ha gelegt werden, gelten sowohl für die U-238-Zerfallsreihe als auch die Th-232-Zerfallsreihe die Überwachungsgrenzen C = 0,2 Bq/g.

Die spezifische Aktivität von 0,2 Bq/g ist als „Abschneidekriterium" anzusehen, so dass die Beseitigung oder Verwertung von Nebengestein mit einer spezifischen Aktivität von mehr als 0,2 Bq/g für die U-238-Zerfallskette und die Th-232-Zerfallskette ohne Entscheidung der zuständigen Strahlenschutzbehörde nicht möglich ist, wenn größere Flächen als 1 ha über einem nutzbaren Grundwasserleiter mit diesen Nebengesteinen belegt werden sollen.

Zu Teil C:

Teil C enthält ein vereinfachtes Verfahren zur Abschätzung der zu erwartenden Strahlenexposition für den Fall, dass nach § 98 Abs. 2 Satz 2 die gemeinsame Deponierung entlassener, also ehemals überwachungsbedürftiger, Rückstände mit anderen Rückständen oder mit Abfällen beabsichtigt ist.

Zu Teil C Nr. 1:

Die Summenformel basiert auf Expositionseinschätzungen, wobei der Mittelwert der spezifischen Aktivität aller im Verlauf eines Jahres auf eine Deponie verbrachten Rückstände als Kriterium (mittlere Überwachungsgrenze C^M) herangezogen wird. Die Summenformel ist auch für die Abschätzung der zu erwartenden Strahlenexposition bei einer untertägigen Beseitigung von Rückständen gemeinsam mit anderen Rückständen und Abfällen anwendbar.

Zu Teil C Nr. 2:

Dies ist eine zu Teil C Nr. 4 analoge Regelung für Rückstände mit einer Aufkonzentration der Nuklid-Teilkette Pb-210++, die gemeinsam mit anderen Rückständen oder Abfällen beseitigt werden sollen. Auch hierbei werden die Reduktionsfaktoren R für die Intervalle des Aufkonzentrationsfaktors A angegeben, wobei sich für die gemeinsame untertägige Beseitigung dieselben Reduktionsfaktoren wie in Teil B Nr. 4 ergeben. Für die gemeinsame obertägige Beseitigung wird allerdings ein niedrigerer Reduktionsfaktor R = 0,3 angesetzt als in Teil B Nr. 4, weil nach Teil C der Fall einer Entscheidung über eine gemeinsame Verwertung mit anderen Rückständen nicht zur Debatte steht.

Zu Teil D:

Dieser Teil beschreibt die Grundsätze, die für die Ermittlung der Strahlenexposition bei der Verwertung und Beseitigung von den in Teil A aufgeführten Rückständen maßgebend sind.

Zur Ermittlung der Strahlenexposition von Einzelpersonen der Bevölkerung sind dieselben realistischen Expositionspfade und -annahmen zu verwenden, wie dies bei Freigaben (§ 29) von Stoffen aus genehmigungsbedürftigen Tätigkeiten und bei der Begrenzung der Ableitung radioaktiver Stoffe (§ 47) aus Anlagen oder Einrichtungen, in denen genehmigungsbedürftige Tätigkeiten ausgeübt werden, der Fall ist. Dabei sind alle Expositionspfade einzubeziehen, die sowohl auf dem vorgesehenen Verwertungs- als auch Beseitigungsweg der Rückstände auftreten können.

Soweit die Strahlenexposition von Einzelpersonen der Bevölkerung zu ermitteln ist, die aus Verunreinigungen von Grundstücken resultiert (§ 101 Abs. 1 Satz 2), so sind dabei die realistischen Annahmen zur Nutzung des Grundstücks und die natürlichen Standortverhältnisse zu Grunde zu legen.

Kommentierung Anlage XIII

Anlage XIII (Teile A und B) ist den §§ 51 und 53 („Maßnahmen bei sicherheitstechnisch bedeutsamen Ereignissen" und „Vorbereitung der Schadensbekämpfung bei sicherheitstechnisch bedeutsamen Ereignissen") zugeordnet. Die Begriffe „radiologische Notstandsituation", „Unfall" und „Störfall" sind in § 3 Abs. 2 Nrn. 22, 35 und 28 definiert. Als Unfall muss ein durchaus gewichtiges radiologisches Ereignis verstanden werden, wenn als Folge daraus eine effektive Dosis von mehr als 50 mSv resultieren kann. In die §§ 51 und 53 wird der Begriff „radiologische Notstandsituation" eingeführt und über die Begriffsdefinition des § 3 mit einem Bevölkerungsgrenzwert von 5 mSv im Kalenderjahr in Verbindung gebracht. Haben die zuständigen Katastrophenschutzbehörden für den Fall der genannten Notstandsituation entsprechende Schutzpläne aufgestellt, muss die Bevölkerung über Sicherheitsmaßnahmen und richtiges Verhalten „in geeigneter Weise" informiert werden (§ 53 Abs. 5). Anlage XIII Teil B fasst die Angaben zusammen, die derartige

Informationen als Vorbereitung auf eine radiologische Notstandsituation enthalten sollen [RE].

Das in den §§ 51 und 53 im Zusammenhang mit Anlage XIII beschriebene Verfahren entspricht im Wesentlichen den entsprechenden Bestimmungen der 12. BImSchV (Störfall-Verordnung) [STÖR], dort § 5 Abs. 1 Nr. 3 und § 11a. Anhang VI zur Störfall-Verordnung enthält eine mit der hier zur Diskussion stehenden Anlage XIII vergleichbare Liste („Information der Öffentlichkeit"), auf die drei „Allgemeine Verwaltungsvorschriften zur Störfall-Verordnung (StörfallVwV)" [AVST] detailliert eingehen.

Ereignisse (z.B. Brände), die zu radiologischen Notstandsituation führen können, sind grundsätzlich bei folgenden Tätigkeiten nicht auszuschließen:

- Beförderung (§ 4 AtG, § 16 StrlSchV), Verwahrung (§ 5 AtG) und Aufbewahrung (§ 6 AtG) von Kernbrennstoffen sowie Betrieb von Anlagen im Sinne des § 7 AtG
- Bearbeitung, Verarbeitung und sonstige Verwendung von Kernbrennstoffen im Sinne des § 9 AtG
- Umgang mit Bestrahlungsvorrichtungen im Sinne des § 3 Abs. 2 Nr. 6 StrlSchV
- Umgang mit radioaktiven Stoffen (§ 7 Abs. 1 StrlSchV)
- Lagerung radioaktiver Abfälle, die keine Kernbrennstoffe enthalten (§ 78 StrlSchV)

Vorbemerkung zu den Artikeln der Verordnung für die Umsetzung von EURATOM-Richtlinien zum Strahlenschutz

Die neue Strahlenschutzverordnung vom 20. Juli 2001 wurde mit 14 Anlagen als Artikel 1 der Verordnung für die Umsetzung von EURATOM-Richtlinien zum Strahlenschutz mit Beginn der Seite 1714 in Teil I des Bundesgesetzblattes vom 26. Juli 2001 bekannt gemacht. Die Kommentierung der Strahlenschutzverordnung und insoweit des Artikels 1 ist Gegenstand dieses Buches.

Die Kommentierung der Artikel 2 bis 12 erfolgte mit Blick auf die Verordnung für die Umsetzung von EURATOM-Richtlinien nur der Vollständigkeit wegen. Die Artikel sind auf den Seiten 1837 bis 1846 des eben zitierten Bundesgesetzblattes bekannt gemacht. Bis auf den Artikel 1, die Strahlenschutzverordnung selbst also, und den Artikel 12 zum In-Kraft-Treten der Verordnung tangieren die Artikel 2 bis 11 die Strahlenschutzverordnung nur am Rande. Folglich haben sich die Autoren hier auf eine kurze inhaltliche Kommentierung dieser Artikel beschränkt. Auf die Wiedergabe des Wortlauts der Artikel 2 bis 12 wurde in diesem Buch verzichtet, zumal der Wortlaut größtenteils nur aus Hinweisen auf Änderungen verschiedener atomrechtlicher Vorschriften besteht. Sofern der Wortlaut benötigt wird, kann das oben zitierte Bundesgesetzblatt bei der Bundesanzeiger Verlagsgesellschaft mbH, Postfach 1320 in 53003 Bonn gegen Kostenerstattung bezogen werden.

Kommentierung Artikel 1

Mit der neu gefassten Strahlenschutzverordnung werden die Richtlinien 96/29/EURATOM [EU 1] und 97/43/EURATOM [EU 4] in deutsches Recht umgesetzt. Darüber hinaus werden wesentliche Inhalte der so genannten Abfallkontrollrichtlinie [RL 1] in die Verordnung übernommen. In der Hauptsache sind es diese Ergänzungen, die es erforderlich gemacht haben, die Strahlenschutzverordnung vom 30. Juni 1989 [STR] teilweise neu zu strukturieren. Nach Darlegung des Verordnungsgebers in seiner amtlichen Begründung zur neuen Strahlenschutzverordnung dient die Neustrukturierung dem Zweck, *„die Verordnung wieder übersichtlicher und leichter zugänglich zu gestalten".*

Dies ist dem Verordnungsgeber nur bedingt gelungen. Der neuen Strahlenschutzverordnung fehlt vor allem die Überschaubarkeit, weil sie viele Regelungen enthält, die für die überwiegende Mehrheit der Strahlenschutzbehörden und Strahlenschutzverantwortlichen keine oder nur eine nebensächliche Relevanz haben. Das liegt in der Hauptsache daran, dass es dem Verordnungsgeber nicht gelungen ist, ein vollständig neues Verordnungskonzept zu entwickeln, mit dem die Strahlenschutzverordnung von dem Ballast der Vorschriften befreit wird, mit denen die strahlenschutzspezifischen Belange der Kernenergie geregelt werden. Die Schutzziele bei der Anwendung radioaktiver Stoffe und ionisierender Strahlen in Kerntechnik, Industrie, Forschung und Medizin sind zwar identisch, aber der Aufwand zu deren Sicherstellung ist im Bereich der Kernenergie ungleich höher als in allen anderen Bereichen. Folglich wäre es im Zuge der Novellierung sachgerechter gewesen, den auf die Beherrschung des kerntechnischen Gefahrenpotenzials auszurichtenden Strahlenschutz im vorhandenen Atomgesetz oder in einem neuen Kernenergiegesetz zu regeln. Die in Bund und Ländern geleisteten Arbeiten zur Novellierung der Strahlenschutzverordnung wurden von der politischen Debatte um die Kernenergie zum Teil so sehr dominiert, dass fachliche Argumente für bestimmte Strahlenschutzregelungen teilweise schon deshalb kein Gehör gefunden haben, weil sie politisch nicht opportun waren.

Der in der Industrie, Forschung und Medizin notwendige Strahlenschutz sollte besser in einem Strahlenschutzgesetz, und zwar unabhängig von den atomrechtlichen oder kernenergierechtlichen Belangen geregelt werden. Die schwierige Lesbarkeit und Handhabbarkeit der neuen Strahlenschutzverordnung müsste eigentlich eine Herausforderung für den Verordnungsgeber sein, ein Projekt dieser Art in Angriff zu nehmen, sollte er mal wieder eine Novellierung beabsichtigen.

Im Übrigen zeichnen sich z.B. im Zusammenhang mit den Vorschriften zur Freigabe radioaktiver Stoffe nach § 29 und zur Herausgabe beweglicher Gegenstände aus Strahlenschutzbereichen nach § 44 Abs. 3 Vollzugsprobleme ab, die, so scheint es, der Verordnungsgeber nur durch Änderungen des Verordnungstextes beheben kann. Auch die Vorschriften in den §§ 97 bis 102 zu den überwachungsbedürftigen Rückständen und Materialien, die der Verordnungsgeber gegen den fachlichen Rat der meisten Vertreter der Bundesländer zum Gegenstand dieser Verordnung gemacht hat, lassen mit Blick auf die sich abzeichnende Vielfalt von Stoffen Sachverhalte erwarten, die, so scheint es, nicht erwartet wurden.

Schließlich hatte die alte 89er-Verordnung 91 Paragraphen mit 22 Anlagen. Die vorliegende Verordnung hat 118 Paragraphen mit 14 Anlagen. Auch dies sind keine Zeichen für eine bessere Übersichtlichkeit und leichtere Zugänglichkeit der neuen Strahlenschutzverordnung.

Kommentierung Artikel 2

Die Änderungen bezwecken die Anpassung der atomrechtlichen Verfahrensverordnung an die neu gefassten Bestimmungen der Strahlenschutzverordnung zur Störfallauslegung und zur Begrenzung von Ableitungen.

Kommentierung Artikel 3

Die atomrechtliche Deckungsvorsorge-Verordnung wird geändert und dabei an die Änderungen der Definition von Kernbrennstoffen und sonstigen radioaktiven Stoffen des Atomgesetzes und der Freigrenzen der Strahlenschutzverordnung angepasst.

Kommentierung Artikel 4

Die Atomrechtliche Zuverlässigkeitsüberprüfungs-Verordnung wird an die neue Strahlenschutzverordnung angepasst.

Kommentierung Artikel 5

Verschiedene Vorschriften der Endlagervorausleistungsverordnung werden redaktionell an die geänderte Nummerierung der Paragraphen der Strahlenschutzverordnung angepasst.

Kommentierung Artikel 6

Auf Grund der 1998 festgestellten Vorkommnisse bei der Beförderung bestrahlter Brennelemente und von entleerten Behältern, die für die Beförderung von bestrahlten Brennelementen vorgesehen waren, werden aus Gründen des Strahlenschutzes neue Meldungen für Anlagen nach den §§ 6 und 7 des Atomgesetzes hinsichtlich der Kriterien der Überschreitung der Dosisleistung und der Überschreitung der nicht festhaftenden Kontamination an den Transportbehältern und Fahrzeugen in die atomrechtliche Störfall- und Meldeverordnung aufgenommen.

Die Befolgung der Meldepflicht ist mit einem Bußgeldtatbestand bewehrt.

Kommentierung

§ 12 der atomrechtlichen Sicherheitsbeauftragten- und Meldeverordnung wird redaktionell an die neue Nummerierung der Strahlenschutzverordnung angepasst.

Anlage 1 wird an die neu gefassten Regelungen der Strahlenschutzverordnung für die Freigrenzen und die Oberflächenkontamination angepasst.

Anlage 2 wird wie Anlage 1 an die Neufassung der Strahlenschutzverordnung angepasst.

Die neu geschaffenen Meldekriterien sind in Anlage 3 aufgeführt. Der Werte der einzelnen Meldekriterien sind in Anlehnung an die Regelungen des Gefahrgutrechts sowohl für die Ortsdosisleistung als auch für die nicht festhaftende Oberflächenkontamination formuliert. Der Begriff aus dem Gefahrgutrecht „Alphastrahler niedriger Toxizität" wurde zu Gunsten der Nennung der einzelnen Radionuklide nicht übernommen.

Kommentierung Artikel 7

Verschiedene Vorschriften der Atomrechtlichen Abfallverbringungsverordnung werden redaktionell an die Nummerierung der Paragraphenfolge in der Strahlenschutzverordnung angepasst.

Kommentierung Artikel 8

Verschiedene Vorschriften der Kostenverordnung zum Atomgesetz werden neuen Aufgabenzuweisungen durch Änderungen des Atomgesetzes angepasst. Dies betrifft die unmittelbaren Aufgabenzuweisungen an das Bundesverwaltungsamt (Stichwort: Entsorgung), das Luftfahrt-Bundesamt (Stichwort: fliegendes Personal) und das Bundesamt für Strahlenschutz (Stichwort: medizinische Forschung).

Kommentierung Artikel 9

§ 2 der Eichordnung wird an die geänderte Paragraphenfolge der neuen Strahlenschutzverordnung angepasst. Inhaltliche Änderungen sind damit nicht verbunden.

Kommentierung Artikel 10

§ 3 Abs. 3 der Verordnung über radioaktive oder mit ionisierenden Strahlen behandelte Arzneimittel wird redaktionell an die Paragraphenfolge der neuen Strahlenschutzverordnung angepasst.

Kommentierung Artikel 11

Die Röntgenverordnung ändert sich im Kern dahin gehend, dass die Anwendung von Röntgenstrahlen in der Heilkunde zu therapeutischen Zwecken aus der Röntgenverordnung herausgenommen und in die Strahlenschutzverordnung übertragen worden ist. Gleiches gilt für die Anwendung von Röntgenstrahlung zum Zweck der Therapieforschung am Menschen. Die Röntgenverordnung regelt für den Bereich der Heilkunde künftig nur die diagnostische Anwendung und die hierauf bezogene medizinische Forschung.

Kommentierung Artikel 12

Artikel 12 regelt das In-Kraft-Treten der Verordnung.

Absatz 2 legt fest, dass bestimmte Vorschriften in den alten Bundesländern erst am 1. Januar 2004 in Kraft treten.

Verordnungstext

**Verordnung über den Schutz vor Schäden durch ionisierende Strahlen
StrlSchV – Strahlenschutzverordnung**

Vom 20. Juli 2001

(BGBl. I Nr. 38 vom 26.07.2001, S. 1714; ber. 2002 S. 1459; 18.06.2002 S. 1869[02])

Inhaltsübersicht

Teil 1
Allgemeine Vorschriften

§ 1	Zweckbestimmung
§ 2	Anwendungsbereich
§ 3	Begriffsbestimmungen

Teil 2
Schutz von Mensch und Umwelt vor radioaktiven Stoffen oder ionisierender Strahlung aus der zielgerichteten Nutzung bei Tätigkeiten

Kapitel 1
Strahlenschutzgrundsätze, Grundpflichten und allgemeine Grenzwerte

§ 4	Rechtfertigung
§ 5	Dosisbegrenzung
§ 6	Vermeidung unnötiger Strahlenexposition und Dosisreduzierung

Kapitel 2
Genehmigungen, Zulassungen, Freigabe

Abschnitt 1
Umgang mit radioaktiven Stoffen

§ 7	Genehmigungsbedürftiger Umgang mit radioaktiven Stoffen
§ 8	Genehmigungsfreier Umgang; genehmigungsfreier Besitz von Kernbrennstoffen
§ 9	Genehmigungsvoraussetzungen für den Umgang mit radioaktiven Stoffen
§ 10	Befreiung von der Pflicht zur Deckungsvorsorge

Abschnitt 2
Anlagen zur Erzeugung ionisierender Strahlen

§ 11	Genehmigungsbedürftige Errichtung und genehmigungsbedürftiger Betrieb von Anlagen zur Erzeugung ionisierender Strahlen
§ 12	Genehmigungsfreier Betrieb von Anlagen zur Erzeugung ionisierender Strahlen
§ 13	Genehmigungsvoraussetzungen für die Errichtung von Anlagen zur Erzeugung ionisierender Strahlen
§ 14	Genehmigungsvoraussetzungen für den Betrieb von Anlagen zur Erzeugung ionisierender Strahlen

Abschnitt 3
Beschäftigung in fremden Anlagen oder Einrichtungen

§ 15   Genehmigungsbedürftige Beschäftigung in fremden Anlagen oder Einrichtungen

Abschnitt 4
Beförderung radioaktiver Stoffe

§ 16   Genehmigungsbedürftige Beförderung
§ 17   Genehmigungsfreie Beförderung
§ 18   Genehmigungsvoraussetzungen für die Beförderung

Abschnitt 5
Grenzüberschreitende Verbringung radioaktiver Stoffe

§ 19   Genehmigungsbedürftige grenzüberschreitende Verbringung
§ 20   Anzeigebedürftige grenzüberschreitende Verbringung
§ 21   Genehmigungs- und anzeigefreie grenzüberschreitende Verbringung
§ 22   Genehmigungsvoraussetzungen für die grenzüberschreitende Verbringung

Abschnitt 6
Medizinische Forschung

§ 23   Genehmigungsbedürftige Anwendung radioaktiver Stoffe oder ionisierender Strahlung am Menschen in der medizinischen Forschung
§ 24   Genehmigungsvoraussetzungen für die Anwendung radioaktiver Stoffe oder ionisierender Strahlung am Menschen in der medizinischen Forschung

Abschnitt 7
Bauartzulassung

§ 25   Verfahren der Bauartzulassung
§ 26   Zulassungsschein und Bekanntmachung der Bauart
§ 27   Pflichten des Inhabers einer Bauartzulassung und des Inhabers einer bauartzugelassenen Vorrichtung

Abschnitt 8
Ausnahmen

§ 28   Ausnahmen von dem Erfordernis der Genehmigung und der Anzeige

Abschnitt 9
Freigabe

§ 29   Voraussetzungen für die Freigabe

Kapitel 3
Anforderungen bei der Nutzung radioaktiver Stoffe und ionisierender Strahlung

Abschnitt 1
Fachkunde im Strahlenschutz

§ 30   Erforderliche Fachkunde und Kenntnisse im Strahlenschutz

Abschnitt 2
Betriebliche Organisation des Strahlenschutzes

§ 31   Strahlenschutzverantwortliche und Strahlenschutzbeauftragte
§ 32   Stellung des Strahlenschutzverantwortlichen und des Strahlenschutzbeauftragten
§ 33   Pflichten des Strahlenschutzverantwortlichen und des Strahlenschutzbeauftragten
§ 34   Strahlenschutzanweisung
§ 35   Auslegung oder Aushang der Verordnung

Abschnitt 3
Schutz von Personen in Strahlenschutzbereichen; physikalische Strahlenschutzkontrolle

§ 36   Strahlenschutzbereiche
§ 37   Zutritt zu Strahlenschutzbereichen
§ 38   Unterweisung
§ 39   Messtechnische Überwachung in Strahlenschutzbereichen
§ 40   Zu überwachende Personen
§ 41   Ermittlung der Körperdosis
§ 42   Aufzeichnungs- und Mitteilungspflicht
§ 43   Schutzvorkehrungen
§ 44   Kontamination und Dekontamination
§ 45   Beschäftigungsverbote und Beschäftigungsbeschränkungen

Abschnitt 4
Schutz von Bevölkerung und Umwelt bei Strahlenexpositionen aus Tätigkeiten

§ 46   Begrenzung der Strahlenexposition der Bevölkerung
§ 47   Begrenzung der Ableitung radioaktiver Stoffe
§ 48   Emissions- und Immissionsüberwachung

Abschnitt 5
Schutz vor sicherheitstechnisch bedeutsamen Ereignissen

§ 49   Sicherheitstechnische Auslegung für den Betrieb von Kernkraftwerken, für die standortnahe Aufbewahrung bestrahlter Brennelemente und für Anlagen des Bundes zur Sicherstellung und zur Endlagerung radioaktiver Abfälle

§ 50   Begrenzung der Strahlenexposition als Folge von Störfällen bei sonstigen Anlagen und Einrichtungen und bei Stilllegungen

§ 51 Maßnahmen bei Ereignissen
§ 52 Vorbereitung der Brandbekämpfung
§ 53 Vorbereitung der Schadensbekämpfung bei sicherheitstechnisch bedeutsamen Ereignissen

Abschnitt 6
Begrenzung der Strahlenexposition bei der Berufsausübung

§ 54 Kategorien beruflich strahlenexponierter Personen
§ 55 Schutz bei beruflicher Strahlenexposition
§ 56 Berufslebensdosis
§ 57 Dosisbegrenzung bei Überschreitung
§ 58 Besonders zugelassene Strahlenexpositionen
§ 59 Strahlenexposition bei Personengefährdung und Hilfeleistung

Abschnitt 7
Arbeitsmedizinische Vorsorge beruflich strahlenexponierter Personen

§ 60 Erfordernis der arbeitsmedizinischen Vorsorge
§ 61 Ärztliche Bescheinigung
§ 62 Behördliche Entscheidung
§ 63 Besondere arbeitsmedizinische Vorsorge
§ 64 Ermächtigte Ärzte

Abschnitt 8
Sonstige Anforderungen

§ 65 Lagerung und Sicherung radioaktiver Stoffe
§ 66 Wartung, Überprüfung und Dichtheitsprüfung
§ 67 Strahlungsmessgeräte
§ 68 Kennzeichnungspflicht
§ 69 Abgabe radioaktiver Stoffe
§ 70 Buchführung und Mitteilung
§ 71 Abhandenkommen, Fund, Erlangung der tatsächlichen Gewalt

Abschnitt 9
Radioaktive Abfälle

§ 72 Planung für Anfall und Verbleib radioaktiver Abfälle
§ 73 Erfassung
§ 74 Behandlung und Verpackung
§ 75 Pflichten bei der Abgabe radioaktiver Abfälle
§ 76 Ablieferung
§ 77 Ausnahmen von der Ablieferungspflicht
§ 78 Zwischenlagerung
§ 79 Umgehungsverbot

Kapitel 4
Besondere Anforderungen bei der medizinischen Anwendung radioaktiver Stoffe und ionisierender Strahlung

Abschnitt 1
Heilkunde und Zahnheilkunde

§ 80 Rechtfertigende Indikation
§ 81 Beschränkung der Strahlenexposition
§ 82 Anwendung radioaktiver Stoffe oder ionisierender Strahlung am Menschen
§ 83 Qualitätssicherung bei der medizinischen Strahlenanwendung
§ 84 Bestrahlungsräume
§ 85 Aufzeichnungspflichten
§ 86 Anwendungen am Menschen außerhalb der Heilkunde oder Zahnheilkunde

Abschnitt 2
Medizinische Forschung

§ 87 Besondere Schutz- und Aufklärungspflichten
§ 88 Anwendungsverbote und Anwendungsbeschränkungen für einzelne Personengruppen
§ 89 Mitteilungs- und Berichtspflichten
§ 90 Schutzanordnung
§ 91 Deckungsvorsorge im Falle klinischer Prüfungen
§ 92 Ethikkommission

Teil 3
Schutz von Mensch und Umwelt vor natürlichen Strahlungsquellen bei Arbeiten

Kapitel 1
Grundpflichten

§ 93 Dosisbegrenzung
§ 94 Dosisreduzierung

Kapitel 2
Anforderungen bei terrestrischer Strahlung an Arbeitsplätzen

§ 95 Natürlich vorkommende radioaktive Stoffe an Arbeitsplätzen
§ 96 Dokumentation und weitere Schutzmaßnahmen

Kapitel 3
Schutz der Bevölkerung bei natürlich vorkommenden radioaktiven Stoffen

§ 97 Überwachungsbedürftige Rückstände
§ 98 Entlassung von Rückständen aus der Überwachung
§ 99 In der Überwachung verbleibende Rückstände
§ 100 Mitteilungspflicht, Rückstandskonzept, Rückstandsbilanz
§ 101 Entfernung von radioaktiven Verunreinigungen von Grundstücken
§ 102 Überwachung sonstiger Materialien

Kapitel 4
Kosmische Strahlung

§ 103 Schutz des fliegenden Personals vor Expositionen durch kosmische Strahlung

Kapitel 5
Betriebsorganisation

§ 104 Mitteilungspflichten zur Betriebsorganisation

Teil 4
Schutz des Verbrauchers beim Zusatz radioaktiver Stoffe zu Produkten

§ 105 Unzulässiger Zusatz von radioaktiven Stoffen und unzulässige Aktivierung
§ 106 Genehmigungsbedürftiger Zusatz von radioaktiven Stoffen und genehmigungsbedürftige Aktivierung
§ 107 Genehmigungsvoraussetzungen für den Zusatz von radioaktiven Stoffen und die Aktivierung
§ 108 Genehmigungsbedürftige grenzüberschreitende Verbringung von Konsumgütern
§ 109 Genehmigungsvoraussetzungen für die grenzüberschreitende Verbringung von Konsumgütern
§ 110 Rückführung von Konsumgütern

Teil 5
Gemeinsame Vorschriften

Kapitel 1
Berücksichtigung von Strahlenexpositionen

§ 111 Festlegungen zur Ermittlung der Strahlenexposition; Duldungspflicht
§ 112 Strahlenschutzregister

Kapitel 2
Befugnisse der Behörde

§ 113 Anordnung von Maßnahmen
§ 114 Behördliche Ausnahmen von Strahlenschutzvorschriften

Kapitel 3
Formvorschriften

§ 115 Schriftform und elektronische Form

Kapitel 4
Ordnungswidrigkeiten

§ 116 Ordnungswidrigkeiten

Kapitel 5
Schlussvorschriften

§ 117 Übergangsvorschriften
§ 118 Abgrenzung zu anderen Vorschriften, Sanierung von Hinterlassenschaften

Anlagen

Anlage I	Genehmigungsfreie Tätigkeiten
Anlage II	Erforderliche Unterlagen zur Prüfung von Genehmigungsanträgen
Anlage III	Freigrenzen, Freigabewerte für verschiedene Freigabearten, Werte der Oberflächenkontamination, Liste der Radionuklide im radioaktiven Gleichgewicht
Anlage IV	Festlegungen zur Freigabe
Anlage V	Voraussetzungen für die Bauartzulassung von Vorrichtungen
Anlage VI	Dosimetrische Größen, Gewebe- und Strahlungs-Wichtungsfaktoren
Anlage VII	Annahmen bei der Ermittlung der Strahlenexposition
Anlage VIII	Ärztliche Bescheinigung
Anlage IX	Strahlenzeichen
Anlage X	Radioaktive Abfälle: Benennung, Buchführung, Transportmeldung
Anlage XI	Arbeitsfelder, bei denen erheblich erhöhte Expositionen durch natürliche terrestrische Strahlungsquellen auftreten können
Anlage XII	Verwertung und Beseitigung überwachungsbedürftiger Rückstände
Anlage XIII	Information der Bevölkerung
Anlage XIV	Leitstellen des Bundes für die Emissions- und Immissionsüberwachung

Teil 1
Allgemeine Vorschriften

§ 1 Zweckbestimmung

Zweck dieser Verordnung ist es, zum Schutz des Menschen und der Umwelt vor der schädlichen Wirkung ionisierender Strahlung Grundsätze und Anforderungen für Vorsorge- und Schutzmaßnahmen zu regeln, die bei der Nutzung und Einwirkung radioaktiver Stoffe und ionisierender Strahlung zivilisatorischen und natürlichen Ursprungs Anwendung finden.

§ 2 Anwendungsbereich

(1) Diese Verordnung trifft Regelungen für

1. folgende Tätigkeiten:

    a) den Umgang mit

    aa) künstlich erzeugten radioaktiven Stoffen,

    bb) natürlich vorkommenden radioaktiven Stoffen, wenn dieser Umgang aufgrund ihrer Radioaktivität, ihrer Nutzung als Kernbrennstoff oder zur Erzeugung von Kernbrennstoff erfolgt,

    b) den Erwerb der in Buchstabe a genannten radioaktiven Stoffe, deren Abgabe an andere, deren Beförderung sowie deren grenzüberschreitende Verbringung,

    c) die Verwahrung von Kernbrennstoffen nach § 5 des Atomgesetzes, die Aufbewahrung von Kernbrennstoffen nach § 6 des Atomgesetzes, die Errichtung, den Betrieb, die sonstige Innehabung, die Stilllegung, den sicheren Einschluss einer Anlage sowie den Abbau einer Anlage oder von Anlagenteilen nach § 7 des Atomgesetzes, die Bearbeitung, Verarbeitung und sonstige Verwendung von Kernbrennstoffen nach § 9 des Atomgesetzes, die Errichtung und den Betrieb von Anlagen des Bundes zur Sicherstellung und zur Endlagerung radioaktiver Abfälle,

    d) die Errichtung und den Betrieb von Anlagen zur Erzeugung ionisierender Strahlen mit einer Teilchen- oder Photonengrenzenergie von mindestens 5 Kiloelektronvolt und

    e) den Zusatz von radioaktiven Stoffen bei der Herstellung von Konsumgütern, von Arzneimitteln im Sinne des Arzneimittelgesetzes, von Pflanzenschutzmitteln im Sinne des Pflanzenschutzgesetzes, von Schädlingsbekämpfungsmitteln und von Stoffen nach § 1 Nr. 1 bis 5 des Düngemittelgesetzes sowie die Aktivierung der vorgenannten Produkte,

2. Arbeiten, durch die Personen natürlichen Strahlungsquellen so ausgesetzt werden können, dass die Strahlenexpositionen aus der Sicht des Strahlenschutzes nicht außer Acht gelassen werden dürfen.

(2) Diese Verordnung trifft keine Regelung für

1. die Sanierung von Hinterlassenschaften früherer Tätigkeiten und Arbeiten, mit Ausnahme der Regelungen in § 118,

2. die Stilllegung und Sanierung der Betriebsanlagen und Betriebsstätten des Uranerzbergbaus, mit Ausnahme der Regelungen in § 118,

3. die Errichtung und den Betrieb von Röntgeneinrichtungen und Störstrahlern nach der Röntgenverordnung,

4. die Strahlenexposition durch Radon in Wohnungen einschließlich der dazugehörenden Gebäudeteile und

5. die Strahlenexposition durch im menschlichen Körper natürlicherweise enthaltene Radionuklide, durch kosmische Strahlung in Bodennähe und durch Radionuklide, die in der nicht durch Eingriffe beeinträchtigten Erdrinde vorhanden sind.

§ 3 Begriffsbestimmungen

(1) Für die Systematik und Anwendung dieser Verordnung wird zwischen Tätigkeiten und Arbeiten unterschieden.

1. Tätigkeiten sind:

   a) der Betrieb von Anlagen zur Erzeugung von ionisierenden Strahlen,

   b) der Zusatz von radioaktiven Stoffen bei der Herstellung bestimmter Produkte oder die Aktivierung dieser Produkte,

   c) sonstige Handlungen, die die Strahlenexposition oder Kontamination erhöhen können,

   aa) weil sie mit künstlich erzeugten radioaktiven Stoffen erfolgen oder

   bb) weil sie mit natürlich vorkommenden radioaktiven Stoffen erfolgen, und diese Handlungen aufgrund der Radioaktivität dieser Stoffe oder

   zur Nutzung dieser Stoffe als Kernbrennstoff oder zur Erzeugung von Kernbrennstoff durchgeführt werden,

2. Arbeiten sind:

   Handlungen, die, ohne Tätigkeit zu sein, bei natürlich vorkommender Radioaktivität die Strahlenexposition oder Kontamination erhöhen können

   a) im Zusammenhang mit der Aufsuchung, Gewinnung, Erzeugung, Lagerung, Bearbeitung, Verarbeitung und sonstigen Verwendung von Materialien,

   b) soweit sie mit Materialien erfolgen, die bei betrieblichen Abläufen anfallen, soweit diese Handlungen nicht bereits unter Buchstabe a fallen,

   c) im Zusammenhang mit der Verwertung oder Beseitigung von Materialien, die durch Handlungen nach Buchstabe a oder b anfallen,

   d) durch dabei einwirkende natürliche terrestrische Strahlungsquellen, insbesondere von Radon-222 und Radonzerfallsprodukten, soweit diese Handlungen nicht bereits unter Buchstaben a bis c fallen und nicht zu einem unter Buchstabe a genannten Zweck erfolgen, oder

   e) im Zusammenhang mit der Berufsausübung des fliegenden Personals in Flugzeugen.

Nicht als Arbeiten im Sinne dieser Verordnung gelten die landwirtschaftliche, forstwirtschaftliche oder bautechnische Bearbeitung der Erdoberfläche, soweit diese Handlungen nicht zum Zwecke der Entfernung von Verunreinigungen nach § 101 erfolgen.

(2) Im Sinne dieser Verordnung sind im Übrigen:

1. Abfälle:

    a) radioaktive Abfälle:
    Radioaktive Stoffe im Sinne des § 2 Abs. 1 des Atomgesetzes, die nach § 9a des Atomgesetzes geordnet beseitigt werden müssen, ausgenommen Ableitungen im Sinne des § 47;

    b) Behandlung radioaktiver Abfälle:
    Verarbeitung von radioaktiven Abfällen zu Abfallprodukten (z.b. durch Verfestigen, Einbinden, Vergießen oder Trocknen);

    c) Abfallgebinde:
    Einheit aus Abfallprodukt, auch mit Verpackung, und Abfallbehälter;

    d) Abfallprodukt:
    verarbeiteter radioaktiver Abfall ohne Verpackung und Abfallbehälter;

2. Ableitung:
Abgabe flüssiger, aerosolgebundener oder gasförmiger radioaktiver Stoffe aus Anlagen und Einrichtungen auf hierfür vorgesehenen Wegen;

3. Aktivität, spezifische:
Verhältnis der Aktivität eines Radionuklids zur Masse des Materials, in dem das Radionuklid verteilt ist. Bei festen radioaktiven Stoffen ist die Bezugsmasse für die Bestimmung der spezifischen Aktivität die Masse des Körpers oder Gegenstandes, mit dem die Radioaktivität bei vorgesehener Anwendung untrennbar verbunden ist. Bei gasförmigen radioaktiven Stoffen ist die Bezugsmasse die Masse des Gases oder Gasgemisches;

4. Aktivitätskonzentration:
Verhältnis der Aktivität eines Radionuklids zum Volumen des Materials, in dem das Radionuklid verteilt ist;

5. Anlagen:
Anlagen im Sinne dieser Verordnung sind Anlagen im Sinne der §§ 7 und 9a Abs. 3 Satz 1 Halbsatz 2 des Atomgesetzes sowie Anlagen zur Erzeugung ionisierender Strahlen im Sinne des § 11 Abs. 1 Nr. 2 des Atomgesetzes, die geeignet sind, Photonen oder Teilchenstrahlung gewollt oder ungewollt zu erzeugen (insbesondere Elektronenbeschleuniger, Ionenbeschleuniger, Plasmaanlagen);

6. Bestrahlungsvorrichtung:
Gerät mit Abschirmung, das umschlossene radioaktive Stoffe enthält oder Bestandteil von Anlagen zur Spaltung von Kernbrennstoffen ist und das zeitweise durch Öffnen der Abschirmung oder Ausfahren dieser radioaktiven Stoffe ionisierende Strahlung aussendet,

    a) die im Zusammenhang mit der Anwendung am Menschen oder am Tier in der Tierheilkunde verwendet wird oder

    b) mit der zu anderen Zwecken eine Wirkung in den zu bestrahlenden Objekten hervorgerufen werden soll und bei dem die Aktivität 2 x 1013 Becquerel überschreitet;

7. Betriebsgelände:
Grundstück, auf dem sich Anlagen oder Einrichtungen befinden und zu dem der Zugang oder auf dem die Aufenthaltsdauer von Personen durch den Strahlenschutzverantwortlichen beschränkt werden können;

8. Dekontamination:
Beseitigung oder Verminderung einer Kontamination;

9. Dosis:

a) Äquivalentdosis:
Produkt aus der Energiedosis (absorbierte Dosis) im ICRU-Weichteilgewebe und dem Qualitätsfaktor der Veröffentlichung Nr. 51 der International Commission on Radiation Units and Measurements (ICRU report 51, ICRU Publications, 7910 Woodmont Avenue, Suite 800, Bethesda, Maryland 20814, USA). Beim Vorliegen mehrerer Strahlungsarten und -energien ist die gesamte Äquivalentdosis die Summe ihrer ermittelten Einzelbeiträge;

b) effektive Dosis:
Summe der gewichteten Organdosen in den in Anlage VI Teil C angegebenen Geweben oder Organen des Körpers durch äußere oder innere Strahlenexposition;

c) Körperdosis:
Sammelbegriff für Organdosis und effektive Dosis. Die Körperdosis für einen Bezugszeitraum (z.B. Kalenderjahr, Monat) ist die Summe aus der durch äußere Strahlenexposition während dieses Bezugszeitraums erhaltenen Dosis und der Folgedosis, die durch eine während dieses Bezugszeitraums stattfindende Aktivitätszufuhr bedingt ist;

d) Organdosis:
Produkt aus der mittleren Energiedosis in einem Organ, Gewebe oder Körperteil und dem Strahlungs-Wichtungsfaktor nach Anlage VI Teil C. Beim Vorliegen mehrerer Strahlungsarten und -energien ist die Organdosis die Summe der nach Anlage VI Teil B ermittelten Einzelbeiträge durch äußere oder innere Strahlenexposition;

e) Ortsdosis:
Äquivalentdosis, gemessen mit den in Anlage VI Teil A angegebenen Messgrößen an einem bestimmten Ort;

f) Ortsdosisleistung:
In einem bestimmten Zeitintervall erzeugte Ortsdosis, dividiert durch die Länge des Zeitintervalls;

g) Personendosis:
Äquivalentdosis, gemessen mit den in Anlage VI Teil A angegebenen Messgrößen an einer für die Strahlenexposition repräsentativen Stelle der Körperoberfläche;

10. Einrichtungen:
Gebäude, Gebäudeteile oder einzelne Räume, in denen nach den §§ 5, 6 oder 9 des Atomgesetzes oder nach § 7 dieser Verordnung mit radioaktiven Stoffen umgegangen oder nach § 11 Abs. 2 eine Anlage zur Erzeugung ionisierender Strahlung betrieben wird;

11. Einwirkungsstelle, ungünstigste:
Stelle in der Umgebung einer Anlage oder Einrichtung, bei der aufgrund der Verteilung der abgeleiteten radioaktiven Stoffe in der Umwelt unter Berücksichtigung realer Nutzungsmöglichkeiten durch Aufenthalt oder durch Verzehr dort erzeugter Lebensmittel die höchste Strahlenexposition der Referenzperson zu erwarten ist;

12. Einzelpersonen der Bevölkerung:
Mitglieder der allgemeinen Bevölkerung, die weder beruflich strahlenexponierte Personen sind noch medizinisch oder als helfende Person exponiert sind;

13. Expositionspfad:
Weg der radioaktiven Stoffe von der Ableitung aus einer Anlage oder Einrichtung über einen Ausbreitungs- oder Transportvorgang bis zu einer Strahlenexposition des Menschen;

14. Forschung, medizinische:
Anwendung radioaktiver Stoffe oder ionisierender Strahlung am Menschen, soweit sie der Fortentwicklung der Heilkunde oder der medizinischen Wissenschaft und nicht in erster Linie der Untersuchung oder Behandlung des einzelnen Patienten dient;

15. Freigabe:
Verwaltungsakt, der die Entlassung radioaktiver Stoffe sowie beweglicher Gegenstände, von Gebäuden, Bodenflächen, Anlagen oder Anlagenteilen, die aktiviert oder mit radioaktiven Stoffen kontaminiert sind und die aus Tätigkeiten nach § 2 Abs. 1 Nr. 1 Buchstabe a, c oder d stammen, aus dem Regelungsbereich

   a) des Atomgesetzes und

   b) darauf beruhender Rechtsverordnungen sowie verwaltungsbehördlicher Entscheidungen zur Verwendung, Verwertung, Beseitigung, Innehabung oder zu deren Weitergabe an Dritte als nicht radioaktive Stoffe bewirkt;

16. Freigrenzen:
Werte der Aktivität und spezifischen Aktivität radioaktiver Stoffe nach Anlage III Tabelle 1 Spalte 2 und 3, bei deren Überschreitung Tätigkeiten mit diesen radioaktiven Stoffen der Überwachung nach dieser Verordnung unterliegen;

17. Indikation, rechtfertigende:
Entscheidung eines Arztes mit der erforderlichen Fachkunde im Strahlenschutz, dass und in welcher Weise radioaktive Stoffe oder ionisierende Strahlung am Menschen in der Heilkunde oder Zahnheilkunde angewendet werden;

18. Konsumgüter:
Für den Endverbraucher bestimmte Bedarfsgegenstände im Sinne des Lebensmittel- und Bedarfsgegenständegesetzes sowie Güter und Gegenstände des täglichen Gebrauchs zur Verwendung im häuslichen und beruflichen Bereich, ausgenommen Baustoffe und bauartzugelassene Vorrichtungen, in die sonstige radioaktive Stoffe nach § 2 Abs. 1 des Atomgesetzes eingefügt sind;

19. Kontamination:
Verunreinigung mit radioaktiven Stoffen

   a) Oberflächenkontamination:
   Verunreinigung einer Oberfläche mit radioaktiven Stoffen, die die nicht festhaftende, die festhaftende und die über die Oberfläche eingedrungene Aktivität umfasst. Die Einheit der Messgröße der Oberflächenkontamination ist die flächenbezögene Aktivität in Becquerel pro Quadratzentimeter;

   b) Oberflächenkontamination, nicht festhaftende:
   Verunreinigung einer Oberfläche mit radioaktiven Stoffen, bei denen eine Weiterverbreitung der radioaktiven Stoffe nicht ausgeschlossen werden kann;

20. Materialien:
Stoffe, die natürlich vorkommende Radionuklide enthalten oder mit solchen Stoffen kontaminiert sind. Dabei bleiben für diese Begriffsbestimmung natürliche und künstliche Radionuklide, die Gegenstand von Tätigkeiten sind oder waren, oder aus Ereignissen nach § 51 Abs. 1 Satz 1 stammen, unberücksichtigt. Ebenso bleiben Kontaminationen in der Umwelt aufgrund von

Kernwaffenversuchen und kerntechnischen Unfällen außerhalb des Geltungsbereiches dieser Verordnung unberücksichtigt;

21. Medizinphysik-Experte:
In medizinischer Physik besonders ausgebildeter Diplom-Physiker mit der erforderlichen Fachkunde im Strahlenschutz oder eine inhaltlich gleichwertig ausgebildete sonstige Person mit Hochschul- oder Fachhochschulabschluss und mit der erforderlichen Fachkunde im Strahlenschutz;

22. Notstandssituation, radiologische:
Situation im Sinne des Artikels 2 der Richtlinie 89/618/EURATOM vom 27. November 1989 (Richtlinie des Rates vom 27. November 1989 über die Unterrichtung der Bevölkerung über die bei einer radiologischen Notstandssituation geltenden Verhaltensmaßregeln und zu ergreifenden Gesundheitsschutzmaßnahmen; ABl. EG Nr. L 357 S. 31), die auf den Bevölkerungsgrenzwert von 5 Millisievert im Kalenderjahr der Richtlinie 80/836/EURATOM vom 15. Juli 1980 (Richtlinie des Rates vom 15. Juli 1980 zur Änderung der Richtlinien, mit denen die Grundnormen für den Gesundheitsschutz der Bevölkerung und der Arbeitskräfte gegen die Gefahren ionisierender Strahlungen festgelegt wurden; ABl. EG Nr. L 246 S. 1) verweist;

23. Person, beruflich strahlenexponierte:
Beruflich strahlenexponierte Person im Sinne dieser Verordnung ist

a) im Bereich der Tätigkeiten diejenige der Kategorie A oder B des § 54, und

b) im Bereich der Arbeiten diejenige, für die die Abschätzung nach § 95 Abs. 1 ergeben hat, dass die effektive Dosis im Kalenderjahr 6 Millisievert überschreiten kann, oder für die die Ermittlung nach § 103 Abs. 1 ergeben hat, dass die effektive Dosis im Kalenderjahr 1 Millisievert überschreiten kann;

24. Person, helfende:
Person, die außerhalb ihrer beruflichen Tätigkeit freiwillig oder mit Einwilligung ihres gesetzlichen Vertreters Personen unterstützt oder betreut, an denen in Ausübung der Heilkunde oder Zahnheilkunde oder im Rahmen der medizinischen Forschung radioaktive Stoffe oder ionisierende Strahlung angewandt werden;

25. Referenzperson:
Normperson, von der bei der Ermittlung der Strahlenexposition nach § 47 ausgegangen wird. Die Annahmen zur Ermittlung der Strahlenexposition dieser Normperson (Lebensgewohnheiten und übrige Annahmen für die Dosisberechnung) sind in Anlage VII festgelegt;

26. Referenzwerte, diagnostische:

a) Dosiswerte bei medizinischer Anwendung ionisierender Strahlung oder

b) empfohlene Aktivitätswerte bei medizinischer Anwendung radioaktiver Arzneimittel, für typische Untersuchungen, bezogen auf Standardphantome oder auf Patientengruppen mit Standardmaßen, für einzelne Gerätekategorien;

27. Rückstände:
Materialien, die in den in Anlage XII Teil A genannten industriellen und bergbaulichen Prozessen anfallen und die dort genannten Voraussetzungen erfüllen;

28. Störfall:
Ereignisablauf, bei dessen Eintreten der Betrieb der Anlage oder die Tätigkeit aus sicherheitstechnischen Gründen nicht fortgeführt werden kann und für den die Anlage auszulegen ist oder für den bei der Tätigkeit vorsorglich Schutzvorkehrungen vorzusehen sind. § 7 Abs. 2a des Atomgesetzes bleibt unberührt;

29. Stoffe, offene und umschlossene radioaktive:

a) Stoffe, offene radioaktive:
Alle radioaktiven Stoffe mit Ausnahme der umschlossenen radioaktiven Stoffe;

b) Stoffe, umschlossene radioaktive:
Radioaktive Stoffe, die ständig von einer allseitig dichten, festen, inaktiven Hülle umschlossen oder in festen inaktiven Stoffen ständig so eingebettet sind, dass bei üblicher betriebsmäßiger Beanspruchung ein Austritt radioaktiver Stoffe mit Sicherheit verhindert wird; eine Abmessung muss mindestens 0,2 cm betragen;

30. Strahlenexposition:
Einwirkung ionisierender Strahlung auf den menschlichen Körper. Ganzkörperexposition ist die Einwirkung ionisierender Strahlung auf den ganzen Körper, Teilkörperexposition ist die Einwirkung ionisierender Strahlung auf einzelne Organe, Gewebe oder Körperteile. Äußere Strahlenexposition ist die Einwirkung durch Strahlungsquellen außerhalb des Körpers, innere Strahlenexposition ist die Einwirkung durch Strahlungsquellen innerhalb des Körpers;

31. Strahlenexposition, berufliche:
Die Strahlenexposition einer Person, die

a) zum Ausübenden einer Tätigkeit nach § 2 Abs. 1 Nr. 1 oder einer Arbeit nach § 2 Abs. 1 Nr. 2 in einem Beschäftigungs- oder Ausbildungsverhältnis steht oder diese Tätigkeit oder Arbeit selbst ausübt,

b) eine Aufgabe nach § 19 oder § 20 des Atomgesetzes oder nach § 66 dieser Verordnung wahrnimmt, oder

c) im Rahmen des § 15 oder § 95 dieser Verordnung in fremden Anlagen, Einrichtungen oder Betriebsstätten beschäftigt ist, dort eine Aufgabe nach § 15 selbst wahrnimmt oder nach § 95 eine Arbeit selbst ausübt.

Eine nicht mit der Berufsausübung zusammenhängende Strahlenexposition bleibt dabei unberücksichtigt;

32. Strahlenexposition, medizinische:

a) Exposition einer Person im Rahmen ihrer Untersuchung oder Behandlung in der Heilkunde oder Zahnheilkunde (Patient),

b) Exposition einer Person, an der mit ihrer Einwilligung oder mit Einwilligung ihres gesetzlichen Vertreters radioaktive Stoffe oder ionisierende Strahlung in der medizinischen Forschung angewendet werden (Proband);

33. Strahlenschutzbereiche:
Überwachungsbereich, Kontrollbereich und Sperrbereich als Teil des Kontrollbereichs;

34. Umgang mit radioaktiven Stoffen:
Gewinnung, Erzeugung, Lagerung, Bearbeitung, Verarbeitung, sonstige Verwendung und Beseitigung von radioaktiven Stoffen im Sinne des § 2 des Atomgesetzes, soweit es sich nicht um Arbeiten handelt, sowie der Betrieb von Bestrahlungsvorrichtungen; als Umgang gilt auch die Aufsuchung, Gewinnung und Aufbereitung von radioaktiven Bodenschätzen im Sinne des Bundesberggesetzes;

35. Unfall:
Ereignisablauf, der für eine oder mehrere Personen eine effektive Dosis von mehr als 50 Millisievert zur Folge haben kann;

36. Verbringung:

a) Einfuhr in den Geltungsbereich dieser Verordnung aus einem Staat, der nicht Mitgliedstaat der Europäischen Gemeinschaften ist,

b) Ausfuhr aus dem Geltungsbereich dieser Verordnung in einen Staat, der nicht Mitgliedstaat der Europäischen Gemeinschaften ist, oder

c) grenzüberschreitender Warenverkehr aus einem Mitgliedstaat der Europäischen Gemeinschaften in den Geltungsbereich dieser Verordnung oder in einen Mitgliedstaat der Europäischen Gemeinschaften aus dem Geltungsbereich dieser Verordnung;

37. Vorsorge, arbeitsmedizinische:
Ärztliche Untersuchung, gesundheitliche Beurteilung und Beratung einer beruflich strahlenexponierten Person durch einen Arzt nach § 64 Abs. 1 Satz 1.

38. Zusatz radioaktiver Stoffe:
Zweckgerichteter Zusatz von Radionukliden zu Stoffen zur Erzeugung besonderer Eigenschaften, wenn

a) der Zusatz künstlich erzeugter Radionuklide zu Stoffen dazu führt, dass die spezifische Aktivität im Produkt 500 Mikrobecquerel je Gramm überschreitet, oder

b) der Zusatz natürlich vorkommender Radionuklide dazu führt, dass deren spezifische Aktivität im Produkt ein Fünftel der Freigrenzen der Anlage III Tabelle 1 Spalte 3 überschreitet.

Es ist unerheblich, ob der Zusatz aufgrund der Radioaktivität oder aufgrund anderer Eigenschaften erfolgt.

Teil 2
Schutz von Mensch und Umwelt vor radioaktiven Stoffen oder ionisierender Strahlung aus der zielgerichteten Nutzung bei Tätigkeiten

Kapitel 1
Strahlenschutzgrundsätze, Grundpflichten und allgemeine Grenzwerte

§ 4 Rechtfertigung

(1) Neue Arten von Tätigkeiten, die unter § 2 Abs. 1 Nr. 1 fallen würden, mit denen Strahlenexpositionen oder Kontaminationen von Mensch und Umwelt verbunden sein können, müssen unter Abwägung ihres wirtschaftlichen, sozialen oder sonstigen Nutzens gegenüber der möglicherweise von ihnen ausgehenden gesundheitlichen Beeinträchtigung gerechtfertigt sein. Die Rechtfertigung bestehender Arten von Tätigkeiten kann überprüft werden, sobald wesentliche neue Erkenntnisse über den Nutzen oder die Auswirkungen der Tätigkeit vorliegen.

(2) Medizinische Strahlenexpositionen im Rahmen der Heilkunde, Zahnheilkunde oder der medizinischen Forschung müssen einen hinreichenden Nutzen erbringen, wobei ihr Gesamtpotenzial an diagnostischem oder therapeutischem Nutzen, einschließlich des unmittelbaren gesundheitlichen Nutzens für den Einzelnen und des Nutzens für die Gesellschaft, abzuwägen ist gegenüber der von der Strahlenexposition möglicherweise verursachten Schädigung des Einzelnen.

(3) Welche Arten von Tätigkeiten nach den Absätzen 1 und 2 nicht gerechtfertigt sind, wird durch gesonderte Rechtsverordnung nach § 12 Abs. 1 Satz 1 Nr. 1 des Atomgesetzes bestimmt.

§ 5 Dosisbegrenzung

Wer eine Tätigkeit nach § 2 Abs. 1 Nr. 1 Buchstabe a bis d plant, ausübt oder ausüben lässt, ist verpflichtet, dafür zu sorgen, dass die Dosisgrenzwerte der §§ 46, 47, 55, 56 und 58 nicht überschritten werden. Die Grenzwerte der effektiven Dosis im Kalenderjahr betragen nach § 46 Abs. 1 für den Schutz von Einzelpersonen der Bevölkerung 1 Millisievert und nach § 55 Abs. 1 Satz 1 für den Schutz beruflich strahlenexponierter Personen bei deren Berufsausübung 20 Millisievert.

§ 6 Vermeidung unnötiger Strahlenexposition und Dosisreduzierung

(1) Wer eine Tätigkeit nach § 2 Abs. 1 Nr. 1 plant oder ausübt, ist verpflichtet, jede unnötige Strahlenexposition oder Kontamination von Mensch und Umwelt zu vermeiden.

(2) Wer eine Tätigkeit nach § 2 Abs. 1 Nr. 1 plant oder ausübt, ist verpflichtet, jede Strahlenexposition oder Kontamination von Mensch und Umwelt unter Beachtung des Standes von Wissenschaft und Technik und unter Berücksichtigung aller Umstände des Einzelfalls auch unterhalb der Grenzwerte so gering wie möglich zu halten.

Kapitel 2
Genehmigungen, Zulassungen, Freigabe

Abschnitt 1
Umgang mit radioaktiven Stoffen

§ 7 Genehmigungsbedürftiger Umgang mit radioaktiven Stoffen

(1) Wer mit sonstigen radioaktiven Stoffen nach § 2 Abs. 1 des Atomgesetzes oder mit Kernbrennstoffen nach § 2 Abs. 3 des Atomgesetzes umgeht, bedarf der Genehmigung. Einer Genehmigung bedarf ferner, wer von dem in der Genehmigungsurkunde festgelegten Umgang wesentlich abweicht.

(2) Eine Genehmigung nach den §§ 6, 7 oder 9 des Atomgesetzes oder nach § 11 Abs. 2 dieser Verordnung oder ein Planfeststellungsbeschluss nach § 9b des Atomgesetzes kann sich auch auf einen nach Absatz 1 genehmigungsbedürftigen Umgang erstrecken; soweit eine solche Erstreckung erfolgt, ist eine Genehmigung nach Absatz 1 nicht erforderlich.

(3) Eine Genehmigung nach Absatz 1 ist nicht erforderlich bei dem Aufsuchen, Gewinnen oder Aufbereiten von radioaktiven Bodenschätzen, wenn hierauf die Vorschriften des Bundesberggesetzes Anwendung finden.

§ 8 Genehmigungsfreier Umgang; genehmigungsfreier Besitz von Kernbrennstoffen

(1) Eine Genehmigung nach § 7 Abs. 1 ist in den in Anlage I Teil A und B genannten Fällen nicht erforderlich. Bei der Prüfung der Voraussetzungen nach Anlage I Teil B Nr. 1 oder 2 bleiben die Aktivitäten radioaktiver Stoffe der in Anlage I Teil A oder Teil B Nr. 3 bis 7 genannten Art außer Betracht.

(2) Bei einem nach § 7 Abs. 1 genehmigten Umgang ist zusätzlich ein genehmigungsfreier Umgang nach Absatz 1 für die radioaktiven Stoffe, die in der Genehmigung aufgeführt sind, auch unterhalb der Freigrenzen der Anlage III Tabelle 1 Spalte 2 und 3 nicht zulässig. Satz 1 gilt nicht, wenn in einem einzelnen Betrieb oder selbständigen Zweigbetrieb, bei Nichtgewerbetreibenden am Ort der Tätigkeit des Genehmigungsinhabers, mit radioaktiven Stoffen in mehreren, räumlich voneinander getrennten Gebäuden, Gebäudeteilen, Anlagen oder Einrichtungen umgegangen wird und ausreichend sichergestellt ist, dass die radioaktiven Stoffe aus den einzelnen Gebäuden, Gebäudeteilen, Anlagen oder Einrichtungen nicht zusammenwirken können.

(3) Auf denjenigen, der

1. mit Kernbrennstoffen

   a) nach Absatz 1 in Verbindung mit Anlage 1 Teil B Nr. 1 oder 2 ohne Genehmigung oder
   b) aufgrund einer Genehmigung nach § 7 Abs. 1

   umgehen darf oder

2. Kernbrennstoffe

   a) aufgrund von § 17 ohne Genehmigung oder
   b) aufgrund einer Genehmigung nach § 16 Abs. 1

   befördern darf,

sind die Vorschriften des § 5 Abs. 2 bis 4 des Atomgesetzes nicht anzuwenden. Die Herausgabe von Kernbrennstoffen aus der staatlichen Verwahrung nach § 5 Abs. 1 des Atomgesetzes oder aus der genehmigten Aufbewahrung nach § 6 des Atomgesetzes oder § 7 dieser Verordnung ist auch zulässig, wenn der Empfänger nach Satz 1 zum Besitz der Kernbrennstoffe berechtigt ist oder wenn diese Kernbrennstoffe zum Zweck der Ausfuhr befördert werden sollen.

§ 9 Genehmigungsvoraussetzungen für den Umgang mit radioaktiven Stoffen

(1) Die Genehmigung nach § 7 Abs. 1 ist zu erteilen, wenn

1. keine Tatsachen vorliegen, aus denen sich Bedenken gegen die Zuverlässigkeit des Antragstellers, seines gesetzlichen Vertreters oder, bei juristischen Personen oder nicht rechtsfähigen Personenvereinigungen, der nach Gesetz, Satzung oder Gesellschaftsvertrag zur Vertretung oder Geschäftsführung Berechtigten ergeben, und, falls ein Strahlenschutzbeauftragter nicht notwendig ist, der Antragsteller die erforderliche Fachkunde im Strahlenschutz besitzt,

2. keine Tatsachen vorliegen, aus denen sich Bedenken gegen die Zuverlässigkeit der Strahlenschutzbeauftragten ergeben, und sie die erforderliche Fachkunde im Strahlenschutz besitzen,

3. die für eine sichere Ausführung des Umgangs notwendige Anzahl von Strahlenschutzbeauftragten vorhanden ist und ihnen die für die Erfüllung ihrer Aufgaben erforderlichen Befugnisse eingeräumt sind,

4. gewährleistet ist, dass die bei dem Umgang sonst tätigen Personen die notwendigen Kenntnisse über die mögliche Strahlengefährdung und die anzuwendenden Schutzmaßnahmen besitzen,

5. gewährleistet ist, dass bei dem Umgang die Ausrüstungen vorhanden und die Maßnahmen getroffen sind, die nach dem Stand von Wissenschaft und Technik erforderlich sind, damit die Schutzvorschriften eingehalten werden,

6. keine Tatsachen vorliegen, aus denen sich Bedenken ergeben, dass das für eine sichere Ausführung des Umgangs notwendige Personal nicht vorhanden ist,

7. die erforderliche Vorsorge für die Erfüllung gesetzlicher Schadensersatzverpflichtungen getroffen ist,

8. der erforderliche Schutz gegen Störmaßnahmen oder sonstige Einwirkungen Dritter gewährleistet ist,

9. überwiegende öffentliche Interessen, insbesondere im Hinblick auf die Umweltauswirkungen, dem Umgang nicht entgegenstehen und

10. § 4 Abs. 3 dem beabsichtigten Umgang nicht entgegensteht.

(2) Für eine Genehmigung nach § 7 Abs. 1 in Verbindung mit § 77 Satz 1 Halbsatz 2 für die anderweitige Beseitigung oder nach § 7 Abs. 1 in Verbindung mit § 77 Satz 2 Halbsatz 2 für die anderweitige Zwischenlagerung radioaktiver Abfälle gelten die Voraussetzungen nach Absatz 1 entsprechend. Diese Genehmigung darf nur erteilt werden, wenn ein Bedürfnis für die anderweitige Beseitigung oder Zwischenlagerung besteht.

(3) Für eine Genehmigung zum Umgang im Zusammenhang mit der Anwendung am Menschen muss zusätzlich zu den Voraussetzungen nach Absatz 1 der Antragsteller oder der von ihm schriftlich bestellte Strahlenschutzbeauftragte als Arzt oder Zahnarzt approbiert oder ihm die vorübergehende Ausübung des ärztlichen oder zahnärztlichen Berufs erlaubt sein, und

1. für Behandlungen in erforderlicher Anzahl Medizinphysik-Experten als weitere Strahlenschutzbeauftragte bestellt sein oder

2. für nuklearmedizinische Untersuchungen oder Standardbehandlungen gewährleistet sein, dass ein Medizinphysik-Experte, insbesondere zur Optimierung und Qualitätssicherung bei der Anwendung radioaktiver Stoffe, verfügbar ist.

(4) Für eine Genehmigung zum Umgang im Zusammenhang mit der Anwendung am Tier in der Tierheilkunde muss zusätzlich zu den in Absatz 1 genannten Voraussetzungen der Antragsteller oder der von ihm schriftlich bestellte Strahlenschutzbeauftragte zur Ausübung des tierärztlichen oder ärztlichen Berufs berechtigt sein.

(5) Die Anforderungen an die Beschaffenheit von Bestrahlungsvorrichtungen und von radioaktiven Stoffen, die Medizinprodukte oder Zubehör im Sinne des Medizinproduktegesetzes sind, richten sich nach den jeweils geltenden Anforderungen des Medizinproduktegesetzes.

(6) Dem Genehmigungsantrag sind insbesondere die Unterlagen nach Anlage II Teil A beizufügen.

§ 10 Befreiung von der Pflicht zur Deckungsvorsorge

(1) Keiner Deckungsvorsorge nach § 6 Abs. 2 Satz 1 Nr. 3, § 9 Abs. 2 Satz 1 Nr. 4 des Atomgesetzes und § 9 Abs. 1 Nr. 7 dieser Verordnung bedarf es, wenn die Gesamtaktivität der radioaktiven Stoffe, mit denen in dem einzelnen Betrieb oder selbständigen Zweigbetrieb, bei Nichtgewerbetreibenden am Ort der Tätigkeit des Antragstellers, umgegangen wird, das 106fache der Freigrenzen der Anlage III Tabelle 1 Spalte 2 und bei angereichertem Uran die Masse an Uran-235, den Wert von 350 Gramm nicht überschreitet und ausreichend sichergestellt ist, dass die sonstigen radioaktiven Stoffe aus den einzelnen Gebäuden, Gebäudeteilen, Anlagen oder Einrichtungen nicht zusammenwirken können.

(2) Keiner Deckungsvorsorge nach § 9 Abs. 1 Nr. 7 bedarf es ferner, wenn in dem einzelnen Betrieb oder selbständigen Zweigbetrieb, bei Nichtgewerbetreibenden am Ort der Tätigkeit des Antragstellers, mit sonstigen radioaktiven Stoffen in mehreren räumlich voneinander getrennten Gebäuden, Gebäudeteilen, Anlagen oder Einrichtungen umgegangen wird, die Aktivität der sonstigen radioaktiven Stoffe in den einzelnen Gebäuden, Gebäudeteilen, Anlagen oder Einrichtungen das 106fache der Freigrenzen der Anlage III Tabelle 1 Spalte 2 nicht überschreitet und ausreichend sichergestellt ist, dass die sonstigen radioaktiven Stoffe aus den einzelnen Gebäuden, Gebäudeteilen, Anlagen oder Einrichtungen nicht zusammenwirken können.

(3) Bei Anwendung des Absatzes 1 oder 2 darf der Anteil an offenen radioaktiven Stoffen das 105fache der Freigrenzen der Anlage III Tabelle 1 Spalte 2 nicht überschreiten.

Teil 2: Zielgerichtete Nutzung radioaktiver Stoffe oder ionisierender Strahlung

Abschnitt 2
Anlagen zur Erzeugung ionisierender Strahlen

§ 11 Genehmigungsbedürftige Errichtung und genehmigungsbedürftiger Betrieb von Anlagen zur Erzeugung ionisierender Strahlen

(1) Wer eine Anlage der folgenden Art errichtet, bedarf der Genehmigung:

1. Beschleuniger- oder Plasmaanlage, in der je Sekunde mehr als 1012 Neutronen erzeugt werden können,
2. Elektronenbeschleuniger mit einer Endenergie der Elektronen von mehr als zehn Megaelektronvolt, sofern die mittlere Strahlleistung 1 Kilowatt übersteigen kann,
3. Elektronenbeschleuniger mit einer Endenergie der Elektronen von mehr als 150 Megaelektronvolt,
4. Ionenbeschleuniger mit einer Endenergie der Ionen von mehr als zehn Megaelektronvolt je Nukleon, sofern die mittlere Strahlleistung 50 Watt übersteigen kann,
5. Ionenbeschleuniger mit einer Endenergie der Ionen von mehr als 150 Megaelektronvolt je Nukleon.

(2) Wer eine Anlage zur Erzeugung ionisierender Strahlen betreibt oder die Anlage oder ihren Betrieb wesentlich verändert, bedarf der Genehmigung.

(3) Einer Genehmigung nach Absatz 2 bedarf auch, wer ionisierende Strahlung aus einer Bestrahlungsvorrichtung, die Bestandteil einer nach § 7 des Atomgesetzes genehmigten Anlage zur Spaltung von Kernbrennstoffen ist, in der Heilkunde, Zahnheilkunde oder Tierheilkunde anwendet.

§ 12 Genehmigungsfreier Betrieb von Anlagen zur Erzeugung ionisierender Strahlen

(1) Einer Genehmigung nach § 11 Abs. 2 bedarf nicht, wer eine Anlage der folgenden Art betreibt oder wesentlich verändert, wenn er die Inbetriebnahme oder Veränderung der zuständigen Behörde vorher anzeigt:

1. Plasmaanlage, bei der die Ortsdosisleistung im Abstand von 0,1 Meter von den Wandungen des Bereichs, der aus elektrotechnischen Gründen während des Betriebs unzugänglich ist, 10 Mikrosievert durch Stunde nicht überschreitet,
2. Ionenbeschleuniger, bei dem die Ortsdosisleistung im Abstand von 0,1 Meter von der berührbaren Oberfläche 10 Mikrosievert durch Stunde nicht überschreitet.

(2) Die zuständige Behörde kann den Betrieb einer Anlage der in Absatz 1 genannten Art untersagen, wenn

1. der zur Anzeige Verpflichtete oder der von ihm für die Leitung oder Beaufsichtigung des Betriebs bestellte Strahlenschutzbeauftragte nicht die erforderliche Fachkunde im Strahlenschutz besitzt,
2. die für eine sichere Ausführung des Betriebs notwendige Anzahl von Strahlenschutzbeauftragten nicht oder nicht mehr vorhanden ist oder
3. der zur Anzeige Verpflichtete oder der von ihm für die Leitung oder Beaufsichtigung des Betriebs bestellte Strahlenschutzbeauftragte nicht zuverlässig ist.

(3) Wer eine Anlage der in Anlage I Teil C genannten Art betreibt, bedarf keiner Genehmigung nach § 11 Abs. 2 oder Anzeige nach Absatz 1.

§ 13 Genehmigungsvoraussetzungen für die Errichtung von Anlagen zur Erzeugung ionisierender Strahlen

Die Genehmigung nach § 11 Abs. 1 für die Errichtung einer Anlage zur Erzeugung ionisierender Strahlen ist zu erteilen, wenn

1. keine Tatsachen vorliegen, aus denen sich Bedenken gegen die Zuverlässigkeit des Antragstellers, seines gesetzlichen Vertreters oder, bei juristischen Personen oder nicht rechtsfähigen Personenvereinigungen, der nach Gesetz, Satzung oder Gesellschaftsvertrag zur Vertretung oder Geschäftsführung Berechtigten ergeben und, falls ein Strahlenschutzbeauftragter nicht notwendig ist, der Antragsteller die erforderliche Fachkunde im Strahlenschutz besitzt,

2. gewährleistet ist, dass für die Errichtung der Anlage ein Strahlenschutzbeauftragter bestellt wird, der die erforderliche Fachkunde im Strahlenschutz besitzt und der die Anlage entsprechend der Genehmigung errichten oder errichten lassen kann; es dürfen keine Tatsachen vorliegen, aus denen sich Bedenken gegen die Zuverlässigkeit des Strahlenschutzbeauftragten ergeben,

3. gewährleistet ist, dass in den allgemein zugänglichen Bereichen außerhalb des Betriebsgeländes die Strahlenexposition von Personen bei dauerndem Aufenthalt infolge des Betriebs der Anlage die für Einzelpersonen der Bevölkerung zugelassenen Grenzwerte nicht überschreitet, wobei die Ableitung radioaktiver Stoffe mit Luft und Wasser und die austretende und gestreute Strahlung zu berücksichtigen sind,

4. die Vorschriften über den Schutz der Umwelt bei dem beabsichtigten Betrieb der Anlage sowie bei Störfällen eingehalten werden können,

5. der erforderliche Schutz gegen Störmaßnahmen oder sonstige Einwirkungen Dritter gewährleistet ist,

6. überwiegende öffentliche Interessen, insbesondere im Hinblick auf die Umweltauswirkungen, dem beabsichtigten Betrieb der Anlage nicht entgegenstehen und

7. § 4 Abs. 3 der beabsichtigten Errichtung nicht entgegensteht.

§ 14 Genehmigungsvoraussetzungen für den Betrieb von Anlagen zur Erzeugung ionisierender Strahlen

(1) Die Genehmigung nach § 11 Abs. 2 ist zu erteilen, wenn

1. keine Tatsachen vorliegen, aus denen sich Bedenken gegen die Zuverlässigkeit des Antragstellers, seines gesetzlichen Vertreters oder, bei juristischen Personen oder nicht rechtsfähigen Personenvereinigungen, der nach Gesetz, Satzung oder Gesellschaftsvertrag zur Vertretung oder Geschäftsführung Berechtigten ergeben und, falls ein Strahlenschutzbeauftragter nicht notwendig ist, der Antragsteller die erforderliche Fachkunde im Strahlenschutz besitzt,

2. keine Tatsachen vorliegen, aus denen sich Bedenken gegen die Zuverlässigkeit der Strahlenschutzbeauftragten ergeben, und sie die erforderliche Fachkunde im Strahlenschutz besitzen,

3. die für eine sichere Ausführung des Betriebs notwendige Anzahl von Strahlenschutzbeauftragten vorhanden ist und ihnen die für die Erfüllung ihrer Aufgaben erforderlichen Befugnisse eingeräumt sind,

4. gewährleistet ist, dass die bei dem Betrieb sonst tätigen Personen die notwendigen Kenntnisse über die mögliche Strahlengefährdung und die anzuwendenden Schutzmaßnahmen besitzen,

Teil 2: Zielgerichtete Nutzung radioaktiver Stoffe oder ionisierender Strahlung

5. gewährleistet ist, dass bei dem Betrieb die Ausrüstungen vorhanden und die Maßnahmen getroffen sind, die nach dem Stand von Wissenschaft und Technik erforderlich sind, damit die Schutzvorschriften eingehalten werden,

6. keine Tatsachen vorliegen, aus denen sich Bedenken ergeben, dass das für eine sichere Ausführung des Betriebes notwendige Personal nicht vorhanden ist,

7. die erforderliche Vorsorge für die Erfüllung gesetzlicher Schadensersatzverpflichtungen getroffen ist,

8. der erforderliche Schutz gegen Störmaßnahmen oder sonstige Einwirkungen Dritter gewährleistet ist, soweit die Errichtung der Anlage der Genehmigung nach § 11 Abs. 1 bedarf,

9. überwiegende öffentliche Interessen, insbesondere im Hinblick auf die Umweltauswirkungen, dem beabsichtigten Betrieb der Anlage nicht entgegenstehen und

10. § 4 Abs. 3 dem beabsichtigten Betrieb nicht entgegensteht.

Es gilt § 9 Abs. 5 entsprechend.

(2) Für eine Genehmigung zum Betrieb einer Anlage zur Erzeugung ionisierender Strahlen im Zusammenhang mit der Anwendung am Menschen müssen zusätzlich zu Absatz 1 folgende Voraussetzungen erfüllt sein:

1. Der Antragsteller oder der von ihm schriftlich bestellte Strahlenschutzbeauftragte ist als Arzt oder Zahnarzt approbiert oder ihm ist die vorübergehende Ausübung des ärztlichen oder zahnärztlichen Berufs erlaubt, und

2. ein Medizinphysik-Experte ist als weiterer Strahlenschutzbeauftragter bestellt.

(3) Für eine Genehmigung zum Betrieb einer Anlage zur Erzeugung ionisierender Strahlen im Zusammenhang mit der Anwendung am Tier in der Tierheilkunde muss zusätzlich zu den in Absatz 1 genannten Voraussetzungen der Antragsteller oder der von ihm schriftlich bestellte Strahlenschutzbeauftragte zur Ausübung des tierärztlichen oder ärztlichen Berufs berechtigt sein.

(4) Dem Genehmigungsantrag sind insbesondere die Unterlagen nach Anlage II Teil B beizufügen.

(5) Lässt sich erst während eines Probebetriebs beurteilen, ob die Voraussetzungen des Absatzes 1 Nr. 5 vorliegen, kann die zuständige Behörde die Genehmigung nach § 11 Abs. 2 befristet erteilen. Der Betreiber hat zu gewährleisten, dass die Vorschriften über die Dosisgrenzwerte, über die Sperrbereiche, Kontrollbereiche sowie zur Begrenzung der Ableitung radioaktiver Stoffe während des Probebetriebs eingehalten werden.

Abschnitt 3
Beschäftigung in fremden Anlagen oder Einrichtungen

§ 15 Genehmigungsbedürftige Beschäftigung in fremden Anlagen oder Einrichtungen

(1) Wer in fremden Anlagen oder Einrichtungen unter seiner Aufsicht stehende Personen beschäftigt oder Aufgaben selbst wahrnimmt und dies bei diesen Personen oder bei sich selbst im Kalenderjahr zu einer effektiven Dosis von mehr als 1 Millisievert führen kann, bedarf der Genehmigung.

(2) Bei Beschäftigungen nach Absatz 1 in Anlagen oder Einrichtungen, in denen mit radioaktiven Stoffen umgegangen wird, ist § 9 Abs. 1 Nr. 1 bis 5, bei Beschäftigungen nach Absatz 1 im Zusammenhang mit dem Betrieb von Anlagen zur Erzeugung ionisierender Strahlen ist § 14 Abs. 1 Nr. 1 bis 5 entsprechend anzuwenden.

(3) Bei Beschäftigungen nach Absatz 1 ist den Anordnungen des Strahlenschutzverantwortlichen und der Strahlenschutzbeauftragten der Anlage oder Einrichtung, die diese in Erfüllung ihrer Pflichten nach § 33 treffen, Folge zu leisten. Der Inhaber einer Genehmigung nach Absatz 1 hat dafür zu sorgen, dass die unter seiner Aufsicht beschäftigten Personen die Anordnungen der Strahlenschutzverantwortlichen und Strahlenschutzbeauftragten der Anlagen oder Einrichtungen befolgen.

Abschnitt 4
Beförderung radioaktiver Stoffe

§ 16 Genehmigungsbedürftige Beförderung

(1) Die Beförderung von sonstigen radioaktiven Stoffen nach § 2 Abs. 1 des Atomgesetzes oder von Kernbrennstoffen nach § 2 Abs. 3 des Atomgesetzes auf öffentlichen oder der Öffentlichkeit zugänglichen Verkehrswegen bedarf der Genehmigung. Eine erteilte Genehmigung erstreckt sich auch auf die Teilstrecken eines Beförderungsvorgangs, der nicht auf öffentlichen oder der Öffentlichkeit zugänglichen Verkehrswegen stattfindet, soweit für diese Teilstrecken keine Umgangsgenehmigung vorliegt.

(2) Eine Genehmigung nach § 4 Abs. 1 des Atomgesetzes kann sich auch auf eine genehmigungsbedürftige Beförderung radioaktiver Stoffe nach Absatz 1 erstrecken, soweit es sich um denselben Beförderungsvorgang handelt; soweit eine solche Erstreckung erfolgt, ist eine Genehmigung nach Absatz 1 nicht erforderlich.

(3) Die Genehmigung kann dem Absender, dem Beförderer oder demjenigen erteilt werden, der es übernimmt, die Versendung oder Beförderung zu besorgen. Sie ist für den einzelnen Beförderungsvorgang zu erteilen, kann jedoch einem Antragsteller allgemein auf längstens drei Jahre erteilt werden, soweit die in § 1 Nr. 2 bis 4 des Atomgesetzes bezeichneten Zwecke nicht entgegenstehen.

(4) Bei der Beförderung ist eine Ausfertigung oder eine amtlich beglaubigte Abschrift des Genehmigungsbescheids mitzuführen. Die Ausfertigung oder Abschrift des Genehmigungsbescheids ist der für die Aufsicht zuständigen Behörde oder den von ihr Beauftragten auf Verlangen vorzuzeigen.

(5) Die Bestimmungen des Genehmigungsbescheids sind bei der Ausführung der Beförderung auch vom Beförderer, der nicht selbst Inhaber der Genehmigung ist, zu beachten.

(6) Die für die jeweiligen Verkehrsträger geltenden Rechtsvorschriften über die Beförderung gefährlicher Güter bleiben unberührt.

§ 17 Genehmigungsfreie Beförderung

(1) Die Beförderung von

1. Stoffen der in Anlage I Teil B genannten Art oder von Stoffen, die von der Anwendung der Vorschriften für die Beförderung gefährlicher Güter befreit sind,

2. sonstigen radioaktiven Stoffen nach § 2 Abs. 1 des Atomgesetzes oder Kernbrennstoffen nach § 2 Abs. 3 des Atomgesetzes, soweit diese nicht bereits von Nummer 1 erfasst werden, unter den Voraussetzungen für freigestellte Versandstücke nach den Vorschriften für die Beförderung gefährlicher Güter,

3. sonstigen radioaktiven Stoffen nach § 2 Abs. 1 des Atomgesetzes oder Kernbrennstoffen nach § 2 Abs. 3 des Atomgesetzes,

   a) nach der Gefahrgutverordnung See oder

   b) mit Luftfahrzeugen und der hierfür erforderlichen Erlaubnis nach § 27 des Luftverkehrsgesetzes oder

4. sonstigen radioaktiven Stoffen nach § 2 Abs. 1 des Atomgesetzes, deren Aktivität je Beförderungs- oder Versandstück das 107fache der Freigrenzen der Anlage III Tabelle 1 Spalte 2 nicht überschreitet, oder Kernbrennstoffen nach § 2 Abs. 3 des Atomgesetzes, deren Aktivität je Beförderungs- oder Versandstück das 105fache der Anlage III Tabelle 1 Spalte 2 nicht überschreitet, soweit die Beförderung nach dem Gefahrgutbeförderungsgesetz und den darauf beruhenden Verordnungen erfolgt,

bedarf keiner Genehmigung nach § 16 Abs. 1. Satz 1 gilt nicht für Großquellen im Sinne des § 23 Abs. 2 des Atomgesetzes.

(2) Die Beförderung radioaktiver Stoffe nach Absatz 1 bedarf auch keiner Genehmigung nach § 4 Abs. 1 des Atomgesetzes.

(3) Wer radioaktive Erzeugnisse oder Abfälle, die Kernmaterialien im Sinne der Anlage 1 Abs. 1 Nr. 5 zum Atomgesetz sind, befördert, ohne hierfür der Genehmigung nach § 16 Abs. 1 zu bedürfen, darf, falls er nicht selbst den Nachweis der erforderlichen Vorsorge für die Erfüllung gesetzlicher Schadensersatzverpflichtungen nach § 4b Abs. 1 des Atomgesetzes zu erbringen hat, die Kernmaterialien zur Beförderung oder Weiterbeförderung nur dann übernehmen, wenn ihm gleichzeitig eine Bescheinigung der zuständigen Behörde darüber vorgelegt wird, dass sich die Vorsorge der Person, die ihm die Kernmaterialien übergibt, auch auf die Erfüllung gesetzlicher Schadensersatzverpflichtungen im Zusammenhang mit der Beförderung oder Weiterbeförderung erstreckt.

§ 18 Genehmigungsvoraussetzungen für die Beförderung

(1) Die Genehmigung nach § 16 Abs. 1 ist zu erteilen, wenn

1. keine Tatsachen vorliegen, aus denen sich Bedenken gegen die Zuverlässigkeit des Absenders, des Beförderers und der die Versendung und Beförderung besorgenden Personen, ihrer gesetzlichen Vertreter oder, bei juristischen Personen oder nicht rechtsfähigen Personenvereinigungen, der nach Gesetz, Satzung oder Gesellschaftsvertrag zur Vertretung oder Geschäftsführung Berechtigten ergeben,

2. gewährleistet ist, dass die Beförderung durch Personen ausgeführt wird, die die für die beabsichtigte Art der Beförderung notwendigen Kenntnisse über die mögliche Strahlengefährdung und die anzuwendenden Schutzmaßnahmen besitzen,

3. gewährleistet ist, dass die radioaktiven Stoffe unter Beachtung der für den jeweiligen Verkehrsträger geltenden Rechtsvorschriften über die Beförderung gefährlicher Güter befördert werden oder, soweit solche Vorschriften fehlen, auf andere Weise die nach dem Stand von Wissenschaft und Technik erforderliche Vorsorge gegen Schäden durch die Beförderung der radioaktiven Stoffe getroffen ist,

4. bei der Beförderung von sonstigen radioaktiven Stoffen nach § 2 Abs. 1 des Atomgesetzes, deren Aktivität je Beförderungs- oder Versandstück das 109fache der Freigrenzen der Anlage III Tabelle 1 Spalte 2 oder 1015 Becquerel überschreitet, oder von Kernbrennstoffen nach § 2 Abs. 3 des Atomgesetzes, deren Aktivität je Beförderungs- oder Versandstück das 105fache der Freigrenzen der Anlage III Tabelle 1 Spalte 2 oder 1015 Becquerel überschreitet, die erforderliche Vorsorge für die Erfüllung gesetzlicher Schadensersatzverpflichtungen getroffen ist,

5. der erforderliche Schutz gegen Störmaßnahmen oder sonstige Einwirkung Dritter gewährleistet ist,

6. gewährleistet ist, dass bei der Beförderung von sonstigen radioaktiven Stoffen nach § 2 Abs. 1 des Atomgesetzes oder von Kernbrennstoffen nach § 2 Abs. 3 des Atomgesetzes mit einer Aktivität von mehr als dem 1010fachen der Freigrenzen der Anlage III Tabelle 1 Spalte 2 unter

entsprechender Anwendung des § 53 mit einer dort genannten Institution die Vereinbarungen geschlossen sind, die die Institution bei Unfällen oder Störfällen zur Schadensbekämpfung verpflichten, und

7. überwiegende öffentliche Interessen der Wahl der Art, der Zeit und des Weges der Beförderung nicht entgegenstehen.

(2) Sofern eine Haftung nach dem Pariser Übereinkommen in Verbindung mit § 25 des Atomgesetzes in Betracht kommt, tritt für Kernmaterialien anstelle der Regelung des Absatz 1 Nr. 4 die Regelung der Anlage 2 zum Atomgesetz.

Abschnitt 5
Grenzüberschreitende Verbringung radioaktiver Stoffe

§ 19 Genehmigungsbedürftige grenzüberschreitende Verbringung

(1) Wer sonstige radioaktive Stoffe nach § 2 Abs. 1 des Atomgesetzes oder Kernbrennstoffe nach § 2 Abs. 3 des Atomgesetzes aus dem Geltungsbereich dieser Verordnung in einen Staat, der nicht Mitgliedstaat der Europäischen Gemeinschaften ist, oder aus einem Staat, der nicht Mitgliedstaat der Europäischen Gemeinschaften ist, in den Geltungsbereich dieser Verordnung verbringt, bedarf der Genehmigung. Satz 1 gilt nicht für die Durchfuhr solcher Stoffe, für ihre vorübergehende Verbringung zur eigenen Nutzung im Rahmen des genehmigten Umgangs sowie für die in § 108 geregelte Verbringung.

(2) Eine Genehmigung nach § 3 Abs. 1 des Atomgesetzes kann sich auch auf eine genehmigungsbedürftige Verbringung nach Absatz 1 erstrecken; soweit eine solche Erstreckung erfolgt, ist eine Genehmigung nach Absatz 1 nicht erforderlich.

(3) Absatz 1 ist auf die Verbringung durch die Bundeswehr nicht anzuwenden.

(4) Andere Vorschriften über die Verbringung bleiben unberührt.

(5) Die Regelungen der Verordnung Nr. 1493/93/EURATOM (ABl. EG 1993 Nr. L 148 S. 1) und der Atomrechtlichen Abfallverbringungsverordnung bleiben unberührt.

§ 20 Anzeigebedürftige grenzüberschreitende Verbringung

(1) Keiner Genehmigung nach § 19 Abs. 1 dieser Verordnung bedarf, wer sonstige radioaktive Stoffe nach § 2 Abs. 1 des Atomgesetzes oder Kernbrennstoffe nach § 2 Abs. 3 des Atomgesetzes in den Geltungsbereich dieser Verordnung verbringt, wenn er

1. Vorsorge getroffen hat, dass die zu verbringenden radioaktiven Stoffe nach der Verbringung erstmals nur von Personen erworben werden, die eine nach den §§ 6, 7 oder 9 des Atomgesetzes oder nach § 7 Abs. 1 oder § 11 Abs. 2 dieser Verordnung erforderliche Genehmigung besitzen und

2. diese Verbringung der für die Überwachung nach § 22 Abs. 2 des Atomgesetzes zuständigen Behörde oder der von ihr benannten Stelle spätestens im Zusammenhang mit der Zollabfertigung mit einem von ihr bestimmten Formular anzeigt.

(2) Keiner Genehmigung nach § 19 Abs. 1 dieser Verordnung bedarf, wer sonstige radioaktive Stoffe nach § 2 Abs. 1 des Atomgesetzes aus dem Geltungsbereich dieser Verordnung verbringt, wenn er diese Verbringung der für die Überwachung nach § 22 Abs. 2 des Atomgesetzes zuständigen Behörde oder der von ihr benannten Stelle spätestens im Zusammenhang mit der Zollabfertigung mit einem von ihr bestimmten Formular anzeigt, sofern die Aktivität je Beförderungs- oder Versandstück das 108fache der Freigrenzen der Anlage III Tabelle 1 Spalte 2 dieser Verordnung nicht überschreitet.

Teil 2: Zielgerichtete Nutzung radioaktiver Stoffe oder ionisierender Strahlung

(3) Keiner Genehmigung nach § 3 Abs. 1 des Atomgesetzes bedarf, wer Kernbrennstoffe nach § 2 Abs. 1 Satz 2 des Atomgesetzes in den Geltungsbereich dieser Verordnung verbringt, sofern es sich um

1. bis zu 1 Kilogramm Uran, das auf 10 oder mehr, jedoch weniger als 20 Prozent an Uran-235 angereichert ist, oder

2. weniger als 10 Kilogramm Uran, das auf weniger als 10 Prozent an Uran-235 angereichert ist,

handelt und diese Verbringung unter Erfüllung der Voraussetzungen des Absatzes 1 Nr. 1 oder 2 der für die Überwachung nach § 22 Abs. 2 des Atomgesetzes zuständigen Behörde oder der von ihr benannten Stelle anzeigt.

§ 21 Genehmigungs- und anzeigefreie grenzüberschreitende Verbringung

Eine Genehmigung nach § 3 Abs. 1 des Atomgesetzes oder § 19 dieser Verordnung oder eine Anzeige nach § 20 dieser Verordnung ist nicht erforderlich für die Verbringung der in Anlage 1 Teil B Nr. 1 bis 6 genannten Stoffe.

§ 22 Genehmigungsvoraussetzungen für die grenzüberschreitende Verbringung

(1) Die Genehmigung nach § 19 Abs. 1 zur Verbringung in den Geltungsbereich dieser Verordnung ist zu erteilen, wenn

1. keine Tatsachen vorliegen, aus denen sich Bedenken gegen die Zuverlässigkeit des Verbringers, seines gesetzlichen Vertreters oder, bei juristischen Personen oder nicht rechtsfähigen Personenvereinigungen, der nach Gesetz, Satzung oder Gesellschaftsvertrag zur Vertretung oder Geschäftsführung Berechtigten ergeben und

2. der Verbringer Vorsorge getroffen hat, dass die radioaktiven Stoffe nach der Verbringung erstmals nur von Personen erworben werden, die die für den Umgang erforderliche Genehmigung besitzen.

(2) Die Genehmigung nach § 19 Abs. 1 zur Verbringung aus dem Geltungsbereich dieser Verordnung ist zu erteilen, wenn

1. keine Tatsachen vorliegen, aus denen sich Bedenken gegen die Zuverlässigkeit des Verbringers, seines gesetzlichen Vertreters oder, bei juristischen Personen oder nicht rechtsfähigen Personenvereinigungen, der nach Gesetz, Satzung oder Gesellschaftsvertrag zur Vertretung oder Geschäftsführung Berechtigten ergeben und

2. gewährleistet ist, dass die zu verbringenden radioaktiven Stoffe nicht in einer Weise verwendet werden, die die innere oder äußere Sicherheit der Bundesrepublik Deutschland oder die Erfüllung ihrer internationalen Verpflichtungen auf dem Gebiet der Kernenergie gefährden.

Abschnitt 6
Medizinische Forschung

§ 23 Genehmigungsbedürftige Anwendung radioaktiver Stoffe oder ionisierender Strahlung am Menschen in der medizinischen Forschung

(1) Wer zum Zweck der medizinischen Forschung radioaktive Stoffe oder ionisierende Strahlung am Menschen anwendet, bedarf der Genehmigung.

(2) Für die Erteilung der Genehmigung ist das Bundesamt für Strahlenschutz zuständig.

§ 24 Genehmigungsvoraussetzungen für die Anwendung radioaktiver Stoffe oder ionisierender Strahlung am Menschen in der medizinischen Forschung

(1) Die Genehmigung nach § 23 Abs. 1 darf nur erteilt werden, wenn

1. in einem Studienplan dargelegt ist, dass

   a) für das beantragte Forschungsvorhaben ein zwingendes Bedürfnis besteht, weil die bisherigen Forschungsergebnisse und die medizinischen Erkenntnisse nicht ausreichen,

   b) die Anwendung eines radioaktiven Stoffes oder ionisierender Strahlung nicht durch eine Untersuchungs- oder Behandlungsart ersetzt werden kann, die keine Strahlenexposition des Probanden verursacht,

   c) die strahlenbedingten Risiken, die mit der Anwendung für den Probanden verbunden sind, gemessen an der voraussichtlichen Bedeutung der Ergebnisse für die Fortentwicklung der Heilkunde oder der medizinischen Wissenschaft ärztlich gerechtfertigt sind,

   d) die für die medizinische Forschung vorgesehenen radioaktiven Stoffe oder Anwendungsarten ionisierender Strahlung dem Zweck der Forschung entsprechen und nicht durch andere radioaktive Stoffe oder Anwendungsarten ionisierender Strahlung ersetzt werden können, die zu einer geringeren Strahlenexposition für den Probanden führen,

   e) die bei der Anwendung radioaktiver Stoffe oder ionisierender Strahlung auftretende Strahlenexposition und die Aktivität der anzuwendenden radioaktiven Stoffe nach dem Stand von Wissenschaft und Technik nicht weiter herabgesetzt werden können, ohne den Zweck des Forschungsvorhabens zu gefährden,

   f) die Körperdosis des Probanden abgeschätzt worden ist und

   g) die Anzahl der Probanden auf das notwendige Maß beschränkt wird,

2. die Stellungnahme einer Ethikkommission nach § 92 zum Studienplan vorliegt,

3. sichergestellt ist, dass die Anwendung von einem Arzt geleitet wird, der eine mindestens zweijährige Erfahrung in der Anwendung radioaktiver Stoffe oder ionisierender Strahlung am Menschen nachweisen kann, die erforderliche Fachkunde im Strahlenschutz besitzt und während der Anwendung ständig erreichbar ist, und sichergestellt ist, dass bei der Planung und bei der Anwendung ein Medizinphysik-Experte hinzugezogen wird,

4. die nach dem Stand von Wissenschaft und Technik erforderlichen Mess- und Kalibriervorrichtungen zur Ermittlung der Strahlenexposition des Probanden vorhanden sind und ihre sachgerechte Anwendung sichergestellt ist,

5. die erforderliche Vorsorge für die Erfüllung gesetzlicher Schadensersatzverpflichtungen getroffen ist,

6. eine Genehmigung nach § 7 Abs. 1 in Verbindung mit § 9 Abs. 1 und 3 oder nach § 11 Abs. 2 oder 3 in Verbindung mit § 14 Abs. 1 und 2 vorliegt und

7. bei jeder Anwendung ionisierender Strahlung die ordnungsgemäße Funktion der Anlagen zur Erzeugung ionisierender Strahlen oder Bestrahlungsvorrichtungen und die Einhaltung der dosisbestimmenden Parameter sichergestellt sind.

(2) Sofern die Anwendung radioaktiver Stoffe oder ionisierender Strahlung an dem einzelnen Probanden nicht gleichzeitig seiner Behandlung dient, darf die durch das Forschungsvorhaben bedingte effektive Dosis nicht mehr als 20 Millisievert betragen. Die Genehmigungsbehörde kann eine höhe-

Teil 2: Zielgerichtete Nutzung radioaktiver Stoffe oder ionisierender Strahlung

re effektive Dosis als 20 Millisievert zulassen, wenn mit der Anwendung für den Probanden zugleich ein diagnostischer Nutzen verbunden ist und dargelegt ist, dass das Forschungsziel anders nicht erreicht werden kann.

(3) Sieht der Studienplan die Anwendung radioaktiver Stoffe oder ionisierender Strahlung an mehreren Einrichtungen (Multi-Center-Studie) vor, kann die Genehmigungsbehörde auf Antrag die Genehmigung dem Leiter der Studie erteilen, wenn dies für die sachgerechte Durchführung der Studie zweckdienlich ist und die in Absatz 1 Nr. 3 bis 7 genannten Voraussetzungen bei allen beteiligten Einrichtungen erfüllt sind.

Abschnitt 7
Bauartzulassung

§ 25 Verfahren der Bauartzulassung

(1) Die Bauart von Geräten und anderen Vorrichtungen, in die sonstige radioaktive Stoffe nach § 2 Abs. 1 des Atomgesetzes eingefügt sind, sowie von Anlagen zur Erzeugung ionisierender Strahlen (bauartzugelassene Vorrichtungen) kann auf Antrag des Herstellers oder Verbringers der Vorrichtung zugelassen werden, wenn die Voraussetzungen nach Anlage V erfüllt sind. Die Zulassungsbehörde kann im Einzelfall Abweichungen von den Voraussetzungen der Anlage V Teil A Nr. 1 Buchstabe a, Nr. 3 oder 4 zulassen.

(2) Die Zulassungsbehörde hat vor ihrer Entscheidung auf Kosten des Antragstellers eine Bauartprüfung durch die Physikalisch-Technische Bundesanstalt unter Beteiligung der Bundesanstalt für Materialforschung und -prüfung zu Fragen der Dichtheit, der Werkstoffauswahl und der Konstruktion der Umhüllung des radioaktiven Stoffes sowie der Qualitätssicherung zu veranlassen. Der Antragsteller hat der Physikalisch-Technischen Bundesanstalt und der Bundesanstalt für Materialforschung und -prüfung auf Verlangen die zur Prüfung erforderlichen Baumuster zu überlassen.

(3) Die Bauartzulassung ist zu versagen, wenn

1. Gründe vorliegen, die gegen einen genehmigungsfreien Umgang sprechen,

2. Tatsachen vorliegen, aus denen sich gegen die Zuverlässigkeit des Herstellers oder des für die Leitung der Herstellung Verantwortlichen oder gegen die für die Herstellung erforderliche technische Erfahrung dieses Verantwortlichen oder gegen die Zuverlässigkeit desjenigen, der eine Vorrichtung in den Geltungsbereich dieser Verordnung verbringt, Bedenken ergeben,

3. überwiegende öffentliche Interessen der Bauartzulassung entgegenstehen oder

4. § 4 Abs. 3 der Bauartzulassung entgegensteht.

(4) Die Bauartzulassung ist auf höchstens zehn Jahre zu befristen. Die Frist kann auf Antrag verlängert werden.

(5) Eine bauartzugelassene Vorrichtung, die vor Ablauf der Zulassungsfrist in Verkehr gebracht worden ist, darf nach Maßgabe des § 8 Abs. 1 oder des § 12 Abs. 3 genehmigungs- und anzeigefrei weiter betrieben werden, es sei denn, die Zulassungsbehörde hat nach § 26 Abs. 2 bekannt gemacht, dass ein ausreichender Schutz gegen Strahlenschäden nicht gewährleistet ist und diese Vorrichtung nicht weiter betrieben werden darf.

(6) Absatz 1 Satz 1 gilt nicht für Vorrichtungen, die Medizinprodukte oder Zubehör im Sinne des Medizinproduktegesetzes sind.

(7) Für die Erteilung der Bauartzulassung ist das Bundesamt für Strahlenschutz zuständig.

§ 26 Zulassungsschein und Bekanntmachung der Bauart

(1) Wird die Bauart nach § 25 Abs. 1 zugelassen, so hat die Zulassungsbehörde einen Zulassungsschein zu erteilen. In diesen sind aufzunehmen

1. die für den Strahlenschutz wesentlichen Merkmale der Vorrichtung,
2. der zugelassene Gebrauch der Vorrichtung,
3. inhaltliche Beschränkungen, Auflagen für den Inhaber der Vorrichtung und Befristungen,
4. das Bauartzeichen und die Angaben, mit denen die Vorrichtung zu versehen ist,
5. ein Hinweis auf die Pflichten des Inhabers der Vorrichtung nach § 27 Abs. 2 bis 6 und
6. bei einer Vorrichtung, die radioaktive Stoffe enthält, Anforderungen an die Rückführung der Vorrichtung an den Zulassungsinhaber oder an die Entsorgung der Vorrichtung.

(2) Den wesentlichen Inhalt der Bauartzulassung, ihre Änderung, ihre Rücknahme, ihr Widerruf, die Verlängerung der Zulassungsfrist und die Erklärung, dass eine bauartzugelassene Vorrichtung nicht weiter betrieben werden darf, hat die Zulassungsbehörde im Bundesanzeiger bekannt zu machen.

§ 27 Pflichten des Inhabers einer Bauartzulassung und des Inhabers einer bauartzugelassenen Vorrichtung

(1) Der Zulassungsinhaber hat

1. vor einer Abgabe der gefertigten bauartzugelassenen Vorrichtungen eine Qualitätskontrolle durchzuführen, um sicherzustellen, dass diese den für den Strahlenschutz wesentlichen Merkmalen der Bauartzulassung entsprechen und mit dem Bauartzeichen und weiteren von der Zulassungsbehörde zu bestimmenden Angaben versehen werden,
2. die Qualitätskontrolle durch einen von der Zulassungsbehörde zu bestimmenden Sachverständigen überwachen zu lassen,
3. dem Erwerber einer bauartzugelassenen Vorrichtung mit dieser einen Abdruck des Zulassungsscheins auszuhändigen, auf dem das Ergebnis und, soweit Dichtheitsprüfungen nach Absatz 6 erforderlich sind, das Datum der Qualitätskontrolle nach Nummer 1 bestätigt ist,
4. dem Erwerber einer bauartzugelassenen Vorrichtung mit dieser eine Betriebsanleitung auszuhändigen, in der insbesondere auf die dem Strahlenschutz dienenden Maßnahmen hingewiesen ist, und
5. sicherzustellen, dass eine bauartzugelassene Vorrichtung, die radioaktive Stoffe enthält, nach Beendigung der Nutzung wieder zurückgenommen werden kann.

(2) Der Inhaber einer bauartzugelassenen Vorrichtung hat einen Abdruck des Zulassungsscheins nach Absatz 1 Nr. 3 und die Prüfbefunde nach Absatz 6 Satz 1 bei der Vorrichtung bereitzuhalten. Im Falle der Weitergabe der bauartzugelassenen Vorrichtung gilt Absatz 1 Nr. 3 und 4 entsprechend.

(3) An der bauartzugelassenen Vorrichtung dürfen keine Änderungen vorgenommen werden, die für den Strahlenschutz wesentliche Merkmale betreffen.

(4) Eine bauartzugelassene Vorrichtung, die infolge Abnutzung, Beschädigung oder Zerstörung den Vorschriften dieser Verordnung oder den in dem Zulassungsschein bezeichneten, für den Strahlenschutz wesentlichen Merkmalen nicht mehr entspricht, darf nicht mehr verwendet werden. Der Inhaber der Vorrichtung hat unverzüglich die notwendigen Schutzmaßnahmen zu treffen, um Strahlenschäden zu vermeiden.

Teil 2: Zielgerichtete Nutzung radioaktiver Stoffe oder ionisierender Strahlung

(5) Ist die Rücknahme, der Widerruf einer Bauartzulassung oder die Erklärung, dass eine bauartzugelassene Vorrichtung nicht weiter betrieben werden darf, bekannt gemacht, so hat der Inhaber davon betroffene Vorrichtungen unverzüglich stillzulegen und die notwendigen Schutzmaßnahmen zu treffen, um Strahlenschäden zu vermeiden.

(6) Der Inhaber einer bauartzugelassenen Vorrichtung, die radioaktive Stoffe enthält, hat diese alle zehn Jahre durch einen nach § 66 Abs. 1 Satz 1 bestimmten Sachverständigen auf Dichtheit prüfen zu lassen. Stichtag ist der im Abdruck des Zulassungsscheins vermerkte Tag der Qualitätskontrolle. Die Zulassungsbehörde kann im Zulassungsschein von den Sätzen 1 und 2 abweichende Regelungen zur Dichtheitsprüfung treffen.

(7) Der Inhaber einer bauartzugelassenen Vorrichtung, die radioaktive Stoffe enthält, hat diese nach Beendigung der Nutzung unverzüglich an den Zulassungsinhaber zurückzugeben. Ist dies nicht oder nur mit unverhältnismäßig hohem Aufwand möglich, so ist sie an eine Landessammelstelle oder an eine von der zuständigen Behörde bestimmte Stelle abzugeben.

Abschnitt 8
Ausnahmen

§ 28 Ausnahmen von dem Erfordernis der Genehmigung und der Anzeige

Wer als Arbeitnehmer oder anderweitig unter der Aufsicht stehend im Rahmen einer nach dem Atomgesetz oder dieser Verordnung genehmigungs- oder anzeigebedürftigen Tätigkeit beschäftigt wird, bedarf weder einer Genehmigung nach den §§ 3, 4, 6, 7 oder 9 des Atomgesetzes oder nach den §§ 7, 11, 15, 16, 19, 23 oder 106 dieser Verordnung noch eines Planfeststellungsbeschlusses nach § 9b des Atomgesetzes und ist von der Anzeigepflicht nach § 12 oder § 20 dieser Verordnung befreit. Wer als Dritter nach § 9a Abs. 3 Satz 3 des Atomgesetzes tätig wird, bedarf keiner Genehmigung nach § 15 dieser Verordnung. Satz 1 ist nicht auf Heimarbeiter oder auf Hausgewerbetreibende im Sinne des Heimarbeitsgesetzes anzuwenden.

Abschnitt 9
Freigabe

§ 29 Voraussetzungen für die Freigabe

(1) Der Inhaber einer Genehmigung nach den §§ 6, 7 oder 9 des Atomgesetzes, eines Planfeststellungsbeschlusses nach § 9b des Atomgesetzes oder einer Genehmigung nach § 7 oder § 11 Abs. 2 dieser Verordnung darf radioaktive Stoffe sowie bewegliche Gegenstände, Gebäude, Bodenflächen, Anlagen oder Anlagenteile, die aktiviert oder kontaminiert sind und die aus Tätigkeiten nach § 2 Abs. 1 Nr. 1 Buchstabe a, c oder d stammen, als nicht radioaktive Stoffe nur verwenden, verwerten, beseitigen, innehaben oder an einen Dritten weitergeben, wenn die zuständige Behörde die Freigabe nach Absatz 2 erteilt hat und nach Absatz 3 die Übereinstimmung mit den im Freigabebescheid festgelegten Anforderungen festgestellt ist. Die Regelung des § 44 Abs. 3 bleibt unberührt.

(2) Die zuständige Behörde erteilt auf Antrag des Inhabers einer Genehmigung nach den §§ 6, 7 oder 9 des Atomgesetzes, eines Planfeststellungsbeschlusses nach § 9b des Atomgesetzes oder einer Genehmigung nach § 7 oder § 11 Abs. 2 dieser Verordnung schriftlich die Freigabe, wenn für Einzelpersonen der Bevölkerung nur eine effektive Dosis im Bereich von 10 Mikrosievert im Kalenderjahr auftreten kann. Die zuständige Behörde kann davon ausgehen, dass dies erfüllt ist, wenn

1. für eine uneingeschränkte Freigabe von

    a) festen Stoffen die Einhaltung der in Anlage III Tabelle 1 Spalte 5 genannten Freigabewerte sowie der in Anlage IV Teil A Nr. 1 genannten Festlegungen und, sofern eine feste Oberfläche vorhanden ist, die Einhaltung der Werte der Oberflächenkontamination der Anlage III Tabelle 1 Spalte 4,

b) flüssigen Stoffen die Einhaltung der Werte der Anlage III Tabelle 1 Spalte 5 sowie der in Anlage IV Teil A Nr. 1 genannten Festlegungen,

c) Bauschutt und Bodenaushub mit einer zu erwartenden Masse von mehr als 1000 Tonnen im Kalenderjahr die Einhaltung der in Anlage III Tabelle 1 Spalte 6 genannten Freigabewerte und die Einhaltung der in Anlage IV Teil A Nr. 1 und Teil F genannten Festlegungen,

d) Bodenflächen die Einhaltung der in Anlage III Tabelle 1 Spalte 7 genannten Freigabewerte und der in Anlage IV Teil A Nr. 1 und Teil E genannten Festlegungen,

e) Gebäuden zur Wieder- und Weiterverwendung die Einhaltung der in Anlage III Tabelle 1 Spalte 8 genannten Freigabewerte sowie die Einhaltung der in Anlage IV Teil A Nr. 1 und Teil D genannten Festlegungen,

2. für eine Freigabe von

a) festen Stoffen zur Beseitigung die Einhaltung der in Anlage III Tabelle 1 Spalte 9 genannten Freigabewerte sowie der in Anlage IV Teil A Nr. 1 und Teil C genannten Festlegungen und, sofern eine feste Oberfläche vorhanden ist, die Einhaltung der Werte der Oberflächenkontamination der Anlage III Tabelle 1 Spalte 4,

b) flüssigen Stoffen zur Beseitigung in einer Verbrennungsanlage die Einhaltung der Werte der Anlage III Tabelle 1 Spalte 9 sowie der in Anlage IV Teil A Nr. 1 genannten Festlegungen,

c) Gebäuden zum Abriss die Einhaltung der in Anlage III Tabelle 1 Spalte 10 genannten Freigabewerte sowie der in Anlage IV Teil A Nr. 1 und Teil D genannten Festlegungen,

d) Metallschrott zur Rezyklierung die Einhaltung der in der Anlage III Tabelle 1 Spalte 10a genannten Freigabewerte sowie der in Anlage IV Teil A Nr. 1 und Teil G genannten Festlegungen und, sofern eine feste Oberfläche vorhanden ist, die Einhaltung der Werte der Oberflächenkontamination der Anlage III Tabelle 1 Spalte 4

nachgewiesen ist, sofern der zuständigen Behörde keine Anhaltspunkte vorliegen, dass in den Fällen der Nummer 2 Buchstabe a und b am Standort der Entsorgungsanlage für Einzelpersonen der Bevölkerung eine effektive Dosis im Bereich von 10 Mikrosievert im Kalenderjahr überschritten wird. Soweit die nach Satz 2 erforderlichen Festlegungen der Anlage IV Teil C bis E im Einzelfall nicht vorliegen oder für einzelne Radionuklide keine Freigabewerte festgelegt sind, kann für Stoffe, die die Freigrenzen der Anlage III Tabelle 1 Spalte 3 nicht überschreiten, der Nachweis, dass für Einzelpersonen der Bevölkerung nur eine effektive Dosis im Bereich von 10 Mikrosievert im Kalenderjahr auftreten kann, unter Berücksichtigung der Festlegungen der Anlage IV Teil A Nr. 2 auch auf andere Weise geführt werden. Die Voraussetzungen für die Freigabe dürfen nicht zielgerichtet durch Vermischen oder Verdünnen herbeigeführt, veranlasst oder ermöglicht werden.

(3) Für jede Masse oder Teilmasse, die aufgrund des Bescheides nach Absatz 2 als nicht radioaktiver Stoff verwendet, verwertet, beseitigt, innegehabt oder an Dritte weitergegeben werden soll, ist zuvor die Übereinstimmung mit den im Bescheid festgelegten Anforderungen festzustellen. Hierzu erforderliche Freimessungen und deren Ergebnisse sind zu dokumentieren.

(4) Die zuständige Behörde kann in einer Genehmigung nach den §§ 6, 7 oder 9 des Atomgesetzes, eines Planfeststellungsbeschlusses nach § 9b des Atomgesetzes oder einer Genehmigung nach § 7 Abs. 1 oder § 11 Abs. 2 dieser Verordnung oder in einem gesonderten Bescheid das Verfahren zur Erfüllung der Anforderungen nach Absatz 2 Satz 2 und 3 sowie zur Feststellung nach Absatz 3 festlegen.

(5) In den Fällen des Absatzes 2 Satz 2 Nr. 2 Buchstabe a, b und d dürfen ergänzend zu Absatz 2 Satz 2 oder 3 keine Bedenken gegen die abfallrechtliche Zulässigkeit des vorgesehenen Verwertungs- oder Beseitigungsweges und seine Einhaltung bestehen. Der zuständigen Behörde ist vor Erteilung der Freigabe eine Erklärung des Antragstellers über den Verbleib des künftigen Abfalls und eine Annahmeerklärung des Betreibers der Verwertungs- und Beseitigungsanlage vorzulegen. Der Antragsteller hat der für die Verwertungs- und Beseitigungsanlage nach dem Kreislaufwirtschafts- und Abfallgesetz zuständigen Behörde gleichzeitig eine Kopie der Annahmeerklärung zuzuleiten und dies der zuständigen Behörde nachzuweisen. Die für die Verwertungs- und Beseitigungsanlage nach dem Kreislaufwirtschafts- und Abfallgesetz zuständige Behörde kann von der zuständigen Behörde innerhalb einer Frist von 30 Kalendertagen nach Zugang der Kopie verlangen, dass Einvernehmen hinsichtlich der Anforderungen an den Verwertungs- oder Beseitigungsweg hergestellt wird. Die Bestimmungen des Kreislaufwirtschafts- und Abfallgesetzes sowie die aufgrund dieses Gesetzes erlassenen Bestimmungen zur Führung von Nachweisen über die ordnungsgemäße Entsorgung von Abfällen bleiben unberührt.

(6) Auf Antrag kann von der zuständigen Behörde zu einzelnen Fragen, von denen die Erteilung der Freigabe abhängig ist, festgestellt werden, ob bestimmte Voraussetzungen des Absatzes 2 vorliegen. Diese Feststellung ist dem Freigabeverfahren zugrunde zu legen. Die Genehmigung nach den §§ 6, 7 oder 9 des Atomgesetzes oder ein Planfeststellungsbeschluss nach § 9b des Atomgesetzes oder die Genehmigung nach § 7 oder § 11 Abs. 2 dieser Verordnung kann mit einer Feststellung nach Satz 1 versehen werden. Eine Freigabe ersetzt keine Genehmigung zur Stilllegung nach § 7 Abs. 3 des Atomgesetzes.

(7) Ist kein Genehmigungsinhaber vorhanden, kann eine Freigabe auch von Amts wegen erfolgen, wenn für Einzelpersonen der Bevölkerung nur eine effektive Dosis im Bereich von 10 Mikrosievert im Kalenderjahr auftreten kann. Für Anlagen des Bundes zur Sicherstellung und zur Endlagerung radioaktiver Abfälle nach dem Atomgesetz kann über die Freigabe die nach § 23 Abs. 1 Nr. 2 des Atomgesetzes zuständige Überwachungsbehörde entscheiden.

Kapitel 3
Anforderungen bei der Nutzung radioaktiver Stoffe und ionisierender Strahlung

Abschnitt 1
Fachkunde im Strahlenschutz

§ 30 Erforderliche Fachkunde und Kenntnisse im Strahlenschutz

(1) Die erforderliche Fachkunde im Strahlenschutz nach den §§ 9, 12, 13, 14, 15, 24, 31, 64 oder 82 wird in der Regel durch eine für den jeweiligen Anwendungsbereich geeignete Ausbildung, praktische Erfahrung und die erfolgreiche Teilnahme an von der zuständigen Stelle anerkannten Kursen erworben. Die Ausbildung ist durch Zeugnisse, die praktische Erfahrung durch Nachweise und die erfolgreiche Kursteilnahme durch eine Bescheinigung zu belegen. Der Erwerb der Fachkunde wird von der zuständigen Stelle geprüft und bescheinigt. Die Kursteilnahme darf nicht länger als fünf Jahre zurückliegen. Für medizinisch-technische Radiologieassistentinnen und medizinisch-technische Radiologieassistenten gilt der Nachweis nach Satz 1 mit der Erlaubnis nach § 1 Nr. 2 des Gesetzes über technische Assistenten in der Medizin für die vorbehaltenen Tätigkeiten nach § 9 Abs. 1 Nr. 2 dieses Gesetzes als erbracht.

(2) Die Fachkunde im Strahlenschutz muss mindestens alle fünf Jahre durch eine erfolgreiche Teilnahme an einem von der zuständigen Stelle anerkannten Kurs oder anderen von der zuständigen Stelle als geeignet anerkannten Fortbildungsmaßnahmen aktualisiert werden. Abweichend hiervon kann die Fachkunde im Strahlenschutz im Einzelfall auf andere geeignete Weise aktualisiert und die Aktualisierung der zuständigen Behörde nachgewiesen werden. Der Nachweis über die Aktualisierung der Fachkunde nach Satz 1 ist der zuständigen Stelle auf Anforderung vorzulegen. Die zustän-

dige Stelle kann, wenn der Nachweis über Fortbildungsmaßnahmen nicht oder nicht vollständig vorgelegt wird, die Fachkunde entziehen oder die Fortgeltung mit Auflagen versehen. Bestehen begründete Zweifel an der erforderlichen Fachkunde, kann die zuständige Behörde eine Überprüfung der Fachkunde veranlassen.

(3) Kurse nach Absatz 1 Satz 1, Absatz 2 und 4 Satz 2 können von der für die Kursstätte zuständigen Stelle nur anerkannt werden, wenn die Kursinhalte geeignet sind, das für den jeweiligen Anwendungsbereich erforderliche Wissen im Strahlenschutz zu vermitteln, und die Qualifikation des Lehrpersonals und die Ausstattung der Kursstätte eine ordnungsgemäße Wissensvermittlung gewährleisten.

(4) Die erforderlichen Kenntnisse im Strahlenschutz werden in der Regel durch eine für das jeweilige Anwendungsgebiet geeignete Einweisung und praktische Erfahrung erworben. Für Personen nach § 82 Abs. 1 Nr. 2 und Abs. 2 Nr. 4 gilt Absatz 1 Satz 2 bis 4 und Absatz 2 entsprechend.

Abschnitt 2
Betriebliche Organisation des Strahlenschutzes
§ 31 Strahlenschutzverantwortliche und Strahlenschutzbeauftragte

(1) Strahlenschutzverantwortlicher ist, wer einer Genehmigung nach den §§ 6, 7 oder 9 des Atomgesetzes oder nach den §§ 7, 11 oder 15 dieser Verordnung oder wer der Planfeststellung nach § 9b des Atomgesetzes bedarf oder wer eine Tätigkeit nach § 5 des Atomgesetzes ausübt oder wer eine Anzeige nach § 12 Abs. 1 Satz 1 dieser Verordnung zu erstatten hat oder wer aufgrund des § 7 Abs. 3 dieser Verordnung keiner Genehmigung nach § 7 Abs. 1 bedarf. Handelt es sich bei dem Strahlenschutzverantwortlichen um eine juristische Person oder um eine teilrechtsfähige Personengesellschaft, werden die Aufgaben des Strahlenschutzverantwortlichen von der durch Gesetz, Satzung oder Vertrag zur Vertretung berechtigten Person wahrgenommen. Besteht das vertretungsberechtigte Organ aus mehreren Mitgliedern oder sind bei nicht rechtsfähigen Personenvereinigungen mehrere vertretungsberechtigte Personen vorhanden, so ist der zuständigen Behörde mitzuteilen, welche dieser Personen die Aufgaben des Strahlenschutzverantwortlichen wahrnimmt. Die Gesamtverantwortung aller Organmitglieder oder Mitglieder der Personenvereinigung bleibt hiervon unberührt.

(2) Soweit dies für die Gewährleistung des Strahlenschutzes bei der Tätigkeit notwendig ist, hat der Strahlenschutzverantwortliche für die Leitung oder Beaufsichtigung dieser Tätigkeiten die erforderliche Anzahl von Strahlenschutzbeauftragten schriftlich zu bestellen. Bei der Bestellung eines Strahlenschutzbeauftragten sind dessen Aufgaben, dessen innerbetrieblicher Entscheidungsbereich und die zur Wahrnehmung seiner Aufgaben erforderlichen Befugnisse schriftlich festzulegen. Der Strahlenschutzverantwortliche bleibt auch dann für die Einhaltung der Anforderungen der Teile 2 und 5 dieser Verordnung verantwortlich, wenn er Strahlenschutzbeauftragte bestellt hat.

(3) Es dürfen nur Personen zu Strahlenschutzbeauftragten bestellt werden, bei denen keine Tatsachen vorliegen, aus denen sich gegen ihre Zuverlässigkeit Bedenken ergeben, und die die erforderliche Fachkunde im Strahlenschutz besitzen.

(4) Die Bestellung des Strahlenschutzbeauftragten mit Angabe der Aufgaben und Befugnisse, Änderungen der Aufgaben und Befugnisse sowie das Ausscheiden des Strahlenschutzbeauftragten aus seiner Funktion ist der zuständigen Behörde unverzüglich mitzuteilen. Der Mitteilung der Bestellung ist die Bescheinigung über die erforderliche Fachkunde im Strahlenschutz nach § 30 Abs. 1 beizufügen. Dem Strahlenschutzbeauftragten und dem Betriebs- oder Personalrat ist eine Abschrift der Mitteilung zu übermitteln.

(5) Sind für das Aufsuchen, das Gewinnen oder das Aufbereiten radioaktiver Bodenschätze Strahlenschutzbeauftragte zu bestellen, so müssen sie als verantwortliche Personen zur Leitung oder Beaufsichtigung des Betriebes oder eines Betriebsteiles nach § 58 Abs. 1 Nr. 2 des Bundesberggeset-

zes bestellt sein, wenn auf diese Tätigkeiten die Vorschriften des Bundesberggesetzes Anwendung finden.

§ 32 Stellung des Strahlenschutzverantwortlichen und des Strahlenschutzbeauftragten

(1) Dem Strahlenschutzbeauftragten obliegen die ihm durch diese Verordnung auferlegten Pflichten nur im Rahmen seiner Befugnisse. Ergibt sich, dass der Strahlenschutzbeauftragte infolge unzureichender Befugnisse, unzureichender Fachkunde im Strahlenschutz oder fehlender Zuverlässigkeit oder aus anderen Gründen seine Pflichten nur unzureichend erfüllen kann, kann die zuständige Behörde gegenüber dem Strahlenschutzverantwortlichen die Feststellung treffen, dass dieser Strahlenschutzbeauftragte nicht als Strahlenschutzbeauftragter im Sinne dieser Verordnung anzusehen ist.

(2) Dem Strahlenschutzverantwortlichen sind unverzüglich alle Mängel mitzuteilen, die den Strahlenschutz beeinträchtigen. Kann sich der Strahlenschutzbeauftragte über eine von ihm vorgeschlagene Behebung von aufgetretenen Mängeln mit dem Strahlenschutzverantwortlichen nicht einigen, so hat dieser dem Strahlenschutzbeauftragten die Ablehnung des Vorschlages schriftlich mitzuteilen und zu begründen und dem Betriebsrat oder dem Personalrat und der zuständigen Behörde je eine Abschrift zu übersenden.

(3) Die Strahlenschutzbeauftragten sind über alle Verwaltungsakte und Maßnahmen, die ihre Aufgaben oder Befugnisse betreffen, unverzüglich zu unterrichten.

(4) Der Strahlenschutzverantwortliche und der Strahlenschutzbeauftragte haben bei der Wahrnehmung ihrer Aufgaben mit dem Betriebsrat oder dem Personalrat und den Fachkräften für Arbeitssicherheit zusammenzuarbeiten und sie über wichtige Angelegenheiten des Strahlenschutzes zu unterrichten. Der Strahlenschutzbeauftragte hat den Betriebsrat oder Personalrat auf dessen Verlangen in Angelegenheiten des Strahlenschutzes zu beraten.

(5) Der Strahlenschutzbeauftragte darf bei der Erfüllung seiner Pflichten nicht behindert und wegen deren Erfüllung nicht benachteiligt werden.

§ 33 Pflichten des Strahlenschutzverantwortlichen und des Strahlenschutzbeauftragten

(1) Der Strahlenschutzverantwortliche hat unter Beachtung des Standes von Wissenschaft und Technik zum Schutz des Menschen und der Umwelt vor den schädlichen Wirkungen ionisierender Strahlung durch geeignete Schutzmaßnahmen, insbesondere durch Bereitstellung geeigneter Räume, Ausrüstungen und Geräte, durch geeignete Regelung des Betriebsablaufs und durch Bereitstellung ausreichenden und geeigneten Personals dafür zu sorgen, dass

1. die folgenden Vorschriften eingehalten werden:

   a) Teil 2 Kapitel 2: Genehmigungen, Zulassungen, Freigabe, Abschnitt 9: Freigabe § 29 Abs. 1 Satz 1,

   b) Teil 2 Kapitel 3: Anforderung bei der Nutzung radioaktiver Stoffe und ionisierender Strahlung

   aa) Abschnitt 2: Betriebliche Organisation des Strahlenschutzes § 31 Abs. 2 Satz 2, Abs. 3 und 4, § 32 Abs. 2 und 3, § 34 Satz 1,

   bb) Abschnitt 3: Schutz von Personen in Strahlenschutzbereichen; physikalische Strahlenschutzkontrolle § 40 Abs. 2 Satz 2,

   cc) Abschnitt 4: Schutz von Bevölkerung und Umwelt bei Strahlenexpositionen aus Tätigkeiten § 47 Abs. 1 Satz 1 in Verbindung mit § 5,

393

dd) Abschnitt 5: Schutz vor sicherheitstechnisch bedeutsamen Ereignissen § 49 Abs. 1 Satz 1 und Abs. 2, § 50 Abs. 1 Satz 1, Abs. 2 und 3, §§ 52, 53 Abs. 1, 4 und 5,

ee) Abschnitt 6: Begrenzung der Strahlenexposition bei der Berufsausübung § 58 Abs. 5,

ff) Abschnitt 7: Arbeitsmedizinische Vorsorge beruflich strahlenexponierter Personen § 61 Abs. 3 Satz 2,

c) Teil 2 Kapitel 4: Besondere Anforderungen bei der medizinischen Anwendung radioaktiver Stoffe und ionisierender Strahlung, Abschnitt 1: Heilkunde und Zahnheilkunde § 81 Abs. 7, § 83 Abs. 4 Satz 1,

2. die in den folgenden Teilen, Kapiteln und Abschnitten vorgesehenen Schutzvorschriften eingehalten werden:

a) Teil 2 Kapitel 2: Genehmigungen, Zulassungen, Freigabe, Abschnitt 9: Freigabe § 29 Abs. 2 Satz 4,

b) Teil 2 Kapitel 3: Anforderungen bei der Nutzung radioaktiver Stoffe und ionisierender Strahlung

aa) Abschnitt 2: Betriebliche Organisation des Strahlenschutzes § 35,

bb) Abschnitt 3: Schutz von Personen in Strahlenschutzbereichen; physikalische Strahlenschutzkontrolle

aaa) § 36 Abs. 1 Satz 1, Abs. 2 Satz 1 und 2 und Abs. 4 Satz 1, § 37 Abs. 1 Satz 1 und Abs. 2, §§ 38, 39, 40 Abs. 1 Satz 1 und 2 und Abs. 2 Satz 1, Abs. 3 und 4, § 41 Abs. 1 Satz 1 und 2, Abs. 2 und Abs. 3 Satz 1 bis 4, Abs. 4 Satz 1, Abs. 5 und 6, § 42 Abs. 1, 2 Satz 2 und Abs. 3, §§ 43, 44 Abs. 1 Satz 1, 2 und 3 und Abs. 2 bis 5, § 45 Abs. 1 und 3,

bbb) § 42 Abs. 2 Satz 1,

cc) Abschnitt 4: Schutz von Bevölkerung und Umwelt bei Strahlenexpositionen aus Tätigkeiten

aaa) § 46 Abs. 1 bis 3, § 47 Abs. 1 Satz 1 jeweils in Verbindung mit § 5,
bbb) § 47 Abs. 1 Satz 2, § 48 Abs. 1 Nr. 1,
ccc) § 48 Abs. 1 Nr. 2,

dd) Abschnitt 5: Schutz vor sicherheitstechnisch bedeutsamen Ereignissen §§ 51 Abs. 1 Satz 1 und 2, 53 Abs. 2,

ee) Abschnitt 6: Begrenzung der Strahlenexposition bei der Berufsausübung

aaa) §§ 55, 56 Satz 1, § 58 Abs. 1 Satz 2 jeweils in Verbindung mit § 5,
bbb) § 57 Satz 1, § 58 Abs. 4, § 59 Abs. 2 und 3 Satz 1 und 3,

ff) Abschnitt 7: Arbeitsmedizinische Vorsorge beruflich strahlenexponierter Personen § 60 Abs. 1 und 2, § 63 Abs. 1, § 64 Abs. 1, 3 bis 5,

gg) Abschnitt 8: Sonstige Anforderungen

aaa) §§ 65, 66 Abs. 2 Satz 1, Abs. 5 und 6 Satz 1 und 2, §§ 67, 68 Abs. 1, 3 bis 6, § 69 Abs. 1 und 2, § 70 Abs. 1 Satz 1 Nr. 2, Abs. 2 bis 4 und 6, bbb) § 66 Abs. 6 Satz 3, § 70 Abs. 1 Satz 1 Nr. 1 und 3,

hh) Abschnitt 9: Radioaktive Abfälle § 72 Satz 1 und 3, § 73 Abs. 1, 2 Satz 1, Abs. 3 und 4, § 74 Abs. 2 und 3, § 75 Abs. 1 bis 3, § 76 Abs. 1 bis 5, § 78 Satz 1, § 79 Satz 1,

c) Teil 2 Kapitel 4: Medizinische Strahlenanwendungen

aa) Abschnitt 1: Besondere Anforderungen bei der medizinischen Anwendung radioaktiver Stoffe und ionisierender Strahlung § 80 Abs. 1 Satz 1, Abs. 2 und 3, § 81 Abs. 1 Satz 1 und 2, Abs. 2 Satz 1 und 2, Abs. 3, Abs. 5 Satz 1 und 2 und Abs. 6 Satz 1, §§ 82, 83 Abs. 4 Satz 2 bis 4 und Abs. 5, §§ 84, 85 Abs. 1 bis 3 Satz 1, Abs. 4 Satz 1 und Abs. 6 Satz 1 und 3, § 86,

bb) Abschnitt 2: Medizinische Forschung § 87 Abs. 1 Satz 2 und Abs. 3 bis 7, § 88 Abs. 1, 2 Satz 1 und Abs. 3 und 4, § 89,

d) Teil 5 Kapitel 1: Berücksichtigung von Strahlenexpositionen § 111 und

3. die erforderlichen Maßnahmen gegen ein unbeabsichtigtes Kritischwerden von Kernbrennstoffen getroffen werden.

(2) Der Strahlenschutzbeauftragte hat dafür zu sorgen, dass

1.

a) im Rahmen seiner Aufgaben und Befugnisse die in Absatz 1 Nr. 2 aufgeführten Schutzvorschriften und,

b) soweit ihm deren Durchführung und Erfüllung nach § 31 Abs. 2 übertragen worden sind, die Bestimmungen des Bescheides über die Genehmigung oder allgemeine Zulassung und die von der zuständigen Behörde erlassenen Anordnungen und Auflagen

eingehalten werden und

2. der Strahlenschutzverantwortliche nach § 32 Abs. 2 Satz 1 oder § 113 Abs. 2 Satz 3 unterrichtet wird.

(3) Der Strahlenschutzverantwortliche und der Strahlenschutzbeauftragte haben dafür zu sorgen, dass bei Gefahr für Mensch und Umwelt unverzüglich geeignete Maßnahmen zur Abwendung dieser Gefahr getroffen werden.

§ 34 Strahlenschutzanweisung

Es ist eine Strahlenschutzanweisung zu erlassen, in der die in dem Betrieb zu beachtenden Strahlenschutzmaßnahmen aufzuführen sind. Zu diesen Maßnahmen gehören in der Regel

1. die Aufstellung eines Planes für die Organisation des Strahlenschutzes, erforderlichenfalls mit der Bestimmung, dass ein oder mehrere Strahlenschutzbeauftragte bei der genehmigten Tätigkeit ständig anwesend oder sofort erreichbar sein müssen,

2. die Regelung des für den Strahlenschutz wesentlichen Betriebsablaufs,

3. die für die Ermittlung der Körperdosis vorgesehenen Messungen und Maßnahmen entsprechend den Expositionsbedingungen,

4. die Führung eines Betriebsbuchs, in das die für den Strahlenschutz wesentlichen Betriebsvorgänge einzutragen sind,

5. die regelmäßige Funktionsprüfung und Wartung von Bestrahlungsvorrichtungen, Anlagen zur Erzeugung ionisierender Strahlen, Ausrüstung und Geräten, die für den Strahlenschutz wesentlich sind, sowie die Führung von Aufzeichnungen über die Funktionsprüfungen und über die Wartungen,

6. die Aufstellung eines Planes für regelmäßige Alarmübungen sowie für den Einsatz bei Unfällen und Störfällen, erforderlichenfalls mit Regelungen für den Brandschutz und die Vorbereitung der Schadensbekämpfung nach § 53, und

7. die Regelung des Schutzes gegen Störmaßnahmen oder sonstige Einwirkungen Dritter, gegen das Abhandenkommen von radioaktiven Stoffen oder gegen das unerlaubte In-Betrieb-Setzen einer Bestrahlungsvorrichtung oder einer Anlage zur Erzeugung ionisierender Strahlen.

Die Strahlenschutzanweisung kann Bestandteil sonstiger erforderlicher Betriebsanweisungen nach arbeitsschutz-, immissionsschutz- oder gefahrstoffrechtlichen Vorschriften sein.

§ 35 Auslegung oder Aushang der Verordnung

Ein Abdruck dieser Verordnung ist in Betrieben oder selbständigen Zweigbetrieben, bei Nichtgewerbetreibenden an dem Ort der Tätigkeit, zur Einsicht ständig verfügbar zu halten, wenn regelmäßig mindestens eine Person beschäftigt oder unter der Aufsicht eines anderen tätig ist.

Abschnitt 3
Schutz von Personen in Strahlenschutzbereichen; physikalische Strahlenschutzkontrolle

§ 36 Strahlenschutzbereiche

(1) Bei genehmigungs- und anzeigebedürftigen Tätigkeiten nach § 2 Abs. 1 Nr. 1 Buchstabe a, c oder d sind Strahlenschutzbereiche nach Maßgabe des Satzes 2 einzurichten. Je nach Höhe der Strahlenexposition wird zwischen Überwachungsbereichen, Kontrollbereichen und Sperrbereichen, Letztere als Teile der Kontrollbereiche, unterschieden; dabei sind äußere und innere Strahlenexposition zu berücksichtigen:

1. Überwachungsbereiche sind nicht zum Kontrollbereich gehörende betriebliche Bereiche, in denen Personen im Kalenderjahr eine effektive Dosis von mehr als 1 Millisievert oder höhere Organdosen als 15 Millisievert für die Augenlinse oder 50 Millisievert für die Haut, die Hände, die Unterarme, die Füße und Knöchel erhalten können,

2. Kontrollbereiche sind Bereiche, in denen Personen im Kalenderjahr eine effektive Dosis von mehr als 6 Millisievert oder höhere Organdosen als 45 Millisievert für die Augenlinse oder 150 Millisievert für die Haut, die Hände, die Unterarme, die Füße und Knöchel erhalten können,

3. Sperrbereiche sind Bereiche des Kontrollbereiches, in denen die Ortsdosisleistung höher als 3 Millisievert durch Stunde sein kann.

Maßgebend bei der Festlegung der Grenze von Kontrollbereich oder Überwachungsbereich ist eine Aufenthaltszeit von 40 Stunden je Woche und 50 Wochen im Kalenderjahr, soweit keine anderen begründeten Angaben über die Aufenthaltszeit vorliegen.

(2) Kontrollbereiche und Sperrbereiche sind abzugrenzen und deutlich sichtbar und dauerhaft zusätzlich zur Kennzeichnung nach § 68 Abs. 1 Satz 1 Nr. 3 mit dem Zusatz „KONTROLLBEREICH" oder „SPERRBEREICH – KEIN ZUTRITT" zu kennzeichnen. Sperrbereiche sind darüber hinaus so abzusichern, dass Personen, auch mit einzelnen Körperteilen, nicht unkontrolliert hineingelangen können. Die Behörde kann Ausnahmen von den Sätzen 1 und 2 gestatten, wenn dadurch Einzelne oder die Allgemeinheit nicht gefährdet werden.

Teil 2: Zielgerichtete Nutzung radioaktiver Stoffe oder ionisierender Strahlung

(3) Die zuständige Behörde kann bestimmen, dass weitere Bereiche als Strahlenschutzbereiche zu behandeln sind, wenn dies zum Schutz Einzelner oder der Allgemeinheit erforderlich ist. Beim Betrieb von Anlagen zur Erzeugung ionisierender Strahlung oder Bestrahlungsvorrichtungen kann die zuständige Behörde zulassen, dass Bereiche nur während der Einschaltzeit dieser Anlagen oder Vorrichtungen als Kontrollbereiche oder Sperrbereiche gelten.

(4) Bei ortsveränderlichem Umgang mit radioaktiven Stoffen und beim Betrieb von ortsveränderlichen Anlagen zur Erzeugung ionisierender Strahlen oder Bestrahlungsvorrichtungen ist ein nach Absatz 1 Satz 2 Nr. 2 einzurichtender Kontrollbereich so abzugrenzen und zu kennzeichnen, dass unbeteiligte Personen diesen nicht unbeabsichtigt betreten können. Kann ausgeschlossen werden, dass unbeteiligte Personen den Kontrollbereich unbeabsichtigt betreten können, ist die Abgrenzung nicht erforderlich.

§ 37 Zutritt zu Strahlenschutzbereichen

(1) Personen darf der Zutritt

1. zu Überwachungsbereichen nur erlaubt werden, wenn

    a) sie darin eine dem Betrieb dienende Aufgabe wahrnehmen,

    b) ihr Aufenthalt in diesem Bereich als Patient, Proband oder helfende Person erforderlich ist,

    c) bei Auszubildenden oder Studierenden dies zur Erreichung ihres Ausbildungszieles erforderlich ist oder

    d) sie Besucher sind,

2. zu Kontrollbereichen nur erlaubt werden, wenn

    a) sie zur Durchführung oder Aufrechterhaltung der darin vorgesehenen Betriebsvorgänge tätig werden müssen,

    b) ihr Aufenthalt in diesem Bereich als Patient, Proband oder helfende Person erforderlich ist und eine zur Ausübung des ärztlichen oder zahnärztlichen Berufs berechtigte Person, die die erforderliche Fachkunde im Strahlenschutz besitzt, zugestimmt hat oder

    c) bei Auszubildenden oder Studierenden dies zur Erreichung ihres Ausbildungszieles erforderlich ist,

    d) bei schwangeren Frauen der fachkundige Strahlenschutzverantwortliche oder der Strahlenschutzbeauftragte dies gestattet und durch geeignete Überwachungsmaßnahmen sicherstellt, dass der besondere Dosisgrenzwert nach § 55 Abs. 4 Satz 1 eingehalten und dies dokumentiert wird,

3. zu Sperrbereichen nur erlaubt werden, wenn

    a) sie zur Durchführung der im Sperrbereich vorgesehenen Betriebsvorgänge oder aus zwingenden Gründen tätig werden müssen und sie unter der Kontrolle eines Strahlenschutzbeauftragten oder einer von ihm beauftragten Person, die die erforderliche Fachkunde im Strahlenschutz besitzt, stehen oder

    b) ihr Aufenthalt in diesem Bereich als Patient, Proband oder helfende Person erforderlich ist und eine zur Ausübung des ärztlichen oder zahnärztlichen Berufs berechtigte Person, die die erforderliche Fachkunde im Strahlenschutz besitzt, schriftlich zugestimmt hat.

Die zuständige Behörde kann gestatten, dass der fachkundige Strahlenschutzverantwortliche oder der zuständige Strahlenschutzbeauftragte auch anderen Personen den Zutritt zu Strahlenschutzbereichen erlaubt. Betretungsrechte aufgrund anderer gesetzlicher Regelungen bleiben unberührt.

(2) Schwangeren Frauen darf der Zutritt

1. zu Sperrbereichen nicht gestattet werden, sofern nicht ihr Aufenthalt als Patientin erforderlich ist,
2. zu Kontrollbereichen als helfende Person abweichend von Absatz 1 Satz 1 Nr. 2 Buchstabe b nur gestattet werden, wenn zwingende Gründe dies erfordern.

§ 38 Unterweisung

(1) Personen, denen nach § 37 Abs. 1 Satz 1 Nr. 2 Buchstabe a oder c oder Nr. 3 Buchstabe a der Zutritt zu Kontrollbereichen gestattet wird, sind vor dem erstmaligen Zutritt über die Arbeitsmethoden, die möglichen Gefahren, die anzuwendenden Sicherheits- und Schutzmaßnahmen und den für ihre Beschäftigung oder ihre Anwesenheit wesentlichen Inhalt dieser Verordnung, der Genehmigung, der Strahlenschutzanweisung und über die zum Zweck der Überwachung von Dosisgrenzwerten und der Beachtung der Strahlenschutzgrundsätze erfolgende Verarbeitung und Nutzung personenbezogener Daten zu unterweisen. Satz 1 gilt auch für Personen, die außerhalb des Kontrollbereiches mit radioaktiven Stoffen umgehen oder ionisierende Strahlung anwenden, soweit diese Tätigkeit der Genehmigung bedarf. Die Unterweisung ist mindestens einmal im Jahr durchzuführen. Diese Unterweisung kann Bestandteil sonstiger erforderlicher Unterweisungen nach immissionsschutz- oder arbeitsschutzrechtlichen Vorschriften sein.

(2) Andere Personen, denen der Zutritt zu Kontrollbereichen gestattet wird, sind vorher über die möglichen Gefahren und ihre Vermeidung zu unterweisen.

(3) Frauen sind im Rahmen der Unterweisungen nach Absatz 1 oder 2 darauf hinzuweisen, dass eine Schwangerschaft im Hinblick auf die Risiken einer Strahlenexposition für das ungeborene Kind so früh wie möglich mitzuteilen ist. Für den Fall einer Kontamination der Mutter ist darauf hinzuweisen, dass der Säugling beim Stillen radioaktive Stoffe inkorporieren könnte.

(4) Über den Inhalt und den Zeitpunkt der Unterweisungen nach Absatz 1 oder 2 sind Aufzeichnungen zu führen, die von der unterwiesenen Person zu unterzeichnen sind. Die Aufzeichnungen sind in den Fällen des Absatzes 1 fünf Jahre, in denen des Absatzes 2 ein Jahr lang nach der Unterweisung aufzubewahren und der zuständigen Behörde auf Verlangen vorzulegen.

§ 39 Messtechnische Überwachung in Strahlenschutzbereichen

In Strahlenschutzbereichen ist in dem für die Ermittlung der Strahlenexposition erforderlichen Umfang jeweils einzeln oder in Kombination

1. die Ortsdosis oder die Ortsdosisleistung oder
2. die Konzentration radioaktiver Stoffe in der Luft oder
3. die Kontamination des Arbeitsplatzes

zu messen.

§ 40 Zu überwachende Personen

(1) An Personen, die sich im Kontrollbereich aufhalten, ist die Körperdosis zu ermitteln. Die Ermittlungsergebnisse müssen spätestens neun Monate nach Aufenthalt im Kontrollbereich vorlie-

Teil 2: Zielgerichtete Nutzung radioaktiver Stoffe oder ionisierender Strahlung

gen. Ist beim Aufenthalt im Kontrollbereich sichergestellt, dass im Kalenderjahr eine effektive Dosis von 1 Millisievert oder höhere Organdosen als ein Zehntel der Organdosisgrenzwerte des § 55 Abs. 2 nicht erreicht werden können, so kann die zuständige Behörde Ausnahmen von Satz 1 zulassen.

(2) Wer einer Genehmigung nach § 15 Abs. 1 bedarf, hat dafür zu sorgen, dass die unter seiner Aufsicht stehenden Personen in Kontrollbereichen nur beschäftigt werden, wenn jede einzelne beruflich strahlenexponierte Person im Besitz eines vollständig geführten, bei der zuständigen Behörde registrierten Strahlenpasses ist. Wenn er selbst in Kontrollbereichen tätig wird, gilt Satz 1 entsprechend. Die zuständige Behörde kann Aufzeichnungen über die Strahlenexposition, die außerhalb des Geltungsbereiches dieser Verordnung ausgestellt worden sind, als ausreichend im Sinne von Satz 1 anerkennen, wenn diese dem Strahlenpass entsprechen. Die Bundesregierung erlässt mit Zustimmung des Bundesrates allgemeine Verwaltungsvorschriften über Inhalt, Form, Führung und Registrierung des Strahlenpasses.

(3) Beruflich strahlenexponierten Personen nach Absatz 2 Satz 1 darf eine Beschäftigung im Kontrollbereich nur erlaubt werden, wenn diese den Strahlenpass nach Absatz 2 Satz 1 vorlegen und ein Dosimeter nach § 41 Abs. 3 Satz 1 tragen.

(4) Wer einer Genehmigung nach den §§ 6, 7 oder 9 des Atomgesetzes oder nach § 7 oder § 11 Abs. 2 dieser Verordnung oder eines Planfeststellungsbeschlusses nach § 9b des Atomgesetzes bedarf, hat jeder unter seiner Aufsicht stehenden beruflich strahlenexponierten Person auf deren Verlangen die im Beschäftigungsverhältnis erhaltene berufliche Strahlenexposition schriftlich mitzuteilen, sofern nicht bereits aufgrund einer Genehmigung nach § 15 Abs. 1 dieser Verordnung ein Strahlenpass nach Absatz 2 Satz 1 geführt wird.

(5) Die zuständige Behörde kann anordnen, dass nicht beruflich strahlenexponierte Personen, die sich in Bereichen aufhalten oder aufgehalten haben, in denen Tätigkeiten nach § 2 Abs. 1 Nr. 1 dieser Verordnung ausgeübt werden, durch geeignete Messungen feststellen lassen, ob sie radioaktive Stoffe inkorporiert haben.

§ 41 Ermittlung der Körperdosis

(1) Zur Ermittlung der Körperdosis wird die Personendosis gemessen. Die zuständige Behörde kann aufgrund der Expositionsbedingungen bestimmen, dass zur Ermittlung der Körperdosis zusätzlich oder – abweichend von Satz 1 – allein

1. die Ortsdosis, die Ortsdosisleistung, die Konzentration radioaktiver Stoffe in der Luft oder die Kontamination des Arbeitsplatzes gemessen wird,

2. die Körperaktivität oder die Aktivität der Ausscheidungen gemessen wird oder

3. weitere Eigenschaften der Strahlungsquelle oder des Strahlungsfeldes festgestellt werden.

Die zuständige Behörde kann bei unterbliebener oder fehlerhafter Messung eine Ersatzdosis festlegen. Die zuständige Behörde bestimmt Messstellen für Messungen nach Satz 1 und für Messungen nach Satz 2 Nr. 2.

(2) Wenn aufgrund der Feststellungen nach Absatz 1 der Verdacht besteht, dass die Dosisgrenzwerte des § 55 überschritten werden, so ist die Körperdosis unter Berücksichtigung der Expositionsbedingungen zu ermitteln.

(3) Die Personendosis ist mit Dosimetern zu messen, die bei einer nach Absatz 1 Satz 4 bestimmten Messstelle anzufordern sind. Die Dosimeter sind an einer für die Strahlenexposition als repräsentativ geltenden Stelle der Körperoberfläche, in der Regel an der Vorderseite des Rumpfes, zu tragen.

399

Die Anzeige dieses Dosimeters ist als Maß für die effektive Dosis zu werten, sofern die Körperdosis für einzelne Körperteile, Organe oder Gewebe nicht genauer ermittelt worden ist. Ist vorauszusehen, dass im Kalenderjahr die Organdosis für die Hände, die Unterarme, die Füße und Knöchel oder die Haut größer ist als 150 Millisievert oder die Organdosis der Augenlinse größer ist als 45 Millisievert, so ist die Personendosis durch weitere Dosimeter auch an diesen Körperteilen festzustellen. Die zuständige Behörde kann anordnen, dass die Personendosis nach einem anderen geeigneten oder nach zwei voneinander unabhängigen Verfahren gemessen wird.

(4) Die Dosimeter nach Absatz 3 Satz 1 und 4 sind der Messstelle jeweils nach Ablauf eines Monats unverzüglich einzureichen; hierbei sind die jeweiligen Personendaten (Familienname, Vornamen, Geburtsdatum und -ort, Geschlecht), bei Strahlenpassinhabern nach § 40 Abs. 2 Satz 1 und 2 die Registriernummer des Strahlenpasses sowie die Beschäftigungsmerkmale und die Expositionsverhältnisse mitzuteilen. Die zuständige Behörde kann gestatten, dass Dosimeter in Zeitabständen bis zu sechs Monaten der Messstelle einzureichen sind.

(5) Der zu überwachenden Person ist auf ihr Verlangen ein Dosimeter zur Verfügung zu stellen, mit dem die Personendosis jederzeit festgestellt werden kann. Sobald eine Frau ihren Arbeitgeber darüber informiert hat, dass sie schwanger ist, ist ihre berufliche Strahlenexposition arbeitswöchentlich zu ermitteln und ihr mitzuteilen.

(6) Die Messung der Körperaktivität oder der Aktivität der Ausscheidungen ist bei einer nach Absatz 1 Satz 4 bestimmten Messstelle durchzuführen. Der Messstelle sind die jeweiligen Personendaten (Familienname, Vornamen, Geburtsdatum und -ort, Geschlecht), bei Strahlenpassinhabern nach § 40 Abs. 2 Satz 1 und 2 die Registriernummer des Strahlenpasses sowie die Beschäftigungsmerkmale und die Inkorporationsverhältnisse mitzuteilen.

(7) Die Messstelle nach Absatz 3 Satz 1 hat Personendosimeter bereitzustellen, die Personendosis festzustellen, die Ergebnisse aufzuzeichnen und demjenigen, der die Messung veranlasst hat, schriftlich mitzuteilen. Die Messstelle nach Absatz 6 Satz 1 hat die Körperaktivität oder die Aktivität der Ausscheidungen und die jeweilige Körperdosis festzustellen, die Ergebnisse aufzuzeichnen und demjenigen, der die Messung veranlasst hat, schriftlich mitzuteilen. Die Messstellen haben ihre Aufzeichnungen 30 Jahre lang nach der jeweiligen Feststellung aufzubewahren. Sie haben auf Anforderung die Ergebnisse ihrer Feststellungen einschließlich der Angaben nach Absatz 4 Satz 1 oder Absatz 6 Satz 2 der zuständigen Behörde mitzuteilen.

(8) Die Messstellen nach Absatz 3 Satz 1 und Absatz 6 Satz 1 nehmen an Maßnahmen zur Qualitätssicherung teil, die für Messungen nach Absatz 3 Satz 1 und 4 von der Physikalisch-Technischen Bundesanstalt und für Messungen nach Absatz 6 Satz 1 von dem Bundesamt für Strahlenschutz durchgeführt werden.

§ 42 Aufzeichnungs- und Mitteilungspflicht

(1) Die Ergebnisse der Messungen und Ermittlungen nach den §§ 40 und 41 sind unverzüglich aufzuzeichnen. Die Aufzeichnungen sind so lange aufzubewahren, bis die überwachte Person das 75. Lebensjahr vollendet hat oder vollendet hätte, mindestens jedoch 30 Jahre nach Beendigung der jeweiligen Beschäftigung. Sie sind spätestens 95 Jahre nach der Geburt der betroffenen Person zu löschen. Sie sind auf Verlangen der zuständigen Behörde vorzulegen oder bei einer von dieser zu bestimmenden Stelle zu hinterlegen. Bei einem Wechsel des Beschäftigungsverhältnisses sind die Ermittlungsergebnisse dem neuen Arbeitgeber auf Verlangen mitzuteilen, falls weiterhin eine Beschäftigung als beruflich strahlenexponierte Person ausgeübt wird. Aufzeichnungen, die infolge Beendigung der Beschäftigung als beruflich strahlenexponierte Person nicht mehr benötigt werden, sind der nach Landesrecht zuständigen Stelle zu übergeben. § 85 Abs. 1 Satz 4 gilt entsprechend.

(2) Überschreitungen der Grenzwerte der Körperdosis nach § 55 Abs. 1 Satz 1, Abs. 2 und 3 Satz 1, Abs. 4 und Strahlenexpositionen nach § 58 Abs. 1 Satz 2 sind der zuständigen Behörde unter

Teil 2: Zielgerichtete Nutzung radioaktiver Stoffe oder ionisierender Strahlung

Angabe der Gründe, der betroffenen Personen und der ermittelten Körperdosen unverzüglich mitzuteilen. Den betroffenen Personen ist unverzüglich die Körperdosis mitzuteilen.

(3) Bei Überschreitungen der Werte der Oberflächenkontamination nach § 44 Abs. 2 Nr. 3 gelten die Absätze 1 und 2 entsprechend.

§ 43 Schutzvorkehrungen

(1) Der Schutz beruflich strahlenexponierter Personen vor äußerer und innerer Strahlenexposition ist vorrangig durch bauliche und technische Vorrichtungen oder durch geeignete Arbeitsverfahren sicherzustellen.

(2) Sobald eine Frau ihren Arbeitgeber darüber informiert hat, dass sie schwanger ist oder stillt, sind ihre Arbeitsbedingungen so zu gestalten, dass eine innere berufliche Strahlenexposition ausgeschlossen ist.

(3) Bei Personen, die mit offenen radioaktiven Stoffen umgehen, deren Aktivität die Freigrenzen der Anlage III Tabelle 1 Spalte 2 und 3 überschreitet, ist sicherzustellen, dass sie die erforderliche Schutzkleidung tragen und die erforderlichen Schutzausrüstungen verwenden. Ihnen ist ein Verhalten zu untersagen, bei dem sie oder andere Personen von dem Umgang herrührende radioaktive Stoffe in den Körper aufnehmen können, insbesondere durch Essen, Trinken, Rauchen, durch die Verwendung von Gesundheitspflegemitteln oder kosmetischen Mitteln.

Dies gilt auch für Personen, die sich in Bereichen aufhalten, in denen mit offenen radioaktiven Stoffen umgegangen wird, deren Aktivität die Freigrenzen der Anlage III Tabelle 1 Spalte 2 und 3 überschreitet. Offene radioaktive Stoffe dürfen an Arbeitsplätzen nur so lange und in solchen Aktivitäten vorhanden sein, wie das Arbeitsverfahren es erfordert.

§ 44 Kontamination und Dekontamination

(1) Beim Vorhandensein offener radioaktiver Stoffe ist in Strahlenschutzbereichen, soweit es zum Schutz der sich darin aufhaltenden Personen oder der dort befindlichen Sachgüter erforderlich ist, festzustellen, ob Kontaminationen durch diese Stoffe vorliegen. An Personen, die Kontrollbereiche verlassen, in denen offene radioaktive Stoffe vorhanden sind, ist zu prüfen, ob diese kontaminiert sind. Wird hierbei eine Kontamination festgestellt, so sind unverzüglich Maßnahmen zu treffen, die geeignet sind, weitere Strahlenexpositionen und eine Weiterverbreitung radioaktiver Stoffe zu verhindern. Die zuständige Behörde kann festlegen, dass eine Prüfung nach Satz 2 auch beim Verlassen des Überwachungsbereiches durchzuführen ist.

(2) Zur Verhinderung der Weiterverbreitung radioaktiver Stoffe oder ihrer Aufnahme in den Körper sind unverzüglich Maßnahmen zu treffen, wenn

1. auf Verkehrsflächen, an Arbeitsplätzen oder an der Kleidung in Kontrollbereichen festgestellt wird, dass die nicht festhaftende Oberflächenkontamination das 100fache der Werte der Anlage III Tabelle 1 Spalte 4 überschreitet oder

2. auf Verkehrsflächen, an Arbeitsplätzen oder an der Kleidung in Überwachungsbereichen festgestellt wird, dass die nicht festhaftende Oberflächenkontamination das Zehnfache der Werte der Anlage III Tabelle 1 Spalte 4 überschreitet oder

3. außerhalb eines Strahlenschutzbereiches auf dem Betriebsgelände die Oberflächenkontamination von Bodenflächen, Gebäuden und beweglichen Gegenständen, insbesondere Kleidung, die Werte der Anlage III Tabelle 1 Spalte 4 überschreitet.

Satz 1 gilt nicht für die Gegenstände, die als gefährliche Güter nach § 2 des Gefahrgutbeförderungsgesetzes befördert oder nach § 69 dieser Verordnung abgegeben werden.

(3) Sollen bewegliche Gegenstände, insbesondere Werkzeuge, Messgeräte, Messvorrichtungen, sonstige Apparate, Anlagenteile oder Kleidung, aus Kontrollbereichen, in denen offene radioaktive Stoffe vorhanden sind, zum Zweck der Handhabung, Nutzung oder sonstigen Verwendung mit dem Ziel einer Wiederverwendung oder Reparatur außerhalb von Strahlenschutzbereichen herausgebracht werden, ist zu prüfen, ob diese kontaminiert sind. Wenn die Werte der Anlage III Tabelle 1 Spalte 4 oder 5 überschritten sind, dürfen die in Satz 1 genannten Gegenstände nicht zu den dort genannten Zwecken aus dem Kontrollbereich entfernt werden. Die zuständige Behörde kann festlegen, dass die Sätze 1 und 2 auch auf Überwachungsbereiche anzuwenden sind. Die Sätze 1 und 2 gelten nicht für die Gegenstände, die als gefährliche Güter nach § 2 des Gefahrgutbeförderungsgesetzes befördert oder nach § 69 dieser Verordnung abgegeben werden. § 29 findet keine Anwendung.

(4) Mit einer Dekontamination dürfen nur Personen betraut werden, die die dafür erforderlichen Kenntnisse besitzen.

(5) Können die in Absatz 2 Satz 1 Nr. 1 oder Nr. 2 genannten Werte der Oberflächenkontamination nicht eingehalten werden, so sind die in solchen Arbeitsbereichen beschäftigten Personen durch besondere Maßnahmen zu schützen.

§ 45 Beschäftigungsverbote und Beschäftigungsbeschränkungen

(1) Es ist dafür zu sorgen, dass Personen unter 18 Jahren nicht mit offenen radioaktiven Stoffen oberhalb der Freigrenzen der Anlage III Tabelle 1 Spalte 2 und 3 umgehen.

(2) Die zuständige Behörde kann Ausnahmen von Absatz 1 für Auszubildende und Studierende im Alter zwischen 16 und 18 Jahren gestatten, soweit dies zur Erreichung ihrer Ausbildungsziele erforderlich ist und eine ständige Aufsicht und Anleitung durch eine Person, die die erforderliche Fachkunde im Strahlenschutz besitzt, gewährleistet wird.

(3) Es ist dafür zur sorgen, dass Schüler beim genehmigungsbedürftigen Umgang mit radioaktiven Stoffen nur in Anwesenheit und unter der Aufsicht des zuständigen Strahlenschutzbeauftragten mitwirken.

Abschnitt 4
Schutz von Bevölkerung und Umwelt bei Strahlenexpositionen aus Tätigkeiten

§ 46 Begrenzung der Strahlenexposition der Bevölkerung

(1) Für Einzelpersonen der Bevölkerung beträgt der Grenzwert der effektiven Dosis durch Strahlenexpositionen aus Tätigkeiten nach § 2 Abs. 1 Nr. 1 ein Millisievert im Kalenderjahr.

(2) Unbeschadet des Absatzes 1 beträgt der Grenzwert der Organdosis für die Augenlinse 15 Millisievert im Kalenderjahr und der Grenzwert der Organdosis für die Haut 50 Millisievert im Kalenderjahr.

(3) Bei Anlagen oder Einrichtungen gilt außerhalb des Betriebsgeländes der Grenzwert für die effektive Dosis nach Absatz 1 für die Summe der Strahlenexposition aus Direktstrahlung und der Strahlenexposition aus Ableitungen. Die für die Strahlenexposition aus Direktstrahlung maßgebenden Aufenthaltszeiten richten sich nach den räumlichen Gegebenheiten der Anlage oder Einrichtung oder des Standortes; liegen keine begründeten Angaben für die Aufenthaltszeiten vor, ist Daueraufenthalt anzunehmen.

Teil 2: Zielgerichtete Nutzung radioaktiver Stoffe oder ionisierender Strahlung

§ 47 Begrenzung der Ableitung radioaktiver Stoffe

(1) Für die Planung, die Errichtung, den Betrieb, die Stilllegung, den sicheren Einschluss und den Abbau von Anlagen oder Einrichtungen gelten folgende Grenzwerte der durch Ableitungen radioaktiver Stoffe mit Luft oder Wasser aus diesen Anlagen oder Einrichtungen jeweils bedingten Strahlenexposition von Einzelpersonen der Bevölkerung im Kalenderjahr:

1. Effektive Dosis – 0,3 Millisievert

2. Organdosis für Keimdrüsen, Gebärmutter, Knochenmark (rot) – 0,3 Millisievert

3. Organdosis für Dickdarm, Lunge, Magen, Blase, Brust, Leber, Speiseröhre, Schilddrüse, andere Organe oder Gewebe gemäß Anlage VI Teil C Nr. 2 Fußnote 1, soweit nicht unter Nr. 2 genannt – 0,9 Millisievert

4. Organdosis für Knochenoberfläche, Haut – 1,8 Millisievert.

Es ist dafür zu sorgen, dass radioaktive Stoffe nicht unkontrolliert in die Umwelt abgeleitet werden.

(2) Bei der Planung von Anlagen oder Einrichtungen ist die Strahlenexposition nach Absatz 1 für eine Referenzperson an den ungünstigsten Einwirkungsstellen unter Berücksichtigung der in Anlage VII Teil A bis C genannten Expositionspfade, Lebensgewohnheiten der Referenzperson und übrigen Annahmen zu ermitteln; dabei sind die mittleren Verzehrsraten der Anlage VII Teil B Tabelle 1 multipliziert mit den Faktoren der Spalte 8 zu verwenden. Die Bundesregierung erlässt mit Zustimmung des Bundesrates allgemeine Verwaltungsvorschriften über die zu treffenden weiteren Annahmen. Die zuständige Behörde kann davon ausgehen, dass die Grenzwerte des Absatzes 1 eingehalten sind, wenn dies unter Zugrundelegung der allgemeinen Verwaltungsvorschriften nachgewiesen wird.

(3) Für den Betrieb, die Stilllegung, den sicheren Einschluss und den Abbau von Anlagen oder Einrichtungen legt die zuständige Behörde die zulässigen Ableitungen radioaktiver Stoffe mit Luft und Wasser durch Begrenzung der Aktivitätskonzentrationen oder Aktivitätsmengen fest. Der Nachweis der Einhaltung der Grenzwerte des Absatzes 1 gilt als erbracht, wenn diese Begrenzungen nicht überschritten werden.

(4) Bei Anlagen oder Einrichtungen, die keiner Genehmigung nach §§ 6, 7 oder 9 des Atomgesetzes und keines Planfeststellungsbeschlusses nach § 9b des Atomgesetzes bedürfen, kann die zuständige Behörde von der Festlegung von Aktivitätsmengen und Aktivitätskonzentrationen absehen und den Nachweis nach Absatz 2 zur Einhaltung der in Absatz 1 genannten Grenzwerte als erbracht ansehen, sofern die nach Anlage VII Teil D zulässigen Aktivitätskonzentrationen für Ableitungen radioaktiver Stoffe mit Luft oder Wasser aus Strahlenschutzbereichen im Jahresdurchschnitt nicht überschritten werden. Soweit die zuständige Behörde nichts anderes festlegt, sind die zulässigen Aktivitätskonzentrationen an der Grenze eines Strahlenschutzbereiches einzuhalten. Satz 1 findet keine Anwendung, wenn der zuständigen Behörde Anhaltspunkte vorliegen, dass die in Absatz 1 genannten Grenzwerte an einem Standort durch Ableitungen aus Anlagen oder Einrichtungen oder früheren Tätigkeiten überschritten werden können.

(5) Sofern Ableitungen aus dem Betrieb anderer Anlagen oder Einrichtungen oder früherer Tätigkeiten im Geltungsbereich dieser Verordnung an diesen oder anderen Standorten zur Strahlenexposition an den in Absatz 2 Satz 1 bezeichneten Einwirkungsstellen beitragen, hat die zuständige Behörde darauf hinzuwirken, dass die in Absatz 1 genannten Werte insgesamt nicht überschritten werden. Die für die Berücksichtigung anderer Anlagen und Einrichtungen zu treffenden Annahmen werden in die allgemeinen Verwaltungsvorschriften nach Absatz 2 aufgenommen.

§ 48 Emissions- und Immissionsüberwachung

(1) Es ist dafür zu sorgen, dass Ableitungen aus Anlagen oder Einrichtungen

1. überwacht und

2. nach Art und Aktivität spezifiziert der zuständigen Behörde mindestens jährlich mitgeteilt werden. Die zuständige Behörde kann im Einzelfall von der Mitteilungspflicht ganz oder teilweise befreien, wenn sie sonst hinreichend abschätzen kann, dass die Grenzwerte des § 47 Abs. 1 Satz 1 durch die Ableitung nicht überschritten werden.

(2) Die zuständige Behörde kann anordnen, dass bei dem Betrieb von Anlagen oder Einrichtungen die Aktivität von Proben aus der Umgebung sowie die Ortsdosen nach einem festzulegenden Plan durch Messung bestimmt werden und dass die Messergebnisse aufzuzeichnen, der zuständigen Behörde auf Verlangen vorzulegen und der Öffentlichkeit zugänglich zu machen sind. Die zuständige Behörde kann die Stelle bestimmen, die die Messungen vorzunehmen hat.

(3) Die zuständige Behörde kann anordnen, dass bei Anlagen oder Einrichtungen, die einer Genehmigung nach §§ 6, 7 oder 9 des Atomgesetzes oder eines Planfeststellungsbeschlusses nach § 9b des Atomgesetzes bedürfen, für die Ermittlung der Strahlenexposition durch Ableitungen, ergänzend zu den Angaben nach Absatz 1, die für die meteorologischen und hydrologischen Ausbreitungsverhältnisse erforderlichen Daten zu ermitteln und der zuständigen Behörde mindestens jährlich mitzuteilen sind.

(4) Zur Sicherstellung eines bundeseinheitlichen Qualitätsstandards bei der Emissions- und Immissionsüberwachung führen die in Anlage XIV genannten Verwaltungsbehörden des Bundes als Leitstellen Vergleichsmessungen und Vergleichsanalysen durch. Die Leitstellen haben ferner die Aufgabe, Probenahme-, Analyse- und Messverfahren zu entwickeln und festzulegen sowie die Daten der Emissions- und Immissionsüberwachung zusammenzufassen, aufzubereiten und zu dokumentieren. Die Physikalisch-Technische Bundesanstalt stellt Radioaktivitätsstandards für Vergleichsmessungen bereit.

Abschnitt 5
Schutz vor sicherheitstechnisch bedeutsamen Ereignissen

§ 49 Sicherheitstechnische Auslegung für den Betrieb von Kernkraftwerken, für die standortnahe Aufbewahrung bestrahlter Brennelemente und für Anlagen des Bundes zur Sicherstellung und zur Endlagerung radioaktiver Abfälle

(1) Bei der Planung baulicher oder sonstiger technischer Schutzmaßnahmen gegen Störfälle in oder an einem Kernkraftwerk, das der Erzeugung von Elektrizität dient, darf bis zur Stilllegung nach § 7 Abs. 3 des Atomgesetzes unbeschadet der Forderungen des § 6 in der Umgebung der Anlage im ungünstigsten Störfall durch Freisetzung radioaktiver Stoffe in die Umgebung höchstens

1. eine effektive Dosis von 50 Millisievert,

2. eine Organdosis der Schilddrüse und der Augenlinse von jeweils 150 Millisievert,

3. eine Organdosis der Haut, der Hände, der Unterarme, der Füße und Knöchel von jeweils 500 Millisievert,

4. eine Organdosis der Keimdrüsen, der Gebärmutter und des Knochenmarks (rot) von jeweils 50 Millisievert,

5. eine Organdosis der Knochenoberfläche von 300 Millisievert,

Teil 2: Zielgerichtete Nutzung radioaktiver Stoffe oder ionisierender Strahlung

6. eine Organdosis des Dickdarms, der Lunge, des Magens, der Blase, der Brust, der Leber, der Speiseröhre, der anderen Organe oder Gewebe gemäß Anlage VI Teil C Nr. 2 Fußnote 1, soweit nicht unter Nummer 4 genannt, von jeweils 150 Millisievert

zugrunde gelegt werden. Maßgebend für eine ausreichende Vorsorge gegen Störfälle nach Satz 1 ist der Stand von Wissenschaft und Technik. Die Genehmigungsbehörde kann diese Vorsorge insbesondere dann als getroffen ansehen, wenn der Antragsteller bei der Auslegung der Anlage die Störfälle zugrunde gelegt hat, die nach den veröffentlichten Sicherheitskriterien und Leitlinien für Kernkraftwerke die Auslegung eines Kernkraftwerkes bestimmen müssen.

(2) Absatz 1 Satz 1 und 2 gilt auch für die Aufbewahrung bestrahlter Kernbrennstoffe nach § 6 des Atomgesetzes an den jeweiligen Standorten der nach § 7 des Atomgesetzes genehmigten Kernkraftwerke sowie für Anlagen des Bundes zur Sicherstellung und zur Endlagerung radioaktiver Abfälle.

(3) Die Absätze 1 und 2 gelten nicht für Güter, die als gefährliche Güter nach § 2 des Gefahrgutbeförderungsgesetzes befördert werden.

§ 50 Begrenzung der Strahlenexposition als Folge von Störfällen bei sonstigen Anlagen und Einrichtungen und bei Stilllegungen

(1) Bei der Planung von anderen als in § 49 genannten Anlagen nach § 7 Abs. 1 des Atomgesetzes sind bauliche oder technische Schutzmaßnahmen unter Berücksichtigung des potenziellen Schadensausmaßes zu treffen, um die Strahlenexposition bei Störfällen durch die Freisetzung radioaktiver Stoffe in die Umgebung zu begrenzen. Die Genehmigungsbehörde legt Art und Umfang der Schutzmaßnahmen unter Berücksichtigung des Einzelfalls, insbesondere des Gefährdungspotenzials der Anlage und der Wahrscheinlichkeit des Eintritts eines Störfalls, fest.

(2) Absatz 1 gilt auch für die Stilllegung, den sicheren Einschluss der endgültig stillgelegten Anlagen und den Abbau der Anlagen oder von Anlagenteilen nach § 7 Abs. 3 Satz 1 des Atomgesetzes.

(3) Für die übrigen Tätigkeiten nach § 6 Abs. 1 und § 9 Abs. 1 des Atomgesetzes gilt Absatz 1 entsprechend. Satz 1 gilt auch für Abbau- und Stilllegungsmaßnahmen im Rahmen von Tätigkeiten nach § 6 Abs. 1 und § 9 Abs. 1 des Atomgesetzes. Satz 1 gilt ferner für Tätigkeiten nach § 7 dieser Verordnung, bei denen mit mehr als dem 10⁷fachen der Freigrenzen der Anlage III Tabelle 1 Spalte 2 als offener radioaktiver Stoff oder mit mehr als dem 10¹⁰fachen der Freigrenzen der Anlage III Tabelle 1 Spalte 2 als umschlossener radioaktiver Stoff umgegangen wird, sofern nicht einem einzelnen Betrieb oder selbständigen Zweigbetrieb, bei Nichtgewerbetreibenden am Ort der Tätigkeit des Genehmigungsinhabers, mit diesen radioaktiven Stoffen in mehreren, räumlich voneinander getrennten Gebäuden, Gebäudeteilen, Anlagen oder Einrichtungen umgegangen wird und ausreichend sichergestellt ist, dass die radioaktiven Stoffe aus den einzelnen Gebäuden, Gebäudeteilen, Anlagen oder Einrichtungen nicht zusammenwirken können.

(4) Die Bundesregierung erlässt mit Zustimmung des Bundesrates allgemeine Verwaltungsvorschriften, in denen unter Berücksichtigung der Eintrittswahrscheinlichkeit des Schadensausmaßes und des Vielfachen der Freigrenzen für offene und umschlossene radioaktive Stoffe bei Tätigkeiten nach § 7 Abs. 1 dieser Verordnung Schutzziele zur Störfallvorsorge nach den Absätzen 1 bis 3 festgelegt werden.

(5) Die Absätze 1 bis 3 gelten nicht für Güter, die als gefährliche Güter nach § 2 des Gefahrgutbeförderungsgesetzes befördert werden.

§ 51 Maßnahmen bei Ereignissen

(1) Bei radiologischen Notstandssituationen, Unfällen und Störfällen sind unverzüglich alle notwendigen Maßnahmen einzuleiten, damit die Gefahren für Mensch und Umwelt auf ein Mindest-

maß beschränkt werden. Der Eintritt einer radiologischen Notstandssituation, eines Unfalls, eines Störfalls oder eines sonstigen sicherheitstechnisch bedeutsamen Ereignisses ist der atomrechtlichen Aufsichtsbehörde und, falls dies erforderlich ist, auch der für die öffentliche Sicherheit oder Ordnung zuständigen Behörde sowie den für den Katastrophenschutz zuständigen Behörden unverzüglich mitzuteilen.

(2) Die zuständigen Behörden unterrichten in radiologischen Notstandssituationen unverzüglich die möglicherweise betroffene Bevölkerung und geben Hinweise über Verhaltensmaßnahmen, einschließlich genauer Hinweise für zu ergreifende Gesundheitsschutzmaßnahmen. Die Information an die Bevölkerung enthält die in Anlage XIII Teil A aufgeführten Angaben.

§ 52 Vorbereitung der Brandbekämpfung

Zur Vorbereitung der Brandbekämpfung sind mit den nach Landesrecht zuständigen Behörden die erforderlichen Maßnahmen zu planen. Hierbei ist insbesondere festzulegen, an welchen Orten die Feuerwehr (in untertägigen Betrieben: Grubenwehr) im Einsatzfall

1. ohne besonderen Schutz vor den Gefahren radioaktiver Stoffe tätig werden kann (Gefahrengruppe I),

2. nur unter Verwendung einer Sonderausrüstung tätig werden kann (Gefahrengruppe II) und

3. nur mit einer Sonderausrüstung und unter Hinzuziehung eines Sachverständigen, der die während des Einsatzes entstehende Strahlengefährdung und die anzuwendenden Schutzmaßnahmen beurteilen kann, tätig werden kann (Gefahrengruppe III).

Die betroffenen Bereiche sind jeweils am Zugang deutlich sichtbar und dauerhaft mit dem Zeichen „Gefahrengruppe I", „Gefahrengruppe II" oder „Gefahrengruppe III" zu kennzeichnen.

§ 53 Vorbereitung der Schadensbekämpfung bei sicherheitstechnisch bedeutsamen Ereignissen

(1) Zur Eindämmung und Beseitigung der durch Unfälle oder Störfälle auf dem Betriebsgelände entstandenen Gefahren sind das hierzu erforderliche, geschulte Personal und die erforderlichen Hilfsmittel vorzuhalten. Deren Einsatzfähigkeit ist der zuständigen Behörde nachzuweisen. Dies kann auch dadurch geschehen, dass ein Anspruch auf Einsatz einer für die Erfüllung dieser Aufgaben geeigneten Institution nachgewiesen wird.

(2) Den für die öffentliche Sicherheit oder Ordnung sowie den für den Katastrophenschutz zuständigen Behörden, den Feuerwehren sowie den öffentlichen und privaten Hilfsorganisationen sind die für die Beseitigung einer radiologischen Notstandssituation, eines Unfalls oder Störfalls notwendigen Informationen und die erforderliche Beratung zu geben. Das Gleiche gilt für die Planung der Beseitigung der Folgen einer radiologischen Notstandssituation, eines Unfalls oder eines Störfalls. Darüber hinaus ist den zuständigen Behörden, den Feuerwehren und den Hilfsorganisationen jede Information und Beratung zu geben, die für die Aus- und Fortbildung von Einsatzkräften sowie die Unterrichtung im Einsatz hinsichtlich der auftretenden Gesundheitsrisiken und der erforderlichen Schutzmaßnahmen notwendig sind.

(3) Die zuständigen Behörden, Feuerwehren und Hilfsorganisationen unterrichten die Personen, die im Falle einer radiologischen Notstandssituation bei Rettungsmaßnahmen eingesetzt werden können, über die gesundheitlichen Risiken eines solchen Einsatzes und relevante Vorsichtsmaßnahmen. Die entsprechenden Informationen tragen den verschiedenen Arten von radiologischen Notstandssituationen Rechnung und werden regelmäßig auf den neuesten Stand gebracht. Die Informationen werden, sobald eine Notstandssituation eintritt, den Umständen der konkreten Situation entsprechend, ergänzt.

(4) Die Absätze 1 und 2 sind nicht auf den Umgang mit radioaktiven Stoffen anzuwenden, deren Aktivitäten die Freigrenzen der Anlage III Tabelle 1 Spalte 2 um nicht mehr überschreiten als das

1. 10⁷fache, wenn es sich um offene radioaktive Stoffe handelt,
2. 10¹⁰fache, wenn es sich um umschlossene radioaktive Stoffe handelt.

Das Gleiche gilt für Anlagen zur Erzeugung ionisierender Strahlen, falls deren Errichtung keiner Genehmigung nach § 11 Abs. 1 bedarf. Die Sätze 1 und 2 sind auch anzuwenden, wenn in dem einzelnen Betrieb oder selbständigen Zweigbetrieb, bei Nichtgewerbetreibenden am Ort der Tätigkeit des Antragstellers, mit radioaktiven Stoffen in mehreren räumlich voneinander getrennten Gebäuden, Gebäudeteilen, Anlagen oder Einrichtungen umgegangen wird, die Aktivität der radioaktiven Stoffe in den einzelnen Gebäuden, Gebäudeteilen, Anlagen oder Einrichtungen die Werte des Satzes 1 nicht überschreitet und ausreichend sichergestellt ist, dass die radioaktiven Stoffe aus den einzelnen Gebäuden, Gebäudeteilen, Anlagen oder Einrichtungen nicht zusammenwirken können.

(5) Soweit die für die öffentliche Sicherheit oder Ordnung bzw. die für den Katastrophenschutz zuständigen Behörden besondere Schutzpläne für den Fall einer radiologischen Notstandssituation aufgestellt haben, ist die Bevölkerung, die bei einer radiologischen Notstandssituation betroffen sein könnte, in geeigneter Weise und unaufgefordert mindestens alle fünf Jahre über die Sicherheitsmaßnahmen und das richtige Verhalten bei solchen Ereignissen zu informieren. Entsprechende Informationen sind jedermann zugänglich zu machen. Die Informationen müssen die in Anlage XIII Teil B aufgeführten Angaben enthalten und bei Veränderungen, die Auswirkungen auf die Sicherheit oder den Schutz der Bevölkerung haben, auf den neuesten Stand gebracht werden. Soweit die Informationen zum Schutze der Öffentlichkeit bestimmt sind, sind sie mit den für die öffentliche Sicherheit oder Ordnung zuständigen Behörden sowie den für den Katastrophenschutz zuständigen Behörden abzustimmen. Die Art und Weise, in der die Informationen zu geben, zu wiederholen und auf den neuesten Stand zu bringen sind, ist mit den für den Katastrophenschutz zuständigen Behörden abzustimmen.

Abschnitt 6
Begrenzung der Strahlenexposition bei der Berufsausübung

§ 54 Kategorien beruflich strahlenexponierter Personen

Personen, die einer beruflichen Strahlenexposition durch Tätigkeiten nach § 2 Abs. 1 Nr. 1 ausgesetzt sind, sind zum Zwecke der Kontrolle und arbeitsmedizinischen Vorsorge folgenden Kategorien zugeordnet:

1. Beruflich strahlenexponierte Personen der **Kategorie A**:
   Personen, die einer beruflichen Strahlenexposition ausgesetzt sind, die im Kalenderjahr zu einer effektiven Dosis von mehr als 6 Millisievert oder einer höheren Organdosis als 45 Millisievert für die Augenlinse oder einer höheren Organdosis als 150 Millisievert für die Haut, die Hände, die Unterarme, die Füße oder Knöchel führen kann.

2. Beruflich strahlenexponierte Personen der **Kategorie B**:
   Personen, die einer beruflichen Strahlenexposition ausgesetzt sind, die im Kalenderjahr zu einer effektiven Dosis von mehr als 1 Millisievert oder einer höheren Organdosis als 15 Millisievert für die Augenlinse oder einer höheren Organdosis als 50 Millisievert für die Haut, die Hände, die Unterarme, die Füße oder Knöchel führen kann, ohne in die Kategorie A zu fallen.

§ 55 Schutz bei beruflicher Strahlenexposition

(1) Für beruflich strahlenexponierte Personen beträgt der Grenzwert der effektiven Dosis 20 Millisievert im Kalenderjahr. § 58 bleibt unberührt. Die zuständige Behörde kann im Einzelfall für ein

einzelnes Jahr eine effektive Dosis von 50 Millisievert zulassen, wobei für fünf aufeinander folgende Jahre 100 Millisievert nicht überschritten werden dürfen.

(2) Der Grenzwert der Organdosis beträgt für beruflich strahlenexponierte Personen:

1. für die Augenlinse 150 Millisievert,
2. für die Haut, die Hände, die Unterarme, die Füße und Knöchel jeweils 500 Millisievert,
3. für die Keimdrüsen, die Gebärmutter und das Knochenmark (rot) jeweils 50 Millisievert,
4. für die Schilddrüse und die Knochenoberfläche jeweils 300 Millisievert,
5. für den Dickdarm, die Lunge, den Magen, die Blase, die Brust, die Leber, die Speiseröhre, andere Organe oder Gewebe gemäß Anlage VI Teil C Nr. 2 Fußnote 1, soweit nicht unter Nummer 3 genannt, jeweils 150 Millisievert

im Kalenderjahr.

(3) Für Personen unter 18 Jahren beträgt der Grenzwert der effektiven Dosis 1 Millisievert im Kalenderjahr. Der Grenzwert der Organdosis beträgt für die Augenlinse 15 Millisievert, für die Haut, die Hände, die Unterarme, die Füße und Knöchel jeweils 50 Millisievert im Kalenderjahr. Abweichend von den Sätzen 1 und 2 kann die zuständige Behörde für Auszubildende und Studierende im Alter zwischen 16 und 18 Jahren einen Grenzwert von 6 Millisievert für die effektive Dosis, 45 Millisievert für die Organdosis der Augenlinse und jeweils 150 Millisievert für die Organdosis der Haut, der Hände, der Unterarme, der Füße und Knöchel im Kalenderjahr festlegen, wenn dies zur Erreichung des Ausbildungszieles notwendig ist.

(4) Bei gebärfähigen Frauen beträgt der Grenzwert für die über einen Monat kumulierte Dosis an der Gebärmutter 2 Millisievert. Für ein ungeborenes Kind, das aufgrund der Beschäftigung der Mutter einer Strahlenexposition ausgesetzt ist, beträgt der Grenzwert der Dosis aus äußerer und innerer Strahlenexposition vom Zeitpunkt der Mitteilung über die Schwangerschaft bis zu deren Ende 1 Millisievert.

§ 56 Berufslebensdosis

Der Grenzwert für die Summe der in allen Kalenderjahren ermittelten effektiven Dosen beruflich strahlenexponierter Personen beträgt 400 Millisievert. Die zuständige Behörde kann im Benehmen mit einem Arzt nach § 64 Abs. 1 Satz 1 eine weitere berufliche Strahlenexposition zulassen, wenn diese nicht mehr als 10 Millisievert effektive Dosis im Kalenderjahr beträgt und die beruflich strahlenexponierte Person einwilligt. Die Einwilligung ist schriftlich zu erteilen.

§ 57 Dosisbegrenzung bei Überschreitung

Wurde unter Verstoß gegen § 55 Abs. 1 oder 2 ein Grenzwert im Kalenderjahr überschritten, so ist eine Weiterbeschäftigung als beruflich strahlenexponierte Person nur zulässig, wenn die Expositionen in den folgenden vier Kalenderjahren unter Berücksichtigung der erfolgten Grenzwertüberschreitung so begrenzt werden, dass die Summe der Dosen das Fünffache des jeweiligen Grenzwertes nicht überschreitet. Ist die Überschreitung eines Grenzwertes so hoch, dass bei Anwendung von Satz 1 die bisherige Beschäftigung nicht fortgesetzt werden kann, kann die zuständige Behörde im Benehmen mit einem Arzt nach § 64 Abs. 1 Satz 1 Ausnahmen von Satz 1 zulassen.

§ 58 Besonders zugelassene Strahlenexpositionen

(1) Unter außergewöhnlichen, im Einzelfall zu beurteilenden Umständen kann die zuständige Behörde zur Durchführung notwendiger spezifischer Arbeitsvorgänge Strahlenexpositionen abwei-

chend von § 55 Abs. 1, 2 und 4 Satz 1 zulassen. Für diese besonders zugelassene Strahlenexposition beträgt der Grenzwert der effektiven Dosis 100 Millisievert, der Grenzwert der Organdosis für die Augenlinse 300 Millisievert, der Grenzwert der Organdosis für die Haut, die Hände, die Unterarme, die Füße und Knöchel jeweils 1 Sievert für eine Person im Berufsleben.

(2) Einer Strahlenexposition nach Absatz 1 dürfen nur Freiwillige, die beruflich strahlenexponierte Personen der Kategorie A sind, ausgesetzt werden, ausgenommen schwangere Frauen und, wenn die Möglichkeit einer Kontamination nicht ausgeschlossen werden kann, stillende Frauen.

(3) Eine Strahlenexposition nach Absatz 1 ist im Voraus zu rechtfertigen. Die Personen nach Absatz 2 sind über das mit der Strahlenexposition verbundene Strahlenrisiko aufzuklären. Der Betriebsrat oder der Personalrat, die Fachkräfte für Arbeitssicherheit, der Arzt nach § 64 Abs. 1 Satz 1 oder die Betriebsärzte, soweit sie nicht Ärzte nach § 64 Abs. 1 Satz 1 sind, sind zu beteiligen.

(4) Die Körperdosis durch eine Strahlenexposition nach Absatz 1 ist unter Berücksichtigung der Expositionsbedingungen zu ermitteln. Sie ist in den Aufzeichnungen nach §§ 42 und 64 Abs. 3 getrennt von den übrigen Ergebnissen der Messungen und Ermittlungen der Körperdosis einzutragen. Die Strahlenexposition nach Absatz 1 ist bei der Summe der in allen Kalenderjahren ermittelten effektiven Dosen nach § 56 zu berücksichtigen.

(5) Wurden bei einer Strahlenexposition nach Absatz 1 die Grenzwerte des § 55 Abs. 1 oder 2 überschritten, so ist diese Überschreitung allein kein Grund, die Person ohne ihr Einverständnis von ihrer bisherigen Beschäftigung auszuschließen.

§ 59 Strahlenexposition bei Personengefährdung und Hilfeleistung

(1) Bei Maßnahmen zur Abwehr von Gefahren für Personen ist anzustreben, dass eine effektive Dosis von mehr als 100 Millisievert nur einmal im Kalenderjahr und eine effektive Dosis von mehr als 250 Millisievert nur einmal im Leben auftritt.

(2) Die Rettungsmaßnahmen dürfen nur von Freiwilligen über 18 Jahren ausgeführt werden, die zuvor über die Gefahren dieser Maßnahmen unterrichtet worden sind.

(3) Die Körperdosis einer bei Rettungsmaßnahmen eingesetzten Person durch eine Strahlenexposition bei den Rettungsmaßnahmen ist unter Berücksichtigung der Expositionsbedingungen zu ermitteln. Die Rettungsmaßnahme und die ermittelte Körperdosis der bei der Rettungsmaßnahme eingesetzten Personen sind der zuständigen Behörde unverzüglich mitzuteilen. Die Strahlenexposition nach Satz 1 ist bei der Summe der in allen Kalenderjahren ermittelten effektiven Dosen nach § 56 zu berücksichtigen. § 58 Abs. 4 Satz 2 und Abs. 5 gilt entsprechend.

Abschnitt 7
Arbeitsmedizinische Vorsorge beruflich strahlenexponierter Personen

§ 60 Erfordernis der arbeitsmedizinischen Vorsorge

(1) Eine beruflich strahlenexponierte Person der Kategorie A darf im Kontrollbereich Aufgaben nur wahrnehmen, wenn sie innerhalb eines Jahres vor Beginn der Aufgabenwahrnehmung von einem Arzt nach § 64 Abs. 1 Satz 1 untersucht worden ist und dem Strahlenschutzverantwortlichen eine von diesem Arzt ausgestellte Bescheinigung vorliegt, nach der der Aufgabenwahrnehmung keine gesundheitlichen Bedenken entgegenstehen.

(2) Eine beruflich strahlenexponierte Person der Kategorie A darf in der in Absatz 1 bezeichneten Weise nach Ablauf eines Jahres seit der letzten Beurteilung oder Untersuchung nur Aufgaben weiter wahrnehmen, wenn sie von einem Arzt nach § 64 Abs. 1 Satz 1 erneut beurteilt oder untersucht

worden ist und dem Strahlenschutzverantwortlichen eine von diesem Arzt ausgestellte Bescheinigung vorliegt, dass gegen die Aufgabenwahrnehmung keine gesundheitlichen Bedenken bestehen.

(3) Die zuständige Behörde kann auf Vorschlag des Arztes nach § 64 Abs. 1 Satz 1 die in Absatz 2 genannte Frist abkürzen, wenn die Arbeitsbedingungen oder der Gesundheitszustand der beruflich strahlenexponierten Person dies erfordern.

(4) Die zuständige Behörde kann in entsprechender Anwendung der Absätze 1 und 2 für eine beruflich strahlenexponierte Person der Kategorie B Maßnahmen der arbeitsmedizinischen Vorsorge anordnen.

§ 61 Ärztliche Bescheinigung

(1) Der Arzt nach § 64 Abs. 1 Satz 1 muss zur Erteilung der ärztlichen Bescheinigung die bei der arbeitsmedizinischen Vorsorge von anderen Ärzten nach § 64 Abs. 1 Satz 1 angelegten Gesundheitsakten anfordern, soweit diese für die Beurteilung erforderlich sind, sowie die bisher erteilten ärztlichen Bescheinigungen, die behördlichen Entscheidungen nach § 62 und die diesen zugrunde liegenden Gutachten. Die angeforderten Unterlagen sind dem Arzt nach § 64 Abs. 1 Satz 1 unverzüglich zu übergeben. Die ärztliche Bescheinigung ist auf dem Formblatt nach Anlage VIII zu erteilen.

(2) Der Arzt nach § 64 Abs. 1 Satz 1 kann die Erteilung der ärztlichen Bescheinigung davon abhängig machen, dass ihm

1. die Art der Aufgaben der beruflich strahlenexponierten Person und die mit diesen Aufgaben verbundenen Arbeitsbedingungen,
2. jeder Wechsel der Art der Aufgaben und der mit diesen verbundenen Arbeitsbedingungen,
3. die Ergebnisse der physikalischen Strahlenschutzkontrolle nach § 42 und
4. der Inhalt der letzten ärztlichen Bescheinigung

schriftlich mitgeteilt werden. Die Person, die der arbeitsmedizinischen Vorsorge unterliegt, kann eine Abschrift dieser Mitteilungen verlangen.

(3) Der Arzt nach § 64 Abs. 1 Satz 1 hat die ärztliche Bescheinigung dem Strahlenschutzverantwortlichen, der beruflich strahlenexponierten Person und, soweit gesundheitliche Bedenken bestehen, auch der zuständigen Behörde unverzüglich zu übersenden. Während der Dauer der Wahrnehmung von Aufgaben als beruflich strahlenexponierte Person ist die ärztliche Bescheinigung aufzubewahren und auf Verlangen der zuständigen Behörde vorzulegen. Die Übersendung an die beruflich strahlenexponierte Person kann durch Eintragung des Inhalts der Bescheinigung in den Strahlenpass ersetzt werden.

(4) Die ärztliche Bescheinigung kann durch die Entscheidung der zuständigen Behörde nach § 62 ersetzt werden.

§ 62 Behördliche Entscheidung

(1) Hält der Strahlenschutzverantwortliche oder die beruflich strahlenexponierte Person die vom Arzt nach § 64 Abs. 1 Satz 1 in der Bescheinigung nach § 61 getroffene Beurteilung für unzutreffend, so kann die Entscheidung der zuständigen Behörde beantragt werden.

(2) Die zuständige Behörde kann vor ihrer Entscheidung das Gutachten eines im Strahlenschutz fachkundigen Arztes einholen. Die Kosten des ärztlichen Gutachtens sind vom Strahlenschutzverantwortlichen zu tragen.

§ 63 Besondere arbeitsmedizinische Vorsorge

(1) Hat eine Person durch eine Strahlenexposition nach § 58 oder § 59 oder aufgrund anderer außergewöhnlicher Umstände Strahlenexpositionen erhalten, die im Kalenderjahr die effektive Dosis von 50 Millisievert oder die Organdosis von 150 Millisievert für die Augenlinse oder von 500 Millisievert für die Haut, die Hände, die Unterarme, die Füße oder Knöchel überschreiten, ist dafür zu sorgen, dass sie unverzüglich einem Arzt nach § 64 Abs. 1 Satz 1 vorgestellt wird.

(2) Ist nach dem Ergebnis der besonderen arbeitsmedizinischen Vorsorge nach Absatz 1 zu besorgen, dass diese Person an ihrer Gesundheit gefährdet wird, wenn sie erneut eine Aufgabe als beruflich strahlenexponierte Person wahrnimmt oder fortsetzt, so kann die zuständige Behörde anordnen, dass sie diese Aufgabe nicht oder nur unter Beschränkungen ausüben darf.

(3) Nach Beendigung der Aufgabenwahrnehmung nach Absatz 2 ist dafür zu sorgen, dass die besondere arbeitsmedizinische Vorsorge so lange fortgesetzt wird, wie es der Arzt nach § 64 Abs. 1 Satz 1 zum Schutz der Gesundheit der beruflich strahlenexponierten Person für erforderlich erachtet.

(4) Für die Ergebnisse der besonderen arbeitsmedizinischen Vorsorge nach Absatz 3 gilt § 62 entsprechend.

§ 64 Ermächtigte Ärzte

(1) Die zuständige Behörde ermächtigt Ärzte zur Durchführung arbeitsmedizinischer Vorsorgemaßnahmen nach den §§ 60, 61 und 63. Die Ermächtigung darf nur einem Arzt erteilt werden, der die für die arbeitsmedizinische Vorsorge beruflich strahlenexponierter Personen erforderliche Fachkunde im Strahlenschutz nachweist.

(2) Der Arzt nach Absatz 1 Satz 1 hat die Aufgabe, die Erstuntersuchungen, die erneuten Beurteilungen oder Untersuchungen und die besondere arbeitsmedizinische Vorsorge nach § 63 durchzuführen sowie die Maßnahmen vorzuschlagen, die bei erhöhter Strahlenexposition zur Vorbeugung vor gesundheitlichen Schäden und zu ihrer Abwehr erforderlich sind.

(3) Der Arzt nach Absatz 1 Satz 1 ist verpflichtet, für jede beruflich strahlenexponierte Person, die der arbeitsmedizinischen Vorsorge unterliegt, eine Gesundheitsakte nach Maßgabe des Satzes 2 zu führen. Diese Gesundheitsakte hat Angaben über die Arbeitsbedingungen, die Ergebnisse der arbeitsmedizinische Vorsorge nach § 60 Abs. 1 oder 2, die ärztliche Bescheinigung nach § 61 Abs. 1 Satz 3, die Ergebnisse der arbeitsmedizinischen Vorsorge nach § 63 Abs. 2 und Maßnahmen nach § 60 Abs. 3 oder § 62 Abs. 1 Halbsatz 2 oder Gutachten nach § 62 Abs. 2 Satz 1 sowie die durch die Wahrnehmung von Aufgaben als beruflich strahlenexponierte Person erhaltene Körperdosis zu enthalten. Die Gesundheitsakte ist so lange aufzubewahren, bis die Person das 75. Lebensjahr vollendet hat oder vollendet hätte, mindestens jedoch 30 Jahre nach Beendigung der Wahrnehmung von Aufgaben als beruflich strahlenexponierte Person. Sie ist spätestens 95 Jahre nach der Geburt der überwachten Person zu vernichten.

(4) Der Arzt nach Absatz 1 Satz 1 ist verpflichtet, die Gesundheitsakte auf Verlangen der zuständigen Behörde einer von dieser benannten Stelle zur Einsicht vorzulegen und bei Beendigung der Ermächtigung zu übergeben. Dabei ist die ärztliche Schweigepflicht zu wahren.

(5) Der Arzt nach Absatz 1 Satz 1 hat der untersuchten Person auf ihr Verlangen Einsicht in ihre Gesundheitsakte zu gewähren.

Abschnitt 8
Sonstige Anforderungen

§ 65 Lagerung und Sicherung radioaktiver Stoffe

(1) Radioaktive Stoffe, deren Aktivität die Freigrenzen der Anlage III Tabelle 1 Spalte 2 und 3 überschreiten, sind,

1. solange sie nicht bearbeitet, verarbeitet oder sonst verwendet werden, in geschützten Räumen oder Schutzbehältern zu lagern und

2. gegen Abhandenkommen und den Zugriff durch unbefugte Personen zu sichern.

(2) Kernbrennstoffe müssen so gelagert werden, dass während der Lagerung kein kritischer Zustand entstehen kann.

(3) Radioaktive Stoffe, die Sicherheitsmaßnahmen aufgrund internationaler Verpflichtungen unterliegen, sind so zu lagern, dass die Durchführung der Sicherheitsmaßnahmen nicht beeinträchtigt wird.

§ 66 Wartung, Überprüfung und Dichtheitsprüfung

(1) Die zuständige Behörde bestimmt Sachverständige für Aufgaben nach Absatz 2 Satz 1, für Aufgaben nach Absatz 4 und für Aufgaben nach Absatz 5. Die zuständige Behörde kann Anforderungen an einen Sachverständigen nach Satz 1 hinsichtlich seiner Ausbildung, Berufserfahrung, Eignung, Einweisung in die Sachverständigentätigkeit, seines Umfangs an Prüftätigkeit und seiner sonstigen Voraussetzungen und Pflichten, insbesondere seiner messtechnischen Ausstattung, sowie seiner Zuverlässigkeit und Unparteilichkeit festlegen.

(2) Anlagen zur Erzeugung ionisierender Strahlen und Bestrahlungsvorrichtungen sowie Geräte für die Gammaradiographie sind jährlich mindestens einmal zu warten und zwischen den Wartungen durch einen nach Absatz 1 bestimmten Sachverständigen auf sicherheitstechnische Funktion, Sicherheit und Strahlenschutz zu überprüfen. Satz 1 gilt nicht für die in § 12 Abs. 1 und 3 genannten Anlagen.

(3) Die zuständige Behörde kann bei

1. Bestrahlungsvorrichtungen, die bei der Ausübung der Heilkunde oder Zahnheilkunde am Menschen verwendet werden und deren Aktivität 1014 Becquerel nicht überschreitet,

2. Bestrahlungsvorrichtungen, die zur Blut- oder zur Produktbestrahlung verwendet werden und deren Aktivität 1014 Becquerel nicht überschreitet, und

3. Geräten für die Gammaradiographie

die Frist für die Überprüfung nach Absatz 2 Satz 1 bis auf drei Jahre verlängern.

(4) Die zuständige Behörde kann bestimmen, dass die Dichtheit der Umhüllung bei umschlossenen radioaktiven Stoffen, deren Aktivität die Freigrenzen der Anlage III Tabelle 1 Spalte 2 überschreitet, zu prüfen und die Prüfung in bestimmten Zeitabständen zu wiederholen ist. Sie kann festlegen, dass die Prüfung nach Satz 1 durch einen nach Absatz 1 bestimmten Sachverständigen durchzuführen ist.

(5) Wenn die Umhüllung umschlossener radioaktiver Stoffe oder die Vorrichtung, in die sie eingefügt sind, mechanisch beschädigt oder korrodiert ist, ist vor der Weiterverwendung zu veranlassen, dass die Umhüllung des umschlossenen radioaktiven Stoffes durch einen nach Absatz 1 bestimmten Sachverständigen auf Dichtheit geprüft wird.

Teil 2: Zielgerichtete Nutzung radioaktiver Stoffe oder ionisierender Strahlung

(6) Die Prüfbefunde nach Absatz 2 sind der zuständigen Behörde vorzulegen. Die Prüfbefunde nach Absatz 4 oder 5 sind der zuständigen Behörde auf Verlangen vorzulegen. Festgestellte Undichtheiten sind der zuständigen Behörde unverzüglich mitzuteilen.

§ 67 Strahlungsmessgeräte

(1) Zur Messung der Personendosis, der Ortsdosis, der Ortsdosisleistung, der Oberflächenkontamination, der Aktivität von Luft und Wasser und bei einer Freimessung nach § 29 Abs. 3 aufgrund der Vorschriften dieser Verordnung sind, sofern geeichte Strahlungsmessgeräte nicht vorgeschrieben sind, andere geeignete Strahlungsmessgeräte zu verwenden. Es ist dafür zu sorgen, dass die Strahlungsmessgeräte

1. den Anforderungen des Messzwecks genügen,
2. in ausreichender Zahl vorhanden sind und
3. regelmäßig auf ihre Funktionstüchtigkeit geprüft und gewartet werden.

(2) Der Zeitpunkt und das Ergebnis der Funktionsprüfung und Wartung nach Absatz 1 Satz 2 Nr. 3 sind aufzuzeichnen. Die Aufzeichnungen sind zehn Jahre ab dem Zeitpunkt der Funktionsprüfung oder Wartung aufzubewahren und auf Verlangen der zuständigen Behörde vorzulegen oder bei einer von ihr zu bestimmenden Stelle zu hinterlegen.

(3) Strahlungsmessgeräte, die dazu bestimmt sind, fortlaufend zu messen, um bei Unfällen oder Störfällen vor Gefahren für Mensch und Umwelt zu warnen, müssen so beschaffen sein, dass ihr Versagen durch ein deutlich wahrnehmbares Signal angezeigt wird, sofern nicht zwei oder mehrere voneinander unabhängige Messvorrichtungen dem gleichen Messzweck dienen.

(4) Die Anzeige der Geräte zur Überwachung der Ortsdosis oder Ortsdosisleistung in Sperrbereichen muss auch außerhalb dieser Bereiche wahrnehmbar sein.

§ 68 Kennzeichnungspflicht

(1) Mit Strahlenzeichen nach Anlage IX in ausreichender Anzahl sind deutlich sichtbar und dauerhaft zu kennzeichnen:

1. Räume, Geräte, Vorrichtungen, Schutzbehälter, Aufbewahrungsbehältnisse und Umhüllungen für radioaktive Stoffe, mit denen nur aufgrund einer Genehmigung nach den §§ 6, 7 oder 9 des Atomgesetzes oder der Planfeststellung nach § 9b des Atomgesetzes oder einer Genehmigung nach § 7 Abs. 1 dieser Verordnung umgegangen werden darf,
2. Anlagen zur Erzeugung ionisierender Strahlen,
3. Kontrollbereiche und Sperrbereiche,
4. Bereiche, in denen die Kontamination die in § 44 Abs. 2 genannten Werte überschreitet,
5. bauartzugelassene Vorrichtungen nach § 25 Abs. 1.

Die Kennzeichnung muss die Worte „VORSICHT – STRAHLUNG", „RADIOAKTIV", „KERNBRENNSTOFFE" oder „KONTAMINATION" enthalten, soweit dies nach Größe und Beschaffenheit des zu kennzeichnenden Gegenstandes möglich ist.

(2) Absatz 1 gilt nicht für Behältnisse oder Geräte, die innerhalb eines Kontrollbereiches in abgesonderten Bereichen verwendet werden, solange die mit dieser Verwendung betraute Person in dem abgesonderten Bereich anwesend ist oder solche Bereiche gegen unbeabsichtigten Zutritt gesichert sind.

(3) Schutzbehälter und Aufbewahrungsbehältnisse, die gemäß Absatz 1 gekennzeichnet sind, dürfen nur zur Aufbewahrung von radioaktiven Stoffen verwendet werden.

(4) Kennzeichnungen nach Absatz 1 sind nach einer Freigabe gemäß § 29 oder nach einem Herausbringen aus Strahlenschutzbereichen gemäß § 44 Abs. 3 zu entfernen.

(5) Alle Vorratsbehälter, die radioaktive Stoffe in offener Form von mehr als dem 104fachen der Werte der Anlage III Tabelle 1 Spalte 2 enthalten, müssen so gekennzeichnet sein, dass folgende Einzelheiten feststellbar sind:

1. Radionuklid,
2. chemische Verbindung,
3. Tag der Abfüllung,
4. Aktivität am Tag der Abfüllung oder an einem daneben besonders zu bezeichnenden Stichtag und
5. Strahlenschutzverantwortlicher zum Zeitpunkt der Abfüllung.

Kennnummern, Zeichen und sonstige Abkürzungen dürfen dabei nur verwendet werden, wenn diese allgemein bekannt oder ohne weiteres aus der Buchführung nach § 70 Abs. 1 Satz 1 Nr. 2 zu entnehmen sind. Die Sätze 1 und 2 sind auch auf Vorrichtungen anzuwenden, die radioaktive Stoffe in umschlossener oder festhaftend in offener Form von mehr als dem 105fachen der Werte der Anlage III Tabelle 1 Spalte 2 enthalten.

(6) Bauartzugelassene Vorrichtungen, in die sonstige radioaktive Stoffe nach § 2 Abs. 1 des Atomgesetzes eingefügt sind, sind neben der Kennzeichnung nach Absatz 1 Nr. 5 so zu kennzeichnen, dass die enthaltenen Radionuklide und deren Aktivität zum Zeitpunkt der Herstellung ersichtlich sind, soweit dies nach Größe und Beschaffenheit der Vorrichtung möglich ist.

§ 69 Abgabe radioaktiver Stoffe

(1) Stoffe, mit denen nur aufgrund einer Genehmigung nach den §§ 6, 7 oder 9 des Atomgesetzes oder nach § 7 Abs. 1 oder § 11 Abs. 2 dieser Verordnung umgegangen werden darf, dürfen im Geltungsbereich des Atomgesetzes nur an Personen abgegeben werden, die die erforderliche Genehmigung besitzen.

(2) Wer umschlossene radioaktive Stoffe an einen anderen zur weiteren Verwendung abgibt, hat dem Erwerber zu bescheinigen, dass die Umhüllung dicht und kontaminationsfrei ist. Die Bescheinigung muss die die Prüfung ausführende Stelle sowie Datum, Art und Ergebnis der Prüfung enthalten. Satz 1 findet keine Anwendung, wenn der abzugebende radioaktive Stoff nicht weiter als umschlossener radioaktiver Stoff verwendet werden soll.

(3) Wer radioaktive Stoffe zur Beförderung oder Weiterbeförderung auf öffentlichen oder der Öffentlichkeit zugänglichen Verkehrswegen abgibt, hat unbeschadet des § 75 dafür zu sorgen, dass sie durch Personen befördert werden, die nach § 4 des Atomgesetzes oder nach § 16 oder § 17 dieser Verordnung berechtigt sind, die Stoffe zu befördern. Wer die Stoffe zur Beförderung abgibt, hat ferner dafür zu sorgen, dass sie bei der Übergabe unter Beachtung der für die jeweilige Beförderungsart geltenden Rechtsvorschriften verpackt sind. Fehlen solche Rechtsvorschriften, sind die Stoffe gemäß den Anforderungen, die sich nach dem Stand von Wissenschaft und Technik für die beabsichtigte Art der Beförderung ergeben, zu verpacken. Zur Weiterbeförderung dürfen die Stoffe nur abgegeben werden, wenn die Verpackung unversehrt ist.

(4) Wer radioaktive Stoffe befördert, hat dafür zu sorgen, dass diese Stoffe nur an den Empfänger oder an eine von diesem zum Empfang berechtigte Person übergeben werden. Bis zu der Übergabe

Teil 2: Zielgerichtete Nutzung radioaktiver Stoffe oder ionisierender Strahlung

hat er für den erforderlichen Schutz gegen Abhandenkommen, Störmaßnahmen oder sonstige Einwirkung Dritter zu sorgen.

§ 70 Buchführung und Mitteilung

(1) Wer mit radioaktiven Stoffen umgeht, hat

1. der zuständigen Behörde Gewinnung, Erzeugung, Erwerb, Abgabe und den sonstigen Verbleib von radioaktiven Stoffen innerhalb eines Monats unter Angabe von Art und Aktivität mitzuteilen,

2. über Gewinnung, Erzeugung, Erwerb, Abgabe und den sonstigen Verbleib von radioaktiven Stoffen unter Angabe von Art und Aktivität Buch zu führen und

3. der zuständigen Behörde den Bestand an radioaktiven Stoffen mit Halbwertzeiten von mehr als 100 Tagen am Ende jedes Kalenderjahres innerhalb eines Monats mitzuteilen.

Satz 1 gilt nicht für Tätigkeiten, die nach § 8 Abs. 1 keiner Genehmigung bedürfen.

(2) Die Masse der Stoffe, für die eine wirksame Feststellung nach § 29 Abs. 3 Satz 1 getroffen wurde, ist unter Angabe der jeweiligen Freigabeart gemäß § 29 Abs. 2 Satz 2 Nr. 1 oder 2 oder Satz 3 und im Fall des § 29 Abs. 2 Satz 2 Nr. 2 unter Angabe des tatsächlichen Verbleibs der zuständigen Behörde jährlich mitzuteilen.

(3) Über die Stoffe, für die eine wirksame Feststellung nach § 29 Abs. 3 Satz 1 getroffen wurde, ist Buch zu führen. Dabei sind die getroffenen Festlegungen nach den Anlagen III und IV anzugeben, insbesondere die spezifische Aktivität, die Masse, die Radionuklide, das Freimessverfahren, die Mittelungsmasse, die Mittelungsfläche und der Zeitpunkt der Feststellung.

(4) Der Mitteilung nach Absatz 1 Satz 1 Nr. 1 über den Erwerb umschlossener radioaktiver Stoffe ist die Bescheinigung nach § 69 Abs. 2 beizufügen.

(5) Die zuständige Behörde kann im Einzelfall von der Buchführungs- und Mitteilungspflicht ganz oder teilweise befreien, wenn dadurch eine Gefährdung von Mensch und Umwelt nicht eintreten kann und es sich nicht um Mitteilungs- oder Buchführungspflichten nach den Absätzen 2 und 3 handelt.

(6) Die Unterlagen nach Absatz 1 Satz 1 Nr. 2 und Absatz 3 Satz 1 sind 30 Jahre ab dem Zeitpunkt der Gewinnung, der Erzeugung, des Erwerbs, der Abgabe, des sonstigen Verbleibs oder der Feststellung aufzubewahren und auf Verlangen der zuständigen Behörde bei dieser zu hinterlegen. Im Falle einer Beendigung der Tätigkeit vor Ablauf der Aufbewahrungsfrist nach Satz 1 sind die Unterlagen unverzüglich einer von der zuständigen Behörde bestimmten Stelle zu übergeben.

§ 71 Abhandenkommen, Fund, Erlangung der tatsächlichen Gewalt

(1) Der bisherige Inhaber der tatsächlichen Gewalt über radioaktive Stoffe, deren Aktivität die Freigrenzen der Anlage III Tabelle 1 Spalte 2 und 3 überschreitet, hat der atomrechtlichen Aufsichtsbehörde oder der für die öffentliche Sicherheit oder Ordnung zuständigen Behörde das Abhandenkommen dieser Stoffe unverzüglich mitzuteilen.

(2) Wer

1. radioaktive Stoffe findet oder

2. ohne seinen Willen die tatsächliche Gewalt über radioaktive Stoffe erlangt oder

3. die tatsächliche Gewalt über radioaktive Stoffe erlangt hat, ohne zu wissen, dass diese Stoffe radioaktiv sind,

hat dies der atomrechtlichen Aufsichtsbehörde oder der für die öffentliche Sicherheit oder Ordnung zuständigen Behörde unverzüglich mitzuteilen, sobald er von der Radioaktivität dieser Stoffe Kenntnis erlangt. Satz 1 gilt nicht, wenn die Aktivität der radioaktiven Stoffe die Werte der Anlage III Tabelle 1 Spalte 2 oder 3 nicht überschreitet.

(3) Absatz 2 gilt auch für den, der als Inhaber einer Wasserversorgungsanlage oder einer Abwasseranlage die tatsächliche Gewalt über Wasser erlangt, das radioaktive Stoffe enthält, wenn die Aktivitätskonzentration radioaktiver Stoffe im Kubikmeter Wasser von

1. Wasserversorgungsanlagen das Dreifache oder
2. Abwasseranlagen das 60fache

der Werte der Anlage VII Teil D Nr. 2 übersteigt.

(4) Einer Genehmigung nach den §§ 4, 6 oder 9 des Atomgesetzes oder nach § 7 Abs. 1 oder § 16 Abs. 1 dieser Verordnung bedarf nicht, wer in den Fällen des Absatzes 2 oder 3 nach unverzüglicher Mitteilung die radioaktiven Stoffe bis zur Entscheidung der zuständigen Behörde oder auf deren Anordnung lagert oder aus zwingenden Gründen zum Schutz von Leben und Gesundheit befördert oder handhabt.

Abschnitt 9
Radioaktive Abfälle

§ 72 Planung für Anfall und Verbleib radioaktiver Abfälle

Wer eine Tätigkeit nach § 2 Abs. 1 Nr. 1 Buchstabe a, c oder d plant oder ausübt, hat

1. den erwarteten jährlichen Anfall von radioaktiven Abfällen für die Dauer der Betriebszeit abzuschätzen und der Behörde unter Angabe des geplanten Verbleibs der radioaktiven Abfälle mitzuteilen und

2. den Verbleib radioaktiver Abfälle nachzuweisen und hierzu

    a) den erwarteten Anfall an radioaktiven Abfällen für das nächste Jahr erstmals ab Betriebsbeginn, danach ab Stichtag abzuschätzen und dabei Angaben über den Verbleib zu machen und

    b) den Anfall radioaktiver Abfälle seit dem letzten Stichtag und den Bestand zum Stichtag anzugeben.

Die Angaben nach Satz 1 Nr. 2 sind jeweils zum Stichtag 31. Dezember fortzuschreiben und bis zum darauf folgenden 31. März der zuständigen Behörde vorzulegen. Sie sind unverzüglich fortzuschreiben und der zuständigen Behörde vorzulegen, falls sich wesentliche Änderungen ergeben. Die Sätze 1 bis 3 gelten nicht für bestrahlte Brennelemente und für radioaktive Abfälle, die nach § 76 Abs. 4 an Landessammelstellen abzuliefern sind, soweit sie unbehandelt sind. Abweichend von Satz 4 gelten die Sätze 1 bis 3 entsprechend für denjenigen, der radioaktive Abfälle im Sinne des Satzes 4 von Abfallverursachern übernimmt und hierdurch selbst ablieferungspflichtig wird.

§ 73 Erfassung

(1) Wer eine Tätigkeit nach § 2 Abs. 1 Nr. 1 Buchstabe a, c oder d ausübt, hat die radioaktiven Abfälle nach Anlage X Teil A und B zu erfassen und bei Änderungen die Erfassung zu aktualisieren. Besitzt ein anderer als der nach § 9a Abs. 1 des Atomgesetzes Verpflichtete die Abfälle, so hat der Besitzer bei Änderungen der erfassten Angaben diese Änderungen nach Anlage X Teil A und B zu erfassen und die erfassten Angaben dem Abfallverursacher bereitzustellen.

Teil 2: Zielgerichtete Nutzung radioaktiver Stoffe oder ionisierender Strahlung

(2) Die erfassten Angaben sind in einem von dem nach § 9a Abs. 1 des Atomgesetzes Verpflichteten einzurichtenden elektronischen Buchführungssystem so aufzuzeichnen, dass auf Anfrage der zuständigen Behörde die erfassten Angaben unverzüglich bereitgestellt werden können. Das Buchführungssystem bedarf der Zustimmung der zuständigen Behörde.

(3) Die Angaben im Buchführungssystem nach Absatz 2 sind zu aktualisieren und nach Ablieferung der jeweiligen radioaktiven Abfälle an die Landessammelstelle oder an eine Anlage des Bundes zur Sicherstellung und zur Endlagerung radioaktiver Abfälle für mindestens ein Jahr bereitzuhalten.

(4) § 72 Satz 4 und 5 gilt entsprechend.

§ 74 Behandlung und Verpackung

(1) Die zuständige Behörde oder eine von ihr bestimmte Stelle kann die Art der Behandlung und Verpackung radioaktiver Abfälle vor deren Ablieferung anordnen und einen Nachweis über die Einhaltung dieser Anordnung verlangen. Die nach dem Atomgesetz für die Sicherstellung und Endlagerung radioaktiver Abfälle zuständige Behörde legt alle sicherheitstechnischen Anforderungen an Abfallgebinde, die für die Endlagerung bestimmt sind, sowie die Vorgaben für die Behandlung der darin enthaltenen Abfälle fest und stellt die Endlagerfähigkeit der nach diesen Anforderungen und Vorgaben hergestellten Abfallgebinde fest.

(2) Bei der Behandlung und Verpackung radioaktiver Abfälle zur Herstellung endlagerfähiger Abfallgebinde sind Verfahren anzuwenden, deren Anwendung das Bundesamt für Strahlenschutz zugestimmt hat. Sofern nach § 76 Abs. 4 an Landessammelstellen abgelieferte radioaktive Abfälle nach Absatz 1 Satz 2 behandelt und verpackt wurden, trägt der Bund die Kosten, die sich aus einer nachträglichen Änderung der Anforderungen und Vorgaben ergeben. § 72 Satz 4 und 5 gilt entsprechend.

(3) Abfallbehälter oder sonstige Einheiten sind mit einer Kennzeichnung nach Anlage X Teil B zu versehen. § 72 Satz 4 und 5 gilt entsprechend.

(4) Anforderungen auf der Grundlage des Gefahrgutbeförderungsgesetzes bleiben unberührt.

§ 75 Pflichten bei der Abgabe radioaktiver Abfälle

(1) Wer radioaktive Abfälle abgibt, hat vorher eine schriftliche Erklärung des Empfängers über dessen Annahmebereitschaft einzuholen. Er hat dem Empfänger dabei die Angaben nach § 73 Abs. 1 zu überlassen.

(2) Wer radioaktive Abfälle zur Beförderung abgibt, hat dies der für ihn zuständigen Behörde mindestens fünf Arbeitstage vor Beginn der Beförderung mitzuteilen. In die Mitteilung sind die Angaben nach Anlage X Teil C aufzunehmen. Ein Abdruck der Mitteilung ist gleichzeitig dem Empfänger zuzusenden. Kann der Beförderungstermin in der Meldung nicht verbindlich genannt werden, ist dieser mindestens zwei Arbeitstage vor dem Beginn der Beförderung entsprechend der Sätze 1 und 2 nachzumelden. Die Sätze 1 und 2 gelten entsprechend auch für den Empfänger, falls die für ihn zuständige Behörde mit der für den Abgebenden zuständigen Behörde nicht identisch ist.

(3) Der Empfänger hat

1. unverzüglich den nach Absatz 2 erhaltenen Abdruck der Mitteilung nach Anlage X Teil C auf Unstimmigkeiten zwischen den Angaben und dem beförderten Gut zu prüfen und Unstimmigkeiten der für ihn zuständigen Behörde mitzuteilen,

2. den Abgebenden unverzüglich schriftlich über die Annahme der radioaktiven Abfälle zu unterrichten und

3. die Angaben nach § 75 Abs. 1 in sein Buchführungssystem zu übernehmen.

417

(4) Mitteilungen nach Absatz 2 sind bei einer Verbringung nach § 5 Abs. 2 der Atomrechtlichen Abfallverbringungsverordnung nicht erforderlich.

(5) § 72 Satz 4 und 5 gilt entsprechend.

§ 76 Ablieferung

(1) Radioaktive Abfälle sind an eine Anlage des Bundes zur Sicherstellung und zur Endlagerung radioaktiver Abfälle abzuliefern, wenn sie

1. bei der staatlichen Verwahrung von Kernbrennstoffen nach § 5 des Atomgesetzes,
2. bei der Aufbewahrung nach § 6 des Atomgesetzes,
3. in den nach § 7 des Atomgesetzes genehmigungsbedürftigen Anlagen oder
4. bei Tätigkeiten nach § 9 des Atomgesetzes oder
5. bei Tätigkeiten, die nur aufgrund von § 2 Abs. 3 des Atomgesetzes nicht dem § 9 des Atomgesetzes unterfallen,

entstanden sind.

(2) Absatz 1 findet auch Anwendung auf radioaktive Abfälle aus einem Umgang nach § 7 Abs. 1, wenn dieser im Zusammenhang mit einer der Tätigkeiten nach Absatz 1 erfolgt oder wenn sich gemäß § 7 Abs. 2 eine nach dem Atomgesetz erteilte Genehmigung auch auf einen Umgang nach § 7 Abs.1 erstreckt.

(3) Andere radioaktive Abfälle dürfen an eine Anlage des Bundes zur Sicherstellung und zur Endlagerung radioaktiver Abfälle nur abgeliefert werden, wenn die für den Abfallerzeuger zuständige Landesbehörde dies zugelassen hat. Im Fall der Zulassung entfällt die Ablieferungspflicht nach Absatz 4.

(4) Radioaktive Abfälle sind an eine Landessammelstelle abzuliefern, wenn sie

1. aus einem Umgang nach § 7 Abs. 1 oder
2. aus einem genehmigungsbedürftigen Betrieb von Anlagen zur Erzeugung ionisierender Strahlen

stammen, es sei denn, diese Abfälle sind nach Absatz 1 Nr. 5 an eine Anlage des Bundes zur Sicherstellung und zur Endlagerung radioaktiver Abfälle abzuliefern.

(5) Die in den Absätzen 1 und 2 genannten radioaktiven Abfälle dürfen an eine Landessammelstelle nur abgeliefert werden, wenn die für den Abfallerzeuger zuständige Landesbehörde dies zugelassen hat. Im Fall der Zulassung entfällt die Ablieferungspflicht nach Absatz 1 oder 2.

(6) Die Landessammelstelle führt die bei ihr zwischengelagerten radioaktiven Abfälle grundsätzlich an eine Anlage des Bundes zur Sicherstellung und zur Endlagerung radioaktiver Abfälle ab.

§ 77 Ausnahmen von der Ablieferungspflicht

Die Ablieferungspflicht nach § 76 bezieht sich nicht auf radioaktive Abfälle, soweit deren anderweitige Beseitigung oder Abgabe im Einzelfall oder für einzelne Abfallarten im Einvernehmen mit der für den Empfänger der radioaktiven Abfälle zuständigen Behörde angeordnet oder genehmigt worden ist. Sie ruht, solange über einen Antrag auf Freigabe nach § 29 noch nicht entschieden oder eine anderweitige Zwischenlagerung der radioaktiven Abfälle angeordnet oder genehmigt ist.

Teil 2: Zielgerichtete Nutzung radioaktiver Stoffe oder ionisierender Strahlung

§ 78 Zwischenlagerung

Bis zur Inbetriebnahme von Anlagen des Bundes zur Sicherstellung und zur Endlagerung radioaktiver Abfälle sind die nach § 76 Abs. 1 oder 2 abzuliefernden radioaktiven Abfälle vom Ablieferungspflichtigen zwischenzulagern; die zwischengelagerten radioaktiven Abfälle werden nach Inbetriebnahme dieser Anlagen von deren Betreiber abgerufen. Die Zwischenlagerung kann auch von mehreren Ablieferungspflichtigen gemeinsam oder durch Dritte erfolgen.

§ 79 Umgehungsverbot

Niemand darf sich den Pflichten aus den §§ 72 bis 78 dadurch entziehen, dass er radioaktive Abfälle aus genehmigungsbedürftigen Tätigkeiten nach § 2 Abs. 1 Nr. 1 ohne Genehmigung unter Inanspruchnahme der Regelung des § 8 Abs. 1 durch Verdünnung oder Aufteilung in Freigrenzenmengen beseitigt, beseitigen lässt oder deren Beseitigung ermöglicht. § 29 Abs. 2 Satz 4 bleibt unberührt.

Kapitel 4
Besondere Anforderungen bei der medizinischen Anwendung radioaktiver Stoffe und ionisierender Strahlung

Abschnitt 1
Heilkunde und Zahnheilkunde

§ 80 Rechtfertigende Indikation

(1) Radioaktive Stoffe oder ionisierende Strahlung dürfen unmittelbar am Menschen in Ausübung der Heilkunde oder Zahnheilkunde nur angewendet werden, wenn eine Person nach § 82 Abs. 1 Nr. 1 hierfür die rechtfertigende Indikation gestellt hat. Die rechtfertigende Indikation erfordert die Feststellung, dass der gesundheitliche Nutzen einer Anwendung am Menschen gegenüber dem Strahlenrisiko überwiegt. Andere Verfahren mit vergleichbarem gesundheitlichem Nutzen, die mit keiner oder einer geringeren Strahlenexposition verbunden sind, sind bei der Abwägung zu berücksichtigen. Eine rechtfertigende Indikation nach Satz 1 ist auch dann zu stellen, wenn eine Anforderung eines überweisenden Arztes vorliegt. § 23 bleibt unberührt.

(2) Der die rechtfertigende Indikation stellende Arzt hat vor der Anwendung, erforderlichenfalls in Zusammenarbeit mit einem überweisenden Arzt, die verfügbaren Informationen über bisherige medizinische Erkenntnisse heranzuziehen, um jede unnötige Strahlenexposition zu vermeiden. Patienten sind über frühere medizinische Anwendungen von radioaktiven Stoffen oder ionisierender Strahlung, die für die vorgesehene Anwendung von Bedeutung sind, zu befragen.

(3) Vor einer Anwendung radioaktiver Stoffe oder ionisierender Strahlung hat der anwendende Arzt gebärfähige Frauen, erforderlichenfalls in Zusammenarbeit mit einem überweisenden Arzt, zu befragen, ob eine Schwangerschaft besteht oder bestehen könnte oder ob sie stillen. Bei bestehender oder nicht auszuschließender Schwangerschaft ist die Dringlichkeit der Anwendung besonders zu prüfen. Bei Anwendung offener radioaktiver Stoffe gilt Satz 2 entsprechend für stillende Frauen.

§ 81 Beschränkung der Strahlenexposition

(1) Die durch ärztliche Untersuchungen bedingte Strahlenexposition ist so weit einzuschränken, wie dies mit den Erfordernissen der medizinischen Wissenschaft zu vereinbaren ist. Ist bei Frauen trotz bestehender oder nicht auszuschließender Schwangerschaft die Anwendung radioaktiver Stoffe oder ionisierender Strahlung geboten, sind alle Möglichkeiten zur Herabsetzung der Strahlenexposition der Schwangeren und insbesondere des ungeborenen Kindes auszuschöpfen. Bei Anwendung offener radioaktiver Stoffe gilt Satz 2 entsprechend für stillende Frauen.

(2) Bei der Untersuchung von Menschen sind diagnostische Referenzwerte zugrunde zu legen. Eine Überschreitung der diagnostischen Referenzwerte ist schriftlich zu begründen. Das Bundesamt für Strahlenschutz erstellt und veröffentlicht die diagnostischen Referenzwerte.

(3) Vor der Anwendung radioaktiver Stoffe oder ionisierender Strahlung zur Behandlung am Menschen muss von einem Arzt nach § 82 Abs. 1 Nr. 1 und einem Medizinphysik-Experten ein auf den Patienten bezogener Bestrahlungsplan schriftlich festgelegt werden. Die Dosis im Zielvolumen ist bei jeder zu behandelnden Person nach den Erfordernissen der medizinischen Wissenschaft individuell festzulegen; die Dosis außerhalb des Zielvolumens ist so niedrig zu halten, wie dies unter Berücksichtigung des Behandlungszwecks möglich ist.

(4) Die Vorschriften über Dosisgrenzwerte und über die physikalische Strahlenschutzkontrolle nach den §§ 40 bis 44 gelten nicht für Personen, an denen in Ausübung der Heilkunde oder Zahnheilkunde radioaktive Stoffe oder ionisierende Strahlung angewendet werden.

(5) Helfende Personen sind über die möglichen Gefahren der Strahlenexposition vor dem Betreten des Kontrollbereichs zu unterrichten. Es sind Maßnahmen zu ergreifen, um ihre Strahlenexposition zu beschränken. Absatz 3, § 40 Abs. 1 Satz 1 und § 42 Abs. 1 Satz 1 gelten entsprechend für helfende Personen.

(6) Dem Patienten oder der helfenden Person sind nach der Untersuchung oder Behandlung mit radioaktiven Stoffen geeignete schriftliche Hinweise auszuhändigen, wie die Strahlenexposition oder Kontamination der Angehörigen, Dritter und der Umwelt möglichst gering gehalten oder vermieden werden kann, soweit dies aus Gründen des Strahlenschutzes erforderlich ist. Satz 1 findet keine Anwendung, wenn eine solche Strahlenexposition oder Kontamination ausgeschlossen werden kann oder der Patient weiter stationär behandelt wird.

(7) Es ist dafür zu sorgen, dass für die ausschließliche Anwendung radioaktiver Stoffe oder ionisierender Strahlung am Menschen bestimmte Anlagen zur Erzeugung ionisierender Strahlen, Bestrahlungsvorrichtungen oder sonstige Geräte oder Ausrüstungen nur in dem Umfang vorhanden sind, wie sie für die ordnungsgemäße Durchführung medizinischer Anwendungen erforderlich sind.

§ 82 Anwendung radioaktiver Stoffe oder ionisierender Strahlung am Menschen

(1) In der Heilkunde oder Zahnheilkunde dürfen radioaktive Stoffe oder ionisierende Strahlung am Menschen nur angewendet werden von

1. Personen, die als Ärzte oder Zahnärzte approbiert sind oder denen die Ausübung des ärztlichen Berufs erlaubt ist und die die erforderliche Fachkunde im Strahlenschutz besitzen,

2. Personen, die als Ärzte oder Zahnärzte approbiert sind oder denen die Ausübung des ärztlichen oder zahnärztlichen Berufs erlaubt ist und die nicht die erforderliche Fachkunde im Strahlenschutz besitzen, wenn sie auf ihrem speziellen Arbeitsgebiet über die für den Umgang mit radioaktiven Stoffen und die Anwendung ionisierender Strahlung erforderlichen Kenntnisse im Strahlenschutz verfügen und unter Aufsicht und Verantwortung einer der unter Nummer 1 genannten Personen tätig sind.

(2) Die technische Mitwirkung bei der Anwendung radioaktiver Stoffe oder ionisierender Strahlung am Menschen in der Heilkunde oder Zahnheilkunde ist neben den Personen nach Absatz 1 ausschließlich

1. Personen mit einer Erlaubnis nach § 1 Nr. 2 des MTA-Gesetzes vom 2. August 1993 (BGBl. I S. 1402), das zuletzt durch Artikel 23 des Gesetzes vom 27. April 2002 (BGBl. I S. 1467) geändert worden ist,

Teil 2: Zielgerichtete Nutzung radioaktiver Stoffe oder ionisierender Strahlung

2. Personen mit einer staatlich geregelten, staatlich anerkannten oder staatlich überwachten abgeschlossenen Ausbildung, wenn die technische Mitwirkung Gegenstand ihrer Ausbildung und Prüfung war und sie die erforderliche Fachkunde im Strahlenschutz besitzen,

3. Personen, die sich in einer die erforderlichen Voraussetzungen zur technischen Mitwirkung vermittelnden beruflichen Ausbildung befinden, wenn sie unter ständiger Aufsicht und Verantwortung einer Person nach Absatz 1 Nr. 1 Arbeiten ausführen, die ihnen im Rahmen ihrer Ausbildung übertragen sind, und sie die erforderlichen Kenntnisse im Strahlenschutz besitzen,

4. Personen mit einer abgeschlossenen sonstigen medizinischen Ausbildung, wenn sie unter ständiger Aufsicht und Verantwortung einer Person nach Absatz 1 Nr. 1 tätig sind und die erforderlichen Kenntnisse im Strahlenschutz besitzen,

erlaubt.

(3) Für häufig vorgenommene Untersuchungen und Behandlungen sind schriftliche Arbeitsanweisungen zu erstellen. Diese sind zur jederzeitigen Einsicht durch die bei diesen Untersuchungen und Behandlungen tätigen Personen bereitzuhalten und auf Anforderung der zuständigen Behörde zu übersenden.

(4) Für Behandlungen mit radioaktiven Stoffen oder ionisierender Strahlung ist ein Medizinphysik-Experte zu enger Mitarbeit hinzuzuziehen. Bei nuklearmedizinischen Untersuchungen oder bei Standardbehandlungen mit radioaktiven Stoffen muss ein Medizinphysik-Experte, insbesondere zur Optimierung und Qualitätssicherung bei der Anwendung radioaktiver Stoffe, verfügbar sein.

§ 83 Qualitätssicherung bei der medizinischen Strahlenanwendung

(1) Zur Qualitätssicherung der medizinischen Strahlenanwendung bestimmt die zuständige Behörde ärztliche Stellen. Den von den ärztlichen Stellen durchzuführenden Prüfungen zur Qualitätssicherung der medizinischen Strahlenanwendung unterliegen die Genehmigungsinhaber nach den §§ 7 und 11 für die Anwendungen radioaktiver Stoffe oder ionisierender Strahlung am Menschen. Die zuständige Behörde legt fest, in welcher Weise die ärztlichen Stellen die Prüfungen durchführen, mit denen sichergestellt wird, dass bei der Anwendung radioaktiver Stoffe oder ionisierender Strahlung am Menschen die Erfordernisse der medizinischen Wissenschaft beachtet werden und die angewendeten Verfahren und eingesetzten Anlagen zur Erzeugung ionisierender Strahlen, Bestrahlungsvorrichtungen, sonstige Geräte oder Ausrüstungen den nach dem Stand von Wissenschaft und Technik jeweils notwendigen Qualitätsstandards entsprechen, um die Strahlenexposition des Patienten so gering wie möglich zu halten. Die ärztlichen Stellen haben der zuständigen Behörde

1. die Ergebnisse der Prüfungen nach Satz 3,

2. die beständige, ungerechtfertigte Überschreitung der bei der Untersuchung zu Grunde zu legenden diagnostischen Referenzwerte nach § 81 Abs. 2 Satz 1 und

3. eine Nichtbeachtung der Optimierungsvorschläge nach Absatz 2

mitzuteilen.

(2) Die ärztliche Stelle hat im Rahmen ihrer Befugnisse nach Absatz 1 die Aufgabe, dem Strahlenschutzverantwortlichen Möglichkeiten zur Optimierung der medizinischen Strahlenanwendung vorzuschlagen und nachzuprüfen, ob und wieweit die Vorschläge umgesetzt werden.

(3) Eine ärztliche Stelle unterliegt im Hinblick auf patientenbezogene Daten der ärztlichen Schweigepflicht.

421

(4) Die genehmigungsbedürftige Tätigkeit nach § 7 Abs. 1 in Verbindung mit § 9 Abs. 1 und 3 oder § 11 Abs. 2 in Verbindung mit § 14 Abs. 1 und 2 ist bei einer von der zuständigen Behörde bestimmten ärztlichen Stelle anzumelden. Ein Abdruck der Anmeldung ist der zuständigen Behörde zu übersenden. Der ärztlichen Stelle sind auf Verlangen die Unterlagen vorzulegen, die diese zur Erfüllung ihrer Aufgaben nach den Absätzen 1 und 2 benötigt, insbesondere Angaben zu der verabreichten Aktivität und Dosis, den Anlagen zur Erzeugung ionisierender Strahlen, den Bestrahlungsvorrichtungen oder sonstigen verwendeten Geräten oder Ausrüstungen und Angaben zur Anwendung des § 80. Der ärztlichen Stelle ist auf Verlangen die schriftliche Begründung der Überschreitung der diagnostischen Referenzwerte nach § 81 Abs. 2 Satz 2 vorzulegen.

(5) Die bei der Anwendung von radioaktiven Stoffen und ionisierender Strahlung zur Untersuchung oder Behandlung von Menschen verwendeten Bestrahlungsvorrichtungen, Anlagen zur Erzeugung ionisierender Strahlen oder sonstigen Geräte oder Ausrüstungen sind unbeschadet der Anforderungen des § 66 regelmäßig betriebsintern zur Qualitätssicherung zu überwachen. Umfang und Zeitpunkt der Überwachungsmaßnahmen sind aufzuzeichnen. Die Aufzeichnungen sind zehn Jahre ab dem Zeitpunkt der Überwachungsmaßnahme aufzubewahren und der zuständigen Behörde auf Verlangen vorzulegen.

§ 84 Bestrahlungsräume

Anlagen zur Erzeugung ionisierender Strahlen sowie Bestrahlungsvorrichtungen, deren Aktivität 5 · 1.010 Becquerel überschreitet, dürfen in Ausübung der Heilkunde oder Zahnheilkunde nur in allseitig umschlossenen Räumen (Bestrahlungsräumen) betrieben werden. Diese müssen so bemessen sein, dass die erforderlichen Verrichtungen ohne Behinderung vorgenommen werden können. Die Bedienungsvorrichtungen, die die Strahlung freigeben, müssen sich in einem Nebenraum außerhalb des Kontrollbereiches befinden. In dem Bestrahlungsraum muss sich mindestens ein Notschalter befinden, mit dem die Anlage abgeschaltet, der Strahlerkopf der Bestrahlungsvorrichtung geschlossen oder der radioaktive Stoff in die Abschirmung eingefahren werden kann. Es muss eine geeignete Ausstattung zur Überwachung des Patienten im Bestrahlungsraum vorhanden sein.

§ 85 Aufzeichnungspflichten

(1) Es ist dafür zu sorgen, dass über die Befragung nach § 80 Abs. 2 Satz 2 und Abs. 3 Satz 1, die Untersuchung und die Behandlung von Patienten Aufzeichnungen nach Maßgabe der Sätze 2 und 3 angefertigt werden. Die Aufzeichnungen müssen enthalten:

1. das Ergebnis der Befragung,

2. den Zeitpunkt, die Art und den Zweck der Untersuchung oder Behandlung, die dem Patienten verabreichten radioaktiven Stoffe nach Art, chemischer Zusammensetzung, Applikationsform, Aktivität,

3. Angaben zur rechtfertigenden Indikation nach § 80 Abs. 1 Satz 1,

4. die Begründung nach § 81 Abs. 2 Satz 2,

5. bei der Behandlung zusätzlich die Körperdosis und den Bestrahlungsplan nach § 81 Abs. 3 Satz 1,

6. bei der Behandlung mit Bestrahlungsvorrichtungen oder Anlagen zur Erzeugung ionisierender Strahlen zusätzlich das Bestrahlungsprotokoll.

Die Aufzeichnungen sind gegen unbefugten Zugriff und unbefugte Änderungen zu sichern. Aufzeichnungen, die unter Einsatz von Datenverarbeitungsanlagen angefertigt werden, müssen innerhalb der Aufbewahrungsfrist nach Absatz 3 in angemessener Zeit lesbar gemacht werden können.

(2) Der untersuchten oder behandelten Person ist auf ihr Verlangen eine Abschrift der Aufzeichnung nach Absatz 1 Satz 1 auszuhändigen.

(3) Die Aufzeichnungen über die Untersuchung sind zehn Jahre lang, über die Behandlung 30 Jahre lang nach der letzten Untersuchung oder Behandlung aufzubewahren. Die zuständige Behörde kann verlangen, dass im Falle der Praxisaufgabe oder sonstiger Einstellung der Tätigkeit die Aufzeichnungen bei einer von ihr bestimmten Stelle zu hinterlegen sind; dabei ist die ärztliche Schweigepflicht zu wahren.

(4) Wer eine Person mit radioaktiven Stoffen oder ionisierender Strahlung untersucht oder behandelt hat, hat demjenigen, der später eine solche Untersuchung oder Behandlung vornimmt, auf dessen Verlangen Auskunft über die Aufzeichnungen nach Absatz 1 zu erteilen und die sich hierauf beziehenden Unterlagen vorübergehend zu überlassen. Werden die Unterlagen von einer anderen Person aufbewahrt, so hat diese dem Auskunftsberechtigten die Unterlagen vorübergehend zu überlassen.

(5) Das Bundesamt für Strahlenschutz ermittelt regelmäßig die medizinische Strahlenexposition der Bevölkerung und ausgewählter Bevölkerungsgruppen.

(6) Es ist ein aktuelles Verzeichnis der Bestrahlungsvorrichtungen, der Anlagen zur Erzeugung ionisierender Strahlen oder der sonstigen Geräte oder Ausrüstungen zu führen. Das Bestandsverzeichnis nach § 8 der Verordnung über das Errichten, Betreiben und Anwenden von Medizinprodukten kann hierfür herangezogen werden. Das Bestandsverzeichnis ist der zuständigen Behörde auf Verlangen vorzulegen.

§ 86 Anwendungen am Menschen außerhalb der Heilkunde oder Zahnheilkunde

Für Anwendungen radioaktiver Stoffe oder ionisierender Strahlung am Menschen, die durch andere gesetzliche Regelungen vorgesehen oder zugelassen sind, gelten die §§ 80 bis 85 entsprechend.

Abschnitt 2
Medizinische Forschung

§ 87 Besondere Schutz- und Aufklärungspflichten

(1) Die Anwendung von radioaktiven Stoffen oder ionisierender Strahlung am Menschen in der medizinischen Forschung ist nur mit dessen persönlicher Einwilligung zulässig. Der Inhaber der Genehmigung nach § 23 hat eine schriftliche Erklärung des Probanden darüber einzuholen, dass der Proband mit

1. der Anwendung radioaktiver Stoffe oder ionisierender Strahlung an seiner Person und

2. den Untersuchungen, die vor, während und nach der Anwendung zur Kontrolle und zur Erhaltung seiner Gesundheit erforderlich sind,

einverstanden ist. Die Erklärung ist nur wirksam, wenn der Proband geschäftsfähig und in der Lage ist, das Risiko der Anwendung der radioaktiven Stoffe oder ionisierenden Strahlung für sich einzusehen und seinen Willen hiernach zu bestimmen. Diese Erklärung und alle im Zusammenhang mit der Anwendung stehenden Einwilligungen können jederzeit vom Probanden formlos widerrufen werden.

(2) Die Anwendung ist ferner nur zulässig, wenn der Proband zuvor eine weitere schriftliche Erklärung darüber abgegeben hat, dass er mit

1. der Mitteilung seiner Teilnahme an dem Forschungsvorhaben und

2. der unwiderruflichen Mitteilung der durch die Anwendung erhaltenen Strahlenexpositionen an die zuständige Behörde

einverstanden ist.

(3) Vor Abgabe der Einwilligungen ist der Proband durch den das Forschungsvorhaben leitenden oder einen von diesem beauftragten Arzt über Art, Bedeutung, Tragweite und Risiken der Anwendung der radioaktiven Stoffe oder ionisierenden Strahlung und über die Möglichkeit des Widerrufs aufzuklären. Der Proband ist zu befragen, ob an ihm bereits radioaktive Stoffe oder ionisierende Strahlung zum Zweck der Untersuchung, Behandlung oder außerhalb der Heilkunde oder Zahnheilkunde angewandt worden sind. Über die Aufklärung und die Befragung des Probanden sind Aufzeichnungen anzufertigen.

(4) Der Proband ist vor Beginn der Anwendung radioaktiver Stoffe oder ionisierender Strahlung ärztlich zu untersuchen. Die Aktivität der radioaktiven Stoffe ist vor deren Anwendung zu bestimmen. Die Körperdosis ist durch geeignete Verfahren zu überwachen. Der Zeitpunkt der Anwendung, die Ergebnisse der Überwachungsmaßnahmen und die Befunde sind aufzuzeichnen.

(5) Die Erklärungen nach Absatz 1 Satz 2 und Absatz 2 und die Aufzeichnungen nach Absatz 3 Satz 3 und Absatz 4 Satz 4 sind 30 Jahre lang nach deren Abgabe oder dem Zeitpunkt der Anwendung aufzubewahren und auf Verlangen der zuständigen Behörde vorzulegen. Für die Aufzeichnungen gilt § 85 Abs. 1 Satz 2 bis 4, Abs. 2, Abs. 3 Satz 2 und Abs. 4 entsprechend.

(6) Die Anwendung von radioaktiven Stoffen oder ionisierender Strahlung am Menschen in der medizinischen Forschung darf nur von einer Person nach § 82 Abs. 1 vorgenommen werden.

(7) Die §§ 83, 84 und 85 Abs. 5 und 6 gelten entsprechend.

§ 88 Anwendungsverbote und Anwendungsbeschränkungen für einzelne Personengruppen

(1) An schwangeren Frauen dürfen radioaktive Stoffe oder ionisierende Strahlung in der medizinischen Forschung nicht angewendet werden. An stillenden Frauen dürfen radioaktive Stoffe in der medizinischen Forschung nicht angewendet werden. An Personen, die auf gerichtliche oder behördliche Anordnung verwahrt werden, dürfen radioaktive Stoffe oder ionisierende Strahlung in der medizinischen Forschung nicht angewendet werden.

(2) Von der Anwendung ausgeschlossen sind Probanden, bei denen in den vergangenen zehn Jahren radioaktive Stoffe oder ionisierende Strahlung zu Forschungs- oder Behandlungszwecken angewendet worden sind, wenn durch die erneute Anwendung in der medizinischen Forschung eine effektive Dosis von mehr als 10 Millisievert zu erwarten ist. Die Genehmigungsbehörde kann eine höhere effektive Dosis als 10 Millisievert zulassen, wenn mit der Anwendung gleichzeitig für den Probanden ein diagnostischer oder therapeutischer Nutzen verbunden ist. § 24 Abs. 2 Satz 1 bleibt unberührt.

(3) Die Anwendung radioaktiver Stoffe oder ionisierender Strahlung an Probanden, die das 50. Lebensjahr nicht vollendet haben, ist nur zulässig, wenn nachgewiesen ist, dass die Heranziehung solcher Personen ärztlich gerechtfertigt und zur Erreichung des Forschungszieles besonders notwendig ist.

(4) An geschäftsunfähigen und beschränkt geschäftsfähigen Probanden ist die Anwendung radioaktiver Stoffe oder ionisierender Strahlung nur zulässig, wenn

1. das Forschungsziel anders nicht erreicht werden kann,

2. die Anwendung gleichzeitig zur Untersuchung oder Behandlung des Probanden angezeigt ist und

Teil 2: Zielgerichtete Nutzung radioaktiver Stoffe oder ionisierender Strahlung

3. der gesetzliche Vertreter oder der Betreuer seine Einwilligung abgegeben hat, nachdem er von dem das Forschungsvorhaben leitenden Arzt über Wesen, Bedeutung, Tragweite und Risiken aufgeklärt worden ist. Ist der geschäftsunfähige oder beschränkt geschäftsfähige Proband in der Lage, Wesen, Bedeutung und Tragweite der Anwendung einzusehen und seinen Willen hiernach zu bestimmen, ist zusätzlich dessen persönliche Einwilligung erforderlich.

Für die Erklärungen nach Satz 1 Nr. 3 gilt § 87 Abs. 1 bis 3 entsprechend.

§ 89 Mitteilungs- und Berichtspflichten

(1) Der zuständigen Aufsichtsbehörde und der Genehmigungsbehörde sind unverzüglich mitzuteilen:

1. jede Überschreitung der Dosiswerte nach § 24 Abs. 2 Satz 1 und § 88 Abs. 2 Satz 1, oder, sofern die Genehmigungsbehörde nach § 24 Abs. 2 Satz 2 oder § 88 Abs. 2 Satz 2 höhere Dosiswerte zugelassen hat, der zugelassenen Dosiswerte unter Angabe der näheren Umstände,

2. die Beendigung der Anwendung radioaktiver Stoffe oder ionisierender Strahlung für die Durchführung des Forschungsvorhabens.

(2) Der zuständigen Aufsichtsbehörde und der Genehmigungsbehörde ist nach Beendigung der Anwendung je ein Abschlussbericht vorzulegen, aus dem die im Einzelfall ermittelte Körperdosis und die zur Berechnung der Körperdosis relevanten Daten hervorgehen.

§ 90 Schutzanordnung

Ist zu besorgen, dass ein Proband aufgrund einer Überschreitung der genehmigten Dosiswerte für die Anwendung radioaktiver Stoffe oder ionisierender Strahlung in der medizinischen Forschung an der Gesundheit geschädigt wird, so ordnet die zuständige Behörde an, dass er durch einen Arzt nach § 64 Abs. 1 Satz 1 untersucht wird.

§ 91 Deckungsvorsorge im Falle klinischer Prüfungen

Die Regelungen des § 24 Abs. 1 Nr. 5 dieser Verordnung gelten nicht, soweit die Vorgaben der Atomrechtlichen Deckungsvorsorge-Verordnung durch die Vorsorge zur Erfüllung gesetzlicher Schadenersatzverpflichtungen nach den entsprechenden Vorschriften des Arzneimittelgesetzes oder des Medizinproduktegesetzes dem Grund und der Höhe nach erfüllt sind.

§ 92 Ethikkommission

Eine im Geltungsbereich dieser Verordnung tätige Ethikkommission muss unabhängig, interdisziplinär besetzt und bei der zuständigen Bundesoberbehörde registriert sein. Ihre Aufgabe ist es, den Studienplan mit den erforderlichen Unterlagen nach ethischen und rechtlichen Gesichtspunkten mit mindestens fünf Mitgliedern mündlich zu beraten und innerhalb von drei Monaten eine schriftliche Stellungnahme abzugeben. Bei multizentrischen Studien genügt die Stellungnahme einer Ethikkommission. Eine Registrierung erfolgt nur, wenn in einer veröffentlichten Verfahrensordnung die Mitglieder, die aus medizinischen Sachverständigen und nichtmedizinischen Mitgliedern bestehen und die erforderliche Fachkompetenz aufweisen, das Verfahren und die Anschrift der Ethikkommission aufgeführt sind.

Teil 3
Schutz von Mensch und Umwelt vor natürlichen Strahlungsquellen bei Arbeiten

Kapitel 1
Grundpflichten

§ 93 Dosisbegrenzung

Wer in eigener Verantwortung eine Arbeit der in Kapitel 2 oder Kapitel 4 genannten Art ausübt oder ausüben lässt, hat dafür zu sorgen, dass die Dosisgrenzwerte in den Kapiteln 2 und 4 nicht überschritten werden.

§ 94 Dosisreduzierung

Wer in eigener Verantwortung eine Arbeit der in den Kapiteln 2 bis 4 genannten Art plant, ausübt oder ausüben lässt, hat geeignete Maßnahmen zu treffen, um unter Berücksichtigung aller Umstände des Einzelfalls die Strahlenexposition so gering wie möglich zu halten.

Kapitel 2
Anforderungen bei terrestrischer Strahlung an Arbeitsplätzen

§ 95 Natürlich vorkommende radioaktive Stoffe an Arbeitsplätzen

(1) Wer in seiner Betriebsstätte eine Arbeit ausübt oder ausüben lässt, die einem der in Anlage XI genannten Arbeitsfelder zuzuordnen ist, hat je nach Zugehörigkeit des Arbeitsfeldes zu Teil A oder B der Anlage XI innerhalb von sechs Monaten nach Beginn der Arbeiten eine auf den Arbeitsplatz bezogene Abschätzung der Radon-222-Exposition oder der Körperdosis durchzuführen. Die Abschätzung ist unverzüglich zu wiederholen, wenn der Arbeitsplatz so verändert wird, dass eine höhere Strahlenexposition auftreten kann. Satz 1 gilt auch für denjenigen, der in einer fremden Betriebsstätte in eigener Verantwortung Arbeiten nach Satz 1 ausübt oder unter seiner Aufsicht stehende Personen Arbeiten ausüben lässt. In diesem Fall hat der nach Satz 1 Verpflichtete ihm vorliegende Abschätzungen für den Arbeitsplatz bereitzustellen.

(2) Der nach Absatz 1 Verpflichtete hat der zuständigen Behörde innerhalb von drei Monaten nach Durchführung der Abschätzung nach Absatz 1 Anzeige gemäß Satz 2 zu erstatten, wenn die Abschätzung nach Absatz 1 ergibt, dass die effektive Dosis 6 Millisievert im Kalenderjahr überschreiten kann. Aus der Anzeige müssen die konkrete Art der Arbeit, das betreffende Arbeitsfeld oder die betreffenden Arbeitsfelder, die Anzahl der betroffenen Personen, die eine effektive Dosis von mehr als 6 Millisievert im Kalenderjahr erhalten können, die nach Absatz 10 Satz 1 vorgesehene Ermittlung und die nach § 94 vorgesehenen Maßnahmen hervorgehen. Bei Radonexpositionen kann davon ausgegangen werden, dass die effektive Dosis von 6 Millisievert im Kalenderjahr durch diese Expositionen nicht überschritten ist, wenn das Produkt aus Aktivitätskonzentration von Radon-222 am Arbeitsplatz und Aufenthaltszeit im Kalenderjahr den Wert von $2 \cdot 10^6$ Becquerel pro Kubikmeter mal Stunden nicht überschreitet. Bei deutlichen Abweichungen des Gleichgewichtsfaktors zwischen Radon und seinen kurzlebigen Zerfallsprodukten von dem zugrunde gelegten Wert von 0,4 kann die Behörde abweichende Werte für das Produkt aus Radon-222-Aktivitätskonzentration und Aufenthaltszeit im Kalenderjahr festlegen.

(3) Der nach Absatz 1 Satz 3 Verpflichtete hat dafür zu sorgen, dass er selbst und die unter seiner Aufsicht stehenden Personen in fremden Betriebsstätten anzeigebedürftige Arbeiten nur ausüben, wenn jede Person im Besitz eines vollständig geführten, bei der zuständigen Behörde registrierten Strahlenpasses ist.

Teil 3: Natürliche Strahlungsquellen bei Arbeiten

(4) Für Personen, die anzeigebedürftige Arbeiten ausüben, beträgt der Grenzwert der effektiven Dosis 20 Millisievert im Kalenderjahr. Der Grenzwert der Organdosis beträgt für die Augenlinse 150 Millisievert, für die Haut, die Hände, die Unterarme, die Füße und Knöchel jeweils 500 Millisievert. Bei Radonexpositionen kann davon ausgegangen werden, dass die effektive Dosis von 20 Millisievert im Kalenderjahr durch diese Expositionen nicht überschritten ist, wenn das Produkt aus Aktivitätskonzentration von Radon-222 am Arbeitsplatz und Aufenthaltszeit im Kalenderjahr den Wert von 6×10^6 Becquerel pro Kubikmeter mal Stunden nicht überschreitet. Absatz 2 Satz 4 gilt entsprechend.

(5) Der Grenzwert für die Summe der in allen Kalenderjahren ermittelten effektiven Dosen beruflich strahlenexponierter Personen beträgt 400 Millisievert. Die zuständige Behörde kann im Benehmen mit einem Arzt nach § 64 Abs. 1 Satz 1 eine weitere berufliche Strahlenexposition zulassen, wenn diese nicht mehr als 10 Millisievert effektive Dosis im Kalenderjahr beträgt und die beruflich strahlenexponierte Person einwilligt. Die Einwilligung ist schriftlich zu erteilen.

(6) Wurde unter Verstoß gegen Absatz 4 Satz 1 oder 2 ein Grenzwert im Kalenderjahr überschritten, so ist eine Weiterbeschäftigung als beruflich strahlenexponierte Person nur zulässig, wenn die Expositionen in den folgenden vier Kalenderjahren unter Berücksichtigung der erfolgten Grenzwertüberschreitung so begrenzt werden, dass die Summe der Dosen das Fünffache des jeweiligen Grenzwertes nicht überschreitet. Ist die Überschreitung eines Grenzwertes so hoch, dass bei Anwendung von Satz 1 die bisherige Beschäftigung nicht fortgesetzt werden kann, kann die Behörde im Benehmen mit einem Arzt nach § 64 Abs. 1 Satz 1 Ausnahmen von Satz 1 zulassen.

(7) Für Personen unter 18 Jahren beträgt der Grenzwert der effektiven Dosis 6 Millisievert im Kalenderjahr. Der Grenzwert der Organdosis beträgt für die Augenlinse 50 Millisievert, für die Haut, die Hände, die Unterarme, die Füße und Knöchel jeweils 150 Millisievert im Kalenderjahr.

(8) Für ein ungeborenes Kind, das aufgrund der Beschäftigung seiner Mutter einer Strahlenexposition ausgesetzt ist, beträgt der Grenzwert für die Summe der Dosis aus äußerer und innerer Strahlenexposition vom Zeitpunkt der Mitteilung über die Schwangerschaft bis zu deren Ende 1 Millisievert.

(9) Sobald eine Frau, die eine anzeigebedürftige Arbeit nach Anlage XI Teil B ausübt, den nach Absatz 1 Verpflichteten darüber informiert hat, dass sie schwanger ist oder stillt, hat er ihre Arbeitsbedingungen so zu gestalten, dass eine innere berufliche Strahlenexposition ausgeschlossen ist.

(10) Für Personen, die anzeigebedürftige Arbeiten ausüben, hat der nach Absatz 1 Verpflichtete die Radon-222-Exposition und die Körperdosis auf geeignete Weise durch Messung der Ortsdosis, der Ortdosisleistung, der Konzentration radioaktiver Stoffe oder Gase in der Luft, der Kontamination des Arbeitsplatzes, der Personendosis, der Körperaktivität oder der Aktivität der Ausscheidung nach Maßgabe des Satzes 3 zu ermitteln. Die Radon-222-Exposition kann auch durch direkte Messung ermittelt werden. Die Ermittlungsergebnisse müssen spätestens neun Monate nach erfolgter Strahlenexposition der die anzeigebedürftige Arbeit ausführenden Person vorliegen. Für die Messungen kann die zuständige Behörde die anzuwendenden Messmethoden und Messverfahren festlegen und für Messungen Messstellen bestimmen. § 41 Abs. 8 gilt entsprechend.

(11) Der nach Absatz 1 Verpflichtete darf Personen, die anzeigebedürftige Arbeiten ausüben, eine Beschäftigung oder Weiterbeschäftigung nur erlauben, wenn sie innerhalb des jeweiligen Kalenderjahrs von einem Arzt nach § 64 Abs. 1 Satz 1 untersucht worden sind und dem nach Absatz 1 Verpflichteten eine von diesem Arzt ausgestellte Bescheinigung vorliegt, nach der der Beschäftigung keine gesundheitlichen Bedenken entgegenstehen. Satz 1 gilt entsprechend für Personen, die in eigener Verantwortung in eigener oder in einer anderen Betriebsstätte Arbeiten ausüben. § 60 Abs. 3 und die §§ 61 und 62 gelten entsprechend. Die in entsprechender Anwendung des § 61 Abs. 1 Satz 1 angeforderten Unterlagen sind dem Arzt nach § 64 Abs. 1 Satz 1 unverzüglich zu übergeben. Der

Arzt hat die ärztliche Bescheinigung dem Verpflichteten nach Absatz 1 Satz 1, der beruflich strahlenexponierten Person und, soweit gesundheitliche Bedenken bestehen, auch der zuständigen Behörde unverzüglich zu übersenden.

(12) Bei einer Arbeit nach Absatz 1, die zu einer effektiven Dosis von weniger als 6 Millisievert im Kalenderjahr führt, kann die Pflicht nach § 94 auch dadurch erfüllt werden, dass Strahlenschutzmaßnahmen auf der Grundlage von Vorschriften des allgemeinen Arbeitsschutzes Anwendung finden. Die zuständige Behörde kann entsprechende Nachweise verlangen.

§ 96 Dokumentation und weitere Schutzmaßnahmen

(1) Wer in eigener Verantwortung eine anzeigebedürftige Arbeit nach § 95 Abs. 2 ausübt oder ausüben lässt, hat die Ergebnisse der Ermittlungen nach § 95 Abs. 10 Satz 1 unverzüglich aufzuzeichnen. Die Radon-222-Exposition ist gemäß den Vorgaben des § 95 Abs. 2 Satz 3 und 4 in einen Wert der effektiven Dosis umzurechnen.

(2) Der nach Absatz 1 Verpflichtete hat

1. die Aufzeichnungen nach Absatz 1

   a) so lange aufzubewahren, bis die überwachte Person das 75. Lebensjahr vollendet hat oder vollendet hätte, mindestens jedoch 30 Jahre nach Beendigung der jeweiligen Beschäftigung,

   b) spätestens 95 Jahre nach der Geburt der betroffenen Person zu löschen,

   c) auf Verlangen der überwachten Person oder der zuständigen Behörde vorzulegen oder bei einer von dieser Behörde zu bestimmenden Stelle zu hinterlegen,

   d) bei einem Wechsel des Beschäftigungsverhältnisses dem neuen Arbeitgeber auf Verlangen mitzuteilen, falls weiterhin eine Beschäftigung als beruflich strahlenexponierte Person ausgeübt wird,

2. Überschreitungen der Grenzwerte der Körperdosis nach § 95 Abs. 4 Satz 1 oder 2, Abs. 5 Satz 1, Abs. 7 und 8 der zuständigen Behörde unter Angabe der Gründe, der betroffenen Personen und der ermittelten Körperdosen unverzüglich mitzuteilen,

3. den betroffenen Personen im Fall der Nummer 2 die Körperdosis unverzüglich mitzuteilen.

(3) Der nach Absatz 1 Verpflichtete hat die nach Absatz 1 Satz 2 umgerechnete oder nach § 95 Abs. 10 Satz 1 ermittelte Körperdosis und die in § 112 Abs. 1 Nr. 2 und 3 genannten Angaben der zuständigen Behörde oder einer von ihr bestimmten Stelle zur Weiterleitung an das Strahlenschutzregister binnen Monatsfrist nach der Aufzeichnung zu übermitteln. Das Bundesamt für Strahlenschutz bestimmt das Format und das Verfahren der Übermittlung. Auskünfte aus dem Strahlenschutzregister werden dem nach Absatz 1 Verpflichteten erteilt, soweit es für die Wahrnehmung seiner Aufgaben erforderlich ist. § 112 Abs. 4 Satz 1 Nr. 1 und 3 und Satz 2 findet Anwendung.

(4) Soweit die Expositionsbedingungen es erfordern, ordnet die zuständige Behörde bei anzeigebedürftigen Arbeiten geeignete Maßnahmen entsprechend den §§ 30, 34 bis 39, 43 bis 45, 47 Abs. 3 Satz 1, § 48 Abs. 2, § 67 sowie § 68 Abs. 1 Satz 1 Nr. 3 und 4 an. Sie kann auch anordnen, auf welche Weise die bei anzeigebedürftigen Arbeiten anfallenden Materialien zu entsorgen sind.

(5) Treten in anderen als den in Anlage XI Teil B genannten Arbeitsfeldern Expositionen auf, die denen der in Anlage XI Teil B genannten Arbeitsfeldern entsprechen, kann die zuständige Behörde in entsprechender Anwendung der Absätze 1 bis 4 und des § 95 die erforderlichen Anordnungen treffen.

Teil 3: Natürliche Strahlungsquellen bei Arbeiten

Kapitel 3
Schutz der Bevölkerung bei natürlich vorkommenden radioaktiven Stoffen

§ 97 Überwachungsbedürftige Rückstände

(1) Wer in eigener Verantwortung Arbeiten ausübt oder ausüben lässt, bei denen überwachungsbedürftige Rückstände anfallen, durch deren Verwertung oder Beseitigung für Einzelpersonen der Bevölkerung der Richtwert der effektiven Dosis von 1 Millisievert im Kalenderjahr überschritten werden kann, hat Maßnahmen zum Schutz der Bevölkerung zu ergreifen.

(2) Überwachungsbedürftig sind die Rückstände gemäß Anlage XII Teil A, es sei denn, es ist sichergestellt, dass bei ihrer Beseitigung oder Verwertung die Überwachungsgrenzen in Anlage XII Teil B und die dort genannten Beseitigungs- oder Verwertungswege eingehalten werden. Anfallende Rückstände dürfen vor der beabsichtigten Beseitigung oder Verwertung nicht mit anderen Materialien vermischt oder verdünnt werden, um die Überwachungsgrenzen der Anlage XII Teil B einzuhalten.

(3) Die zuständige Behörde kann verlangen, dass für die in Anlage XII Teil A genannten Rückstände die Einhaltung der Überwachungsgrenzen der Anlage XII Teil B nachgewiesen wird. Sie kann hierfür technische Verfahren, geeignete Messverfahren und sonstige Anforderungen, insbesondere solche zur Ermittlung repräsentativer Messwerte der spezifischen Aktivität, festlegen.

(4) Der Verpflichtete nach Absatz 1 hat Rückstände gemäß Anlage XII Teil A vor ihrer Beseitigung oder Verwertung gegen Abhandenkommen und vor dem Zugriff durch Unbefugte zu sichern. Sie dürfen an andere Personen nur zum Zwecke der Beseitigung oder Verwertung abgegeben werden.

§ 98 Entlassung von Rückständen aus der Überwachung

(1) Die zuständige Behörde entlässt auf Antrag überwachungsbedürftige Rückstände zum Zwecke einer bestimmten Verwertung oder Beseitigung durch schriftlichen Bescheid aus der Überwachung, wenn aufgrund der Umstände des Einzelfalls und der getroffenen Schutzmaßnahmen der erforderliche Schutz der Bevölkerung vor Strahlenexpositionen sichergestellt ist. Maßstab hierfür ist, dass als Richtwert hinsichtlich der durch die Beseitigung oder Verwertung bedingten Strahlenexposition von Einzelpersonen der Bevölkerung eine effektive Dosis von 1 Millisievert im Kalenderjahr auch ohne weitere Maßnahmen nicht überschritten wird. Eine abfallrechtliche Verwertung oder Beseitigung ohne Entlassung aus der Überwachung ist nicht zulässig.

(2) Der Nachweis nach Absatz 1 Satz 1 und 2 ist unter Anwendung der in Anlage XII Teil D genannten Grundsätze zu erbringen. Die bei der Beseitigung oder Verwertung tätig werdenden Arbeitnehmer gelten dabei als Einzelpersonen der Bevölkerung. Sollen die Rückstände gemeinsam mit anderen Rückständen oder mit Abfällen deponiert werden, so kann die zuständige Behörde davon ausgehen, dass die Voraussetzungen dieses Absatzes 1 vorliegen, wenn die in Anlage XII Teil C genannten Anforderungen erfüllt sind.

(3) Eine Entlassung kann nur erfolgen, wenn keine Bedenken gegen die abfallrechtliche Zulässigkeit des vorgesehenen Verwertungs- oder Beseitigungsweges und seine Einhaltung bestehen. Der zuständigen Behörde ist vor Erteilung des Bescheides nach Absatz 1 eine Erklärung des Antragstellers über den Verbleib des künftigen Abfalls und eine Annahmeerklärung des Verwerters oder Beseitigers vorzulegen. Der Antragsteller hat der für die Verwertungs- und Beseitigungsanlage nach dem Kreislaufwirtschafts- und Abfallgesetz zuständigen Behörde gleichzeitig eine Kopie der Annahmeerklärung zuzuleiten und dies der zuständigen Behörde nachzuweisen. Diese Behörde kann von der zuständigen Behörde innerhalb einer Frist von 30 Kalendertagen nach Zugang der Kopie verlangen, dass Einvernehmen hinsichtlich der Anforderungen an den Verwertungs- oder Beseitigungsweg hergestellt wird. Die Bestimmungen des Kreislaufwirtschafts- und Abfallgesetzes sowie der auf-

grund dieses Gesetzes erlassenen Bestimmungen zur Führung von Nachweisen über die ordnungsgemäße Entsorgung von Abfällen bleiben unberührt.

§ 99 In der Überwachung verbleibende Rückstände

Der nach § 97 Abs. 1 Satz 1 Verpflichtete hat der zuständigen Behörde innerhalb eines Monats Art, Masse und spezifische Aktivität der überwachungsbedürftigen Rückstände sowie eine geplante Beseitigung oder Verwertung dieser Rückstände oder die Abgabe zu diesem Zweck anzuzeigen, wenn wegen der Art und spezifischen Aktivität der Rückstände eine Entlassung aus der Überwachung gemäß § 98 Abs. 1 Satz 1 nicht möglich ist. Die zuständige Behörde kann anordnen, dass Schutzmaßnahmen zu treffen sind und auf welche Weise die Rückstände zu beseitigen sind.

§ 100 Mitteilungspflicht, Rückstandskonzept, Rückstandsbilanz

(1) Wer in seiner Betriebsstätte Arbeiten ausübt oder ausüben lässt, bei denen jährlich mehr als insgesamt 2000 Tonnen an Rückständen im Sinne der Anlage XII Teil A anfallen oder verwendet werden, hat dies der zuständigen Behörde und der nach dem Kreislaufwirtschafts- und Abfallgesetz zuständigen Behörde zu Beginn jedes Kalenderjahrs mitzuteilen.

(2) Der nach Absatz 1 Verpflichtete hat ein Konzept über die Verwertung und Beseitigung dieser Rückstände (Rückstandskonzept) nach Maßgabe von Satz 3 und Absatz 3 Satz 1 zu erstellen und der zuständigen Behörde auf Verlangen vorzulegen. Das Rückstandskonzept dient als internes Planungsinstrument. Es hat zu enthalten:

1. Angaben über Art, Masse, spezifische Aktivität und Verbleib der Rückstände, einschließlich Schätzungen der in den nächsten fünf Jahren anfallenden Rückstände,

2. Darstellung der getroffenen und für die nächsten fünf Jahre geplanten Beseitigungs- oder Verwertungsmaßnahmen.

(3) Das Rückstandskonzept ist erstmalig bis zum 1. April 2003 für die nächsten fünf Jahre zu erstellen. Es ist alle fünf Jahre fortzuschreiben. Die zuständige Behörde kann die Vorlage zu einem früheren Zeitpunkt verlangen. Sie kann verlangen, dass Form und Inhalt bestimmten Anforderungen genügen.

(4) Der nach Absatz 1 Verpflichtete hat jährlich, erstmalig zum 1. April 2004, jeweils für das vorhergehende Jahr eine Bilanz über Art, Masse, spezifische Aktivität und Verbleib der verwerteten und beseitigten Rückstände (Rückstandsbilanz) zu erstellen und der zuständigen Behörde auf Verlangen vorzulegen. Absatz 3 Satz 3 gilt entsprechend. Entsprechende Nachweise nach den §§ 19 und 20 des Kreislaufwirtschafts- und Abfallgesetzes können ergänzend vorgelegt werden.

§ 101 Entfernung von radioaktiven Verunreinigungen von Grundstücken

(1) Wer Arbeiten im Sinne des § 97 Abs. 1 Satz 1 beendet, hat Verunreinigungen durch überwachungsbedürftige Rückstände vor Nutzung des Grundstücks durch Dritte, spätestens jedoch fünf Jahre nach Beendigung der Nutzung, so zu entfernen, dass die Rückstände keine Einschränkung der Nutzung begründen. Maßstab für eine Grundstücksnutzung ohne Einschränkungen ist, dass im Hinblick auf die Strahlenexposition von Einzelpersonen der Bevölkerung durch die nicht entfernten Rückstände als Richtwert eine effektive Dosis von 1 Millisievert im Kalenderjahr eingehalten wird.

(2) Der nach Absatz 1 Verpflichtete hat der zuständigen Behörde den Abschluss der Entfernung der Verunreinigungen unter Beifügung geeigneter Nachweise innerhalb von drei Monaten anzuzeigen. Der Nachweis nach Satz 1 ist unter Anwendung der in Anlage XII Teil D Nr. 4 genannten Grundsätze

ze zu erbringen. Die Behörde kann verlangen, dass der Verbleib der entfernten Verunreinigungen nachgewiesen wird.

(3) Die zuständige Behörde kann im Einzelfall ganz oder teilweise von der Pflicht nach Absatz 1 befreien, wenn Umstände vorliegen oder Schutzmaßnahmen getroffen werden, die eine Strahlenexposition von mehr als 1 Millisievert effektive Dosis im Kalenderjahr für Einzelpersonen der Bevölkerung auch ohne Entfernung der Verunreinigungen verhindern. Sie kann die Durchführung der Pflicht nach Absatz 1 auch zu einem späteren Zeitpunkt gestatten, wenn auf dem Grundstück weiterhin Arbeiten nach § 97 Abs. 1 ausgeübt werden sollen.

§ 102 Überwachung sonstiger Materialien

Kann durch Arbeiten mit Materialien, die nicht Rückstände im Sinne der Anlage XII Teil A sind, oder durch die Ausübung von Arbeiten, bei denen solche Materialien anfallen, die Strahlenexposition von Einzelpersonen der Bevölkerung so erheblich erhöht werden, dass Strahlenschutzmaßnahmen notwendig sind, trifft die zuständige Behörde die erforderlichen Anordnungen. Sie kann insbesondere anordnen,

1. dass bestimmte Schutzmaßnahmen zu ergreifen sind,
2. dass die Materialien bei einer von ihr zu bestimmenden Stelle aufzubewahren oder zu verwahren sind oder
3. dass und in welcher Weise die Materialien zu beseitigen sind.

Kapitel 4
Kosmische Strahlung

§ 103 Schutz des fliegenden Personals vor Expositionen durch kosmische Strahlung

(1) Wer Flugzeuge, die in der deutschen Luftfahrzeugrolle nach § 3 des Luftverkehrsgesetzes in der Fassung der Bekanntmachung vom 27. März 1999 (BGBl. I S. 550) in der jeweils geltenden Fassung eingetragen sind, gewerblich oder im Rahmen eines wirtschaftlichen Unternehmens betreibt, oder wer als Unternehmer mit Sitz im Geltungsbereich dieser Verordnung Flugzeuge betreibt, die in einem anderen Land registriert sind und Personal, das in einem Beschäftigungsverhältnis gemäß dem deutschen Arbeitsrecht steht, einsetzt, hat die effektive Dosis, die das fliegende Personal durch kosmische Strahlung während des Fluges einschließlich der Beförderungszeit nach § 4 Abs. 1 Satz 1 der Zweiten Durchführungsverordnung zur Betriebsordnung für Luftfahrtgerät vom 12. November 1974 (BGBl. I S. 3181), die zuletzt durch die Verordnung vom 6. Januar 1999 (BAnz. S. 497) geändert worden ist, in der jeweils geltenden Fassung erhält, nach Maßgabe des Satzes 2 zu ermitteln, soweit die effektive Dosis durch kosmische Strahlung 1 Millisievert im Kalenderjahr überschreiten kann. Die Ermittlungsergebnisse müssen spätestens sechs Monate nach dem Einsatz vorliegen. Die Sätze 1 und 2 gelten auch für Flugzeuge, die im Geschäftsbereich des Bundesministeriums der Verteidigung betrieben werden.

(2) Für das fliegende Personal beträgt der Grenzwert der effektiven Dosis durch kosmische Strahlung 20 Millisievert im Kalenderjahr. Der Pflicht zur Dosisreduzierung nach § 94 kann insbesondere bei der Aufstellung der Arbeitspläne und bei der Festlegung der Flugrouten und -profile Rechnung getragen werden.

(3) Der Grenzwert für die Summe der in allen Kalenderjahren ermittelten effektiven Dosen beruflich strahlenexponierter Personen beträgt 400 Millisievert. Die zuständige Behörde kann im Benehmen mit einem Arzt nach § 64 Abs. 1 Satz 1 eine weitere berufliche Strahlenexposition zulassen, wenn diese nicht mehr als 10 Millisievert effektive Dosis im Kalenderjahr beträgt und die beruflich strahlenexponierte Person einwilligt. Die Einwilligung ist schriftlich zu erteilen.

(4) Wurde unter Verstoß gegen Absatz 2 Satz 1 der Grenzwert der effektiven Dosis im Kalenderjahr überschritten, so ist eine Weiterbeschäftigung als beruflich strahlenexponierte Person nur zulässig, wenn die Expositionen in den folgenden vier Kalenderjahren unter Berücksichtigung der erfolgten Grenzwertüberschreitung so begrenzt werden, dass die Summe der Dosen das Fünffache des Grenzwertes nicht überschreitet. Ist die Überschreitung eines Grenzwertes so hoch, dass bei Anwendung von Satz 1 die bisherige Beschäftigung nicht fortgesetzt werden kann, kann die zuständige Behörde im Benehmen mit einem Arzt nach § 64 Abs. 1 Satz 1 Ausnahmen von Satz 1 zulassen.

(5) Für ein ungeborenes Kind, das aufgrund der Beschäftigung seiner Mutter einer Strahlenexposition ausgesetzt ist, beträgt der Grenzwert der Dosis aus äußerer Strahlenexposition vom Zeitpunkt der Mitteilung über die Schwangerschaft bis zu deren Ende 1 Millisievert.

(6) Der nach Absatz 1 Verpflichtete hat das fliegende Personal mindestens einmal im Kalenderjahr über die gesundheitlichen Auswirkungen der kosmischen Strahlung und über die zum Zweck der Überwachung von Dosisgrenzwerten und der Beachtung der Strahlenschutzgrundsätze erfolgende Verarbeitung und Nutzung personenbezogener Daten zu unterrichten; hierbei sind Frauen darüber zu unterrichten, dass eine Schwangerschaft im Hinblick auf die Risiken einer Strahlenexposition für das ungeborene Kind so früh wie möglich mitzuteilen ist. Die Unterrichtung kann Bestandteil erforderlicher Unterweisungen nach anderen Vorschriften sein. Der nach Absatz 1 Verpflichtete hat über den Inhalt und Zeitpunkt der Unterrichtung Aufzeichnungen zu führen, die von der unterrichteten Person zu unterzeichnen sind. Er hat die Aufzeichnungen fünf Jahre lang nach der Unterrichtung aufzubewahren und der zuständigen Behörde auf Verlangen vorzulegen.

(7) Der nach Absatz 1 Verpflichtete hat

1. die Ergebnisse der Dosisermittlung nach Absatz 1 unverzüglich aufzuzeichnen,

2. die Aufzeichnungen nach Nummer 1

   a) so lange aufzubewahren, bis die überwachte Person das 75. Lebensjahr vollendet hat oder vollendet hätte, mindestens jedoch 30 Jahre nach Beendigung der jeweiligen Beschäftigung,

   b) spätestens 95 Jahre nach der Geburt der betroffenen Person zu löschen,

   c) auf Verlangen der überwachten Person oder der zuständigen Behörde vorzulegen oder bei einer von dieser Behörde zu bestimmenden Stelle zu hinterlegen,

   d) bei einem Wechsel des Beschäftigungsverhältnisses dem neuen Arbeitgeber auf Verlangen zur Kenntnis zu geben, falls weiterhin eine Beschäftigung als beruflich strahlenexponierte Person ausgeübt wird,

3. Überschreitungen des Grenzwertes der effektiven Dosis nach Absatz 2 Satz 1 der zuständigen Behörde unter Angabe der Gründe, der betroffenen Personen und der ermittelten Dosen unverzüglich mitzuteilen,

4. den betroffenen Personen im Fall der Nummer 3 die effektive Dosis unverzüglich mitzuteilen.

(8) Der nach Absatz 1 Verpflichtete hat die ermittelte effektive Dosis und die in § 112 Abs. 1 Nr. 2 und 3 genannten Angaben dem Luftfahrt-Bundesamt oder einer vom Luftfahrt-Bundesamt bestimmten Stelle zur Weiterleitung an das Strahlenschutzregister mindestens halbjährlich zu übermitteln. Auskünfte aus dem Strahlenschutzregister werden dem nach Absatz 1 Verpflichteten erteilt, soweit es für die Wahrnehmung seiner Aufgaben erforderlich ist. § 112 Abs. 4 Satz 1 Nr. 1 und 3 und Satz 2 findet Anwendung.

(9) Der nach Absatz 1 Verpflichtete darf Personen, bei denen die Ermittlung nach Absatz 1 ergeben hat, dass eine effektive Dosis von mehr als 6 Millisievert im Kalenderjahr überschritten werden kann, eine Beschäftigung oder Weiterbeschäftigung nur erlauben, wenn sie innerhalb des jeweiligen

Teil 4: Schutz des Verbrauchers beim Zusatz radioaktiver Stoffe zu Produkten

Kalenderjahrs von einem Arzt nach § 64 Abs. 1 Satz 1 untersucht worden sind und dem gemäß Absatz 1 Verpflichteten eine von diesem Arzt ausgestellte Bescheinigung vorliegt, nach der der Beschäftigung keine gesundheitlichen Bedenken entgegenstehen. Die in entsprechender Anwendung des § 61 Abs. 1 Satz 1 angeforderten Unterlagen sind dem Arzt nach § 64 Abs. 1 Satz 1 unverzüglich zu übergeben. Der Arzt hat die ärztliche Bescheinigung dem Verpflichteten nach Absatz 1 Satz 1, der beruflich strahlenexponierten Person und, soweit gesundheitliche Bedenken bestehen, auch der zuständigen Behörde unverzüglich zu übersenden. Die Untersuchung kann im Rahmen der fliegerärztlichen Untersuchung erfolgen.

Kapitel 5
Betriebsorganisation

§ 104 Mitteilungspflichten zur Betriebsorganisation

Besteht bei juristischen Personen das vertretungsberechtigte Organ aus mehreren Mitgliedern oder sind bei teilrechtsfähigen Personengesellschaften oder nicht rechtsfähigen Personenvereinigungen mehrere vertretungsberechtigte Personen vorhanden, so ist der zuständigen Behörde mitzuteilen, wer von ihnen die Verpflichtungen nach diesem Teil der Verordnung wahrnimmt. Die Gesamtverantwortung aller Organmitglieder oder vertretungsberechtigter Mitglieder der Personenvereinigung bleibt davon unberührt.

Teil 4
Schutz des Verbrauchers beim Zusatz radioaktiver Stoffe zu Produkten

§ 105 Unzulässiger Zusatz von radioaktiven Stoffen und unzulässige Aktivierung

Der Zusatz von radioaktiven Stoffen bei der Herstellung von

1. kosmetischen Mitteln im Sinne des Lebensmittel- und Bedarfsgegenständegesetzes,
2. Spielwaren,
3. Schmuck,
4. Lebensmitteln einschließlich Trinkwasser, Zusätze und Tabakerzeugnisse im Sinne des Lebensmittel- und Bedarfsgegenständegesetzes oder von
5. Futtermitteln oder Zusatzstoffen im Sinne des Futtermittelgesetzes

und die grenzüberschreitende Verbringung derartiger Waren nach § 108 sowie das In-Verkehr-Bringen derartiger Waren sind unzulässig. Satz 1 gilt entsprechend für die Aktivierung derartiger Waren, wenn dies zu einer spezifischen Aktivität im Produkt von mehr als 500 Mikrobecquerel je Gramm führt oder wenn bei Schmuck die Werte nach Anlage III Tabelle 1 Spalte 5 überschritten werden. Satz 1 gilt nicht für den Zusatz von Radionukliden, für die in Anlage III Tabelle 1 keine Freigrenzen festgelegt sind. Im Übrigen bleiben die Rechtsvorschriften für Lebensmittel, Trinkwasser, kosmetische Mittel, Futtermittel und sonstige Bedarfsgegenstände unberührt.

§ 106 Genehmigungsbedürftiger Zusatz von radioaktiven Stoffen und genehmigungsbedürftige Aktivierung

(1) Wer bei der Herstellung von Konsumgütern, von Arzneimitteln im Sinne des Arzneimittelgesetzes, von Pflanzenschutzmitteln im Sinne des Pflanzenschutzgesetzes, von Schädlingsbekämpfungsmitteln und von Stoffen nach § 1 Nr. 1 bis 5 des Düngemittelgesetzes, die im Geltungsbereich dieser Verordnung erworben oder an andere abgegeben werden sollen, radioaktive Stoffe zusetzt, bedarf der Genehmigung. Satz 1 gilt entsprechend für die Aktivierung der dort genannten Produkte. § 105 bleibt unberührt.

(2) Eine Genehmigung nach Absatz 1 ersetzt keine Genehmigung nach § 7 Abs. 1 oder § 11 Abs. 2.

(3) Eine Genehmigung nach Absatz 1 ist nicht erforderlich für den Zusatz von

1. aus der Luft gewonnenen Edelgasen, wenn das Isotopenverhältnis im Zusatz demjenigen in der Luft entspricht, oder

2. Radionukliden, für die in Anlage III Tabelle 1 keine Freigrenzen festgelegt sind.

§ 107 Genehmigungsvoraussetzungen für den Zusatz von radioaktiven Stoffen und die Aktivierung

(1) Die Genehmigung nach § 106 für den Zusatz radioaktiver Stoffe bei der Herstellung von Konsumgütern ist zu erteilen, wenn

1. die Aktivität der zugesetzten radioaktiven Stoffe nach dem Stand der Technik so gering wie möglich ist und

   a) wenn in dem Konsumgut die Werte der Anlage III Tabelle 1 Spalte 2 nicht überschritten wird und, falls die spezifische Aktivität der zugesetzten künstlichen radioaktiven Stoffe in dem Konsumgut die Werte der Anlage III Tabelle 1 Spalte 5 oder die spezifische Aktivität der zugesetzten natürlichen radioaktiven Stoffe in dem Konsumgut 0,5 Becquerel je Gramm überschreitet, gewährleistet ist, dass in einem Rücknahmekonzept dargelegt ist, dass das Konsumgut nach Gebrauch kostenlos dem Antragsteller oder einer von ihm benannten Stelle zurückgegeben werden kann oder

   b) nachgewiesen wird, dass für Einzelpersonen der Bevölkerung nur eine effektive Dosis im Bereich von 10 Mikrosievert im Kalenderjahr auftreten kann,

2. das Material, das die radioaktiven Stoffe enthält, berührungssicher abgedeckt ist oder der radioaktive Stoff fest in das Konsumgut eingebettet ist und die Ortsdosisleistung im Abstand von 0,1 Metern von der berührbaren Oberfläche des Konsumgutes 1 Mikrosievert durch Stunde unter normalen Nutzungsbedingungen nicht überschreitet,

3. gewährleistet ist, dass dem Konsumgut eine Information beigefügt wird, die

   a) den radioaktiven Zusatz erläutert,

   b) den bestimmungsgemäßen Gebrauch beschreibt und

   c) im Fall der Nummer 1 Buchstabe a Halbsatz 2 auf die Rückführungspflicht nach § 110 Satz 2 und die zur Rücknahme verpflichtete Stelle hinweist, falls die spezifische Aktivität der zugesetzten künstlichen radioaktiven Stoffe in dem Konsumgut die Werte der Anlage III Tabelle 1 Spalte 5 oder die spezifische Aktivität der zugesetzten natürlichen radioaktiven Stoffe in dem Konsumgut 0,5 Becquerel je Gramm überschreitet,

4. es sich bei dem Zusatz um sonstige radioaktive Stoffe nach § 2 Abs. 1 des Atomgesetzes handelt,

5. beim Zusetzen die Voraussetzungen des § 9 Abs. 1 Nr. 1 bis 9 erfüllt sind und

6. § 4 Abs. 3 dem Zusetzen nicht entgegensteht.

(2) Die zuständige Behörde kann bei Konsumgütern, die überwiegend im beruflichen, nicht häuslichen Bereich genutzt werden, Abweichungen von Absatz 1 Nr. 1 Buchstabe a und Nr. 2 gestatten, sofern das Zehnfache der Freigrenze in einem einzelnen Konsumgut nicht überschritten wird.

Teil 4: Schutz des Verbrauchers beim Zusatz radioaktiver Stoffe zu Produkten

(3) Die Genehmigung nach § 106 ist bei der Herstellung von Arzneimitteln im Sinne des Arzneimittelgesetzes, von Pflanzenschutzmitteln im Sinne des Pflanzenschutzgesetzes, von Schädlingsbekämpfungsmitteln und von Stoffen nach § 1 Nr. 1 bis 5 des Düngemittelgesetzes zu erteilen, wenn

1. es sich bei dem Zusatz um sonstige radioaktive Stoffe nach § 2 Abs. 1 des Atomgesetzes handelt,
2. beim Zusetzen die Voraussetzungen des § 9 Abs. 1 Nr. 1 bis 9 erfüllt sind.

(4) Die Absätze 1 bis 3 gelten entsprechend für die Aktivierung mit der Maßgabe, dass anstelle der Genehmigungsvoraussetzungen des § 9 die des § 14 Nr. 1 bis 9 treten.

(5) Dem Genehmigungsantrag sind die Unterlagen, die Anlage II Teil A entsprechen, beizufügen.

§ 108 Genehmigungsbedürftige grenzüberschreitende Verbringung von Konsumgütern

Wer Konsumgüter, denen radioaktive Stoffe zugesetzt oder die aktiviert worden sind,

1. in den Geltungsbereich dieser Verordnung oder
2. aus dem Geltungsbereich dieser Verordnung in einen Staat, der nicht Mitgliedstaat der Europäischen Gemeinschaften ist,

verbringt, bedarf der Genehmigung. Satz 1 gilt nicht für

1. die Verbringung von Waren im Reiseverkehr, die weder zum Handel noch zur gewerblichen Verwendung bestimmt sind,
2. die Durchfuhr,
3. Konsumgüter, deren Herstellung nach § 106 in Verbindung mit § 107 Abs. 1 Nr. 1 Buchstabe b genehmigt ist,
4. Produkte, in die Konsumgüter eingebaut sind, deren Herstellung nach § 106 oder deren Verbringung nach Satz 1 genehmigt ist.

§ 106 Abs. 3 gilt entsprechend.

§ 109 Genehmigungsvoraussetzungen für die grenzüberschreitende Verbringung von Konsumgütern

Die Genehmigung nach § 108 ist zu erteilen, wenn die Voraussetzung des § 22 Abs. 1 Nr. 1 erfüllt ist. Bei Verbringung in den Geltungsbereich dieser Verordnung müssen zusätzlich die Voraussetzungen der § 107 Abs. 1 Nr. 1 bis 4 und 6 erfüllt sein. § 107 Abs. 2 und § 110 Satz 1 gelten entsprechend, dabei tritt der Verbringer an die Stelle des Herstellers im Sinne des § 110 Satz 1.

§ 110 Rückführung von Konsumgütern

Wer als Hersteller eines Konsumgutes einer Genehmigung nach § 106 in Verbindung mit § 107 Abs. 1 Nr. 1 Buchstabe a Halbsatz 2 bedarf, hat sicherzustellen, dass das Konsumgut kostenlos zurückgenommen werden kann. Der Letztverbraucher hat nach Beendigung des Gebrauchs das Konsumgut unverzüglich an die in der Information nach § 107 Abs. 1 Nr. 3 angegebene Stelle zurückzugeben.

Teil 5
Gemeinsame Vorschriften

Kapitel 1
Berücksichtigung von Strahlenexpositionen

§ 111 Festlegungen zur Ermittlung der Strahlenexposition; Duldungspflicht

(1) Bei der Ermittlung der Körperdosis durch Tätigkeiten nach § 2 Abs. 1 Nr. 1 sind die medizinische Strahlenexposition, die Strahlenexposition als helfende Person, die natürliche Strahlenexposition und die Strahlenexposition nach § 86 nicht zu berücksichtigen. Berufliche Strahlenexpositionen aus dem Anwendungsbereich der Röntgenverordnung sowie berufliche Strahlenexpositionen, die außerhalb des räumlichen Geltungsbereiches dieser Verordnung erfolgen, sind zu berücksichtigen.

(2) Bei der Ermittlung der Körperdosis durch Arbeiten nach § 2 Abs. 1 Nr. 2 sind die medizinische Strahlenexposition, die Strahlenexposition als helfende Person und die Strahlenexposition nach § 86 nicht zu berücksichtigen. Die natürliche Strahlenexposition ist zu berücksichtigen, soweit sie nach § 95 Abs. 10 und § 103 Abs. 1 zu ermitteln ist. Berufliche Strahlenexpositionen, die außerhalb des räumlichen Geltungsbereiches dieser Verordnung erfolgen, sind ebenfalls zu berücksichtigen.

(3) Sind für eine Person sowohl die Körperdosis durch Tätigkeiten nach § 2 Abs. 1 Nr. 1 als auch die Körperdosis durch Arbeiten nach § 2 Abs. 1 Nr. 2 zu ermitteln, so sind die effektiven Dosen und die jeweiligen Organdosen zu addieren. Für den Nachweis, dass die für die Tätigkeit oder für die Arbeit jeweils geltenden Grenzwerte nicht überschritten wurden, ist der addierte Wert entscheidend.

(4) Personen,

1. an denen nach § 40 Abs. 1 Satz 1, § 41 Abs. 1 Satz 1 oder 2, Abs. 2, 3 Satz 1, Abs. 6 Satz 1, § 58 Abs. 4 Satz 1 oder § 59 Abs. 3 Satz 1 die Körperdosis oder nach § 95 Abs. 10 Satz 1 oder § 103 Abs. 1 die Dosis zu ermitteln ist oder

2. an denen nach § 44 Abs. 1 Satz 1 oder 2 Kontaminationen festzustellen sind oder

3. die nach § 60 Abs. 1 oder 2, § 95 Abs. 11 oder § 103 Abs. 9 der arbeitsmedizinischen Vorsorge unterliegen oder

4. die nach § 63 Abs. 1 der besonderen arbeitsmedizinschen Vorsorge unterliegen,

haben die erforderlichen Messungen, Feststellungen und ärztlichen Untersuchungen zu dulden. Satz 1 gilt auch für Personen, für die die zuständige Behörde nach § 60 Abs. 4, § 96 Abs. 4 und 5 oder § 113 Abs. 4 Messungen oder ärztliche Untersuchungen angeordnet hat. Bei einer Überschreitung von Grenzwerten oder auf Verlangen ist diesen Personen Auskunft über das Ergebnis der Ermittlungen oder Feststellungen zu geben.

§ 112 Strahlenschutzregister

(1) In das Strahlenschutzregister nach § 12c des Atomgesetzes werden eingetragen:

1. die im Rahmen der beruflichen Strahlenexposition nach § 41 Abs. 7 Satz 1 oder 2, § 58 Abs. 4, § 59 Abs. 3, § 95 Abs. 10 und § 103 Abs. 1 ermittelten Dosiswerte sowie dazugehörige Feststellungen der zuständigen Behörde,

2. Angaben über registrierte Strahlenpässe nach § 40 Abs. 2 Satz 1 oder § 95 Abs. 3 und

3. die jeweiligen Personendaten (Familienname, Vornamen, Geburtsdatum und -ort, Geschlecht), Beschäftigungsmerkmale und Expositionsverhältnisse sowie die Anschrift des Strahlenschutzverantwortlichen nach § 31 Abs. 1 oder des Verpflichteten nach § 95 Abs. 1 oder § 103 Abs. 1.

Teil 5: Gemeinsame Vorschriften

(2) Dem Strahlenschutzregister übermitteln jeweils die Daten nach Absatz 1

1. die Messstellen nach § 41 Abs. 3 Satz 1 oder Abs. 6 Satz 1 binnen Monatsfrist,

2. die zuständige Behörde oder die von ihr bestimmte Stelle nach § 96 Abs. 3 Satz 1 binnen Monatsfrist,

3. das Luftfahrt-Bundesamt oder die von ihm bestimmte Stelle nach § 103 Abs. 8 Satz 1 mindestens halbjährlich und

4. die zuständige Behörde hinsichtlich ihrer Feststellungen sowie der Angaben über registrierte Strahlenpässe unverzüglich,

soweit neue oder geänderte Daten vorliegen. Die zuständige Behörde kann anordnen, dass eine Messstelle bei ihr aufgezeichnete Ergebnisse zu einer früher erhaltenen Körperdosis an das Strahlenschutzregister übermittelt; sie kann von ihr angeforderte Aufzeichnungen des Strahlenschutzverantwortlichen oder des Strahlenschutzbeauftragten oder des nach § 95 Abs. 1 oder § 103 Abs. 1 Verpflichteten über Ergebnisse von Messungen und Ermittlungen zur Körperdosis an das Strahlenschutzregister weiterleiten.

(3) Das Bundesamt für Strahlenschutz fasst die übermittelten Daten im Strahlenschutzregister personenbezogen zusammen, wertet sie aus und unterrichtet die zuständige Behörde, wenn es dies im Hinblick auf die Ergebnisse der Auswertung für erforderlich hält.

(4) Auskünfte aus dem Strahlenschutzregister werden erteilt, soweit dies für die Wahrnehmung der Aufgaben des Empfängers erforderlich ist:

1. einem Strahlenschutzverantwortlichen über bei ihm tätige Personen betreffende Daten auf Antrag,

2. einem Träger der gesetzlichen Unfallversicherung über bei ihm versicherte Personen betreffende Daten auf Antrag,

3. einer zuständigen Behörde, einer Messstelle oder einer von der zuständigen Behörde bestimmten Stelle auf Anfrage; die zuständige Behörde kann Auskünfte aus dem Strahlenschutzregister an den Strahlenschutzverantwortlichen über bei ihm tätige Personen betreffende Daten, an dessen Strahlenschutzbeauftragten sowie an den zuständigen Arzt nach § 64 Abs. 1 Satz 1 weitergeben, soweit dies zur Wahrnehmung ihrer Aufgaben erforderlich ist.

Dem Betroffenen werden Auskünfte aus dem Strahlenschutzregister über die zu seiner Person gespeicherten Daten auf Antrag erteilt.

(5) Hochschulen, anderen Einrichtungen, die wissenschaftliche Forschung betreiben, und öffentlichen Stellen dürfen auf Antrag Auskünfte erteilt werden, soweit dies für die Durchführung bestimmter wissenschaftlicher Forschungsarbeiten im Bereich des Strahlenschutzes erforderlich ist und § 12c Abs. 3 des Atomgesetzes nicht entgegensteht. Wird eine Auskunft über personenbezogene Daten beantragt, so ist eine schriftliche Einwilligung des Betroffenen beizufügen. Soll die Auskunft ohne Einwilligung des Betroffenen erfolgen, sind die für die Prüfung der Voraussetzungen nach § 12c Abs. 3 Satz 2 des Atomgesetzes erforderlichen Angaben zu machen; zu § 12c Abs. 3 Satz 3 des Atomgesetzes ist glaubhaft zu machen, dass der Zweck der wissenschaftlichen Forschung bei Verwendung anonymisierter Daten nicht mit vertretbarem Aufwand erreicht werden kann. Personenbezogene Daten dürfen nur für die Forschungsarbeit verwendet werden, für die sie übermittelt worden sind; die Verwendung für andere Forschungsarbeiten oder die Weitergabe richtet sich nach den Sätzen 2 und 3 und bedarf der Zustimmung des Bundesamtes für Strahlenschutz.

(6) Die im Strahlenschutzregister gespeicherten personenbezogenen Daten sind 95 Jahre nach der Geburt der betroffenen Person zu löschen.

(7) Die Messstellen, die zuständigen Behörden oder die von ihnen bestimmten Stellen beginnen mit der Übermittlung zu dem Zeitpunkt, den das Bundesamt für Strahlenschutz bestimmt. Das Bundesamt für Strahlenschutz bestimmt das Datenformat und das Verfahren der Übermittlung.

Kapitel 2
Befugnisse der Behörde

§ 113 Anordnung von Maßnahmen

(1) Die zuständige Behörde kann diejenigen Maßnahmen anordnen, die zur Durchführung der §§ 4, 5, 6, 30 bis 88 erforderlich sind. Sie kann auch erforderliche Maßnahmen zur Durchführung der §§ 93 bis 104 anordnen. Soweit die Maßnahmen nicht die Beseitigung einer Gefahr für Leben, Gesundheit oder bedeutende Umweltgüter bezwecken, ist für die Ausführung eine Frist zu setzen.

(2) Die Anordnung ist bei Maßnahmen zur Durchführung von Vorschriften des Teils 2 an den Strahlenschutzverantwortlichen nach § 31 zu richten. Sie kann in dringenden Fällen auch an den Strahlenschutzbeauftragten gerichtet werden. Dieser hat den Strahlenschutzverantwortlichen unverzüglich zu unterrichten. Bei Maßnahmen zur Durchführung von Vorschriften des Teils 3 ist die Anordnung an den Verpflichteten nach § 95 Abs. 1, § 97 Abs. 1, § 100 Abs. 1 oder § 103 Abs. 1 zu richten.

(3) Beim ortsveränderlichen Umgang mit radioaktiven Stoffen oder beim Betrieb von ortsveränderlichen Anlagen zur Erzeugung ionisierender Strahlen kann die Anordnung auch an denjenigen gerichtet werden, in dessen Verfügungsbereich der Umgang oder Betrieb stattfindet. Dieser hat die erforderlichen Maßnahmen zu treffen und den von ihm für Tätigkeiten nach Satz 1 beauftragten Strahlenschutzverantwortlichen auf die Einhaltung der Maßnahmen hinzuweisen.

(4) Ist zu besorgen, dass bei Personen, die sich in Bereichen aufhalten oder aufgehalten haben, in denen Tätigkeiten nach § 2 Abs. 1 Nr. 1 oder Arbeiten nach § 2 Abs. 1 Nr. 2 in Verbindung mit § 95 Abs. 2 ausgeübt werden, die Grenzwerte des § 55 Abs. 1 bis 4 oder des § 95 Abs. 4, 7 oder 8 überschritten sind, kann die zuständige Behörde anordnen, dass sich diese Personen von einem Arzt nach § 64 Abs. 1 Satz 1 untersuchen lassen.

§ 114 Behördliche Ausnahmen von Strahlenschutzvorschriften

Die zuständige Behörde kann im Einzelfall gestatten, dass von den Vorschriften der §§ 34 bis 92, 95 bis 104 mit Ausnahme der Dosisgrenzwerteregelungen abgewichen wird, wenn

1. ein Gerät, eine Anlage, eine sonstige Vorrichtung, eine Tätigkeit oder eine Arbeit erprobt werden soll oder die Einhaltung der Anforderungen einen unverhältnismäßig großen Aufwand erfordern würde, sofern in beiden Fällen die Sicherheit des Gerätes, der Anlage, der sonstigen Vorrichtung oder der Tätigkeit oder der Arbeit sowie der Strahlenschutz auf andere Weise gewährleistet sind oder

2. die Sicherheit des Gerätes, der Anlage, der sonstigen Vorrichtung, einer Tätigkeit oder einer Arbeit durch die Abweichung nicht beeinträchtigt werden und der Strahlenschutz gewährleistet ist.

Teil 5: Gemeinsame Vorschriften

Kapitel 3
Formvorschriften

§ 115 Schriftform und elektronische Form

(1) Soweit nach dieser Verordnung Aufzeichnungs- oder Buchführungspflichten bestehen, können diese mit Zustimmung der zuständigen Behörde auch in elektronischer Form erbracht werden. Gleiches gilt für die Mitteilungen gegenüber der zuständigen Behörde. Die zuständige Behörde bestimmt das Verfahren und die hierzu notwendigen Anforderungen. In diesen Fällen ist das elektronische Dokument mit einer qualifizierten elektronischen Signatur nach dem Signaturgesetz vom 16. Mai 2001 (BGBl. I S. 876) zu versehen.

(2) § 73 Abs. 2 und § 85 Abs. 1 Satz 4 bleiben unberührt.

Kapitel 4
Ordnungswidrigkeiten

§ 116 Ordnungswidrigkeiten

(1) Ordnungswidrig im Sinne des § 46 Abs. 1 Nr. 4 des Atomgesetzes handelt, wer vorsätzlich oder fahrlässig

1. ohne Genehmigung nach

   a) § 7 Abs. 1 mit sonstigen radioaktiven Stoffen oder mit Kernbrennstoffen umgeht,

   b) § 11 Abs. 1 eine dort bezeichnete Anlage errichtet,

   c) § 11 Abs. 2 eine Anlage zur Erzeugung ionisierender Strahlen betreibt oder die Anlage oder ihren Betrieb verändert,

   d) § 15 Abs. 1 in einer fremden Anlage oder Einrichtung eine unter seiner Aufsicht stehende Person beschäftigt oder eine Aufgabe selbst wahrnimmt,

   e) § 16 Abs. 1 sonstige radioaktive Stoffe oder Kernbrennstoffe befördert,

   f) § 19 Abs. 1 Satz 1 sonstige radioaktive Stoffe oder Kernbrennstoffe verbringt,

   g) § 23 Abs. 1 radioaktive Stoffe oder ionisierende Strahlung zum Zwecke der medizinischen Forschung am Menschen anwendet,

   h) § 106 Abs. 1 Satz 1, auch in Verbindung mit Satz 2, radioaktive Stoffe zusetzt oder dort genannte Produkte aktiviert oder

   i) § 108 Satz 1 dort genannte Konsumgüter in den Geltungsbereich dieser Verordnung oder aus dem Geltungsbereich dieser Verordnung in einen Staat, der nicht Mitgliedstaat der Europäischen Gemeinschaften ist, verbringt,

2. entgegen § 17 Abs. 3 Kernmaterialien übernimmt,

3. einer vollziehbaren Auflage nach § 26 Abs. 1 Satz 2 Nr. 3 zuwiderhandelt,

4. entgegen § 27 Abs. 1 Nr. 1 oder 2 eine Qualitätskontrolle nicht oder nicht rechtzeitig durchführt oder nicht überwachen lässt,

5. entgegen § 27 Abs. 1 Nr. 3 oder 4, jeweils auch in Verbindung mit Abs. 2 Satz 2, einen Abdruck des Zulassungsscheines oder eine Betriebsanleitung nicht oder nicht rechtzeitig aushändigt,

6. entgegen § 27 Abs. 2 Satz 1 einen Abdruck des Zulassungsscheins oder einen Prüfbefund nicht bereithält,

7. entgegen § 27 Abs. 3 eine Änderung vornimmt,

8. entgegen § 27 Abs. 4 eine Vorrichtung verwendet oder eine Schutzmaßnahme nicht oder nicht rechtzeitig trifft,

9. entgegen § 27 Abs. 5 eine Vorrichtung nicht oder nicht rechtzeitig stilllegt oder eine Schutzmaßnahme nicht oder nicht rechtzeitig trifft,

10. entgegen § 27 Abs. 6 Satz 1 eine Vorrichtung nicht oder nicht rechtzeitig prüfen lässt,

11. entgegen § 27 Abs. 7 eine Vorrichtung nicht oder nicht rechtzeitig zurückgibt oder nicht oder nicht rechtzeitig abgibt,

12. einer vollziehbaren Anordnung nach § 40 Abs. 5 oder § 113 Abs. 4 zuwiderhandelt,

13. entgegen § 69 Abs. 3 Satz 1 nicht dafür sorgt, dass radioaktive Stoffe durch dort genannte Personen befördert werden,

14. entgegen § 69 Abs. 4 nicht dafür sorgt, dass radioaktive Stoffe an den Empfänger oder eine berechtigte Person übergeben werden,

15. entgegen § 93 nicht dafür sorgt, dass ein in § 95 Abs. 4 Satz 1 oder 2, Abs. 5 Satz 1, Abs. 7 oder 8 genannter Dosisgrenzwert nicht überschritten wird,

16. entgegen § 93 nicht dafür sorgt, dass ein in § 103 Abs. 2 Satz 1, Abs. 3 Satz 1 oder Abs. 5 genannter Dosisgrenzwert nicht überschritten wird,

17. entgegen § 95 Abs. 1 Satz 1, auch in Verbindung mit Satz 3, § 95 Abs. 1 Satz 2 oder Abs. 10 Satz 1 eine Abschätzung nicht, nicht richtig oder nicht rechtzeitig durchführt oder nicht oder nicht rechtzeitig wiederholt oder die Radon-222-Exposition oder die Körperdosis nicht, nicht richtig oder nicht rechtzeitig ermittelt,

18. entgegen § 95 Abs. 2 Satz 1 eine Anzeige nicht, nicht richtig, nicht vollständig oder nicht rechtzeitig erstattet,

19. entgegen § 95 Abs. 3 nicht dafür sorgt, dass eine Person eine Arbeit nur ausübt, wenn sie im Besitz eines dort genannten Strahlenpasses ist,

20. entgegen § 95 Abs. 9 die Arbeitsbedingungen nicht, nicht richtig oder nicht rechtzeitig gestaltet,

21. entgegen § 95 Abs. 11 Satz 1 eine Beschäftigung oder Weiterbeschäftigung erlaubt,

22. entgegen § 95 Abs. 11 Satz 4 eine ärztliche Bescheinigung nicht oder nicht rechtzeitig übergibt,

23. entgegen § 96 Abs. 1 Satz 1 ein Ergebnis der Ermittlungen nicht, nicht richtig oder nicht rechtzeitig aufzeichnet,

24. entgegen § 96 Abs. 2 Nr. 1 Buchstabe a eine Aufzeichnung nicht, nicht vollständig oder nicht für die vorgeschriebene Dauer aufbewahrt,

25. entgegen § 96 Abs. 2 Nr. 1 Buchstabe b eine Aufzeichnung nicht oder nicht rechtzeitig löscht,

26. entgegen § 96 Abs. 2 Nr. 1 Buchstabe c eine Aufzeichnung nicht oder nicht rechtzeitig vorlegt oder nicht oder nicht rechtzeitig hinterlegt,

Teil 5: Gemeinsame Vorschriften

27. entgegen § 96 Abs. 2 Nr. 2 oder § 100 Abs. 1 eine Mitteilung nicht, nicht richtig, nicht vollständig oder nicht rechtzeitig macht,

28. entgegen § 96 Abs. 3 Satz 1 eine ermittelte Dosis nicht, nicht richtig oder nicht rechtzeitig übermittelt,

29. einer vollziehbaren Anordnung nach § 96 Abs. 4 oder 5, § 97 Abs. 3 Satz 1, § 99 Satz 2, § 101 Abs. 2 Satz 3 oder § 102 zuwiderhandelt,

30. entgegen § 97 Abs. 2 Satz 2 Materialien vermischt oder verdünnt,

31. entgegen § 97 Abs. 4 Satz 1 oder 2 Rückstände nicht sichert oder abgibt,

32. entgegen § 98 Abs. 1 Satz 3 überwachungsbedürftige Rückstände verwertet oder beseitigt,

33. entgegen § 99 Satz 1 oder § 101 Abs. 2 Satz 1 eine Anzeige nicht, nicht richtig, nicht vollständig oder nicht rechtzeitig erstattet,

34. entgegen § 100 Abs. 2 Satz 1, Abs. 3 Satz 2 oder Abs. 4 Satz 1 ein Rückstandskonzept oder eine Rückstandsbilanz nicht, nicht richtig, nicht vollständig oder nicht rechtzeitig erstellt, nicht oder nicht rechtzeitig fortschreibt oder nicht oder nicht rechtzeitig vorlegt,

35. entgegen § 101 Abs. 1 Satz 1 eine Verunreinigung nicht, nicht in der vorgeschriebenen Weise oder nicht rechtzeitig entfernt,

36. entgegen § 103 Abs. 1 Satz 1 die dort genannte effektive Dosis nicht, nicht richtig oder nicht rechtzeitig ermittelt,

37. entgegen § 103 Abs. 6 Satz 1 das fliegende Personal nicht, nicht richtig oder nicht rechtzeitig unterrichtet,

38. entgegen § 103 Abs. 6 Satz 3 oder 4 eine Aufzeichnung nicht, nicht richtig oder nicht vollständig führt, nicht oder nicht mindestens fünf Jahre aufbewahrt oder nicht oder nicht rechtzeitig vorlegt,

39. entgegen § 103 Abs. 7 Nr. 1 die Ergebnisse der Dosisermittlung nicht, nicht richtig oder nicht rechtzeitig aufzeichnet,

40. entgegen § 103 Abs. 7 Nr. 2 Buchstabe a eine Aufzeichnung nicht, nicht vollständig oder nicht für die vorgeschriebene Dauer aufbewahrt,

41. entgegen § 103 Abs. 7 Nr. 2 Buchstabe b eine Aufzeichnung nicht oder nicht rechtzeitig löscht,

42. entgegen § 103 Abs. 7 Nr. 2 Buchstabe c eine Aufzeichnung nicht oder nicht rechtzeitig vorlegt oder nicht oder nicht rechtzeitig hinterlegt,

43. entgegen § 103 Abs. 7 Nr. 3 eine Mitteilung nicht, nicht richtig, nicht vollständig oder nicht rechtzeitig macht,

44. entgegen § 103 Abs. 8 Satz 1 die ermittelte Dosis nicht, nicht richtig oder nicht rechtzeitig übermittelt,

45. entgegen § 103 Abs. 9 Satz 1 eine Beschäftigung oder Weiterbeschäftigung erlaubt,

46. entgegen § 103 Abs. 9 Satz 3 eine ärztliche Bescheinigung nicht oder nicht rechtzeitig übersendet,

47. entgegen § 105 Satz 1, auch in Verbindung mit Satz 2, radioaktive Stoffe zusetzt oder eine Ware verbringt, in den Verkehr bringt oder aktiviert oder

48. entgegen § 111 Abs. 4 Satz 1 eine Messung, eine Feststellung oder eine ärztliche Untersuchung nicht duldet.

(2) Ordnungswidrig im Sinne des § 46 Abs. 1 Nr. 4 des Atomgesetzes handelt, wer als Strahlenschutzverantwortlicher vorsätzlich oder fahrlässig

1. einer vollziehbaren Anordnung nach § 12 Abs. 2 oder § 74 Abs. 1 Satz 1 zuwiderhandelt,

1.a. entgegen § 31 Abs. 2 Satz 1 die erforderliche Anzahl von Strahlenschutzbeauftragten nicht oder nicht in der vorgeschriebenen Weise bestellt,

2. entgegen § 31 Abs. 4 Satz 1 eine Mitteilung nicht, nicht richtig, nicht vollständig oder nicht rechtzeitig macht,

3. entgegen § 33 Abs. 1 Nr. 1 Buchstabe a, b Doppelbuchstabe aa, dd oder ff oder Buchstabe c nicht dafür sorgt, dass eine Vorschrift des § 29 Abs. 1 Satz 1, § 31 Abs. 2 Satz 2 oder Abs. 3, § 32 Abs. 3, § 34 Satz 1, § 49 Abs. 1 Satz 1 oder Abs. 2, § 50 Abs. 1 Satz 1, Abs. 2 oder 3, des § 61 Abs. 3 Satz 2 oder des § 83 Abs. 4 Satz 1 eingehalten wird oder

4. entgegen § 33 Abs. 1 Nr. 1 Buchstabe b Doppelbuchstabe cc in Verbindung mit § 5 Satz 1 nicht dafür sorgt, dass ein in § 47 Abs. 1 Satz 1 genannter Dosisgrenzwert für die Planung oder die Errichtung einer Anlage oder Einrichtung nicht überschritten wird,

5. entgegen § 33 Abs. 1 Nr. 3 nicht dafür sorgt, dass die erforderlichen Maßnahmen gegen ein unbeabsichtigtes Kritischwerden von Kernbrennstoff getroffen werden.

(3) Ordnungswidrig im Sinne des § 46 Abs. 1 Nr. 4 des Atomgesetzes handelt, wer als Strahlenschutzverantwortlicher oder Strahlenschutzbeauftragter vorsätzlich oder fahrlässig

1. entgegen § 33 Abs. 1 Nr. 2 Buchstabe a, b Doppelbuchstabe aa, bb Dreifachbuchstabe aaa, Doppelbuchstabe cc Dreifachbuchstabe bbb, Doppelbuchstabe ee Dreifachbuchstabe bbb, Doppelbuchstabe ff, gg Dreifachbuchstabe aaa, Doppelbuchstabe hh oder Buchstabe c oder Abs. 2 Nr. 1 Buchstabe a nicht dafür sorgt, dass eine Vorschrift des § 29 Abs. 2 Satz 4, § 35, § 36 Abs. 1 Satz 1, Abs. 2 Satz 1 oder 2 oder Abs. 4 Satz 1, § 37 Abs. 1 Satz 1 oder Abs. 2, § 38 Abs. 1 Satz 1 bis 3, Abs. 2 bis 4, § 39, § 40 Abs. 1 Satz 1, Abs. 2 Satz 1, Abs. 3 oder 4, § 41 Abs. 1 Satz 1 oder 2, Abs. 2, Abs. 3 Satz 1 bis 4, Abs. 4 Satz 1, Abs. 5 oder 6, § 42 Abs. 1 Satz 1 bis 6, § 43, § 44 Abs. 1 Satz 1 bis 3, Abs. 2 Satz 1, Abs. 3 Satz 2, Abs. 4 oder 5, § 45 Abs. 1 oder 3, § 48 Abs. 1 Nr. 1 Satz 1, § 57 Satz 1, § 58 Abs. 4, § 59 Abs. 2 oder 3 Satz 1 oder 3, § 60 Abs. 1 oder 2, § 63 Abs. 1, § 65, § 66 Abs. 2 Satz 1, Abs. 5 oder Abs. 6 Satz 1 oder 2, § 67, § 68 Abs. 1 oder Abs. 3 bis 6, § 69 Abs. 1 oder 2 Satz 1 Nr. 2, Abs. 2 bis 4 oder 6, § 72 Satz 1 oder 3, § 73 Abs. 1, 2 Satz 1, Abs. 3 oder 4, § 74 Abs. 2 oder 3, § 75 Abs. 1 bis 3, § 79 Satz 1, § 80 Abs. 1 Satz 1 Abs. 2 Satz 2 oder Abs. 3 Satz 1, § 81 Abs. 1 oder 3, § 82 Abs. 1 oder 3, § 83 Abs. 4 Satz 2 bis 4 oder Abs. 5, § 84, § 85 Abs. 1, 2 oder 3 Satz 1, Abs. 4 oder Abs. 6 Satz 1 oder 3, § 87 Abs. 1 Satz 2 oder Abs. 3 bis 7, § 88 Abs. 1, 2 Satz 1 oder Abs. 3 oder 4 oder § 89 Abs. 2 eingehalten wird,

2. entgegen § 33 Abs. 1 Nr. 2 Buchstabe b Doppelbuchstabe bb Dreifachbuchstabe bbb, Doppelbuchstabe cc Dreifachbuchstabe ccc, Doppelbuchstabe gg Dreifachbuchstabe bbb oder Abs. 2 Nr. 1 Buchstabe a nicht dafür sorgt, dass eine Mitteilung nach § 42 Abs. 2 Satz 1, § 48 Abs. 1 Satz 1 Nr. 2, § 66 Abs. 6 Satz 3, § 70 Abs. 1 Satz 1 Nr. 1 oder 3 gemacht wird oder

3. entgegen § 33 Abs. 1 Nr. 2 Buchstabe b Doppelbuchstabe cc Dreifachbuchstabe aaa, Doppelbuchstabe ee Dreifachbuchstabe aaa oder Abs. 2 Nr. 1 Buchstabe a, jeweils in Verbindung mit § 5 Satz 1, nicht dafür sorgt, dass ein in § 46 Abs. 1 oder 2, § 55 Abs. 1 Satz 1, Abs. 2, 3 oder 4, § 56 Satz 1 oder § 58 Abs. 1 Satz 2 genannter Dosisgrenzwert oder ein in § 47 Abs. 1 Satz 1 genannter Dosisgrenzwert für den Betrieb einer Anlage oder Einrichtung nicht überschritten wird.

(4) Ordnungswidrig im Sinne des § 46 Abs. 1 Nr. 4 des Atomgesetzes handelt, wer als Strahlenschutzbeauftragter vorsätzlich oder fahrlässig entgegen § 113 Abs. 2 Satz 3 den Strahlenschutzverantwortlichen nicht oder nicht rechtzeitig unterrichtet.

(5) Ordnungswidrig im Sinne des § 46 Abs. 1 Nr. 4 des Atomgesetzes handelt, wer als Arzt nach § 64 Abs. 1 Satz 1 vorsätzlich oder fahrlässig

1. entgegen § 61 Abs. 1 Satz 2 eine angeforderte Unterlage nicht oder nicht rechtzeitig übergibt,

2. entgegen § 61 Abs. 3 Satz 1 eine ärztliche Bescheinigung nicht oder nicht rechtzeitig übersendet,

3. entgegen § 64 Abs. 3 Satz 1, 3 oder 4 eine Gesundheitsakte nicht, nicht richtig oder nicht vollständig führt, nicht oder nicht für die vorgeschriebene Dauer aufbewahrt oder nicht oder nicht rechtzeitig vernichtet,

4. entgegen § 64 Abs. 4 Satz 1 eine Gesundheitsakte nicht oder nicht rechtzeitig vorlegt oder nicht oder nicht rechtzeitig übergibt oder

5. entgegen § 64 Abs. 5 Einsicht in die Gesundheitsakte nicht oder nicht rechtzeitig gewährt.

(6) Die Zuständigkeit für die Verfolgung und Ahndung von Ordnungswidrigkeiten nach Absatz 1 Nr. 16 und Nr. 36 bis 46 wird auf das Luftfahrt-Bundesamt übertragen.

**Kapitel 5
Schlussvorschriften**

§ 117 Übergangsvorschriften

(1) Eine vor dem 1. August 2001 für die Beförderung oder die grenzüberschreitende Verbringung sonstiger radioaktiver Stoffe erteilte Genehmigung gilt als Genehmigung nach § 16 oder § 19 mit allen Nebenbestimmungen fort. Eine vor dem 1. August 2001 für den Umgang mit sonstigen radioaktiven Stoffen, für die Errichtung oder den Betrieb von Anlagen zur Erzeugung ionisierender Strahlen erteilte Genehmigung gilt als Genehmigung nach § 7, § 11 Abs. 1 oder Abs. 2 mit allen Nebenbestimmungen mit der Maßgabe fort, dass die Grenzwerte der §§ 46 und 55 nicht überschritten werden. Sind bei diesen Genehmigungen zur Begrenzung von Ableitungen radioaktiver Stoffe mit Luft und Wasser aus Strahlenschutzbereichen die Aktivitätskonzentrationen nach § 46 Abs. 3 oder 4 der Strahlenschutzverordnung vom 30. Juni 1989 maßgebend, treten bis zum 1. August 2003 an deren Stelle die Werte der Anlage VII Teil D. Hat die zuständige Behörde nach § 46 Abs. 5 der Strahlenschutzverordnung in der Fassung vom 30. Juni 1989 höhere Aktivitätskonzentrationen oder -abgaben zugelassen und wurde innerhalb von drei Monaten ab dem In-Kraft-Treten dieser Verordnung ein Antrag auf Neufestsetzung der Werte gestellt, so gelten diese Aktivitätskonzentrationen oder -abgaben bis zur Bestandskraft der Entscheidung weiter. Wird kein Antrag nach Satz 4 gestellt, gelten nach Ablauf von drei Monaten ab dem In-Kraft-Treten dieser Verordnung statt der zugelassenen höheren Werte die Werte der Anlage VII Teil D. Hat die zuständige Behörde nach § 46 Abs. 5 der Strahlenschutzverordnung in der Fassung vom 30. Juni 1989 niedrigere Aktivitätskonzentrationen oder -abgaben vorgeschrieben, gelten diese niedrigeren Festsetzungen fort. Strahlenschutzbereiche sind gemäß den Anforderungen nach § 36 Abs. 1 Satz 2 Nr. 1 oder 2 bis zum 1. August 2003 einzurichten und der zuständigen Behörde dieses auf Verlangen nachzuweisen.

(2) Tätigkeiten, die nach § 4 Abs. 1 in Verbindung mit Anlage II Nr. 1 oder § 17 Abs. 1 der Strahlenschutzverordnung vom 30. Juni 1989 angezeigt wurden und nach dem 1. August 2001 einer Genehmigung nach § 7 Abs. 1 oder § 11 Abs. 2 bedürfen, dürfen fortgesetzt werden, wenn der Antrag auf Genehmigung bis zum 1. August 2003 gestellt wurde.

(3) Genehmigungen nach § 3 oder § 5 der Röntgenverordnung vom 8. Januar 1987 für Anlagen zur Erzeugung ionisierender Strahlen, die nach dem 1. August 2001 in den Anwendungsbereich dieser Verordnung fallen, gelten als Genehmigungen nach § 11 Abs. 2 fort. Tätigkeiten, die nach § 4 Abs. 1 der Röntgenverordnung vom 8. Januar 1987 angezeigt wurden und die nach dem 1. August 2001 in den Anwendungsbereich dieser Verordnung fallen, dürfen fortgesetzt werden, wenn der Antrag auf Genehmigung bis zum 1. August 2003 gestellt wurde. Absatz 1 gilt entsprechend. Die erforderliche Vorsorge für die Erfüllung gesetzlicher Schadensersatzverpflichtungen ist bis zum 1. August 2003 nachzuweisen.

(4) Für eine vor dem 1. August 2001 für die Beschäftigung in fremden Anlagen oder Einrichtungen erteilte Genehmigung nach § 20 der Strahlenschutzverordnung vom 30. Juni 1989 gilt Absatz 1 Satz 2 entsprechend; soweit eine solche Genehmigung unbefristet erteilt worden ist, erlischt sie am 1. August 2003. Satz 1 gilt auch für eine unbefristet erteilte Genehmigung gemäß § 20a der Strahlenschutzverordnung vom 13. Oktober 1976.

(5) Genehmigungsverfahren nach § 41 der Strahlenschutzverordnung vom 30. Juni 1989, die vor dem 1. August 2001 begonnen worden sind, sind von der vor dem 1. August 2001 zuständigen Behörde abzuschließen. Auf diese Verfahren finden die Vorschriften des § 41 der Strahlenschutzverordnung vom 30. Juni 1989 weiterhin Anwendung.

(6) Die Herstellung von Konsumgütern, die nach § 4 Abs. 4 Nr. 2 Buchstabe b, c, d der Strahlenschutzverordnung vom 30. Juni 1989 genehmigungsfrei war und die einer Genehmigung nach § 106 bedarf, darf bis zur Entscheidung über den Antrag vorläufig fortgesetzt werden, wenn der Antrag auf Genehmigung bis zum 1. November 2001 gestellt wurde. Die Verwendung, Lagerung und Beseitigung von Konsumgütern im Sinne des Satzes 1 und von Konsumgütern, die vor dem 1. August 2001 genehmigungsfrei hergestellt wurden, bedarf weiterhin keiner Genehmigung. Genehmigungen nach § 3 der Strahlenschutzverordnung vom 30. Juni 1989 zur Herstellung von Konsumgütern gelten vorläufig fort. Eine solche Genehmigung erlischt am 1. November 2001, es sei denn,

1. vor diesem Zeitpunkt wird eine Genehmigung nach § 106 beantragt, die vorläufig fortgeltende Genehmigung gilt dann auch nach diesem Zeitpunkt fort und erlischt, wenn über den Antrag entschieden worden ist, oder

2. die vorläufig fortgeltende Genehmigung ist befristet; die Genehmigung erlischt dann zu dem festgelegten früheren Zeitpunkt.

Genehmigungen nach § 3 der Strahlenschutzverordnung vom 30. Juni 1989 für den Zusatz von radioaktiven Stoffen bei der Herstellung von Arzneimitteln im Sinne des Arzneimittelgesetzes gelten mit allen Nebenbestimmungen fort. Die Sätze 1 bis 4 gelten entsprechend im Fall der Aktivierung. Sonstige Produkte, die den Anforderungen der Anlage III Teil A Nr. 5, 6 oder 7 der Strahlenschutzverordnung vom 30. Juni 1989 entsprechen und vor dem 1. August 2001 erworben worden sind, können weiter genehmigungs- und anzeigefrei verwendet, gelagert oder beseitigt werden.

(7) Eine vor dem 1. August 2001 erteilte Zulassung der Bauart von Vorrichtungen, die radioaktive Stoffe enthalten, gilt bis zum Ablauf der im Zulassungsschein genannten Frist fort. Für die Verwendung und Lagerung von Vorrichtungen, die radioaktive Stoffe enthalten und für die vor dem 1. August 2001 eine Bauartzulassung erteilt worden ist, gelten die Regelungen des § 4 Abs. 1, 2 Satz 2 und 5 in Verbindung mit Anlage II Nr. 2 oder 3 und Anlage III Teil B Nr. 4, § 29 Abs. 1 Satz 1, §§ 34 und 78 Abs. 1 Nr. 1 der Strahlenschutzverordnung vom 30. Juni 1989 und nach dem Auslaufen dieser Bauartzulassung auch § 23 Abs. 2 Satz 3 der Strahlenschutzverordnung vom 30. Juni 1989 fort; § 31

Teil 5: Gemeinsame Vorschriften

Abs. 1 Satz 2 bis 4, Abs. 2 bis 5, §§ 32, 33 und 35 dieser Verordnung gelten entsprechend. Vorrichtungen, deren Bauartzulassung vor dem 1. August 2001 ausgelaufen war und die nach Maßgabe des § 23 Abs. 2 Satz 3 in Verbindung mit § 4 der Strahlenschutzverordnung vom 30. Juni 1989 weiterbetrieben wurden, dürfen weiter genehmigungsfrei betrieben werden. Die Sätze 1 und 2 gelten entsprechend auch für Ionisationsrauchmelder, für die nach Anlage III Teil B Nr. 4 der Strahlenschutzverordnung vom 30. Juni 1989 die Anzeige durch den Hersteller oder die Vertriebsfirma erfolgte.

(8) Die Verfahren der Bauartzulassung, die vor dem 1. August 2001 beantragt und bei denen die Bauartprüfung veranlasst worden ist, sind von der vor dem 1. August 2001 zuständigen Behörde abzuschließen. Auf diese Verfahren finden die Vorschriften des § 22 in Verbindung mit Anlage VI der Strahlenschutzverordnung vom 30. Juni 1989 mit der Maßgabe der in Anlage VI Teil A Nr. 1 und 2 aufgeführten Messgrößen dieser Verordnung Anwendung. Für die Erteilung des Zulassungsscheins gilt § 26 Abs. 1 dieser Verordnung entsprechend.

(9) Erforderliche Dichtheitsprüfungen nach § 27 Abs. 6 Satz 1, die vor dem 1. August 2006 fällig sind, sind bis zum 1. August 2006 durchführen zu lassen. § 27 Abs. 6 gilt nicht für Vorrichtungen, deren Bauart nach § 22 in Verbindung mit Anlage VI Nr. 6 der Strahlenschutzverordnung vom 30. Juni 1989 zugelassen ist, und nicht für Vorrichtungen, deren Bauart nach § 22 in Verbindung mit Anlage VI Nr. 1 bis 5 der Strahlenschutzverordnung vom 30. Juni 1989 zugelassen ist, wenn die eingefügte Aktivität das Zehnfache der Freigrenzen der Anlage III Tabelle 1 Spalte 2 nicht überschreitet.

(10) Regelungen für die Entlassung radioaktiver Stoffe sowie von beweglichen Gegenständen, Gebäuden, Bodenflächen, Anlagen oder Anlagenteilen, die aktiviert oder mit radioaktiven Stoffen kontaminiert sind und aus Tätigkeiten nach § 2 Nr. 1 Buchstabe a, c und d stammen, die in vor dem 1. August 2001 erteilten Genehmigungen oder anderen verwaltungsbehördlichen Entscheidungen enthalten sind, gelten als Freigaben vorläufig fort. Eine solche Freigabe erlischt am 1. August 2004, es sei denn

1. vor diesem Zeitpunkt wird eine Freigabe im Sinne des § 29 beantragt; die vorläufig fortgeltende Freigabe gilt dann auch nach diesem Zeitpunkt fort und erlischt, wenn die Entscheidung über den Antrag unanfechtbar geworden ist, oder

2. die der vorläufig fortgeltenden Freigabe zugrunde liegende Genehmigung oder verwaltungsbehördliche Entscheidung ist befristet; die Freigabe erlischt dann zu dem in der Genehmigung oder verwaltungsbehördlichen Entscheidung festgelegten früheren Zeitpunkt.

Freigaberegelungen in Genehmigungen nach den §§ 6, 7 Abs. 3 oder § 9 des Atomgesetzes sowie nach § 3 der Strahlenschutzverordnung vom 30. Juni 1989, die die Stilllegung von Anlagen und Einrichtungen zum Gegenstand haben, gelten unbegrenzt fort.

(11) Bei vor dem 1. August 2001 bestellten Strahlenschutzbeauftragten gilt die erforderliche Fachkunde im Strahlenschutz im Sinne des § 30 Abs. 1 als erworben und bescheinigt. Eine vor dem 1. August 2001 erfolgte Bestellung zum Strahlenschutzbeauftragten gilt fort, sofern die Aktualisierung der Fachkunde entsprechend § 30 Abs. 2 bei Bestellung vor 1976 bis zum 1. August 2003, bei Bestellung zwischen 1976 bis 1989 bis zum 1. August 2004, bei Bestellung nach 1989 bis zum 1. August 2006 nachgewiesen wird. Eine vor dem 1. August 2001 erteilte Fachkundebescheinigung gilt fort, sofern die Aktualisierung der Fachkunde bei Erwerb der Fachkunde vor 1976 bis zum 1. August 2003, bei Erwerb zwischen 1976 bis 1989 bis zum 1. August 2004, bei Erwerb nach 1989 bis zum 1. August 2006 nachgewiesen wird. Die Sätze 1 bis 3 gelten entsprechend für die Ärzte nach § 64 Abs. 1 Satz 1, für Strahlenschutzverantwortliche, die die erforderliche Fachkunde im Strahlenschutz besitzen und die keine Strahlenschutzbeauftragten bestellt haben, und für Personen, die die Fachkunde vor dem 1. August 2001 erworben haben, aber nicht als Strahlenschutzbeauftragte bestellt sind.

(11a) Bei vor dem 1. Juli 2002 tätigen Personen im Sinne des § 82 Abs. 1 Nr. 2 und Abs. 2 Nr. 4 gelten die Kenntnisse als nach § 30 Abs. 4 Satz 2 erworben fort, nach dem 1. Juli 2004 jedoch nur, wenn die nach § 30 Abs. 1 zuständige Stelle ihnen den Besitz der erforderlichen Kenntnisse bescheinigt hat.

(12) Vor dem 1. August 2001 anerkannte Kurse zur Vermittlung der Fachkunde im Sinne des § 30 Abs. 1 gelten bis zum 1. August 2006 als anerkannt fort, soweit die Anerkennung keine kürzere Frist enthält.

(13) Die Zuständigkeit nach Landesrecht für Messstellen nach § 63 Abs. 3 Satz 1 der Strahlenschutzverordnung vom 30. Juni 1989 gilt als Bestimmung im Sinne des § 41 Abs. 1 Satz 4 fort. Die Bestimmung von Messstellen nach § 63 Abs. 6 Satz 1 der Strahlenschutzverordnung vom 30. Juni 1989 gilt als Bestimmung im Sinne des § 41 Abs. 1 Satz 4 fort.

(14) Strahlenschutzanweisungen nach § 34 sind bis zum 1. August 2003 zu erlassen.

(15) Bis zum 13. Mai 2005 kann die zuständige Behörde bei Anlagen oder Einrichtungen abweichend von § 46 Abs. 1 zulassen, dass die effektive Dosis für Einzelpersonen der Bevölkerung mehr als 1 Millisievert im Kalenderjahr betragen darf, wenn insgesamt zwischen dem 14. Mai 2000 und dem 13. Mai 2005 fünf Millisievert nicht überschritten werden.

(16) In vor dem 1. August 2001 begonnenen Genehmigungsverfahren für die Aufbewahrung bestrahlter Kernbrennstoffe nach § 6 des Atomgesetzes an den jeweiligen Standorten der nach § 7 des Atomgesetzes genehmigten Kernkraftwerken oder vor dem 1. August 2001 begonnenen Planfeststellungsverfahren für die Errichtung und den Betrieb von Anlagen zur Sicherstellung und zur Endlagerung radioaktiver Abfälle, bei denen ein Erörterungstermin stattgefunden hat, kann der Antragsteller den Nachweis der Einhaltung der Grenzwerte des § 47 Abs. 1 dadurch erbringen, dass er unter Zugrundelegung der allgemeinen Verwaltungsvorschrift zu § 45 Strahlenschutzverordnung: „Ermittlung der Strahlenexposition durch die Ableitung radioaktiver Stoffe aus kerntechnischen Anlagen oder Einrichtungen vom 21. Februar 1990" (BAnz. Nr. 64a vom 31. März 1990) die Einhaltung des Dosisgrenzwertes des § 47 Abs. 1 Nr. 1 dieser Verordnung und der Teilkörperdosisgrenzwerte des § 45 Abs. 1 der Strahlenschutzverordnung vom 30. Juni 1989 mit den Organen der Anlage X Tabelle X2 unter Beachtung der Anlage X Tabelle XI Fußnote 1 und der Anlage X Tabelle X2 mit den Annahmen zur Ermittlung der Strahlenexposition aus Anlage XI der Strahlenschutzverordnung vom 30. Juni 1989 und den Dosisfaktoren aus der im Bundesanzeiger Nr. 85a vom 30. September 1989 bekannt gegebenen Zusammenstellung nachweist. Für die Berechnung von Dosiswerten aus äußerer Strahlenexposition sind die Werte und Beziehungen in Anhang II der Richtlinie 96/29/EURATOM des Rates vom 13. Mai 1996 zur Festlegung der grundlegenden Sicherheitsnormen für den Schutz der Gesundheit der Arbeitskräfte und der Bevölkerung gegen die Gefahren durch ionisierende Strahlung (ABl. EG Nr. L 159 S. 1) maßgebend. Für andere als in Satz 1 genannte Verfahren sind für die Ermittlung der Strahlenexposition aus Ableitungen bis zum Ablauf eines Jahres nach In-Kraft-Treten der allgemeinen Verwaltungsvorschriften zu § 47 Abs. 2 Satz 2 die in den Sätzen 1 und 2 genannten Dosisgrenzwerte und Berechnungsverfahren maßgebend.

(17) In vor dem 1. August 2001 begonnenen Genehmigungsverfahren für die Aufbewahrung bestrahlter Kernbrennstoffe nach § 6 des Atomgesetzes an den jeweiligen Standorten der nach § 7 des Atomgesetzes genehmigten Kernkraftwerken oder vor In-Kraft-Treten dieser Verordnung begonnenen Planfeststellungsverfahren für die Errichtung und den Betrieb von Anlagen zur Sicherstellung und zur Endlagerung radioaktiver Abfälle, bei denen ein Erörterungstermin stattgefunden hat, kann der Antragsteller den Nachweis einer ausreichenden Vorsorge gegen Störfälle nach § 49 Abs. 2 dadurch erbringen, dass er die Einhaltung des Dosiswertes des § 49 Abs. 1 Nr. 1 dieser Verordnung und der Teilkörperdosiswerte des § 28 Abs. 3 mit den Organen der Anlage X Tabelle X2 unter Beachtung der Anlage X Tabelle XI Fußnote 1 und der Anlage X Tabelle X2 der Strahlenschutzverordnung vom 30. Juni 1989 und den Dosisfaktoren aus der im Bundesanzeiger Nr. 185a vom

Teil 5: Gemeinsame Vorschriften

30. September 1989 bekannt gegebenen Zusammenstellung nachweist. Für die Berechnung von Dosiswerten aus äußerer Strahlenexposition sind die Werte und Beziehungen in Anhang II der Richtlinie 96/29/EURATOM des Rates vom 13. Mai 1996 zur Festlegung der grundlegenden Sicherheitsnormen für den Schutz der Gesundheit der Arbeitskräfte und der Bevölkerung gegen die Gefahren durch ionisierende Strahlung (ABl. EG Nr. L 159 S. 1) maßgebend. Den vorstehend genannten Nachweisen können für Anlagen zur Sicherstellung und zur Endlagerung radioaktiver Abfälle die Berechnungsgrundlagen der Neufassung des Kapitels 4 „Berechnung der Strahlenexposition" der Störfallberechnungsgrundlagen für die Leitlinien zur Beurteilung der Auslegung von Kernkraftwerken mit DWR gemäß § 28 Abs. 3 der Strahlenschutzverordnung in der Fassung der Bekanntmachung im Bundesanzeiger Nr. 222a vom 26. November 1994 zugrunde gelegt werden. Für die Aufbewahrung bestrahlter Kernbrennstoffe nach § 6 des Atomgesetzes an den jeweiligen Standorten der nach § 7 des Atomgesetzes genehmigten Kernkraftwerken können den Nachweisen bis zur Veröffentlichung gesonderter Anforderungen für diese Tätigkeiten durch das für die kerntechnische Sicherheit und den Strahlenschutz zuständige Bundesministerium im Bundesanzeiger die in Satz 3 genannten Berechnungsgrundlagen zugrunde gelegt werden.

(18) Bis zum In-Kraft-Treten allgemeiner Verwaltungsvorschriften zur Störfallvorsorge nach § 50 Abs. 4 ist bei der Planung der in § 50 Abs. 1 bis 3 genannten Anlagen und Einrichtungen die Störfallexposition so zu begrenzen, dass die durch Freisetzung radioaktiver Stoffe in die Umgebung verursachte effektive Dosis von 50 Millisievert nicht überschritten wird.

(19) Bis zum 13. Mai 2005 darf abweichend von § 55 Abs. 1 die effektive Dosis für beruflich strahlenexponierte Personen bis zu 50 Millisievert in einem Kalenderjahr betragen, wenn die effektive Dosis durch innere Strahlenexposition 20 Millisievert in einem Kalenderjahr nicht überschreitet und insgesamt zwischen dem 14. Mai 2000 und dem 13. Mai 2005 die Summe der effektiven Dosen den Grenzwert von 100 Millisievert nicht überschreitet.

(20) Bis zum 1. August 2006 darf für gebärfähige Frauen abweichend von § 55 Abs. 4 die über einen Monat kumulierte Dosis an der Gebärmutter bis zu 5 Millisievert betragen.

(21) Bis zum 1. August 2006 findet § 56 in Verbindung mit § 118 Abs. 2 auf die Stilllegung und Sanierung der Betriebsanlagen und Betriebsstätten des Uranerzbergbaus mit der Maßgabe Anwendung, dass eine weitere berufliche Strahlenexposition von nicht mehr als 10 Millisievert im Kalenderjahr im Benehmen mit einem Arzt nach § 64 zulässig ist, wenn die beruflich strahlenexponierte Person einwilligt. Die Einwilligung ist schriftlich zu erteilen. § 60 Abs. 2 findet entsprechende Anwendung.

(22) Ermächtigungen von Ärzten im Sinne des § 71 Abs. 1 Satz 1 der Strahlenschutzverordnung vom 30. Juni 1989 gelten als Ermächtigungen nach § 64 Abs. 1 Satz 1 fort.

(23) Bestimmungen von Sachverständigen nach § 76 Abs. 1 Satz 1 der Strahlenschutzverordnung vom 30. Juni 1989 und Bestimmungen von Sachverständigen nach § 18 der Röntgenverordnung vom 8. Januar 1987 für Röntgeneinrichtungen und Störstrahler im Energiebereich größer ein Megaelektronvolt gelten als Bestimmungen nach § 66 Abs. 1 Satz 1 fort.

(24) Ärztliche Stellen nach § 83 sind bis zum 1. August 2003 von der zuständigen Behörde zu bestimmen.

(25) Die Fortsetzung von Arbeiten nach § 95 Abs. 2, die vor dem 1. August 2001 begonnen wurden, ist bis zum 1. August 2003 der zuständigen Behörde anzuzeigen. Genehmigungen nach § 3 der Strahlenschutzverordnung vom 30. Juni 1989 zum Umgang mit radioaktiven Stoffen, der nach § 95 Abs. 2 Satz 1 eine anzeigebedürftige Arbeit ist, gelten als Anzeige nach § 95 Abs. 2 fort, sofern nicht eine Genehmigung nach § 106 erforderlich ist. Im Rahmen solcher Genehmigungen erteilte Nebenbestimmungen gelten als Anordnungen nach § 96 Abs. 4 fort.

447

(26) Maßnahmen nach § 95 Abs. 10, § 96 Abs. 1 bis 3 und § 103 Abs. 1, Abs. 6 Satz 1, 3 und 4 und Abs. 9 sind bis zum 1. August 2003 umzusetzen.

(27) Die in Anlage VI Teil A Nr. 1 und 2 aufgeführten Messgrößen sind spätestens bis zum 1. August 2011 bei Messungen der Personendosis, Ortsdosis und Ortsdosisleistung nach § 67 zu verwenden. Unberührt hiervon ist bei Messungen der Ortsdosis oder Ortsdosisleistung unter Verwendung anderer als der in Anlage VI Teil A Nr. 2 genannten Messgrößen eine Umrechnung auf die Messgrößen nach Anlage VI Teil A Nr. 2 durchzuführen, wenn diese Messungen dem Nachweis dienen, dass die Grenzwerte der Körperdosis nach den §§ 46, 47, 55 und 58 nicht überschritten werden.

(28) Bis zum 1. August 2001 ermittelte Werte der Körperdosis oder der Personendosis gelten als Werte der Körperdosis nach Anlage VI Teil B oder der Personendosis nach Anlage VI Teil A Nr. 1 fort.

(29) Vor dem 1. April 1977 beschaffte Geräte, keramische Gegenstände, Porzellanwaren, Glaswaren oder elektronische Bauteile, mit denen nach § 11 der Ersten Strahlenschutzverordnung vom 15. Oktober 1965 ohne Genehmigung umgegangen werden durfte, dürfen weiter genehmigungsfrei verwendet und beseitigt werden, wenn diese Gegenstände im Zeitpunkt der Beschaffung den Vorschriften des § 11 der Ersten Strahlenschutzverordnung entsprochen haben.

(30) Keramische Gegenstände oder Porzellanwaren, die vor dem 1. Juni 1981 verwendet wurden und deren uranhaltige Glasur der Anlage III Teil A Nr. 6 der Strahlenschutzverordnung vom 30. Juni 1989 entspricht, können weiter genehmigungsfrei verwendet und beseitigt werden.

§ 118 Abgrenzung zu anderen Vorschriften, Sanierung von Hinterlassenschaften

(1) Auf dem in Artikel 3 des Einigungsvertrages vom 6. September 1990 (BGBl. 1990 II S. 8851) genannten Gebiet gelten für die Sanierung von Hinterlassenschaften früherer Tätigkeiten und Arbeiten sowie die Stilllegung und Sanierung der Betriebsanlagen und Betriebsstätten des Uranerzbergbaus nach Artikel 9 Abs. 2 in Verbindung mit Anlage II Kapitel XII Abschnitt III Nr. 2 und 3 des Einigungsvertrages die folgenden Regelungen fort:

1. Verordnung über die Gewährleistung von Atomsicherheit und Strahlenschutz vom 11. Oktober 1984 (GBl. I Nr. 30 S. 341) nebst Durchführungsbestimmung zur Verordnung über die Gewährleistung von Atomsicherheit und Strahlenschutz vom 11. Oktober 1984 (GBl. I Nr. 30 S. 348; ber. GBl. I 1987 Nr. 18 S. 196) und

2. Anordnung zur Gewährleistung des Strahlenschutzes bei Halden und industriellen Absetzanlagen und bei der Verwendung darin abgelagerter Materialien vom 17. November 1980 (GBl. I Nr. 34 S. 347).

Im Übrigen treten an die Stelle der in den Nummern 1 und 2 genannten Regelungen die Bestimmungen dieser Verordnung. Erlaubnisse, die auf Grund der in den Nummern 1 und 2 genannten Regelungen nach In-Kraft-Treten des Einigungsvertrages erteilt wurden bzw. vor diesem Zeitpunkt erteilt wurden, aber noch fortgelten, und die sich auf eines der in Anlage XI dieser Verordnung genannten Arbeitsfelder beziehen, gelten als Anzeige nach § 95 Abs. 2 Satz 1.

(2) Für den beruflichen Strahlenschutz der Beschäftigten bei der Stilllegung und Sanierung der Betriebsanlagen und Betriebsstätten des Uranerzbergbaus finden die Regelungen der §§ 5, 6, 15, 30, 34 bis 45, 54 bis 64, 67 und 68, der §§ 111 bis 115 sowie die darauf bezogenen Regelungen des § 116 Abs. 1 Nr. 1 Buchstabe d, Nr. 12 und 44, Abs. 2 Nr. 4 und 5 und Abs. 3 bis 5 und des § 117 Abs. 21 Anwendung; sofern die Beschäftigten nicht nur einer äußeren Strahlenexposition ausgesetzt sind, darf die Beschäftigung im Kontrollbereich im Sinne von § 40 Abs. 3 nur erlaubt werden, wenn auch die innere Exposition ermittelt wird. Bei Anwendung der in Satz 1 genannten Regelungen steht der Betriebsleiter nach § 3 Abs. 1 der Verordnung über die Gewährleistung von Atomsicherheit und

Strahlenschutz vom 11. Oktober 1984 dem Strahlenschutzverantwortlichen nach den §§ 31 bis 33 gleich. Der verantwortliche Mitarbeiter nach § 3 Abs. 3 der Verordnung über die Gewährleistung von Atomsicherheit und Strahlenschutz vom 11. Oktober 1984 und der Kontrollbeauftragte nach § 7 Abs. 2 der Verordnung über die Gewährleistung von Atomsicherheit und Strahlenschutz vom 11. Oktober 1984 stehen dem Strahlenschutzbeauftragten nach den §§ 31 bis 33 gleich. Die Betriebsanlagen und Betriebsstätten des Uranerzbergbaus stehen Anlagen und Einrichtungen nach § 15 dieser Verordnung gleich. Die entsprechenden Bestimmungen der in Absatz 1 Nr. 1 und 2 genannten Regelungen des beruflichen Strahlenschutzes treten außer Kraft.

(3) Für die Emissions- und Immissionsüberwachung bei der Stilllegung und Sanierung der Betriebsanlagen und Betriebsstätten des Uranerzbergbaus findet § 48 Abs. 1, 2 und 4 entsprechende Anwendung.

(4) Für den beruflichen Strahlenschutz der Beschäftigten finden bei der Sanierung von Hinterlassenschaften früherer Tätigkeiten und Arbeiten auf dem in Artikel 3 des Einigungsvertrages genannten Gebiet die Regelungen des Teils 3 Kapitel 1 und 2 mit Ausnahme des § 95 Abs. 2 Satz 3 und 4, Abs. 4 Satz 3 und 4, § 96 Abs. 1 Satz 2, Abs. 3 Satz 1 erste Alternative entsprechende Anwendung. Die Radon-222-Exposition ist in einen Wert der effektiven Dosis umzurechnen. Einer Anzeige nach § 95 Abs. 2 Satz 1 bedarf es nicht, wenn die Sanierung aufgrund einer Erlaubnis nach den in Absatz 1 Nr. 1 und 2 genannten Regelungen erfolgt. Satz 1 gilt auch für die Sanierung von Hinterlassenschaften früherer Tätigkeiten und Arbeiten im sonstigen Geltungsbereich dieser Verordnung.

(5) Abweichend von Absatz 1 finden die Vorschriften des Teils 3 Kapitel 3 entsprechende Anwendung, wenn Rückstände im Sinne der Anlage XII Teil A oder sonstige Materialien im Sinne des § 102 aus Hinterlassenschaften früherer Tätigkeiten und Arbeiten oder aus der Stilllegung und Sanierung der Betriebsanlagen und Betriebsstätten des Uranerzbergbaus vom verunreinigten Grundstück, auch zum Zweck der Sanierung des Grundstücks, entfernt werden, es sei denn, die Rückstände oder Materialien werden bei der Sanierung anderer Hinterlassenschaften verwendet. Dies gilt auch für Rückstände aus der Sanierung früherer Tätigkeiten und Arbeiten, die im sonstigen Anwendungsbereich dieser Verordnung anfallen.

Anlage 1
(zu §§ 8, 12, 17, 21)

Genehmigungsfreie Tätigkeiten

Teil A:

Genehmigungsfrei nach § 8 Abs. 1 ist die Anwendung von Stoffen am Menschen, wenn die spezifische Aktivität der Stoffe 500 Mikrobecquerel je Gramm nicht überschreitet.

Teil B:

Genehmigungsfrei nach § 8 Abs. 1, § 17 Abs. 1 oder § 21 ist

1. der Umgang mit Stoffen, deren Aktivität die Freigrenzen der Anlage III Tabelle 1 Spalte 2 nicht überschreitet,

2. der Umgang mit Stoffen, deren spezifische Aktivität die Freigrenzen der Anlage III Tabelle 1 Spalte 3 nicht überschreitet,

3. die Verwendung, Lagerung und Beseitigung von Arzneimitteln, die nach § 2 Abs. 1 Satz 2 und Abs. 3 Satz 2 der Verordnung über radioaktive Arzneimittel oder mit ionisierenden Strahlen behandelte Arzneimittel (AMRadV) in Verkehr gebracht worden sind,

4. die Verwendung von Vorrichtungen, deren Bauart nach § 25 in Verbindung mit Anlage V Teil A zugelassen ist, ausgenommen Ein-, Ausbau oder Wartung dieser Vorrichtungen,

5. die Lagerung von Vorrichtungen, deren Bauart nach § 25 in Verbindung mit Anlage V Teil A zugelassen ist, sofern die Gesamtaktivität der radioaktiven Stoffe das Tausendfache der Freigrenzen der Anlage III Tabelle 1 Spalte 2 nicht überschreitet,

6. die Gewinnung, Verwendung und Lagerung von aus der Luft gewonnenen Edelgasen, wenn das Isotopenverhältnis im Gas demjenigen in der Luft entspricht oder

7. die Verwendung und Lagerung von Konsumgütern, von Arzneimitteln, von Pflanzenschutzmitteln im Sinne des Pflanzenschutzgesetzes, von Schädlingsbekämpfungsmitteln und von Stoffen nach § 1 Nr. 1 bis 5 des Düngemittelgesetzes im Sinne des Arzneimittelgesetzes, deren Herstellung nach § 106 oder deren Verbringung nach § 108 oder deren Herstellung keiner Genehmigung nach § 106 Abs. 3 oder deren Verbringung keiner Genehmigung nach § 108 Satz 2 oder 3 bedarf, genehmigt ist. § 95 in Verbindung mit Anlage XI Teil B bleibt unberührt.

Teil C:

Genehmigungs- und anzeigefrei nach § 12 Abs. 3 ist der Betrieb von Anlagen, deren

1. Bauart nach § 25 in Verbindung mit Anlage V Teil B zugelassen ist oder

2. Potenzialdifferenz nicht mehr als 30 Kilovolt beträgt und bei denen unter normalen Betriebsbedingungen die Ortsdosisleistung in 0,1 Meter Abstand von der berührbaren Oberfläche 1 Mikrosievert durch Stunde nicht überschreitet.

Anlagen

Anlage II
(zu §§ 9, 14, 107)

Erforderliche Unterlagen zur Prüfung von Genehmigungsanträgen

Teil A:

Antragsunterlagen zu Genehmigungen nach §§ 7 und 106

1. Zur Prüfung der Genehmigungsvoraussetzungen erforderliche Pläne, Zeichnungen und Beschreibungen,

2. Angaben, die es ermöglichen, zu prüfen, ob die Voraussetzungen des § 9 Abs. 1 Nr. 3, 5, 8 und 9 erfüllt sind,

3. Angaben, die es ermöglichen, die Zuverlässigkeit und die erforderliche Fachkunde im Strahlenschutz der Strahlenschutzverantwortlichen und der Strahlenschutzbeauftragten zu prüfen,

4. Nachweis über die Vorsorge für die Erfüllung gesetzlicher Schadensersatzverpflichtungen,

5. im Zusammenhang mit der Anwendung am Menschen Angaben, die es ermöglichen, zu prüfen, ob die Voraussetzungen des § 9 Abs. 3 erfüllt sind,

6. im Zusammenhang mit der Anwendung am Tier Angaben, die es ermöglichen, zu prüfen, ob die Voraussetzungen des § 9 Abs. 4 erfüllt sind, und

7. im Zusammenhang mit der Verwendung von radioaktiven Stoffen in Bestrahlungsvorrichtungen in der Medizin im Sinne des Medizinproduktegesetzes Angaben zur Zweckbestimmung der Bestrahlungsvorrichtung, die es ermöglichen, zu prüfen, ob das Medizinprodukt für die vorgesehene Anwendung geeignet ist.

Teil B:

Antragsunterlagen zu Genehmigungen nach § 11 Abs. 2

1. Ein Sicherheitsbericht, der die Anlage und ihren Betrieb beschreibt und mit Hilfe von Lageplänen und Übersichtszeichnungen darstellt, sowie die mit der Anlage und dem Betrieb verbundenen Auswirkungen und Gefahren beschreibt und die nach § 14 Abs. 1 Nr. 5 vorzusehenden Ausrüstungen und Maßnahmen darlegt,

2. ergänzende Pläne, Zeichnungen und Beschreibungen der Anlage und ihrer Teile,

3. Angaben, die es ermöglichen, zu prüfen, ob Voraussetzungen des § 14 Abs. 1 Nr. 3, 8 und 9 erfüllt sind,

4. Angaben, die es ermöglichen, die Zuverlässigkeit und die erforderliche Fachkunde im Strahlenschutz der Strahlenschutzverantwortlichen und der Strahlenschutzbeauftragten zu prüfen,

5. Nachweis über die Vorsorge für die Erfüllung gesetzlicher Schadensersatzverpflichtungen,

6. im Zusammenhang mit der Anwendung am Menschen Angaben, die die Prüfung ermöglichen, ob die Voraussetzungen des § 14 Abs. 2 erfüllt sind,

7. im Zusammenhang mit der Anwendung am Tier in der Tierheilkunde Angaben, die die Prüfung ermöglichen, ob die Voraussetzungen des § 14 Abs. 3 erfüllt sind, und

8. im Zusammenhang mit dem Betrieb von Anlagen zur Erzeugung ionisierender Strahlen in der Medizin im Sinne des Medizinproduktegesetzes Angaben zur Zweckbestimmung der Anlage, die es ermöglichen, zu prüfen, ob das Medizinprodukt für die vorgesehene Anwendung geeignet ist.

Anlage III
(zu §§ 3, 8, 10, 18, 20, 29, 43, 44, 45, 50, 53, 65, 66, 68, 70, 71, 105, 106, 107, 117)

Freigrenzen, Freigabewerte für verschiedene Freigabearten, Werte der Oberflächenkontamination, Liste der Radionuklide im radioaktiven Gleichgewicht

Tabelle 1: Freigrenzen, Freigabewerte für verschiedene Freigabeverfahren, Werte der Oberflächenkontamination für die Radionuklide gemäß

Periodensystem der Elemente																	
Gruppe	Ia	IIa	IIIb	IVb	Vb	VIb	VIIb	VIIIb			Ib	IIb	IIIa	IVa	Va	VIa	VIIa	VIIIa
1. Periode	H																	He
2. Periode	Li	Be											B	C	N	O	F	Ne
3. Periode	Na	Mg											Al	Si	P	S	Cl	Ar
4. Periode	K	Ca	Sc	Ti	V	Cr	Mn	Fe	Co	Ni	Cu	Zn	Ga	Ge	As	Se	Br	Kr
5. Periode	Rb	Sr	Y	Zr	Nb	Mo	Tc	Ru	Rh	Pd	Ag	Cd	In	Sn	Sb	Te	I	Xe
6. Periode	Cs	Ba	La	Hf	Ta	W	Re	Os	Ir	Pt	Au	Hg	Tl	Pb	Bi	Po	At	Rn
7. Periode	Fr	Ra	Ac	Ku														
	Lanthanoide		Ce	Pr	Nd	Pm	Sm	Eu	Gd	Tb	Dy	Ho	Er	Tm	Yb	Lu		
	Aktinoide		Th	Pa	U	Np	Pu	Am	Cm	Bk	Cf	Es	Fm	Md	No	Lr		

Erläuterung zur Spalte 1:

Radionuklide mit der Kennzeichnung:

a) „+", „++" oder „sec" sind Mutternuklide im Gleichgewicht mit den in Tabelle 2 angegebenen Tochternukliden; die Strahlenexpositionen durch diese Tochternuklide sind bei den Freigrenzen, Freigabewerten oder Werten der Oberflächenkontamination bereits berücksichtigt,

b) „*" sind als natürlich vorkommende Radionuklide nicht beschränkt,

c) „org." sind Radionuklide in einer organischen Verbindung,

d) „anorg." sind Radionuklide in einer anorganischen Verbindung.

Erläuterung zu Spalte 2 und 3:

Bei mehreren Radionukliden ist die Summe der Verhältniszahlen aus der vorhandenen Aktivität (A_i) oder spezifischen Aktivität (C_i) und den jeweiligen Freigrenzen FG_i. der einzelnen Radionuklide gemäß Spalte 2 oder 3 zu berechnen (Summenformel), wobei i das jeweilige Radionuklid ist. Diese Summe darf den Wert 1 nicht überschreiten:

$$\sum_i \frac{A_i}{FG_i} \leq 1 \quad \text{oder} \quad \sum_i \frac{C_i}{FG_i} \leq 1$$

Radionuklide brauchen bei der Summenbildung nicht berücksichtigt zu werden, wenn der Anteil der unberücksichtigten Nuklide an der Gesamtsumme der zugeordneten Verhältniszahlen A_i/FG_i oder C_i/FG_i den relativen Fehler der Gesamtsumme von 10 % nicht überschreitet.

Anlagen

Soweit in den Spalten 2 oder 3 für Radionuklide keine Freigrenzen angegeben sind, sind diese im Einzelfall zu berechnen. Anderenfalls können folgende Werte der Freigrenzen zugrunde gelegt werden:

a) für Alphastrahler oder Radionuklide, die durch Spontanspaltung zerfallen: 10^3 Bq und 1 Bq/g,
b) für Beta- und Gammastrahler, soweit sie nicht unter Buchstabe c genannt: 10^5 Bq und 10^2 Bq/g,
c) für Elekroneneinfangstrahler und Betastrahler mit einer maximalen Betagrenzenergie von 0,2 Megaelektronvolt: 10^8 Bq und 10^5 Bq/g.

Erläuterung zur Spalte 4:

Bei Messungen nach § 44 darf die Mittelungsfläche bis zu 300 cm² betragen.

Bei mehreren Radionukliden ist die Summe der Verhältniszahlen aus der vorhandenen Aktivität je Flächeneinheit ($A_{s,i}$) und den jeweiligen Werten der Oberflächenkontamination (O_i) der einzelnen Radionuklide gemäß Tabelle 1 Spalte 4 zu berechnen (Summenformel), wobei i das jeweilige Radionuklid ist. Diese Summe darf den Wert 1 nicht überschreiten:

Radionuklide brauchen bei der Summenbildung nicht berücksichtigt zu werden, wenn der Anteil der unberücksichtigten Nuklide an der Gesamtsumme der zugeordneten Verhältniszahlen $A_{s,i}/O_i$ den relativen Fehler der Gesamtsumme von 10 % nicht überschreitet.

$$\sum_i \frac{A_{s,i}}{O_i} \leq 1$$

Bei der Bestimmung der Oberflächenkontamination für Verkehrsflächen oder Arbeitsplätze nach § 44 Abs. 2 Nr. 1 und 2 ist die festhaftende Oberflächenaktivität und die über die Oberfläche eingedrungene Aktivität nicht einzubeziehen, sofern sichergestellt ist, dass durch diesen Aktivitätsanteil keine Gefährdung durch Weiterverbreitung oder Inkorporation möglich ist.

Soweit für Radionuklide keine maximal zulässigen Oberflächenkontaminationswerte angegeben sind, sind diese im Einzelfall zu berechnen. Anderenfalls können folgende Werte der Oberflächenkontamination zugrunde gelegt werden:

a) für Alphastrahler oder Radionuklide, die durch Spontanspaltung zerfallen: 0,1 Bq/cm²,
b) für Beta- und Gammastrahler, soweit sie nicht unter Buchstabe c genannt: 1 Bq/cm²,
c) für Elektroneneinfangstrahler und Betastrahler mit einer maximalen Betagrenzenergie von 0,2 Megaelektronvolt: 100 Bq/cm².

Erläuterung zur Spalte 5:

Bei Messungen nach § 44 gilt für die zugrunde zulegende Mittelungsmasse M: 3 kg ≤ M ≤ 300 kg. Bei einer Masse < 3 kg ist bei Messungen nach § 44 die spezifische Aktivität nicht gesondert zu bestimmen.

Erläuterung zu Spalte 8 und 10:

Die Werte der Oberflächenkontamination berücksichtigen die in die oberste Schicht des Bodens oder Gebäudes eingedrungene Aktivität; es handelt sich um auf die Oberfläche projizierte Aktivitätswerte.

Erläuterungen zu den Spalten 5 bis 10a finden sich in § 29 und Anlage IV.

Tabelle 1: Freigrenzen, Oberflächenkontaminationswerte und Freigabewerte

Radionuklid	Freigrenze		Oberflächenkontamination in Bq/cm²	uneingeschränkte Freigabe von			Freigabe von	Freigabe von		Halbwertszeit
	Aktivität in Bq	spezifische Aktivität in Bq/g		festen Stoffen, Flüssigkeiten mit Ausn. von Sp. 6 in Bq/g	Bauschutt, Bodenaushub von mehr als 1.000 t/a in Bq/g	Bodenflächen in Bq/g	Gebäuden zur Wiederverwendung in Bq/cm²	festen Stoffen, Flüssigkeiten zur Beseitigung mit Ausn. von Sp. 6 in Bq/g	Gebäuden zum Abriss in Bq/cm²	
1	2	3	4	5	6	7	8	9	10	11
H-3	1 E+9	1 E+6	1 E+2	1 E+3	6 E+1	3	1 E+3	1 E+3	4 E+3	12,3 a
Be-7	1 E+7	1 E+3	1 E+2	3 E+1	3 E+1	2	8 E+1	2 E+2	6 E+2	53,3 d
Be-10	1 E+6	1 E+4								1,6E+6 a
C-11	1 E+6	1 E+1								20,4 m
C-11 Monoxid, Dioxid	1 E+9	1 E+1								20,4 m
C-14	1 E+7	1 E+4	1 E+2	8 E+1	1 E+1	4 E-2	1 E+3	2 E+3	6 E+3	5,7E+3 a
C-14 Monoxid	1 E+11	1 E+8								5,7E+3 a
C-14 Dioxid	1 E+11	1 E+7								5,7E+3 a
N-13	1 E+9	1 E+2								< 10 m
Ne-19	1 E+9	1 E+2								< 10 m
O-15	1 E+9	1 E+2								< 10 m
F-18	1 E+6	1 E+1	1	1 E+1			1	1 E+1	2 E+4	109,7 m
Na-22	1 E+6	1 E+1	1	1 E-1	1 E-1	4 E-3	4 E-1	4	4	2,6 a
Na-24	1 E+5	1 E+1	1	1 E+1			1	1 E+1	7 E+2	15,0 h
Mg-28+	1 E+5	1 E+1								20,9 h

Anlagen

Nuklid									Halbwertszeit	
Al-26	1 E+5	1 E+1							7,2E+5	a
Si-31	1 E+6	1 E+3				1 E+2	2 E+7		2,6	h
Si-32	1 E+6	1 E+3	1 E+3						101,0	a
P-32	1 E+5	1 E+3	1 E+2	2 E+1		1 E+2	1 E+3	4 E+5	14,3	d
P-33	1 E+8	1 E+5	1 E+2	2 E+2		1 E+3	4 E+4	6 E+5	25,3	d
S-35	1 E+8	1 E+5	1 E+2	6 E+1	1 E+3	1 E+3	2 E+2	2 E+5	87,5	d
S-35 organisch	1 E+8	1 E+5							87,5	d
S-35 Gas	1 E+9	1 E+6							87,5	d
Cl-36	1 E+6	1 E+4	1 E+2	8		3 E+1	8	3 E+1	3,0E+5	a
Cl-38	1 E+5	1 E+1	1	1 E+1		1	1 E+1	4 E+4	37,2	m
Cl-39	1 E+5	1 E+1							56,0	m
Ar-37	1 E+8	1 E+6							35,0	d
Ar-39	1 E+4	1 E+7							269,0	a
Ar-41	1 E+9	1 E+2							1,8	h
K-40*)	1 E+6	1 E+2	1 E+2	8 E-1		6		2 E+1	1,3E+9	a
K-42	1 E+6	1 E+2	1 E+2	8 E-1		1 E+1	1 E+2	1 E+4	12,4	h
K-43	1 E+6	1 E+1	1	2 E-1		1	1 E+1	2 E+3	22,2	h
K-44	1 E+5	1 E+1							22,2	m
K-45	1 E+5	1 E+5							17,8	m
Ca-41	1 E+7								1,0E+5	a
Ca-45	1 E+7	1 E+4	1 E+2	4 E+2	4 E-2	1 E+3	7 E+3	6 E+4	163,0	d
Ca-47				2 E-1		1		4 E+2	4,5	d
Ca-47+	1 E+6	1 E+1	1 E+1				1 E+1		4,5	d
Sc-43	1 E+6	1 E+1							3,9	h
Sc-44	1 E+5	1 E+1							2,4	d
Sc-44m	1 E+7	1 E+2								
Sc-46	1 E+6	1 E+1	3 E-1	1 E-1	4 E-2	1	4	1 E+1	83,8	d
Sc-47	1 E+6	1 E+2	1 E+2	3		1 E+1	1 E+2	6 E+3	3,4	h
Sc-48	1 E+5	1 E+1	1 E+1	7 E-2		1	1 E+1	3 E+2	43,7	h
Sc-49	1 E+5	1 E+3							57,2	m

455

Radionuklid	Freigrenze		Freigabe								Halbwertszeit
	Aktivität in	spezifische Aktivität in	uneingeschränkte Freigabe von				Freigabe von				
			Oberflächen-kontamination in	festen Stoffen, Flüssigkeiten mit Ausn. von Sp. 6 in	Bauschutt, Bodenaushub von mehr als 1.000 t/a in	Bodenflächen in	Gebäuden zur Wieder-, Weiterverwendung in	festen Stoffen, Flüssigkeiten zur Beseitigung mit Ausn. von Sp. 6 in	Gebäuden zum Abriss in		
	Bq	Bq/g	Bq/cm²	Bq/g	Bq/g	Bq/g	Bq/cm²	Bq/g	Bq/cm²		
1	2	3	4	5	6	7	8	9	10	11	
Ti-44+	1 E+5	1 E+1								3,1	h
Ti-45	1 E+6	1 E+1								32,6	m
V-47	1 E+5	1 E+1								16,0	d
V-48	1 E+5	1 E+1	1	1	8 E-2	3 E-2	1	3	4 E+1	330,0	d
V-49	1 E+7	1 E+4								21,6	h
Cr-48	1 E+6	1 E+2								42,0	m
Cr-49	1 E+6	1 E+1								27,7	d
Cr-51	1 E+7	1 E+3	1 E+2	1 E+2	8	3	1 E+2	3 E+2	2 E+3	46,2	m
Mn-51	1 E+5	1 E+1	1	1 E+1	2 E-1		1	1 E+1	5 E+4	5,6	d
Mn-52	1 E+5	1 E+1	1	1 E+1	6 E-2		1	1 E+1	9 E+1	21,0	m
Mn-52m	1 E+5	1 E+1	1	1 E+1	9 E-2		1	1 E+1	5 E+4	3,7E+6	a
Mn-53	1 E+9	1 E+4	1 E+2	1 E+3	1 E+3	3	1 E+3	1 E+3	2 E+4	312,2	d
Mn-54	1 E+6	1 E+1	1	4 E-1	3 E-1	9 E-2	1	1 E+1	1 E+1	2,6	h
Mn-56	1 E+5	1 E+1	1	1 E+1	1 E-1		1	1 E+1	9 E+3	8,3	h
Fe-52	1 E+6	1 E+1	1 E+2	1 E+1	7 E-2		1	1 E+1	2 E+3	2,7	a
Fe-55	1 E+6	1 E+4	1 E+2	2 E+2	2 E+2	6	1 E+3	1 E+4	2 E+4	45,1	d
Fe-59	1 E+6	1 E+1	1	1	2 E-1	6 E-2	1	7	3 E+1	1,0E+5	a
Fe-60+	1 E+5	1 E+2								17,5	h
Co-55	1 E+6	1 E+1	1	1 E+1	1 E-1		1	1 E+1	1 E+3	78,8	d
Co-56	1 E+5	1 E+1	1	0,2	6 E-2	2 E-2	1	2	6		

Anlagen

Nuklid									$T_{1/2}$
Co-57	1 E+6	1 E+2	1 E+1	2 E+1	3		1 E+1	1 E+2	271,3 d
Co-58	1 E+6	1 E+1	1	0,9	2 E-1	8 E-1	1	3 E+1	70,8 d
Co-58m	1 E+7	1 E+4	1 E+2	1 E+4	1 E+4	8 E-2	1 E+3	1 E+9	8,9 h
Co-60	1 E+5	1 E+1	1	0,1	9 E-2	3 E-2	4 E-1	3	5,3 a
Co-60m	1 E+6	1 E+3	1 E+2	1 E+3	6 E+1		1 E+3	7 E+7	10,5 m
Co-61	1 E+6	1 E+2	1 E+1	1 E+2	4		1 E+1	5 E+5	1,7 h
Co-62m	1 E+5	1 E+1	1	1 E+1	8 E-2		1	7 E+4	14,0 m
Ni-56	1 E+6	1 E+1							6,1 d
Ni-57	1 E+6	1 E+1							3,6E+1 h
Ni-59	1 E+8	1 E+4	1 E+2	8 E+2	8 E+2	8	1 E+3	9 E+4	7,5E+4 a
Ni-63	1 E+8	1 E+5	1 E+2	3 E+2	3 E+2	3	1 E+3	4 E+4	100,0 a
Ni-65	1 E+6	1 E+1	1 E+1	1 E+1	4 E-1		1 E+1	3 E+4	2,5 h
Ni-66	1 E+7	1 E+4							54,6 h
Cu-60	1 E+5	1 E+1							23,0 m
Cu-61	1 E+6	1 E+1							3,4 h
Cu-64	1 E+6	1 E+2	1 E+1	1 E+2	1		1 E+1	2 E+4	12,7 h
Cu-67	1 E+6	1 E+2							61,9 h
Zn-62	1 E+6	1 E+2							9,1 h
Zn-63	1 E+5	1 E+1							38,1 m
Zn-65	1 E+6	1 E+1	1	5 E-1	4 E-1	1 E-2	2	2 E+1	244,0 d
Zn-69	1 E+6	1 E+4	1 E+2	1 E+4	1 E+4		1 E+2	7 E+9	56,0 m
Zn-69m	1 E+6				6 E-1		1 E+1	7 E+3	13,8 h
Zn-69m+	1 E+6	1 E+2						7 E+3	13,8 h
Zn-71m	1 E+6	1 E+1							3,9 h
Zn-72	1 E+6	1 E+2							46,5 h
Ga-65	1 E+5	1 E+1							15,0 m
Ga-66	1 E+5	1 E+1							9,4 h
Ga-67	1 E+6	1 E+2							78,3 h
Ga-68	1 E+5	1 E+1							68,3 m
Ga-70	1 E+6	1 E+3							21,2 m

Radionuklid	Freigrenze		Freigabe							
	Aktivität in	spezifische Aktivität in	uneingeschränkte Freigabe von					Freigabe von		Halbwertszeit
			Oberflächenkontamination in	festen Stoffen, Flüssigkeiten mit Ausn. von Sp. 6 in	Bauschutt, Bodenaushub von mehr als 1.000 t/a in	Bodenflächen in	Gebäuden zur Wieder-, Weiterverwendung in	festen Stoffen, Flüssigkeiten zur Beseitigung mit Ausn. von Sp. 6 in	Gebäuden zum Abriss in	
	Bq	Bq/g	Bq/cm²	Bq/g	Bq/g	Bq/g	Bq/cm²	Bq/g	Bq/cm²	
1	2	3	4	5	6	7	8	9	10	11
Ga-72	1 E+5	1 E+1	1	1 E+1	8 E-2		1	1 E+1	1 E+3	14,1 h
Ga-73	1 E+6	1 E+2								4,9 h
Ge-66	1 E+6	1 E+1								2,3 h
Ge-67	1 E+5	1 E+1								18,7 m
Ge-68+	1 E+5	1 E+1								
Ge-69	1 E+6	1 E+1								39,0 h
Ge-71	1 E+8	1 E+4	1 E+2	4 E+3	4 E+3	5 E+1	1 E+3	1 E+4	9 E+7	11,2 d
Ge-75	1 E+6	1 E+3								83,0 m
Ge-77	1 E+5	1 E+1								11,3 h
Ge-78	1 E+6	1 E+2								88,0 m
As-69	1 E+5	1 E+1								15,1 m
As-70	1 E+5	1 E+1								53,0 m
As-71	1 E+6	1 E+1								64,0 h
As-72	1 E+5	1 E+1								26,0 h
As-73	1 E+7	1 E+3	1 E+2	1 E+2	1 E+2	4 E+1	4 E+2	1 E+3	2 E+4	80,3 d
As-74	1 E+6	1 E+1	1	5	3 E-1	1 E-1	1	1 E+1	1 E+2	17,8 d
As-76	1 E+5	1 E+2	1 E+1	1 E+2	5 E-1		1 E+1	1 E+2	4 E+3	26,4 h
As-77	1 E+6	1 E+3	1 E+2	1 E+3	3 E+1		1 E+2	1 E+3	1 E+5	38,8 h
As-78	1 E+5	1 E+1								1,5 h
Se-70	1 E+6	1 E+1								41,1 m

Anlagen

Nuklid										
Se-73	1 E+6	1 E+1							7,1	h
Se73m	1 E+6	1 E+2							39,0	m
Se-75	1 E+6	1 E+2	1 E+1						120,0	d
Se-79	1 E+7	1 E+4		3	7 E-1	5	3 E+1	5 E+1	6,5E+4	a
Se-81	1 E+6	1 E+3							18,0	m
Se-81m	1 E+7	1 E+3							57,3	m
Se-83	1 E+5	1 E+1							22,4	m
Br-74	1 E+5	1 E+1							25,3	m
Br-74m	1 E+5	1 E+1							41,5	m
Br-75	1 E+6	1 E+1							1,6	h
Br-76	1 E+5	1 E+1							16,0	h
Br-77	1 E+6	1 E+2							57,0	h
Br-80	1 E+5	1 E+2							17,6	m
Br-80m	1 E+7	1 E+3							4,4	h
Br-82	1 E+6	1 E+1	1	1 E+1	1 E+1	1	1 E+1	4 E+2	35,3	h
Br-83	1 E+6	1 E+3							2,4	h
Br-84	1 E+5	1 E+1							31,8	m
Kr-74	1 E+9	1 E+2							11,5	m
Kr-76	1 E+9	1 E+2							14,6	h
Kr-77	1 E+9	1 E+2							1,2	h
Kr-79	1 E+5	1 E+3							34,9	h
Kr-81	1 E+7	1 E+4							2,1E+5	a
Kr-81m	1 E+10	1 E+3							1,3E+1	s
Kr-83m	1 E+12	1 E+5							1,8	h
Kr-85	1 E+4	1 E+5							10,8	a
Kr-85m	1 E+10	1 E+3							4,5	h
Kr-87	1 E+9	1 E+2							76,3	m
Kr-88	1 E+9	1 E+2							2,8	h
Rb-79	1 E+5	1 E+1							23,0	m
Rb-81	1 E+6	1 E+1							4,6	h

Radionuklid	Freigrenze		Freigabe								Halbwertszeit
	Aktivität in	spezifische Aktivität in	uneingeschränkte Freigabe von					Freigabe von			
			Oberflächenkontamination in	festen Stoffen, Flüssigkeiten mit Ausn. von Sp. 6 in	Bauschutt, Bodenaushub von mehr als 1.000 t/a in	Bodenflächen in	Gebäuden zur Wieder-, Weiterverwendung in	festen Stoffen, Flüssigkeiten zur Beseitigung mit Ausn. von Sp. 6 in	Gebäuden zum Abriss in		
	Bq	Bq/g	Bq/cm²	Bq/g	Bq/g	Bq/g	Bq/cm²	Bq/g	Bq/cm²		
1	2	3	4	5	6	7	8	9	10	11	
Rb-81m	1 E+7	1 E+3								303,0 m
Rb-82m	1 E+6	1 E+1								6,3 h
Rb-83+	1 E+6	1 E+2								86,2 d
Rb-84	1 E+6	1 E+1								32,8 d
Rb-86	1 E+5	1 E+2	1 E+1	2 E+1	2	5 E-2	1 E+1	9 E+1	1 E+3	18,7 a
Rb-87¹⁾	1 E+7	1 E+4								4,8E+10 a
Rb-88	1 E+5	1 E+1								17,8 m
Rb-89	1 E+5	1 E+1								15,2 m
Sr-80	1 E+7	1 E+3								1,8 h
Sr-81	1 E+5	1 E+1								22,2 m
Sr-82+	1 E+5	1 E+1								25,5 d
Sr-83	1 E+6	1 E+1								32,4 h
Sr-85	1 E+6	1 E+2	1	1	4 E-1	1 E-1	6	2 E+1	5 E+1	64,9 d
Sr-85m	1 E+7	1 E+2	1 E+1	1 E+2	1		1 E+1	1 E+2	2 E+5	67,7 m
Sr-87m	1 E+6	1 E+2	1 E+1	1 E+2	7 E-1		1 E+1	1 E+2	5 E+4	2,8 h
Sr-89	1 E+6	1 E+3	1 E+2	2 E+1	2 E+1	3 E-2	1 E+1	1 E+3	7 E+4	50,5 d
Sr-90+	1 E+4	1 E+2	1 E+1	2	2	2 E-3	3 E+1	2	3 E+1	28,5 a
Sr-91	1 E+5	1 E+1	1	1 E+1	3 E-1		1 E+1	1 E+1	6 E+3	9,5 h
Sr-92	1 E+6	1 E+1	1	1 E+1	2 E-1		1	1 E+1	1 E+4	2,7 h
Y-86	1 E+5	1 E+1								14,7 h

Anlagen

Nuklid										$T_{1/2}$
Y-86m	1 E+7	1 E+2					1 E+2		2 E+6	48,0 m
Y-87+	1 E+6	1 E+1					1 E+2		5 E+4	80,3 h
Y-88	1 E+6	1 E+1					1 E+2			106,6 d
Y-90	1 E+5	1 E+3	1 E+2	6 E+2			1 E+2	1 E+3	9 E+4	64,1 h
Y-91	1 E+6	1 E+3	1 E+2	2 E+1		5	1 E+2	1 E+3	5 E+4	58,5 d
Y-91m	1 E+6	1 E+2	1	4 E-1			1 E+1	1 E+2	9 E+4	49,7 m
Y-92	1 E+5	1 E+2	1 E+1	9 E-1			1 E+1	1 E+2	5 E+4	3,5 h
Y-93	1 E+5	1 E+2	1 E+1	3			1 E+1	1 E+2	4 E+4	10,1 h
Y-94	1 E+5	1 E+1								18,7 m
Y-95	1 E+5	1 E+1								10,3 h
Zr-86	1 E+7	1 E+2								16,5 h
Zr-88	1 E+6	1 E+2								83,4 d
Zr-89	1 E+6	1 E+1								78,4 h
Zr-93	1 E+7	1 E+2	1 E+2	1 E+1	2 E+1	1 E+2	1 E+3	3 E+3		1,5E+6 a
Zr-93+	1 E+6	1 E+2	1 E+1	1 E-1		1 E+3				1,5E+6 a
Zr-95	1 E+7	1	5 E-1		1	5	2 E+1			64,0 d
Zr-97	1 E+6	1						1 E+3		16,8 h
Zr-97+	1 E+5	1 E+1	1	1 E+1		1	1 E+1			16,8 h
Nb-88	1 E+5	1 E+1								14,3 m
Nb-89	1 E+5	1 E+1								2,0 h
Nb-90	1 E+5	1 E+1								14,6 h
Nb-93m	1 E+7	1 E+4	1 E+2	4 E+2	4	5 E+2	1 E+4	4 E+4		16,1 a
Nb-94	1 E+6	1 E+1	1	2 E-1	5 E-2	5 E-1	6	4		2,0E+4 a
Nb-95	1 E+6	1 E+1	1	2	1 E-1	1	1 E+1	6 E+1		35,0 d
Nb-97	1 E+6	1 E+1	1	1 E+1	3 E-1	1 E+1	1 E+1	5 E+4		74,0 m
Nb-98	1 E+5	1 E+1	1	1 E+1	9 E-2	1	1 E+1	2 E+4		51,0 m
Mo-90	1 E+6	1 E+1	1	1 E+1	3 E-1	1	1 E+1	9 E+3		5,7 h
Mo-93	1 E+8	1 E+3	1 E+2	2 E+1	2 E+1	8 E+1	4 E+1	2 E+3		3,5E+3 a
Mo-99	1 E+6	1 E+2	1 E+1	2	2	1 E+1	1 E+2	4 E+3		66,0 h
Mo-101	1 E+6	1 E+1		2 E-2	2 E-1			2 E+4		14,6 m

Verordnungstext

Radionuklid	Freigrenze		Freigabe								Halbwertszeit
	Aktivität in	spezifische Aktivität in	uneingeschränkte Freigabe von					Freigabe von			
			Oberflächenkontamination in	festen Stoffen, Flüssigkeiten mit Ausn. von Sp. 6 in	Bauschutt, Bodenaushub vor mehr als 1.000 t/a in	Bodenflächen in	Gebäuden zur Wieder-, Weiterverwendung in	festen Stoffen, Flüssigkeiten zur Beseitigung mit Ausn. von Sp. 6 in	Gebäuden zum Abriss in		
	Bq	Bq/g	Bq/cm²	Bq/g	Bq/g	Bq/g	Bq/cm²	Bq/g	Bq/cm²		
1	2	3	4	5	6	7	8	9	10	11	
Mo-101+											
Tc-93	1 E+6	1 E+1	1	1 E+1				1 E+1		14,6 m	
Tc-93m	1 E+6	1 E+1								2,7 h	
Tc-94	1 E+6	1 E+1								43,5 m	
Tc-94m	1 E+5	1 E+1								4,9 h	
Tc-95	1 E+6	1 E+1								53,0 m	
Tc-95m+	1 E+6	1 E+1								20,0 h	
Tc-96	1 E+6	1 E+1	1	1 E+1	9 E-2		1	1 E+1	2 E+2	60,0 d	
Tc-96m	1 E+7	1 E+3	1 E+2	1 E+3	5		1 E+2	1 E+3	1 E+6	4,3 d	
Tc-97	1 E+8	1 E+3	1 E+2	1 E+2	1 E+1	8 E-2	8 E+1	1 E+2	7 E+2	52,0 m	
Tc-97m	1 E+7	1 E+3	1 E+2	8 E+1	9	1 E-2	1 E+2	1 E+3	5 E+2	4,0E+6 a	
Tc-99	1 E+7	1 E+4	1 E+2	1 E+1	1		7 E+1	1 E+1	7 E+1	92,2 d	
Tc-99m	1 E+7	1 E+2	1 E+1	1 E+2	2		1 E+1	1 E+2	7 E+4	2,1E+5 a	
Tc-101	1 E+6	1 E+2								6,0 h	
Tc-104	1 E+5	1 E+1								14,2 m	
Ru-94	1 E+6	1 E+2								18,2 m	
Ru-97	1 E+7	1 E+2	1 E+1	1 E+2	1		1 E+1	1 E+2	3 E+3	51,8 m	
Ru-103+	1 E+6	1 E+2	1 E+1	4	4	2 E-1	1 E+1	2 E+1	9 E+1	2,9 d	
Ru-105	1 E+6	1 E+1	1	1 E+1	3 E-1		1	1 E+1	1 E+4	39,3 d	
Ru-106+	1 E+5	1 E+2	1 E+1	1	1	3 E-1	6	4 E+1	5 E+1	35,5 h	
										373,6 d	

Anlagen

Nuklid								Halbwertszeit
Rh-99	1 E+6	1 E+1						4,7 h
Rh-99m	1 E+6	1 E+1						16,0 d
Rh-100	1 E+6	1 E+1						20,8 h
Rh-101	1 E+7	1 E+2						3,3 a
Rh-101m	1 E+7	1 E+2						4,4 d
Rh-102	1 E+6	1 E+1						206,0 d
Rh-102m	1 E+6	1 E+2						2,9 a
Rh-103m	1 E+8	1 E+4	1 E+2	7 E+3		1 E+4	1 E+9	56,1 m
Rh-105	1 E+7	1 E+2	1 E+1	3		1 E+2	2 E+4	35,5 h
Rh-106m	1 E+5	1 E+1						2,2 h
Rh-107	1 E+6	1 E+2						21,7 m
Pd-100	1 E+7	1 E+2						3,7 d
Pd-101	1 E+6	1 E+2						8,5 h
Pd-103+	1 E+8	1 E+3	1 E+2	3 E+2	2 E+1	1 E+3	2 E+5	17,0 d
Pd-107	1 E+8	1 E+5						6,5E+6 a
Pd-109	1 E+6	1 E+3	1 E+2	3 E+2		1 E+3	5 E+6	13,4 h
Ag-102	1 E+5	1 E+1						13,0 m
Ag-103	1 E+6	1 E+1						11,0 h
Ag-104	1 E+6	1 E+1						69,2 m
Ag-104m	1 E+6	1 E+1						33,5 m
Ag-105	1 E+6	1 E+2	1	4	1 E+1	2 E+1	9 E+1	41,3 d
Ag-106	1 E+6	1 E+1						24,0 m
Ag-106m	1 E+6	1 E+1						8,3 d
Ag-108m+	1 E+6	1 E+1	1	2 E-1	7 E-3	5 E-1	6	127,0 a
Ag-110m	1 E+6	1 E+1	1	1 E-1	8 E-2	5 E-1	3	249,9 d
Ag-110m+			1		8 E-2	5 E-1	4	249,9 d
Ag-111	1 E+6	1 E+3	1 E+2	4 E+1	4 E-1	1 E+2	9 E+3	7,5 d
Ag-112	1 E+5	1 E+1						3,1 h
Ag-115	1 E+5	1 E+1						20,0 m
Cd-104	1 E+7	1 E+2						57,7 m

Verordnungstext

Radionuklid	Freigrenze		Freigabe							Halbwertszeit
	Aktivität in Bq	spezifische Aktivität in Bq/g	uneingeschränkte Freigabe von				Freigabe von			
			Oberflächenkontamination in Bq/cm²	festen Stoffen, Flüssigkeiten mit Ausn. von Sp. 6 in Bq/g	Bauschutt, Bodenaushub von mehr als 1.000 t/a in Bq/g	Bodenflächen in Bq/g	Gebäuden zur Wieder-, Weiterverwendung in Bq/cm²	festen Stoffen, Flüssigkeiten zur Beseitigung mit Ausn. von Sp. 6 in Bq/g	Gebäuden zum Abriss in Bq/cm²	
1	2	3	4	5	6	7	8	9	10	11
Cd-107	1 E+7	1 E+3								6,5 h
Cd-109+	1 E+6	1 E+4	1 E+2	2 E+1	2 E+1	3 E-2	4 E+1	4 E+3	4 E+3	453,0 d
Cd-113*)	1 E+6	1 E+3								9,0E+15 a
Cd-113m	1 E+6	1 E+3								14,6 a
Cd-115	1 E+6	1 E+2	1 E+1	1 E+2	6 E-1		1 E+1	1 E+2	2 E+3	53,4 h
Cd-115m	1 E+6	1 E+3			1 E+1	4 E-2	1 E+1	4 E+2	2 E+3	44,8 d
Cd-115m+			1 E+2	2 E+1						44,8 d
Cd-117	1 E+6	1 E+1								2,4 h
Cd-117m	1 E+6	1 E+1								3,3 h
In-109	1 E+6	1 E+1								4,2 h
In-110	1 E+5	1 E+1								69,1 m
In-111	1 E+6	1 E+2	1 E+1	1 E+2	7 E-1		1 E+1	1 E+2	2 E+3	2,8 d
In-112	1 E+6	1 E+2	1 E+1	1 E+2	9 E-1					14,4 m
In-113m	1 E+6	1 E+2	1 E+1	1 E+2			1 E+1	1 E+2	1 E+5	99,5 m
In-114	1 E+5	1 E+3								< 10 m
In-114m+	1 E+6	1 E+2	1 E+1	1 E+1	2	3 E-2	1 E+1	8 E+1	3 E+2	49,5 d
In-115*)	1 E+6	1 E+2			2					4,0E+14 a
In-115m	1 E+6	1 E+2	1 E+1	1 E+2			1 E+1	1 E+2	6 E+4	4,5 h
In-116m	1 E+5	1 E+1								54,0 m
In-117	1 E+6	1 E+1								43,1 m

Nuklid									T½
In-117m	1 E+6	1 E+2							1,9 h
In-119m	1 E+5	1 E+2							18,0 m
Sn-110	1 E+7	1 E+2							4,0 h
Sn-111	1 E+6	1 E+2							35,3 m
Sn-113	1 E+7	1 E+3	1 E+1		9 E-1		7	4 E+1	7 E+1	115,1 d
Sn-113+	1 E+7	1 E+3	1 E+1	2	9 E-1		7		7 E+1	115,1 d
Sn-117m	1 E+6	1 E+2				1 E-1				13,6 a
Sn-119m	1 E+7	1 E+3								29,3 h
Sn-121	1 E+7	1 E+5								27,0 h
Sn-121m+	1 E+7	1 E+3								50,0 a
Sn-123	1 E+6	1 E+3								129,2 d
Sn-123m	1 E+6	1 E+2								40,1 m
Sn-125	1 E+5	1 E+2	1 E+1	2 E+1	7 E-1	2 E-1	1 E+1	3 E+1	6 E+2	9,6 d
Sn-126+	1 E+5	1 E+1								1,0E+5 a
Sn-127	1 E+6	1 E+1								2,1 h
Sn-128	1 E+6	1 E+1								59,1 m
Sb-115	1 E+6	1 E+1								32,1 m
Sb-116	1 E+6	1 E+1								16,0 m
Sb-116m	1 E+6	1 E+1								60,0 m
Sb-117	1 E+5	1 E+2								2,8 h
Sb-118m	1 E+7	1 E+1								5,0 h
Sb-119	1 E+6	1 E+3								38,5 h
Sb-120m	1 E+7	1 E+1								5,8 d
Sb-122	1 E+6	1 E+2	1 E+1	1 E+2	5 E-1		1 E+1	1 E+2	1 E+3	2,7 d
Sb-124	1 E+4	1 E+1	1	5 E-1	5 E-1	4 E-2	1	5	2 E+1	60,3 d
Sb-125+	1 E+6	1 E+2	1 E+1	8 E-1	5 E-1	8 E-2	2	2 E+1	2 E+1	2,8 a
Sb-126	1 E+6	1 E+1								12,4 d
Sb-126m	1 E+5	1 E+1								19,0 m
Sb-127	1 E+5	1 E+1								3,9 d
Sb-128m	1 E+6	1 E+1								9,0 h

Anlagen

Verordnungstext

Radionuklid	Freigrenze			uneingeschränkte Freigabe von				Freigabe		Halbwertszeit
	Aktivität in	spezifische Aktivität in	Oberflächenkontamination in	festen Stoffen, Flüssigkeiten mit Ausn. von Sp. 6 in	Bauschutt, Bodenaushub von mehr als 1.000 t/a in	Bodenflächen in	Gebäuden zur Wieder-, Weiterverwendung in	festen Stoffen, Flüssigkeiten zur Beseitigung mit Ausn. von Sp. 6 in	Gebäuden zum Abriss in	
	Bq	Bq/g	Bq/cm²	Bq/g	Bq/g	Bq/g	Bq/cm²	Bq	Bq/cm²	
1	2	3	4	5	6	7	8	9	10	11
Sb-129	1 E+6	1 E+1								4,3 h
Sb-130	1 E+5	1 E+1								40,0 m
Sb-131	1 E+6	1 E+1								23,0 m
Te-116	1 E+7	1 E+2								2,5 h
Te-121	1 E+6	1 E+1								16,8 d
Te-121m	1 E+6	1 E+2								154,0 d
Te-123*)	1 E+6	1 E+3								1,2E+13 a
Te-123m	1 E+7	1 E+2	1 E+1	1 E+1	2	7 E-3	1 E+1	9 E+1	2 E+2	119,7 d
Te-125m	1 E+7	1 E+3	1 E+2	6 E+1	6 E+1	2 E-2	1 E+2	1 E+3	2 E+4	57,4 d
Te-127	1 E+6	1 E+3	1 E+2	1 E+3	5 E+1		1 E+2	1 E+3	9 E+5	9,4 h
Te-127m+	1 E+7	1 E+3	1 E+2	2 E+1	4 E+1		1 E+2	1 E+2	3 E+3	109,0 d
Te-129	1 E+6	1 E+2	1 E+1	1 E+2	4	2	1 E+2	1 E+2	7 E+5	69,6 m
Te-129m+	1 E+6	1 E+3	1 E+1	2 E+1	3		1 E+1	1 E+2	8 E+2	33,6 d
Te-131	1 E+5	1 E+2	1 E+1	1 E+2	6 E-1		1 E+1	1 E+2	3 E+5	25,0 m
Te-131m	1 E+6	1 E+1			2 E-1				1 E+3	30,0 h
Te-131m+			1	1 E+1			1	1 E+1		30,0 h
Te-132	1 E+7	1 E+2	1	1 E+2	9 E-2		1	1 E+2	2 E+2	76,3 h
Te-133	1 E+5	1 E+1	1	1 E+1	2 E-1		1	1 E+1	2 E+5	12,5 m
Te-133m	1 E+5	1 E+1			9 E-2				2 E+4	55,4 m
Te-133m+			1	1 E+1			1	1 E+1		55,4 m

Anlagen

Nuklid										t½	
Te-134	1 E+6	1 E+1				1		7 E+4		41,8	m
I-120	1 E+5	1 E+1					1 E+1			1,4	h
I-120m	1 E+5	1 E+1								53,0	m
I-121	1 E+6	1 E+2								2,1	h
I-123	1 E+7	1 E+2	1 E+1	1 E+2			1 E+2	3 E+4		13,2	h
I-124	1 E+6	1 E+1								4,2	d
I-125	1 E+6	1 E+3	1 E+1	3			1 E+2	1 E+4		59,4	d
I-126	1 E+6	1 E+2	1 E+1	2	9 E-2	5 E-1	2 E+1	3 E+2		13,0	d
I-128	1 E+5	1 E+2			2 E-1	1 E-1				25,0	m
I-129	1 E+5	1 E+2	1	4 E-1		1 E-1	4 E-1	8		1,6E+7	a
I-130	1 E+6	1 E+1	1	1 E+1		1 E+1	1 E+1	2 E+3		12,4	h
I-131	1 E+6	1 E+2	1 E+1	2		6 E-1	2 E+1	6 E+2		8,0	d
I-132	1 E+5	1 E+1	1	1 E+1		1 E-1	1 E+1	8 E+3		2,3	h
I-132m	1 E+6	1 E+2								83,6	m
I-133	1 E+6	1 E+1	1 E+1	1 E+1		4 E-1	1 E+1	3 E+3		20,8	h
I-133+										20,8	h
I-134	1 E+5	1 E+1	1	1 E+1		8 E-2	2 E+1	2 E+4		52,0	m
I-135				1 E+1		1 E-1	1 E+1	4 E+3		6,6	h
I-135+	1 E+6	1 E+1	1	1 E+1						6,6	h
Xe-120	1 E+9	1 E+2								40,0	m
Xe-121	1 E+9	1 E+2								38,8	m
Xe-122+	1 E+9	1 E+2								20,1	h
Xe-123	1 E+9	1 E+2								2,1	h
Xe-125	1 E+9	1 E+3								16,8	h
Xe-127	1 E+5	1 E+3								36,4	d
Xe-129m	1 E+4	1 E+3								8,9	d
Xe-131m	1 E+4	1 E+4								11,9	d
Xe-133	1 E+4	1 E+3								5,3	d
Xe-133m	1 E+4	1 E+3								2,2	d
Xe-135	1 E+10	1 E+3								9,1	h

Verordnungstext

Radionuklid	Freigrenze			Freigabe							Halbwertszeit
	Aktivität in	spezifische Aktivität in		uneingeschränkte Freigabe von				Freigabe von			
			Oberflächenkontamination in	festen Stoffen, Flüssigkeiten mit Ausn. von Sp. 6 in	Bauschutt, Bodenaushub von mehr als 1.000 t/a in	Bodenflächen in	Gebäuden zur Wiederverwendung in	festen Stoffen, Flüssigkeiten zur Beseitigung mit Ausn. von Sp. 6 in	Gebäuden zum Abriss in		
	Bq	Bq/g	Bq/cm²	Bq/g	Bq/g	Bq/g	Bq/cm²	Bq	Bq/cm²		
1	2	3	4	5	6	7	8	9	10	11	
Xe-135m	1 E+9	1 E+2								15,3 m	
Xe-138	1 E+9	1 E+2								14,1 m	
Cs-125	1 E+4	1 E+1								45,0 m	
Cs-127	1 E+5	1 E+2								6,3 h	
Cs-129	1 E+5	1 E+2	1 E+1	1 E+2	9 E-1		1 E+1	1 E+2	5 E+3	32,1 h	
Cs-130	1 E+6	1 E+2								29,2 m	
Cs-131	1 E+6	1 E+3	1 E+2	9 E+2	2 E+2	3 E+1	1 E+2	1 E+3	2 E+5	10,0 d	
Cs-132	1 E+5	1 E+1	1	1 E+1	3 E-1		1 E+1	1 E+1	4 E+2	6,5 d	
Cs-134	1 E+4	1 E+1	1	2 E-1	1 E-1	5 E-2	6 E-1	6	5	2,1 a	
Cs-134m	1 E+5	1 E+3	1 E+2	1 E+3	2 E+1		1 E+2	1 E+3	1 E+6	2,9 h	
Cs-135	1 E+7	1 E+4	1 E+2	2 E+1	2 E+1	4 E-1	1 E+2	7 E+2	9 E+3	2,0E+6 a	
Cs-136	1 E+5	1 E+1	1	2	1 E-1	4 E-2	1	4	6 E+1	13,2 d	
Cs-137+	1 E+4	1 E+1	1	5 E-1	4 E-1	6 E-2	2	1 E+1	1 E+1	30,2 a	
Cs-138	1 E+4	1 E+1	1	1 E+1	9 E-2		1	1 E+1	3 E+4	32,2 m	
Ba-126	1 E+7	1 E+2								100,0 m	
Ba-128	1 E+7	1 E+2								2,4,3 d	
Ba-131+	1 E+6	1 E+2	1 E+1	2 E+1	5 E-1	2 E-1	1 E+1	2 E+1	3 E+2	11,5 d	
Ba-131m	1 E+7	1 E+2								14,5 m	
Ba-133	1 E+6	1 E+2	1	1				3 E+1		10,5 a	
Ba-133m	1 E+6	1 E+2								38,9 h	

Anlagen

Nuklid										Halbwertszeit
Ba-135m	1 E+6	1 E+2								28,7 h
Ba-137m	1 E+6	1 E+1								2,6 m
Ba-139	1 E+5	1 E+2								83,1 m
Ba-140+	1 E+5	1 E+1	1				1			12,8 d
Ba-141	1 E+5	1 E+1		2						18,3 m
Ba-142	1 E+6	1 E+1			8 E-2	3 E-2		3	5 E+1	10,7 m
La-131	1 E+6	1 E+1			1 E-1					59,0 m
La-132	1 E+6	1 E+1	1							4,8 h
La-135	1 E+7	1 E+1								19,4 h
La-137	1 E+7	1 E+3								6,0E+5 a
La-138*)	1 E+7	1 E+3								1,4E+11 a
La-140	1 E+5	1 E+1	1	1 E+1			1	1 E+1	4 E+2	40,3 h
La-141	1 E+5	1 E+2								3,9 h
La-142	1 E+5	1 E+1								92,5 m
La-143	1 E+5	1 E+2								14,2 m
Ce-134	1 E+7	1 E+3								75,9 h
Ce-135	1 E+6	1 E+1								17,8 h
Ce-137	1 E+7	1 E+3								9,0 h
Ce-137m	1 E+6	1 E+3								34,4 h
Ce-139	1 E+6	1 E+2	1 E+1	9	2	7 E-1	1 E+1	8 E+1	1 E+2	137,6 d
Ce-141	1 E+7	1 E+2	1 E+1	7 E+1	4	1	1 E+1	1 E+2	1 E+3	32,5 d
Ce-143	1 E+6	1 E+2	1 E+1	1 E+2	9 E-1		1 E+1	1 E+2	5 E+3	33,0 h
Ce-144+	1 E+5	1 E+2	1 E+2	9	5	4 E-1	3 E+1	1 E+2	2 E+2	284,8 d
Pr-136	1 E+5	1 E+1								13,1 m
Pr-137	1 E+6	1 E+2								76,6 m
Pr-138m	1 E+6	1 E+1								2,0 h
Pr-139	1 E+7	1 E+2								4,5 h
Pr-142	1 E+5	1 E+2	1 E+1	1 E+2	4		1 E+2	1 E+2	4 E+4	19,1 h
Pr-142m	1 E+9	1 E+7								14,6 m
Pr-143	1 E+6	1 E+4	1 E+2	4 E+1	4 E+1	2 E+1	1 E+2	1 E+4	6 E+5	13,6 h

Radionuklid	Freigrenze			Freigabe						Halbwertszeit
	Aktivität in	spezifische Aktivität in	Oberflächenkontamination in	uneingeschränkte Freigabe von				Freigabe von		
				festen Stoffen, Flüssigkeiten mit Ausn. von Sp. 6 in	Bauschutt, Bodenaushub von mehr als 1.000 t/a in	Bodenflächen in	Gebäuden zur Wieder, Weiterverwendung in	festen Stoffen, Flüssigkeiten zur Beseitigung mit Ausn. von Sp. 6 in	Gebäuden zum Abriss in	
	Bq	Bq/g	Bq/cm²	Bq/g	Bq/g	Bq/g	Bq/cm²	Bq/g	Bq/cm²	
1	2	3	4	5	6	7	8	9	10	11
Pr-144	1 E+5	1 E+2								17,3 m
Pr-145	1 E+5	1 E+3								6,0 m
Pr-147	1 E+5	1 E+1								13,6 m
Nd-136	1 E+6	1 E+2								50,7 m
Nd-138	1 E+7	1 E+3								5,1 m
Nd-139	1 E+6	1 E+2								29,7 m
Nd-139m	1 E+6	1 E+1								5,5 h
Nd-141	1 E+7	1 E+2								2,5 h
Nd-147	1 E+6	1 E+2	1 E+1	5 E+1	2	7 E-1	1 E+1	8 E+1	1 E+3	11 d
Nd-149	1 E+6	1 E+2	1 E+1	1 E+2	7 E-1		1 E+1	1 E+2	7 E+4	1,7 h
Nd-151	1 E+5	1 E+1								12,4 m
Pm-141	1 E+5	1 E+2								20,9 m
Pm-143	1 E+6	1 E+2								265,0 d
Pm-144	1 E+6	1 E+1								1,0 a
Pm-145	1 E+7	1 E+3								17,7 a
Pm-146	1 E+6	1 E+1								5,5 a
Pm-147	1 E+7	1 E+4	1 E+2	2 E+2	2 E+2	2 E+1	1 E+3	1 E+4	2 E+4	2,6 a
Pm-148	1 E+5	1 E+1								5,4 d
Pm-148m+	1 E+6	1 E+1								41,3 d
Pm-149	1 E+6	1 E+3	1 E+2	1 E+3	2 E+1		1 E+2	1 E+3	7 E+4	53,1 h

Anlagen

Nuklid										Halbwertszeit
Pm-150	1 E+5	1 E+1								2,7 h
Pm-151	1 E+6	1 E+2								28,0 h
Sm-141	1 E+5	1 E+1								10,2 m
Sm-141m	1 E+6	1 E+1								22,6 m
Sm-142	1 E+7	1 E+2								72,4 m
Sm-145	1 E+7	1 E+2								340,0 d
Sm-146	1 E+5	1 E+1								1,0E+8 a
Sm-147*)	1 E+4	1 E+1								1,1E+11 a
Sm-151	1 E+8	1 E+4	1 E+2	5 E+2	5 E+2	4 E+1	1 E+3	5 E+3	3 E+4	93,0 a
Sm-153	1 E+6	1 E+2	1 E+1	1 E+2	1 E+1		1 E+2	1 E+2	4 E+4	46,8 h
Sm-155	1 E+6	1 E+2								22,4 m
Sm-156	1 E+6	1 E+2								9,4 h
Eu-145	1 E+6	1 E+1								5,9 d
Eu-146	1 E+6	1 E+1								4,5 d
Eu-147	1 E+6	1 E+2								24,6 d
Eu-148	1 E+6	1 E+1								55,6 d
Eu-149	1 E+7	1 E+2								93,1 d
Eu-150	1 E+6	1 E+1								35,8 a
Eu-152	1 E+6	1 E+1	1	2 E-1	2 E-1	7 E-2	8 E-1	8	6	13,3 a
Eu-152m	1 E+6	1 E+2	1 E+1	1 E+2	7 E-1		1 E+1	1 E+2	1 E+4	9,3 h
Eu-154	1 E+6	1 E+1	1	2 E-1	2 E-1	6 E-2	7 E-1	7	6	8,8 a
Eu-155	1 E+7	1 E+2	1 E+1	3 E+1	8	2	2 E+1	1 E+2	3 E+2	4,8 a
Eu-156	1 E+6	1 E+1								15,2 d
Eu-157	1 E+6	1 E+2								15,2 h
Eu-158	1 E+5	1 E+1								46,0 m
Gd-145	1 E+5	1 E+1								23,9 m
Gd-146+	1 E+6	1 E+1								48,3 d
Gd-147	1 E+6	1 E+1								38,1 h
Gd-148	1 E+4	1 E+1								90,0 a
Gd-149	1 E+6	1 E+2								9,5 d

Verordnungstext

Radionuklid	Freigrenze		Freigabe								Halbwertszeit
	Aktivität in	spezifische Aktivität in	uneingeschränkte Freigabe von				Freigabe von				
			Oberflächenkontamination in	festen Stoffen, Flüssigkeiten mit Ausn. von Sp. 6 in	Bauschutt, Bodenaushub von mehr als 1.000 t/a in	Bodenflächen in	Gebäuden zur Wiederverwendung in	festen Stoffen, Flüssigkeiten zur Beseitigung mit Ausn. von Sp. 6 in	Gebäuden zum Abriss in		
	Bq	Bq/g	Bq/cm²	Bq/g	Bq/g	Bq/g	Bq/cm²	Bq/g	Bq/cm²		
1	2	3	4	5	6	7	8	9	10	11	
Gd-151	1 E+7	1 E+2								120,0	d
Gd-152*)	1 E+4	1 E+1								1,1E+14	a
Gd-153	1 E+7	1 E+2	1 E+1	2 E+1	6		1 E+1	1 E+2	3 E+2	239,5	d
Gd-159	1 E+6	1 E+3	1 E+2	1 E+3	7		1 E+2	1 E+3	7 E+4	18,5	h
Tb-147	1 E+6	1 E+1								165,0	h
Tb-149	1 E+6	1 E+1								4,1	h
Tb-150	1 E+6	1 E+1								3,7	h
Tb-151	1 E+6	1 E+1								17,6	h
Tb-153	1 E+7	1 E+2								2,3	d
Tb-154	1 E+6	1 E+1								21,0	h
Tb-155	1 E+7	1 E+2								5,3	d
Tb-156	1 E+6	1 E+1								5,4	d
Tb-156m	1 E+7	1 E+3								5,4	h
Tb-157	1 E+7	1 E+4								150,0	a
Tb-158	1 E+6	1 E+1								150,0	a
Tb-160	1 E+6	1 E+1	1	6 E-1	2 E-1	7 E-2	1	9	2 E+1	72,1	d
Tb-161	1 E+6	1 E+3								6,9	d
Dy-155	1 E+6	1 E+1								10,0	h
Dy-157	1 E+6	1 E+2								8,1	h
Dy-159	1 E+7	1 E+3								144,4	d

Anlagen

Nuklid										Halbwertszeit
Dy-165	1 E+6	1 E+3	1 E+2	1 E+3	1 E+1		1 E+2	1 E+3	9 E+5	2,4 h
Dy-166	1 E+6	1 E+3	1 E+1	1 E+3	5		1 E+1		1 E+4	81,5 h
Dy-166+			·1 E+1							81,5 h
Ho-155	1 E+6	1 E+2								48,0 m
Ho-157	1 E+6	1 E+2								12,6 m
Ho-159	1 E+6	1 E+2								33,0 m
Ho-161	1 E+7	1 E+2								2,5 h
Ho-162	1 E+7	1 E+2								15,0 m
Ho-162m	1 E+6	1 E+1								68,0 m
Ho-164	1 E+6	1 E+3								29,0 m
Ho-164m	1 E+7	1 E+3								37,0 m
Ho-166	1 E+5	1 E+3	1 E+2	1 E+3	1 E+1		1 E+2	1 E+3	7 E+4	26,8 h
Ho-166m	1 E+6	1 E+1								1,2E+3 a
Ho-167	1 E+6	1 E+2								3,1 h
Er-161	1 E+6	1 E+1								3,2 h
Er-165	1 E+7	1 E+3								10,3 h
Er-169	1 E+7	1 E+4	1 E+2	1 E+2		5 E+1	1 E+3	1 E+4	2 E+6	9,4 d
Er-171	1 E+6	1 E+2	1 E+1	1 E+2	7 E-1		1 E+1	1 E+2	2 E+4	7,5 h
Er-172	1 E+6	1 E+2								49,0 h
Tm-162	1 E+6	1 E+1								21,6 m
Tm-166	1 E+6	1 E+1								7,7 h
Tm-167	1 E+6	1 E+2								9,3 d
Tm-170	1 E+6	1 E+3	1 E+2	4 E+1	4 E+1	6	1 E+2	1 E+3	9 E+3	128,6 d
Tm-171	1 E+8	1 E+4	1 E+2	5 E+2	5 E+2	6 E+1	1 E+3	1 E+4	6 E+4	1,9 a
Tm-172	1 E+6	1 E+2								63,6 h
Tm-173	1 E+6	1 E+2								8,2 h
Tm-175	1 E+6	1 E+1								15,2 m
Yb-162	1 E+7	1 E+2								18,9 m
Yb-166	1 E+7	1 E+2								56,7 h
Yb-167	1 E+6	1 E+2								17,7 m

Radionuklid	Freigrenze		Freigabe							Halbwertszeit
	Aktivität in	spezifische Aktivität in	uneingeschränkte Freigabe von					Freigabe von		
			Oberflächenkontamination in	festen Stoffen, Flüssigkeiten mit Ausn. von Sp. 6 in	Bauschutt, Bodenaushub von mehr als 1.000 t/a in	Bodenflächen in	Gebäuden zur Wieder-, Weiterverwendung in	festen Stoffen, Flüssigkeiten zur Beseitigung mit Ausn. von Sp. 6 in	Gebäuden zum Abriss in	
	Bq	Bq/g	Bq/cm²	Bq/g	Bq/g	Bq/g	Bq/cm²	Bq/g	Bq/cm²	
1	2	3	4	5	6	7	8	9	10	11
Yb-169	1 E+7	1 E+2	1 E+2	1 E+3	6		1 E+2	1 E+3	1 E+4	32,0 d
Yb-175	1 E+7	1 E+3								4,2 d
Yb-177	1 E+6	1 E+2								1,9 h
Yb-178	1 E+6	1 E+3								74,0 m
Lu-169	1 E+6	1 E+1								1,4 d
Lu-170	1 E+6	1 E+1								2,0 d
Lu-171	1 E+6	1 E+1								8,2 d
Lu-172	1 E+6	1 E+2								6,7 d
Lu-173	1 E+7	1 E+2								1,4 a
Lu-174	1 E+7	1 E+2								3,3 a
Lu-174m	1 E+7	1 E+2								142,0 d
Lu-176*)	1 E+6	1 E+2								3,6 E+10 a
Lu-176m	1 E+6	1 E+3								3,7 h
Lu-177	1 E+7	1 E+3	1 E+2	1 E+3	9		1 E+2	1 E+3	1 E+4	6,7 d
Lu-177m	1 E+6	1 E+1								160,1 d
Lu-178	1 E+5	1 E+2								28,4 m
Lu-178m	1 E+5	1 E+1								22,7 m
Lu-179	1 E+6	1 E+3								4,6 h
Hf-170	1 E+6	1 E+2								16,0 h
Hf-172+	1 E+6	1 E+1								1,9 a

Anlagen

Nuklid										Halbwertszeit
Hf-173	1 E+6	1 E+2								23,6 h
Hf-175	1 E+6	1 E+2								70,0 d
Hf-177m	1 E+5	1 E+1								51,0 m
Hf-178m	1 E+6	1 E+1								31,0 a
Hf-179m	1 E+6	1 E+1								25,0 d
Hf-180m	1 E+6	1 E+1								5,5 h
Hf-181	1 E+6	1 E+2	1	4	4 E-1	2 E-1	9	1 E+1	8 E+1	42,4 d
Hf-182	1 E+6	1 E+2								9,0 E+6 a
Hf-182m	1 E+6	1 E+1								61,5 m
Hf-183	1 E+6	1 E+1								64,0 m
Hf-184	1 E+6	1 E+2								4,1 h
Ta-172	1 E+6	1 E+1								37,0 m
Ta-173	1 E+6	1 E+1								3,6 h
Ta-174	1 E+6	1 E+1								1,0 h
Ta-175	1 E+6	1 E+1								10,5 h
Ta-176	1 E+6	1 E+1								8,1 h
Ta-177	1 E+7	1 E+2								56,6 h
Ta-178	1 E+6	1 E+1								2,5 h
Ta-179	1 E+7	1 E+3								665,0 d
Ta-180	1 E+6	1 E+1								8,2 a
Ta-180m[1])	1 E+7	1 E+3								> E+13 a
Ta-182	1 E+4	1 E+1	1		5 E-1	2 E-1	6 E-2	1	7	1 E+1	114,4 d
Ta-182m	1 E+6	1 E+2								16,0 m
Ta-183	1 E+6	1 E+2								5,0 d
Ta-184	1 E+6	1 E+1								8,7 h
Ta-185	1 E+5	1 E+2								49,0 m
Ta-186	1 E+5	1 E+1								10,5 m
W-176	1 E+6	1 E+2								2,5 h
W-177	1 E+6	1 E+1								2,3 h
W-178+	1 E+6	1 E+1								22,0 d

Verordnungstext

Radionuklid	Freigrenze		Freigabe								Halbwertszeit
	Aktivität in	spezifische Aktivität in	uneingeschränkte Freigabe von					Freigabe von			
			Oberflächenkontamination in	festen Stoffen, Flüssigkeiten mit Ausn. von Sp. 6 in	Bauschutt, Bodenaushub von mehr als 1.000 t/a in	Bodenflächen in	Gebäuden zur Wieder-, Weiterverwendung in	festen Stoffen, Flüssigkeiten zur Beseitigung mit Ausn. von Sp. 6 in	Gebäuden zum Abriss in		
	Bq	Bq/g	Bq/cm²	Bq/g	Bq/g	Bq/g	Bq/cm²	Bq/g	Bq/cm²		
1	2	3	4	5	6	7	8	9	10	11	
W-179	1 E+7	1 E+2								38,0	m
W-181	1 E+7	1 E+3	1 E+2	6 E+1	2 E+1	4	5 E+1	1 E+3	2 E+3	121,2	d
W-185	1 E+7	1 E+4	1 E+2	1 E+2	1 E+2	3	8 E+2	1 E+4	4 E+5	75,1	d
W-187	1 E+6	1 E+2	1 E+1	1 E+2	5 E-1		1 E+1	1 E+2	4 E+3	23,8	h
W-188+	1 E+5	1 E+2								69,0	d
Re-177	1 E+6	1 E+1								14,0	m
Re-178	1 E+6	1 E+1								13,2	m
Re-181	1 E+6	1 E+1								20,0	h
Re-182	1 E+6	1 E+1								64,0	h
Re-184	1 E+6	1 E+1								38,0	d
Re-184m	1 E+6	1 E+2								165,0	d
Re-186	1 E+6	1 E+3	1 E+2	1 E+3	2 E+1		1 E+2	1 E+3	4 E+4	90,6	h
Re-186m	1 E+7	1 E+3								2,0E+5	a
Re-187*)	1 E+9	1 E+6								5,0E+10	a
Re-188	1 E+5	1 E+2	1 E+1	1 E+2	4		1 E+2	1 E+2	5 E+4	17,0	h
Re-188m	1 E+7	1 E+2								18,6	m
Re-189+	1 E+6	1 E+2								24,3	h
Os-180	1 E+7	1 E+2								21,7	m
Os-181	1 E+6	1 E+1								1,8	h
Os-182	1 E+6	1 E+2								22,1	h

Anlagen

Nuklid									Halbwertszeit
Os-185	1E+6	1E+1						3E+1	94,0 d
Os-189m	1E+7	1E+4							6,0 h
Os-191	1E+7	1E+2	1E+1	5E-1		3E-1	3	3E+3	15,4 d
Os-191m	1E+7	1E+3	1E+2	9E+1	7		1E+1	2E+6	13,1 h
Os-193	1E+6	1E+2	1E+1	1E+3	2E+2		1E+3	3E+4	30,0 h
Os-194+	1E+5	1E+2		1E+2	4		1E+2		6,0 a
Ir-182	1E+5	1E+1							15,0 m
Ir-184	1E+6	1E+1							3,0 h
Ir-185	1E+6	1E+1							14,0 h
Ir-186	1E+6	1E+1							15,8 h
Ir-187	1E+6	1E+2							10,5 h
Ir-188	1E+6	1E+1							41,5 h
Ir-189+	1E+7	1E+2							13,3 d
Ir-190+	1E+6	1E+1		2					11,8 d
Ir-192*)	1E+4	1E+1	1	1	8E-2	6E-2	1	5E+1	74,0 d
Ir-192m	1E+7	1E+2	1		3E-1	1E-1	1	3E+1	241,0 a
Ir-193m	1E+7	1E+4							10,6 d
Ir-194	1E+5	1E+2	1E+1	1E+2	3		1E+1	2E+4	171,0 d
Ir-194m	1E+6	1E+1							19,5 d
Ir-195	1E+6	1E+2							19,2 h
Ir-195m	1E+6	1E+2							
Pt-186	1E+6	1E+1							2,0 a
Pt-188+	1E+6	1E+1							10,2 d
Pt-189	1E+6	1E+2							11,0 h
Pt-191	1E+6	1E+2	1E+1	1E+2	1		1E+2	3E+3	2,8 d
Pt-193	1E+7	1E+4							50,0 a
Pt-193m	1E+7	1E+3	1E+2	1E+3	7E+1		1E+3	1E+5	4,3 d
Pt-195m	1E+6	1E+2							4,0 d
Pt-197	1E+6	1E+3	1E+2	1E+3	2E+1		1E+3	2E+5	18,3 h
Pt-197m	1E+6	1E+2	1E+1	1E+2	4		1E+1	5E+5	94,4 m

Verordnungstext

Radionuklid	Freigrenze		Freigabe							Halbwertszeit
	Aktivität in	spezifische Aktivität in	uneingeschränkte Freigabe von				Freigabe von			
			Oberflächenkontamination in	festen Stoffen, Flüssigkeiten mit Ausn. von Sp. 6 in	Bauschutt, Bodenaushub von mehr als 1.000 t/a in	Bodenflächen in	Gebäuden zur Wieder-, Weiterverwendung in	festen Stoffen, Flüssigkeiten zur Beseitigung mit Ausn. von Sp. 6 in	Gebäuden zum Abriss in	
	Bq	Bq/g	Bq/cm²	Bq/g	Bq/g	Bq/g	Bq/cm²	Bq/g	Bq/cm²	
1	2	3	4	5	6	7	8	9	10	11
Pt-199	1 E+6	1 E+2								30,8 h
Pt-200	1 E+6	1 E+2								12,5 m
Au-193	1 E+7	1 E+2								17,7 h
Au-194	1 E+6	1 E+1								39,5 h
Au-195	1 E+7	1 E+2								183,0 d
Au-198	1 E+6	1 E+2	1 E+1	1 E+2	6 E-1		1 E+1	1 E+2	2 E+3	2,7 d
Au-198m	1 E+6	1 E+1								2,3 d
Au-199	1 E+6	1 E+2	1 E+1	1 E+2	6 E-1		1 E+1	1 E+2	9 E+3	3,1 d
Au-200	1 E+5	1 E+2								48,4 m
Au-200m	1 E+6	1 E+1								18,7 h
Au-201	1 E+6	1 E+2								26,4 m
Hg-193	1 E+6	1 E+2								3,5 h
Hg-193m	1 E+6	1 E+1								11,1 h
Hg-194+	1 E+6	1 E+1								367,0 a
Hg-195	1 E+6	1 E+2								9,5 h
Hg-195m+ org.	1 E+6	1 E+2								40,0 h
Hg-195m+ anorg.	1 E+6	1 E+2								40,0 h
Hg-197	1 E+7	1 E+2	1 E+1	1 E+2	9		1 E+2	1 E+2	3 E+4	64,1 h
Hg-197m org., anorg.	1 E+6	1 E+6	1 E+2	1 E+1	1 E+2	4	1 E+1	1 E+2	3 E+4	23,8 h
Hg-203	1 E+5	1 E+2	1 E+1		1		1 E+1		2 E+2	46,6 d

Anlagen

Nuklid									Halbwertszeit
Tl-194	1 E+6	1 E+1							33,0 m
Tl-194m	1 E+6	1 E+1							32,8 m
Tl-195	1 E+6	1 E+1							1,1 h
Tl-197	1 E+6	1 E+2							2,8 h
Tl-198	1 E+6	1 E+1							5,3 h
Tl-198m	1 E+6	1 E+1							1,9 h
Tl-199	1 E+6	1 E+2							7,4 h
Tl-200	1 E+6	1 E+1	1	1 E+1	2 E-1		1	1 E+1	1 E+3	26,1 h
Tl-201	1 E+6	1 E+2	1 E+1	1 E+2	6		1 E+1	1 E+2	1 E+4	73,1 h
Tl-202	1 E+6	1 E+2	1 E+1	2 E+1	5 E-1	2 E-1	1 E+1	2 E+1	3 E+2	12,2 d
Tl-204	1 E+4	1 E+4	1 E+2	4 E+1	4 E+1	4 E-2	1 E+2	1 E+4	3 E+3	3,8 a
Pb-195m	1 E+6	1 E+1							15,7 m
Pb-198	1 E+6	1 E+2							2,4 h
Pb-199	1 E+6	1 E+1							1,5 h
Pb-200	1 E+6	1 E+2							21,5 h
Pb-201	1 E+6	1 E+1							9,4 h
Pb-202	1 E+6	1 E+3							3,0E+5 a
Pb-202m	1 E+6	1 E+1							3,6 h
Pb-203	1 E+6	1 E+2	1 E+1	1 E+2	9 E-1		1 E+1	1 E+2	3 E+3	51,9 h
Pb-205	1 E+7	1 E+4							1,5E+7 a
Pb-209	1 E+6	1 E+5							3,3 h
Pb-210+	1 E+4	1 E+1	1	3 E-2	2 E-1		1	1 E+1	1	22,3 a
Pb-210++	1 E+6	1 E+2	1	2 E-2	4 E-2		1	1 E+1		22,3 a
Pb-211	1 E+6	1 E+2							36,1 m
Pb-212	1 E+7	1 E+2	1	1 E+1	1 E-1		1	1 E+1	2 E+3	10,6 h
Pb-212+	1 E+5	1 E+1	1							10,6 h
Pb-214	1 E+6	1 E+2							26,8 m
Bi-200	1 E+6	1 E+1							36,4 m
Bi-201	1 E+6	1 E+1							1,8 h
Bi-202	1 E+6	1 E+1							1,7 h

Radionuklid	Freigrenze		uneingeschränkte Freigabe von				Freigabe von			Halbwertszeit
	Aktivität in Bq	spezifische Aktivität in Bq/g	Oberflächenkontamination in Bq/cm²	festen Stoffen, Flüssigkeiten mit Ausn. von Sp. 6 in Bq/g	Bauschutt, Bodenaushub von mehr als 1.000 t/a in Bq/g	Bodenflächen in Bq/g	Gebäuden zur Wieder-, Weiterverwendung in Bq/cm²	festen Stoffen, Flüssigkeiten zur Beseitigung mit Ausn. von Sp. 6 in Bq/g	Gebäuden zum Abriss in Bq/cm²	
1	2	3	4	5	6	7	8	9	10	11
Bi-203	1 E+6	1 E+1								11,8 h
Bi-205	1 E+6	1 E+1								15,3 d
Bi-206	1 E+5	1 E+1	1	1 E+1	7 E-2		1	1 E+1	9 E+1	6,2 d
Bi-207	1 E+6	1 E+1	1	2 E-1	2 E-1	5 E-2	5 E-1	6	5	31,6 a
Bi-210	1 E+6	1 E+3	1 E+2	1 E+3	9		3 E+1	1 E+3	1 E+4	5,0 d
Bi-210m+	1 E+5	1 E+1								3,0E+6 a
Bi-212										60,6 m
Bi-212+	1 E+5	1 E+1	1	1 E+1	2 E-1		1	1 E+1	3 E+4	60,6 m
Bi-213	1 E+6	1 E+2								45,6 m
Bi-214	1 E+5	1 E+1								19,9 m
Po-203	1 E+6	1 E+1	1	1 E+1	1 E-1		1	1 E+1	4 E+4	36,0 m
Po-205	1 E+6	1 E+1	1	1 E+1	1 E-1		1	1 E+1	1 E+4	1,8 h
Po-206	1 E+6	1 E+1								8,8 d
Po-207	1 E+6	1 E+1	1	1 E+1	2 E-1		1	1 E+1	5 E+3	5,8 h
Po-208	1 E+4	1 E+1								2,9 a
Po-209	1 E+4	1 E+1								102,0 a
Po-210	1 E+4	1 E+1	1	4 E-2	4 E-2		1	10	7	138,4 d
At-207	1 E+6	1 E+1								1,8 h
At-211	1 E+7	1 E+3	1 E+1	1 E+3	1 E+1		8	1 E+3	3 E+5	7,2 h
Fr-222	1 E+5	1 E+3								14,4 m

Anlagen

Nuklid												
Fr-223	1 E+6	1 E+2							2 E+1		21,8	m
Rn-220+	1 E+7	1 E+4									< 10	m
Rn-222+	1 E+8	1 E+1									3,8	d
Ra-223+	1 E+5	1 E+2	1	5 E-1	4 E-1				2 E+1	3 E+2	11,4	d
Ra-224					1 E-1				1 E+1	3 E+2	3,7	d
Ra-224+	1 E+5	1 E+1	1	1 E+1							3,7	d
Ra-225	1 E+5	1 E+2	1 E-1	2 E-1	2 E-1				9	8 E+1	14,8	d
Ra-226+	1 E+4	1 E+1	1	3 E-2	3 E-2		1 E-1		1 E-1	9 E-1	1,6E+3	a
Ra-226++	1 E+6	1 E+2	1	1 E-2			5 E-1		1 E-1		1,6E+3	a
Ra-227	1 E+5	1 E+1	1 E+1	1 E+2	1		1 E+1		1 E+2	3 E+5	42,2	m
Ra-228+	1 E+6	1 E+2	1	7 E-2	1 E-1		4 E-1		8	4	5,8	a
Ac-224	1 E+6	1 E+2									2,9	h
Ac-225+	1 E+4	1 E+1									10,0	d
Ac-226	1 E+5	1 E+2									2,9	h
Ac-227+	1 E+3	1 E-1									21,8	a
Ac-227++											21,8	a
Ac-228	1 E+6	1 E+1	1	7 E-3	2 E-1		1	1 E-1	3 E-1		6,1	h
Th-226			1	1 E+1	3 E+1		1 E+2		1 E+1	7 E+3	31,0	m
Th-226+	1 E+7	1 E+3	1 E+1	1 E+3					1 E+3	1 E+7	31,0	m
Th-227	1 E+4	1 E+1	1 E-1	2 E-1	2 E-1		1 E-1		7	6 E+1	18,7	d
Th-228+	1 E+4	1	1 E-1	1 E-1	7 E-2		1 E-1		1	3	1,9	a
Th-229+	1 E+3	1	1 E-1	2 E-2	2 E-2		1 E-1		1	9 E-1	7,9E+3	a
Th-230	1 E+4	1	1 E-1	5 E-2	5 E-2		1 E-1		1	3	7,5E+4	a
Th-231	1 E+7	1 E+3	1 E+2	1 E+3	4 E+1		1 E+2		1 E+3	3 E+5	25,5	h
Th-232	1 E+4	1 E+1	1 E-1	3 E-2	3 E-2		1 E-1		1	1	1,4E+10	a
Th-232sec	1 E+3	1	1 E-1	2 E-2							1,4E+10	a
Th-234+	1 E+5	1 E+3	1 E+2	1 E+1	1 E+1		1 E+2		5 E+2	4 E+3	24,1	d
Pa-227	1 E+6	1 E+3									38,3	m
Pa-228	1 E+6	1 E+1									22,0	h
Pa-230	1 E+6	1 E+1	1	6	4 E-1	1 E-1	1 E+1		1 E+1	2 E+2	17,4	d

Verordnungstext

Radionuklid	Freigrenze			Freigabe							Halbwertszeit
	Aktivität in	spezifische Aktivität in	Oberflächenkontamination in	uneingeschränkte Freigabe von				Freigabe von			
				festen Stoffen, Flüssigkeiten mit Ausn. von Sp. 6 in	Bauschutt, Bodenaushub von mehr als 1.000 t/a in	Bodenflächen in	Gebäuden zur Wiederverwendung in	festen Stoffen, Flüssigkeiten zur Beseitigung mit Ausn. von Sp. 6 in	Gebäuden zum Abriss in	
	Bq	Bq/g	Bq/cm²	Bq/g	Bq/g	Bq/g	Bq/cm²	Bq/g	Bq/cm²	
1	2	3	4	5	6	7	8	9	10	11
Pa-231	1 E+3	1	1 E-2	7 E-3	4 E-3		1 E-2	8 E-2	1 E-1	3,3E+4 a
Pa-232	1 E+6	1 E+1								1,3 d
Pa-233	1 E+7	1 E+2	1 E+1	2 E+1	1	4 E-1	1 E+1	5 E+1	4 E+2	27,0 d
Pa-234	1 E+6	1 E+1								6,7 h
U-230+	1 E+5	1 E+1	1 E-1	3 E-1	2 E-1		1 E-1	1 E+1	8 E+1	20,8 d
U-231	1 E+7	1 E+2	1 E+1	1 E+2	6		1 E+1	1 E+2	1 E+4	4,2 d
U-232	1 E+4	1 E+1	1 E-1	6 E-2	5 E-2		1 E-1	1	1	68,9 a
U-232+	1 E+3	1	1 E-1	4 E-2				1		68,9 a
U-233	1 E+4	1 E+1	1	4 E-1	3 E-1		1	2	1 E+1	1,6E+5 a
U-234	1 E+4	1 E+1	1	5 E-1	4 E-1		1	9	1 E+1	2,5E+5 a
U-235+	1 E+4	1 E+1	1	5 E-1	3 E-1		1	3	1 E+1	7,0E+8 a
U-236	1 E+4	1 E+1	1	5 E-1	4 E-1		2	1 E+1	1 E+1	2,3E+7 a
U-237	1 E+6	1 E+2	1 E+1	1 E+2	3		1 E+1	1 E+2	3 E+3	6,8 d
U-238+	1 E+4	1 E+1	1	6 E-1	4 E-1		2	1 E+1	1 E+1	4,4E+9 a
U-238sec	1 E+3	1	1	9 E-3				1 E-1		4,4E+9 a
U-239	1 E+6	1 E+2	1 E+2	1 E+2	9		1 E+2	1 E+2	4 E+6	23,5 m
U-240	1 E+7	1 E+3	1 E+1	1 E+3	7 E-1		1 E+1	1 E+3	9 E+3	14,1 h
U-240+	1 E+6	1 E+1			7 E-1					14,1 h
Np-232	1 E+6	1 E+1								14,7 m
Np-233	1 E+7	1 E+2								36,2 m

Anlagen

Nuklid											T½
Np-234	1 E+6	1 E+1									4,4 d
Np-235	1 E+7	1 E+3									396,2 d
Np-236 (1)	1 E+5	1 E+2									1,2E+5 a
Np-236 (2)	1 E+7	1 E+3									22,5 h
Np-237+	1 E+3	1	1 E-1	9 E-2	2 E-1	1 E-1		1		5	2,1E+6 a
Np-238	1 E+6	1 E+2	1 E+1	1 E+2	2		1 E+2				2,1 d
Np-239	1 E+7	1 E+2	1	1 E+1	2 E-1		1 E+1	6 E+3			2,4 d
Np-240	1 E+6	1 E+2	1 E+1	1 E+2	4		1 E+1	4 E+4			65,0 m
Pu-234	1 E+7	1 E+2	1 E+1	1 E+2	3		1 E+2	8 E+4			8,8 h
Pu-235	1 E+7	1 E+2	1 E-1	1 E+1	2 E-1	1 E-1	1 E+1	1 E+6			25,3 m
Pu-236	1 E+4	1 E+1	1 E+2	2 E+2	9	2	3 E+2	7			2,9 a
Pu-237	1 E+7	1 E+3	1 E-1	2	6 E-2		1 E+2	2 E+3			45,3 d
Pu-238	1 E+4	1	1 E-1	4 E-2	8 E-2		1	3			87,7 a
Pu-239	1 E+4	1	1 E-1	4 E-2	8 E-2	4 E-2	1	2			2,4E+4 a
Pu-240	1 E+3	1	1 E+1	4 E-2	8 E-2	4 E-2	1	2			6,6E+3 a
Pu-241	1 E+5	1 E+2	1 E-1	2	2	4	1 E+1	14,4 a			14,4 a
Pu-242	1 E+4	1	1 E+2	4 E-2	4 E-2	4 E-2	1	9 E+1			3,8E+5 a
Pu-243	1 E+7	1 E+3	1 E-1	1 E+3	2 E+1		1 E+2	2			5,0 h
Pu-244+	1 E+4	1	1	4 E-2	4 E-2	4 E-2	1 E+1	7 E+5			8,3E+7 a
Pu-245	1 E+6	1 E+2						3			10,5 d
Pu-246	1 E+6	1 E+2									10,9 d
Am-237	1 E+6	1 E+2									73,0 m
Am-238	1 E+6	1 E+1									1,6 h
Am-239	1 E+6	1 E+2									11,9 h
Am-240	1 E+6	1 E+1									50,8 h
Am-241	1 E+4	1	1 E-1	5 E-2	5 E-2	6 E-2	1 E-1	3			432,6 a
Am-242	1 E+6	1 E+3	1 E+2	1 E+3	3 E+1		1 E+2	3 E+5			16,0 h
Am-242m+	1 E+4	1	1 E-1	5 E-2	9 E-2	7 E-2	1 E-1	3			141,0 a
Am-243+	1 E+3	1	1 E-1	5 E-2	9 E-2	5 E-2	1 E-1	3			7,4E+3 a
Am-244	1 E+6	1 E+1									10,1 h

Verordnungstext

Radionuklid	Freigrenze		Freigabe								Halbwertszeit
	Aktivität in	spezifische Aktivität in	uneingeschränkte Freigabe von					Freigabe von		
			Oberflächenkontamination in	festen Stoffen, Flüssigkeiten mit Ausn. von Sp. 6 in	Bauschutt, Bodenaushub von mehr als 1.000 t/a in	Bodenflächen in	Gebäuden zur Wiederverwendung in	festen Stoffen, Flüssigkeiten zur Beseitigung mit Ausn. von Sp. 6 in	Gebäuden zum Abriss in	
	Bq	Bq/g	Bq/cm²	Bq/g	Bq/g	Bq/g	Bq/cm²	Bq/g	Bq/cm²	
1	2	3	4	5	6	7	8	9	10	11
Am-244m	1 E+7	1 E+4								26,0 m
Am-245	1 E+6	1 E+3								2,1 h
Am-246	1 E+5	1 E+1								39,0 m
Am-246m	1 E+6	1 E+1								25,0 m
Cm-238	1 E+7	1 E+2								2,4 h
Cm-240	1 E+5	1 E+2								32,8 d
Cm-241	1 E+6	1 E+2								32,8 d
Cm-242	1 E+5	1 E+2	1	8 E-1	7 E-1	4 E-1	1	5 E+1	4 E+1	162,8 d
Cm-243	1 E+4	1	1 E-1	7 E-2	1 E-1	7 E-2	1 E-1	1	4	29,1 a
Cm-244	1 E+4	1 E+1	1 E-1	8 E-2	8 E-2	8 E-2	1 E-1	1 E+1	5	18,1 a
Cm-245	1 E+3	1	1 E-1	4 E-2	4 E-2	5 E-2	1 E-1	1	2	8,5E+3 a
Cm-246	1 E+3	1	1 E-1	5 E-2	5 E-2	5 E-2	1 E-1	1	3	4,7E+3 a
Cm-247+	1 E+4	1	1 E-1	5 E-2	1 E-1	4 E-2	1 E-1	1	3	1,6E+7 a
Cm-248	1 E+3	1	1 E-2	1 E-2	3 E-2	1 E-2	1 E-1	1	1	3,4E+5 a
Cm-249	1 E+6	1 E+3								64,2 m
Cm-250	1 E+3	1 E-1								1,1 E+4 a
Bk-245	1 E+6	1 E+2								4,9 d
Bk-246	1 E+6	1 E+1								1,8 d
Bk-247	1 E+4	1								1,4E+3 a
Bk-249	1 E+6	1 E+3	1 E+1	3 E+1	2 E+1		8 E+1	1 E+3	1 E+3	320,0 d

Anlagen

Nuklid								Halbwertszeit
Bk-250	1 E+6	1 E+1						3,2 h
Cf-244	1 E+7	1 E+4						19,7 m
Cf-246	1 E+6	1 E+3	1 E+1	1 E+3		1 E+3	4 E+4	35,7 d
Cf-248	1 E+4	1 E+1	1	5 E-1	4 E-1	1 E+1	2 E+1	333,5 d
Cf-249	1 E+3	1	1 E-1	7 E-2	6 E-2	1	2	350,6 a
Cf-250	1 E+4	1 E+1	1 E-1	1 E-1	1 E-1	8	4	13,1 a
Cf-251	1 E+3	1	1 E-1	7 E-2	5 E-2	1	2	898,0 a
Cf-252	1 E+4	1 E+1	1 E-1	2 E-2	2 E-1	1 E+2	7	2,6 a
Cf-253+	1 E+5	1 E+2	1	4	1 E-1	1 E+2	1 E+3	17,8 d
Cf-254	1 E+3	1	1 E-1	1 E-1	1 E-1	1	1 E+1	60,5 d
Es-250	1 E+6	1 E+2						8,6 h
Es-251	1 E+7	1 E+2						33,0 h
Es-253	1 E+5	1 E+2	1	2	1	9 E+1	4 E+2	20,4 d
Es-254+	1 E+4	1 E+1	1	4 E-1	3 E-1	8	1 E+1	275,7 d
Es-254m					4 E-1			39,3 h
Es-254m+	1 E+6	1 E+2	1	1 E+2		1 E+2	2 E+3	39,3 h
Fm-252	1 E+6	1 E+3						25,4 h
Fm-253	1 E+6	1 E+2						3,0 d
Fm-254	1 E+7	1 E+4	1 E+2	1 E+4	3 E+1	1 E+4	2 E+6	3,2 h
Fm-255	1 E+6	1 E+3	1 E+1	1 E+3	1 E+1	1 E+3	9 E+4	20,1 h
Fm-257	1 E+5	1 E+1						100,5 d
Md-257	1 E+7	1 E+2						5 h
Md-258	1 E+5	1 E+2						56 d

Tabelle 2: Liste der Radionuklide der Tabelle 1 im radioaktiven Gleichgewicht mit den angegebenen Tochternukliden

Mutternuklid	Tochternuklide
Mg-28+	Al-28
Ca-47+	Sc-47
Ti-44+	Sc-44
Fe-60+	Co-60m
Zn-69m+	Zn-69
Ge-68+	Ga-68
Rb-83+	Kr-83m
Sr-82+	Rb-82
Sr-90+	Y-90
Y-87+	Sr-87m
Zr-93+	Nb-93m
Zr-97+	Nb-97, Nb-97m
Mo-101+	Tc-100
Tc-95m+	Tc-95
Ru-103+	Rh-102m
Ru-106+	Rh-106
Pd-103+	Rh-106
Ag-108m+	Ag-108
Ag-110m+	Ag-110
Cd-109+	Ag-109m
Cd-115+	In-115m
In-114m+	In-114
Sn-113+	In-113m
Sn-121m+	Sn-121
Sn-126+	Sb-126m
Sb-125+	Te-125m
Te-127m+	Te-127
Te-129m+	Te-129
Te-131m+	Te-131
Te-133m+	Te-133
I-133+	Xe-133, Xe-133m
I-135+	Xe-135, Xe-135m

Mutternuklid	Tochternuklide
Xe-122+	I-122
Cs-137+	Ba-137m
Ba-131+	Cs-131
Ba-140+	La-140
Ce-144+	Pr-144, Pr-144m
Pm-148m+	Pm-148
Gd-146+	Eu-146
Dy-166+	Ho-166
Hf-172+	Lu-172
W-178+	Ta-178
W-188+	Re-188
Re-189+	Os-189m
Os-194+	Ir-194
Ir-189	Os-189m
Ir-190+	Os-190m
Pt-188+	Ir-188
Hg-194+	Au-194
Hg-195m+	Hg-195
Pb-210+	Bi-210
Pb-210++	Bi-210, Po-210
Pb-212+	Bi-212, Tl-208, Po-212
Bi-212+	Tl-208, Po-212
Rn-220+	Po-216
Rn-222+	Po-218, Pb-214, Bi-214, Po-214
Ra-223+	Rn-219, Po-215, Pb-211, Bi-211, Tl-207, Po-211
Ra-224+	Rn-220, Po-216, Pb-212, Bi-212, Tl-208, Po-212
Ra-226+	Rn-222, Po-218, Pb-214, Bi-214, Po-214
Ra-226++	Rn-222, Po-218, Pb-214, Bi-14, Pb-210, Bi-210, Po-210, Po-214
Ra-228+	Ac-228
Ac-225+	Fr-221, At-217, Bi-213, Po-213, Tl-209, Pb-209
Ac-227+	Fr-223
Ac-227++	Fr-223, Th-227, Ra-223, Rn-219, Po-215, Pb-211, Bi-211, Tl-207, Po-211
Th-226+	Ra-222, Rn-218, Po-214

Mutternuklid	Tochternuklide
Th-228+	Ra-224, Rn-220, Po-216, Pb-21 2, Bi-212, Tl-208, Po-212
Th-229+	Ra-225, Ac-225, Fr-221, At-217, Bi-213, Tl-209, Po-213, Pb-209
Th-232sec	Ra-228, Ac-228, Th-228, Ra-224, Rn-220, Po-216, Pb-212, Bi-212, Tl-208, Po-212
Th-234+	Pa-234m, Pa-234
U-230+	Th-226, Ra-222, Rn-218, Po-214
U-232+	Th-228, Ra-224, Rn-220, Po-216, Pb-212, Bi-212, Tl-208, Po-212
U-235+	Th-231
U-238+	Th-234, Pa-234m, Pa-234
U-238sec	Th-234, Pa-234m, U-234, Th-230, Ra-226, Rn-222, Po-218, Pb-214, Bi-214, Pb-210, Bi-210, Po-210, Po-214
U-240+	Np-240, Np-240m
Np-237+	Pa-233
Pu-244+	U-240, Np-240m, Np-240
Am-242m+	Np-238, Am-242
Am-243+	Np-239
Cm-247+	Pu-243
Cf-253+	Cm-249
Es-254+	Bk-250
Es-254m+	Bk-250, Fm-254

Anlage IV
(zu § 29)

Festlegungen zur Freigabe

Teil A: Allgemeines

1. Soweit in den folgenden Teilen B bis G nichts anderes bestimmt ist, gilt Folgendes:

   a) Das Verfahren zum Nachweis der Einhaltung der Freigabewerte richtet sich nach der Art und Beschaffenheit der Stoffe.

   b) Der Nachweis der Einhaltung der jeweiligen Freigabewerte und, sofern eine feste Oberfläche vorhanden ist, an der eine Kontaminationsmessung möglich ist, die Einhaltung der Oberflächenkontaminationswerte sind anhand von Messungen zu erbringen; im Einzelfall können von der zuständigen Behörde auch andere Nachweisverfahren zugelassen werden.

   c) Die zugrunde zu legende Mittelungsmasse für die Ermittlung der spezifischen Aktivität darf 300 kg nicht wesentlich überschreiten.

   d) Die Mittelungsfläche für die Oberflächenkontamination darf bis zu 1.000 cm² betragen.

   e) Bei mehreren Radionukliden ist die Summe der Verhältniszahlen C_i/R aus der freizugebenden spezifischen Aktivität (C_i) und den jeweiligen Freigabewerten (R_i) der einzelnen Radionuklide gemäß Anlage III Tabelle 1 Spalte 5, 6, 7, 9 oder 10a oder $A_{s,i}/O_i$ aus der vorhandenen Aktivität je Flächeneinheit ($A_{s,i}$) und den jeweiligen Werten der Oberflächenkontamination (O_i) der einzelnen Radionuklide gemäß Anlage Tabelle 1 Spalte 4, 8 oder 10 zu berechnen (Summenformel), wobei i das jeweilige Radionuklid ist. Diese Summe darf den Wert 1 nicht überschreiten:

   $$\sum_i \frac{C_i}{R_i} \leq 1 \quad \text{und} \quad \sum_i \frac{A_{s,i}}{O_i} \leq 1$$

   f) Nuklide brauchen bei der Summenbildung nicht berücksichtigt zu werden, wenn der Anteil der unberücksichtigten Nuklide an der Gesamtsumme der zugeordneten Verhältniszahlen C_i/R_i oder $A_{s,i}/O_i$ den relativen Fehler der Gesamtsumme von 10 % nicht überschreitet.

   g) Sind in den Stoffen Radionuklide im radioaktiven Gleichgewicht vorhanden, bleiben die in der Anlage III Tabelle 2 aufgeführten Tochternuklide in der Summenformel nach Buchstabe e unberücksichtigt.

   h) Soweit in Anlage III Tabelle 1 Spalte 5, 6, 8, 9, 10 oder 10a für Radionuklide keine Freigabewerte angegeben sind, sind diese im Einzelfall zu berechnen. Bei Radionukliden, deren Halbwertszeit kleiner als sieben Tage ist, oder bei kleinen Massen können die entsprechenden Freigrenzen der Anlage III Tabelle 1 Spalte 3 als Freigabewerte der Spalten 5 oder 9 zugrunde gelegt werden.

2. Soweit der Nachweis, dass für Einzelpersonen der Bevölkerung nur eine effektive Dosis im Bereich von 10 Mikrosievert im Kalenderjahr auftreten kann, im Einzelfall geführt wird, sind die Annahmen der Anlage VII Teil B und C, insbesondere die Festlegungen der Anlage VII Teil B Tabelle 1 Spalte 1 bis 7, zugrunde zu legen, sofern die Expositionspfade nach Anlage VII Teil A für den Einzelfall nach § 29 Abs. 2 Satz 3 von Bedeutung sind.

Teil B: Uneingeschränkte Freigabe

Eine uneingeschränkte Freigabe bedarf keiner Festlegungen hinsichtlich der künftigen Nutzung, Verwendung, Verwertung, Wiederverwertung, Beseitigung oder dem endgültigen Verbleib der Stoffe, für die eine wirksame Feststellung nach § 29 Abs. 3 getroffen wurde. Die Werte der Anlage III Tabelle 1 Spalte 5 gelten auch für Bauschutt und Bodenaushub, wenn die freizugebende Masse nicht mehr als 1.000 Tonnen im Kalenderjahr beträgt.

Teil C: Freigabe zur Beseitigung

1. Eine Freigabe zur Beseitigung setzt voraus, dass die Stoffe, für die eine wirksame Feststellung nach § 29 Abs. 3 getroffen wurde, auf einer Deponie ohne biologische oder chemische Vorbehandlung abgelagert oder eingebaut oder in einer Verbrennungsanlage beseitigt werden. Eine Verwertung oder Wiederverwendung außerhalb einer Deponie oder Verbrennungsanlage muss ausgeschlossen sein.

2. Die Werte der Anlage III Tabelle 1 Spalte 9 gelten nicht für Bauschutt und Bodenaushub, wenn die freizugebende Masse mehr als 1.000 Tonnen im Kalenderjahr betragen kann.

Teil D: Freigabe von Gebäuden

1. Der Begriff Gebäude umfasst einzelne Gebäude, Räume, Raumteile sowie Bauteile.

2. Die Freimessung eines Gebäudes soll grundsätzlich an der stehenden Struktur erfolgen. Die Messungen können anhand eines geeigneten Stichprobenverfahrens durchgeführt werden.

3. Die zugrunde zu legende Mittelungsfläche darf bis zu 1 m^2 betragen.

4. Ist eine spätere Wieder- oder Weiterverwendung des Gebäudes nicht auszuschließen, dürfen die Oberflächenkontaminationswerte die Werte der Anlage III Tabelle 1 Spalte 8 nicht überschreiten.

5. Soll das Gebäude nach der Freimessung abgerissen werden, dürfen die Oberflächenkontaminationswerte die Werte der Anlage III Tabelle 1 Spalte 10 nicht überschreiten. In begründeten Fällen kann die zuständige Behörde größere Mittelungsflächen als 1 m^2 zulassen.

6. Nach der Freigabe eines Gebäudes insbesondere durch Abriss anfallender Bauschutt bedarf keiner gesonderten Freigabe.

7. Bei volumengetragener Aktivität durch Aktivierung finden die Teile B, C oder F Anwendung.

Teil E: Freigabe von Bodenflächen

1. Die Mittelungsfläche für die Oberflächenkontamination darf bis zu 100 m^2 betragen.

2. Es sind nur die Kontaminationen zu berücksichtigen, die durch die Anlagen oder Einrichtungen auf dem Betriebsgelände verursacht worden sind.

3. Soweit in Anlage III Tabelle 1 Spalte 7 keine Freigabewerte angegeben sind, ist der Nachweis, dass für Einzelpersonen der Bevölkerung eine nur geringfügige Dosis zu erwarten ist, im Einzelfall zu führen. Dabei sind die Nutzungen der freizugebenden Bodenflächen nach den jeweiligen Standortgegebenheiten und die dabei relevanten Expositionspfade zu berücksichtigen.

4. Der Nachweis nach Nummer 3 ist auf der Grundlage von Messungen durch Dosisberechnungen zu erbringen.

5. Die Freigabewerte der Anlage III Tabelle 1 Spalte 7 können in flächenbezogene Freigabewerte gemäß folgender Beziehung umgerechnet werden:

$O_i = R_i \cdot \rho \cdot d$.

Dabei ist:

O_i der Freigabewert für Bodenflächen für das jeweilige Radionuklid i in Bq/cm^2,

R_i der Freigabewert für Bodenflächen für das jeweilige Radionuklid i in Bq/g gemäß Anlage III Tabelle 1 Spalte 7,

ρ die mittlere Bodendichte in g/cm^3 in der Tiefe d und

d die mittlere Eindringtiefe in cm.

Teil F: Freigabe von Bauschutt und Bodenaushub

1. Die Werte der Anlage III Tabelle 1 Spalte 6 gelten für Bauschutt und Bodenaushub, der bei laufenden Betriebsarbeiten anfällt oder nach Abriss von Gebäuden oder Anlagenteilen, sofern die Voraussetzungen einer Freimessung an der stehenden Struktur nach Teil D nicht erfüllt sind.

2. Bei einer Freimessung von Bauschutt und Bodenaushub darf die Mittelungsmasse bis zu 1 Tonne betragen. In begründeten Fällen kann die zuständige Behörde höhere Mittelungsmassen zulassen.

Teil G: Freigabe von Metallschrott zur Rezyklierung

1. Eine Freigabe von Metallschrott zur Rezyklierung setzt voraus, dass der Metallschrott, für den eine wirksame Feststellung nach § 29 Abs. 4 getroffen wurde, eingeschmolzen wird.

2. Die Werte der Anlage III Tabelle 1 Spalte 10a gelten nicht für Verbundstoffe aus metallischen und nichtmetallischen Komponenten.

Anlage V
(zu § 25)

Voraussetzungen für die Bauartzulassung von Vorrichtungen

Teil A: Geräte und andere Vorrichtungen, in die radioaktive Stoffe eingefügt sind

1. Es dürfen nur sonstige radioaktive Stoffe nach § 2 Abs. 1 des Atomgesetzes eingefügt werden, die

    a) umschlossen und

    b) berührungssicher abgedeckt sind.

2. Die Ortsdosisleistung im Abstand von 0,1 Meter von der berührbaren Oberfläche der Vorrichtung darf 1 Mikrosievert durch Stunde bei normalen Betriebsbedingungen nicht überschreiten.

3. Die Vorrichtung ist so auszulegen, dass außer der Abnahmeprüfung durch den Hersteller und einer gegebenenfalls durchzuführenden Dichtheitsprüfung nach § 27 Abs. 6 keine weiteren Dichtheitsprüfungen an den in die Vorrichtung eingefügten radioaktiven Stoffen erforderlich sind.

4. Die Aktivität der in die Vorrichtung eingefügten radioaktiven Stoffe darf das Zehnfache der Freigrenzen der Anlage III Tabelle 1 Spalte 2 nicht überschreiten.

5. Es muss ein angemessenes Qualitätssicherungsprogramm vorhanden sein, das auf internationalen oder nationalen Normen basiert.

Teil B: Anlagen zur Erzeugung ionisierender Strahlen

Die Ortsdosisleistung im Abstand von 0,1 Meter von der berührbaren Oberfläche der Vorrichtung darf 1 Mikrosievert durch Stunde bei normalen Betriebsbedingungen nicht überschreiten.

Teil C: Antragsunterlagen für die Bauartzulassung nach § 25

1. Für die Bauartprüfung erforderliche Zeichnungen,

2. Beschreibungen der Bauart, der Betriebsweise und des Verwendungszwecks und erforderlichenfalls Hinweise zur Art der wiederkehrenden Dichtheitsprüfung nach § 27 Abs. 6,

3. Angaben zur Qualitätssicherung und

4. Angaben zur Rückführung der Vorrichtung, die radioaktive Stoffe enthält, an den Zulassungsinhaber oder zur Entsorgung solcher Vorrichtung.

Anlage VI
(zu §§ 3, 47, 49, 55, 95, 117)

Dosimetrische Größen, Gewebe- und Strahlungs-Wichtungsfaktoren
Teil A: Messgrößen für äußere Strahlung

Messgrößen für äußere Strahlung sind

1. für die Personendosimetrie die Tiefen-Personendosis $H_p(10)$ und die Oberflächen-Personendosis $H_p(0,07)$.

   Die Tiefen-Personendosis $H_p(10)$ ist die Äquivalentdosis in 10 Millimeter Tiefe im Körper an der Tragestelle des Personendosimeters. Die Oberflächen-Personendosis $H_p(0,07)$ ist die Äquivalentdosis in 0,07 Millimeter Tiefe im Körper an der Tragestelle des Personendosimeters;

2. für die Ortsdosimetrie die Umgebungs-Äquivalentdosis $H^*(10)$ und die Richtungs-Äquivalentdosis $H'(0,07, \Omega)$.

Die Umgebungs-Äquivalentdosis $H^*(10)$ am interessierenden Punkt im tatsächlichen Strahlungsfeld ist die Äquivalentdosis, die im zugehörigen ausgerichteten und aufgeweiteten Strahlungsfeld in 10 Millimeter Tiefe auf dem in der Einfallsrichtung der Strahlung entgegengesetzt orientierten Radius der ICRU-Kugel erzeugt würde. Die Richtungs-Äquivalentdosis $H'(0,07, \Omega)$ am interessierenden Punkt im tatsächlichen Strahlungsfeld ist die Äquivalentdosis, die im zugehörigen aufgeweiteten Strahlungsfeld in 0,07 Millimeter Tiefe auf einem in festgelegter Richtung Ω orientierten Radius der ICRU-Kugel erzeugt würde. Dabei ist

- ein aufgeweitetes Strahlungsfeld ein idealisiertes Strahlungsfeld, in dem die Teilchenflussdichte und die Energie- und Richtungsverteilung der Strahlung an allen Punkten eines ausreichend großen Volumens die gleichen Werte aufweisen wie das tatsächliche Strahlungsfeld am interessierenden Punkt,

- ein aufgeweitetes und ausgerichtetes Feld ein idealisiertes Strahlungsfeld, das aufgeweitet und in dem die Strahlung zusätzlich in eine Richtung ausgerichtet ist,

- die ICRU-Kugel ein kugelförmiges Phantom von 30 Zentimeter Durchmesser aus ICRU-Weichteilgewebe (gewebeäquivalentes Material der Dichte 1 g/cm^3, Zusammensetzung: 76,2 % Sauerstoff, 11,1 % Kohlenstoff, 10,1 % Wasserstoff, 2,6 % Stickstoff).

Die Einheit der Äquivalentdosis ist das Sievert (Einheitenzeichen Sv).

Teil B: Berechnung der Körperdosis

1. Berechnung der Organdosis H_T

Die Organdosis $H_{T,R}$ ist das Produkt aus der über das Gewebe oder Organ T gemittelten Energiedosis, der Organ-Energiedosis. $D_{T,R}$, die durch die Strahlung R erzeugt wird, und dem Strahlungs-Wichtungsfaktor w_R nach Teil C Nummer 1:

$$H_{T,R} = w_R \cdot D_{T,R}$$

Besteht die Strahlung aus Arten und Energien mit unterschiedlichen Werten von w_R, so werden die einzelnen Beiträge addiert. Für die gesamte Organdosis H_T gilt dann:

$$H_T = \sum_R w_R D_{T,R}$$

Die Einheit der Organdosis ist das Sievert (Einheitenzeichen Sv).

Soweit in den §§ 36, 46, 47, 49, 54, 55 und 58 Werte oder Grenzwerte für die Organdosis der Haut festgelegt sind, beziehen sie sich auf die lokale Hautdosis. Die lokale Hautdosis ist das Produkt der gemittelten Energiedosis der Haut in 0,07 mm Gewebetiefe mit dem Strahlungs-Wichtungsfaktor nach Teil C. Die Mittelungsfläche beträgt 1 cm², unabhängig von der exponierten Hautfläche.

2. **Berechnung der effektiven Dosis E**

Die effektive Dosis E ist die Summe der Organdosen H_T, jeweils multipliziert mit dem zugehörigen Gewebe-Wichtungsfaktor w_T nach Teil C Nummer 2. Dabei ist über alle in Teil C Nummer 2 aufgeführten Organe und Gewebe zu summieren.

$$E = \sum_T w_T H_T = \sum_T w_T \sum_R w_R D_{T,R}.$$

Die Einheit der effektiven Dosis ist das Sievert (Einheitenzeichen Sv).

Bei der Ermittlung der effektiven Dosis ist die Energiedosis der Haut in 0,07 Millimeter Gewebetiefe über die ganze Haut zu mitteln.

3. **Berechnung der Strahlenexposition durch Inkorporation oder Submersion**

Bei der Berechnung der Strahlenexposition durch Inkorporation oder Submersion sind die Dosiskoeffizienten aus der Zusammenstellung im Bundesanzeiger Nr. 160a und b vom 28. August 2001 Teil II oder III heranzuziehen, soweit die zuständige Behörde nichts anderes festlegt.

4. **Berechnung der äußeren Strahlenexposition des ungeborenen Kindes**

Bei äußerer Strahlenexposition gilt die Organdosis der Gebärmutter der Mutter als Äquivalentdosis des ungeborenen Kindes.

5. **Berechnung der inneren Strahlenexposition des ungeborenen Kindes**

Bei innerer Strahlenexposition gilt die effektive Folgedosis der schwangeren Frau, die durch die Aktivitätszufuhr bedingt ist, als Dosis des ungeborenen Kindes, soweit die zuständige Behörde nichts anders festlegt.

Teil C: Werte des Strahlungs-Wichtungsfaktors und des Gewebe-Wichtungsfaktors

1. **Strahlungs-Wichtungsfaktor w_R**

Die Werte des Strahlungs-Wichtungsfaktors w_R richten sich nach Art und Qualität des äußeren Strahlungsfeldes oder nach Art und Qualität der von einem inkorporierten Radionuklid emittierten Strahlung.

Art und Energiebereich		Strahlungs-Wichtungsfaktor w_R
Photonen, alle Energien		1
Elektronen und Myonen, alle Energien		1
Neutronen, Energie	< 10 keV	5
	10 keV bis 100 keV	10
	> 100 keV bis 2 MeV	20
	> 2 MeV bis 20 MeV	10
	> 20 MeV	5
Protonen, außer Rückstoßprotonen, Energie > 2 MeV		5
Alphateilchen, Spaltfragmente, schwere Kerne		20

Für die Berechnung von Organdosen und der effektiven Dosis für Neutronenstrahlung wird die stetige Funktion

$$w_R = 5 + 17 e^{-(\ln(2E_n))^2/6}$$

benutzt, wobei E_n der Zahlenwert der Neutronenenergie in MeV ist.

Für die nicht in der Tabelle enthaltenen Strahlungsarten und Energien kann w_R dem mittleren Qualitätsfaktor Q in einer Tiefe von 10 mm in einer ICRU-Kugel gleichgesetzt werden.

2. Gewebe-Wichtungsfaktor w_T

Gewebe oder Organe	Gewebe-Gewichtungsfaktoren w_T
Keimdrüsen	0,20
Knochenmark (rot)	0,12
Dickdarm	0,12
Lunge	0,12
Magen	0,12
Blase	0,05
Brust	0,05
Leber	0,05
Speiseröhre	0,05
Schilddrüse	0,05
Haut	0,01
Knochenoberfläche	0,01
Andere Organe oder Gewebe [1, 2]	0,05

---

1   Für Berechnungszwecke setzen sich andere Organe oder Gewebe wie folgt zusammen: Nebennieren, Gehirn, Dünndarm, Niere, Muskel, Bauchspeicheldrüse, Milz, Thymusdrüse und Gebärmutter.

2   In den außergewöhnlichen Fällen, in denen ein einziges der anderen Organe oder Gewebe eine Äquivalentdosis erhält, die über der höchsten Dosis in einem der 12 Organe oder Gewebe liegt, für die ein Wichtungsfaktor angegeben ist, sollte ein Wichtungsfaktor von 0,025 für dieses Organ oder Gewebe und ein Wichtungsfaktor von 0,025 für die mittlere Organdosis der restlichen Organe oder Gewebe gesetzt werden.

Teil D: Berechnung der Organ-Folgedosis und der effektiven Folgedosis

1. **Berechnung der Organ-Folgedosis $H_T(t)$**

   Die Organ-Folgedosis $H_T(t)$ ist das Zeitintegral der Organ-Dosisleistung im Gewebe oder Organ T, die eine Person infolge einer Inkorporation radioaktiver Stoffe erhält:

   $$H_T(\tau) = \int_{t_0}^{t_0+\tau} \dot{H}_T(t)\,dt$$

   für eine Inkorporation zum Zeitpunkt t_0 mit

   $\dot{H}_T(t)$ mittlere Organ-Dosisleistung im Gewebe oder Organ T zum Zeitpunkt t

   τ Zeitraum, angegeben in Jahren, über den die Integration erfolgt. Wird kein Wert für τ angegeben, ist für Erwachsene ein Zeitraum von 50 Jahren und für Kinder der Zeitraum vom jeweiligen Alter bis zum Alter von 70 Jahren zu Grunde zu legen.

   Die Einheit der Organ-Folgedosis ist das Sievert (Einheitenzeichen Sv).

2. **Berechnung der effektiven Folgedosis $E(\tau)$**

   Die effektive Folgedosis $E(\tau)$ ist die Summe der Organ-Folgedosen $H_T(\tau)$, jeweils multipliziert mit dem zugehörigen Gewebe-Wichtungsfaktor w_T nach Teil C Nummer 2. Dabei ist über alle in Teil C Nummer 2 aufgeführten Organe und Gewebe zu summieren.

   $$E(\tau) = \sum_T w_T H_T(\tau)$$

   Die Einheit der effektiven Folgedosis ist das Sievert (Einheitenzeichen Sv).

   $\dot{H}_T(t)$ und τ siehe Nummer 1.

Anlage VII
(zu §§ 29 und 47)

Annahmen bei der Ermittlung der Strahlenexposition

Teil A: Expositionspfade

1. Bei Ableitung mit Luft:

    1.1 Exposition durch Betastrahlung innerhalb der Abluftfahne
    1.2 Exposition durch Gammastrahlung aus der Abluftfahne
    1.3 Exposition durch Gammastrahlung der am Boden abgelagerten radioaktiven Stoffe
    1.4 Exposition durch Aufnahme radioaktiver Stoffe mit der Nahrung (Ingestion) auf dem Weg

        1.4.1 Luft – Pflanze
        1.4.2 Luft – Futterpflanze – Kuh – Milch
        1.4.3 Luft – Futterpflanze – Tier – Fleisch
        1.4.4 Luft – Muttermilch
        1.4.5 Luft – Nahrung – Muttermilch

    1.5 Exposition durch Aufnahme radioaktiver Stoffe mit der Atemluft (Inhalation).

2. Bei Ableitung mit Wasser:

    2.1 Exposition durch Aufenthalt auf Sediment
    2.2 Exposition durch Aufnahme radioaktiver Stoffe mit der Nahrung (Ingestion) auf dem Weg

        2.2.1 Trinkwasser
        2.2.2 Wasser – Fisch
        2.2.3 Viehtränke – Kuh – Milch
        2.2.4 Viehtränke – Tier – Fleisch
        2.2.5 Beregnung – Futterpflanze – Kuh – Milch
        2.2.6 Beregnung – Futterpflanze – Tier – Fleisch
        2.2.7 Beregnung – Pflanze
        2.2.8 Muttermilch infolge der Aufnahme radioaktiver Stoffe durch die Mutter über die oben genannten Ingestionspfade

Expositionspfade bleiben unberücksichtigt oder zusätzliche Expositionspfade sind zu berücksichtigen, wenn dies aufgrund der örtlichen Besonderheiten des Standortes oder aufgrund der Art der Anlage oder Einrichtung begründet ist.

Verordnungstext

Teil B: Lebensgewohnheiten

Tabelle 1

1	\multicolumn{7}{c}{mittlere Verzehrsraten der Referenzperson in kg/a}	
	2	3	4	5	6	7	8
Altersgruppe / Lebensmittel	≤ 1 Jahr	>1–≤ 2 Jahre	>2–≤ 7 Jahre	>7–≤ 12 Jahre	>12–≤ 17 Jahre	>17 Jahre	
Trinkwasser	55[3]	100	100	150	200	350	2
Muttermilch, Milchfertigprodukte mit Trinkwasser	145[3, 4]	–	–	–	–	–	3
Milch, Milchprodukte	45	160	160	170	170	130	3
Fisch[5]	0,5	3	3	4,5	5	7,5	5
Fleisch, Wurst, Eier	5	13	50	65	80	90	2
Getreide, Getreideprodukte	12	30	80	95	110	110	2
einheimisches Frischobst, Obstprodukte, Säfte	25	45	65	65	60	35	3
Kartoffeln, Wurzelgemüse, Safte	30	40	45	55	55	55	3
Blattgemüse	3	6	7	9	11	13	3
Gemüse, Gemüseprodukte, Säfte	5	17	30	35	35	40	3

Tabelle 2

Altersgruppe	≤1 Jahr	>1–≤2 Jahre	>2–≤7 Jahre	>7–≤12 Jahre	>12–≤17 Jahre	>17 Jahre
Atemrate in m³/Jahr	1.100	1.900	3.200	5.640	7.300	8.100

---

3   Mengenangabe in [l/a].

   Zur jährlichen Trinkwassermenge des Säuglings von 55 l/a kommen 115 l/a, wenn angenommen wird, dass der Säugling nicht gestillt wird, sondern nur Milchfertigprodukte erhält, die überregional erzeugt werden und als nicht kontaminiert anzusetzen sind. Dabei wird angenommen, dass 0,2 kg Konzentrat (entspricht 1 l Milch) in 0,8 l Wasser aufgelöst werden.

4   Je nach Nuklidzusammensetzung ist die ungünstigste Ernährungsvariante zugrunde zu legen.

5   Der Anteil von Süßwasserfisch am Gesamtfischverzehr beträgt im Mittel ca. 17 % und ist den regionalen Besonderheiten anzupassen.

Tabelle 3

Aufenthaltszeiten	Dauer
Expositionspfade	
a) Betastrahlung innerhalb der Abluftfahne	1 Jahr
b) Gammastrahlung aus der Abluftfahne	1 Jahr
c) Gammastrahlung der am Boden abgelagerten radioaktiven Stoffe	1 Jahr
d) Inhalation radioaktiver Stoffe	1 Jahr
e) Aufenthalt auf Sediment	1.000 Stunden

Teil C: Übrige Annahmen

1. Zur Ermittlung der Strahlenexposition sind die Dosiskoeffizienten aus der Zusammenstellung im Bundesanzeiger Nr. 160a und b vom 28. August 2001 Teil I, II, IV und V zu verwenden.

2. Zur Ermittlung der Strahlenexposition ist von Modellen auszugehen, die einen Gleichgewichtszustand beschreiben. Die erwarteten Schwankungen radioaktiver Ableitungen sind dabei durch geeignete Wahl der Berechnungsparameter zu berücksichtigen.

3. Bei Ableitungen mit Luft sind der Ausbreitungsrechnung das Gauß-Modell und eine langjährige Wetterstatistik zugrunde zu legen. Im Einzelfall kann die zuständige Behörde zur Berücksichtigung von Besonderheiten des Standorts oder der Anlage oder Einrichtung die Anwendung anderer Verfahren anordnen oder zulassen. Bei Ableitungen mit Wasser sind der Berechnung langjährige Mittelwerte der Wasserführung des Vorfluters zugrunde zu legen.

4. Die Festlegung von Parameterwerten ist in Verbindung mit den Berechnungsmodellen so zu treffen, dass bei dem Gesamtergebnis eine Unterschätzung der Strahlenexposition nicht zu erwarten ist. Sind zur Ermittlung der Strahlenexposition Parameter zu berücksichtigen, deren Zahlenwerte einer Schwankungsbreite unterliegen, dürfen nur in begründeten Ausnahmefällen Extremwerte der Einzelparameter gewählt werden.

Teil D: Maximal zulässige Aktivitätskonzentration aus Strahlenschutzbereichen

Bei mehreren Radionukliden ist die Summe der Verhältniszahlen aus der mittleren, jährlichen Konzentration der Radionuklide in Luft bzw. in Wasser in Bq/m³ ($\overline{C}_{i,a}$) und dem jeweiligen berechneten, mittleren, jährlichen Konzentrationswert des jeweiligen Radionuklids (C_i) der Tabelle 4 oder 5 zu bestimmen (Summenformel), wobei i das jeweilige Radionuklid ist. Diese Summe darf den Wert 1 nicht überschreiten:

$$\sum_i \frac{\overline{C}_{i,a}}{C_i} \le 1.$$

Tochternuklide sind zu berücksichtigen.

1. Maximal zulässige Aktivitätskonzentration in der Luft aus Strahlenschutzbereichen

    1.1 Inhalation

    Die Aktivität des Radionuklids i im Jahresdurchschnitt im Kubikmeter Luft darf

    1.1.1 für Fortluftströme $Q \le 10^4$ m³ h⁻¹ nicht höher sein als das Zehnfache der jeweiligen Werte der Tabelle 4 Spalte 2 oder Tabelle 6 Spalte 2 oder

1.1.2 für Fortluftströme 10^4 m^3 h^{-1} < Q ≤ 10^5 m^3 h^{-1} nicht höher sein als die jeweiligen Werte der Spalte 2 der Tabellen 4 oder 6;

1.2 Submersion

Die Aktivität des Radionuklids i im Jahresdurchschnitt im Kubikmeter Luft darf

1.2.1 für Fortluftströme Q ≤ 10^4 m^3 h^{-1} nicht höher sein als das Zehnfache der Werte der Tabelle 5 Spalte 2 oder

1.2.2 für Fortluftströme 10^4 m^3 h^{-1} < Q ≤ 10^5 m^3 h^{-1} nicht höher sein als die Werte der Tabelle 5 Spalte 2.

2. Maximal zulässige Aktivitätskonzentration im Wasser, das aus Strahlenschutzbereichen in Abwasserkanäle eingeleitet wird

2.1 Ingestion

Die Aktivität des Radionuklids i im Jahresdurchschnitt im Kubikmeter Wasser darf

2.1.1 für Abwassermengen ≤ 10^5 m^3 a^{-1} nicht höher sein als das Zehnfache der jeweiligen Werte der Tabelle 4 Spalte 3 oder Tabelle 6 Spalte 4 oder

2.1.2 für Abwassermengen > 10^5 m^3 a^{-1} nicht höher sein als die jeweiligen Werte der Tabelle 4 Spalte 3 oder Tabelle 6 Spalte 4.

Tabelle 4 (1): Aktivitätskonzentration C_i aus Strahlenschutzbereichen
(zu Anlage VII Teil D Nr. 1.1 und 2)

Radionuklid		C_i	
A = Aerosol (Luft) E = elementar (Luft) O = organisch		in der Luft in Bq/m³	im Wasser in Bq/m³
1		2	3
H-3	A	1 E+2	1 E+7
H-3	O		7 E+6
Be-7	A	6 E+2	5 E+6
Be-10	A	1	6 E+4
C-11	A	6 E+2	3 E+6
C-14	A	6	6 E+5
F-18	A	5 E+2	2 E+6
Na-22	A	1	4 E+4
Na-24	A	9 E+1	3 E+5
Mg-28	A	2 E+1	7 E+4
Al-26	A	5 E-1	1 E+4
Si-31	A	3 E+2	5 E+5

Anlagen

Radionuklid		C_i	
A = Aerosol (Luft) E = elementar (Luft) O = organisch		in der Luft in Bq/m³	im Wasser in Bq/m³
Si-32	A	3 E-1	1 E+5
P-32	A	1	3 E+4
P-33	A	2 E+1	3 E+5
S-35	A	2 E+1	7 E+5
S-35	O		1 E+5
Cl-36	A	1 E-1	1 E+4
Cl-38	A	5 E+2	6 E+5
Cl-39	A	6 E+2	9 E+5
K-42	A	2 E+2	2 E+5
K-43	A	2 E+2	4 E+5
K-44	A	1 E+3	9 E+5
K-45	A	2 E+3	1 E+6
Ca-41	A	3	3 E+5
Ca-45	A	2	8 E+4
Ca-47	A	2 E+1	7 E+4
Sc-43	A	2 E+2	5 E+5
Sc-44	A	1 E+2	3 E+5
Sc-44m	A	2 E+1	4 E+4
Sc-46	A	5	8 E+4
Sc-47	A	4 E+1	1 E+5
Sc-48	A	3 E+1	7 E+4
Sc-49	A	7 E+2	9 E+5
Ti-44	A	3 E-1	2 E+4
Ti-45	A	3 E+2	6 E+5
V-47	A	8 E+2	1 E+6
V-48	A	1 E+1	6 E+4
V-49	A	8 E+2	2 E+6
Cr-48	A	1 E+2	6 E+5
Cr-49	A	8 E+2	1 E+6
Cr-51	A	8 E+2	3 E+6

Radionuklid A = Aerosol (Luft) E = elementar (Luft) O = organisch	C_i	
	in der Luft in Bq/m³	im Wasser in Bq/m³
Mn-51 A	6 E+2	8 E+5
Mn-52 A	2 E+1	7 E+4
Mn-52m A	8 E+2	1 E+6
Mn-53 A	2 E+2	2 E+6
Mn-54 A	2 E+1	2 E+5
Mn-56 A	2 E+2	3 E+5
Fe-52 A	4 E+1	7 E+4
Fe-55 A	2 E+1	1 E+5
Fe-59 A	8	2 E+4
Fe-60 A	1 E-1	1 E+3
Co-55 A	5 E+1	2 E+5
Co-56 A	5	4 E+4
Co-57 A	3 E+1	3 E+5
Co-58 A	2 E+1	1 E+5
Co-58m A	2 E+3	4 E+6
Co-60 A	1	2 E+4
Co-60m A	2 E+4	4 E+7
Co-61 A	6 E+2	1 E+6
Co-62m A	1 E+3	1 E+6
Ni-56 A	3 E+1	2 E+5
Ni-57 A	5 E+1	1 E+5
Ni-59 A	8 E+1	1 E+6
Ni-63 A	3 E+1	6 E+5
Ni-65 A	3 E+2	4 E+5
Ni-66 A	2 E+1	3 E+4
Cu-60 A	7 E+2	1 E+6
Cu-61 A	4 E+2	1 E+6
Cu-64 A	3 E+2	2 E+6
Cu-67 A	5 E+1	4 E+5
Zn-62 A	5 E+1	2 E+5

Anlagen

Radionuklid		C_i	
A = Aerosol (Luft) E = elementar (Luft) O = organisch		in der Luft in Bq/m³	im Wasser in Bq/m³
Zn-63	A	7 E+2	1 E+6
Zn-65	A	3	3 E+4
Zn-69	A	1 E+3	3 E+6
Zn-69m	A	9 E+1	7 E+5
Zn-71m	A	2 E+2	6 E+5
Zn-72	A	2 E+1	1 E+5
Ga-65	A	1 E+3	2 E+6
Ga-66	A	5 E+1	7 E+4
Ga-67	A	1 E+2	5 E+5
Ga-68	A	5 E+2	7 E+5
Ga-70	A	2 E+3	2 E+6
Ga-72	A	5 E+1	9 E+4
Ga-73	A	2 E+2	3 E+5
Ge-66	A	3 E+2	1 E+6
Ge-67	A	1 E+3	1 E+6
Ge-68	A	3	7 E+4
Ge-69	A	1 E+2	4 E+5
Ge-71	A	2 E+3	7 E+6
Ge-75	A	8 E+2	2 E+6
Ge-77	A	9 E+1	3 E+5
Ge-78	A	3 E+2	7 E+5
As-69	A	1 E+3	1 E+6
As-70	A	4 E+2	7 E+5
As-71	A	8 E+1	3 E+5
As-72	A	3 E+1	8 E+4
As-73	A	3 E+1	3 E+5
As-74	A	2 E+1	9 E+4
As-76	A	3 E+1	9 E+4
As-77	A	8 E+1	3 E+5
As-78	A	3 E+2	4 E+5

Tabelle 4 (2): Aktivitätskonzentration C_i aus Strahlenschutzbereichen (zu Anlage VII Teil D Nr. 1.1 und 2)

Radionuklid		C_i	
A = Aerosol (Luft) E = elementar (Luft) O = organisch		in der Luft in Bq/m³	im Wasser in Bq/m³
Se-70	A	3 E+2	9 E+5
Se-73	A	1 E+2	6 E+5
Se-73m	A	1 E+3	3 E+6
Se-75	A	2	4 E+4
Se-79	A	4 E-2	5 E+3
Se-81	A	2 E+3	3 E+6
Se-81m	A	6 E+2	2 E+6
Se-83	A	8 E+2	2 E+6
Br-74	A	6 E+2	1 E+6
Br-74m	A	4 E+2	6 E+5
Br-75	A	5 E+2	1 E+6
Br-76	A	7 E+1	2 E+5
Br-77	A	3 E+2	1 E+6
Br-80	A	2 E+3	2 E+6
Br-80m	A	4 E+2	6 E+5
Br-82	A	5 E+1	1 E+5
Br-83	A	7 E+2	2 E+6
Br-84	A	7 E+2	9 E+5
Rb-79	A	1 E+3	2 E+6
Rb-81	A	6 E+2	2 E+6
Rb-81m	A	3 E+3	8 E+6
Rb-82m	A	2 E+2	1 E+6
Rb-83	A	2 E+1	8 E+4
Rb-84	A	2 E+1	4 E+4
Rb-86	A	1 E+1	3 E+4
Rb-87	A	8 E-1	6 E+4
Rb-88	A	1 E+3	8 E+5
Rb-89	A	2 E+3	2 E+6

Radionuklid		C_i	
A = Aerosol (Luft) E = elementar (Luft) O = organisch		in der Luft in Bq/m³	im Wasser in Bq/m³
Sr-80	A	2 E+2	2 E+5
Sr-81	A	7 E+2	1 E+6
Sr-82	A	3	1 E+4
Sr-83	A	8 E+1	3 E+5
Sr-85	A	4 E+1	1 E+5
Sr-85m	A	6 E+3	2 E+7
Sr-87m	A	1 E+3	4 E+6
Sr-89	A	4	3 E+4
Sr-90	A	1 E-1	4 E+3
Sr-91	A	6 E+1	2 E+5
Sr-92	A	1 E+2	3 E+5
Y-86	A	5 E+1	1 E+5
Y-86m	A	9 E+2	2 E+6
Y-87	A	7 E+1	2 E+5
Y-88	A	8	1 E+5
Y-90	A	2 E+1	3 E+4
Y-90m	A	3 E+2	5 E+5
Y-91	A	4	3 E+4
Y-91m	A	3 E+3	1 E+7
Y-92	A	1 E+2	2 E+5
Y-93	A	5 E+1	6 E+4
Y-94	A	8 E+2	9 E+5
Y-95	A	2 E+3	2 E+6
Zr-86	A	6 E+1	1 E+5
Zr-88	A	1 E+1	3 E+5
Zr-89	A	5 E+1	1 E+5
Zr-93	A	1	4 E+5
Zr-95	A	6	1 E+5
Zr-97	A	3 E+1	4 E+4
Nb-88	A	9 E+2	1 E+6

Radionuklid A = Aerosol (Luft) E = elementar (Luft) O = organisch	C_i	
	in der Luft in Bq/m³	im Wasser in Bq/m³
Nb-89　　A	2 E+2	3 E+5
Nb-90　　A	4 E+1	8 E+4
Nb-93m　A	2 E+1	6 E+5
Nb-94　　A	8 E-1	6 E+4
Nb-95　　A	2 E+1	2 E+5
Nb-95m　A	4 E+1	1 E+5
Nb-96　　A	4 E+1	1 E+5
Nb-97　　A	6 E+2	1 E+6
Nb-98m　A	4 E+2	7 E+5
Mo-90　　A	8 E+1	5 E+5
Mo-93　　A	2 E+1	1 E+5
Mo-93m　A	2 E+2	1 E+6
Mo-99　　A	3 E+1	2 E+5
Mo-101　A	1 E+3	2 E+6
Tc-93　　A	7 E+2	3 E+6
Tc-93m　A	1 E+3	4 E+6
Tc-94　　A	2 E+2	7 E+5
Tc-94m　A	5 E+2	7 E+5
Tc-95　　A	2 E+2	9 E+5
Tc-95m　A	3 E+1	2 E+5
Tc-96　　A	4 E+1	1 E+5
Tc-96m　A	4 E+3	9 E+6
Tc-97m　A	8	1 E+5
Tc-97　　A	2 E+1	9 E+5
Tc-98　　A	8 E-1	4 E+4
Tc-99　　A	3	9 E+4
Tc-99m　A	2 E+3	4 E+6
Tc-101　A	2 E+3	4 E+6
Tc-104　A	8 E+2	9 E+5
Ru-94　　A	5 E+2	1 E+6

Radionuklid	C_i	
A = Aerosol (Luft) E = elementar (Luft) O = organisch	in der Luft in Bq/m³	im Wasser in Bq/m³
Ru-97 A	3 E+2	7 E+5
Ru-103 A	1 E+1	1 E+5
Ru-105 A	2 E+2	3 E+5
Ru-106 A	6 E-1	1 E+4
Rh-99 A	4 E+1	2 E+5
Rh-99m A	6 E+2	2 E+6
Rh-100 A	7 E+1	2 E+5
Rh-101 A	7	2 E+5
Rh-101m A	1 E+2	5 E+5
Rh-102 A	2	5 E+4
Rh-102m A	5	7 E+4
Rh-103m A	1 E+4	2 E+7
Rh-105 A	9 E+1	2 E+5
Rh-106m A	2 E+2	6 E+5
Rh-107 A	2 E+3	3 E+6
Pd-100 A	4 E+1	1 E+5
Pd-101 A	4 E+2	1 E+6
Pd-103 A	8 E+1	4 E+5
Pd-107 A	6 E+1	2 E+6
Pd-109 A	8 E+1	1 E+5
Ag-102 A	1 E+3	2 E+6
Ag-103 A	1 E+3	2 E+6
Ag-104 A	7 E+2	2 E+6
Ag-104m A	9 E+2	2 E+6
Ag-105 A	1 E+1	2 E+5
Ag-106 A	2 E+3	2 E+6
Ag-106m A	9	9 E+4
Ag-108m A	4 E-1	4 E+4
Ag-110m A	1	4 E+4
Ag-111 A	3	6 E+4

Verordnungstext

Radionuklid A = Aerosol (Luft) E = elementar (Luft) O = organisch	C_i	
	in der Luft in Bq/m³	im Wasser in Bq/m³
Ag-112 A	1 E+2	2 E+5
Ag-115 A	9 E+2	1 E+6
Cd-104 A	7 E+2	2 E+6
Cd-107 A	4 E+2	1 E+6
Cd-109 A	4	4 E+4
Cd-113 A	1 E-1	9 E+3
Cd-113m A	2 E-1	7 E+3
Cd-115 A	3 E+1	6 E+4
Cd-115m A	5	2 E+4
Cd-117 A	2 E+2	3 E+5
Cd-117m A	1 E+2	3 E+5
In-109 A	6 E+2	2 E+6
In-110 A	2 E+2	6 E+5
In-111 A	1 E+2	4 E+5
In-112 A	4 E+3	7 E+6
In-113m A	1 E+3	5 E+6
In-114m A	2	2 E+4
In-115m A	5 E+2	9 E+5
In-116m A	6 E+2	2 E+6
In-117 A	1 E+3	3 E+6
In-117m A	4 E+2	6 E+5
In-119m A	1 E+3	2 E+6

Tabelle 5: Aktivitätskonzentration C_i aus Strahlenschutzbereichen (zu Anlage VII Teil D Nr. 1.2)

Radionuklid	C_i in der Luft in Bq/m³
1	2
C-11	3 E+3
N-13	2 E+3
O-15	1 E+3
Ar-37	2 E+8
Ar-39	6 E+3
Ar-41	2 E+2
Kr-74	2 E+2
Kr-76	5 E+2
Kr-77	2 E+2
Kr-79	9 E+2
Kr-81m	5 E+6
Kr-81	4 E+4
Kr-83m	4 E+6
Kr-85	4 E+3
Kr-85m	1 E+3
Kr-87	2 E+2
Kr-88	1 E+2
Xe-120	6 E+2
Xe-121	1 E+2
Xe-122	3 E+3
Xe-123	3 E+2
Xe-125	9 E+2
Xe-127	9 E+2
Xe-129m	1 E+4
Xe-131m	2 E+4
Xe-133	7 E+3
Xe-133m	7 E+3
Xe-135m	5 E+2
Xe-135	9 E+2
Xe-138	2 E+2

Tabelle 6: Aktivitätskonzentration C_i aus Strahlenschutzbereichen (zu Anlage VII Teil D Nr. 1.1 und 2)

Radionuklidgemisch	C_i in der Luft in Bq/m³
1	2
beliebiges Gemisch	1 E-5
beliebiges Gemisch, wenn Ac-227 und Cm-250 unberücksichtigt bleiben können	1 E-4
beliebiges Gemisch, wenn Ac-227, Th-229, Th-230, Th-232, Pa-231, Pu-238, Pu-239, Pu-240, Pu-242, Pu-244, Am-241, Am-242m, Am-243, Cm-245, Cm-246, Cm-247, Cm-248, Cm-250 unberücksichtigt bleiben können	5 E-4
beliebiges Gemisch, wenn Ac-227, Th228, Th-229, Th230, Th232, Pa-231, U-232, Np-237, Pu-236, Pu-238, Pu-239, Pu-240, Pu-242, Pu-244, Am-241, Am-242m, Am-243, Cm-243, Cm-244, Cm-245, Cm-246, Cm-247, Cm-248, Cm-250, Bk-247, Cf-249, Cf-251, Cf-254 unberücksichtigt bleiben können	1 E-3

Radionuklidgemisch	C_i im Wasser in Bq/m³
3	4
beliebiges Gemisch	1 E+1
beliebiges Gemisch, wenn Po-210, Ra-228, Ac-227, Cm-250 unberücksichtigt bleiben können	5 E+1
beliebiges Gemisch, wenn Po-210, Ra-228, Ac-227, Th-229, Pa-231, Cm-248, Cm-250, Bk-247, Cf-249, Cf-251, Cf-254 unberücksichtigt bleiben können	1 E+2
beliebiges Gemisch, wenn Sm-146, Gd-148, Pb-210, Po-210, Ra-223, Ra-224, Ra-225, Ra-226, Ra-228, Ac-227, Th-228, Th-229, Th-230, Th-232, Pa-231, U-232, Np-237, Pu-236, Pu-238, Pu-239, Pu-240, Pu-242, Pu-244, Am-241, Am-242m, Am-243, Cm-243, Cm-244, Cm-245, Cm-246, Cm-247, Cm-248, Cm-250, Bk-247, Cf-248, Cf-249, Cf-250, Cf-251, Cf-252, Cf-254, Es-254, Fm-257 unberücksichtigt bleiben können	1 E+3

Anlage VIII
(zu §§ 61, 62, 63)

Ärztliche Bescheinigung

nach §§ 60, 61 der StrlSchV

Strahlenschutzverantwortlicher
(Unternehmer, Dienststelle usw.)

Personalnummer:

ggf. Registrier-Nr. des Strahlenpasses:

Name _____
Vorname _____
geb. am _____
Straße _____
Wohnort _____

☐ männlich   ☐ weiblich

wurde von mir am _____ untersucht.

Beurteilung

Es bestehen derzeit gegen eine Beschäftigung im Bereich ionisierender Strahlung:

I. keine gesundheitlichen Bedenken ☐

II. gesundheitliche Bedenken gegen:

Tätigkeit, bei der die Gefahr der Inkorporation oder Kontamination besteht
(z.B. Umgang mit offenen radioaktiven Stoffen) ☐

Tätigkeit im Kontrollbereich, bei der die Gefahr der Bestrahlung von außen besteht
(z.B. Umgang mit umschlossenen radioaktiven Stoffen, Photonenstrahlung,
Neutronenstrahlung, Elektronenstrahlung) ☐

Hinweis: Die Beurteilung umfasst nicht sonstige arbeitsmedizinische
Vorsorgeuntersuchungen nach anderen Rechtsvorschriften.

Hält der Strahlenschutzverantliche oder die beruflich strahlenexponierte Person die vom Arzt nach § 64 Abs. 1 Satz in der Bescheinigung nach § 61 getroffene **Beurteilung für unzutreffend**, so kann die Entscheidung der zuständigen Behörden beantragt werden. (**§ 62 Abs. 1**)

Bemerkungen:

Erneute Beurteilung oder nächste Untersuchung:

_____

Ort, Datum

_____   _____
Unterschrift   Stempel mit **Anschrift des** ermächtigten Arztes

Anlage IX
(zu § 68)

Strahlenzeichen

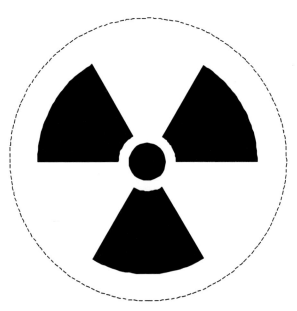

Kennzeichen: schwarz
Untergrund: gelb

Anlage X
(zu §§ 72 bis 79)

Radioaktive Abfälle: Benennung, Buchführung, Transportmeldung

Teil A: Benennung radioaktiver Abfälle

Die Benennung radioaktiver Abfälle erfolgt gemäß den folgenden codierten Angaben zu Verarbeitungszustand, Bezeichnung und Behandlung:

Verarbeitungszustand	Bezeichnung	Behandlung
Code	Code	Code

1. Verarbeitungszustand

Code	Verarbeitungszustand
R	Rohabfall
Z	Zwischenprodukt
K	Konditionierter Abfall (Abfallgebinde)

2. Bezeichnung des Abfalls

Code	Bezeichnung	Code	Bezeichnung	Code	Bezeichnung
A	Feste Abfälle, anorganisch	AC	Filter	AZ	Unsortierter Abfall
		ACA	Laborfilter		
		ACB	Luftfilterelemente	B	Feste Abfälle, organisch
AA	Metalle	ACC	Boxenfilter		
AAA	Ferritische Metalle	ACD	Filterkerzen		
AAB	Austenitische Metalle			BA	Leicht brennbare Stoffe
AAC	Buntmetalle	AD	Filterhilfsmittel		
AAD	Schwermetalle			BAA	Papier
AAE	Leichtmetalle	ADA	Ionenaustauscher	BAB	Textilien
AAF	Stahlverzinkt	ADB	Kieselgur	BAC	Holz
AAG	Kontaminierte Anlagenteile	ADC	Silikagel	BAD	Putzwolle
		ADD	Molekularsieb	BAE	Zellstoff
AAH	Hülsen und Strukturteile			BAF	Folie
		AE	Sonstige	BAG	Polyethylen
		AEA	Asche		
AB	Nichtmetalle	AEB	Schlacke	BB	Schwer brennbare Stoffe
ABA	Bauschutt	AEC	Filterstaub, Flugasche		
ABB	Kies, Sand	AED	Salze	BBA	Kunststoffe (ohne PVC)
ABC	Erdreich				
ABD	Glas	AF	Kernbrennstoffe	BBB	PVC, BBC, Gummi
ABE	Keramik	AFA	Kernbrennstoffe, unbestrahlt	BBD	Aktivkohle
ABF	Isolationsmaterial			BBE	Ionenaustauscherharze
ABG	Kabel	AFB	Kernbrennstoffe, bestrahlt		
ABH	Glaswolle			BBF	Lacke, Farben
ABI	Graphit	AFC	Wiederaufgearbeitetes Uran	BBG	Chemikalien
ABJ	Asbest, Asbestzement			BBH	Kehricht
ABK	Chemikalien	AFD	Wiederaufgearbeitetes Plutonium		

Verordnungstext

Code	Bezeichnung	Code	Bezeichnung	Code	Bezeichnung
BC	**Filter**	**CC**	**Biologische**	**E**	**Gasförmige**
BCA	Laborfilter		**Abwässer**		**Abfälle**
BCB	Luftfilterelemente	CCA	Medizinische Abwässer		
BCC	Boxenfilter	CCB	Pharma-Abwässer	**F**	**Mischabfälle**
BD	**Biologische Abfälle**	CCC	Fäkal-Abwässer		**(A–D)**
BDA	Kadaver			FA	Ionenaustauscher/
BDB	Medizinische Abfälle	**CD**	**Spaltprodukt-**		Filterhilfsmittel, Salze
			konzentrate	FB	Ionenaustauscher/
BZ	**Unsortierter Abfall**				Filterhilfsmittel, Salze,
		D	**Flüssige Abfälle,**		feste Abfälle
C	**Flüssige Abfälle,**		**organisch**		
	anorganisch			**G**	**Strahlungsquellen**
		DA	**Öle**	GA	Neutronenquellen
CA	**Chemieabwässer**	DAA	Schmieröle	GB	Gammaquellen
CAA	Betriebsabwässer	DAB	Hydrauliköle	GG	Prüfstrahler
CAB	Prozessabwässer	DAC	Transformatoröle	GD	Diverse Quellen
CAC	Dekontaminations- abwässer	**DB**	**Lösungsmittel**		
CAD	Laborabwässer	DBA	Alkane		
CAE	Verdampferkonzentrat	DBB	TBP		
CAF	Schweres Wasser (D$_2$O)	DBC	Szintillationslösung		
CAG	Säure	DBD	Markierte Flüssigkeiten		
CAH	Lauge	DBE	Kerosin		
		DBF	Alkohole		
CB	**Schlämme/**	DBG	Aromatische		
	Suspensionen		Kohlenwasserstoffe		
CBA	Abschlämmungen	DBH	Halogenierte		
CBB	Ionenaustauscher-/		Kohlenwasserstoffe		
	-harz-Suspension				
CBC	Fällschlämme	**DG**	**Emulsionen**		
CBD	Sumpfschlämme				
CBE	Dekanterrückstände				
CBF	Feedklärschlämme				

3. Behandlung des Abfalls

Ein Abfall liegt entweder als unbehandelter Abfall (Rohabfall) vor oder als Zwischen- oder Endprodukt einer vorausgegangenen verfahrenstechnischen Behandlung.

Code	Behandlung
000	unbehandelt
001	Sortieren
002	Dekontaminieren
003	Zerkleinern
004	Vorpressen
005	Verbrennen

Anlagen

Code	Behandlung
006	Pyrolysieren
007	Verdampfen/Destillieren/Rektifizieren
008	Dekantieren
009	Filtrieren
010	Schmelzen
011	formstabil Kompaktieren
012	Zementieren
013	Bituminieren
014	Verglasen
015	Trocknen
016	Kompaktieren und Zementieren
017	Kompaktieren und Trocknen
018	Verbrennen und Kompaktieren
019	Verbrennen und Kompaktieren und Zementieren
020	Entwässern
021	Verfahren ohne physikalische oder chemische Veränderung
022	Sonstiges

Anzugeben ist das für den physikalisch-chemischen Zustand des zu benennenden Abfalls relevante Verfahren bzw. die Kombination von Verfahren, soweit nicht schon bei dem bereits erfassten Vorgänger angegeben.

Teil B: Buchführung über radioaktive Abfälle

1. Kennung

Jeder angefallene radioaktive Abfall, der als deklarierbare Einheit gekennzeichnet werden kann und keiner betrieblichen Änderung mehr unterworfen wird, ist zu erfassen und in der Dokumentation mit einer eindeutigen Kennung je Behälter oder Einheit zu versehen. Die Kennung hat durch folgende Buchstaben- und Zahlenkombination zu erfolgen:

AA/BBB/CCCC/D/EEEFFF

Die beiden ersten Stellen (AA) sind Buchstaben und bezeichnen in codierter Form den Erfasser der Daten, die Stellen drei bis fünf (BBB) sind ebenfalls Buchstaben und stehen für die Kennbuchstabenkombination des Ablieferungspflichtigen/Abführungspflichtigen (nachfolgend kurz als Verursacher bezeichnet) des Abfalls, die Stellen sechs bis neun sind Ziffern (CCCC) und bezeichnen das Jahr, in dem der Abfall erfasst ist, die zehnte Stelle (D) bezeichnet den Verarbeitungszustand (siehe Teil A Nr. 1), die Stellen elf bis dreizehn (EEE) können für verursacherinterne Codierungen verwendet werden und die Stellen vierzehn bis sechzehn (FFF) stehen für eine laufende Nummer (bei Bedarf können EEEFFF zu einer laufenden Nummer zusammengezogen werden).

Für die Erfassung durch den Verursacher ist der Buchstabe E zu verwenden. Buchstaben für andere Erfasser werden auf Anfrage vom Bundesamt für Strahlenschutz festgelegt. Vom Bundesamt für Strahlenschutz wird auch die Kennbuchstabenkombination BBB festgelegt.

Beispiel 1: E/KKW/1993/R/000001[1, 2, 3, 4, 5]

2. Kennzeichnung von Abfallgebinden[6]

Die Kennung einer Einheit in der Dokumentation ist in der Regel mit der Kennzeichnung des Abfallgebindes nicht identisch. Die Kennzeichnung der Abfallgebinde, die an eine Anlage des Bundes zur Sicherstellung und zur Endlagerung radioaktiver Abfälle abzuliefern sind, erfolgt nach folgendem einheitlichen System: die Kennbuchstabenkombination des Verursachers gemäß Festlegung durch das Bundesamt für Strahlenschutz, laufende Nummer (siebenstellig).

Beispiel 2: KKW/0000001

3. Kennzeichnung von Behältern[7]

Behälter, die zur Sammlung oder zum Transport von radioaktiven Abfällen vorgesehen sind, müssen mit einer unverwechselbaren und dauerhaften Identnummer versehen sein.

4. Angaben

Ist in der nachfolgenden Tabelle ein Kreuz eingetragen, so ist die Angabe für die jeweils vorliegende Abfallart, soweit zutreffend, zu erfassen. Für bestrahlte Kernbrennstoffe entsprechend Ziffer 1 treffen nur die Angaben von Nummer 2 bis Nummer 18 zu.

Nummer	Angabe je Behälter oder Einheit		Verarbeitungszustand des Abfalles nach Anlage X Teil A		
			R	Z	K
1	Kennung		x	x	x
2	Herkunft (Anlage/Betriebsteil/System/Sonstiges)		x		
3	Klassifizierung nach Anlage X Teil A		x	x	x
4	Datum des Anfalls		x	x	x
5	Abfallmasse in kg		x	x	x
6	Gebindemasse in kg			x	x
7	Gebindevolumen in m³			x	x
8	Behältertyp		x	x	x
9	Behälterkennzeichnung		x	x	x
10	Ortsdosisleistung in mSv/h	Oberfläche	x	x	x
11		1 m Abstand	x	x	x
12	Datum der Messung der Ortsdosisleistung		x	x	x
13	Gesamtaktivität	β-/γ-Strahler in Bq	x	x	x
14		α-Strahler in Bq	x	x	x
15	Kernbrennstoff in g		x	x	x
16.1	Aktivität[8] zu berücksichtigender Radionuklide in Bq	Nr. 1	x	x	x
16.2		Nr. 2	x	x	x
16.n		Nr. n	x	x	x

Anlagen

Nummer	Angabe je Behälter oder Einheit		Verarbeitungszustand des Abfalles nach Anlage X Teil A		
			R	Z	K
17	Bezugsdatum der Aktivitätsangabe		x	x	x
18	Art der Aktivitätsbestimmung		x	x	x
19	Rückstellprobe Nr.		x	x	x
20	Datum der Ausbuchung		x	x	x
21	Referenz der Ausbuchung		x	x	x
22	Abfallprodukt				x
23.1	Stoffliche Zusammensetzung in kg	Nr. 1			x
23.2		Nr. 2			x
23.n		Nr. n			x
24.1	Kennung des verarbeiteten Rohabfalls oder Zwischenprodukts[9, 11]	Nr. 1		x	x
24.2		Nr. 2		x	x
24.n		Nr. n		x	x
25	Klassifizierung des Behälters[9]				x
26	Dichtheit der Verpackung[9]				x
27	Ausgeführtes Behandlungsverfahren			x	x
28	Datum der Ausführung			x	x
29	Ort der Ausführung			x	x
30	Ausführender			x	x
31	Produktkontrolle für die Endlagerung	Datum der Kontrolle			(x)
32		Referenz			(x)
33	Zwischenlagerort		x	x	x
34	Datum der Einlagerung		x	x	x

(x) Im Falle der Zwischenlagerung nur dann, wenn durch die Zwischenlagergenehmigung gefordert.

Teil C: Transportmeldung an die atomrechtliche Aufsichtsbehörde vor der Beförderung radioaktiver Abfälle

Die Transportmeldung an die atomrechtliche Aufsichtsbehörde vor der Beförderung radioaktiver Abfälle zu § 75 Abs. 2 hat folgende Angaben zu enthalten:

1. Datum, Ausgangsort und Zielort des Transportes
2. Eigentümer der zu transportierenden Abfälle
3. Abgeber der zu transportierenden Abfälle gemäß § 69 Abs. 3
4. Absender der zu transportierenden Abfälle nach den Vorschriften für die Beförderung gefährlicher Güter
5. Beförderer/Frachtführer sowie Nummer und Ausstellungsdatum der Beförderungsgenehmigung
6. Empfänger sowie Nummer und Ausstellungsdatum der Genehmigungen nach §§ 6, 7 oder 9 des Atomgesetzes oder §§ 7 oder 11 Abs. 2 dieser Verordnung

7. Annahmezusage des Empfängers

8. Art und Anzahl der zu transportierenden Behälter/Verpackungen

9. Art, Masse oder Volumen und Gesamtaktivität der sonstigen radioaktiven Stoffe sowie Gesamtmasse der Kernbrennstoffe nach § 2 Abs. 1 Satz 2 des Atomgesetzes

---

1   E steht für die Erfassung durch den Verursacher.

2   KKW steht für das Kernkraftwerk als Verursacher (alternativ XXX für die Kennbuchstabenkombination eines anderen Verursachers).

3   1993 steht für das Jahr der Erfassung.

4   R steht für den Verarbeitungszustand (siehe Teil A Nr. 1).

5   000001 steht für die laufende Nummer innerhalb des Jahres.

6   Abfallgebinde, die aus der Wiederaufarbeitung von ausgedienten Brennelementen aus Kernkraftwerken der Bundesrepublik Deutschland in Anlagen des Auslandes stammen, können von dieser Kennzeichnung abweichen.

7   Spezifikation der jeweils annehmenden Anlage (Konditionierungsstätte, Zwischenlager, Landessammelstelle, Endlager).

8   Sofern die Art der Aktivitätsbestimmung nicht unter Nr. 16.1–16.n nuklidbezogen angegeben: M = Messung, B = Berechnung, A = Abschätzung.

9   Endlagergerechte Bezeichnung oder Klassifizierung gemäß Festlegung durch das Bundesamt für Strahlenschutz.

10   Vorbehaltlich der Festlegungen und Randbedingungen des Planfeststellungsbeschlusses für das vorgesehene Bundesendlager.

11   Anzugeben sind die Kennungen der zum Zwischenprodukt verarbeiteten Rohabfälle bzw. die Kennungen der zum Abfallprodukt verarbeiteten Zwischenprodukte.

Anlage XI
(zu §§ 93, 95, 96)

Arbeitsfelder, bei denen erheblich erhöhte Expositionen durch natürliche terrestrische Strahlungsquellen auftreten können

Teil A: Arbeitsfelder mit erhöhten Radon-222-Expositionen

Arbeiten in

1. untertägigen Bergwerken, Schächten und Höhlen, einschließlich Besucherbergwerken,
2. Radon-Heilbäder und -Heilstollen,
3. Anlagen der Wassergewinnung, -aufbereitung und -verteilung.

Teil B: Arbeitsfelder mit erhöhten Expositionen durch Uran und Thorium und deren Zerfallsprodukte ohne Radon

1. Schleifen von und Wechselstromschweißen mit thorierten Schweißelektroden,
2. Handhabung und Lagerung thorierter Gasglühstrümpfe,
3. Verwendung von Thorium oder Uran in der natürlichen Isotopenzusammensetzung oder in abgereicherter Form einschließlich der daraus jeweils hervorgehenden Tochternuklide, sofern vorhanden, zu chemisch-analytischen oder chemisch-präparativen Zwecken,
4. Handhabung, insbesondere Montage, Demontage, Bearbeiten und Untersuchen von Produkten aus thorierten Legierungen,
5. Gewinnung, Verwendung und Verarbeitung von Pyrochlorerzen,
6. Verwendung und Verarbeitung von Schlacke aus der Verhüttung von Kupferschiefererzen.

Anlage XII
(zu §§ 97 bis 102)

Verwertung und Beseitigung überwachungsbedürftiger Rückstände

Teil A: Liste der zu berücksichtigenden Rückstände

1. Schlämme und Ablagerungen aus der Gewinnung von Erdöl und Erdgas;

2. Nicht aufbereitete Phosphorgipse, Schlämme aus deren Aufbereitung sowie Stäube und Schlacken aus der Verarbeitung von Rohphosphat (Phosphorit);

3. a) Nebengestein, Schlämme, Sande, Schlacken und Stäube
    - aus der Gewinnung und Aufbereitung von Bauxit, Columbit, Pyrochlor, Mikrolyth, Euxenit, Kupferschiefer-, Zinn-, Seltene-Erden- und Uranerzen
    - aus der Weiterverarbeitung von Konzentraten und Rückständen, die bei der Gewinnung und Aufbereitung dieser Erze und Mineralien anfallen, sowie

   b) den o.g. Erzen entsprechende Mineralien, die bei der Gewinnung und Aufbereitung anderer Rohstoffe anfallen;

4. Stäube und Schlämme aus der Rauchgasreinigung bei der Primärverhüttung in der Roheisen- und Nichteisenmetallurgie.

Rückstände im Sinne des § 97 sind auch

a) Materialien nach den Nummern 1 ff., wenn das Anfallen dieser Materialien zweckgerichtet herbeigeführt wird,

b) Formstücke aus den in Nummern 1 ff. genannten Materialien sowie

c) ausgehobener oder abgetragener Boden und Bauschutt aus dem Abbruch von Gebäuden oder sonstigen baulichen Anlagen, wenn diese Rückstände nach den Nummern 1 ff. enthalten und gemäß § 101 nach der Beendigung von Arbeiten oder gemäß § 118 Abs. 5 von Grundstücken entfernt werden.

Keine Rückstände im Sinne des § 97 sind Materialien nach den Nummern 1 bis 4,

a) deren spezifische Aktivität für jedes Radionuklid der Nuklidketten U-238sec und Th-232sec unter 0,2 Becquerel durch Gramm (Bq/g) liegt, oder

b) die in dort genannte technologische Prozesse als Rohstoffe eingebracht werden.

Die bei den Nuklidketten U-238sec[1] und Th-232sec sowie beim Pb-210++ zu betrachtenden Tochternuklide sind in Anlage III Tabelle 2 aufgelistet.

Teil B: Überwachungsgrenzen für Rückstände nach Teil A

1. Bei der Verwertung oder Beseitigung von Rückständen gilt für repräsentativ ermittelte Werte $C_{U238max}$ und $C_{Th232max}$ der größten spezifischen Aktivitäten der Radionuklide der Nuklidketten U-238sec und Th-232sec in Becquerel durch Gramm (Bq/g) die nachfolgende Summenformel:

$$C_{U238max} + C_{Th232max} \leq C$$

mit der Überwachungsgrenze $C = 1$ Bq/g.

2. Abweichend von Nummer 1 gilt C = 0,5 Bq/g,

wenn im Einzugsbereich eines nutzbaren Grundwasservorkommens im Kalenderjahr mehr als 5.000 Tonnen Rückstände deponiert werden

oder

wenn Baustoffen bei der Verwertung im Hausbau mehr als 20 % oder bei der Verwertung im Straßen-, Wege-, Landschafts- oder Wasserbau, auch im Bereich von Sport- und Spielplätzen, mehr als 50 % Rückstände nach Teil A zugesetzt werden.

3. Abweichend von Nummer 1 gilt C = 5 Bq/g bei der untertägigen Verwertung oder Deponierung von Rückständen.

4. Ist die größte spezifische Aktivität der Radionuklide des Pb-210++ gegenüber der spezifischen Aktivität der übrigen Radionuklide der U-238sec-Nuklidkette um einen Faktor A größer 5 erhöht, gilt abweichend von Nummer 1 bis 3 die nachfolgende Summenformel:

$$R \cdot C_{U238max} + C_{Th232max} \leq C.$$

Der Faktor R nimmt bei der übertägigen Verwertung oder Beseitigung den Wert 0,5 an. Für die untertägige Verwertung oder Beseitigung ist der Faktor R aus der folgenden Tabelle zu entnehmen.

Faktor A	Faktor R
5 < A ≤ 10	0,3
10 < A ≤ 20	0,2
20 < A	0,1

5. Abweichend von Nummer 1 und 2 gelten die Bedingungen

$C_{U238max} \leq 0,2$ Bq/g und $C_{Th232max} \leq 0,2$ Bq/g,

wenn bei der Deponierung oder Verwertung im Straßen-, Wege- oder Landschaftsbau, auch im Bereich von Sport- und Spielplätzen, im Einzugsbereich eines nutzbaren Grundwasserleiters eine Fläche von mehr als 1 Hektar mit Nebengestein belegt wird.

Liegt die spezifische Aktivität für jedes Radionuklid einer der Nuklidketten U-238sec oder Th-232sec unter 0,2 Becquerel durch Gramm (Bq/g), bleibt die jeweilige Nuklidkette unberücksichtigt.

Teil C: Voraussetzungen für die Entlassung aus der Überwachung bei gemeinsamer Deponierung von überwachungsbedürftigen Rückständen mit anderen Rückständen und Abfällen (§ 98 Abs. 2)

Bei Entscheidungen nach § 98 Abs. 2 über die Entlassung von Rückständen aus der Überwachung zum Zwecke einer gemeinsamen Deponierung mit anderen Rückständen und Abfällen kann die zuständige Behörde unter den folgenden Voraussetzungen davon ausgehen, dass Strahlenexpositionen, die infolge dieser gemeinsamen Deponierung auftreten können, auch ohne weitere Maßnahmen für Einzelpersonen der Bevölkerung eine effektive Dosis von 1 Millisievert im Kalenderjahr nicht überschreiten werden:

1. Für die Mittelwerte $C^M_{U238max}$ und $C^M_{Th232max}$ der spezifischen Aktivitäten der Radionuklide der Nuklidketten U-238sec und Th-232sec in Becquerel durch Gramm (Bq/g) gilt nachfolgende Summenformel:

$$C^M_{U238max} + C^M_{Th232max} \leq C^M.$$

Die Mittelwerte $C^M_{U238max}$ und $C^M_{Th232max}$ der spezifischen Aktivitäten dürfen als Gesamtaktivität der innerhalb von 12 Monaten auf der Deponie beseitigten überwachungsbedürftigen Rückstände nach Teil A und B dieser Anlage geteilt durch die Gesamtmasse aller innerhalb dieses Zeitraums auf der Deponie beseitigten Rückstände und Abfälle bestimmt werden. Bei der Ermittlung der Gesamtaktivität ist jeweils die größte Aktivität der Radionuklide der Nuklidketten U-238sec und Th-232sec zugrunde zu legen. C^M nimmt folgende Werte an:

$C^M = 0{,}05$ Bq/g für Deponien mit einer Fläche von mehr als 15 Hektar,

$C^M = 0{,}1$ Bq/g für Deponien mit einer Fläche bis zu 15 Hektar,

$C^M = 1$ Bq/g unabhängig von der Deponiefläche für Deponien, bei denen auf Grund der spezifischen Standortbedingungen Grundwasserbelastungen ausgeschlossen werden können, und

$C^M = 5$ Bq/g bei der untertägigen Beseitigung.

Dabei darf die spezifische Aktivität keines Radionuklids der Nuklidketten U-238sec und Th-232sec 10 Becquerel durch Gramm (Bq/g) bzw. bei der Deponierung auf Deponien für besonders überwachungsbedürftige Abfälle 50 Becquerel durch Gramm (Bq/g) überschreiten.

2. Ist in einer Rückstandscharge die größte spezifische Aktivität der Radionuklide des Pb-210++ gegenüber der spezifischen Aktivität der übrigen Radionuklide der U-238sec-Nuklidkette um einen Faktor A größer 5 erhöht, darf bei der Ermittlung der Gesamtaktivität entsprechend Nummer 1 die Aktivität der Radionuklide der Nuklidkette U-238sec für diese Charge mit einem Faktor R multipliziert werden. Bei der Beseitigung auf Deponien nimmt der Faktor R den Wert 0,3 an.

Bei der untertägigen Beseitigung ist der Faktor R aus der Tabelle im Teil B Nummer 4 dieser Anlage zu entnehmen. Liegt die spezifische Aktivität für jedes Radionuklid einer der Nuklidketten U-238sec oder Th-232sec in einzelnen Rückstandschargen unter 0,2 Becquerel durch Gramm (Bq/g), bleibt die jeweilige Nuklidkette für diese Charge bei der Berechnung der Gesamtaktivität gemäß Nummer 1 unberücksichtigt.

Teil D: Grundsätze für die Ermittlung von Strahlenexpositionen bei Rückständen nach Teil A

1. Bei der Ermittlung der Strahlenexposition von Einzelpersonen der Bevölkerung sind realistische Expositionspfade und Expositionsannahmen zu verwenden. Soweit dabei die Expositionspfade nach Anlage VII Teil A Berücksichtigung finden, sind die Annahmen der Anlage VII Teil B und C, insbesondere die Festlegungen der Anlage VII Teil B Tabelle II 1 Spalte 1 bis 7, zugrunde zu legen.

2. Im Falle der Verwertung von Rückständen sind bei der Ermittlung der Strahlenexposition von Einzelpersonen der Bevölkerung alle Expositionen einzubeziehen, die auf dem vorgesehenen Verwertungsweg, insbesondere durch das Herstellen und In-Verkehr-Bringen von Erzeugnissen und durch die Beseitigung dabei anfallender weiterer Rückstände, auftreten können.

3. Im Falle der Beseitigung von Rückständen sind bei der Ermittlung der Strahlenexposition von Einzelpersonen der Bevölkerung alle Expositionen einzubeziehen, die auf dem vorgesehenen

Beseitigungsweg durch eine Behandlung, Lagerung und Ablagerung der Rückstände auftreten können.

4. Bei Grundstücken, die durch Rückstände verunreinigt sind, sind in die Ermittlung der Strahlenexposition nach § 101 Abs. 1 Satz 2 alle Expositionen einzubeziehen, die bei realistischen Nutzungsannahmen unter Berücksichtigung der natürlichen Standortverhältnisse auftreten können.

Hierbei sind die Dosiskoeffizienten aus der Zusammenstellung im Bundesanzeiger Nr. 160 a und b vom 28. August 2001 Teil I und II zu verwenden. Im Fall des § 98 Abs. 2 Satz 2 sind die Dosiskoeffizienten aus der Zusammenstellung im

---

1 Expositionen durch Radionuklide der U-235-Zerfallsreihe sind dabei berücksichtigt und müssen nicht gesondert betrachtet werden.

Anlage XIII
(zu §§ 51 und 53)

Information der Bevölkerung

Teil A: Information bei einer radiologischen Notstandssituation (zu § 51)

1. Die Information an die Bevölkerung erstreckt sich auf die folgenden Angaben, soweit diese im konkreten Ereignisfall relevant sind:

    a) Informationen über die eingetretene Notstandssituation und nach Möglichkeit über deren Merkmale (wie Ursprung, Ausbreitung, voraussichtliche Entwicklung);

    b) Schutzanweisungen, die je nach Fall insbesondere die Beschränkung des Verzehrs bestimmter, möglicherweise kontaminierter Nahrungsmittel, einfache Hygiene- und Dekontaminationsregeln, das Verbleiben im Haus, die Verteilung und Verwendung von Schutzwirkstoffen sowie Vorkehrungen für den Fall der Evakuierung zum Inhalt haben und gegebenenfalls mit Sonderanweisungen für bestimmte Bevölkerungsgruppen verbunden werden;

    c) Empfehlungen zur Zusammenarbeit im Rahmen der Anweisungen und Aufrufe der zuständigen Behörden;

    d) Benennung der für die öffentliche Sicherheit oder Ordnung sowie für den Katastrophenschutz zuständigen Behörden.

2. Geht der Notstandssituation eine Vorwarnstufe voraus, so erhält die Bevölkerung, die im Falle einer radiologischen Notstandssituation möglicherweise betroffen sein wird, bereits auf dieser Stufe Informationen und Anweisungen wie z.B.:

    – die Aufforderung, Rundfunk- oder Fernsehgeräte einzuschalten;

    – vorbereitende Anweisungen für Institutionen, die besondere Gemeinschaftsaufgaben zu erfüllen haben;

    – Empfehlungen für besonders betroffene Berufszweige.

3. Ergänzend zu diesen Informationen und Anweisungen werden je nach verfügbarer Zeit die Grundbegriffe der Radioaktivität und ihre Auswirkungen auf den Menschen und die Umwelt in Erinnerung gerufen.

Teil B: Information in Vorbereitung auf eine radiologische Notstandssituation (zu § 53)

Die Information muss sich erstrecken auf:

1. Name des Genehmigungsinhabers und Angabe des Standortes,

2. Benennung der Stelle, die die Informationen gibt,

3. allgemein verständliche Kurzbeschreibung über Art und Zweck der Anlage und Tätigkeit,

4. Grundbegriffe der Radioaktivität und Auswirkungen der Radioaktivität auf Mensch und Umwelt,

5. radiologische Notstandssituationen und ihre Folgen für Bevölkerung und Umwelt; einschließlich geplanter Rettungs- und Schutzmaßnahmen,

6. hinreichende Auskünfte darüber, wie die betroffenen Personen gewarnt und über den Verlauf einer radiologischen Notstandssituation fortlaufend unterrichtet werden sollen,

Anlagen

7. hinreichende Auskünfte darüber, wie die betroffenen Personen bei einer radiologischen Notstandssituation handeln und sich verhalten sollen,

8. Bestätigung, dass der Genehmigungsinhaber geeignete Maßnahmen am Standort, einschließlich der Verbindung zu den für die öffentliche Sicherheit oder Ordnung und den Katastrophenschutz zuständigen Behörden, getroffen hat, um bei Eintritt einer radiologischen Notstandssituation gerüstet zu sein und deren Wirkungen so gering wie möglich zu halten,

9. Hinweis auf außerbetriebliche Alarm- und Gefahrenabwehrpläne, die für Auswirkungen außerhalb des Standortes aufgestellt wurden,

10. Benennung der für die öffentliche Sicherheit oder Ordnung sowie für den Katastrophenschutz zuständigen Behörden.

Anlage XIV
(zu § 48 Abs. 4)

Leitstellen des Bundes für die Emissions- und Immissionsüberwachung

Leitstelle	Umweltbereich
Deutscher Wetterdienst	Luft, Niederschlag
Bundesanstalt für Gewässerkunde	Binnengewässer: Oberflächenwasser, Sediment
Bundesamt für Seeschifffahrt und Hydrographie	Küstengewässer: Oberflächenwasser, Sediment
Bundesanstalt für Milchforschung	Boden Pflanzen, Bewuchs, Futtermittel Nahrungsmittel pflanzlicher und tierischer Herkunft
Bundesforschungsanstalt für Fischerei	Fisch und Fischereierzeugnisse
Bundesamt für Strahlenschutz	Ortsdosis, Ortsdosisleistung Bodenoberfläche, Grundwasser, Trinkwasser, Abwasser, Klärschlamm, Fortluft

Anhang

Literaturverzeichnis

[ADR] Anlagen A und B des Europäischen Übereinkommens vom 30. September 1957 über die internationale Beförderung gefährlicher Güter auf der Straße i.d.F. vom 27. Juni 2001 (BGBl. 2001, S. 654)

[AMG] Gesetz über den Verkehr mit Arzneimitteln (Arzneimittelgesetz – AMG) i.d.F. vom 21. August 2002 (BGBl. I, S. 3348)

[ARB] Arbeitsschutzgesetz (ArbSchG) i.d.F. vom 7. August 1996 (BGBl. I, S. 3843), zuletzt geändert am 19. Dezember 1998 (BGBl. I, S. 3843)

[ÄSR] Ärztliche und zahnärztliche Stellen, Richtlinie nach RöV (§ 17a) und StrlSchV (§ 83), Richtlinienentwurf vom 17. Februar 2003

[ATAV] Verordnung über die Verbringung radioaktiver Abfälle in das oder aus dem Bundesgebiet (Atomrechtliche Abfallverbringungsverordnung – AtAV) vom 27. Juli 1998 (BGBl. I, S. 1918)

[ATG] Gesetz über die friedliche Verwendung von Kernenergie und den Schutz gegen ihre Gefahren (Atomgesetz – AtG), i.d.F. der Bekanntmachung vom 15. Juli 1985 (BGBl. I, S. 1565), zuletzt geändert vom 5. März 2001 (BGBl. I, S. 326)

[ATZÜV] Verordnung für die Zuverlässigkeit zum Schutz gegen Entwendung oder erhebliche Freisetzung radioaktiver Stoffe nach dem Atomgesetz vom 1. Juli 1999 (BGBl. I, S. 1525), zuletzt geändert durch Artikel 14 des Waff-NeuRegG vom 11. November 2002 (BGBl. I, S. 3970)

[AÜG] Gesetz zur Regelung der gewerbsmäßigen Arbeitnehmerüberlassungen (Arbeitnehmerüberlassungsgesetz) i.d.F. vom 23. Dezember 2002 (BGBl. I, S. 4607)

[AVST] 1., 2., 3. allgemeine Verwaltungsvorschriften zur Störfallverordnung, GMBl. (1993) 582, GMBl. (1982) 205, GMBl. (1995) 782

[BÄO] Bundesärzteordnung i.d.F. vom 27. April 2002 (BGBl. I, S. 1467)

[BGB] Bürgerliches Gesetzbuch i.d.F. der Bekanntmachung vom 2. Januar 2002 (BGBl. I, S. 42), zuletzt geändert durch Gesetz vom 24. August 2002 (BGBl. I, S. 3412)

[BIM] Bundes-Immissionsschutzgesetz vom 26. September 2002 (BGBl. I, S. 3830)

[BMU] Bundesministerium für Umwelt, Naturschutz und Reaktorsicherheit: Neue Messgrößen H*(10) und H'(0,07) in der Ortsdosimetrie, RS II 3-15530/4 vom 2. Juli 2001

Anhang

[BMU 93]   Richtlinie über Maßnahmen für den Schutz von kerntechnischen Anlagen mit Kernmaterial der Kategorie III gegen Störmaßnahmen oder sonstige Einwirkungen Dritter. Bundesministerium für Umwelt, Naturschutz und Reaktorsicherheit, 10. Februar 1993 VS-NfD

[BMV]   Bundesministerium für Verkehr (Hrsg.): Die Beförderung radioaktiver Stoffe, Broschüre, Bonn 1984

[BRE 1]   Brenk Systemplanung GmbH: Ableitung von Überwachungsgrenzen für Reststoffe mit erhöhten Konzentrationen natürlicher Radioaktivität, Aachen, Mai 1999 (Endbericht)

[BRE 2]   Brenk Systemplanung GmbH: Eingrenzung und Bewertung der von den vorgesehenen NORM-Regelungen der Novelle StrlSchV betroffenen Bereiche, Aachen, Januar 2000

[BVERFG]   „Kalkar-Beschluss" vom 8. August 1972, 2 BvL 8/77

[DIN 1]   DIN 6847-1; ersetzt durch EN 60601-2-1: Medizinische elektrische Geräte; Teil 1: Besondere Festlegungen für die Sicherheit von Elektronenbeschleunigern im Bereich von 1 MeV bis 50 MeV, Mai 2002

[DIN 2]   DIN 55350-11: Begriffe der Qualitätssicherung und Statistik, Grundbegriffe der Qualitätssicherung, Mai 1987

[DIN 3]   DIN 6847-3, -4, -5: Medizinische Elektronenbeschleuniger-Anlagen, März 1990, Oktober 1990, Januar 1998

[DIN 4]   DIN 25430: Sicherheitskennzeichnung im Strahlenschutz, Februar 1991

[DIN 5]   DIN 6843: Strahlenschutzregeln für den Umgang mit offenen radioaktiven Stoffen in der Medizin, April 1992

[DIN 6]   DIN 6846-1; ersetzt durch DIN EN 60601-2-11: Medizinische elektrische Geräte; Teil 2: Besondere Festlegungen für die Strahlensicherheit von Gamma-Bestrahlungseinrichtungen, Juni 2003

[DIN 7]   DIN 54115-1: Strahlenschutzregeln für die technische Anwendung umschlossener radioaktiver Stoffe. Ortsfester und ortsveränderlicher Umgang, August 1992

[DIN 8]   DIN 25425-1: Radionuklidlaboratorien, Teil 1: Regeln für die Auslegung, September 1995

[DIN 9]   DIN 6844-1, -2, -3: Nuklearmedizinische Betriebe, September 1996, September 1989

[DIN 10]   DIN 6814-3: Begriffe in der radiologischen Technik, Teil 3: Dosisgrößen und Dosiseinheiten, Januar 2001

Literatur

[DIN 11]	DIN 25422: Aufbewahrung radioaktiver Stoffe, Anforderungen an Aufbewahrungseinrichtungen und deren Aufstellungsräume zum Strahlen-, Brand- und Diebstahlschutz, August 1994
[DMG]	Düngemittelgesetz in der Fassung vom 29. Oktber 2001, BGBl. I, S. 2785, Art. 183
[DV]	Verordnung über die Deckungsvorsorge nach dem Atomgesetz (Atomrechtliche Deckungsvorsorge-Verordnung – AtDeckV) vom 25. Januar 1977 (BGBl. I, S. 220) (BGBl. III, 751-1-2), geändert durch das Sechste Überleitungsgesetz vom 25. September 1990 (BGBl. I, S. 2106)
[EICHO]	Eichordnung i.d.F. vom 12. August 1988: BGBl. I, S. 1657 i.d.F. vom 20. Juli 2001, BGBl. I, S. 1714, Art. 9
[EICHG]	Eichgesetz i.d.F. vom 23. März 1992, BGBl. I, S. 711, i.d.F. vom 29. Oktober 2001, BGBl. I, S. 3603, Art. 7
[EU 1]	Richtlinie 96/29/EURATOM zur Festlegung der grundlegenden Sicherheitsnormen für den Schutz der Gesundheit der Arbeitskräfte und der Bevölkerung gegen die Gefahren durch ionisierende Strahlung, ABl. Nr. L 159 (1996) 1
[EU 2]	93/1493/EURATOM Verordnung des Rates vom 8. Juni 1993 über die Verbringung radioaktiver Stoffe zwischen den Mitgliedstaaten, ABl. L 148 vom 19. Juni 1993, S. 1
[EU 3]	Richtlinie 90/641/EURATOM des Rates vom 4. Dezember 1990 über den Schutz externer Arbeitskräfte, die einer Gefährdung durch ionisierende Strahlung beim Einsatz in Kontrollbereichen ausgesetzt sind, ABl. Nr. L 349 vom 13. Dezember 1990, geändert durch die Beitrittsakte von 1994
[EU 4]	Richtlinie 97/43/EURATOM über den Gesundheitsschutz von Personen gegen die Gefahren ionisierender Strahlung bei medizinischer Exposition und zur Aufhebung der Richtlinie 84/466, ABl. Nr. L 180 (1997) 22
[EU 5]	Strahlenschutzbericht Nr. 65 der Europäischen Kommission
[EU 6]	Veith, H.-M.: Strahlenschutzverordnung. Bundesanzeiger Verlag, Bonn 2001, ISBN 3-89817-000-4
[ET]	Ettenhuber, E. et al.: Strahlenschutzpraxis Heft 3 (1996), S. 17
[FMG]	Futtermittelgesetz i.d.F. vom 25. August 2000, BGBl. I, S. 1358, geändert am 8. August 2002, BGBl. I, S. 3116
[GGBG]	Bundesgesetz über die Beförderung gefährlicher Güter (Gefahrgutbeförderungsgesetz) BGBl. I, Nr. 145/1998, i.d.F. BGBl. I, Nr. 86/2002
[GGVSE]	Gefahrgutverordnung Straße und Schiene vom 11. Dezember 2001, BGBl. I, S. 3529, i.d.F. vom 28. April 2003, BGBl. I, S. 595, Art. 1

[GSG]	Gerätesicherheitsgesetz i.d.F. vom 11. Mai 2001 (BGBl. I, S. 866)
[HAG]	Heimarbeitsgesetz vom 14. März 1951 i.d.F. von 2001 (BGBl. I, S. 266)
[HGB]	Handelsgesetzbuch vom 10. Mai 1897 (RGBl., S. 219), zuletzt geändert durch Gesetz vom 24. August 2002 (BGBl. I, S. 3412)
[HO]	Hoor, M.: Überwachung von Metallschrott auf radioaktive Bestandteile – Leitfaden. Hrsg.: Hütten- und Walzwerks-Berufsgenossenschaft, Verlag Technik & Information, Düsseldorf 1996, ISBN 3-928535-12-9
[HU]	Huck, W.: Transport radioaktiver Stoffe. Nomos Verlagsgesellschaft, Baden-Baden 1992; ISBN 3-7890-2617-4
[IAEA]	International Atomic Energy Agency (IAEA): Regulations for the Safe Transport of Radioactive Material, ST-1 (Safety-Standards No. 1), 1996
[IAEO]	Internationale Atomenergieorganisation (IAEO): Vorschriften für den sicheren Transport radioaktiver Stoffe (IAEO-Empfehlungen)
[ICRP 1]	1990 Recommendations of the International Commission on Radiological Protection ICRP Publication 60, in der deutschen Ausgabe: Empfehlungen der Internationalen Strahlenschutzkommission 1990. Herausgegeben vom Bundesamt für Strahlenschutz der Bundesrepublik Deutschland, dem Bundesamt für Gesundheitswesen der Schweiz, dem Bundesministerium für Gesundheit, Sport und Konsumentenschutz der Republik Österreich; Gustav Fischer Verlag, Stuttgart, ISBN 3-437-11492-1
[ICRP 2]	ICRP-Publication 65: Protection Against Radon-222 at Home and Work, Pergamon, New York 1993
[ICRP 3]	ICRP-Veröffentlichung 47: Strahlenschutz von Beschäftigten in Bergwerken, Gustav Fischer Verlag, Stuttgart 1993
[KIE]	Kiefer, H.; Koelzer, W.: Strahlen und Strahlenschutz, Springer-Verlag, Berlin/Heidelberg 1992
[KRA]	Kramer, R.; Zerlett, G.: Strahlenschutzverordnung – Strahlenschutzvorsorgegesetz: Kommentar zur Verordnung über den Schutz vor Schäden durch ionisierende Strahlen, mit amtlicher Begründung und zum Gesetz zum vorsorgenden Schutz der Bevölkerung gegen Strahlenbelastung. Verlag W. Kohlhammer GmbH und Deutscher Gemeindeverlag GmbH, 3. Auflage, Köln 1990, ISBN 3-17-010692-9
[KRW]	Gesetz zur Förderung der Kreislaufwirtschaft und Sicherung der umweltverträglichen Beseitigung von Abfällen (Kreislaufwirtschafts- und Abfallgesetz – KrW-/AbfG) vom 27. September 1994 (BGBl. I, S. 2705)

Literatur

[LMG] Gesetz über den Verkehr mit Lebensmitteln, Tabakerzeugnissen, kosmetischen Mitteln und sonstigen Bedarfsgegenständen (Lebensmittel- und Bedarfsgegenständegesetz – LMBG) i. d. F. vom 8. August 2002, BGBl. I, S. 3116, Art. 2

[MÖ] Möller, M.; Wilhelm, J.: Allgemeines Polizei- und Ordnungsrecht mit Verwaltungszwang und Rechtsschutz. Schriftenreihe Verwaltung in Praxis und Wissenschaft; Bd. 20, Deutscher Gemeindeverlag GmbH und Verlag W. Kohlhammer GmbH, 4. Auflage, Köln 1995, ISBN 3-555-01047-6

[MP] Merkposten zu Antragsunterlagen in den Genehmigungsverfahren für Anlagen zur Erzeugung ionisierender Strahlen in der Entwurfsfassung vom 21. Januar 2003, BMU

[MPA] Nußhardt, M. (Materialprüfungsamt NRW, Dortmund): Radon in Wasserwerken, Vortragsunterlagen, 10. Februar 2003

[MPB] Verordnung über das Errichten, Betreiben und Anwenden von Medizinprodukten (Medizinprodukte-Betreiberverordnung – MPBetreibV) vom 29. Juni 1998, BGBl. I, S. 1762

[MPG] Gesetz über Medizinprodukte (Medizinproduktegesetz – MPG) i.d.F. vom 6. August 1998, BGBl. I, S. 2005

[MTAAP] Ausbildungs- und Prüfungsverordnung für technische Assistenten in der Medizin (MTA-APrV) vom 25. April 1994, BGBl. I S. 922

[MTAG] Gesetz über technische Assistenten in der Medizin (MTA-Gesetz – MTAG) vom 2. August 1993, BGBl. I, S. 1403

[OPF] Opfermann, R.; Streit, W. (Hrsg.): Arbeitsstätten, Kommentar Arbeitsstättenverordnung, 2. Auflage, Forkel Verlag, Heidelberg, 20. Ergänzungslieferung November 1999

[OWIG] Gesetz über Ordnungswidrigkeiten (OWiG) i.d.F. vom 26. Juli 2002, BGBl. I, S. 2864, Art. 1

[PTB] Neue Dosis-Messgrößen im Strahlenschutz, PTB-Bericht, PTB-Dos-23 (1994)

[QSR] Qualitätssicherungs-Richtlinie (QS-RL), Richtlinienentwurf 2003

[RE] 1. Rahmenempfehlungen für den Katastrophenschutz in der Umgebung kerntechnischer Anlagen; 2. Radiologische Grundlagen für Entscheidungen über Maßnahmen zum Schutz der Bevölkerung bei unfallbedingten Freisetzungen von Radionukliden, GMBl. 28/29 (1999) 538

[RID] Ridder, K.: Gefahrenguthandbuch. Ecomed Verlagsgesellschaft, Landsberg, 121. Ergänzungslieferung 8/99

[RL 1]   Richtlinie zur Kontrolle radioaktiver Abfälle mit vernachlässigbarer Wärmeentwicklung, die nicht an eine Landessammelstelle abgeliefert werden; Bundesanzeiger Nr. 63a vom 4. April 1989

[RL 2]   Richtlinie Strahlenschutz in der Medizin vom 24. Juni 2002, Bundesanzeiger 54, Nr. 207a (2002) G 1990

[RL 3]   Fachkunde-Richtlinie Technik zur StrlSchV, Richtlinienentwurf vom Februar 2003

[RL 4]   Richtlinie über Dichtheitsprüfungen an umschlossenen radioaktiven Stoffen, Richtlinienentwurf vom 4./5. Juli 2003

[RL 5]   Richtlinie für die physikalische Strahlenschutzkontrolle zur Ermittlung der Körperdosen Teil 1: Ermittlung der Körperdosis bei äußerer Strahlenexposition (§§ 40, 41, 42 StrlSchV; § 35 RöV), Richtlinienentwurf vom 3. Juni 2003

[RL 6]   Prüfprotokoll über die Strahlenschutzprüfung an einer nichtmed. Anlage zur Erzeugung ionisierender Strahlen (Beschleunigeranlage) GMBl. 21 (1995) 391

[RL 7]   Richtlinie für die physikalische Strahlenschutzkontrolle zur Ermittlung der Körperdosen; Teil 2: Ermittlung der Körperdosen bei innerer Strahlenexposition, zurzeit im Entwurf

[RL 8]   Musterprotokoll für die Überprüfung medizinischer γ-Bestrahlungsanlagen nach § 76 StrlSchV, GMBl. 17 (1997) 245

[RL 9]   Richtlinie zur Durchführung von Sachverständigenprüfungen an medizinischen Bestrahlungsanlagen nach der StrlSchV, Entwurf (1998)

[RL 10] Arbeitsmedizinische Vorsorge beruflich strahlenexponierter Personen durch ermächtigte Ärzte, Richtlinienentwurf vom 19. Mai 2003

[RöV]   Röntgenverordnung, BGBl. I (1987) 114, novellierte Fassung als Artikel 1 der Verordnung zur Änderung der Röntgenverordnung und anderer atomrechtlicher Verordnungen, BGBl. I (2002), S. 1869, zuletzt geändert durch Artikel 11 in [VUES]

[SCHN]   Schneider, H.-P.; Steinberg, R.: Schadensvorsorge im Atomrecht zwischen Genehmigung, Bestandschutz und staatlicher Aufsicht. Nomos Verlagsgesellschaft, Baden-Baden 1991, ISBN 3-7890-2185-7

[SCHR]   Schrewe, U.: Strahlenschutzpraxis 1 (2000) 37

[SG]   Signaturgesetz vom 16. Mai 2001 (BGBl. I, S. 876)

[SSK 1]	Deutsche Strahlenschutzkommission: Freigabe von Materialien, Gebäuden und Bodenflächen mit geringfügiger Radioaktivität aus anzeige- oder genehmigungspflichtigem Umgang, Empfehlung der Strahlenschutzkommission, verabschiedet in der 151. Sitzung am 12. Februar 1998
[SSK 2]	Modelle, Annahmen und Daten mit Erläuterungen zur Berechnung der Strahlenexposition bei der Ableitung radioaktiver Stoffe mit Luft und Wasser zum Nachweis der Einhaltung der Dosisgrenzwerte nach § 45 StrlSchV, Veröffentlichung der SSK, Bd. 17. G.ustav Fischer Verlag, Stuttgart 1992 (s. auch: Bundesanzeiger 64 a (1990))
[SSK 3]	Die Exposition durch Radon und seine Zerfallsprodukte in Wohnungen in der BRD und deren Bewertung, Bd. 19, Gustav Fischer Verlag, Stuttgart 1992
[SSK 4]	Strahlenexposition an Arbeitsplätzen durch natürliche Radionuklide, Berichte der SSK, Heft 10, G. Fischer Verlag, Stuttgart 1997
[STGB]	Strafgesetzbuch (StGB) in der Fassung vom 22. August 2002 (BGBl. I, S. 3390), Art. 1
[STÖR]	Störfall-Verordnung (12. BlmSchV vom 26. April 2000) (BGBl. I, S. 603)
[STR]	Verordnung über den Schutz von Schäden durch ionisierende Strahlen (Strahlenschutzverordnung – StrlSchV) in der Fassung der Bekanntmachung vom 30. Juni 1989 (BGBl. I, S. 1321, ber. S. 1926), zuletzt geändert durch die Vierte Änderungsverordnung vom 18. August 1997 (BGBl. I, S. 2113)
[UL]	Ullmann, W. et al.: Strahlenschutzpraxis Heft 3 (1996), S. 11
[VDE]	Verein Deutscher Eisenhüttenleute: Entwicklung und Stand der Überwachung des Schrotteingangs auf radioaktive Bestandteile in der Stahlindustrie. Aufsatz von R. Ewers, VDEh Düsseldorf 1998
[VUES]	Verordnung für die Umsetzung von EURATOM-Richtlinien zum Strahlenschutz, BGBl. I (2001), S. 1714
[VRA]	Verordnung über radioaktive oder mit ionisierenden Strahlen behandelte Arzneimittel vom 28. Januar 1987 (BGBl. I, S. 502), geändert 1990 (BGBl. II (1990), S. 885, 1086)
[VVG]	Verwaltungsverfahrensgesetz für das Land Nordrhein-Westfalen (VwVfG. NRW) i.d.F. vom 12. November 1999 (GV.NRW. 1999, S. 602)
[WA]	Waksmann, R.; Serruys, P.W. (Hrsg.): Handbook of Vascular Brachytherapy, Martin Dunitz Ltd, London 1998

Stichwortverzeichnis

50-Jahre-Folgedosis 168
50-Jahre-Organ-Folgedosis 151
β-Submersion 343
γ-Submersion 343

A
Abgabe 206
Abgeber 207, 229
Absender 73
Aktivierung
– absichtliche 300
– zweckgerichtete 299
Aktivität der Ausscheidungen 149
Aktivitätsableitung 169
Aktivitätskonzentration 144, 149
Anlage des Bundes 52, 231 f.
Anlagen zur Erzeugung
  ionisierender Strahlen 56 ff.
– Errichtung 56
– Genehmigung 59
Anwendung 244, 248 f., 251, 259, 260 ff.
Anwendungsbeschränkungen 265
Anwendungsverbote 265
Arbeiten 18 ff., 28
Arbeitsanweisungen 252
Arzneimittel 299 ff.
Arzt
– anwendender 244
– ermächtigter 195
– fachkundiger 244
– überweisender 244
ärztliche Bescheinigung 191 f.
Atemrate 170
Aufenthaltsfaktoren 165
Aufkonzentrationsfaktor 352
Ausbreitungsfaktor 170, 342, 344

B
bauartzugelassene Vorrichtung 99
Bauartzulassung 95 f., 98, 100
Beförderer 72
Beförderung 68, 70, 72
– Genehmigungsvoraussetzungen 77
Beförderungsstück 80
beruflich strahlenexponierte Person 182, 185, 187, 190
– Kategorie A 181, 183

– Kategorie B 181, 183
– Kategorien 181
Berufslebensdosis 185
Beschleuniger 56 f., 62, 199, 256
Bestrahlungsraum 137, 256 f.
Bestrahlungsvorrichtungen 199
Betriebsgelände 165, 171
Buchführungspflicht 210 f.

D
Deckungsvorsorge 49, 54 f., 268
Dekontamination 157, 162
Deponie 114
Dichtheitsprüfung 101, 198
Direktstrahlung 164 f., 167
Dosisbegrenzung 31, 186
Dosisfaktor 170
Dosisgrenzwerte 167, 183
Dosisgröße 31
Dosisleistungsfaktor 343
Dosisleistungskonstante 152
Dosisreduzierung 32, 271

E
effektive Dosis 164, 167 f., 183, 338, 340
Elektronenlinearbeschleuniger 57, 62
Endlager 219, 224, 237
Ermächtigung 195
Errichtungsgenehmigung 57 f., 60
Ethikkommission 268
Expositionspfad 165, 342

F
Fachkunde im Strahlenschutz 43, 92, 117
– Bescheinigung 117
Fernbereich 167, 171
Freigabe 107 f., 110, 112, 334
Freigabewerte 114, 239, 334
Freigrenze 114, 239, 334
fremde Anlage oder Einrichtung 65 ff.

G
Gammaradiographie 199
Gesundheitsakte 193
Gewebedosis 168
Gleichgewichtsfaktor 274

H
Halbwertzeit 334
helfende Personen 247
Hilfeleistung 189

I
Indikation 247
– medizinische 244, 247
– rechtfertigende 243 f.
Ingestion 168, 345
Inhalation 168, 344
Inkorporation 156, 159, 168, 345

K
Kenntnisse im Strahlenschutz 117 f., 250
Kennzeichnungspflicht 204
klinische Prüfungen 268
Konsumgüter 299 ff.
Kontamination 145, 156, 158
Kontaminationskontrollen 158
Kontaminationsprüfung 159
Kontrollbereich 135 f., 140
Konversionsfaktor 152
Körperaktivität 147 f., 151 ff.
Körperdosis 145, 147
– Ermittlung 148 f.
Kreisbeschleuniger 56
Kurse im Strahlenschutz 118

L
Landessammelstelle 50, 52, 219 ff.
Lebensgewohnheiten der Referenzperson 342
Linearbeschleuniger 56
Luftpfad 168

M
medizinisch-technische Radiologieassistentin 251
medizinische Forschung 88 ff., 94, 261, 265
Medizinphysik-Experte 53, 63 f., 253
Messgeräte 202
Minimierung 246
Minimierungsgebot 32, 34
Minimierungsprinzip 246
Mitteilungspflicht 154, 210 f.

N
Nachsorge 213
Nahbereich 164, 167, 171

Notstandssituationen
– radiologische 177

O
Oberflächen-Personendosis 152
Oberflächenkontamination 145, 150, 159 f., 334
Organ-Energiedosis 340
Organ-Folgedosis 341
Organdosis 168, 340 f.
Ortsdosis 144, 149 f.
Ortsdosisleistung 144, 149

P
Personendosis 150
– Ermittlung 149
Personengefährdung 189
Photonen-Äquivalentdosis 150, 337, 339
Probanden 265
Probebetrieb 64

Q
Qualitätskontrolle 100
Qualitätssicherung 253 f., 256

R
radioaktive Abfälle 48, 51 f., 217 ff.
– Abgabe 239
– Ablieferungspflicht 233
– Behandlung 225, 239
– Benennung 346
– endgültige Beseitigung 219
– Endlagerung 237
– Erfassung 223
– Verdünnung 241 f.
– Verpackung 225, 239
– Zwischenlagerung 236, 239
radioaktive Reststoffe 219
radioaktive Stoffe 217
– Abhandenkommen 213
– Beförderung 68
– Fund 212
– Lagerung 196, 216
– Sicherung 196
– tatsächliche Gewalt 212
– Verlust 212
– Zusatz 299
radiologische Notstandsituation 352
Radon 270, 348

537

Rechtfertigung 31
Reduktionsfaktor 351
Referenzperson 168
Referenzwerte 246
Reststoffe 349
Röntgenraum 136
Röntgenstrahlung 20
Rückstände 279 ff., 349 f.
– überwachungsbedürftige 281 ff., 349

S
Sachkunde 118
– im Strahlenschutz 251
Sachverständige 54, 199
Sachverständigenprüfung 199
Schadensbegrenzung 180
Schadensbekämpfung 180
Sperrbereich 135 ff., 205
Störfall 173 f., 178, 180, 352
– radiologischer 177
Strahlenexposition 164
– Minimierung 32 ff.
– natürliche 164, 296
– Vermeidung 32
Strahlenpass 66, 147
Strahlenquelle
– natürliche 278, 288
Strahlenschutzanweisung 133
Strahlenschutzbeauftragter 44, 117 ff., 130
– Bestellung 123, 125
– Pflichten 127 f.
Strahlenschutzbereich 134
– Zutritt 139
Strahlenschutzregister 310 f.
Strahlenschutzverantwortlicher 43, 119 ff., 130
– Pflichten 128
Strahlenschutzverordnung 130 ff., 313
– Aushänge 134
Strahlenzeichen 138, 204 f.
Strahlungs-Wichtungsfaktor 341

T
Tätigkeiten 18 ff.
technische Assistenten in der Medizin 251
Thorium 271, 347
Tiefen-Personendosis 152

U
Überprüfungsschwellen 152
Überwachungsbereich 135, 137
Überwachungsgrenzen 349
Umgang mit radioaktiven Stoffen 40
– Genehmigung 41
– genehmigungsbedürftiger 36
– genehmigungsfreier 38
Umgebungs-Äquivalentdosis 31, 150, 165, 339
Unfall 179, 352
– radiologischer 177
Unterweisung 141 ff.
Uran 270, 347

V
Verbringer 83
Verbringung 82 f.
– genehmigungsfreie 85
– grenzüberschreitende 82, 84
Versandstücke 69, 75
Verunreinigungen 290 ff.

W
Wartung 198
Wasserpfad 168
Wasserversorgungsanlage 212, 215
Wirkungen
– deterministische 34
– stochastische 34

Z
Zulassungsschein 98
Zusatz radioaktiver Stoffe 299
Zutrittsbeschränkung 140
Zwischenlager 236
Zwischenlagerung 48, 52

Arbeitsplatzgestaltung & Software-Ergonomie

Die Bildschirmarbeitsverordnung legt fest, dass alle Bildschirmarbeitsplätze zusätzlich auch den Anforderungen sonstiger Rechtsvorschriften zu entsprechen haben. Es werden Anforderungen an das Bildschirmgerät, die Arbeitsumgebung und Arbeitsmittel gestellt sowie Grundsätze für das Zusammenwirken von Mensch und Arbeitsmittel benannt. Allein durch diese Anforderungen zeigt sich, dass die ergonomische Gestaltung von Bildschirmarbeitsplätzen keine nebensächliche Aufgabe ist. Insbesondere dann nicht, wenn zusätzlich berufsgenossenschaftliche Regelwerke und gesicherte arbeitswissenschaftliche Erkenntnisse zu berücksichtigen sind.

Das Buch zeigt, wie eine ergonomische Gestaltung und eine Gefährdungsbeurteilung von Bildschirmarbeitsplätzen im Sinne der Bildschirmarbeitsverordnung praxiorientiert erfolgen können.
Es stellt dabei sowohl die Anforderungen aus staatlichen und berufsgenossenschaftlichen Regelwerken als auch aktuelle Erkenntnisse der Arbeitswissenschaft vor.

Das Buch richtet sich in erster Linie an Fachkräfte für Arbeitssicherheit, Arbeitsmediziner, Sicherheitsbeauftragte sowie Betriebs- und Personalräte.

Neuhaus

Sicherheit und Gesundheitsschutz bei Büro- und Bildschirmarbeit

Arbeitsplatzgestaltung und Software-Ergonomie in der Praxis

2003, 360 Seiten, gebunden
€ 42,–/SFR 84,–
ISBN 3-87156-524-5

box@dwd-verlag.de · www.dwd-verlag.de · Postfach 2352 · 56513 Neuwied

**Bestellen Sie jetzt: Telefax (08 00) 801 801 8,
Telefon (08 00) 776 366 5 (gebührenfrei) oder über den Buchhandel**

Arbeits- und Gesundheitsschutz in der Praxis

Das Buch ist aus der Praxis für die Praxis geschrieben. Es vermittelt knapp und anschaulich, welchen Stellenwert Arbeits- und Gesundheitsschutz heute gesellschaftlich und unternehmerisch haben, gibt eine Übersicht über die wichtigsten Verantwortlichkeiten des Unternehmers und übermittelt praxisgerechte Handlungsanweisungen, wie die Vorgaben gerichtsfest erfüllt und zugleich nutzbringend umgesetzt werden können. Stets sind hierbei wirtschaftliche Aspekte sowie Aufwand und Nutzen berücksichtigt.

Den wenigen theoretischen Ausführungen folgen betriebliche Praxisbeispiele. Kopierfähige Checklisten und Vorgaben geben Tipps und erleichtern die Umsetzung im eigenen Verantwortungsbereich.

Aus dem Inhalt:
- Rechtliches Regelwerk
- Verantwortung des Unternehmers
- Checklisten zu speziellen Gefährdungen und Belastungen
- Unfallmeldung
- Umgang mit Behörden und Institutionen
- Anhang mit kopierfähigen Vorlagen

Bauer/Engeldinger

Arbeits- und Gesundheitsschutz in klein- und mittelständischen Unternehmen

Praktische Umsetzung rechtlicher Vorgaben

2003, 312 Seiten, gebunden
€ 39,–/SFR 78,–
- ISBN 3-87156-508-3

Deutscher Wirtschaftsdienst
Eine Marke von Wolters Kluwer Deutschland

box@dwd-verlag.de · www.dwd-verlag.de · Postfach 2352 · 56513 Neuwied

**Bestellen Sie jetzt: Telefax (08 00) 801 801 8,
Telefon (08 00) 776 366 5 (gebührenfrei) oder über den Buchhandel**